Annette Kossow

Schottland

Iwanowski's REISEBUCHVERLAG

Im Internet:

www.iwanowski.de

Hier finden Sie aktuelle Infos zu allen Titeln, interessante Links – und vieles mehr!

Einfach anklicken!

Schreiben Sie uns, wenn sich etwas verändert hat. Wir sind bei der Aktualisierung unserer Bücher auf Ihre Mithilfe angewiesen:
info@iwanowski.de

Schottland
9. Auflage 2014

© Reisebuchverlag Iwanowski GmbH
Salm-Reifferscheidt-Allee 37 • 41540 Dormagen
Telefon 0 21 33/26 03 11 • Fax 0 21 33/26 03 33
info@iwanowski.de
www.iwanowski.de

Titelfoto: huber-images.de / Simeone Giovanni, Loch Ness, Urquhart Castle
Alle anderen Farbabbildungen: siehe Bildnachweis Seite 528
Lektorat und Layout: Annette Pundsack, Köln
Karten und Reisekarte: Kartografie & Grafik Klaus Peter Lawall, Unterensingen
Titelgestaltung: Point of Media, www.pom-online.de
Redaktionelles Copyright, Konzeption und deren ständige Überarbeitung: Michael Iwanowski

Alle Rechte vorbehalten. Alle Informationen und Hinweise erfolgen ohne Gewähr für die Richtigkei(t) im Sinne des Produkthaftungsrechts. Verlag und Autorin können daher keine Verantwortung und Haf(f)tung für inhaltliche oder sachliche Fehler übernehmen. Auf den Inhalt aller in diesem Buch erwähnte(n) Internetseiten Dritter haben Autorin und Verlag keinen Einfluss. Eine Haftung dafür wird ebenso aus(ge)schlossen wie für den Inhalt der Internetseiten, die durch weiterführende Verknüpfungen (sog(.) „Links") damit verbunden sind.

Gesamtherstellung: Werbedruck GmbH Horst Schreckhase, Spangenberg
Printed in Germany

ISBN: 978-3-86197-068-2

Inhalt

Willkommen in Schottland	11
1. LAND UND LEUTE	12
Schottland auf einen Blick	13
Geschichtlicher Überblick	14
Zeittafel	14
Zeittafel der Thronfolge in Schottland	19
Frühes Mittelalter: Einigung und Christianisierung	19
Vom späten Mittelalter bis zur Reformation	20
Zwei Parteien im Land:	
Für oder gegen Maria Stuart als Königin	22
Union der Kronen – Union der Parlamente	23
Industrialisierung und 20. Jahrhundert	25
Unabhängigkeit	26
Kunst- und Kulturgeschichte	27
Malerei	27
Architektur	29
Literatur	33
Die Scottish Literary Renaissance 33	
Landschaftlicher Überblick	35
Geografie und Geologie	35
Munros 37	
Klima	37
Fauna	38
Vögel 39	
Flora	40
Wirtschaftlicher Überblick	41
Industrie	41
Agrarwirtschaft	42
Schafe 42 • Rinder 42 • Getreideanbau 43	
Fischerei	43
Forstwirtschaft	44
Energieversorgung	45
Tourismus	45
Umweltschutz	46
Gesellschaftlicher Überblick	46
Verwaltung und Politik	46
Religion	47
Sprache	48
Scots 48 • Gälisch 48	
Sport	49
Fußball 49 • Rugby 50 • Shinty 50 • Curling 51 • Snooker 51	
Das Leben in Schottland	51
Traditionen und Folklore	51
Feste und Feiern	53
Musik	55
Die gute Küche	56
Porridge 57 • Getränke 58	
2. SCHOTTLAND ALS REISEZIEL	60
Allgemeine Reisetipps von A–Z	61
Das kostet Sie das Reisen in Schottland	95
Reisen in Schottland: Routenvorschläge	98

Überblick

Inhalt

3. DER SÜDEN — 100

Allgemeiner Überblick — 101

Der Südwesten: Dumfries, Galloway und Ayrshire — 102
Redaktionstipps 102
Dumfries und Galloway — 102
Von Gretna Green nach Dumfries 102 • Dumfries und Umgebung 104 • Nördlich von Dumfries 105 • Südlich von Dumfries 106 • Von Dumfries entlang der Solway Coast nach Castle Douglas 108 • Kirkcudbright 110 • Gatehouse of Fleet und Umgebung 113 • New Galloway und Umgebung 113 • Newton Stewart 114 • The Machars 115 • Stranraer und Umgebung 116 • Rhinns of Galloway 117
Ayrshire — 118
Von Stranraer nach Ayr 118 • Ayr 121 • Mauchline 124 • Kilmarnock 124 • Dumfries House 124 • Von Ayr nach Glasgow 125

Die Inseln Arran und Bute — 126
Arran — 126
Brodick und Brodick Castle 127 • Im Süden der Insel 128 • Im Norden der Insel 129
Bute — 131
Rothesay 131

Der Südosten: Borders und Lothian — 133
Redaktionstipps 133
Die Region Borders — 133
Von Carlisle nach Selkirk — 135
Langholm 135 • Jedburgh 137 • Melrose 139 • Rund um Melrose 141
Die westliche Route:
Von Selkirk über Peebles und Penicuik nach Edinburgh — 143
Selkirk 143 • Rund um Selkirk 145 • Galashiels 146 • Innerleithen 146 • Peebles und Umgebung 147
Alternativroute: Von Peebles über
Biggar und New Lanark nach Glasgow — 149
Biggar 149 • New Lanark 151
Die östliche Route: Von Jedburgh
über Kelso, Dunbar, Haddington nach Edinburgh — 152
Kelso 152 • Rund um Kelso 153 • Duns 154 • Paxton House 155 • Eyemouth 155 • Dunbar 156 • North Berwick 156 • Dirleton 158 • Haddington und Umgebung 158

4. EDINBURGH — 160
Redaktionstipps 161

Allgemeiner Überblick — 161

Geschichte — 161

Stadtstruktur — 163
Das alte Edinburgh — 163
Das neue Edinburgh — 164
Das moderne Edinburgh — 165

Stadtbesichtigung — 165
Sehenswertes in der Innenstadt — 165
Edinburgh Castle 165 • Royal Mile 167 • Südlich der Royal Mile 175 • Der Grassmarket und das Universitätsviertel 176
Die New Town — 179
Princes Street 179 • Charlotte Square und Queen Street 181 • Calton Hil 182
Das West End, Dean Village und Stockbridge — 183

Reiserouten

Sehenswertes in der Umgebung	185
Nördlich des Stadtzentrums	185
Südlich des Stadtzentrums	186
Lauriston Castle, Cramond und Dalmeny	187
South Queensferry	188
Linlithgow	189

5. GLASGOW — 198
Redaktionstipps 199

Allgemeiner Überblick — 199

Geschichtlicher Überblick und Stadtentwicklung — 199

Stadtputz — 201

Stadtbesichtigung — 202
- Orientierung — 202
- Programmvorschlag — 202

Sehenswertes in der Innenstadt — 203
- Rund um den George Square — 203
- Die Merchant City — 206
- Von Trongate zum East End — 207
- Rund um die Kathedrale — 209
  Glasgow Cathedral 209 • Nekropolis 209 • St. Mungo Museum of Religious Life and Art 210 • Provand's Lordship 210
- Buchanan Street — 210
- Rund um die Sauchiehall Street — 211
  The Willow Tea Rooms 211 • Centre for Contemporary Arts 211 • Glasgow School of Art 212 • The Tenement House 212 • Museum of Piping 215
- Das West End — 216
  Universität Glasgow und Museen 216
- Am Clyde — 218
- South Side — 220
  Pollok Country Park 220 • House for an Art Lover 221 • Scotland Street School Museum 221

Sehenswertes in der Umgebung — 222
- The Hill House — 222
- David Livingstone Centre und Bothwell Castle — 224

6. DER WESTEN — 230

Allgemeiner Überblick — 231

Geschichtlicher Überblick: Die Highlander und das Clansystem — 232
Redaktionstipps 233

Loch Lomond, Loch Katrine und die Trossachs — 235
- Loch Lomond — 235
  Balloch 236 • Zwischen Aberfoyle und Callander 237
- Loch Katrine und die „Trossachs" — 238
  Von Callander nach Crianlarich 240

Die Region Argyll — 241
- Inveraray — 241
- Loch Awe und Loch Etive — 243
- Von Inveraray nach Knapdale und Kintyre — 244
- Die Halbinsel Knapdale — 245
  Tarbert 246
- Die Halbinsel Kintyre — 247
  Campbeltown 247 • Die Ostküste Kintyres 249
- Isle of Gigha — 249

Inhalt

Von Lochgilphead nach Oban	250
Oban 251	
Von Oban nach Fort William	**253**
Isle of Lismore	254
Glen Coe	255
Glencoe Village und Kinlochleven 256	
Von Glen Coe nach Fort William	258
Fort William	258
Glen Nevis	262
Südwestlich von Fort William:	
Ardgour, Morvern und Ardnamurchan	**262**
Ardgour	263
Morvern	263
Ardnamurchan	263
Von Fort William zur Isle of Skye	**265**
Die A830 nach Mallaig	265
Die Knoydart-Halbinsel	267
Die A82 und A87 (bzw. A887) nach Kyle of Lochalsh	268
Spean Bridge 268	
Von Fort William entlang Loch Ness nach Inverness	**274**
Loch Ness	275
Inverness	277
Geschichtlicher Überblick 277 • Sehenswertes in Inverness und Umgebung 278	
Westlich von Inverness	282
Glen Strathfarrar 283 • Glen Affric 283	

7. INNERE UND ÄUSSERE HEBRIDEN — 284

Allgemeiner Überblick	**285**
Die Inneren Hebriden	**286**
Isle of Islay	286
Redaktionstipps 287	
The Rhinns of Islay 289 • Von Bridgend nach Port Askaig 292	
Isle of Jura	294
Corryvreckan Whirlpool 295	
Isle of Mull	296
Der Ross of Mull 299	
Isle of Iona	302
Staffa und Treshnish Isles	304
Isle of Coll	305
Isle of Tiree	306
Isle of Colonsay	307
Isle of Oronsay	309
Isle of Skye	309
Kyleakin und Kylerhea 309 • Broadford 310 • Isle of Raasay 311 • Portree 311 • Die Trotternish-Halbinsel 311 • Dunvegan, Waternish und Duirinish 313 • Die Cuillins und Minginish 315 • Die Sleat Peninsula 316	
The Small Isles	321
Eigg 321 • Rum 322 • Muck 323 • Canna 324	
Die Äußeren Hebriden	**325**
Redaktionstipps 325	
Allgemeiner Überblick	325
Lewis und Harris	329
Lewis 330 • Harris 338	
St. Kilda	341

North Uist und South Uist	341
North Uist 342 • South Uist 345	
Barra und Vatersay	348
Barra 348 • Vatersay 349	

8. DER NORDEN — 350
Redaktionstipps 351

Allgemeiner Überblick — 351

Die Nordwestküste: Von Kyle of Lochalsh zum Cape Wrath — 352
- Die Applecross-Halbinsel — 352
- Loch Maree und Beinn Eighe NNR — 355
- Von der Gruinard Bay zum Loch Broom — 357
- Ullapool — 358
- Nördlich von Ullapool: Knockan Crag — 360
- Die West Sutherland Coastal Road — 361
  - Lochinver 362
- Scourie und Handa Island — 364
- Cape Wrath — 366

Die Nordküste:
Von Durness nach John O'Groats — 366
- Durness und Umgebung — 367
- Tongue — 369
- Weiterfahrt nach Thurso — 370
  - Thurso 371
- Nach John O'Groats — 371

Die Nordostküste:
Von John O'Groats nach Inverness — 372
- Wick — 373
- Prähistorische Zeugnisse — 374
- Dunbeath — 375
- Helmsdale — 376
- Golspie — 376
- Dornoch — 377
- Tain — 379
- Dingwall und der Cromarty Firth — 380
  - Black Isle 380

9. DER OSTEN — 382

Allgemeiner Überblick — 383
Redaktionstipps 383

Entlang der A 9: Aviemore, Pitlochry, Perth — 384
- Strathspey und die Cairngorms — 384
- Aviemore — 386
- Kingussie und Umgebung — 388
- Blair Atholl — 388
- Pitlochry — 389
- Loch Tummel und Loch Rannoch — 391
- Aberfeldy und Loch Tay — 392
- Fortingall — 393
- Dunkeld — 394
- Perth — 395
- Auchterarder — 398
- Crieff — 399

Entlang der Küste: Von Nairn nach Aberdeen — 401
- Der Moray Firth — 401

Inhalt

Cawdor Castle 401 • Nairn 402 • Forres 403 • Findhorn Bay 404 • Burghead, Duffus, Lossiemouth, Gordonstoun 405
Elgin und Umgebung — 405
In der Umgebung von Elgin 407
Zwischen Buckie und Fraserburgh — 408
Portsoy und Cullen 408 • Banff und Macduff 409 • Pennan, Gardenstown und Crovie 410 • Fraserburgh 410 • Peterhead 411 • Mintlaw und Old Deer 411
Cruden Bay und Forvie NNR — 412
Abstecher ins Landesinnere — 412
Pitmedden Garden 412 • Tolquhon Castle 412 • Haddo House 413 • Fyvie Castle 413

Speyside und das Don Valley: Malt Whisky und Castles — 414
Speyside — 414
Das Don Valley — 420
Huntly und Huntly Castle 420 • Castle Fraser 420 • Craigievar Castle 421 • Alford 422 • Kildrummy Castle 422

Aberdeen — 423
Allgemeiner Überblick — 423
Geschichtlicher Überblick — 423
Stadtbesichtigung — 424
Old Aberdeen 428

Entlang der Küste: Von Aberdeen nach Dundee — 431
Stonehaven — 431
Arbuthnott — 433
Fettercairn und Edzell Castle — 433
Brechin — 434
Forfar, Aberlemno und Glamis Castle — 435
Kirriemuir und die Angus Glens — 436
Die Angus Glens 437 • Glenshee und Blairgowrie 438
Montrose — 439
Arbroath — 440
Dundee — 442
Geschichte 442 • Stadtbesichtigung 443

Von Aberdeen durch das Dee-Tal über Banchory, Braemar und Blairgowrie nach Perth — 447
Drum Castle Garden & Estate — 447
Crathes Castle, Garden & Estate — 447
Banchory und Aboyne — 448
Ballater und Balmoral Castle — 449
Balmoral Castle 449
Braemar — 450

10. IM HERZEN SCHOTTLANDS — 452

Allgemeiner Überblick — 453
Redaktionstipps 453

Von Perth nach St. Andrews — 454
Abernethy — 454
Falkland Palace & Gardens — 455
Rund um Cupar — 455
Leuchars — 456

St. Andrews — 456
Kathedrale — 457
„The Castle" — 458
Universität — 459
Weitere Sehenswürdigkeiten — 459

Inhalt

Entlang der Küste: Von St. Andrews nach North Queensferry — 463
   Crail — 463
   Anstruther — 464
   Ausflug zur Isle of May 465 • Scotland's Secret Bunker 465
   Pittenweem — 466
   Kellie Castle — 466
   St. Monans, Elie und Earlsferry — 467
   Kirkcaldy — 467
   Burntisland und Aberdour — 468
   North Queensferry — 468

Von Kirkcaldy über Dunfermline nach Stirling — 469
   Dunfermline — 470
   Culross — 472
   Alloa — 472
   Dollar — 473

Stirling und Umgebung — 473
   Stirling Castle 473 • Weitere Sehenswürdigkeiten in der Innenstadt 474 • Außerhalb des Stadtzentrums 476
   Die Umgebung von Stirling — 478
   Dunblane 478 • Doune 479

II. DIE NÖRDLICHE INSELWELT — 480

Die Orkney-Inseln — 481
   Redaktionstipps 481
   Allgemeiner Überblick — 481
   Geschichtlicher Überblick — 481
   Mainland — 483
   Kirkwall 483
   West Mainland — 485
   Skara Brae und Skaill House 487 • Unstan Cairn 488 • Stenness 488 • Ring und Ness of Brodgar 489 • Maes Howe 489 • Orphir 490 • Stromness 491
   East Mainland — 491
   South Ronaldsay — 492
   St. Margaret's Hope 492 • Isbister Kammergrab/ – Tomb of the Eagles 493
   Hoy — 494
   Rousay, Egilsay und Wyre — 496
   Rousay 496 • Egilsay und Wyre 497
   Shapinsay — 497
   Eday — 498
   Sanday — 498
   Stronsay — 499
   Westray — 499
   Papa Westray — 500
   North Ronaldsay — 501

Die Shetland-Inseln — 505
   Redaktionstipps 505
   Allgemeiner Überblick — 505
   Geschichtlicher Überblick — 507
   Mainland — 509
   Lerwick 509 • Rund um Lerwick: Bressay und Noss 510 • Central Mainland 510 • Die Westside 512 • South Mainland 512 • St. Ninian's Isle 514 • North Mainland 516
   Whalsay — 517
   Out Skerries — 518

Reiserouten

Inhalt

Die North Isles: Yell, Fetlar und Unst	518
Yell 518 • Fetlar 519 • Unst 519	
Foula	521
Fair Isle	522

12. ANHANG — 526
Bildnachweis — 528
Stichwortverzeichnis — 529
Kartenverzeichnis — 537

Weiterführende Informationen zu folgenden Themen

Kilts und Tartans	52
Highland Games	54
Einige Destillen entlang des Whisky-Trails	59
Fontanes Reise in die Highlands: „Jenseit des Tweed"	99
Robert Adam – Vater des britischen Klassizismus	120
Robert Burns (1759–1796)	122
Sir Walter Scott (1771–1832)	142
Edinburgh International Festival	194
Charles Rennie Mackintosh (1868–1928)	213
Glen Coe – im „Tal der Tränen"	256
Caledonian Canal	261
Nessiteras rhombopteryx – auch „Nessie" genannt	275
Die Schlacht bei Culloden	282
Islay Whisky	291
Iona Community	303
Flora MacDonald und Bonnie Prince Charlie	312
Der Dudelsack	314
„Crofting"	327
Black Houses	331
Torfstechen	336
Harris Tweed	338
Die Clearances	367
Neil M. Gunn	375
Krönungsstein: Stone of Scone oder Stone of Destiny	396
Whisky und Whiskyherstellung	414
Stil des Scottish Baronial	422
St. Andrews – Heimat des Golfsports	460
Die Forth Bridges	469
Scapa Flow	495
Shetlandponys	508
Brochs – steinerne Fluchttürme	513

Interessantes

Willkommen in Schottland

Schottland – der Name erweckt Erwartungen an Dudelsäcke, an Männer, die karierte Schottenröcke tragen, an trutzige Burgen, an Whisky und an Nessie, das legendäre Ungeheuer von Loch Ness. Die Klischees halten sich – und sicherlich gehört dies alles zu Schottland. Die Faszination, die Schottland auf seine Besucher ausübt, liegt jedoch hauptsächlich in seiner grandiosen Landschaft: Romantische Lochs, steil aufragende Berge, endlose unberührte Weiten und eine faszinierende Inselwelt – kaum ein Reisender wird von dem großen Reichtum an Naturschönheiten und der Fülle an Sehenswürdigkeiten enttäuscht sein.

Schottland lässt sich in verschiedene Gebiete unterteilen: den hügeligen Süden, die weite Tiefebene in der Landesmitte und die imposanten Highlands im Norden. Die vielen vorgelagerten Inseln im Westen und Norden haben einen ganz eigenen Charakter. So liegen die Shetland-Inseln dichter an Norwegen als am britischen Festland und sind stark nordisch geprägt. Auf den Hebriden hingegen spiegelt sich die keltische Kultur wider. Schätzungen zufolge sprechen noch rund 80.000 Schotten die gälische Sprache, vor allem in den Highlands und auf den Inseln.

Schottland ist ein traditions- und geschichtsreiches Land. Neben der atemberaubenden Natur wird der Reisende einzigartige Kulturdenkmäler entdecken, die von einer langen und wechselvollen Geschichte zeugen: Steinkreise und Gräber aus der Steinzeit, Burgen und Schlösser ebenso wie schlichte Bauernhäuser. Die Einsamkeit und Abgeschiedenheit der Bergwelt, die manchem Besucher wie das letzte Paradies auf Erden erscheinen mag, lassen allerdings vergessen, dass Schottland eines der urbanisiertesten Länder der Welt ist. 86 % der Bevölkerung leben in den Städten der Central Lowlands und an der Ostküste.

Der Süden des Landes wird von den beiden Städten **Glasgow** und **Edinburgh** bestimmt. Obwohl Glasgow mehr Einwohner hat, ist Edinburgh die Hauptstadt Schottlands. Als wichtige Treffpunkte der internationalen Kunstszene gelten das „Edinburgher International Festival" und das „Fringe Festival", die beide alljährlich im August stattfinden. **St. Andrews** an der Ostküste gilt als die Heimat des Golfs, denn das Spiel ist dort seit 1457 urkundlich belegt. Die Universität von St. Andrews ist eine der ältesten in Großbritannien. In **Aberdeen** hingegen, der „Granite City", befindet sich der größte Ölhafen Großbritanniens.

Vieles hat sich in den vergangenen Jahren in Schottland getan. Seit 1999 hat das Land wieder ein eigenes Parlament und ist ein selbstbewusster Teil Großbritanniens. Die seit 2007 regierende Scottish National Party macht sich sehr für die Loslösung Schottlands von Großbritanniens stark. Alten Sprichwörtern zufolge gelten die Schotten als ein wenig geizig. Das hat wohl allerdings eher mit der früheren Armut des Landes zu tun, denn sehr bald wird der Reisende feststellen, dass die Schotten außerordentlich herzlich, gemütlich und gastfreundlich sind. Dieses Reisehandbuch möchte dem Reisenden einen Einblick in die Kultur und Geschichte des Landes geben und bei der Planung und Durchführung einer Schottland-Reise behilflich sein.

Annette Kossow

I. LAND UND LEUTE

Schottland auf einen Blick

Fläche	Gesamtfläche: 78.789 km²; Festland (einschl. Inseln): 77.097 km²; Binnengewässer: 1.692 km²; Waldanteil: 11 %
Küstenlinie	3.700 km
Inseln	790, davon 130 bewohnt
Höchster Berg	Ben Nevis, 1.343 m
Größter See	Loch Lomond, 85 km²
Tiefster See	Loch Ness, 230 m
Einwohner	5.255.000 (2011), 67,2 Einwohner pro km²
Sprachen	Die Amtssprache Englisch wird von der gesamten Bevölkerung gesprochen. Etwa 80.000 Schotten beherrschen die gälische Sprache.
Hauptstadt	Edinburgh (500.000 Einw.)
Weitere große Städte	Glasgow (600.000 Einw.), Aberdeen (247.600 Einw.), Dundee (156.561 Einw.)
Staats- und Regierungsform	Seit 1707 gehört Schottland als Landesteil zum Vereinigten Königreich von Großbritannien (parlamentarische Monarchie). Seit 1999 eigenes Parlament.
Religion	Die größte Kirche in Schottland ist die Church of Scotland mit protestantisch-presbyterianischer Ausrichtung.
Wichtigste Erwerbszweige	Fischerei, Fischfarmen, Nordseeöl und Tourismus
Außenhandel	Wichtigster Exportartikel ist Whisky
Bodenschätze	Erdöl, Erdgas
Landwirtschaft	Ein Viertel der Gesamtfläche wird für die intensive Landwirtschaft genutzt.
Klima	Ozeanisches Klima, das sich durch mäßig warme Sommer und vor allem an der Westküste durch milde Winter auszeichnet.

Geschichtlicher Überblick

Die historische Entwicklung Schottlands steht in engem Zusammenhang mit der geografischen Lage und Struktur des Landes. Im äußersten Nordwesten gelegen, war das Land über Jahrhunderte von den kulturellen Zentren Europas entfernt. Die Römer, die zwischen 81 und 83 n. Chr. Schottland beherrschten, übten keinen prägenden Einfluss aus. Auch das Christentum und später die Renaissance kamen später als auf dem Kontinent hier an.

Auf der anderen Seite war Schottland – auf drei Seiten von Meer eingeschlossen – stets Ziel für Angriffe seitens der Wikinger und der Engländer. Die historische Entwicklung des Landes ist eng mit der Geografie verknüpft, insbesondere dem Nord-Süd-Gefälle zwischen den Highlands und den Lowlands. Die beiden größten Städte, Edinburgh und Glasgow, liegen im fruchtbaren Süden, die Highlands hingegen im unzugänglichen Norden. Auch für die Entwicklung des Clan-Systems spielte die Geografie eine wesentliche Rolle. Die Täler der Highlands waren so abgeschieden, dass sich dort Clans fast unbemerkt vom schottischen Königshaus entwickeln konnten.

Zeittafel

5. Jh. v. Chr. Im Mesolithikum leben Nomaden von Jagd und Fischfang.
ab 4. Jh. v. Chr. Besiedlung der Hebriden, später der Orkney- und Shetland-Inseln.
4. Jh. v. Chr. Keltische Pikten wandern von Irland aus auf die Hebriden und ins westliche Hochland ein.
1. Jh. v. Chr.– 5. Jh. n. Chr. Die Römer herrschen in Britannien.
122–126 Kaiser Hadrian schlägt einen Aufstand im Norden Britanniens nieder. Bau des 120 km langen Hadrianswall, der sich vom Solway Firth im Westen bis zur Mündung des Tyne im Osten erstreckt.
um 143 Weiter nördlich, vom Firth of Forth bis zum Clyde, errichten die Römer den Antoninuswall.
4. Jh. Keltische Skoten wandern ein.
um 400 Als erster christlicher Missionar kommt der heilige Ninian nach Schottland.
bis 461 Christianisierung Irlands durch den hl. Patrick.
5. Jh. Es entstehen vier separate Königreiche: die Pikten im Norden, die Skoten im Westen, die Britonen und Angeln im Süden.
563 Der hl. Columba kommt von Irland auf die Insel Iona, errichtet das erste Kloster und beginnt von dort aus mit der Christianisierung des Landes.
um 800 Beginn der Wikinger-Einfälle.
843/844 Der Skote Kenneth McAlpine besiegt die Pikten und vereinigt die vier Reiche zum schottischen Königreich. Hauptstadt wird Scone bei Perth.

Zeittafel

Ende 9. Jh.	Der Einflussbereich der Wikinger dehnt sich von den Shetland- und Orkney-Inseln nach Schottland aus.
11./12. Jh.	Schottland wandelt sich in einen Feudalstaat nach normannischem Vorbild. In den abgelegenen Highlands gelingt es nicht, das Feudalwesen einzuführen. Zunahme des Einflusses Englands.
1066	Schlacht bei Hastings. William the Conqueror bringt England unter französischen Einfluss.
1057–1093	Malcolm III. ist schottischer König. 1073 erkennt dieser die Obrigkeit des englischen Königs William the Conqueror (1066–1087) an.
12./13. Jh.	Ständige militärische Auseinandersetzungen zwischen Engländern und Schotten.
1124–1153	David I. ruft römisch-katholische Orden ins Land.
1174	Beim Vertrag von Falaise wird der englische König als Lehnsherr von Schottland anerkannt (aufgelöst 1189).
1263	Die Schotten siegen bei Largs über die Norweger, die Hebriden fallen an Schottland.
1290	Nach dem Tod der Königin Margarete kommt es zum Streit um die schottische Krone.
1292	Edward I. von England bestimmt unter verschiedenen Thronanwärtern John Balliol zum Thronfolger. Dieser erhebt sich gegen England und schließt in der „Auld Alliance" einen Pakt mit Frankreich.
1296	Edward I. besetzt Schottland, Widerstand unter Führung von William Wallace.
1297	Sieg über die Engländer bei Stirling.
1298	In der Schlacht bei Falkirk Sieg der Engländer über die Schotten. Die Städte Perth und St. Andrews werden niedergebrannt.
1306	Robert the Bruce wird schottischer König und vertreibt Edward I.
1314	Robert I. (the Bruce) besiegt die Engländer bei Bannockburn. Auf einige Zeit ist damit die schottische Unabhängigkeit gesichert.
1328	Obwohl im Vertrag von Northampton die schottische Souveränität anerkannt wird, kommt es weiterhin zu Grenzkriegen. Edward III. von England erhebt Anspruch auf die französische Krone.
1339–1453	Krieg zwischen England und Frankreich.
1371	Robert Stewart, Schwiegersohn von Robert the Bruce, wird schottischer König. Bis 1714 regieren nun – bis auf zwei Ausnahmen – die Stewarts (spätere Schreibweise: Stuart).
1410	Gründung der Universität von St. Andrews.
1437	Edinburgh wird schottische Hauptstadt.
1472	Norwegen verpfändet die Orkney- und Shetland-Inseln an Schottland.
Ende 15. Jh.	Beginn einer kurzen wirtschaftlichen und kulturellen Blüte in Schottland. Hervorgerufen durch die Krönung James IV. zum König, der das Land eint und die schottisch-französischen Beziehungen stärkt, vor allem aber durch die Heirat zwischen der Tochter James IV. mit dem englischen König Henry VII.
1504	Die Renaissance erreicht Schottland.
1513	Krieg zwischen England und Frankreich. England erwartet eine eindeutige Stellung der Schotten. James IV. schlägt sich zu Frankreich.

	Bei der Schlacht bei Flodden verlieren Tausende von Schotten, einschließlich James IV., ihr Leben.
1534	Einführung der anglikanischen Staatskirche in England.
1538	James V. heiratet Marie de Guise aus Lothringen.
1542	Tod James V., Geburt Maria Stuarts.
1542–1567	Maria Stuart Königin von Schottland. 1558 heiratet sie den französischen Thronfolger. In England wird Elizabeth I. Königin. 1567 muss Maria Stuart zugunsten ihres Sohns James VI. abdanken. 1587 wird sie in England hingerichtet.
Mitte 16. Jh.	Reformation. Leitfigur ist der Calvinist John Knox (1513–1572).
1560	Gründung der Church of Scotland. Die Zwistigkeiten zwischen Protestanten und Katholiken spalten das Land.
1603	Nach dem Tod von Elizabeth I. zieht James VI. von Schottland als James I. in London ein (Personalunion). Schottland behält ein eigenes Parlament.
1638	Das „First National Covenant" richtet sich gegen die Anglikaner und Charles I.
1644	Der Streit zwischen Presbyterianern und Anglikanern führt zu blutigen Auseinandersetzungen.
1649	Charles I. wird enthauptet. Oliver Cromwell wird Lord Protector von England, Schottland und Irland.
1660	Mit Charles II. erneute Herrschaft der Stuarts.
1685	Unter Charles VII./II. Förderung der römisch-katholischen Kirche.
1688/89	Glorious Revolution. Sturz der Stuarts, James VII. flieht nach Frankreich. William III. of Orange, Protestant, wird König. Widerstand der Jakobiten. Im Kampf gegen die Engländer siegen sie am Pass von Killiecrankie, unterliegen jedoch wenig später bei Dunkeld.
1691	William erlässt Amnestie für alle Jakobiten, die sich ihm bis zum Jahresende unterstellen.
1692	Massaker bei Glencoe.
1707	Realunion zwischen England und Schottland, erstes Parlament des Vereinigten Königreichs Großbritannien. Ende der schottischen parlamentarischen Unabhängigkeit. Schottland erhält eine eigene Gerichtsbarkeit sowie das Recht auf einen eigenen Überseehandel.
1713	Aufgrund repressiver englischer Politik bleiben die seitens Schottlands erhofften wirtschaftlichen Erfolge jedoch aus. Ein Antrag auf Rückgängigmachung wird abgelehnt.
1714	Nach dem Tod Annas, der letzten Stuart-Königin, geht die Thronfolge mit Georg I. an das Haus Hannover.
1715	Der Aufstand der stuarttreuen Jakobiten, um den Stuart-Prätendenten auf den Thron zu bringen, misslingt.
1724	Unter dem Oberkommando von General Wade wird in den Highlands die Infrastruktur ausgebaut.
1725	Erhebung einer Malzsteuer. In den Highlands entstehen zahlreiche Schwarzbrennereien.
1745/46	Der letzte Aufstand der Jakobiten unter Prinz Charles Edward Stuart, „Bonnie Prince Charlie", scheitert in der Schlacht bei Culloden.
1767	Pläne für den Bau der „New Town" in Edinburgh

Zeittafel

18./19. Jh.	Vertreibung der Kleinbauern aus den Highlands („clearances"). Beginn der Industrialisierung.
1804–1847	Bau des Caledonian Canal. Infrastrukturelle Erschließung der Highlands.
1836	Eisenbahnverbindung nach Edinburgh fertiggestellt.
1842	Besuch von Königin Victoria und Prinzgemahl Albert von Sachsen-Coburg in den schottischen Highlands. Beginn des Highland-Tourismus. Bahnlinie nach Glasgow fertiggestellt, weitere Bahnlinien in den 1850er- und 1860er-Jahren. Die Industrialisierung Schottlands schreitet während der viktorianischen Regierungszeit fort.
1890	Eröffnung der Eisenbahnbrücke über den Firth of Forth.
1919	Selbstversenkung der deutschen Flotte in der Bucht von Scapa Flow.
1935	Gründung der SNP, der Scottish National Party, die die Unabhängigkeit Schottlands von England herbeiführen will.
1945	Die SNP entsendet zum ersten Mal einen Parlamentsabgeordneten nach London.
1947	Eröffnung des Edinburgh International Festival.
ab 1950	Stetiger wirtschaftlicher Niedergang in Schottland. Damit einhergehend ein Abnehmen der Wählerstimmen für die konservative Partei.
1955	„Schneller Brüter" in Dounreay eröffnet.
1965	Das Highland and Island Development Board wird mit dem Ziel ins Leben gerufen, die wirtschaftliche und soziale Lage der Bewohner des Nordens zu verbessern.
1968	Erste Erdöl- und Erdgasfunde in der Nordsee. Schottland hofft auf wirtschaftlichen Aufschwung.
1975	In einer Verwaltungsreform werden die einzelnen Grafschaften zu Regionen zusammengefasst.
1979	Durch Volksabstimmung wird die Teilautonomie für Schottland und Wales abgelehnt.
1987	Trotz des Wahlsiegs der konservativen Partei in Großbritannien ist die Labour Party in Schottland der große Gewinner. Von 71 Unterhausmandaten stellt die Labour-Partei 50.
1988	Am 21. Dezember 1988 explodiert über Lockerbie in Südschottland ein Pan-Am Jumbo Jet auf dem Weg von Frankfurt nach New York durch ein Bombenattentat, 270 Menschen sterben, darunter elf in der Ortschaft Lockerbie.
1990	Glasgow wird Kulturhauptstadt Europas.
1992	Die Konservativen gewinnen die Wahl erneut. Bei den Unterhauswahlen erhält die SNP drei Sitze. Der Ruf nach Autonomie und Unabhängigkeit wird lauter.
1992	EG-Gipfel in Edinburgh.
1993	Tanker-Unglück vor den Shetland-Inseln. Ein unter liberianischer Flagge fahrender Öltanker bricht auseinander und etwa 85.000 Tonnen Leichtöl gelangen ins Meer.
1996	Massaker in Dunblane, bei dem 16 Kinder und eine Lehrerin ums Leben kommen.

Geschichtlicher Überblick

1997	Die Labour Party gewinnt die Wahlen. Tony Blair wird Ministerpräsident. Für Schottland bedeutet der Wahlsieg den Anfang einer neuen Zeit. In einem Referendum stimmen 75 % der Wahlberechtigten für ein schottisches Parlament.
1999	Im Mai finden die ersten schottischen Wahlen *(proportional representation)* statt. Von den 129 Sitzen gewinnt die Liberal Party 56 Sitze und bildet zusammen mit den Liberal Democrats (17 Sitze) die Regierungsmehrheit. Donald Dewar wird Schottlands erster First Minister (Erster Minister).
1999	Am 1. Juli eröffnet die Queen offiziell das schottische Parlament.
2000–2003	Im Oktober 2000 stirbt Donald Dewar (geb. in Glasgow 1937), 30 Jahre lang Parlamentsmitglied, Kabinettsmitglied und Schottlands Erster Minister. Sein Nachfolger wird Henry McLeish (Scottish Labour Party), 2001 von Jack McConnell abgelöst (erneut 2005).
2001	Bei den Parlamentswahlen in Großbritannien im Mai gewinnt die Labour Party erneut unter Tony Blair. Die Wahlbeteiligung in Schottland ist die geringste in Großbritannien. Jack McConnell wird Schottlands Erster Minister (Labour).
2003	Jack McConnell als Erster Minister wieder gewählt.
2004	In Edinburgh wird das neue Parlamentsgebäude feierlich eingeweiht.
2005	G8 Gipfeltreffen im Gleneagles Hotel in Auchterarder. Zeitgleich Kampagne „Make Poverty History" und weltweite „Life 8"-Konzerte, Abschlusskonzert in Edinburgh.
2007	Bei den Parlamentswahlen erreicht die nationale SNP (Scottish National Party) 47 Sitze vor Scottish Labour 46 Sitze. Im Mai wird mit Alex Salmond zum ersten Mal ein Kandidat der SNP zum Ersten Minister von Schottland gewählt.
2009	Zum 250. Geburtstag des schottischen Nationaldichters Robert Burns findet 2009 das *Year of Homecoming Scotland* mit zahlreichen Veranstaltungen zu Burns und der schottischen Kultur statt.
2011	Bei den allgemeinen Wahlen wird Alex Salmond mit absoluter Mehrheit wiedergewählt.
2012	*Year of Creative Scotland* – ein ganzes Jahr feiert Schottland seine kreativen Kräfte.
2013	Die schottische Regierung kündigt für 2014 ein Referendum über die Loslösung von Großbritannien an. Am 22. Juli 2013 wird Prince George Alexander Louis of Cambridge, das erste Kind von Prinz William und seiner Frau Catherine, in London geboren.

Donald Dewar gilt als „Vater der Nation"

Zeittafel der Thronfolge in Schottland

843–860	Kenneth McAlpine	1390–1406	Robert III.
863–879	Constantine I.	1406–1437	James I.
892–900	Donald I.	1437–1460	James II.
900–943	Constantine II., III.	1460–1488	James III.
	und Donald II.	1488–1513	James IV.
943–954	Malcolm I.	1513–1542	James V.
954–994	Kenneth II.	1562–1567	Maria Stuart
1005–1034	Malcolm II.	1567–1625	James VI./I.
1034–1040	Duncan I.	1625–1649	Charles I.
1040–1057	Macbeth	1649–1651	Charles II.
1057–1093	Malcolm III., Canmore	1651–1660	Commonwealth
1093–1094	Donald Bane	1660–1685	Charles II. wieder
1094	Duncan II.		eingesetzt
1094–1097	Donald Bane und	1685–1688	James VII./II.
	Edmund	1688–1694	William III. of Orange
1097–1107	Edgar		and Mary
1107–1124	Alexander I.	1694–1702	William III.
1124–1153	David I.	1702–1714	Anne
1153–1165	Malcolm IV.	1714–1727	George I.
1165–1214	William I., the Lion	1727–1760	George II.
1214–1249	Alexander II.	1760–1820	George III.
1249–1286	Alexander III.	1820–1830	Georg IV.
1286–1290	Margarete von	1830–1837	William IV.
	Norwegen	1837–1901	Victoria
1290–1292	Interregnum	1901–1910	Edward VII.
1292–1296	John Balliol	1910–1936	Georg V.
1296–1306	Interregnum	1936	Edward VIII.
1306–1329	Robert I., the Bruce	1936–1952	Georg VI.
1329–1371	David II.	seit 1952	Elizabeth II.
1371–1390	Robert II.		

Frühes Mittelalter: Einigung und Christianisierung

Um etwa 450 n. Chr. gab es in Schottland vier einzelne Königreiche. Im Tiefland lebten die germanischen Angelsachsen, im Westen die keltischen Skoten, im Nordosten die keltischen Pikten und auf den Hebriden die römisch-keltischen Britonen. Unter dem Skoten Kenneth MacAlpine wurden die vier Königreiche 843 zum Königreich Alba vereint. Alba (das gälische Wort für Schottland) dehnte sich im Laufe der Zeit nach Süden aus. Malcolm II. (1005–1034) schloss ein Bündnis mit den Sachsen und besiegte die Briten. Von dieser Zeit an wurde das Königreich *Scotia* = Schottland genannt.

Vier Königreiche

Stärkend für das Zusammengehörigkeitsgefühl des jungen Königreichs war neben den gemeinsamen keltischen Wurzeln auch das Christentum. Bereits im 4. Jh. hatte die Mission des hl. Ninian die erste Berührung mit dem Christentum gebracht. Im 6. Jh. gründete der irische Heilige Columba auf der Insel Iona ein Kloster und begann von dort aus mit der Christianisierung des ganzen Landes. Bis gegen Ende des 7. Jh. war schließlich ganz Schottland christianisiert.

Unter König Malcolm III. Canmore (1057–1093) und seiner Frau, der hl. Margaret, gelangten anglo-normannische Einflüsse und der Katholizismus nach Schottland. Königin Margaret und ihrem Sohn David I. (1124–1153) gelang es, die junge keltische Kirche zu erneuern, indem sie neue Bischofssitze und zahlreiche Abteien und Klöster errichten ließen. Ein eindrucksvolles Zeugnis dieser reichen kulturellen Blüte sind die vier großen Abteien im Grenzland zu England. Die Gründung der Klöster bedeutete aber auch eine Verbesserung der wirtschaftlichen Infrastruktur, denn im Mittelalter waren Klöster eine wichtige Basis der Wirtschaft.

Das Kennzeichen der schottischen Kirche war schon damals ihre Eigenständigkeit. 1192 wurde sie vom englischen Supremat gelöst und direkt Rom unterstellt.

In der Folgezeit entwickelten sich die Lowlands und die Highlands in unterschiedliche Richtungen. In den Lowlands wurde das normannische Feudalsystem eingeführt. Dies bedeutete, dass alles Land Eigentum des Königs war, der es als Lehen an seine Untertanen verteilte. Später wurden die Lowlander parlamentarisch und presbyterianisch. In den abgelegenen Highlands gelang es hingegen nicht, das Feudalsystem einzuführen. Hier „herrschten" die Stammesverbände der Clans. Sie konnten sich weitgehend der Autorität des Königs entziehen. Aus den Highlands stammten später auch die royalistischen katholischen Jakobiter. 1175 schloss William the Lion einen Pakt mit Frankreich, **The Auld Alliance**. William the Lion fiel in England ein, scheiterte jedoch. Daraufhin zwang ihn England zum Lehnseid und Schottland verlor seine Unabhängigkeit.

Pakt mit Frankreich

Vom späten Mittelalter bis zur Reformation

Im ausgehenden Mittelalter wurde das Land durch Thronstreitigkeiten erschüttert. Die streitenden Parteien der Bruces, Balliols und Comyns riefen Edward I. als Schiedsrichter herbei. Dieser wollte jedoch mehr Macht in Schottland und verlangte als Gegenleistung die wichtigsten Festungen. Balliol wurde sein Vasall (1292–1296). Blutige Auseinandersetzungen, die fast ein Jahrhundert andauerten, folgten. 1306 ließ sich **Robert the Bruce** (1274–1329) in Scone zum König krönen.

Robert the Bruce

Der Sieg der Schotten über die Engländer (Bannockburn, 1314) markierte ein wichtiges Datum in der schottischen Geschichte. Für einige Zeit waren die englischen Machtbestrebungen vereitelt. 1327 musste Edward III. die Unabhängigkeit Schottlands im Vertrag von York anerkennen. Bruce wurde zu einem der volkstümlichsten schottischen Helden. Er rief ein Parlament mit Vertretern der Städte ein und gründete einen gut organisierten Staat. Als Roberts Sohn David II. kinderlos starb, begann die Epoche der berühmten und unglücklichen Stewarts mit Robert II., dem Schwiegersohn von Robert the Bruce. Stewart ist die Bezeichnung für einen Hofmarschall, und als solche hatten es die Stewarts zu so großem Ansehen gebracht, dass Robert the Bruce seine Tochter mit seinem High Stewart verheiratete. Nicht von ursprünglich königlichem Geblüt, hatten es die Stewarts in der Folgezeit allerdings schwer, sich gegen den mächtigen Adel durchzusetzen, der sie nicht als Gleichberechtigte betrachtete.

Im 15. Jh. kam es wieder und wieder zu Auseinandersetzungen zwischen dem jungen Königtum und der Aristokratie des Landes. Die starke Stellung des Adels wurde durch die häufige Minderjährigkeit der Könige begünstigt – fast alle schottischen Könige kamen als Kinder auf den Thron – und ihrer frühen Tode. Der Adel konnte sich dadurch fast königsgleiche Privilegien sichern und die zentrale Regierung wurde erheblich geschwächt. Den Adel in Zaum zu halten, war eines der wichtigsten Anliegen der Stewart-Könige. England und Frankreich nutzten die innenpolitischen Schwierigkeiten in fortwährenden Interventionsversuchen aus.

Königtum contra Adel

James IV. (1488–1513) galt als der geschickteste der Stewart-Könige. Unter seiner Herrschaft erreichte die **Renaissance** Schottland. Eine Periode kultureller Blüte und wirtschaftlichen Aufschwungs folgte. Neue Universitäten wurden gegründet (zu den beiden bereits existierenden Universitäten in St. Andrews und Glasgow kam Aberdeen 1495 hinzu) und stattliche Kirchen und Paläste gebaut. James gelang es, durch geschicktes Handeln das Gleichgewicht in Europa zu stabilisieren. Er bekräftigte die „Auld Alliance" (den alten schottischen Bündnisvertrag mit Frankreich, 1491/92) und heiratete die Tochter des englischen Königs Henry VII. Während des Kriegs zwischen England und Frankreich forderte Henry VIII. jedoch von Schottland eine eindeutige Position. James hielt Frankreich die Treue und marschierte in England ein. 1513 endete der Feldzug vernichtend für die Schotten in der Niederlage von Flodden.

Falkland Palace, im Renaissance-Stil, ist bis heute im Besitz der Stuarts

James V. (1513–1542) gelang es, die Macht des schottischen Adels zu brechen. Mit Hilfe der Kirche baute er einen zentral gelenkten absolutistischen Staat auf. Aber auch James V. musste im Bündnis mit Frankreich nach England ziehen und erlitt, wie sein Vater, eine Niederlage. 1542 starb er in Falkland Palace und hinterließ nur eine Tochter, Mary **Stewart**. Gemäß der französischen Schreibweise nannte sie sich später **Stuart**. Unter James V. begann auch in Schottland die **Reformation**. Das Mittelalter sollte damit endgültig beendet werden. Wie überall litt auch in Schottland die Kirche am Niedergang der Moral und der Sitten. In St. Andrews, dem geistlichen Zentrum des Landes, befand sich das Zentrum der Gegenreformation.

Reformation in Schottland

John Knox House in Edinburgh

Sie orientierte sich an Deutschland und an der Schweiz. Als wichtigste Figur der schottischen Reformation kristallisierte sich John Knox (ca. 1513–1572) heraus. In fanatischen Reden ereiferte er sich gegen die Katholiken. Angeheizt durch die Predigten von John Knox wurde ein Bildersturm ausgelöst, der den Thron in arge Bedrängnis brachte. 1555 gründete Knox die calvinistische **Church of Scotland**, die 1560 zur Staatskirche wurde. Die katholische Königin befand sich im französischen Exil, die alte Verbindung mit Frankreich war beendet und Schottland protestantisch. Im „First Book of Discipline" legte John Knox die Konstitution der schottischen Kirche, die sich zu einer eigenen Autorität entwickelt hatte, nieder.

Die Reformation war keinesfalls nur eine religiöse Bewegung. Im Zuge von kulturellen und wirtschaftlichen Veränderungen wurde auch das Erziehungswesen erneuert. John Knox bemühte sich um ein Erziehungssystem, das auch den sozial Schwachen das Recht auf Bildung zusicherte.

Zwei Parteien im Land:
Für oder gegen Maria Stuart als Königin

Jeder spielte und intrigierte gegen jeden im Schottland des 16. Jh. und es bildeten sich zwei Parteien heraus:

Katholiken gegen Protestanten

- Die eine Partei blieb katholisch und Frankreich treu. Die Königinmutter Marie von Guise, Witwe von James V., war 1554 offiziell als Königin anerkannt worden. Maria Stuart (1542–1567), ihre Tochter, galt als rechtmäßige Erbin auf den englischen Thron, und nicht Elizabeth, die uneheliche Tochter Henry VIII. 1558 wurde Mary mit Franz II., dem französischen König, verheiratet.
- Die andere Partei, die Protestanten, hingegen war für eine Annäherung an England. Durch eine Verbindung zwischen Mary und dem französischen Dauphin befürchtete sie eine französisch-katholische Vorherrschaft.

Nach dem frühen Tod ihres Gatten kehrte Maria Stuart 1561 nach Schottland zurück, um die Thronfolge anzutreten. Ihre Mutter Marie von Guise war 1560 gestorben. Mary war damals gerade 18 Jahre alt, katholisch, lebenslustig und zudem eine Frau – für John Knox ein Feindbild par excellence.

Da Maria Stuart nicht bereit war, auf ihre englischen Thronansprüche zu verzichten, die sie aus katholischer Sicht zur legitimen Königin Englands machten, geriet sie in scharfen Gegensatz zu Elizabeth I. von England. Vier Jahre später heiratete sie ihren Vetter Henry Darnley, der, von Eifersucht getrieben, ihren Sekretär David Rizzio ermorden ließ. Ein Jahr später wurde Darnley ermordet, aber schon wenige Wochen danach heiratete die junge Frau James Hepburn, den Earl of Bothwell. Da Bothwell als vermeintlicher Mörder von Darnley galt, verscherzte es sich Mary sowohl mit den jakobitischen Katholiken als auch mit den Protestanten.

Sie wurde gezwungen abzudanken, und sofort wurde ihr Sohn als James VI. gekrönt (1567). Mary gelang die Flucht nach England. Unter Vorwänden Elizabeths I. wurde sie 19 Jahre lang gefangengehalten, bis sie schließlich enthauptet wurde. Ihr Tod wurde mit einem geplanten Attentat auf Elizabeth begründet. *Flucht Maria Stuarts*

Buchtipp
Ein informativer und zugleich äußerst unterhaltsamer Roman ist Stefan Zweigs Biografie „Mary Stuart", Frankfurt/M.

Union der Kronen – Union der Parlamente

Elizabeth I. von England starb 1603, James VI. wurde ihr Thronerbe. Als James VI. von Schottland und James I. von England brachte er den Hof von Edinburgh nach London. In der **Union of the Crowns** waren nun die Länder vereint, behielten jedoch ihr eigenes Parlament. Die Union mit dem wirtschaftlich mächtigeren England brachte der Königsmacht in Schottland eine ungeahnte Stellung. Als James VI./I. und sein Nachfolger Charles I. die anglikanische Kirchenordnung einzuführen versuchten, kam es zu heftigen Protesten. Die Führer der schottischen Gesellschaft schlossen sich im Bündnis der *Covenanter* zusammen, um gemeinsam die Errungenschaften der Reformation zu schützen.

1649 befahl **Oliver Cromwell**, Charles I. zu enthaupten. Als rechtmäßigen Nachfolger proklamierten die Schotten daraufhin Charles II. zum König. Cromwell reagierte sofort, schlug die schottische Armee vernichtend und ernannte sich zum Lordprotektor über England, Schottland und Irland. Der König floh nach Frankreich und Schottland blieb für die nächsten neun Jahre unter der Herrschaft Cromwells. Nach dem Tode Cromwells wurde das Königtum wieder eingeführt und der Stuart-König Charles II. kehrte 1660 aus dem französischen Exil zurück. Wenig später kam es zur **Glorious Revolution**, zur unblutigen Revolution von 1688: James VII. (der Nachfolger von Charles II.) hatte das Land wieder katholisch machen wollen und wurde abgesetzt. Als William of Orange 1689 zum englischen König ernannt wurde, schlossen sich die meisten Schotten dem Protestanten an, abgesehen von den stuarttreuen katholischen Highlandern. Die **Jakobiten** (nach James = Jakob, dem letzten Stuart-König, benannt) sorgten fortan für ständige Konflikte im neuen Königtum. *Unblutige Revolution*

Nach dem Tode Williams of Orange 1702 folgte ihm seine Schwägerin Anne (1702–1714) auf den Thron. Während ihrer Regierungszeit kam es 1707 zu der Vereinigung des schottischen und englischen Parlaments und somit zum Ende der schottischen Unabhängigkeit. Im Grunde war die Zusammenlegung der Parlamente eine weise Entscheidung. Schottland erkannte das Thronrecht der den Oraniern nachgefolgten Hannoveraner an. Im Gegenzug erhielten sie wirtschaftliche Unterstützung und Seerechte, die den Ausbau des schottischen Überseehandels ermöglichten. Das Rechts- und Erziehungssystem blieb ihre eigene Domäne, ebenso die Kirche. Für England (derzeit gerade im Krieg mit Frankreich) bedeutete die Union eine Stabilisierung der Dynastie.

Union Schottland war nun Mitglied im „Vereinten Britischen Königreich". Obwohl Schottland durch die Union gewisse Identitätsverluste hinnehmen musste, brachte die Zusammenlegung der Kronen wirtschaftliche und kulturelle Vorteile.

Im Jahr 1745 scheiterte der letzte Versuch des jungen Stuart-Prinzen **Bonnie Prince Charlie**, der die schottische Krone „zurückerobern" wollte. Rückhalt fand der Prinz nur bei den royalistischen Hochländern. Das Tiefland hatte durch die Union mit England große wirtschaftliche Vorteile erfahren und war kaum an einer Restauration der Stuarts interessiert. 1745 marschierte Charles Edward Stuart in England ein. Sein Gegner, der Duke of Cumberland, war weitaus stärker, sodass Bonnie Prince Charlie wieder umkehren musste. Im April 1746 wurde er im Moor von **Culloden** vernichtend geschlagen.

Schlacht bei Culloden

Die große Hoffnung auf eine Restauration der Stuarts war damit zerschlagen. Dem Prinz gelang es, über verschiedene Umwege nach Frankreich zu fliehen. Für die Highlander bedeutete die Niederlage ein Desaster. Die Engländer verfolgten das Ziel, die traditionelle gälische Kultur des Hochlands zu ruinieren. Beispielsweise wurde das Tragen von Kilts verboten. Die Häuser der Jakobiten wurden an Engländer verteilt, wodurch man die althergebrachte Bindung der Clan Chiefs an ihre Gefolgsleute zerstören wollte. Politisch betrachtet, hatten die Jakobitenaufstände jedoch keine Wirkung. Im südlichen Tiefland ging das Leben weiter wie bisher. Besonders der Handel mit den amerikanischen Kolonien brachte große Gewinne. Aber nicht nur Handel und Industrie nahmen in Schottland einen großen Aufschwung, auch in kultureller Hinsicht erlebte Schottland von der Mitte des 18. Jh. bis etwa 1850 eine **Blütezeit**. Wissenschaft und Künste entwickelten sich in immensem Ausmaß.

Im 19. Jh. stiegen die meisten Großgrundbesitzer von Viehzucht und Landwirtschaft auf die rentablere Schafzucht um. Schafzucht erforderte weniger Arbeitskräfte. Tausende von schottischen Kleinpächtern wurden brutal vertrieben und viele Dörfer einfach verbrannt. Tau-

Das Gemälde eines Highlander im Museum in Glasgow

sende von Bauern wurden während dieser sog. **Clearances** in die Emigration (vor allem in die USA und nach Kanada) gezwungen. Das für den englischen Schiffbau abgeholzte Hochland *(man made desert)* verödete durch die Überweidung noch mehr. Als durch das Überangebot auch der Wollpreis fiel, vertrieben die Grundbesitzer auch noch die letzten Schafhirten und ließen Rotwild ansiedeln. Erst 1886 erließ das Londoner Parlament die *Crofter Charter*, die den Pächtern ein Bleiberecht auf ihrem angestammten Land verbrieft.

Zur Emigration gezwungen

 Buchtipps

Wer sich ausführlicher mit dem Thema „**Scottish Devolution**" beschäftigen möchte, dem seien folgende Publikationen empfohlen:
Christopher Harvie and Peter Jones: **The Road to Home Rule. Images of Scotland's Cause**, Edinburgh 2000.
Als grundlegende Werke **zur schottischen Geschichte** zu empfehlen:
David Howarth: **Images of Rule. Art and Politics in the English Renaissance 1485–1649**, London 1997.
Magnus Magnussen: **Scotland. The Story of a Nation**, London 2000. Illustrierter Wälzer mit 700 Seiten.
Collins Encyclopaedia of Scotland. Hrsg. von John Keay and Julia Keay, London, 2000.

Industrialisierung und 20. Jahrhundert

Während des **Viktorianischen Zeitalters** (benannt nach der Regierungszeit Königin Victorias, 1837–1901) wurde das ehemals rein agrarische Schottland industrialisiert. Die Wirtschaft, insbesondere die Schwerindustrie, sowie die Infrastruktur wurden ausgebaut und wichtige Sozialreformen durchgeführt.

Im Süden hatte sich am Fluss Clyde eine enorme Schiffbauindustrie entwickelt. Viele verarmte Iren und vertriebene Hochländer siedelten sich in den slumartigen Armenvierteln Glasgows an. Im Schiffbau und in der Leinenproduktion stieg Schottland an die Weltspitze auf. In den abgeschiedenen Highlands herrschte jedoch durch die Profitgier der Grundbesitzer große wirtschaftliche Not.

Boom der Schiffbauindustrie

Die wirtschaftliche Entwicklung bedeutete innere Stabilisierung im Vereinigten Königreich. Allmählich verringerten sich die Vorbehalte gegenüber England. Ebenso begannen die Engländer, den hohen Norden ernst zu nehmen. Schottland hatte nicht nur Anteil an dem expandierenden Handel und der Industrie, sondern auch an der Gründung und Verwaltung der Kolonien. Königin Victoria war geradezu begeistert von der Schönheit des Landes und auch die Romane von Sir Walter Scott trugen zum Beliebtheitsgrad des Landes im Norden bei.

Schottischer Erfindungsreichtum wurde in dieser Zeit sprichwörtlich. Heute ist es allerdings kaum mehr bekannt, dass viele der heute gebräuchlichsten Gegenstände

Schottischer Erfindungsreichtum

schottische Erfindungen sind. Im Museum of Scotland kann man sich über viele schottische Erfindungen informieren: die Dampfmaschine (James Watt); Teer als Straßenbelag (John MacAdam), gummierte Regenmäntel (Mackintosh), das Fahrrad (Kirkpatrick MacMillan), der Kugelschreiber (R.W. Thomson), das Telefon (Alexander Bell), der pneumatische Fahrradreifen (John Boyd Dunlop), das Fernsehen (John Baird) und der Radar (Sir Robert Robson Watt). Schottische Ärzte haben ebenfalls wichtige Errungenschaften geleistet wie Karbolspray (Joseph Lister), Chloroform (Sir James Young Simpson), Penicillin (Sir Alexander Fleming), Betablocker und Tagamet (Sir James Black).

Im Ersten Weltkrieg erreichte Schottland die Spitze seiner Produktion. Großbritannien benötigte jedes Schiff, das die Werften am Clyde hergaben. Nach dem Krieg verdienten die Werfen noch einige Zeit am Wiederaufbau, dann brach die Weltwirtschaftskrise aus und der Abstieg begann.

Die brachliegende Schwerindustrie, die einen Großteil der Gesamtwirtschaft Schottlands ausgemacht hatte, kam nie wieder auf die Beine. Schiffbau wurde zu teuer und konnte der Konkurrenz aus Fernost nicht mehr standhalten. Die Arbeitslosenrate lag in Schottland weit über der in England. Erst in der letzten Dekade des 20. Jh. zeigten die Bemühungen, die Wirtschaft durch die Entwicklung neuer Industriezweige anzukurbeln, langsam eine Wirkung.

Unabhängigkeit

Nach dem Zweiten Weltkrieg entwickelten sich in Schottland verstärkt nationalistische Bewegungen. Die National Party of Scotland war bereits 1928 gegründet worden, 1934 schloss sie sich mit der Scottish Party zur Scottish National Party (SNP) zusammen. „**Home Rule**" war ihre Forderung, d.h. Schottland solle von Schottland aus regiert werden. Zunächst war dieser politische Nationalismus nicht sehr erfolgreich, doch die wachsende wirtschaftliche Misere brachte ihm immer mehr Zulauf.

Mit den **Ölfunden** vor der schottischen Nordseeküste Ende der 1960er-Jahre bekam die SNP neue Argumente für ihre Forderung nach Unabhängigkeit. Das Öl solle ja nicht an Schottlands Wirtschaft vorbeifließen.

Dezentralisierung

Bei den Unterhauswahlen 1974 erreichte die SNP über 30 % der Stimmen und „Devolution" wurde wieder ernsthaft diskutiert. Unter der Labour-Regierung entstand ein Gesetzentwurf zu einer **Dezentralisierung** des Unterhauses. 1979 wurde schließlich ein Referendum festgesetzt, in dem die Schotten über größere Autonomie entscheiden sollten. Die Auszählung ergab aber nur 33 % Ja-Stimmen der Wahlberechtigten.

1979 kamen die Konservativen in London an die Macht. In Schottland hatten sie nur einen ganz kleinen Rückhalt, trotzdem wurde das Land von ihnen regiert. Die Regierungsgewalt lag in den Händen eines vom Premierminister eingesetzten Ministers. Als 1992 die Konservativen zum vierten Mal hintereinander die Parlamentswahlen gewannen, kam es in vielen Orten Schottlands zu spontanen Demonstrationen. Bei näherer Betrachtung allerdings waren die meisten Schotten aus ökonomischen Gründen weiterhin an einer Union mit England interessiert. Der Wendepunkt kam 1997, als Labour an die Regierung kam. Die Tories verloren jeder ihrer schottischen Sitze. Unter der Führung von Donald Dewar (er verstarb im Oktober 2000) wurden verstärkte Anstrengungen in Hinsicht „Devolution" unternommen. In einem Referendum stimmten 75 % der Wahlberechtigten für ein schottisches Parlament. Im Mai 1999 fanden die ersten schottischen Wahlen statt. Die Labour Party (56 Sitze) bildete zusammen mit den Liberal Democrats (17 Sitze) die Regierungsmehrheit. Donald Dewar wurde Schottlands First Minister (Erster Minister). Am 1. Juli 1999 eröffnete die Queen offiziell das schottische Parlament. Das neue Parlamentsgebäude wurde allerdings erst 2004 eingeweiht.

Das schottische Parlament in Edinburgh

Schottisches Parlament

Bei den Parlamentswahlen 2007 wurde mit Alex Salmond zum ersten Mal ein Kandidat der SNP zum Ersten Minister von Schottland gewählt. 2011 wird Salmond, diesmal mit absoluter Mehrheit, wiedergewählt. Eines der Hauptziele der Scottish National Party ist ein Referendum zur Unabhängigkeit Schottlands.

Das schottische Parlament ist für folgende Bereiche zuständig: Erziehung, Gesundheitswesen, Rechtsprechung, Soziales, Kommunalpolitik, Umweltschutz, Städteplanung, Landwirtschaft, Fischereiwesen, Sport, Kunst. Westminster hingegen behält weiterhin die Kontrolle über die Bereiche Verteidigung, Auslandspolitik sowie bei größeren wirtschaftlichen und steuerlichen Fragen.

Kunst- und Kulturgeschichte

Malerei

Vor etwa 1750 gab es keine eigene Maltradition in Schottland. Dieses resultierte zum einen aus der materiellen Armut Schottlands im 16. und 17. Jh., zum anderen aus der Kunstfeindlichkeit der Kirche und schließlich aus der auf die Vereinigung des englischen und schottischen Parlaments 1707 folgende Abwanderung des Adels nach London.

Nur wenige einheimische Maler erlangten vor 1750 Bedeutung. Zu nennen sind beispielsweise **Georg Jameson** (1587–1644), ein Schüler Rubens, und **William Aikmann** (1682–1731). Von einer freien Entwicklung der schottischen Malerei (bedingt durch zunehmenden Wohlstand und einen Rückgang des Einflusses der puritanischen Kirche) kann erst ab der zweiten Hälfte des 18. Jh. die Rede sein. 1729 wurde die Malschule von St. Luke in Edinburgh gegründet, 1753 die Foulis Academy in Glasgow. 1760 folgten die Trustee's Academy und 1826 die Gründung der Royal Scottish Academy. Letztere bewirkte, dass weniger Künstler nach London abwanderten und dass jene, die blieben, eine Ausbildung erhielten und regelmäßig ausstellen konnten.

In der **Porträtmalerei** erlangten **Allan Ramsay** (1713–1784) und **Sir Henry Raeburn** (1756–1823) internationale Bedeutung. Allan Ramsay, Sohn eines Perückenmachers aus Edinburgh, studierte bei William Hogarth in London, dann an der französischen Akademie. Zunächst in Edinburgh tätig, zog es ihn später nach London, wo er als Hofmaler und Porträtist der Londoner Gesellschaft tätig war. Seine Porträts sind von einer Frische und Natürlichkeit gekennzeichnet, die im starken Gegensatz zu dem verstaubten Stil seiner Zeit stand. Vor allem seine eleganten und graziösen Frauenporträts brachten ihm Bedeutung ein. Auch Henry Raeburn war Porträtmaler, hatte sich allerdings das Malen mehr oder weniger selbst beigebracht. Seine Darstellungen sind klar und auf das Wesentliche konzentriert. Im Gegensatz zu Ramsay bevorzugte Raeburn den kräftigen Pinselstrich.

Impulse durch Historienromane

Im 19. Jh. lag die Stärke der schottischen Malerei in der **Genre- und Landschaftsmalerei**. Die historischen Romane Sir Walter Scotts, in denen er die edle schottische Vergangenheit darstellt, setzten entscheidende Impulse für eine romantische Verehrung der Highlands. Im 18. Jh. noch hatten die abgeschiedenen Highlands als rückständig gegolten, die Romantik hingegen rühmte ihre pittoreske Schönheit. Auch die **Historienmalerei** erhielt durch Scotts Romane Anregungen, allerdings häufig sentimental verklärt.

In der **Genremalerei** ist **David Allan** (1744–1796) zu nennen, der in Zeichnungen und Aquarellen die schottischen Menschen, ihr Leben und ihre Naturverbundenheit darzustellen versuchte. Die feinen Zeichnungen eines **David Wilkie** (1785–1841) zeigen den Einfluss der holländischen Genremalerei.

Mit **Alexander Nasmyth** (1758–1840), einem Schüler Ramsays, begann die Tradition der schottischen **Landschaftsmalerei**. Landschaft wird nicht nur als Dekoration aufgefasst, sondern um ihrer selbst willen dargestellt. Zu nennen ist auch **John Thomson** (1787–1840), der – fasziniert von der wilden Schönheit der Highlands – die Landschaft in ausdrucksstarken Gemälden festhielt.

Freiluftmalerei

Mit **Horatio McCulloch** (1805–1867) entwickelte sich die Freiluftmalerei. Viele Maler gingen hinaus ins Freie und fertigten ihre Skizzen oder Aquarelle direkt vor Ort an. Der Impressionist **William McTaggart** (1855–1910) ist nicht nur an der statischen Natur interessiert, sondern an den stets wechselnden Effekten von Licht und Wetter.

Die **Glasgow Boys** waren ein lockerer Zusammenschluss von fünf Malern (Sir James Guthrie, Sir John Lavery, George Henry, E. A. Hornel und Joseph Crawhall), die sich gegen die althergebrachte Dominanz Edinburghs im künstlerischen Leben zu wehren versuchten. Die Gruppe, von zeitgenössischer europäischer Malerei, insbesondere den Impressionisten beeinflusst, lehnte die traditionelle und konservative Malweise ab, die sie als sentimental und melodramatisch empfand. Zunächst von der Royal Scottish Academy und dem Edinburgher Establishment abgelehnt, erlangte sie jedoch bald (auch europäische) Bedeutung und dementsprechend kommerziellen Erfolg. Obwohl die Gruppe den Ersten Weltkrieg nicht überstand, kann ihr Einfluss nicht unterschätzt werden. Sie inspirierte die nächste Generation der Edinburgher Maler, die als **Colourists** bekannt wurde und stark vom französischen Postimpressionismus beeinflusst war. Nach dem Zweiten Weltkrieg erlangten Künstler wie Alan Davie und Eduardo Paolozzi mit abstraktem Expressionismus und Pop Art internationale Anerkennung, doch können ihre Werke nicht unbedingt als „schottisch" bezeichnet werden. In den 1980er-Jahren schlossen sich die **New Glasgow Boys** zusammen, deren Werke ein starkes Bemühen um soziale Anliegen aufweisen.

Ablehnung der konservativen Malweise

Architektur

Die ersten, heute noch sichtbaren Zeugnisse schottischer Baukunst stammen aus der **Steinzeit** (ca. 2500–2000 v.Chr.), wie etwa die Kammergräber von Maes Howe und Skara Brae, ein vollständiges neolithisches Dorf auf Orkney.

Eine auf Schottland beschränkte architektonische Besonderheit sind die großen Rundtürme, **Brochs** genannt, die ab ca. 100 v. Chr. gebaut wurden. Diese Türme bestehen aus massiven Doppelmauern ohne Fenster und sind völlig ohne Mörtel,

Der Mousa Broch auf den Shetland-Inseln

d.h. in der Trockenbauweise zusammengefügt. Kammern, Gänge und Treppen sind in die Mauern eingefügt. Es wird vermutet, dass diese Brochs als Zufluchtsstätten und zur Verteidigung dienten. Der Mousa Broch (Shetland) gilt als der besterhaltene in Schottland.

Auf die Römer geht der Antoninuswall zurück, der 140 n. Chr. unter Kaiser Antoninus Pius begonnen wurde. Mit einer Länge von fast 60 km verband der Wall den Forth mit dem Clyde. Im Gegensatz zum zehn Jahre früher entstandenen Hadrianswall handelt es sich beim Antoninuswall um einen Erdwall, der auf einem Fundament aus Stein ruht. (Der Hadrianswall ist aus Stein geschichtet.) Außerdem legten die Römer im Süden Schottlands die Grundstrukturen für das Straßennetz, wie es sich auch heute noch darstellt.

Irische Bauweise

Der irische Mönch Columba brachte neben dem Christentum auch die irische Bauweise mit nach Schottland, allerdings sind die Zeugnisse aus dieser frühchristlichen Zeit recht spärlich. Deutlich wird der irische Einfluss in den beiden Rundtürmen in Brechin und Abernethy, hohe schlanke Türme mit einer konischen Spitze und einem erhöhten Eingang. In Gefahrenzeiten dienten sie Mönchen als Zufluchtsstätte.

Im späten 11. Jh. wurde unter dem Einfluss der Königin Margaret der **normannische Baustil** (auf dem europäischen Festland romanisch genannt) in Schottland eingeführt. Die Kapelle der hl. Margaret im Edinburgh Castle ist ein gutes Beispiel dieser frühen Architektur. Im 12. Jh. entstand eine Reihe von stattlichen Abteien und Kathedralen, die heute nur noch als eindrucksvolle Ruinen erhalten sind. Typische Kennzeichen sind die schlichten Formen, die massigen Rundbögen, dicke Wände, flache Holzdecken und solide Säulen. Einen guten Eindruck von der normannischen Bauweise erhält man in den Pfarrkirchen Leuchars und Dalmeny. Beide Kirchen sind gut erhalten.

Gotische Architektur in funktionaler Schlichtheit: Melrose Abbey

Architektur

Die Burg des normannischen Stils wird als **motte and bailey-Burg** bezeichnet. Auf der *motte*, einem künstlichen Erdhügel, stand ein meist hölzerner Turm, der von einer Palisade umgeben war. In dem *bailey*, einem von einem Wall umgebenen Innenhof, befanden sich weitere Gebäude. Ein gutes Beispiel ist Duffus Castle. Ab dem 13. Jh. verwendete man für die Burgen fast nur noch Stein.

Im 13. Jh. erreichte die **Gotik** Schottland. Vielfach kamen die Handwerker aus dem Ausland, sodass der gotische Stil zunächst kontinentale Merkmale aufweist. Erst allmählich kann man von typisch schottischen Merkmalen sprechen. Durch die häufigen Kriege ständig zerstört und wieder neu aufgebaut, zeigt der Sakralbau des 12.–14. Jh. eine funktionale Schlichtheit. Ornamente werden nur sparsam eingesetzt. Gute Beispiele sind Melrose Abbey, Sweetheart Abbey oder Dunblane Cathedral. Während sich im 15. Jh. in Frankreich die Gotik zum Flamboyant, in England zum Perpendicular steigerte, behielt Schottland die eigene schlichte Bautradition bei.

Sparsame Ornamentik

Bis ins 16. Jh. hinein wurden keine neuen großen Kathedralen mehr gebaut. Die kleinen Pfarr- und Stiftskirchen zeigen in dieser Zeit eine Kombination von normannischen und gotischen Zügen. Typisch sind jedoch auch Architekturelemente des *Scottish Baronial* (s.u.) mit einem deutlichen Wehr- und Verteidigungscharakter.

Im 14. Jh. bildete sich als Bauform des niederen Adels das sog. **Tower House** heraus. Anfänglich handelte es sich um massive Wehrtürme mit reiner Verteidigungsfunktion. Der Turm hatte schlichte, massive Mauern. Pro Stockwerk gab es nur einen Raum und auch die Fenster waren knapp bemessen. Ein gutes Beispiel dafür ist Drum Castle.

Die Grundrissstruktur der Tower Houses wurde im Laufe des 16. Jh. komplizierter. Aus dem rein funktionalen Wehrturm entwickelte sich der Wohnturm. Die Grundeigenschaften – leichte Verteidigung und beeindruckendes Aussehen – blieben, jedoch verlagerte sich die Bauweise während des relativ friedlichen 16. und 17. Jh. auf mehr Wohnkomfort und auf äußere Ästhetik. Es entwickelte sich schließlich der Baustil des **Scottish Baronial**. Kennzeichnend sind pittoreske Effekte wie vorspringende Türmchen und Erker, Giebel und Balustraden.

Baronialstil

Zwischen dem Wohnturm und den bürgerlichen **Wohnhäusern** des 16. Jh. lag kein weiter Weg. Viele Elemente des Burgenbaus, z. B. kleine Türmchen oder verstrebte Fenster, leben in den Wohnhäusern fort. Das älteste Wohngebäude Schottlands (1471) steht in Glasgow, Provand's Lordship.

Die **Renaissance** machte sich zunächst nur in einzelnen dekorativen Elementen (Fensteraufsätze, Stuckornamente und Kamine) bemerkbar. Nach 1660 wurde jedoch auch nach den architektonischen Grundprinzipien der Renaissance gebaut. Die Epoche war allerdings nur von kurzer Dauer, denn das georgianische Zeitalter (1700–1830) war vom **Klassizismus** geprägt. Herausragende Architekten dieser Zeit sind **Sir William Bruce**, **William Adam** und später vor allem dessen Sohn **Robert Adam** (1728–1792).

Architekten des Klassizismus

Symmetrie

William Adam war stark von den Bauten des italienischen Architekten Andrea Palladio (1508–1580) sowie von den englischen Architekten Inigo Jones und Christopher Wren beeinflusst. Kennzeichnend für den klassizistischen Baustil sind der symmetrische Grundriss und die gleichmäßige Einteilung der Fassade mit einem mittigen Eingang. Robert Adam war einer der vier Söhne William Adams. Unter ihm entstanden die meisten klassizistischen Bauten in Schottland. Nicht nur Herrenhäuser und Schlösser, auch städtische Bauwerke wurden nach klassizistischen Prinzipien erbaut. Besonders deutlich wird dies bei der „New Town" in Edinburgh, wo ein ganzes Stadtviertel als geschlossene, symmetrische Einheit entworfen wurde.

Ab etwa der Mitte des 18. Jh. entwickelte sich durch ein wiedererwachtes Interesse am Mittelalter die **Neogotik**. Kennzeichnend ist, wie etwa bei Inveraray Castle und Culzean Castle, eine Fassadengestaltung, die an mittelalterliche Burgen und Kirchen erinnert. In der Spätphase der georgianischen Zeit (bis 1830) wich die Architektur immer mehr von der Symmetrie und Regelmäßigkeit ab, die noch die Anfangsphase bestimmt hatten. Pittoreske und spielerische Elemente wurden wahllos aneinandergehäuft.

Der sich zeitgleich entwickelnde **Neoklassizismus** lehnte sich nicht mehr an die Renaissance an, sondern an die Antike. William Playfairs Gebäude auf dem Calton Hill in Edinburgh sowie seine National Gallery sind typische Beispiele dafür.

Buntes Durcheinander

Die Architektur des 19. Jh. hat nichts mehr von der strengen Bauweise, die noch das vorherige Jahrhundert bestimmt hatte. Typisch ist ein buntes Durcheinander verschiedener Stile. Im Kirchenbau griff man auf die Gotik zurück, für den Schlossbau wurde mit dem Erwachen der Industriellen Revolution erneut eine Vorliebe für die Burgenarchitektur des 16. und 17. Jh. entdeckt. Ein gutes Beispiel für den **Neo-Baronialstil** ist Balmoral Castle.

Schottlands Beitrag zum **Jugendstil** kam mit dem Glasgower Architekten **Charles Rennie Mackintosh** (1868–1928), dessen Genialität in England und Schottland erst lange nach seinem Tode erkannt wurde. In seinem wohl wichtigsten Bau, der Glasgow School of Art, verzichtete er zwar auf althergebrachte Traditionen, blieb jedoch dennoch dem kargen schottischen Funktionalismus treu.

Viele moderne Wohnbauten zeigen, wie sich Architektur harmonisch in die umgebende Landschaft einfügen kann. Die verwendeten Materialien, beziehen sich dabei auf die traditionelle Schlichtheit des bäuerlichen Lebens.

Mackintosh entwarf das House for an Art Lover in Glasgow

Literatur

Bis zum 18. Jh. wurden die schottischen Volkslieder und -gedichte ausschließlich mündlich überliefert. Erst mit den Werken der drei großen Romanciers **Robert Burns** (1759–1796), **Sir Walter Scott** (1771–1832) und **Robert Louis Stevenson** (1850–1894) entstand die schottische Literaturtradition, die auch auf internationales Interesse stieß.

Die Scottish Literary Renaissance

In den 1920er-Jahren erlebte die schottische Literatur während der sog. *Scottish Literary Renaissance* eine weitere Blüte. Die Erfahrungen des Ersten Weltkriegs erweckten in Schottland, wie auch in vielen anderen Staaten, ein neues oder wiederentdecktes nationales Bewusstsein, das sich in der Literatur widerspiegelte.

Die schottische Literatur dieser Zeit steht im Gegensatz zu den sentimentalen Anklängen des 18 Jh. und bemüht sich um eine Anpassung an die modernen europäischen Strömungen. Andererseits schrieben viele Autoren der schottischen Literatur-Renaissance im schottischen Dialekt, dem „Scots". In der englischen Sprachtradition sah man eine Beschränkung der ursprünglichen Sprachformen, die den modernen literarischen Bedürfnissen nicht mehr angepasst war. Der schottische Dialekt wurde als literarische Sprache verwendet, um internationale, politische und soziale Themen zu behandeln und um Klassenkonflikte auszudrücken. Die Scottish Literary Renaissance ist demnach von zwei Faktoren geprägt: zum einen der internationalen Öffnung und der Anpassung an modernes europäisches Denken, zum anderen dem Rückgriff auf eine traditionelle Sprachform.

Schottischer Dialekt

Das wohl am meisten behandelte Thema jener Zeit war die Suche nach einer eigenen nationalen Identität. **Hugh MacDiarmid** (1892–1978), vielleicht der wichtigste Vertreter der Scottish Literary Renaissance, gilt als Erneuerer des „Scots" als gesprochener und vor allem geschriebener Sprache. Bekannt wurde er vor allem durch sein langes Gedicht „A Drunk Man looks at the Thistle" (1926).

Die sog. **kailyard** (Kohlbett)-Schule ist eine literarische Strömung, deren Werke sich vor allem durch eine idealisierte und idyllisierte Schilderung des Dorflebens auszeichnen. Besonders bei den im Ausland lebenden Schotten waren diese Werke beliebt. Zu nennen ist der aus Kirriemuir stammende **James Matthew Barrie** (1860–1937), dessen „Peter Pan" (1904) Weltberühmtheit erlangte.

Dorfleben als Idylle

Edwin Muir (1887–1959) zählt zu den großen modernen Autoren des Landes, und seine Werke sind typisch für die Heimatverbundenheit der schottischen Literatur. Von den Orkney-Inseln stammend, bieten seine Lyrik und Prosa einen guten Zugang zu Schottland: „Scott and Scotland" (1936), „Scottish Journey" (1935) sowie seine Lebenserinnerungen „An Autobiographie" (1954) und die seiner Frau Willa sind lesenswert. „Imagined Corners" (1931) von Willa Muir spielt in ihrer Heimatstadt Montrose. Auch **Eric Linklater** (1899–1974), dessen „Magnus Merriman" (1934) stark autobiografische Züge trägt, und **George Mackay Brown** (1921–

1996) stammen von den Orkney-Inseln. Brown ist vor allem für Kurzgeschichten über seine Heimat bekannt.

Neben **Lewis Grassic Gibbon** (eigentlich James Leslie Mitchell, 1901–1935, u. a. „A Scot's Quair", eine Trilogie, die zu den wichtigsten Werken schottischer Literatur zählt sowie „Sunset Song") ist **Neil M. Gunn** (1891–1973, s. S. 375) ein weiterer großer schottischer Romanschriftsteller des 20. Jh.

Thema Clearances Die *clearances* der Highlands und deren Konsequenzen für Land und Menschen stellt ein wichtiges Thema im Werk von Neil M. Gunn dar, wie etwa in seinem Roman „Butcher's Broom" von 1934. „The Silver Darling", das von der Heringsfischerei handelt, stellt einen Rückgriff auf das bereits in „The Morning Tide" behandelte Thema Mensch und Meer dar. „The Green Isle of the Great Deep", 1944, wurde oft mit Aldous Huxleys „Brave New World" verglichen. In diesem Roman legt Gunn seine Anti-Utopie-Gedanken dar.

Mit den schottischen Mythen und Sagen beschäftigt sich **Naomi Mitchison** (1897–1999). Ihr wohl bekanntester Roman ist „The Corn King and the Spring Queen" von 1931. **Iain Crichton Smith** (1928–1999) befasst sich mit dem Thema der Landvertreibungen. In seinem Roman „Consider the Lilies" (1968) stellt er das Geschehen aus der Sicht einer alten Frau dar.

Jessie Kessons (1916–1994) „Another Place, another Time" (1983) handelt von der Liebe zwischen einer schottischen Landarbeiterin und einem italienischen Kriegsgefangenen. „Another Place, another Time" wurde auch verfilmt. Das Werk der in Edinburgh geborenen **Muriel Spark** (1918–2006) wird heute allgemein zur englischen Literatur gezählt. „The Prime of Miss Jean Brodie" (1961) ist Sparks einziger Roman, der in Schottland spielt. Trotzdem weist die Autorin immer wieder auf die wichtige Bedeutung ihrer schottischen Herkunft und Erziehung hin. Ab den 1970er-Jahren wird das Thema „Glasgow" zunehmend wichtiger Bestandteil der Literatur. Anschaulich und lebensnah beschreibt **William McIlvanney** (geb. 1936) die Alltagsrealität in Glasgow („Docherty", 1975). **Robin Jenkins**, 1912–2005, („Fergus Lamont", 1979), und **Alasdair Gray**, geb. 1934 („Lanark"), beschäftigen sich in ihren Romanen und Kurzgeschichten mit den sozialen Problemen Glasgows. Der erste Roman „The Magic Flute" (1990) von **Alan Spence** (geb. 1947) beschreibt das Aufwachsen von vier Jungen im Glasgow der 1960er-, 70er- und 80er-Jahre. Spannend geschrieben, verknüpft dieser Roman die Musikszene aus drei Jahrzehnten, stellt aber gleichzeitig auch ein soziales Porträt der Stadt dar.

Inspiration in der Heimat Viele der zeitgenössischen schottischen Schriftsteller suchen Inspiration in ihrer schottischen Heimat. **Iain Banks** (geb. 1954), Autor von „The Wasp Factory" und „The Crow Road", um nur einige seiner Werke zu nennen (als Autor von Science Fiction veröffentlicht er unter dem Namen *Iain M. Banks*), gründet seinen Roman „The Bridge" auf der Struktur der Forth Railway Bridge. **Irvine Welsh** (geb. 1958) beschäftigt sich mit der Drogenszene im heutigen Schottland („Trainspotting"), und auch **Ian Rankins** (geb. 1960) Romane sind in den Lokalen Edinburghs angesiedelt. **James Kelman** (geb. 1946) wurde für sein im Glasgower Dialekt geschriebenes Buch „How late it was, how late" mit dem Booker Prize ausgezeichnet.

Buchtipp
Übersichtlich und für die „schnelle" Information ideal ist das 96 Seiten umfassende und illustrierte Buch von David Gray: **„A Wheen O'Blethers. The Changing face of Scottish Literature***", Glasgow 2000. Jeweils eine Seite wird den Autoren von Burns bis heute gewidmet.*

Landschaftlicher Überblick
Geografie und Geologie

Schottland liegt zwischen dem 55. und 66. Breitengrad. Obwohl auf gleicher Höhe mit Moskau, herrscht in Schottland aufgrund der Einwirkungen des **Golfstroms** wärmeres Klima. Die Cheviot Hills und der Fluss Tweed, der entlang der ca. 100 km langen Grenze verläuft, bilden die Grenze zwischen Schottland und England. Schottland hat eine Fläche von rund 78.800 km², ist somit also in etwa so groß wie Österreich. Das Festland ist von Nord nach Süd 440 km lang und von Ost nach West rund 248 km. Neben dem Festland *(mainland)* gehören zu Schottland die westlich vorgelagerten Inneren und Äußeren Hebriden sowie die Orkney- und Shetland-Inseln im Norden. Aufgrund der vielen Buchten und Fjorde ergibt sich eine Küstenlinie – einschließlich der Inseln – von 10.140 km. Insgesamt gibt es 790 schottische Inseln, von denen 130 bewohnt sind.

Einfluss des Golfstroms

Drei große geografische Gebiete lassen sich unterscheiden:
Die **Southern Uplands**: Sie erstrecken sich im Süden über die Regionen Borders, Dumfries und Galloway bis über die Grenze nach England.

The Queen's View, am Loch Tummel in Perthshire

Die **Central Lowlands**: Sie erstrecken sich zwischen dem Firth of Forth an der Nordsee und dem Firth of Clyde am Atlantik.

Die **Highlands**: Zu den Highlands gehören sowohl der Nordwesten, die Grampian Highlands als auch die Hebriden und die Orkney- und Shetland-Inseln.

Bergiges Hochland prägt Schottland

Bergiges Hochland ist typisch für den überwiegenden Teil Schottlands. Das sich jenseits des **Kaledonischen Grabens** erhebende Hochland im Nordwesten besteht aus Gneisen. Zur Westküste hin lagern sich Sandstein, zum Kaledonischen Graben hin Glimmerschiefer an. Heftige Winde aus West führten zu einer starken Erosion, weshalb viele Täler an der Westküste in Ost-West-Richtung verlaufen, um dann in die lang gestreckten Meeresbuchten *(firths)* überzugehen. Die Ostküste von Caithness, der Moray Firth und die Orkney-Inseln liegen auf einer dünnen Sandsteinschicht, die **Grampian Highlands** im Osten auf einem geschlossenen Sockel aus Glimmerschiefer und Granit. Vergleichbare Formationen sind in Deutschland der Harz und der Schwarzwald.

Von der Ostküste bei Stonehaven bis zum Firth of Clyde verläuft die sog. **Highland Boundary Fault**. Sie bildet die natürliche Grenze zwischen dem nördlichen Hochland und der mittelschottischen Senke. In der Landesmitte ermöglicht das aus Lehm und Braunerde bestehende **Flachland** fruchtbaren Ackerbau.

Die Southern Uplands ruhen auf einem Sockel von Tonschiefer und Sandstein. Dieser Sockel wird von verschiedenen anderen Gesteinen überlagert. Der Boden ist sehr fruchtbar und kann landwirtschaftlich intensiv genutzt werden.

Landschaft im Norden Schottlands, nördlich von Ullapool

Munros

Die Schotten nennen ihre Berge, die über 3.000 Fuß (914 m) hoch sind, Munros. Dieser Name geht auf **Sir Hugh Munro** zurück, der im 19. Jh. von der schottischen Bergwelt so begeistert war, dass er ein 30-bändiges Werk verfasste, in dem sämtliche Berge Schottlands aufgelistet sind. Ausgestattet mit einem einfachen Höhenmesser, machte er sich auf, um zu prüfen, wie viele Berge tatsächlich über 3.000 Fuß

Schottland ist ein herrliches Wanderziel

hoch sind, denn selbst der 1889 gegründete schottische Bergsteigerverein konnte ihm keine genauen Zahlen bieten. Heutige Messungen haben ergeben, dass es genau 277 Munros gibt. Der höchste ist der **Ben Nevis**, mit 1.343 m auch der höchste Berg der britischen Inseln. Zwar nicht sonderlich hoch, stellen die Munros aufgrund des oft kalten und windigen Wetters keine leichten Bergsteigerbedingungen dar.

Die Besteigung aller Munros ist mittlerweile zu einem Hobby geworden, und jene, die sämtliche Munros erklommen haben, dürfen sich „Munroisten" nennen. Die Liste der Munroisten umfasst mittlerweile weit über 5.000 (s. auch Webseite des Scottish Mountaineering Clubs: www.smc.org.uk).

Munro-Bezwinger

Klima

In Schottland herrscht ein ozeanisches Klima. Es zeichnet sich durch mäßig warme Sommer und vor allem an der Westküste – bedingt durch den Golfstrom – durch milde Winter aus. Selten steigt das Thermometer über 21 °C, sinkt jedoch auch selten unter 0 °C.

An der schottischen Nordwestküste macht sich das ozeanische Klima am meisten bemerkbar. An zwei von drei Tagen fällt Niederschlag und die Sonne verbirgt sich oft hinter dicken Wolken. Die Temperaturschwankungen sind allerdings relativ gering.

Der Wind weht in Schottland fast ganzjährig aus westlicher Richtung. Die Wolken bleiben in den Bergen der Highlands hängen und regnen sich dort ab. In den Bergen des Hochlands regnet es daher am meisten. Oberhalb von 300 m regnet es über 2.000 mm im Jahr. Auf dem Ben Nevis erreichen die Niederschläge sogar über 4.000 mm. Im mittelschottischen Tiefland und an der Ostküste regnet es weniger und auch das Klima ist im Osten beständiger. Die Regenmengen an der Ostküste

Wind aus West

betragen zwischen 600 und 900 mm im Jahresdurchschnitt. Aberdeen ist statistisch gesehen die Stadt mit dem meisten Sonnenschein in Schottland. Dafür ist es dort im Winter kühler als im Westen, da sich hier der Einfluss des Golfstroms weniger auswirkt. Auch im Süden regnet es im Westen mehr als im Osten. In den Southern Uplands fallen, je nach Höhenlage, zwischen 600 und 2.000 mm Niederschläge pro Jahr.

Klimadaten Schottland	Ø Temperaturen in °C Tag	Ø Temperaturen in °C Nacht	Sonnenstunden pro Tag	Regentage	Wassertemperaturen in °C
Januar	5,5	1,1	1,8	17	6
Februar	6,0	1,1	2,6	15	6
März	8,0	2,3	3,3	15	5
April	10,8	4,0	5,3	14	6
Mai	13,5	6,3	6,1	14	8
Juni	16,7	9,2	6,0	15	11
Juli	18,4	11,2	5,4	17	13
August	17,8	11,1	4,5	16	13
September	15,6	9,4	4,3	16	12
Oktober	12,1	6,7	3,3	17	11
November	8,7	4,1	1,8	17	9
Dezember	6,8	2,4	1,5	18	8

Fauna

Ehemals artenreiche Tierwelt

Auch in Schottland hat sich die einst artenreiche Tierwelt in den letzten Jahrhunderten beträchtlich verringert. Wölfe und Elche sind z. B. völlig ausgerottet.

Der Dachs *(Badger)* ist ein Allesfresser. Er ernährt sich vor allem von Regenwürmern und Schnecken, aber auch von Pflanzen wie Wurzeln, Beeren und Getreide. Hasen *(Hare)* und Kaninchen *(Rabbit)* kann er nur erbeuten, wenn diese krank sind oder er durch Zufall Junge findet. *Weasels* (Mauswiesel) haben eine Länge von 13–19 cm und sind somit die kleinsten Raubtiere der Welt. Sie erbeuten Mäuse und andere Kleinnager, gelegentlich auch Kaninchen. Der *Ermine* (Hermelin) ist hingegen ein Hühnerdieb. An Flüssen und an felsigen Küsten sieht man zuweilen Otter (Otter), die sowohl im Süßwasser als auch im Salzwasser zu Hause sind. In den schottischen Wäldern lebt der *Pine Marten*, der auch bei uns heimisch ist (Baum- oder Edelmarder).

Robben *(Seals)* können sich an Land lediglich durch „robben" fortbewegen. Zwischen den fünf Zehen ihrer Flossenfüße ist im Laufe der Evolution eine Schwimmhaut gewachsen. Robben – hierzu gehören sowohl unser Seehund *(Common Seal)* als auch die Kegelrobbe – ernähren sich ausschließlich von Fisch. Die größte Robbenart ist das Walross (Walrus) mit über 1.000 kg Körpergewicht.

Vögel

In Schottland gibt es eine beeindruckend reiche Vogelwelt. Etliche der über 300 Vogelarten sind auf dem Kontinent bereits ausgestorben.

Reiche Vogelwelt

Der *Golden Eagle* (**Steinadler**) lebt in den bergigen Regionen des Hochlands und auf den Hebriden. Der Name leitet sich von der goldgelben Färbung an Nacken und Kopf ab. In Mitteleuropa steht der Steinadler auf der Liste der gefährdeten Tierarten. Auch der *Peregrine Falcon*, der **Wanderfalke**, lebt in den Highlands. *Buzzards* (**Bussard**) und *Hen Harrier* (**Kornweihe**) kommen im ganzen Land vor. Woher die englische Bezeichnung *Hen Harrier* stammt, ist zweifelhaft, denn die Kornweihe ist lediglich in der Lage, Küken zu erbeuten. Der *Goshawk* (**Habicht**) kann allerdings Vögel bis zur Größe eines Graureihers erbeuten.

Das **Schottische Moorschneehuhn** *(Red Grouse)* ist ein Verwandter des Alpenschneehuhns und der übrigen Raufußhühner (Birkhuhn, Auerhuhn), die ebenfalls in Schottland vorkommen. Das Schottische Moorschneehuhn wird gerne gejagt. Das **Birkhuhn** *(Black Grouse)* ist in Schottland so wie bei uns auf dem Kontinent heimisch. Raufußhühner ernähren sich vor allem von Pflanzen. Für die Jungenaufzucht werden Würmer und Insekten benötigt. Die sog. **Sumpfhühner** (Zwergsumpfhuhn, Tüpfelsumpfhuhn) sind Rallen, wie auch die bekanntere Teichralle (auch Teichhuhn genannt).

Oyster Catcher (**Austernfischer**) leben vorwiegend in den Fjorden der Highlands. Zu erkennen sind sie an ihrem Gefieder: Kopf und Federkleid sind schwarz, der Bauch weiß gefärbt. Dieser Vogel lebt hauptsächlich von Muscheln und Krebsen. Möwen ernähren sich überwiegend von Fisch und man sieht sie überall in Schottland. An den Steilküsten, etwa auf den Orkney-Inseln, brüten große **Möwenkolonien**. Die Lachmöwe hat einen schwarzen Kopf. Schwarze Flügel hingegen sind das Kennzeichen der Mantelmöwe und der Heringsmöwe. *Puffins* (**Papageientaucher**) – mit ihrem typischen rot-gelb-schwarz gestreiften Federkleid und gedrungenen Körper lustig anzuschauen – bevölkern zu Tausenden die Felsenküsten.

Puffins auf Shetland

An **Wildgänsen** gibt es mehrere Arten. Sie kommen im Herbst, um dem arktischen Winter zu entfliehen. Im März und April fliegen sie wieder gen Norden.

Ein typischer Vogel des offenen Geländes ist der **Mornellregenpfeifer** *(Dotterel)*, der nur selten durch deutsche Lande zieht. Er ist von gedrungener Statur und hat ein auffälliges Gefieder. Regenpfeifer sind in Schottland vor allem an der Küste reichlich vorhanden, z.B. der **Sandregenpfeifer** *(Ringed Plover)*, **Goldregenpfeifer** *(Golden Plover)* oder **Kiebitzregenpfeifer** *(Grey Plover)*. Die meisten Regenpfeifer an der Küste sind Wintergäste aus Skandinavien, einige sind aber in Schottland ganzjährig zu finden.

Interessant sind auch die mit Rauchschwalben nicht verwandten **Seeschwalben** *(Terns)*, von denen es in Schottland bis zu 13 Arten in den Küstengebieten gibt.

Flora

Einst komplett mit Wald bedeckt

Die schottische Pflanzenwelt ist weniger artenreich als die des europäischen Festlands. Der Grund dafür ist die Insellage Großbritanniens. Während Schottland einst vollständig von Wald bedeckt war, gibt es heute nur noch wenige Baumarten. Jahrhundertelang wurde Wald abgeholzt, um Weideflächen für Schaf- und Rinderzucht zu gewinnen. Die heutigen Wälder sind fast alle aufgeforstet.

Morastige Heidelandschaft ist das Kennzeichen des Hochlands. Auf dem nährstoffarmen Boden kann lediglich das Heidekraut gedeihen. Im Herbst färbt es die Landschaft purpurrot. Das teilweise mannshohe Farnkraut kann nur auf nährstoffrei-

Schafe sind im Landschaftsbild Schottlands allgegenwärtig

cheren Böden wachsen, Schilfgras hingegen nur auf sehr feuchtem Boden. In den Highlands findet man alpine Pflanzen wie Flechten und Moose.

Während sich die Vegetation der schottischen Ostküste und des Südens mit ihrer Wiesen- und Weidelandschaft kaum von der Mitteleuropas unterscheidet, kann die durch den Golfstrom begünstigte Westküste mit einer reicheren Pflanzenwelt aufwarten. In wunderschönen Garten- und Parkanlagen gedeihen hier beispielsweise Hortensien, Azaleen und Fuchsien. Die immergrünen Rhododendron-Sträucher werden bis zu 1 m hoch und tauchen die Landschaft zur Blütezeit in eine purpur- bis hellrote Pracht.

Vom Golfstrom begünstigt

Wirtschaftlicher Überblick

Einhergehend mit dem wirtschaftlichen Wohlstand in Großbritannien insgesamt, hat auch die Wirtschaftslage in Schottland einen großen Aufschwung erfahren. Einige Regionen sind nach wie vor instabil, z. B. abgelegene Gegenden innerhalb der Highlands & Islands. Die Regierung bemüht sich jedoch verstärkt, gerade diese Gebiete mit speziellen Maßnahmen zu fördern, z. B. den Tourismus weiter auszubauen oder qualitätsvolle Nahrungsmittelbetriebe anzusiedeln. Eine relativ neue Entwicklung ist weiterhin, dass *Crofter* (Kleinbauern) im Rahmen kommunaler Projekte Land erwerben können, wie dies bereits beispielsweise in Teilen von Assynt und Knoydart und auf einigen Hebrideninseln geschehen ist.

Industrie

Seit jeher spielt die Landwirtschaft einen wesentlichen Teil der schottischen Wirtschaft. Andererseits wurden in Schottland aber auch einige der wichtigsten technischen Erfindungen gemacht. James Watt verbesserte die Möglichkeiten der Dampfmaschine (1765), wodurch die **Industrielle Revolution** eingeleitet wurde. Mit Hilfe dieser Maschine konnte die Kohle in den mittleren Landesteilen Schottlands abgebaut werden. Im 19. Jh. entwickelte sich die Schwerindustrie, insbesondere in Glasgow. Aber auch die Leinenindustrie und der Schiffbau boomten. Tausende von Arbeitssuchenden kamen aus dem Norden Schottlands und aus Irland nach Glasgow, in der Hoffnung auf eine bessere Zukunft.

Die Weltwirtschaftskrise nach dem Ersten Weltkrieg bedeutete einen immensen Einbruch für die wirtschaftliche Entwicklung des Landes. Insbesondere der Schiffbau war davon betroffen, denn die Werften am Clyde verloren durch Konkurrenz aus anderen Ländern mehr und mehr an Bedeutung.

1969 wurde das erste Ölfeld in der schottischen Nordsee entdeckt. Die Schaffung von Arbeitsplätzen und die Erschließung neuer Wirtschaftszweige führten zu einer Gesundung der Wirtschaft. Weitere Industriezweige, die mittel- oder unmittelbar mit der Ausbeutung der Ölfelder verbunden sind, entstanden. Das Öl brachte ei-

Ölboom

nen finanziellen Segen mit sich. Der fast brachliegende Schiffbau wurde durch staatliche Investitionen modernisiert, denn zur Ölförderung benötigte man spezielle Schiffe.

High Technology Neue Industriezweige wurden entwickelt, wie beispielsweise mit großem Erfolg die Computerbranche. Das Zentrum der devisenträchtigen High Technology befindet sich in Livingston, 24 km westlich von Edinburgh. Studien zeigen, dass Schottland neben Irland und Deutschland zu den zukunftsträchtigen Standorten für die Mikro-Elektronikindustrie gehört.

Agrarwirtschaft

Von etwa 7,7 Mio. Hektar Gesamtfläche ist nur ein Viertel für die intensive Landwirtschaft (Acker- oder Grasland) nutzbar. Gras nimmt 65 % der bebauten Fläche ein, Getreide 25 %, der Rest dient der Kultivierung von Nutzpflanzen, wie Kartoffeln oder Zuckerrüben. Auf weit über der Hälfte des schottischen Landes wird nichts angebaut. Der unfruchtbare Boden eignet sich höchstens als Weideland für Schafe. Überwiegend besteht Schottland aus naturbelassenem Land (der sog. Naturweide), auf dem Farne, Heidekraut und Zwergsträucher wachsen, sowie aus Moorgebieten oder Forst, in dem oft Rotwild gehalten wird.

Bei den landwirtschaftlichen Betrieben handelt es sich meist um Kleinbauernbetriebe (sog. *crofts*), d.h. neben der Landwirtschaft gibt es ein Zusatzeinkommen, etwa durch die Vermietung von Zimmern an Touristen.

Schafe

Allgegenwärtige Schafe Schafe sieht man überall, ob nun auf den kargen Böden in den Highlands oder auf den saftigen Weiden im fruchtbaren Süden.

Während das **Cheviot Sheep** im Süden anzutreffen ist, leben die gegen Wind und Wetter unempfindlichen **Blackface Sheep** im Norden (z.T. aber auch im südschottischen Bergland). Das **Shetland Sheep** ist ein kleines, aber robustes Schaf. Seine besonders weiche Wolle hat im Laufe der Jahrhunderte zur Ausbildung einer Wollindustrie auf den Shetland-Inseln geführt. Durch die Konkurrenz von billigen ausländischen Wollimporteuren spielt die Wollproduktion in Schottland allerdings nur noch eine untergeordnete Rolle. Heutzutage konzentrieren sich die Schafzüchter überwiegend auf Mastlammerzeugung.

Rinder

Typische Mastrinder sind die **Galloway-** oder **Aberdeen-Angus-Rinder**. Vor allem im Nordwesten und im Süden befinden sich die großen Mastbetriebe. Das Fleisch dieser Rinder hat einen hervorragenden Ruf und wird in alle Welt exportiert. Milchkühe, im Gegensatz zu den einheimischen Mastrindern, werden (abge-

Langhaarig mit ausladenden, gebogenen Hörnern: das Highland Cattle

sehen vom Ayrshire-Rind, das an der Westküste von Ayrshire zu Hause ist) importiert, vor allem die schwarzbunten Frieslandrinder.

Das **Highland Cattle**, das einst die gesamten Highlands bevölkerte, ist im Vergleich mit anderen Rassen zum Mästen nicht geeignet. Die langhaarigen Rinder mit ihren gebogenen Hörnern stellen heute eher eine Touristenattraktion dar. Aus dem Highland Cattle wurde in den vergangenen Jahren das ausgestorbene Urrind und der Auerochse zurückgezüchtet.

Highland Cattle – Lieblinge der Touristen

Getreideanbau

Weizen und Gerste werden vor allem im Süden und in den mittleren Landesteilen angebaut. Die Erträge auf dem lehmigen Boden der Solway-Küste sind äußerst ergiebig und gehören zu den höchsten der Welt. Das milde Klima im Süden macht den Anbau von Winterweizen möglich. Dunkles kräftiges Brot wird man in Schottland allerdings nicht finden, denn nur der sog. soft wheat, eine Weizenart, die viel Feuchtigkeit verträgt, gedeiht hier. Aus dem Korn von Gerste wird Malz gewonnen, das man für die Herstellung von Whisky und Bier benötigt. Hafer wächst im Gegensatz zu Weizen und Gerste auch auf weniger fruchtbaren Böden, wird aber heutzutage nur noch wenig angebaut.

Fischerei

Die wichtigsten Fischereihäfen sind Aberdeen, Peterhead und Ullapool sowie Lerwick. Auch die Fischzucht, insbesondere von Lachs und Forelle, spielt eine große

Rolle. Durch die große Nachfrage an diesen Fischen entstanden auch in entlegenen Gebieten, wie etwa auf den Äußeren Hebriden und im Nordwesten, etliche Fischfarmen.

Forstwirtschaft

Ausbeutung der Holzreserven

Einst bedeckten riesige Kiefernwälder das Land bis auf 400–500 m Höhe. Der Wald, den man heute sieht, ist zum größten Teil aufgeforstet. Die **scots pine** ist ein äußerst widerstandsfähiger Baum und der einzige verbreitete einheimische Baum, der auch noch auf 600 m Höhe wächst. Lärchen und die Norwegische Fichte sind nach Schottland zwecks Aufforstung importiert worden. Bereits in der Bronzezeit begann die Abholzung der Wälder, da man für die zunehmende Bevölkerung mehr Land benötigte. Immer wiederkehrende Kriege und seit dem 16. Jh. der Schiffbau trugen weiterhin zur Ausbeutung der Holzreserven bei. Mindestens 1.000 Eichen brauchte man für den Bau eines Kriegsschiffs. Das 18. und 19. Jh. benötigten Platz, um die Schafzucht zu fördern. Die aufkommende Industrie brauchte Holz für das Betreiben der Dampfmaschinen und außerdem wurde es als Brennmaterial verwendet. Am Anfang des 20. Jh. hatte sich der Waldanteil in Schottland auf 5 % der Gesamtfläche verringert.

Aufforstung

Große Aufforstungsmaßnahmen begannen nach dem Ersten Weltkrieg. Eine staatliche Forstbehörde, die **Forest Commission**, wurde 1919 mit dem Ziel gegründet, eine angemessene Holzreserve aufzubauen. Allerdings durften nur jene Gebiete aufgeforstet werden, die landwirtschaftlich nicht genutzt wurden. Zunächst forstete man schnellwüchsige Nadelhölzer auf, was allerdings den Nachteil hat,

Blick auf die Eildon Hills in den Scottish Borders (Sir Walter Scott's View)

dass diese durch zu hohe Baumdichte und häufige Anpflanzung dem Boden sehr viele Nährstoffe entziehen. Als Ergebnis bleibt nicht nur toter Wald, sondern auch tote Erde zurück. 1950 wurde von der Forest Commission und der Nature Conservancy ein Langzeitprogramm aufgestellt, mit dessen Hilfe die ursprüngliche Bewaldung wiederhergestellt werden soll.

Die Wiederaufforstung ist eine der dringendsten Aufgaben des Naturschutzes, und die Forstwirtschaft ist mittlerweile ein wichtiger Wirtschaftszweig. Heute hat das bereits fast kahle Land wieder rund 10.000 km² Wald. Das Forstamt bemüht sich, neben dem Aufforstungsprogramm, auch um den Aufbau kleinerer, örtlicher Weiterverarbeitungsfabriken, um dadurch in den strukturschwachen Regionen Arbeitsplätze zu schaffen. Weiterhin kümmert sich die Forest Commission um die Anlage von Wanderwegen, Hütten, Picknick- und Campingplätzen, um die Wälder auch für den Tourismus attraktiv zu machen.

Eine große Bedrohung für die mühsam aufgeforsteten Wälder stellt die hohe Anzahl von Rot- und Rehwild dar. Das Wild frisst die jungen Bäume ab und zerstört das Gras und die Heide in den baumlosen Gebieten.

Energieversorgung

Alternative Methoden der Energieerzeugung, wie Wind, Wellen und Gezeiten, spielen in Schottland eine große Rolle und stehen auch ganz oben auf der politischen Agenda. 2011 wurden immerhin 30 % des Energiebedarfs durch erneuerbare Energien erzeugt. *Alternative Energien*

Tourismus

Nach London ist Schottland das beliebteste Reiseziel der Deutschen in Großbritannien. Das schottische Touristenamt ist sehr um die ausländischen Urlauber bemüht. Es werden erhebliche Anstrengungen unternommen, den Tourismus auch in strukturschwachen Gebieten anzukurbeln. Die Tourismusbranche ist einer der wichtigsten Arbeitgeber im Land und liefert rund 200.000 Arbeitsplätze. Die meisten ausländischen Besucher kommen aus den USA, gefolgt von Deutschland (250.000 Besuche pro Jahr), Irland und Frankreich; insgesamt lassen sie rund vier Milliarden Pfund im Land. Alle Altersstufen sind gleichermaßen vertreten. Bei der Bewertung, was den Urlaubern am besten in Schottland gefällt, wird als oberstes die Landschaft genannt. Die Städte Edinburgh und Glasgow sowie die Highlands stehen ganz oben in der Besuchergunst.

Ein besonderer Schwerpunkt wird mittlerweile auf sanften und Ökotourismus gesetzt. Es gibt z. B. ein „Green Tourism Scheme" *(www.green-business.com)*, wobei besonders umweltfreundliche Unternehmen ausgezeichnet werden. Zahlreiche Natur- und Umweltorganisationen bemühen sich um sanften Tourismus. *Wild Scotland* ist ein Zusammenschluss von Reiseveranstaltern, der sich auf Wildlife und Outdoor-Aktivitäten spezialisiert hat *(www.wild-scotland.co.uk)*. *Sanfter und Ökotourismus*

Umweltschutz

Sieht man von den Ölraffinerien vor Schottlands Küste und dem Industriegebiet zwischen Edinburgh und Glasgow ab, gibt es in Schottland kaum umweltzerstörende Industrien.

Im Vergleich mit dem Kontinent sind schottische Flüsse rein: Immerhin besitzen 95 % der Flüsse Trinkwasserqualität. Anders sieht es in den Lochs aus: Hier erreichen nur 70 % die europäischen Vorgaben als Badegewässer.

Nationalparks und andere Schutzgebiete

Schottlands erster **Nationalpark** wurde 2002 eröffnet und umfasst ein Gebiet von 1.000 km² rund um den Loch Lomond, den größten Frischwassersee der Britischen Inseln, und die Trossachs. 21 Berge, 33 Hügel sowie zwei Waldparks liegen im Nationalpark. Ein Jahr später wurde der zweite Nationalpark eingeweiht: der Cairngorm National Park. Er erstreckt sich von Grantown-on-Spey zu den Angus Glens und von Ballater nach Dalwhinnie. Daneben gibt es 70 sog. **National Nature Reserves**, 40 **National Scenic Areas**, 1.400 **Sites of Special Scientific Interest** sowie sechs **Forest Parks**. Die National Scenic Areas decken 13 % der schottischen Gesamtoberfläche ab. Sie stehen unter der Obhut der Countryside Commission, die vom National Trust of Scotland, den Woodland Trust und der „Royal Society for the Protection of the Birds" unterstützt wird. National Scenic Areas sind u. a. Teile der Hebriden, der Nordosten Sutherlands, Western Ross, die Cuillins auf Skye, die Cairngorms, Ben Nevis und Glencoe.

Ein großer Umweltverschmutzer ist der Fremdenverkehr. Einerseits freut man sich über die Devisen, die die Besucher ins Land bringen, andererseits wird das Ökosystem durch die Heerscharen an Besuchern stark angegriffen: Wohnmobile, deren Fahrer achtlos in Gehölze fahren und dabei Lichtungen zerstören, die Zunahme des motorisierten Wassersports oder Wanderer, die sich nicht an die ausgewiesenen Wege halten.

Gesellschaftlicher Überblick
Verwaltung und Politik

Schottland ist seit 1707 Teil des Vereinigten Königreichs von Großbritannien. Zwischen 1979 und 1997 wurde Schottland von einer konservativen Regierung in Westminster regiert, für die die Mehrheit der Schotten allerdings nicht gestimmt hatte. In einer Volksabstimmung sprach sich die Mehrzahl der Wahlbeteiligten jedoch gegen ein eigenes Parlament aus.

Selbstverwaltung

Nach dem Wahlsieg der Labour Party 1997 ergab eine erneute Volksabstimmung ein ganz anderes Bild: Die überwiegende Mehrheit wünschte größere Selbstverwaltung und seit 1999 hat das Land wieder ein eigenes Parlament. Das **schottische Parlament** ist für folgende Bereiche zuständig: Erziehung, Gesundheitswesen, Rechtsprechung, Soziales, Kommunalpolitik, Umweltschutz, Städteplanung, Landwirtschaft, Fischereiwesen, Sport, Kunst. Westminster hingegen behält weiterhin die Kontrolle über die Bereiche Verteidigung, Auslandspolitik sowie bei größeren wirtschaftlichen und steuerlichen Fragen.

Das neue schottische Parlamentsgebäude, schräg gegenüber von Holyrood Palace, wurde 2004 feierlich eingeweiht. Der Architekt

Posen vor dem neuen schottischen Parlament

des originellen, jedoch auch kontroversen Gebäudes (die Baukosten übertrafen zehnmal die geschätzten Kosten) war der Spanier Enric Miralles, der allerdings die Fertigstellung seines Hauptwerks nicht mehr erlebte.

Bis 1975 war Schottland in 33 historisch gewachsene Grafschaften unterteilt, die dann von zwölf Verwaltungsbezirken (engl. *regions*) abgelöst wurden: Borders, Central, Dumfries and Galloway, Fife, Grampian, Highland, Lothian, Orkney Island Area, Shetland Island Area, Strathclyde, Tayside und Western Isles. *Verwaltungsbezirke*

Religion

Seit dem 16. Jh. überwiegend protestantisch und mit stark puritanisch-calvinistischer Ausrichtung, unterscheidet sich Schottland von der anglikanischen Kirche Englands. Innerhalb der schottischen Kirche gibt es verschiedene Ausrichtungen, wobei die **Church of Scotland** die meisten Mitglieder hat. Laut Presbyterialverfassung gibt es nur das kirchliche Amt eines Geistlichen (Presbyter), aber keine übergeordneten Instanzen.

Daneben gibt es die Episcopalian Church, die Baptist Church und die Free Church. Die aus der englischen Reformation hervorgegangene Episcopalian Church hat eine bischöfliche Verfassung. Die Free Church of Scotland hingegen ist frei konstituiert und die Mitglieder werden nur nach ausdrücklich erklärtem eigenen Willen aufgenommen. Katholiken finden sich – bedingt durch irische Einwanderer – vor allem auf den Äußeren Hebriden, an der Westküste und in Glasgow.

Die meisten Schotten sind recht religiös und gehen nach wie vor regelmäßig in die Kirche. Auf den Äußeren Hebriden wird auch die Sonntagsruhe noch sehr ernst genommen. Der Einfluss der Free Church ist vor allem auf Lewis und Harris sehr stark. Ein Verstoß gegen die sonntägliche Ruhe wird seitens der dortigen Bewohner nicht gerne gesehen. *Sonntagsruhe*

Sprache

Die Amtssprache in Schottland ist Englisch. Daneben gibt es das Scots und Gälisch, das auf den Hebriden teilweise noch als Muttersprache gesprochen wird. Scots und Gälisch waren bereits fast ausgestorben, konnten jedoch durch verstärkte Bemühungen seitens der Regierung und Lokalverwaltungen wieder belebt werden.

Scots

Scots – keine Schreibform

Scots entwickelte sich aus einem nordenglischen Dialekt, wobei aber auch französische, germanische und nordische Elemente eingeflossen sind. Grammatikalisch dem Englischen fast gleich, unterscheidet sich Scots vor allem durch das Vokabular. Bis zum 17. Jh. war Scots die Sprache des schottischen Hofs. Als aber James VI. 1603 zum englischen König gekrönt wurde und Schottland verließ, verlor die Sprache an Bedeutung und erhielt auch niemals eine Schreibform. In den letzten Jahren erlebt Scots eine kleine Wiederbelebung. Es gibt sogar ein „Concise Scots Dictionary" und ein online-Wörterbuch unter www.scots-online.org.

Gälisch

Die indogermanischen Sprachen werden in Gruppen eingeteilt: Deutsch und Englisch gehören z. B. zur germanischen Gruppe, während das Gälische zur keltischen Gruppe gehört. Das Keltische wird wiederum in zwei Untergruppen eingeteilt: das Q-Keltisch und das P-Keltisch. Zum Q-Keltisch gehören das schottische und irische Gälisch sowie Manx (die Sprache der Isle of Man), zur P-Gruppe gehören das Walisische, das Cornische und das Bretonische.

Gälisch	Englisch	Gälisch	Englisch
Ard/Aird	Height	Dubh	Black
Allt	Stream	Dun	Fort
Abheinn	River	Eaglais	Church
An/na/nam	of the	Eilean	Island
Beag	Little	Fada	Long
Ben/Beinn	Mountain	Gearr	Short
Camus	Bay	Glas	Grey
Clach	Stone	Mor	Big, great
Cnoc	Hill	Struan	Stream
Creag	Rock	Tobar	Well
Dearg	Red		

Norwegisch	Englisch	Norwegisch	Englisch
Ay	Island	Ness/nish	Point
Bost	Township	Ob	Bay
Burg	Town	Stain	Stone
Dale	Glen	Uig/Vaig	Bay

Bis zur Reformation war Gälisch die wichtigste Sprache im ganzen Nordwesten Schottlands und auf den Hebriden. Die überlieferte Literatur, Balladen und Lieder zeugen von der poetischen Qualität einer hoch entwickelten Sprache. Durch irische Mönche gelangten die gälische Sprache und Kultur bis nach Mitteleuropa. Die Chroniken der Klöster irischer Missionare im 10. Jh. (z. B. Wien, Regensburg) geben ein gutes Zeugnis davon ab. Während und nach der Reformation erfuhr die gälische Sprache eine gewaltsame Unterdrückung. In der gälischen Kultur sah man einen Ausdruck der katholischen Bevölkerung, die es zu zerstören galt. Im Zuge des flächendeckenden Anglisierungsprogramms im 18. Jh. setzte sich diese Zerstörung von Kunst, Kultur, Traditionen und eben auch der Sprache fort. Gälisch war die Sprache der von den Engländern verhassten Highländer, wurde außerdem von einer überwiegend bäuerlichen Gesellschaft gesprochen und galt daher als ungehobelt. Im 19. Jh. bemühte sich Königin Victoria in ihrer romantischen Hochlandbegeisterung für den Erhalt des Gälischen, doch konnte der Rückgang nicht mehr aufgehalten werden. Englisch setzte sich als Umgangssprache durch. 1872 schließlich wurde Gälisch als Unterrichtssprache verboten.

„Colin the caveman" – ein echter Schotte, führt durch die Smoo Cave bei Durness

Gälisch wird heute nur noch auf den Hebriden gesprochen. Intensive Wiederbelebungsmaßnahmen, wie gälische Sprachkurse, gälische Zeitungen sowie gälische Musik- und Volksfeste haben die Sprache vor dem Aussterben geschützt. In den Schulen wird wieder Gälisch unterrichtet und die BBC betreibt in Stornoway einen gälischen Sender. Untersuchungen ergaben, dass heute noch 80.000 Menschen die gälische Sprache beherrschen.

Gälisch auf den Hebriden

Auf den Hebriden sind die meisten Ortsnamen in Gälisch. Sie beschreiben entweder physikalische Merkmale oder beziehen sich auf eine Person oder ein Geschehen. Es gibt aber auch Ortsnamen mit norwegischem Ursprung.

Sport

Fußball

Fußball *(soccer)* ist Schottlands beliebtester Zuschauersport. Im Fußball waren und sind die Schotten seit jeher völlig unabhängig von England. Hinter Schottlands Fußball-Erfolg steht das schottische Nationalteam (gegründet 1874), das von Anfang an von zwei Glasgower Teams dominiert wird: den **Rangers** und **Celtic** (zusammengenommen auch als „Old Firm" bekannt). Celtic (1873 gegründet, im grün-weißen

Trikot) war der Club der irischen, katholischen Einwanderer, bei den Rangers (1888 gegründet, blau-weiß-rotes Trikot) spielten die Schotten, die Protestanten.

Die unterschwellige Feindschaft zwischen beiden Mannschaften und zwischen Katholiken und Protestanten wurde geradezu mystifiziert und wird auch heute noch gepflegt. In beiden Clubs spielen jedoch längst Mitglieder beider Konfessionen. Die obsessive und teilweise auch brutale Rivalität zwischen den beiden Teams ist einer der unangenehmsten Aspekte des schottischen Fußballs. Um Krawalle zu vermeiden, werden die Spiele zwischen Rangers und Celtic schon morgens um 11 Uhr angepfiffen, wenn die Pubs noch nicht geöffnet sind. Eine weitere Maßnahme war, die Stadien mit Sitzplätzen anstelle von Stehplätzen auszustatten.

Berühmte **Fußballstadien** sind:
Celtic Football Club Visitor Centre, *Celtic Park, Glasgow G40 3RE,* ☏ *0871 226 1888, www.celticfc.net.* Während einer zweistündigen Tour durch Fußballstadion und Besucherzentrum erhält man einen interessanten Einblick hinter die Kulissen. Touren an Tagen, an denen kein Fußballspiel stattfindet, jeweils um 11, 12, 13.45 und 14.30 Uhr, Sa, wenn Spiele stattfinden, um 9.30, 10, 11 und 11.30 Uhr.
Ibrox Stadium, *Rangers Football Club, Ibrox Stadium, Edmiston Drive, Glasgow G51 2XD,* Auskunft für Besichtigungen unter *www.rangers.talent-sport.co.uk.* Touren finden Fr–So außer an Spieltagen statt.
Hampden, *Scotland's National Stadium, The Scottish Football Museum & Tours, Hampden Park, Glasgow G42 9BA,* ☏ *0141 616 6139, www.scottishfootballmuseum.org. uk,* (Museum) Mo–Sa 10–17, So 11–17 Uhr. Im Hampden Stadion kann man The Scottish Football Museum besuchen und sich über jegliche Aspekte des Sports informieren.

Rugby

Rugby ist heute fest in den Schulsport integriert und vielleicht ebenso beliebt wie Fußball, vor allem, wenn es um die Nationalmannschaft geht. Länderspiele werden in Edinburgh, Murrayfield Rugby Ground, ausgetragen. Jährlich ringen die Schotten mit den Mannschaften aus England, Wales, Irland, Italien und Frankreich um den „Six Nations Cup". Obwohl es nicht so aussieht, hat das Spiel ein festes Regelwerk, ist also keinesfalls bloßes Gerangel (s. auch unter www.scottishrugby.org).

Shinty

Shinty wird in ganz Schottland gespielt, vorwiegend jedoch in den westlichen Highlands und in Speyside. Das Spiel (*shinty* leitet sich vom gälischen *sinteag* ab – auf Englisch *leap* –, was in etwa mit „Sprung" übersetzt werden kann) wurde vor rund 1.500 Jahren von Irland kommend in Schottland eingeführt. Bis in die zweite Hälfte des 19. Jh. hatte das Spiel keine festgelegten Regeln und die Mannschaften aus benachbarten Dörfern mussten sich vor jedem Spiel zunächst darüber einigen. 1893 wurde die „Camanachd Association" (abgeleitet vom gälischen Wort für Shinty *camanachd*) beauftragt, ein Regelwerk aufzustellen. 1896 fand der erste Camanachd

Cup Final in Inverness statt. Jedes Team hat zwölf Spieler, einschließlich eines Torwarts, gespielt wird mit Stöcken (genannt Camans oder Cammocks) und jedes Tor zählt einen Punkt.

Das Spiel, manchmal auch als „Hockey mit Verletzungen" beschrieben, ist recht brutal, und das Anfeuern der Zuschauer ist laut und enthusiastisch. Sportfreunde sollten sich das Spektakel nicht entgehen lassen, falls Sie zufälligerweise im Sommer in der Gegend sein sollten (Infos unter www.shinty.com).

„Hockey mit Verletzungen"

Curling

Curling ist ein Wintersport und in Schottland sehr beliebt. Manchmal wird es auf einem zugefrorenen Teich oder See gespielt, überwiegend jedoch in künstlichen Eishallen. Beim Spiel werden 18 kg schwere Granitscheiben (genannt *stones*) über das Eis zu einem Ziel geschoben. Man sagt, dass das Spiel in Schottland erfunden wurde, obwohl es aber schon in einem flämischen Bild aus dem 16. Jh. auftaucht. Gespielt von zwei Mannschaften von je vier Spielern, ist Curling ein sehr taktisches Spiel, das viel Geschick erfordert (Infos unter www.curling.com).

Snooker

Snooker ist eine in ganz Großbritannien beliebte Billard-Variante, die ursprünglich von englischen Offizieren aus Indien mitgebracht wurde. Ein Snooker-Tisch ist wesentlich größer als ein normaler Pool-Billard-Tisch. Man benötigt also eine größere Treffsicherheit als beim normalen Pool.

Das Leben in Schottland
Traditionen und Folklore

Die meisten Schotten haben einen ausgeprägten Sinn für ihr kulturelles Erbe. Dies hat sicherlich mit der jahrhundertelangen Unterdrückung durch die Engländer zu tun. Folklore wirkt in Schottland lebendig und keinesfalls nur als eine Touristenattraktion. Zwar wird z. B. der Schottenrock nicht im normalen Alltagsleben getragen, aber bei festlichen Anlässen wie Hochzeiten (oder bei wichtigen Fußballspielen) trägt der Schotte zum schwarzen Jackett seinen Kilt.

Traditionell gekleidet: in Edinburgh

Auf einer Reise durch Schottland sieht man manchmal Straßenmusikanten, die in vollständiger „Tracht" ihr Geld mit Dudelsackspielen verdienen. Die Tatsache, dass sie vermutlich vom Touristenamt engagiert wurden, um so den Besuchern ein möglichst authentisches Bild von dem „wahren" Schottland zu geben, lässt vergessen, dass der Dudelsack auch heute noch ein fester Bestandteil schottischen Lebens ist (s. auch S. 314).

Die zahlreichen Piperbands spielen keinesfalls nur für Touristen, sondern anlässlich offizieller Anlässe, auf Musikfestivals und bei den Highland Games. Auch Letztere sind, abgesehen von vielleicht wenigen Ausnahmen, keine reinen Touristenspektakel, sondern richtige Volksfeste von Schotten für Schotten, bei denen aber natürlich auch Besucher gerne gesehen sind.

Kilts und Tartans

Der heutige Kilt entwickelte sich aus einem langen, aus zwei Stoffbahnen bestehenden Umhang aus rauem, gewebtem Stoff, der auch als Bettdecke diente. Die eine Stoffbahn wurde in Falten gelegt und mit einem Gürtel rund um die Hüfte befestigt, wobei der untere Teil wie ein Rock auseinanderfiel. Das zweite **„Plaid"** – abgeleitet von dem gälischen Wort „plaide" für Decke – bedeckte den Rücken. Um den rechten Arm für das Schwert frei zu haben, lag es über der linken Schulter und wurde mit einer Brosche festgesteckt. Bei Kämpfen war die den Oberkörper bedeckende Stoffbahn allerdings nicht sehr praktisch, so wurde sie schließlich weggelassen und nur der Rock blieb. Der sog. Sporran, eine wie ein Pinsel aussehende Vorrichtung, diente dem Schutz der empfindlichen Körperteile.

Das Muster des Kilts wird **Tartan** genannt. Jeder Clan besaß sein typisches Muster aus Karos und Streifen. Die Farbmuster ergaben sich durch die Einfärbungen mit Pflanzen, die in der jeweiligen Region der Clans gefunden wurden. Somit waren die Farben zunächst ein lokales Kennzeichen, aber schließlich entstanden daraus die Clanfarben. Der Tartan gehörte zu den Highlands und gelangte erst später in die Lowlands.

Nach den Jakobineraufständen und der verlorenen Schlacht bei Culloden 1745 verbot das britische Parlament das Tragen von Kilts, um damit das schottische Nationalbewusstsein zu schwächen. Die „Order zur Erhaltung des Friedens in den Highlands", erlassen am 1.8.1747, besagt, „dass kein Mann in demjenigen Teil Großbritanniens, der Schottland genannt wird, unter welchem Vorwand auch immer, jene Kleidung tragen darf, die allgemein als Highland-Kleidung bekannt ist". Erst 1782 wurde das Gesetz wieder aufgehoben. Die neu aufgestellten Regimenter aus den Highlands kämpften für die britische Krone im Highland-Dress. Schließlich entwickelte sich daraus eine Mode für die „upper class". 1820 gründete Sir Walter Scott die „**Celtic Society of Edinburgh**". Eines der Ziele der Vereinigung war die Bewahrung von Kilts und Tartans. Anlässlich des Besuchs von König Georg IV. wurden die Clan-Chefs aufgefordert, in ihren speziellen Tartans zu erscheinen. Während des Verbots der „Highland-Kleidung" waren viele alte Tartan-Muster in Vergessenheit geraten. Die Firma Wilson & Son fand eine Lösung, indem sie einfach neue Muster entwickelte und diese dann mit Clan-Namen versah.

Der königliche Besuch war der Anfang der karierten Mode. Auch Queen Victoria war in ihrer romantischen Verklärung des Highland-Lebens so von dem Karo angetan, dass die Muster fortan überall verwendet wurden, ob nun auf Regenschirmen, Teetassen, Keksdosen oder Decken.

Durch Kinohits wie „Rob Roy" und „Braveheart" ist heutzutage die Nachfrage nach Kilts wieder gestiegen. Es ist allerdings kein billiger Spaß, sich „schottisch" zu kleiden. In Edinburgh zahlt man für das gute Stück rund 400 £. An der Keith Kilt School in Moray im Nordosten Schottlands *(www.kiltsandtextiles.org)* kann man das Handwerk erlernen.

Feste und Feiern

Schottland ist das Land der Feste und Feiern. Landauf, landab werden das ganze Jahr hindurch verschiedene Festivitäten veranstaltet, z. B. zum Gedenken an eine historische Begebenheit oder zu Ehren einer historischen Persönlichkeit. Im Laufe des Sommers finden die sog. Border Fairs, die Grenzlandfeste, statt. Hier werden Pferdeshows, Schäfer- und Jagdhundprüfungen sowie verschiedene Sportveranstaltungen geboten. Golfturniere werden den ganzen Sommer über ausgetragen.

Highland Dancing Competition bei den Cowal Games in Dunoon, Argyll

Darüber hinaus laden über das ganze Jahr verteilt diverse Folkfestivals zu einem Besuch ein. Sie bieten die Möglichkeit, die schottische Volksmusik oder die traditionellen Tänze kennenzulernen.

Hinweis
Die wichtigsten Feste s. Allgemeine Tipps von A–Z

Highland Games

Highland Games haben eine jahrhundertealte Tradition, die bis ins 9. Jh. zurückreicht. Teilweise religiös, ging es bei den Spielen jedoch hauptsächlich um das Kräftemessen untereinander. Dafür wurden verschiedene „Geräte" wie beispielsweise Steine oder Baumstämme (was das Land eben zu bieten hatte) verwendet. Der König oder Clanchef war bei diesen Veranstaltungen anwesend.

Die Wettkämpfe boten ihm die Möglichkeit, neue Gefolgsleute (Kämpfer, Kuriere oder Wachmänner) auszuwählen. Natürlich waren auch sämtliche Dorfbewohner bei dem Spektakel anwesend, denn die Feste hatten auch eine wichtige soziale Funktion im dörflichen Leben und waren stets mit Musik und Tanz verbunden – ein Faktor, der auch heute sicherlich noch zutrifft.

Als Queen Victoria 1848 zum ersten Mal an einem Highland Game teilnahm, forderte sie die Anwesenden zum Tragen ihrer Kilts auf.

Unzählige Gemeinden veranstalten heute in den Sommermonaten ihre eigenen Highland Games. Die Hauptattraktion ist nach wie vor das Kräftemessen untereinander, insbesondere das sog. „Tossing the Caber". Dabei soll ein hoher, schwerer Baumstamm zwar nicht weit fliegen, sich jedoch überschlagen und in der 12-Uhr-Stellung liegenbleiben. Dudelsackkapellen und Tanzgruppen tragen zur Unterhaltung bei.

Tauziehen (Tug-o-war) gehört zu den Wettkampfdisziplinen bei den Highland Games

Musik

Schottland hat eine reiche musikalische Tradition. Eine neue Generation von Bands und Musikern bietet mittlerweile die schottische Folklore mit ebenso großem Selbstbewusstsein dar wie ihre irischen Kollegen. Im Laufe des Jahres finden vielerorts verschiedene Festivals statt. Die „Traditional Music and Song Association of Scotland" (TMSA) gibt einen jährlichen Festivalkalender heraus, in dem die verschiedenen Festivals, die traditionelle Musik und Lieder präsentieren, aufgelistet sind.

Voller Festkalender

Große Veranstaltungen, wie etwa das dreiwöchige Celtic Connection Festival in Glasgow im Januar oder das Edinburgh Fiddlerfestival im November sind besonders beliebt, aber daneben lohnen auch kleinere Feste, wie die Wochenendfestivals in Keith (Juni), Auchtermuchty (August) oder Kirriemuir (September) einen Besuch. Zusätzlich zu den Veranstaltungen, die die Gesangs- und Musiktradition in Scots pflegen, gibt es auch eine Reihe von gälischen Festivals, darunter den National Mod, der jedes Jahr im Oktober abgehalten wird, sowie zahlreiche „feisan" (sprich: fee-schan). Feisan sind lokale gälische Veranstaltungen.

Viele Festivals bieten Workshops an, wo Besucher die Gelegenheit haben, zu singen, ein Instrument zu erlernen und etwas mehr über die schottische und gälische Kultur zu lernen. Die Fiddle Summer-Schule an der Universität von Stirling oder Sabhal Mòr Ostaig auf der Isle of Skye sind bekannte etablierte Schulen.

Während es sich bei den Festivals und Konzerten um förmliche Ereignisse handelt, lässt sich die Folk-Musik am besten bei ungezwungenen Sessions oder sog. **Ceilidhs** (sprich: „Kehlie") in den örtlichen Pubs genießen. Diese Veranstaltungen sind in der Regel kostenlos. Instrumentalisten und Sänger treffen sich dort, musizieren und genießen die gute Atmosphäre. Um herauszufinden, wann solche Sessions stattfinden, fragen Sie bei der Touristeninformation nach oder beachten Sie auch die Aushänge in den Pubs. In ganz Schottland treffen sich etwa 30 Folk-Clubs regelmäßig, auch Nichtmitglieder sind dort willkommen. Der Besuch einer solchen Session im Dorfpub verspricht auf jeden Fall einen interessanten und unterhaltsamen Abend. Wenn man es einrichten kann, sollte man die Gelegenheit dazu nicht verpassen.

Ceilidhs

Weitere Informationen zum Thema Musik
The TMSA, ☏ *07922 533 915, www.tmsa.org.uk. Die Webseite bietet Informationen über Veranstaltungen, Festivals und Folk-Clubs.*
The National Mod, ☏ *01463 709705, http://acgmod.org.*
Sabhal Mòr Ostaig, *Isle of Skye,* ☏ *01471 888000, www.smo.uhi.ac.uk.*
Feisean nan Gaisheal, *Isle of Skye,* ☏ *01478 613355, www.feisean.org.*
The Royal Scottish Pipe Band Association, ☏ *0141 221 5414, www.rspba.org.*
The Piping Centre, ☏ *0141 353 0220, www.thepipingcentre.co.uk. Der Platz für alle, die sich für den Dudelsack interessieren. Das Zentrum bemüht sich um den Erhalt des schottischen Nationalinstruments. Ausstellungen zum Thema „Dudelsack", Unterrichtsprogramme, regelmäßige Konzerte, ein Café und sogar Übernachtungsmöglichkeiten gehören zum Piping Centre.*

Tipp

In Deutschland sind zahlreiche Mitglieder im deutschen Dudelsackverband organisiert. Auskunft von der Bagpipe Association of Germany, www.bagev.de.

Die gute Küche

Der traditionell schlechte Ruf der britischen Küche ist längst zu einem veralteten Klischee geworden. Viele schottische Speisen sind berühmt für ihre Qualität. Es gibt hervorragenden **Fisch**, z. B. Lachs und die einheimische Braunforelle aus den Seen und Flüssen des Landes. Andere Seefische und Meeresfrüchte gedeihen in den Küstengewässern. Das Fleisch der Aberdeen-Angus- und Galloway-Rinder ist erstklassig; ebenso köstlich das **Scotch Lamb** und **Rotwildspezialitäten**.

Geschmacklich umstritten ist das schottische Nationalgericht **Haggis**. Es besteht aus gehacktem Schafsmagen sowie weiteren zerkleinerten Innereien, Hafermehl, Kräutern und Gewürzen. Traditionell wird Haggis in einem Schafsmagen gekocht, heute jedoch meistens im Plastikdarm. Haggis ist das am meisten gefeierte Gericht, da es alljährlich anlässlich der Feierlichkeiten zum Gedenken an Schottlands Nationalpoeten Robert Burns serviert wird. Das Gericht, von Burns als „the great chieftain o' the puddin-race" genannt (= großer König der Würste), ist in Schlachtereien erhältlich und wird auch in Pubs serviert. Das Essen in Pubs variiert von einfachen Gerichten bis zu ausgefallener Kost, meistens ist es im Vergleich mit dem Essen in Restaurants recht preisgünstig.

Zum Lunch servieren viele Pubs **Scottish Broth**, eine Graupensuppe mit Fleisch, oder **Cock-a-Leekie**, eine Hühnersuppe mit Lauch.

Shortbread

50 g Zucker
100 g Butter
125 g Mehl
50 g Stärke
Milch und brauner Zucker

Zucker und Butter cremig rühren und anschließend Mehl und Stärke hinzugeben. Den Teig zu einer Wurst formen, diese mit Milch bestreichen und in dem braunen Zucker rollen. Danach wird die Rolle in Scheiben geschnitten, auf ein mit Backpapier ausgelegtes Blech gelegt und im vorgeheizten Backofen gebacken, bei 200 °C ca. 15 Minuten.

Das traditionelle „Fast Food" ist **Fish & Chips**, eine hinsichtlich Qualität und Wohlgeschmack stark variierende Speise. Die *chips* (Pommes Frites) werden mit einem Schuss *vinegar* (Essig) beträufelt. Bei dem Fisch handelt es sich meist um Haddock (Schellfisch).

Schottisches Gebäck, insbesondere Kekse und Plätzchen, sind ausgezeichnet. **Scones** sind kleine weiche Kuchen aus Gersten- oder Weizenmehl, die mit viel Butter und Rosinen gebacken werden. **Shortbread** sind ebenfalls sehr gehaltvolle Kekse. **Oatcakes**, Haferplätzchen, werden mit Butter oder Marmelade oder auch mit Käse gegessen. Gebäck wird in Schottland zum Tee gereicht, den man hier mit Milch trinkt. Die althergebrachte Verwendung von Haferschrot ist im Zuge einer bewussteren Ernährung wieder aufgetaucht.

Das Thema **Brot** ist für deutsche Reisende in Großbritannien ein heikles Thema. Zwar ist es in Schottland ein wenig besser als in England, ist es jedoch nahezu unmöglich, etwas anderes als Weiß- oder weiches Graubrot zu finden.

Der Essrhythmus der Schotten unterscheidet sich etwas von dem des Kontinentaleuropäers. Das Frühstück ist opulent und bis in den späten Nachmittag hinein sättigend, das Mittagessen (Lunch) weniger reichhaltig und die Hauptmahlzeit ist das Dinner am Abend.

Ein typisch **schottisches Frühstück** beginnt mit einem *cereal* (z. B. Cornflakes) oder mit *porridge* (Haferbrei), dann folgt das *cooked breakfast*: gebratener Speck mit Eiern, eine gegrillte Tomate, Bohnen in Tomatensoße, *black pudding* (eine Art Grützwurst), warme Leberwurst und *sausages*, die für Kenner deutscher Würstchen allerdings etwas gewöhnungsbedürftig sind. Auch gegrillter Fisch steht häufig auf der Frühstückskarte. Toast und Marmelade und natürlich Tee (Kaffee auf Wunsch) sind obligatorisch.

Scones

200 g Mehl
50 g Butter
1 gestrichener TL Natron
1 gestrichener TL Backpulver
Zucker und Rosinen nach Geschmack
Dazu wird so viel Milch gegeben, bis der Teig knetbar ist. Kleine Brötchen formen und diese bei 220 °C 15 Minuten backen.

Porridge

Für ein richtiges Porridge müssen die Haferflocken über einem Torffeuer erhitzt werden, am besten neben einem Paar getragener Wollsocken (für ein kräftigeres Aroma) – sagen die Traditionellen. Strikt ablehnen würden sie es, der gräulichen Masse Zucker, Zimt oder womöglich Fruchtstücke hinzuzufügen. Die Modernisten hingegen schlagen Porridge aus der Mikrowelle vor. Über die Herstellung von Por-

Porridge-Varianten

Variante 1
250 ml Vollmilch
120 g Haferflocken
1 TL Sahne
5 g Zucker
Milch und Sahne zum Kochen bringen. Haferflocken einstreuen und 3–4 Minuten kräftig rühren, bis eine cremige Konsistenz entsteht.
In die Masse Zucker einstreuen. Eine in Scheiben geschnittene Banane oder einen Löffel Erdbeermarmelade hinzufügen.

Variante 2
1 Tasse Haferflocken
Brauner Zucker
Sahne oder Milch
Haferflocken in einen Topf geben, 3 Tassen kaltes Wasser hinzugeben und über Nacht einweichen. Am Morgen eine Prise Salz hinzufügen und langsam zum Kochen bringen. Unter ständigem Umrühren 10–15 Minuten auf mittlerer Hitze kochen, bis die Masse dick und cremig ist. Zucker und Milch nach Bedarf.

Variante 3
1 Tasse Haferflocken
2 Tassen kaltes Wasser
1 Prise Salz
1 TL Zucker
Kalte Milch
Haferflocken, Wasser und Salz in einen Topf geben. Für 4–5 Minuten köcheln lassen. Fertig.

ridge streiten sich die Hausfrauen und in letzter Zeit sogar die Gelehrten der internationalen Gourmetführer. Über die Herstellungsweise, die Zutaten, die Konsistenz (dick oder eher zähflüssig), ob nun heiß oder kalt genossen, scheint man sich nicht einigen zu können, obwohl die Grundzutat, Haferflocken, stets die gleiche bleibt.

„Porridge-making is an art, not a science" heißt es. Dass die unansehnliche Pampe für manch einen gar traumatische Kindheitserinnerungen hervorruft, ist ein anderes Kapitel.

Porridge – Kindheitstrauma oder kulinarischer Genuss

Getränke

Das schottische **Wasser** ist kalkarm, sehr weich und schmeckt ausgezeichnet. Im Hochland hat das Wasser aus den Leitungen oft eine bräunliche Färbung, das die Herkunft aus dem Moor anzeigt. Das Trinken von Mineralwasser ist nicht so üblich wie in Deutschland.

Das Bier wird dem deutschen Biertrinker zunächst etwas lasch erscheinen. **Lager** ist mit dem deutschen Pils vergleichbar, jedoch leichter. Das sog. **Bitter** ist ein vollmundiges und obergäriges Bier. Vereinzelt wird auch das dunkle **Stout** gereicht.

Schottisches Nationalgetränk Schottisches Nationalgetränk und gleichzeitig ein führender Exportartikel ist der **Whisky**. Dabei werden zwei Arten unterschieden, der sog. **Blended Whisky**, eine Mischung aus verschiedenen Destillationen, und der **Malt Whisky,** der sehr viel edlere, reine Malzwhisky. Bei den Malt Whiskies gibt es beträchtliche Geschmacksunterschiede von den milden und fast süßen Arten (vor allem aus Speyside im Osten) bis zu den strengeren, torfigen Aromen einiger Malt Whiskies von der Insel Islay. Schottischer Whisky (im Gegensatz zum Whiskey in Irland wird Whisky in Schottland ohne „e" geschrieben) wird nicht auf Eis getrunken, sondern allenfalls mit Wasser aus einem separaten Glas. Entlang des Malt Whisky Trail (s. S. 414) kann man etliche Destillerien besichtigen.

*Weitere Infos erhältlich bei der **Scotch Malt Whisky Society** (www.smws.com), beim **Whisky Festival** in Speyside (www.spiritofspeyside.com) oder bei einer Whisky-Tour, www.whisky-tours.com.*

Einige Destillen entlang des Whisky-Trails

Strathisla Distillery, Seafield Avenue, Keith, ☎ 01542 783 018, www.spiritofspeyside.com, ganzjährig Mo–Fr 10–16 Uhr, April–Sept. auch Sa/So. An der A96 gelegen, nur 300 m von der Keith Train Station entfernt. Eine der ältesten Destillen der Highlands, es werden auch geführte Touren angeboten.

Dallas Dhu Distillery, Mannachie Road, Forres, ☎ 01309 676 548, www.historic-scotland.gov.uk, April–Sept. tgl. 9.30–17.30, Okt.–März Mo–Mi, Sa/So 9.30–16.30 Uhr. Dallas Dhu liegt ein wenig abseits der A940, 1,5 km südlich von Forres. Hier wird kein Whisky mehr hergestellt, aber es handelt sich um ein schön erhaltenes viktorianisches Gebäude unter dem Schutz von Historic Scotland. Erw. 5.50 £, Kinder 3.30 £.

Cardhu, Knockando, ☎ 01340 872 555, Ostern–Nov. Mo–Fr 9.30–17 Uhr. Diese nette, kleine Destille gehört jetzt den United Distillers. Ihr feiner Malt wird für die Herstellung des bekannten Johnny Walker verwendet. An der B9102, 11 km westlich von Craigellachie.

Glen Grant, Rothes, ☎ 01340 832 118, Jan.–Mitte Dez. Mo–Sa 9.30–17, So 12–17 Uhr. Die Destille ist von einem schönen viktorianischen Garten umgeben. An der A941, 15 km südlich von Elgin.

In der Bruichladdich Distillery auf Islay

Glenfarclas, Ballindalloch, Banffshire, ☎ 01807 500 245, www.spiritofspeyside.com, ganzjährig Mo–Fr 10–16/17 Uhr, im Sommer auch Sa. 1836 gegründet, konnte Glenfarclas bislang ihre Unabhängigkeit bewahren.

Glenfiddich, Dufftown, ☎ 01340 820 373, www.spiritofspeyside.com. Kostenlose Führungen ganzjährig 9.30–16.30 Uhr. Glenfiddich gehört nach wie vor der Gründerfamilie Grant. Der hier hergestellte Whisky gilt als der beliebteste Single Malt weltweit.

The Glenlivet Distillery, Glenlivet, Tel. 01340 821720, www.spiritofspeyside.com, Ende März–Okt. Mo–Sa 9.30–17, So 12–17 Uhr. Sehr einsam, aber wunderschön 15 km nördlich von Tomintoul gelegen. (s. auch S. 418)

2. SCHOTTLAND ALS REISEZIEL

Allgemeine Reisetipps von A–Z

In den Allgemeinen Reisetipps von A–Z finden Sie reisepraktische Hinweise für die Vorbereitung Ihrer Reise und für Ihren Aufenthalt in Schottland. Auf den anschließenden Grünen Seiten (ab S. 95) werden Preisbeispiele für den Schottland-Aufenthalt gegeben. In den folgenden Reisekapiteln (ab S. 100) erhalten Sie dann bei den jeweiligen Orten und Routenbeschreibungen detailliert Auskunft über Infostellen, Sehenswürdigkeiten, Adressen und Öffnungszeiten, Unterkünfte, Restaurants, Verkehrsmittel, Einkaufen, Aktivitäten, Wander- und andere Sportmöglichkeiten.

Abkürzungen	62	**N**etzspannung	81
Angeln	62	Notfall	81
Apotheke	62		
Auto fahren	63	**Ö**ffnungszeiten	81
Autoverleih	64	Organisationen/Verbände	82
Behinderte	65	**P**ost/Porto	84
Benzin	65		
Busse	66	**R**auchen	84
		Reisegepäck	84
Camping/Caravan	66	Reiseveranstalter	84
		Reisezeit	84
Diplomatische Vertretungen	67	Reiten	85
		Restaurants	85
Einreise	68		
Eisenbahn	68	**S**ouvenirs	86
Fähren	70	**T**elefonieren	86
Fahrrad fahren	72	Trinkgeld	86
Ferien/Feiertage	73		
Feste/Feiern	73	**U**nterkunft	87
Flugverbindungen	76		
		Versicherungen	90
Gesundheit	76		
Golf	77	**W**ährung/Devisen	90
		Wandern	91
Information	77	Wassersport	93
		Wetter	93
Kinder	80		
Kriminalität	80	**Z**eit	93
		Zeitungen	94
Maßeinheiten	80	Zoll- und Devisenbestimmungen	94
Mehrwertsteuerrückerstattung	81		
Mücken	81		

Abkürzungen

B&B	Bed & Breakfast
NTS	National Trust of Scotland
Calmac	Caledonian MacBrayne (Fährgesellschaft)
GB	Großbritannien
HS	Historic Scotland
NNR	National Nature Reserve
NTS	National Trust for Scotland
RAF	Royal Air Force
RSGS	Royal Scottish Geographical Society
RSPB	Royal Society for the Protection of Birds
SNH	Scottish Natural Heritage
SYMA	Scottish Youth Hostel Association
TIC	Tourist Information Centre
UK	United Kingdom

Angeln

Schottland ist bekannt für seinen Fischreichtum. Begehrtester Fisch ist der Lachs, der zwischen Februar bzw. Mitte März bis Oktober zu seinen Laichplätzen wandert. Geangelt wird in den Flüssen, in Lochs und in der See. Außer auf den Orkney-Inseln ist es nirgends möglich, ohne Genehmigung zu angeln. An Gemeindegewässern oder an Flussstrecken eines Vereins ist eine Tageslizenz schon ab 1 £ erhältlich. An den berühmten Flüssen Tweed, Tay, Dee und Spey wird es erheblich teurer. Auskünfte erteilen die lokalen Touristenbüros oder die Scottish Anglers National Association, www.sana.org.uk.

Fangsaison für Forelle *(trout)* und Lachs *(salmon)* ist im Allgemeinen Februar bzw. Mitte März bis Oktober. Hochseeangler haben das ganze Jahr über Saison. Von den meisten größeren Häfen starten Hochseeangeltouren für Touristen. Die notwendigen Ausrüstungen können meist gemietet werden.

Unter www.fishscotland.com findet man ausführliche Informationen zu Angelurlauben, -kursen, -scheinen und -gebühren, Anmieten von Booten und Angelzeug, Angelclubs, Schonzeiten, Angelrekorden und Bestimmungen. Ebenfalls enthalten sind Einzelheiten über Unterkunftsmöglichkeiten mit speziellen Angeboten für Angler.

Apotheke

Die Bezeichnungen „Dispensing Chemist" oder „Pharmacy" weisen auf Apotheken hin. Viele Apotheken gehören zur Ladenkette „Boots". Verschreibungspflichtige Medikamente werden nur gegen Rezept *(prescription)* ausgegeben. Adressen von Notfallapotheken, die außerhalb der normalen Öffnungszeiten zur Verfügung stehen, sind ausgehängt.

Auto fahren

Die Schotten sind eher ruhige und gelassene Autofahrer. Außer in den Städten und während der Hochsaison herrscht meist wenig Verkehr auf den Straßen. Autofahrer müssen mindestens 18 Jahre alt sein. Um ein Auto zu mieten, ist allerdings ein Mindestalter von 21 Jahren (teilweise auch von 23 Jahren) erforderlich. Wie in ganz Großbritannien wird auch in Schottland links gefahren und rechts überholt. Kreisverkehr hat Vorfahrt. In Schottland besteht Anschnallpflicht. Die Höchstgeschwindigkeit beträgt in geschlossenen Ortschaften 30 Meilen (48 km/h), auf Autobahnen und Fernstraßen mit mindestens zwei Fahrspuren 70 Meilen (112 km/h), auf den übrigen Straßen 60 Meilen (96 km/h).

Besondere Vorsicht ist auf Landstraßen und auf den Inseln geboten. Oft sind hier die Straßen einspurig („single road tracks") mit Ausweichstellen und sog. „cattle grids" (für Rinder oder Schafe nicht begehbare Übergänge). Schafe haben in Schottland Vorrecht auf den Straßen, d.h. man muss anhalten und warten. Die meisten Straßen sind für Wohnwagen geeignet, doch sollte man die Hinweisschilder an den Straßen oder die Hinweise der Touristeninformationen beachten. Manche einspurigen Straßen in den abgelegenen Gebieten sind nicht für Wohnwagen oder Wohnmobile geeignet.

Straßenzustands- und Verkehrsberichte
Radio Scotland (UKW 92,8-94,7/MW 810 KHz) und lokale Radiostationen senden den ganzen Tag über Straßenzustandsberichte.

Autofahrer sollten Folgendes beachten
- Nicht zu schnell fahren, um die Möglichkeit zu haben, an den Ausweichstellen anzuhalten. Die Straßen sind oft sehr kurvig und unübersichtlich. Oftmals suchen sich auch Schafe auf dem Asphalt ein Ruheplätzchen. Die Ausweichstellen benutzen, um Fahrzeuge, die es eilig haben, vorbeizulassen.
- Immer an der linken Seite parken. Wenn die Ausweichstelle rechts ist, am linken Fahrbahnrand halten. Entgegenkommende Fahrzeuge können dann rechts durch die Ausweichstelle vorbeifahren.
- Falls erforderlich, z.B. wenn ein Wagen entgegenkommt, zu einer Ausweichstelle zurücksetzen.
- Auf allen Straßen sollte man vorsichtig fahren. Schafe und Rinder sind vor allem nachts schwer zu erkennen. Falls unglücklicherweise ein Tier überfahren wurde, sollte man es an die Seite legen und, falls es noch lebt, Hilfe suchen. Auf jeden Fall der Polizei (auch über Notruf 999) den Unfall melden.
- Auf vielen Straßen muss man langsamer fahren, als man vielleicht möchte. Zu unterschätzen sind weder die Entfernungen noch die z.T. kurvigen und langsam zu befahrenden Straßen. Dies sollte man einkalkulieren, wenn man z.B. eine bestimmte Fähre bekommen möchte.

Mitglieder deutscher **Automobilclubs** erhalten bei Pannen kostenlose Pannenhilfe rund um die Uhr von der **Automobile Association** (AA), ☎ 0800 887 766, www.theaa.com, und vom **Royal Automobile Club** (RAC), ☎ 0800 828 282 (für Mitglieder), ☎ 0800 1977815 (für Nichtmitglieder), www.rac.co.uk.

Allgemeine Reisetipps von A–Z

Autoverleih

Die meisten internationalen Firmen sind in Schottland vertreten. Sie haben Vertretungen an den Flughäfen und können Reisenden gleich bei der Ankunft einen Wagen zur Verfügung stellen. Günstiger sind meist lokale Unternehmen, die auch nach vorheriger Absprache ein Auto zum Flughafen (oder Bahnhof) anliefern können.

Internationale Anbieter
Hertz, www.hertz.co.uk
Avis, www.avis.co.uk
Budget, www.budget.co.uk
National Car Rental, www.nationalcar.com
easyCar, www.easyCar.com
Vertretungen in verschiedenen Städten unterhält die schottische Firma **Arnold Clark**, ☏ 0141 237 4374, www.arnoldclark.com.

Tipp: Campervans
Bunk Campers vermietet Wohnmobile (www.bunkcampers.com); Zweigstellen in Edinburgh, Glasgow und Prestwick.

Um einen Wagen zu mieten, muss man einen gültigen Führerschein besitzen. Die meisten Autovermietungen verlangen, dass der Fahrer oder die Fahrerin über 21 Jahre (teilweise auch 23 Jahre) und nicht älter als 75 Jahre alt ist. Wenn man einen Wagen in einer Stadt mieten und ihn in einer anderen Stadt wieder abgeben möchte, wird oft eine zusätzliche Gebühr fällig. Bezahlt wird mit einer Kreditkarte. Es ist darauf zu achten, dass je nach Mietvertrag der Tank wieder aufgefüllt wird, bevor der Wagen wieder abgegeben wird, da sonst eine Tankgebühr zu entrichten ist.

Nützliche Begriffe rund ums Auto

abschleppen	to tow	Hupe	horn
Abschleppseil	tow rope	Kanister	can
Anhänger	trailer	Keilriemen	fan belt
Anlasser	starter	Kühler	radiator
Auspuff	exhaust pipe	Kupplung	clutch
Batterie	battery	Lenkung	steering
Benzin	petrol	Motor	motor
Benzinpumpe	fuel pump	Öl	oil
bleifrei	unleaded	Ölwechsel	oil change
bremsen	breaks	Panne	breakdown
Bremslicht	brake light	Rad	wheel
Dichtung	gasket	Radarkontrolle	speed control
Ersatzrad	spare wheel	Reifendruck	tyre pressure
Ersatzteile	spare parts	Reifenpanne	puncture
Fernlicht	main beam	Rückleuchte	rear lights
Gas	accelerator	Schaltung	gear shift
Getriebe	gear box	Scheinwerfer	headlight
Handbremse	handbreak	Schraube	screw

Schraubenzieher	screwdriver	Bauarbeiten	road work
Sicherheitsgurt	safety belt	Einfahrt freihalten	keep access free
Standlicht	parking lights	Eisenbahnübergang	level crossing
Tank	tank	Fähre	ferry
Tankstelle	petrol station	Tempolimit	speed limit
Türgriff	door handle	keine Durchfahrt	no through road
Unfall	accident	keine Einfahrt	no entry
Vergaser	carburetor	Kreisverkehr	round about
Wagenheber	jack	Kühe	cattle
Werkstatt	garage	Kurve	bend
Zündkerze	sparking plug	langsam	slow
Zylinder	cylinder	links halten	keep left
		Parkplatz	car park
		rechts halten	keep right
Einige Verkehrsbezeichnungen		Schafe	sheep
Ampel	traffic light	Schleudergefahr	slippery
Ausweichbucht	passing place		

Behinderte

In den gängigen Unterkunftsführern sind die Sehenswürdigkeiten bzw. die Unterkünfte im Hinblick auf ihre Eignung für Rollstuhlfahrer besonders gekennzeichnet. Das schottische Fremdenverkehrsamt Visit Scotland hält eine aktuelle Liste mit rollstuhlgerechten Unterkünften bereit: www.visitscotland.com/accommodation/accessible. Zahlreiche Einrichtungen sind in der Lage, für Personen mit Einschränkungen des Hör- oder Sehvermögens zu sorgen. Man sollte sich jedoch vor der Buchung nach Einzelheiten erkundigen.

Weitere Auskunft
Capability Scotland ist die größte Behindertenorganisation in Schottland.
Advice Service Capability Scotland (ASCS),
Head Office, Westerlea, 11 Ellersly Road, Edinburgh, EH12 6HY,
☎ 0131 3379876, www.capability-scotland.org.uk.
Tourism for all ist eine nationale Wohltätigkeitseinrichtung. Sie bietet u. a. Urlaubs- und Reiseinformationen sowie Unterstützung für Behinderte und deren Betreuer.
Tourism for all UK, 7A Pixel Mill, 44 Appleby Road, Kendal, Cumbria LA9 6ES, ☎ 0845 1249 971, aus dem Ausland: ☎ +44 1539 726 111, www.tourismforall.org.uk.

Benzin

Neben Dieselkraftstoff *(Derv)* ist bleifreies Benzin überall in Schottland erhältlich. Eurosuper mit 95 Oktan heißt *Unleaded Premium*. Super plus *(Super Unleaded,* 98 Oktan) gibt es nur in den größeren Städten und an einigen größeren Tankstellen des Landes. Vor allem in den Highlands ist das Tankstellennetz nicht in gewohnter Dichte vorhanden. Einen Ersatzkanister sollte man vorsichtshalber stets dabei haben. Eine Übersicht über Tankstellen mit Flüssiggas (LPG, Liquid Petroleum Gas) gibt es unter www.lpg-vehicles.co.uk.

Busse

Busreisen in Schottland

Innerhalb Schottlands existiert ein gut ausgebautes Busnetz. Der größte Anbieter ist **Scottish Citylinks**. Buchungen sind bei längeren Reisen zu empfehlen. Es gibt verschiedene Ermäßigungen, etwa den Citylink Explorer Pass, der unbegrenztes Fahren auf allen Verbindungen von Scottish Citylink sowie verschiedene Ermäßigungen auf speziellen Fähren bietet. Die Tickets gelten an 3 (von 5), 5 (von 10) oder 8 (von 16) Tagen. Ein 3-Tage-Ticket kostet 39 £, 5 Tage 59 £ und 8 Tage 79 £. www.citylink.co.uk.

In den einsameren Regionen der **Highlands** erweist sich das Fahren mit öffentlichen Verkehrsmitteln als etwas schwieriger. Dabei muss mit einigem Zeitaufwand gerechnet werden. The Highland Council gibt die sehr detaillierte „**Highlands & Islands**. Public Transport Map" heraus, auf der sämtliche öffentlichen Verkehrsmitteln eingezeichnet sind. Download unter www.highland.gov.uk/yourenvironment/roadsandtransport/publictransport/.

Verschiedene Unternehmen bieten **Rundstrecken** zwischen Jugendherbergen und Unterkünften in ganz Schottland an, mit Zu- und Ausstieg je nach Bedarf. Ein Anbieter ist z.B. das Unternehmen **Haggis Backpackers**, das Bustouren in die Highlands und an die Westküste für junge Leute und Backpackers organisiert: **Haggis Backpackers Ltd.**, ☎ 08452 578 345, www.haggis-backpackers.com.

Ein anderes Unternehmen ist **MacBackpackers**, ein Hostel-Busdienst, der im „Jump on Jump off"-Verfahren mehrtägige Touren von Hostel zu Hostel anbietet. MacBackpackers, ☎ 0131 558 9900, www.macbackpackers.com

Informationen über Busfahrten in Edinburgh finden Sie auf S. 196f., für Glasgow auf S. 228f.

Camping/Caravan

Schottland ist mit einem dichten Netz an Camping- und Caravanplätzen überzogen. An vielen Plätzen kann man stationäre Wohnwagen für einen gewissen Zeitraum mieten (meist allerdings erst ab zwei Tagen). Die größten dieser Wohnwagen haben Platz für sechs Personen.

Ähnlich dem Qualitätsbewertungssystem von Visit Scotland (s. unter „Unterkunft"), werden auch die Camping- und Caravanplätze einer jährlichen Kontrolle unterzogen. Jeder Platz innerhalb dieser Vereinigung wird hinsichtlich seiner Lage und Einrichtung (Läden, Empfang, Restaurants, Waschmaschinen, Waschräume etc.) geprüft und nach einem Bewertungssystem mit Sternchen versehen. Je nach Qualität und Ausstattung werden bis zu fünf Sternchen vergeben.

Wildes Campen: In der Regel wird man nicht vertrieben, wenn man sein Zelt abseits der offiziellen Campingplätze aufschlägt. Wenn möglich, erkundigen Sie sich jedoch zunächst, falls Sie in der Nähe von Häusern oder Bauernhöfen campieren möchten. Es versteht sich von selbst, den Platz sauber zu hinterlassen. Es ist untersagt, seinen Campingbus oder Wohnwagen an den Parkbuchten am Straßenrand über Nacht zu parken.

Diplomatische Vertretungen

▶ ... in Deutschland
Britische Botschaft
Wilhelmstr. 70, 10117 Berlin, ☎ (030) 204570, 🖷 (030) 2045 7571, ukingermany@fco.gov.uk, www.ukingermany.fco.gov.uk

▶ ... in Österreich
Britische Botschaft
Jauresgasse 12, 1030 Wien, ☎ (01) 716 130, 🖷 (01) 716 132 999, www.ukinaustria.fco.gov.uk

▶ ... in der Schweiz
Britische Botschaft
Thunstr. 50, 3005 Bern, ☎ (031) 359 7700, 🖷 (031) 359 7701, info.berne@fco.gsi.gov.uk, http://ukinswitzerland.fco.gov.uk

▶ ... in Großbritannien
Deutsche Botschaft
23 Belgrave Square, London SW1 X8PZ, ☎ 020 7824 1300, 🖷 020 7824 1449, www.london.diplo.de

Österreichische Botschaft
18 Belgrave Mews West, London SW1 X8HU, ☎ 020 7344 3250, 🖷 020 7344 0292, london-ob@bmeia.gv.at, www.aussenministerium.at/london

Schweizer Botschaft
16–18 Montague Place, London W1H 2BQ, ☎ 020 71616 6000, 🖷 020 7724 7001, lon.vertretung@eda.admin.ch

▶ ... in Schottland
Deutsches Generalkonsulat
16 Eglinton Crescent, Edinburgh EH12 5DG, ☎ 0131 337 2323, 🖷 0131 346 1578, www.edinburgh.diplo.de

Österreichisches Honorarkonsulat
9, Howard Place, Edinburgh EH3 5JZ, ☎ 0131 558 1955, 🖷 0131 558 1124, austrianconsulate@focusscotland.co.uk

Schweizer Generalkonsulat
58/2 Manor Place, Edingburgh, EH3 7EH, ☎ 0131 225 9313, 🖷 0131 777 8094, edinburgh@honrep.ch

Einreise

Besucher aus Deutschland, Österreich und der Schweiz brauchen für die Einreise lediglich einen Personalausweis.

Wer mit dem Auto einreist, benötigt einen nationalen Führerschein, Zulassungspapiere, das Nationalitätskennzeichen und die grüne Versicherungskarte.

Eisenbahn

Eurostar: Der Eurostar ist ein Hochgeschwindigkeitszug, der zwischen Paris, Brüssel, Lille, Calais und London St. Pancras International verkehrt und dabei den Eurotunnel durchfährt. www.eurostar.com.

Eurotunnel: Der Eisenbahntunnel kann ganzjährig und rund um die Uhr auch von Pkw, Motorrädern, Wohnmobilen und Reisebussen genutzt werden. www.eurotunnel.com.

▶ Reisen per Eisenbahn in Großbritannien
Es gibt verschiedene **Ermäßigungen**:
Der **BritRail Pass** gewährt uneingeschränkte Benutzung des gesamten Bahnnetzes in England, Schottland und Wales, wobei man so oft umsteigen kann, wie man möchte. Achtung: Dieser Pass ist nicht in Großbritannien (und nicht für Einwohner Großbritanniens) erhältlich, muss also **vor der Abfahrt im Heimatland** gekauft werden (max. 6 Monate im Voraus). Die Preise variieren je nach gewählter Dauer (2 Tage bis 1 Monat), Reisezeit und Flex-Variante. Wer nur eine bestimmt Strecke plant, kann auch ein **Britrail Point-to-Point Ticket** erwerben, mit dem die Fahrt unterwegs auch unterbrochen werden kann. Auskunft: www.britrail.com oder www.visitbritainshop.com.

National Railcards: Mit diesen Bahnkarten spart man ein Drittel des regulären Fahrpreises. Die **Young Persons Railcard** gibt es für junge Leute zwischen 16 und 25 Jahren sowie für Studenten über 26 Jahre. Sie kostet 28 £ und ist ein Jahr lang gültig. Die **Senior Railcard** gilt für Personen über 60 Jahre. Auch diese Karte kostet für ein Jahr 28 £. Die **Family Railcard** (ebenfalls 20 £ für ein Jahr) gewährt ein Drittel Ermäßigung auf den regulären Fahrpreis für Erwachsene und 60 % Ermäßigung für Kinder auf Freizeitfahrpreise. Die Gruppe muss mindestens aus einem Erwachsenen und einem Kind bestehen. Die Railcards sind an allen Bahnhöfen sowie in Reisebüros mit Bahnreisevermittlung erhältlich.

▶ Bahnverbindungen von London nach Schottland
East Coast und **Virgin** fahren von London King's Cross Station (bzw. London Euston nach Glasgow) im Stundentakt nach Schottland. Beide Unternehmen bieten verschiedene Vergünstigungen an, diese hängen davon ab, wann man fährt und wie lange man sich im Voraus auf einen Reisetermin festlegen kann. Günstige Angebote müssen im Voraus gebucht werden und auch ist ihre Anzahl begrenzt (man sollte zwar nicht unbedingt darauf spekulieren, ein Schnäppchen ergattern zu können –

einen Versuch ist es aber durchaus wert!). Auskunft: Nationale Bahninformation, ☎ 08457 484 950, www.virgintrains.co.uk und www.eastcoast.co.uk.

Caledonian Sleeper (Schlafwagen nach Schottland): Schlafwagen (Einzel- und Zweibettabteile) sind verfügbar auf den Strecken von London nach Aberdeen, Edinburgh, Glasgow, Inverness und Fort William (Mo–Fr). Günstiger sind die Reisewagen mit verstellbaren Sitzen und Fußstützen. Schlafwagenreservierungen für den Caledonian Sleeper können über alle Reisebüros mit Bahnreisevermittlung oder bei den Niederlassungen von BritRail vorgenommen werden.
Auskunft: ScotRail, ☎ 08457 550 033, www.scotrail.co.uk

Die Fahrzeit per Intercity von London nach Edinburgh oder Glasgow beträgt 5–6 Std. Die Züge sind komfortabel ausgestattet, bieten einen Speisewagen und einen Buffetservice. Von London King's Cross gibt es auch Direktverbindungen nach Aberdeen und Inverness.

Bahnverbindungen innerhalb Schottlands
Das schottische Bahnnetz bedient fast alle schottischen Städte und größeren Orte. Zwischen Edinburgh und Glasgow bestehen alle 15 Min. Zugverbindungen. Die Fahrt dauert 50 Min.

Es gibt verschiedene **Touristentickets**:
Der 4 oder 8 Tage gültige **Freedom of Scotland Travelpass** ist ein Spezialticket von ScotRail und anderen Veranstaltern und bietet uneingeschränktes Reisen auf den Strecken von ScotRail und den meisten Fähren von Caledonian MacBrayne sowie Rabatte für viele Buslinien. Der „Freedom of Scotland Travelpass" ist an Bahnhöfen, in Reisebüros und Vertretungen von British Rail und auch im Ausland erhältlich. Im Allgemeinen ist es billiger, den Pass im Heimatland vor der Abreise zu kaufen. Auskunft: Reisebüros mit Bahnvermittlung oder bei ScotRail Telesales: ☎ 08457 550 033, www.scotrail.co.uk. Mit dem Ticket erhält man ein ausführliches Informationspaket mit Landkarten sowie einige Restaurant-Gutscheine.

Preise (Hochsaison Mai bis September):
Für 4 Tage (in einem Zeitraum von 8 Tagen): 134 £
Für 8 Tage (in einem Zeitraum von 15 Tagen): 179.70 £
Kinder (5–15 Jahre) zahlen die Hälfte.

Die **Area Rovers** kann man nur in Großbritannien kaufen. Es gibt den „Highland Rover" und den „Central Scotland Rover". Sie gelten auf den meisten Zügen, außer bei Sonderfahrten, privaten Strecken, der Dampflinie Fort William – Mallaig, Fährdiensten und U-Bahnen. Sie sind auch nicht gültig für InterCity-Schlafwagen zwischen Fort William, Aberdeen, Inverness und London. Mit dem **„Highland Rover"** kann man an 4 beliebigen Tagen innerhalb eines Zeitraums von 8 Tagen fahren. Der Pass kostet 81.50 £ und ist gültig für Fahrten von Glasgow nach Oban und Glasgow nach Fort William/Mallaig und allen dazwischenliegenden Stationen sowie für Fahrten mit dem Scottish Citylink Bus zwischen Oban/Fort William und Inverness und Bahnfahrten zwischen Inverness und Wick, Thurso und Kyle of Lochalsh, Aberdeen und Aviemore und einigen Fähren. Der **„Central Scotland Rover"** bietet unbegrenztes Fahren zwischen Edinburgh, Glasgow, North Berwick, Bathgate, Stirling, Fife and Falkirk. Das Ticket gilt an 3 (von 7 Tagen) und kostet 36.30 £.

Durchschnittliche Fahrzeiten

Glasgow – Inverness:	3 Std. 20 Min.
Stranraer – Glasgow:	2 Std. 45 Min.
Glasgow – Oban:	3 Std.
Glasgow – Aberdeen:	2 Std. 45 Min.
Aberdeen – Inverness:	2 Std. 10 Min.
Edinburgh – Glasgow:	50 Min.
Edinburgh – Aberdeen:	2 Std. 30 Min.
Edinburgh – Inverness:	3 Std. 30 Min.
Edinburgh – Dundee:	1 Std. 30 Min.
Inverness – Wick/Thurso:	4 Std. 10 Min.

Royal Scotsman
Der Royal Scotsman ist ein Luxuszug, der zwischen April bis Ende Oktober Bahnfahrten mit 1, 2, 3 oder 4 Übernachtungen anbietet. Die Reise mit dem Orient-Express des Nordens beginnt in Edinburgh. Der Zug kann max. 30 Personen mitnehmen. Jede der holzgetäfelten Kabinen hat ein eigenes Bad und es gibt Verpflegung vom feinsten. Der Zug hält an den schönsten Stellen, sodass man Zeit für Besichtigungen hat. Nachts bleibt der Zug auf den Nebengleisen eines Bahnhofs stehen. Auskunft: The Royal Scotsman, ☎ 0845 217 0799, www.royalscotsman.com. Eine Fahrt mit dem Royal Scotsman kostet mit 4 Übernachtungen rund 4.500 £.

The Jacobite
The Jacobite ist eine alte Dampfeisenbahn, die zwischen Mitte Mai und Ende Oktober auf der Strecke Fort William und Mallaig verkehrt. Auskunft: ☎ 01524 737 751 und 0844 850 4685, www.westcoastrailways.co.uk/jacobite_home.cfm, Erwachsene hin und zurück 33 £, Kinder 19 £.

Fähren

Vom europäischen Festland bestehen regelmäßige Fährverbindungen nach Nordengland (Hull oder Newcastle) sowie Verbindungen mit den „Superfast Ferries" von Zeebrügge direkt nach Rosyth (Edinburgh). Von Newcastle fährt man in etwa 2,5 Std. nach Edinburgh, von Hull dauert es etwa 5 Std. Im Sommer gibt es Fährverbindungen zwischen Skandinavien und Schottland.

▶ **Fähren vom europäischen Festland**
Von Belgien: P&O North Sea Ferries: Zeebrügge – Hull (1 x pro Tag, ca. 14 Std.), www.poferries.com
Von Dänemark: DFDS Seaways: Esbjerg – Harwich (alle 2 Tage, 19 Std.), www.dfdsseaways.de
Von den Niederlanden: P&O North Sea Ferries: Rotterdam – Hull (1 x pro Tag, 14 Std.), www.poferries.com
DFDS Seaways: Ijmuiden (Amsterdam) – Newcastle, www.dfdsseaways.de

Stena Line: Hoek van Holland – Harwich (2 x pro Tag, 3 Std. 40 Min.), www.stenaline.com

Von Frankreich: Verschiedene Fährgesellschaften fahren über den Ärmelkanal. Jedes Reisebüro hält Informationen über die jeweils günstigsten Angebote bereit.

Fährverbindungen innerhalb Schottlands

Schottland, von drei Seiten von Meer umgeben, hat über 130 bewohnte Inseln. Die drei Inselgruppen sind die Orkney und Shetland-Inseln im Norden, die Inneren Hebriden und die Äußeren Hebriden (auch Western Isles genannt).

Fährverbindungen zu den Inseln an der Westküste

Das Fährunternehmen **Caledonian MacBrayne** (**Calmac**) bedient 22 Inseln an der schottischen Westküste sowie im Firth of Clyde. Auf einigen Strecken sind Reservierungen für Fahrzeuge obligatorisch, vor allem zur Hauptreisezeit im Sommer. Da die Einzel- oder Rückfahrkarten recht teuer sind, bietet Calmac flexible Tickets: „Island Hopscotch" und „Island Rover". „**Island Hopscotch**" bietet Vorzugspreise für Passagiere mit oder ohne Auto auf einer Auswahl vorausgeplanter Fährstrecken. Das Ticket ist ab Antritt der ersten Fahrt einen Monat lang gültig. Der „**Island Rover**" ist für Passagiere mit oder ohne Auto, Wohnwagen oder Motorrad gültig, und zwar entweder für 8 oder für 15 aufeinanderfolgende Tage. Der Island Rover ist eine Rundreisekarte und erlaubt Ihnen unbegrenzte Fahrten auf den Fähren von Calmac. Sie können selbst entscheiden, welche Inseln Sie besuchen möchten. Alle Überfahrten mit Autos sollten jedoch im Voraus gebucht werden.

Eine Neuerung im Calmac-Programm ist der **Scottish Island Whisky Hopscotch**. Dieses Ticket für Autofähren erlaubt Passagieren zu bleiben, so lange sie wollen – bis zu einem Monat. Folgende Passagen können in Anspruch genommen werden: Ardrossan – Brodick, Lochranza – Claonaig, Kennacraig – Islay, Islay – Kennacraig (via Oban, mit kleinem Aufpreis, nur mittwochs) sowie Oban – Craignure, Tobermory – Kilchoan, Mallaig – Armadale. Man kann auch alle Routen kombinieren. Für weitere Auskunft und Informationen über Tagesausflüge und Pauschalangebote: Caledonian MacBrayne Ltd., ☏ 0800 066 5000, www.calmac.co.uk.

Preisbeispiele

Island Rover 8 Tage: Fahrer/Beifahrer: 57 £ pro Person, Fahrzeug 267 £.
Island Rover 15 Tage: Fahrer/Beifahrer: 82 £ pro Person, Fahrzeug 399 £.

Western Ferries: Western Ferries bedient ca. alle 20 Min. die Strecke zwischen McInroy's Point (Nähe Gourock) und Hunter's Quay (Nähe Dunoon) im Firth of Clyde. Info: Western Ferries Ltd, ☏ 01369 704 452, www.western-ferries.co.uk.

Corran Ferry: Bedient die tägliche Verbindung zwischen Ardgour und Nether Lochaber. Fußpassagiere fahren kostenlos, Reservierungen für Autos sind nicht notwendig. Auskunft: ☏ 01397 703 701 und 01397 709 011, www.lochabertransport.org.uk.

Skye Ferry: Autofährbetrieb zwischen Glenelg und Kylerhea (Skye) von Ostern bis Oktober 10–18 Uhr alle 20 Min. Auskunft: www.skyeferry.co.uk.

Arisaig Marine Ltd.: Im Sommer Fährverbindung von Arisaig nach Eigg, ☏ 01687 450 224, www.arisaig.co.uk.

Allgemeine Reisetipps von A–Z

Inselfahrten

Die „**Hebridean Princess**" bietet zwischen 4- und 10-tägige Luxusfahrten durch die Highlands und Inseln vor der Westküste an. Auskunft: ☎ 01756 704 700, www.hebridean.co.uk.
Calmac bietet verschiedene Nachmittags- und Abendfahrten um die Inseln vor der Westküste an, siehe www.calmac.co.uk.

Fährverbindungen nach Orkney und Shetland

Den Norden bedient **Serco NorthLink Ferries Ltd.**, www.northlinkferries.co.uk, Reservierung: ☎ 0845 600 449. Fähren zwischen Aberdeen und Lerwick, Shetland (tgl., 12–14 Std.), zwischen Aberdeen und Kirkwall, Orkney (3–4 x pro Woche, 6 Std.) und zwischen Kirkwall und Lerwick (3–4 x pro Woche, 7–8 Std.) sowie zwischen Scrabster und Stromness, Orkney (tgl.). Northlink bietet auch Kreuzfahrten unterschiedlicher Länge zu den Orkney- und Shetland-Inseln an.
John O'Groats Ferries bedient zwischen Mai und September eine Passagierfähre (Achtung: keine Autofähre) von John O'Groats nach Burwick auf Orkney. Die Überfahrt dauert 40 Min. Das Unternehmen betreibt außerdem Tagesausflüge im Sommer von John O'Groats und von Inverness. Auskunft: ☎ 01955 611 353, www.jogferry.co.uk.
Pentland Ferries, ☎ 01856 831 226, www.pentlandferries.co.uk. Autofähre von Gill's Bay in Caithness nach St. Margaret's Hope in Orkney. Die Überfahrt dauert 1 Std., 3 x tgl.

Fährverbindungen zwischen Orkney und Shetland

Es bestehen regelmäßige und häufige Fährverbindungen zwischen den einzelnen Orkney-Inseln und innerhalb der Shetland-Inseln. In der Hochsaison ist eine Vorausbuchung empfehlenswert. Die Touristeninformationen auf Orkney und Shetland informieren über die besten Angebote.
Orkney Ferries Ltd. betreibt eine Reihe von Fährdiensten zwischen den verschiedenen Orkney-Inseln (☎ 01856 872 044, www.orkneyferries.co.uk).
Shetland Isles Council betreibt die Fährdienste innerhalb von Shetland. Die Touristeninformation von Shetland (☎ 01595 989 898, www.visitshetland.com) hält einen detaillierten Fahrplan bereit, der sämtliche Fährverbindungen auflistet.

Fahrrad fahren

Schottland ist ein beliebtes Fahrradland. Wer sein eigenes Fahrrad mitnehmen möchte, erkundige sich vorher bei der jeweiligen Fluggesellschaft. Die meisten Fluggesellschaften nehmen ein Fahrrad gegen eine kleine Gebühr mit. Wer nur ab und zu Rad fahren möchte, kann bei etlichen Verleihern ein Rad ausleihen (**rent-a-bike**). Die beste Zeit für einen Fahrradurlaub in Schottland sind die Monate Mai und Juni oder September und Oktober. Juli und August sind die Hauptreisezeiten, sodass es zuweilen etwas voll auf den Straßen ist. Fahrradverleiher in den einzelnen Regionen sind jeweils in den Reisepraktischen Informationen aufgelistet.

Infos rund ums Radfahren „Cycling Scotland" unter www.cyclingscotland.org.uk.
Fahrradkarten: Die besten Karten sind die „**Ordnance Survey Maps**", erhält-

lich als „Ordnance Survey Travelmaster Map" im Maßstab 1: 250.000 und als „Ordnance Survey Landranger Map" im Maßstab 1: 50.000. Die Karten sind beim CTC erhältlich sowie in allen größeren Buchläden und Touristeninformationen. www.o-s.co.uk.

Nützliche Begriffe rund ums Fahrrad

Felge	rim
Gangschaltung	gear shift
Kettenblatt	chain ring
Lenker	handlebar
Reifen	tyre
Sattel	saddle
Schlauch	inner tube
Schutzblech	mudguard
Tretlager	bottom bracket

Ferien/Feiertage

Landesweit gesetzliche Feiertage *(bank holidays)* sind der 1. Januar (New Year), 2. Januar *(Bank Holiday)*, Karfreitag *(Good Friday)*, 25. Dezember *(Christmas Day)*, 26. Dezember *(Boxing Day)*. Oster- und Pfingstmontag sind in Schottland keine Feiertage, es sei denn, an diesen Tagen wird gerade „Spring Holiday" (kein festgelegtes Datum) oder „May Day" (1. Montag im Mai) gefeiert.

Der 1. Montag im August ist „Summer Bank Holiday". In den einzelnen Regionen gibt es darüber hinaus zusätzliche lokale Feiertage, z.B. zu Ehren eines Heiligen. Diese Tage fallen dann auf einen Montag.

Feste/Feiern

s. dazu auch S. 53

▶ Die wichtigsten Feste
Januar
- **„Up Helly Aa"**: Das Fest der Shetland-Inseln findet alljährlich in Lerwick am letzten Dienstag im Januar statt. Nach alter nordischer Tradition wird dabei ein Wikingerschiff verbrannt. www.visitshetland.com
- **Celtic Connections**: Glasgows alljährliches Fest der keltischen Musik mit internationalen Künstlern. www.celticconnections.com
- **„Burns' Supper"**: Am 25.1. wird der Geburtstag des Dichters Robert Burns mit den Klängen des Dudelsacks, mit Haggis und reichlich Whisky gefeiert. www.robertburns.org/suppers

Februar
- **Scottish Curling Championships**: Die Meisterschaften werden jedes Jahr in einem anderen Ort ausgetragen. http://royalcaledoniancurlingclub.org

März
- St. Andrew's: **Scotland's Poetry Festival**, ein Festival der Dichtkunst. www.stanzapoetry.org

April
- **Melrose Seven**: Melrose ist der Austragungsort für das traditionelle Rugby Match. www.melrose7s.com

Mai
- **Shetland Folk Festival**, www.shetlandfolkfestival.com
- **Isle of Bute Jazz Festival**, www.butejazz.com
- **Dumfries & Galloway Arts Festival**: Das Kunstfestival wird an verschiedenen Orten in Dumfries and Galloway abgehalten. www.dgartsfestival.org.uk

Juni
- **Guid Nychburris**: Stadtfest mit Straßenunterhaltung, dem Grenzritt und Krönung der Queen in Dumfries. www.guidnychburris.co.uk
- **Selkirk Common Riding**: Fahnenzeremonie auf dem Marktplatz und traditioneller Grenzritt „Riding of the Marches", der an die Schlacht von Flodden von 1513 erinnert. www.returntotheridings.co.uk
- **Royal Highland Show**: Für drei Tage am Monatsende gibt es in Edinburgh im Royal Highland Centre die „Royal Highland Show", eine Landwirtschaftsmesse. http://royalhighlandshow.org
- **St. Magnus International Festival**: Das Festival wird auf den Orkney-Inseln mit viel Musik, Tanz, Speis und Trank begangen. www.stmagnusfestival.com

Juli
- **Loch Lomond Highland Games**, zweitgrößtes Ereignis dieser Art in Schottland. www.llhgb.com
- **Hebridean Celtic Festival**: keltisches Musikfestival auf den Inseln Harris und Lewis. www.hebceltfest.com

August
- **Edinburgh Military Tattoo**, Edinburgh Castle. www.edintattoo.co.uk
- **Edinburgh International Film Festival**, www.edfilmfest.org.uk
- **Edinburgh International Festival of Music and Drama**, Edinburgh. Das berühmte Festival findet in den letzten beiden Augustwochen und der ersten Septemberwoche statt und bietet Theater und Musik aller Art. www.eif.co.uk
- **Edinburgh Festival Fringe**, Theaterfestival „am Rande" des offiziellen Festivals. www.edfringe.com
- **Edinburgh International Book Festival**, Edinburgh, Literaturfestival. www.edbookfest.co.uk
- **Aberdeen International Youth Festival**: An verschiedenen Orten in Aberdeen und Grampian wird ein internationales Festival der Künste mit einigen der besten jungen Orchester, Bands, Chören, Tanz- und Theatergruppen der Welt abgehalten. www.aiyf.org
- **Speyfest**: In Fochabers findet ein keltisches Festival der traditionellen Musik und des Kunstgewerbes statt. www.speyfest.com

- **Skye Highland Games**, Portree, Isle of Skye. www.skye-highland-games.co.uk
- **World Pipe Band Championships**, Glasgow. Weltmeisterschaft im Dudelsackspielen. www.rspba.org
- **Arbroath Sea Fest**: Wochenendfestival im Hafen von Arbroath, das die Meeresgeschichte und die Kultur der Seefahrt und des Fischens in Arbroath feiert, www.angusahead.com
- **Pittenweem Arts Festival**. Seit mehr als 20 Jahren findet dieses Kunst- und Kulturfestival statt. www.pittenweemartsfestival.co.uk
- **Cowal Highland Gathering**, Dunoon, Highland Games, www.cowalgathering.com

September
- **Braemer Highland Gathering**: Am 1. Samstag im Monat findet das berühmteste der Hochlandfestspiele, das „Braemer Royal Highland Gathering", statt. Zu den Gästen zählen selbstverständlich auch Mitglieder der Königsfamilie. www.braemargathering.org
- **Borders Walking Festival**, West Linton, traditionelles einwöchiges Wanderfestival. www.borderswalking.com
- Das „**Ben Nevis Race**" ist ein Wettlauf auf den höchsten Berg Schottlands, den Ben Nevis, und wieder herunter. Der Wettlauf beginnt in Fort William. www.bennevisrace.co.uk

Oktober
- **Royal National Mod**, Stornoway, Isle of Lewis, Schottlands wichtigstes Festival mit gälischer Musik: Instrumentalisten, Gesang, Theater, Tanz und Literatur. http://acgmod.org

November
- „**Guy Fawkes Day**": Am 5. November wird mit Feuerwerken und Knallkörpern an den Tag im Jahr 1607 erinnert, an dem Guy Fawkes das englische Parlament als Protest gegen die antikatholischen Gesetze James' VI./I. in die Luft sprengen wollte. Der Plan wurde jedoch aufgedeckt und Guy Fawkes hingerichtet.
- **Fiddle Festival**. Fiddlerfestival in Edinburgh
- **St. Andrews Week**: Festwoche zum Gedenken an Schottlands Schutzpatron Andrew in St. Andrews.
- 30. November: Der **St. Andrews Day** wird an verschiedenen Orten in ganz Schottland begangen.

Dezember
- **Winter Wonderland**: Im Stadtzentrum von Edinburgh findet ein Winterfestival mit Eisbahn, Buden mit Kunsthandwerk und Kindervergnügen statt.
- 31. Dezember: **Hogmanay**, Neujahrsfeiern in ganz Schottland, www.edinburghshogmanay.org

Eine vollständige Veranstaltungsliste bietet die Website www.visitscotland.com.

Allgemeine Reisetipps von A–Z

Flugverbindungen

Flugverbindungen bestehen täglich von allen größeren Flughäfen in Deutschland, Österreich und der Schweiz nach Glasgow, Dundee, Edinburgh, Aberdeen und Inverness.

Es lohnt sich, die Angebote der Billiganbieter (Ryanair, EasyJet, Tuifly, Germanwings) zu prüfen. Ryanair (www.ryanair.de) fliegt von Düsseldorf (Weeze) nach Edinburgh und Prestwick und von Lübeck nach Prestwick. EasyJet hat eine tgl. Verbindung von Berlin nach Glasgow, Germanwings fliegt von Köln nach Edinburgh. Von den Londoner Flughäfen Heathrow, Gatwick, City, Luton und Stansted gibt es zahlreiche **Direktflüge** nach Schottland.

British Airways, www.britishairways.com
Bmi Regional, www.bmiregional.com
City Jet, www.cityjet.com
EasyJet, www.easyjet.com
Tui Fly, www.tuifly.com
Germanwings, www.germanwings.de
Ryanair, www.ryanair.com
Flybe, www.flybe.com
Loganair, www.loganair.co.uk.

Innerhalb Schottlands gibt es ein gut ausgebautes Flugnetz, das die Inseln und viele kleine Regionalflughäfen mit den größeren Flughäfen verbindet. Die meisten Flüge werden von British Airways und Loganair durchgeführt, die auch bei frühzeitigem Buchen verschiedene Sonderangebote und Kombinationstickets („inter-island-flights") anbieten. Der Flughafen in Tingwall wird für die interinsularen Flüge genutzt. Von hier geht es nach Foula, zur Fair Isle, nach Papa Stour, Unst und zu den Out Skerries. Die Fair Isle und Unst werden auch von Sumburgh angeflogen.

Gesundheit

s. auch „Apotheken"

EU-Staatsangehörige sowie Besucher aus Ländern, die mit Großbritannien ein entsprechendes Abkommen vereinbart haben, werden im Rahmen des staatlichen Gesundheitsdienstes (**National Health Service**) kostenlos behandelt, allerdings nicht bei allen Erkrankungen. Als Anspruchsnachweis gilt für EU-Bürger die Europäische Krankenversicherungskarte (EHIC). Bei einem Arzt-Besuch ist zunächst der Rechnungsbetrag zu bezahlen, der gegen Vorlage der Quittung von den Krankenkassen rückerstattet wird.

Für stationäre Behandlungen müssen Sie selbst aufkommen. Ein Rücktransport wird nicht gestellt. Es ist daher, wie bei jeder Auslandsreise, anzuraten, vor Reiseantritt für einen ausreichenden **Auslandsversicherungsschutz** zu sorgen. Dies gilt sowohl für Reisende aus Mitgliedsländern der EU als auch für andere Nationalitäten.

Zahnärzte sind dem Gesundheitsabkommen nicht angeschlossen und müssen bezahlt werden. Im Falle einer Zahnarztbehandlung sollte man sich eine genaue Liste über Krankheit, Behandlungsart, Zeitpunkt der Behandlung und -dauer, eine Rechnung und eine Quittung über den bezahlten Betrag ausstellen lassen.

Golf

Golf ist ein Teil des „british way of life" und der Nationalsport Nummer eins in Schottland. In ganz Großbritannien gibt es etwa 2.000 Golfplätze und etwa 500 in Schottland – dies sind über das ganze Land verteilt mehr Plätze pro Kopf als anderswo. Viele Golfclubs blicken auf eine lange Geschichte zurück und haben ebenso lange Traditionen. In den traditionellen Clubs tragen die Männer Schlips und Kragen, Jeans sind meist nicht gerne gesehen.
Unter den verschiedenen Arten von Golfplätzen sind die **„Links"**, entlang der Seeseite, besonders beliebt. Der Boden ist dort trockener und härter und der Seewind stellt eine besondere Herausforderung dar.

Auf den meisten Golfplätzen können Nichtmitglieder gegen eine Gebühr spielen, wobei die Preise von Platz zu Platz variieren. Verschiedene Golfclubs und die einzelnen regionalen Tourist Boards bieten Tages- oder Wochentickets an. Es gibt unterschiedliche Golfpässe, wie den beliebten „Scottish Borders Freedom of the Fairways Golf Pass". Ein fünftägiges Ticket kostet hier 160 £, ein dreitägiges Ticket 120 £. Beim „First in Fife Golfpass" kosten 3 Runden 63 £, 5 Runden 99 £. Viele Hotels bieten spezielle Golfurlaube an. Etliche Reiseveranstalter aus Deutschland, Österreich und der Schweiz bieten Golfferien in Schottland an.

Auskunft rund um „Golf in Schottland" erhält man von Visit Scotland oder direkt von der Scottish Golf Union, www.scottishgolf.com.

Weitere nützliche Links:
www.eastofscotlandgolf.com
www.scottishgolfsouthwest.com
www.golfeastlothian.com
www.perthshire.co.uk/golfweek
www.fifegolf.com
www.ericgrandison-golfschool.com (Eric Grandison ist professioneller Golflehrer und spricht fließend Deutsch)

Information

▶ **Auskunft vor Reiseantritt**
Visit Scotland, Ocean Point 1, 94 Ocean Drive, Leith, Edinburgh EH6 6JH, www.visitscotland.com

Allgemeine Reisetipps von A–Z

Visit Britain
www.visitbritain.com – Die offizielle Seite der **British Tourist Authority** (BTA). Die Infos sind über **www.visitbritain.de** auch auf Deutsch abrufbar. Hier erfahren Sie alles Wissenswerte über das Reisen in Großbritannien und finden Angaben zu Reiseveranstaltern, die auf GB spezialisiert sind. Darüber hinaus gibt es Tourenvorschläge und die Möglichkeit, Hotels bzw. B& B online zu buchen.

Fremdenverkehrsämter in Schottland
Über ganz Schottland verteilt, gibt es etwa 150 regionale Informationszentren (**Information Centres**), die teilweise ganzjährig geöffnet sind. Sie erkennen die TICs an dem Schild mit dem „i" an der Tür. Man erhält dort ausführliche Informationen über die einzelnen Gebiete und Regionen, eine Vielzahl an Broschüren sowie Publikationen von Visit Scotland. Außerdem betreiben die Büros eine kostenlose Zimmervermittlung für örtliche Unterkünfte und gegen eine Gebühr ein „Book-A-Bed-Ahead-System" für Hotels, Gasthöfe und B&Bs in ganz Schottland. Größere Touristenbüros haben oft auch eine Wechselstube und einen Buchladen.
Die Adressen der lokalen Touristenbüros finden Sie in den Reisepraktischen Informationen der jeweiligen Orte. Sie sind zudem den Webseiten der verschiedenen übergeordneten Regionen zu entnehmen.

Regionale Informationen
Aberdeen, Visit Scotland Information Centre, 23 Union Street, Aberdeen, AB11 5BP, ☏ 01224 269 180, www.aberdeen-grampian.com
Angus & Dundee, Visit Scotland Discovery Point, Discovery Quay, Dundee, DD1 4XA, ☏ 01382 527527, www.angusanddundee.co.uk
Argyll, Loch Lomond & the Forth Valley, www.visitscottishheartlands.com
Ayrshire & Arran, ☏ 0845 225 5121, www.ayrshire-arran.com
Dumfries & Galloway, ☏ 01387 253 862, www.visitdumfriesandgalloway.co.uk
Edinburgh & the Lothians, 3 Princes Street, Edinburgh EH2 2QP, ☏ 0131 473 3868, www.edinburgh.org
Greater Glasgow & Clyde Valley/Visit Scotland Glasgow Information Centre, 170 Buchanan Street, Glasgow G2 2LW, ☏ 0141 204 4400, www.peoplemakeglasgow.com
Highlands of Scotland, ☏ 01463 252 401, 01479 810 930, www.visithighlands.com
Kingdom of Fife, ☏ 01334 472 021, www.visitfife.com
Orkney, ☏ 01856 872 856, www.visitorkney.com
Perthshire, ☏ 01738 450 600, www.perthshire.co.uk
Scottish Borders, ☏ 01750 20 054, www.visitscottishborders.com
Shetland Island Tourism, ☏ 01595 693 434, www.visitshetland.com, www.visitscotland.com
Western Isles, ☏ 1851 703 088, www.visithebrides.com

Interessante Webseiten
Allgemeine Auskünfte
www.visitscotland.com (diese Informationsquelle bietet alles, was Sie über Schottland wissen wollen)
www.visitbritainshop.com (hier kann man z. B. vor Reiseantritt Bahntickets bestellen)

Allgemeine Reisetipps von A–Z

www.edinburgh.org (sämtliche Informationen rund um Edinburgh)
www.seeglasgow.com (Informationen rund um Glasgow)
www.o-s.co.uk (die Internetseite der Landesvermessungsanstalt Ordnance Survey informiert über das aktuelle Kartenmaterial)
www.greentourism.org.uk (Informationen über „sanften Tourismus" in Schottland)
www.snh.org.uk (Scottish Natural Heritage ist der Verband zur Erhaltung der Flora und Fauna)
www.capability-scotland.org.uk (Beratung und Informationsservice für Reisende mit Behinderung)
www.scotland.gov.uk (Auskunft über schottische Regierungsangelegenheiten)
www.metoffice.gov.uk (Wettervorhersage)

Unterkunft
www.syha.org.uk (Webseite des schottischen Jugendherbergenverbands)
www.visitscotland.com/accommodation/ (auf der offiziellen Webseite von Visit Scotland können Sie sich über sämtliche Übernachtungsarten informieren und auch Buchungen vornehmen)

Besichtigungen/Veranstaltungen/Attraktionen
www.nts.org.uk (Webseite des National Trust Scotland)
www.historic-scotland.gov.uk (über 300 historische Stätten sind im Verbund „Historic Scotland" zusammengefasst)
www.edinburghfestivals.co.uk (die offizielle Webseite zu allen Veranstaltungen des Edinburgher Festival)

Transport
www.calmac.co.uk (Informationen über Fährverbindungen auf die Hebriden und die Clyde-Fähren)
www.eurostar.com (Anreise per Hochgeschwindigkeitszug nach London)
www.eurotunnel.com (Informationen über den Eurotunnel)
www.nationalexpress.co.uk (Busverbindungen in ganz Großbritannien)
www.traveline.org.uk (Infos über Bus und Bahn in ganz Großbritannien)
www.britrail.net (Informationen über Bahnfahrten in Großbritannien)
www.scotrail.co.uk (Bahnfahren in Schottland)
www.citylink.co.uk (Busse in alle Landesteile Schottlands)
www.britishairways.com (Internetseite von British Airways)
www.scotairways.co.uk (Informationen über Flüge mit Suckling Airways, früher ScotAirways)
www.dfdsseaways.de (Fährverbindungen Esbjerg nach Harwich und Amsterdam/Ijmuiden – Newcastle)
www.northlinkferries.co.uk (Fährverbindungen Shetland- und Orkney-Inseln)

Aktivitäten
http://active.visitscotland.com (Abenteuer-Urlaub in Schottland)
www.scottishgolf.com (sämtliche Informationen rund um den Golfsport)
www.fishscotland.com (Informationen rund um den Angelsport)
www.sailscotland.co.uk (Informationen über Segeln in Schottland)

www.ridinginscotland.com (Informationen rund um den Reitsport)
www.cyclingscotland.org (Fahrradfahren in Schottland)
http://ski.visitscotland.com (rund um den Ski-Sport)
www.wild-scotland.co.uk (Zusammenschluss verschiedener Anbieter von Wildlife-Touren)

Gastronomie
www.taste-of-scotland.com (Taste of Scotland ist ein Qualitätskontrollsystem. Die Mitglieder werden einer regelmäßigen Kontrolle hinsichtlich Qualität und Zubereitung der Speisen unterzogen)
www.organicholidays.com (Adressen von B&Bs und kleinen Hotels, die sich auf organisch wertvolle Küche spezialisiert haben)

Kinder

Wenn Sie mit einem Baby oder Kleinkind reisen, überprüfen Sie bitte im Voraus, ob es in der von Ihnen gewählten Unterkunft Kinderbetten oder Babystühle gibt. Viele Unterkünfte bieten Ermäßigungen für Kinder unter einem bestimmten Alter.

Kriminalität

Schottland ist ein sehr sicheres Reiseland. Abgesehen von den beiden Metropolen Edinburgh und Glasgow, in denen die üblichen Gefahren einer Großstadt herrschen (auf Wertsachen achten), kann man sich im restlichen Land durchaus sicher fühlen. Auch alleinreisende Frauen brauchen keine Bedenken bei einer Schottlandreise zu haben.

Maßeinheiten

Die Temperatur wird meist in Fahrenheit angegeben: 0 °C = 32 °F. Für die Umrechnung muss man von der jeweiligen Fahrenheit-Temperatur die Zahl 32 abziehen, mit 5 multiplizieren und durch 9 dividieren. 0 °C = 32 °F, 25 °C = 77 °F, 100 °C = 212 °F.

1 mile (m) = 1,609 km
1 inch (in) = 2,54 cm
1 foot (ft) = 12 inches = 30,48 cm
1 yard (yd) = 3 feet = 91,4 cm
1 acre = 0,405 ha
1 square mile = 2,59 qkm
1 pint (pt) = 0,568 l
1 gallon (gal) = 4,55 l
1 ounce (oz) = 28,35 g
1 pound (lb) 16 ounces = 453,6 g
1 stone (st) 14 pounds = 6,35 kg

Mehrwertsteuerrückerstattung

Die britische Mehrwertsteuer (*value added tax* = VAT) ist auf alle Preise aufgeschlagen. Manche größere, entsprechend gekennzeichnete Geschäfte betreiben ein Mehrwertsteuer-Rückerstattungssystem (Retail Export Scheme), d.h. Besucher aus Ländern, die nicht Mitglied der EU sind, erhalten beim Einkauf eines bestimmten Wertes nachträglich die Mehrwertsteuer zurück. Nach Vorlage des Personalausweises lässt man sich die Rechnung ausstellen und füllt das sog. VAT-Formular aus. Dieses wird vor der Rückreise von der Zollverwaltung abgestempelt. Anschließend schickt man das Formular an das Geschäft zurück, wo man die Ware gekauft hat, welches daraufhin das Geld zurückerstattet. Die VAT beträgt derzeit 20 %.

Mücken

Die schottischen Mücken („midges") sind winzig klein (Flügelspannweite 1,4 mm), treten zumeist in großen Schwärmen auf und sind äußerst lästig. Zwischen Mai und September brüten sie in feuchten Moor- und Sumpfgebieten in der Umgebung von Seen, Bächen und Wäldern. Decken Sie sich mit Mückenabwehrmitteln (z.B. Autan) ein!

Netzspannung

Die schottischen Steckdosen haben in der Regel 220 bis 240 Volt Wechselstrom. Da die kontinentalen Schukostecker nicht in die schottischen (dreistiftigen) Steckdosen passen, ist ein dreiseitiger Zwischenstecker erforderlich. Dieser kann schon in Deutschland erworben werden.

Notfall

Unter der **Notrufnummer 999** erreichen Sie Polizei, Feuerwehr und medizinische Hilfe.

Öffnungszeiten

> **Schlösser und Museen**

Bei Schlössern und Museen haben sich folgende Standardöffnungszeiten durchgesetzt: April–September: Mo–Sa 9.30–18, So 14–18 Uhr, Oktober–März Mo–Sa 9.30–16, So 14–16 Uhr. Bei einigen Besucherattraktionen ist der letzte Einlass bereits eine Stunde vor Schließung. Abweichende Öffnungszeiten sind bei den jeweiligen Adressen der Sehenswürdigkeiten im Reiseteil aufgeführt. Die lokalen Touristenbüros führen die aktuellen Listen mit den Öffnungszeiten aller Sehenswürdigkeiten, im Zweifelsfall sollte man dort vorher anfragen (s. auch unter „Organisationen/Verbände").

Allgemeine Reisetipps von A–Z

▸ Banken
Banken sind gewöhnlich Mo–Fr 9–16 bzw. 17 Uhr geöffnet. Am Donnerstag sind einige Banken bis 17.30 Uhr geöffnet, die großen Banken haben auch am Samstagvormittag zwischen 9.30 und 12.30 Uhr geöffnet.

▸ Postämter
Postämter haben in der Regel folgende Öffnungszeiten: Mo–Fr 9–17.30 und Sa 9–12.30 Uhr. Kleinere Postämter schließen meist in der Mittagszeit.

▸ Geschäfte
Geschäfte sind werktags 9–17.30 Uhr, donnerstags (in größeren Orten) bis 20 Uhr und samstags bis 13 Uhr (teilweise auch länger) geöffnet. In den großen Städten haben manche Läden auch am Sonntag geöffnet. In ländlichen Gebieten sind die Geschäfte oft an einem Nachmittag der Woche, meist Mittwoch, geschlossen. Viele kleine Läden und Zeitschriftenhändler haben auch bis spät am Abend noch geöffnet, einige Supermärkte und Kaufhäuser sogar am Wochenende.

▸ Restaurants und Pubs
In den Städten sind die Restaurants normalerweise mittags zwischen 12 und 14.30 Uhr geöffnet und abends von 18 Uhr bis Mitternacht. Auf dem Land schließen die Restaurants meist früher (je nach Besucheraufkommen). Die letzten Bestellungen müssen meist 45 Min. vor Schließung aufgegeben werden. In den Städten sind die meisten Restaurants, Pubs, Bistros und Cafés ganztägig geöffnet. Die üblichen Öffnungszeiten für Pubs sind Mo–Sa ab 11 Uhr und So ab 12.30 Uhr. Geschlossen wird in der Regel zwischen 23 Uhr und Mitternacht, wobei 15 Min. vorher die Glocke zum „last order please" erklingt. Manche Pubs, vor allem in den Städten, haben längere Schanklizenzen. Laut Gesetzesbeschluss können Restaurationsbetriebe, falls sie eine entsprechende Lizenz erhalten, so lange aufbleiben, wie sie wollen.

Organisationen/Verbände

▸ Besichtigungen
Der **National Trust for Scotland** (Hermiston Quay, 5 Cultins Road, Edinburgh EH11 4DF, ☎ 0131 458 0303, 0844 493 2100, www.nts.org.uk) wurde 1931 als Ableger des englischen, seit 1895 bestehenden National Trust gegründet. Das erklärte Ziel des NTS ist „die Erhaltung von Orten historischen Interesses oder natürlicher Schönheit". Schlösser, interessante Häuser, Gedenksteine, Gärten oder ganze Inseln gehören zum Besitz des NTS. Als größter Landbesitzer in Großbritannien verwaltet der Verband außerdem einige der schönsten und interessantesten Landgebiete, die er entweder mit Hilfe von Spendengeldern erwerben konnte oder als Hinterlassenschaft bekam. Der NTS bietet ein „Discovery Ticket" an, das für 7 oder 14 Tage gültig ist und freien Eintritt zu allen Besitzungen gewährt. Das Ticket kostet für Erwachsene 25 £ für 3 Tage, 30 £ für 7 Tage und 35 £ für 14 Tage. Für Familien (2 Erwachsene und bis zu 4 Kinder unter 16 Jahren) kostet das Ticket für 3 Tage 50 £, für 7 Tage 60 £ und für 14 Tage 70 £. Es ist aber auch möglich, eine **Mitgliedschaft** beim National Trust zu erlangen. Der Jahresbeitrag berechtigt zum freien Eintritt aller NTS-Besitzungen, aber auch zu denen des National Trust

in England, Wales und Nordirland. Die jährlichen Beiträge betragen 50 £ für Erwachsene, 87 £ für Familien (2 Erwachsene und bis zu 4 Kinder unter 18 Jahren), 37 £ für Senioren, 59.50 £ für eine Seniorenfamilie und 21 £ für Jugendliche unter 25 Jahren. Discovery-Tickets und Jahrestickets sind an allen Kassen der vom NTS betreuten Objekte erhältlich. Bei mehreren Besichtigungen ist, je nach Art und Größe der Sehenswürdigkeit, rasch eine Summe erreicht, die über einem Wochen- oder Jahresticket liegt, sodass sich die Mitgliedschaft eigentlich auf jeden Fall lohnt. Der NTS bietet auch die Möglichkeit, als „Conservation Volunteer" bei Projekten zur Instandsetzung von alten Gebäuden oder Gärten mitzuarbeiten. Vorkenntnisse sind nicht erforderlich, jedoch sollte man Spaß am Leben in der Gemeinschaft und im Freien haben. Meist finden diese Einsätze am Wochenende statt. Verpflegung und Unterkunft werden gestellt. Auskunft unter oben genannter Adresse.

Historic Scotland (Longmore House, Salisbury Place, Edinburgh EH9 1SH, ☎ 0131 668 8600, www.historic-scotland.gov.uk) hat es sich zur Aufgabe gemacht, das architektonische Erbe des Landes zu schützen und dessen Verständnis zu fördern. HS ist landesweit der größte Betreiber von Besucher-Attraktionen. Das Explorer Ticket (für 3 von 5, 7 von 14 oder 10 von 30 Tagen, die aber nicht aufeinander zu folgen brauchen) ermöglicht den freien Eintritt zu den Besitzungen des HS. Ein 3-Tage-Ticket kostet für Erwachsene 29 £, für Familien 58 £, für Studenten/Senioren 24 £, ein 7-Tage-Ticket kostet für Erwachsene 38 £, für Familien 76 £, für Studenten/Senioren 31 £. Auch eine Jahresmitgliedschaft ist möglich und kann bereits von Deutschland aus erworben werden.

In allen vom HS verwalteten Besichtigungsstätten kann man mit Euro bezahlen. Die üblichen Öffnungszeiten der von HS verwalteten Stätten (Abweichungen sind bei den einzelnen Orten speziell aufgeführt) sind: April–September tgl. 9.30–17.30 Uhr, Oktober–März tgl. 9.30–16.30 Uhr. Einige Stätten sind allerdings während der Wintermonate geschlossen. Sämtliche von HS verwalteten Besucherattraktionen sind am 25. und 26.12. geschlossen.

Städteführungen
Scottish Tourist Guides Association ist eine Vereinigung von ausgebildeten Reiseführern, die sich an Individualreisende oder an Gruppen wendet. Führungen sind in vielen Städten oder an interessanten Plätzen und in vielen Sprachen möglich.
Scottish Tourist Guide Association, Norie's House, 18b Broad Street, Stirling FK8 1EF, ☎ 01786 447 784 und 01786 451 953, www.stga.co.uk.

Organisationen für die Erhaltung von Flora und Fauna
Scottish Natural Heritage, www.snh.org.uk
Royal Society for the Protection of the Birds, www.rspb.org.uk
The Scottish Wildlife Trust, www.scottishwildlifetrust.org.uk
Forestry Commission, www.forestry.gov.uk
Scotland's Garden Scheme, www.gardensofscotland.org. Scotland's Garden Scheme wurde 1931 als Dachverband aller Gärten in Schottland – sowohl privat als auch öffentlich – gegründet. Gärten, die dem Garden Scheme angehören, sind der Öffentlichkeit zu festgelegten Zeiten zugänglich.

Allgemeine Reisetipps von A–Z

Post/Porto

Die Hauptpostämter in den Städten bieten neben Brief- und Paketversand und Briefmarkenverkauf auch andere Dienstleistungen, wie beispielsweise internationale Geldüberweisungen, Geldwechsel und Postanweisungen, an. In kleineren Ortschaften befindet sich das Postamt zumeist in dem Lebensmittelgeschäft und ist fester Bestandteil der örtlichen Gemeinschaft. Zu erkennen sind die Postämter an dem gelben Symbol auf rotem Hintergrund. Postkarten und Briefe können in alle roten Postkästen eingeworfen werden.
Die Postbeförderung 1. Klasse innerhalb Großbritanniens kostet 60 Pence und die Beförderung 2. Klasse 50 Pence. Eine Postkarte oder ein Brief in Länder innerhalb Europas kostet 88 Pence.

Rauchen

Das Rauchen in geschlossenen, öffentlichen Gebäuden ist seit 2006 verboten. Auch in Restaurants und Pubs darf nicht mehr geraucht werden.

Reisegepäck

Aufgrund des wechselhaften Wetters sollte vor allem wind- und wasserfeste Kleidung eingepackt werden. Ebenso wichtig ist ein warmer Pullover. Wer bereits im Frühjahr reist, sollte sich mit Schal und Mütze gegen Schnee- und Graupelschauer wappnen. Bei dem oft regendurchweichten Boden empfiehlt sich kräftiges, gut imprägniertes Schuhwerk mit rutschfester Sohle. Im Sommer ist das „Zwiebelsystem" unschlagbar: Hemd/T-Shirt, Sweatshirt oder leichter Pulli, dickerer Pullover, Windjacke, bequeme Hosen, Shorts. Naturfreunde sollten ein Fernglas mitnehmen. Für Besichtigungen der Schlösser und Burgruinen hat sich die Mitnahme einer Taschenlampe bewährt.

Reiseveranstalter

Rund 100 Reiseveranstalter in Deutschland, Österreich und der Schweiz bieten ein reiches Angebot an Urlaubsmöglichkeiten in Schottland: Wanderferien, Ferienhäuser, Busreisen für Gruppen, Sprachreisen, Golfferien, Gartenreisen, kombinierte „Fly & Ride"-Reisen, Studienaufenthalte und kunsthandwerkliche Seminare – um nur einige Möglichkeiten zu nennen. **Wild Scotland** ist vor allem für Naturliebhaber interessant. Zahlreiche Adressen und Informationen über Wildlife- und Outdoor-Ferien in Schottland unter www.wild-scotland.co.uk.

Reisezeit

Jede Reisezeit hat in Schottland ihre Vor- und Nachteile: Im Frühjahr blühen die Blumen, die Bäume werden grün, noch wenige Touristen sind im Land. Die Monate

Mai und Juni haben, statistisch gesehen, am wenigsten Niederschlag. Während der Sommermonate und Hauptferienzeit kommen die meisten Besucher und manche Gegenden sind recht überlaufen. Wer den Rummel nicht mag, sollte auf die Äußeren Hebriden oder auf abgelegene Gebiete in den Highlands ausweichen. Für Naturfreunde sind die Monate September und Oktober am geeignetsten. Das Heidekraut blüht und die Touristenströme verebben langsam. Im Herbst kommen die Wildgänse und aus dem Norden die Zugvögel, um der arktischen Kälte zu entfliehen. Auf den Hebriden und im Süden in der Region Dumfries und Galloway brüten sie zu Tausenden.

Der wärmende Golfstrom verhindert einen strengen Winter, Frost ist selten. Nur in den Highlands und in den anderen höher gelegenen Gebieten gibt es im Winter Schnee und Frost. Englische Touristen verbringen ihren Winterurlaub gerne in den Skigebieten der Highlands. Viele Sehenswürdigkeiten sind während der Wintermonate geschlossen. Im Allgemeinen ist das Wetter in Schottland recht unberechenbar, was den Reisenden jedoch nicht davon abhalten sollte, seinen Urlaub zu genießen: *„If you don't like the weather, just wait a minute!"*

Reiten

Reiten oder Ponytrekking ist eine beliebte Freizeitbeschäftigung in Schottland. Man kann in verschiedenen Gegenden auch Reiterferien in einer gewünschten Länge buchen. Die meisten Reitställe sind von der Trekking and Riding Society of Scotland und von der British Horse Riding Society Scotland empfohlene Zentren. Informationen und Adressen unter www.bhs.org.uk oder www.ridinginscotland.com.
Auch der Reitrennsport ist in Schottland sehr beliebt. Bekannte Rennbahnen befinden sich in Edinburgh, in Ayr und in Kelso (s. auch www.scottishracing.co.uk).

Restaurants

s. auch „Die gute Küche", S. 56

In vielen Restaurants sowie in den von den Touristenbehörden herausgegebenen Urlaubsführern fällt immer wieder das blauweiße Zeichen „**Taste of Scotland**" in Form einer Suppenterrine auf. Die Vereinigung „Taste of Scotland" (www.taste-of-scotland.com) ist ein Kontrollmaßstab für ausgewählte Restaurants. Bewertungskriterien sind neben einem ausgezeichneten Service vor allem die Qualität der Speisen. Besondere Betonung liegt auf der Verwendung von frischen, „typisch" schottischen Nahrungsgütern wie Lamm, Rind und Fisch. Viele der Lokale, die dem „Taste of Scotland"-Verband angehören, bieten regionale Spezialitäten an.

Restaurant-Kategorien

Günstig: unter 10 £
Mittlere Preisklasse: 10–20 £
Gehobene Preisklasse: 20–30 £
Luxus: über 30 £

Die Angabe der Preiskategorie der Restaurantempfehlungen in diesem Buch bezieht sich auf den Durchschnittspreis für ein Hauptgericht aus der Speisekarte.

Hinweis

Es gilt zu beachten, dass man sich in Großbritannien in Pubs (nicht in Restaurants) das Getränk selbst am Tresen holt und dort auch gleich bezahlt. Wenn man in Gesellschaft ist, ist es üblich, sich gegenseitig Runden auszugeben.

Souvenirs

Gute Textilwaren – z. B. Tweed (www.harristweed.org) oder Tartan – sowie Strickwaren sind beliebte Mitbringsel, ebenso wie Gold- und Silberschmuck (meist mit keltischen Ornamenten) und Töpfer- und Glaswaren.

Produkte aller Art sind meist etwas teurer als in Deutschland. Erstaunlicherweise ist selbst der gute Whisky in seinem Heimatland nicht günstiger zu erstehen. Dafür ist in Schottland die Auswahl wesentlich größer, viele Whiskysorten sind in Deutschland gar nicht erhältlich. Wenn man es vermeiden kann, sollte man Whisky nicht direkt in den Brennereien kaufen. Die Preise sind dort überhöht.

Telefonieren

Für Auslandsgespräche nach Schottland wählt man die **0044**, dann die Ortsnetzkennzahl ohne die 0 und die Rufnummer des Teilnehmers. Die internationalen Vorwahlen sind: **0049** für Deutschland, **0043** für Österreich und **0041** für die Schweiz.

Wie überall, ist es auch in Schottland teuer, vom Hotelzimmer aus anzurufen. Günstiger sind Telefonate in öffentlichen Telefonzellen mit Münzen oder Karten. Telefonkarten kann man in Postämtern, Zeitungsgeschäften oder bei den Touristeninformationen kaufen. Münztelefone funktionieren mit 10-, 20-, 50-Pence- und 1-£-Münzen (Mindesteinwurf 60 p). In jeder Telefonzelle kann man sich auch anrufen lassen. Die Nummern sind gut sichtbar am Gerät angebracht.

Mobil telefonieren: Großbritannien hat das GSM-900-Netz, das mit dem restlichen Europa kompatibel ist. Vor der Reise sollten Sie bei Ihrem Handybetreiber ausschließen, dass Ortsgespräche international umgeleitet werden.

Achtung

Im vorliegenden Reiseführer wurde die Auslandsvorwahl für Großbritannien weggelassen. Falls Sie also von Deutschland, Österreich, der Schweiz oder aus jedem anderen Land anrufen, müssen Sie zunächst die 0044 wählen und dann ohne die 0 die angegebene Telefonnummer.

Trinkgeld

10–15 % Trinkgeld (engl. tip) in Restaurants sind üblich. Falls das Trinkgeld schon im Preis inbegriffen ist, steht auf der Rechnung ein Vermerk „service charge included". Sollte dies der Fall sein, liegt das Trinkgeld in Ihrem eigenen Ermessen. Auch in Hotels ist das Geben von Trinkgeld keine Verpflichtung, die Entscheidung liegt bei Ihnen. Barpersonal hinter dem Tresen erwartet normalerweise kein Trinkgeld, falls Sie aber nett ins Plaudern gekommen sind, könnten Sie dem Barkeeper jedoch einen Drink anbieten. Taxifahrer bekommen meistens ein Trinkgeld (ca. 1 £ oder Preis aufrunden), insbesondere bei längeren Fahrten.

Unterkunft

▶ Wie bucht man?

Im Juli und August ist es ratsam, die Unterkünfte im Voraus zu buchen, insbesondere wenn man sich auf einen bestimmten Ort festgelegt hat. Während des Edinburgh Festivals im August ist es fast zwingend, vorher die Unterkunft sicherzustellen.

Übernachtungen können bereits vom Heimatland aus gebucht werden:
- Über www.visitscotland.com kann man online buchen.
- Die zentrale Info- und Buchungsrufnummer von Visit Scotland in Schottland lautet ☎ 0845 859 1006.
- Man kann sich direkt an eine Unterkunft seiner Wahl wenden (telefonisch, online). Hilfreich sind dabei die Publikationen von Visit Scotland, s. u. Literaturangaben.
- Buchung über eines der regionalen Touristenämter (Adressen s. „Fremdenverkehrsämter").
- Die meisten Reisebüros im Heimatland können ebenfalls Unterkünfte in Schottland vermitteln.

In Schottland ist es möglich und üblich, Übernachtungen in den Touristenbüros zu buchen. Es gibt eine geringe Vermittlungsgebühr für ein „**Book-a-Bed-Ahead**", also die Reservierung für Unterkunft in einem anderen Ort oder in einem ganz anderen Gebiet. Für örtliche Unterkünfte ist die Vermittlung gebührenfrei.

▶ Welche Art der Unterkunft?

Das schottische Touristenamt ist sehr stolz auf die Entwicklung seines Qualitätsbewertungssystems für die Einstufung der Hotels, B&B-Unterkünfte, Gästehäuser, Unterkünfte für Selbstversorger und für Campingplätze.

Dieses System macht Angaben über die Qualität (also nicht nur die Ausstattung) der Unterkunft, und zwar mit Hilfe von einem bis fünf Sternen (1 Stern = angemessen, 2 Sterne = gut, 3 Sterne = sehr gut, 4 Sterne = ausgezeichnet, 5 Sterne = hervorragend, Weltklasse).

Unterkunftskategorien (Qualitätsbewertung)

*	=	angemessen
**	=	gut
***	=	sehr gut
****	=	ausgezeichnet
*****	=	hervorragend, Weltklasse

Hotel-Kategorien

€   bis 30 £ (günstig)
€€   30–60 £ (mittlere Preisklasse)
€€€   60–90 £ (gehobene Preisklasse)
€€€€   ab 90 £ (Luxus)

Preise pro Person mit Übernachtung im DZ und Frühstück

Dieses System ist relativ leicht verständlich und lässt auf den ersten Blick erkennen, mit welchem Standard man bei einer Unterkunft rechnen kann, ob es sich nun um ein kleines B&B, ein Cottage für Selbstversorger, ein Landhotel, oder ein großes Stadthotel handelt. Die blauen Schilder mit den Sternen sind gut sichtbar an den Häusern angebracht. Zur Überprüfung der Übernachtungsstätten erfolgt eine jährliche Inspektion. Allerdings geben die Sterne natürlich keinerlei Auskunft darüber, wie wohl man sich in der entsprechenden Unterkunft fühlt! Manchmal schläft es sich halt besser in einem einfachen Gasthof als in einem noblen Fünf-Sterne-Hotel. Zu beachten ist auch, dass nicht jede Unterkunft sich dem Klassifizierungssystem angeschlossen hat.

▶ Hotels

Das Angebot reicht vom kleinen Dorfgasthof bis hin zum Fünf-Sterne-Hotel. Die Hotels haben meist ein hauseigenes Restaurant oder zumindest einen Pub, in dem auch hausfremde Gäste bedient werden. Die Preise variieren je nach Standard und Jahreszeit. Die in den Veröffentlichungen angegebenen Preise verstehen sich normalerweise pro Person und Übernachtung und schließen in der Regel ein typisches „schottisches Frühstück" mit ein. Für Einzelzimmer wird in der Regel ein Aufpreis verlangt. In der Nebensaison bieten viele Hotels Ermäßigungen.

Es gibt in Schottland verschiedene **Vereinigungen** besonders guter Hotels. An dieser Stelle seien nur einige aufgeführt, mit denen gute Erfahrungen verbunden sind:
Scotland's Hotels of Distinction ist eine Gemeinschaft von Hotels, die sich durch einen besonders hohen Anspruch hinsichtlich Atmosphäre, Ambiente und Qualität der Speisen auszeichnen. www.hotels-of-distinction.com.
Wolsey Lodges sind Privathäuser, in denen die Gäste wie Familienmitglieder oder als Freunde willkommen sind. Meist werden nur zwei oder drei Schlafzimmer vermietet, die mit eigenem Bad ausgestattet sind. In der Regel essen Gastgeber und Gäste zusammen in den Privaträumen der Familie, sodass sich Gastgeber und Gäste kennenlernen können. Dabei ergeben sich oft interessante Gespräche. Die Häuser der Wolsey Lodges sind oft historisch interessant, sei es ein Fachwerkhaus aus elisabethanischer Zeit, ein georgianisches Herrenhaus oder ein liebevoll restauriertes Cottage, und sind oft mit antiken Möbeln, Gemälden und feinem Porzellan ausgestattet. Der Unterschied zwischen den einzelnen Häusern spiegelt sich in dem Übernachtungspreis wider. Bei allen Mitgliedern ist es jedoch wichtig, die Gastgeber und Mitgäste kennenzulernen. www.wolsey-lodges.co.uk.
Scotland's Heritage Hotels: Fünf der feinsten schottischen Hotels in Privatbesitz, die also nicht zu einer Hotelkette gehören. Wie der Name bereits sagt, handelt es sich um Häuser von architektonischem oder historischem Interesse. Alle Hotels haben einen hohen Standard (mindestens 4 Sterne), und die Übernachtung dort ist nicht gerade billig. Viele dieser Hotels haben preisgekrönte Restaurants. www.scotlandsheritagehotels.co.uk.

Allgemeine Reisetipps von A–Z

Bed & Breakfast

Bed & Breakfast ist die klassische Übernachtungsart in Großbritannien und eine gute Möglichkeit, die Bewohner Schottlands zu Hause kennenzulernen. Man wohnt in einem Privathaus, in dem je nach Größe einige Zimmer für Besucher zur Verfügung stehen. Morgens wird in einem familieneigenen Esszimmer das Frühstück serviert. B&Bs zu finden stößt auf keinerlei Schwierigkeiten. Große Schilder machen den Vorüberfahrenden auf diese Übernachtungsstätten aufmerksam. Häufig zeigt ein Schild, ob das Haus belegt ist oder noch freie Zimmer hat: *Vacancies* = Zimmer frei oder *No Vacancies* = Zimmer belegt. Viele „landladies" offerieren auch ein Dinner, man muss jedoch vorher Bescheid geben, ob man zu Abend essen möchte oder nicht.

Die meisten B&B-Unterkünfte haben keine Lizenz zum Ausschenken von Alkoholika, aber es ist üblich, eine Flasche Wein oder Bier selbst mitzubringen. In jeder Touristeninformation erhält man ein Verzeichnis über die B&B-Anbieter des Ortes und kann dort ebenso Reservierungen vornehmen lassen. Generell sind die Preise auf dem Lande niedriger als in den Städten, im Durchschnitt sollte man mit 20 £ rechnen.

Urlaub auf dem Lande

Wer „Urlaub auf dem Lande" machen möchte, kann sich beim Veranstalter „Scottish Farmhouse Holidays" informieren und dort auch Buchungen vornehmen. Die Vereinigung betreut ca. 50 Farmen, die Ferienzimmer vermieten. Falls gewünscht, werden auch Mietwagen und Fährpassagen organisiert.

Scottish Farmhouse Holidays, Suite 3B, 31 Largo Road, St Andrews, Fife KY16 8NJ, ☎ 1334 476370, www.scotfarmhols.com.

Unterkunft in Studentenwohnheimen

In Edinburgh, Glasgow, Stirling, Aberdeen, Dundee und St. Andrews bestehen Übernachtungsmöglichkeiten in Studentenwohnheimen. Adressen sind in den Reisepraktischen Informationen der jeweiligen Orte angegeben.

Jugendherbergen

Jugendherbergen stellen – abgesehen von Camping – die günstigste Übernachtungsart in Schottland dar. Die Scottish Youth Hostel Association (SYHA) verfügt über ein ausgedehntes Netz von über 70 Jugendherbergen auf dem schottischen Festland und auf den Inseln mit z. T. sehr unterschiedlichem Standard. Die Herbergen sind entsprechend ihrer Ausstattung ebenfalls in verschiedene Stufen unterteilt. Die Preise für eine Übernachtung variieren erheblich. Jugendherbergen sind keinesfalls nur für Jugendliche geöffnet, viele Herbergen haben sogar Familienzimmer und manche auch Einzelzimmer. Verwirrenderweise gelten Personen ab 18 Jahren für das Jugendherbergswerk als Senioren.

Auskunft erteilt die **SYHA**, ☎ 01786 891 400, www.syha.org.uk. Reservierungen für alle Jugendherbergen können in Großbritannien über den **Central Reservation Service** vorgenommen werden: Reservierung ☎ 0845 293 7373, reservations @syha.org.uk, Mitgliedschaft ☎ 01786 891 400.

Daneben gibt es die sog. **unabhängigen Hostels**, die nicht dem Jugendherbergswerk angeschlossen, jedoch bezüglich Standard und Ausstattung vergleichbar sind. **Scottish Independent Hostels** (SIH), www.hostel-scotland.co.uk.

Tipp
MacBackpackers, ist ein Hostel-Busdienst, der im „Jump on Jump Off"-Verfahren 3-, 5- oder 7-tägige Touren von Hostel zu Hostel anbietet. Auskunft: MacBackpackers, ☎ 0131 558 9900, www.macbackpackers.com.

▶ Unterkunft für Selbstversorger
Darüber hinaus stehen etliche Unterkünfte für Selbstversorger, oft in landschaftlich besonders schöner Lage, zur Verfügung. Hier die Adressen dreier Anbieter:
The Landmark Trust, ☎ 01628 825 925, www.landmarktrust.org.uk. Der Landmark Trust ist ein Wohltätigkeitsverband, der sich um den Erhalt historischer Gebäude kümmert, indem er Unterkünfte für Selbstversorger anbietet. In der Nebensaison gibt es erhebliche Vergünstigungen.
Scottish Country Cottages, www.scottish-country-cottages.co.uk. Besonders herrlich gelegene Cottages in verschiedenen Gebieten Schottlands.

Tipp
Green Business Tourism Scheme (GTBS), www.green-business.co.uk, kümmert sich um Hunderte von Unterkünften und Besucherattraktionen, deren Ziel es ist, besonders umweltfreundlich und umweltschonend zu arbeiten.

Versicherungen

Reiseversicherungen kann man in jedem Reisebüro abschließen, wobei sog. Versicherungspakete durchaus empfehlenswert sind. Sie sind meist günstiger als einzelne Versicherungen (z. B. Reisekrankheits-, Reiseunfall- und Reisegepäckversicherung) zusammengenommen. Der Preis richtet sich nach der Anzahl der Urlaubstage und dem Wert des Gepäcks.

Bei Diebstahl oder Verlust muss eine entsprechende Meldung an die Polizei gemacht und bestätigt werden, denn sonst zahlt die Versicherung nicht.

Währung/Devisen

Währungseinheit ist das **Britische Pfund** (Pound Sterling, £), das in 100 Pence (p) unterteilt wird. Schottland hat das Recht, eigene Banknoten herauszugeben, die auch in ganz Großbritannien gültig sind. Umgekehrt sind die Banknoten der Bank of England auch in Schottland gültig. Es gibt Münzen zu 2, 5, 10, 20 und 50 Pence sowie zu 1 £ und 2 £. Scheine sind zu 1, 5, 10, 20, 50 und 100 £ im Umlauf. Scheine zu 1 £ und zu 100 £ werden nur von der Royal Bank of Scotland herausgegeben.

Großbritannien wird den Euro vorerst nicht einführen, da es nicht Teil der Europäischen Währungsunion ist.

Geld wechseln kann man in allen Banken, vielen Postämtern und in den größeren Touristeninformationen. Die schottischen Banken bieten meist den günstigsten Wechselkurs für ausländische Zahlungsmittel. Geldwechsel ist aber auch an Flughäfen, in größeren Bahnhöfen, in Reisebüros und in den größeren Hotels möglich. In der Regel wird eine Provision erhoben. In den meisten Städten und Ortschaften gibt es Geldautomaten, an denen britische Währung mit Bankkarte oder Kreditkarte abgehoben werden können.

Kreditkarten werden im Allgemeinen in Hotels, vielen Restaurants und größeren Geschäften akzeptiert. Etwas Bargeld sollte man allerdings stets bei sich haben, insbesondere in den abgelegenen Gegenden ist die bargeldlose Zahlungsweise nicht üblich.

Bei Diebstahl oder Verlust von Kredit- oder Bankkarte, kann man über den einheitliche **Sperr-Notruf**, alle Kredit- und Bankkarten sperren lassen: ☎ 0049-116 116 bzw. 0049-30-450 450. Im Internet: www.sperr-notruf.de

Wandern

Schottland ist **das ideale Wanderland** und Wandern eine der beliebtesten Aktivitäten eines Schottlandurlaubs. Die Palette reicht vom gemütlichen, längeren Spaziergang über interessante Küstenwanderungen bis hin zum anspruchsvollen Bergsteigen. Die Touristeninformationen und größere Buchhandlungen halten Karten, Informationsmaterial und Wanderführer für alle Gebiete und in großer Auswahl bereit.

▸ **Spaziergänge**
Es gibt etliche gut ausgeschilderte Waldwege und Naturlehrpfade. Der **Queen Elizabeth Forest Park** etwa erstreckt sich östlich von Loch Lomond und umfasst Wanderstrecken, die am Seeufer entlang und durch Wälder verlaufen. Der **Abernethy Forest Park** liegt etwas weiter nördlich. Der **Galloway Forest Park** im Süden (Schottlands zweitgrößtes Waldgebiet) bietet eine herrliche Vielfalt an sanften Hügeln, Laubwäldern sowie Nadelwald und schroffen Berghängen. Die örtlichen Touristeninformationen halten vielfältige Informationen und Kartenmaterial bereit.

▸ **Fernwanderwege**
Es gibt verschiedene lange Wanderwege, die sog. **Long Distance Paths**, die nur in mehrtägigen Etappen zu bewältigen sind, z. B.:

Der **Southern Upland Way** (341 km, www.southernuplandway.gov.uk) beginnt im Südwesten bei Port Patrick und endet an der Ostküste in Cockburnspath. Der Southern Upland Way war Großbritanniens erste Wanderroute, die Ost- und Westküste miteinander verbindet. Der Weg führt teilweise durch höher gelegene Gebiete und erfordert entsprechende Ausrüstung. Der **West Highland Way** (153 km, www.west-highland-way.co.uk) beginnt am Rande Glasgows in Milngavie und führt am Loch Lomond vorbei, durch Teile des Glen Coe und endet in Fort

William. Streckenweise ist der Weg, der besonders im Norden durch traumhaft schöne Gebiete verläuft, recht anstrengend.

Der **Speyside Way** (www.speysideway.org) umfasst 135 km. Er beginnt in Tugnet an der Mündung des Spey, verläuft in zwei Routen entlang des Flusses und endet in Tomitoul bzw. Dufftown. Der **St. Cuthbert's Way** (www.stcuthbertsway.net), ebenfalls im Süden Schottlands, ist 100 km lang und verbindet eine Reihe von Orten, die alle mit St. Cuthbert in Verbindung gebracht werden können. Der **Fife Coastal Path** (188 km, www.fifecoastalpath.co.uk) verläuft zwischen der Forth Bridge (North Queensferry) und der Brücke über den Tay in Dundee.

Der **Cateran Trail** (www.caterantrail.org) ist rund 100 km lang und führt durch Perthshire und die Angus Glens. Der **Clyde Walkway** verläuf von Glasgow nach New Lanark und ist 65 km lang. Ein weiterer Langstreckenweg ist der **Rob Roy Way** (www.robroyway.com), der von Drymen entlang Loch Lubnaig, Lochearnhead, am Südufer des Loch Tay, Aberfeldy und Pitlochry nach Perthshire verläuft. Der Weg umfasst 124 bzw. 151 km (je nach Streckenwahl).

Wer nicht gleich mehrere Tage unterwegs sein möchte, kann sich natürlich auch bestimmte Teilabschnitte der Langstreckenwege für eine mehrstündige oder Tageswanderung aussuchen. Unterkunftsmöglichkeiten sind von den Wanderwegen aus leicht erreichbar, allerdings ist es im Sommer ratsam, die Unterkunft im Voraus sicherzustellen.

Bergwandern

Die Highlands im Norden und Osten Schottlands bieten hervorragende Wandermöglichkeiten. Obwohl manche schottische Berge nur wie Hügel aussehen, stellen sie durch das schnell wechselnde Wetter auch für geübte Bergsteiger eine Herausforderung dar. Voraussetzung für eine Bergwanderung sind feste, das Fußgelenk stützende Wanderstiefel, wasserfeste Kleidung und eine gute Wanderkarte. Beachten Sie die Wettervorhersage, bevor Sie sich aufmachen und wenn möglich, informieren Sie jemanden über die geplante Strecke.

Der höchste Berg Großbritanniens ist der **Ben Nevis** mit 1.343 m. Der Aufstieg beginnt fast auf Meereshöhe. Aufgrund des ozeanisch geprägten Wetters kommt es allerdings rasch zu gefährlichen Wetterumschwüngen, die für leichtsinnig ausgerüstete Wanderer lebensgefährlich sein können. Man sollte daher immer zu zweit wandern, die eigene Kondition nicht überschätzen, vollständige Bergsteigerausrüstung haben und sich bei längeren Touren bei der Unterkunft abmelden.

Visit Scotland bietet zahlreiche und detaillierte Informationen bezüglich Wanderrouten, Adressen, Unterkunftsmöglichkeiten und Transport.

Weitere **Auskunft über einzelne Wanderwege und Wanderfestivals**:
www.walkinscotland.com; http://walking.visitscotland.com
www.walkhighlands.co.uk; www.scottish-walks.co.uk
The Great Glen Way, www.greatglenway.com
Royal Deeside Walking Week, www.royal-deeside.org.uk

Wanderkarten

Es gibt unzählige Wanderkarten und Wanderbücher. Zu empfehlen sind auf jeden Fall die Karten der amtlichen Landesvermessungsanstalt **Ordnance Survey**. Sie sind in den meisten Buchläden (auch in Deutschland) und in Touristeninformationen erhältlich. Die beiden gängigsten sind die Landranger Map (1:50.000) und die Explorer Map (1:25.000). Kartografische Auswahl und Einblicke unter www.o-s.co.uk.

Geführte Wanderungen

North West Frontier, www.nwfrontiers.com, ist eine Vereinigung von Wanderführern, die geführte Wanderungen unterschiedlicher Länge und Schwierigkeitsgraden in die Highlands und auf den Inseln anbieten. Ausgangspunkt ist meistens Fort William oder Inverness. Die Gruppenstärke beträgt max. 8 Personen. Die Unterkunft erfolgt in Hotels oder B&Bs.

Wassersport

Windsurfing, Wasserski, Kanufahrten und Tauchen werden vor allem auf den Binnenseen (z. B. auf dem Loch Earn und auf dem Loch Tay) betrieben. Wenn auch kälter als im Mittelmeer, finden sich in und um Schottland attraktive Segelgewässer. Zahlreiche Zentren sind auch auf Familien und Gruppen eingestellt.

Auskünfte
Scottish Sports Council, www.sportscotland.org.uk
Associated Scottish Yacht Charters (ASYC), www.asyc.co.uk
Scottish Aqua Club, www.scotsac.com
Sail Scotland, Information Centre, www.sailscotland.co.uk

Wetter

s. auch S. 37 und unter „Reisezeit"

Das Thermometer steigt selten über 20 °C und sinkt, außer in höheren Berglagen, selten unter 0 °C. Im Westen ist es durch den Einfluss des Golfstroms wärmer als im Osten. Im Hochsommer ist das Wetter oft unbeständig. Die besten Reisemonate sind Mai und Juni oder September und Oktober. Während dieser Zeit ist es relativ trocken. Aktuelle Auskünfte zur Wetterlage unter www.metoffice.gov.uk.

Zeit

Zwischen der Mitteleuropäischen Zeit (MEZ) und der Greenwich Mean Time besteht eine Stunde Unterschied. Bei der Einreise in Großbritannien muss die Uhr um eine Stunde zurückgestellt werden. Die Umstellung auf die Sommerzeit erfolgt in Großbritannien zum selben Zeitpunkt wie in Deutschland, sodass die Zeitdifferenz auch dann erhalten bleibt.

Zeitungen

„**The Herald**" (Glasgow) und „**The Scotsman**" (Edinburgh) sind landesweit vertriebene seriöse Blätter. Einen guten Ruf hat auch „**The Press and Journal**" in Aberdeen. Dundee hat seinen „**Dundee Courier**". Hinzu kommen verschiedene Lokalzeitschriften mit kleineren Auflagen. Neben dem „**Sunday Herald**" wird am Sonntag „**Scotland on Sunday**" gelesen. Natürlich kann man auch überregionale Zeitungen erwerben. Deutsche Magazine findet man, abgesehen von wenigen Ausnahmen, nur in den großen Städten.

Zoll- und Devisenbestimmungen

Innerhalb des europäischen Binnenmarkts gelten für die Mitnahme als Richtwerte für Reisende über 17 Jahren: 3.200 Zigaretten oder 400 Zigarillos oder 200 Zigarren oder 3 kg Tabak, 90 l Wein und 110 l Bier plus 10 l Schnaps oder Likör (ab 22 vol.-%) oder 20 l Branntwein (unter 22 vol.-%).

Für Schweizer Bürger ab 17 Jahren gelten folgende Freimengen: 200 Zigaretten oder 50 Zigarren oder 250 g Tabak, 2 l Alkohol bis 15 vol.-% und 1 l Alkohol über 15 vol.-% sowie Waren mit einem max. Gesamtwert von 300 CHF.

Für die Einreise aus Deutschland, Österreich und der Schweiz ist ein Reisepass oder Personalausweis erforderlich. Seit 2012 benötigen auch Kinder unabhängig vom Alter ein eigenes Reisedokument.

Wer mit dem Auto anreist, sollte Führerschein, Kfz-Papiere und Versicherungsnachweis mitführen.

Streng verboten ist die Einfuhr von Fleisch- und Wurstwaren und von Molkereiprodukten. Auch dürfen keine Waffen nach Großbritannien einführt werden, es sei denn, es handelt sich nachweislich um Jagdflinten. Geldbeträge dürfen in sämtlichen Währungen in unbeschränkter Höhe mitgebracht werden.

Haustiere, die mit einem Mikrochip gekennzeichnet sind, mind. 21 Tage vor Reiseantritt gegen Tollwut geimpft wurden und einen EU-Heimtierausweis bzw. ein tierärztliches Zertifikat besitzen, brauchen nicht mehr in Quarantäne, dennoch sollte man sich mindestens sechs Monate vor der Reise beim Tierarzt nach den nötigen Impfungen erkundigen. Hunde müssen 1–5 Tage vor der Einreise einer Bandwurmbehandlung unterzogen worden sein.

Aktuelle Informationen unter www.gov.uk/take-pet-abroad.

Das kostet Sie das Reisen in Schottland

Stand Oktober 2013

Anhand der Preisbeispiele auf den Grünen Seiten können Sie sich ein Bild von den Kosten Ihrer Schottland-Reise und Ihres Aufenthalts im Land machen. Seien Sie darauf gefasst, dass Schottland kein „billiges" Reiseland ist. Sowohl Lebensmittel, Unterkünfte, Benzinpreise als auch die Eintrittspreise zu den Sehenswürdigkeiten sind in der Regel teurer als auf dem Kontinent. Die angegebenen Preise sind als Richtschnur zu verstehen.

Aktueller Kurs: 1 € = 0.84 £; 1 £ = 1,19 €

Beförderungskosten

▶ Anreise per Flugzeug
Am preiswertesten geht es mit den Billig-Fluggesellschaften, wie Ryanair, EasyJet oder Germanwings. Die Preise hängen davon ab, wie früh man im Voraus bucht: je früher, desto günstiger (ab ca. 50 € pro Strecke).

▶ Fähren
Die Fährverbindungen zu den Inneren und Äußeren Hebriden und auf die Orkney- und Shetland-Inseln sind nicht ganz billig. Wenn Sie vorhaben, mehrere Hebriden-Inseln aufzusuchen, lohnt sich der Erwerb des **Island Rover** von Caledonian MacBrayne (Calmac): Island Rover 8 Tage: Fahrer/Beifahrer: 57 £ pro Person, Fahrzeug 267 £; Island Rover 15 Tage: Fahrer/Beifahrer: 82 £ pro Person, Fahrzeug 399 £.

Auch Northlink bietet spezielle Angebote für die Fährverbindungen zwischen Aberdeen und Lerwick und Aberdeen nach Kirkwall.

▶ Bahn
Es gibt verschiedene Touristentickets:
Der 4 oder 8 Tage gültige **Freedom of Scotland Travelpass** ist ein Spezialticket von ScotRail und anderen Veranstaltern. Er ermöglicht uneingeschränktes Reisen auf den Strecken von ScotRail und den meisten Fähren von Caledonian MacBrayne sowie Rabatte für viele Buslinien. Der Travelpass ist an Bahnhöfen, in Reisebüros und Vertretungen von British Rail und auch im Ausland erhältlich. Im Allgemeinen ist es billiger, den Pass im Heimatland vor der Abreise zu kaufen. Auskunft: Reisebüros mit Bahnvermittlung oder bei ScotRail Telesales: ☏ 08457 550 033, www.scotrail.co.uk. Mit dem Ticket erhält man ein ausführliches Informationspaket mit Landkarten sowie einige Restaurant-Gutscheine. Preise (Hochsaison Mai–Sept.): Für 4 Tage (in einem Zeitraum von 8 Tagen): 134 £; Für 8 Tage (in einem Zeitraum von 15 Tagen): 179.70 £; Kinder (5–15 Jahre) zahlen die Hälfte.

Die **Area Rovers** kann man nur in Großbritannien kaufen. Es gibt den „Highland Rover" und den „Central Scotland Rover". Sie gelten auf den meisten Zügen, außer bei Sonderfahrten, privaten Strecken, der Dampflinie Fort William – Mallaig, Fährdiensten und U-Bahnen. Sie sind auch nicht gültig für InterCity-Schlafwagen zwischen Fort William, Aberdeen, Inverness und London. Mit dem **West Highland Rover** kann man an 4 beliebigen Tagen innerhalb eines Zeitraums von 8 Tagen fahren. Der Pass kostet 81.50 £ und ist gültig für Fahrten von Glasgow nach Oban und Glasgow nach Fort William/Mallaig und allen dazwischen liegenden Stationen sowie für Fahrten mit dem Scottish Citylink Bus zwischen Oban/Fort William und Inverness und Bahnfahrten zwischen Inverness und Wick, Thurso und Kyle of Lochalsh, Aberdeen und Aviemore und einigen Fähren. Der **Central Scotland Rover** bietet unbegrenztes Fahren zwischen Edinburgh, Glasgow, North Berwick, Bathgate, Stirling, Fife and Falkirk. Das Ticket gilt an 3 (von 7 Tagen) und kostet 36.30 £.

▶ Bus
Es gibt verschiedene Ermäßigungen, wie den **Citylink Explorer Pass**, der unbegrenztes Fahren auf allen Verbindungen von Scottish Citylink erlaubt sowie verschiedene Ermäßigungen auf speziellen Fähren, Die Tickets gelten an 3 (von 5), 5 (von 10) oder 8 (von 16) Tagen. Ein 3-Tage-Ticket kostet 39 £, 5 Tage 59 £ und 8 Tage 79 £, Infos www.citylink.co.uk.

▶ Mietwagen
Einen kleinen Mietwagen kann man bereits ab 19 £ pro Tag haben.

▶ Tanken
Benzin 1.35 £ pro Liter (im Westen) oder 1.49 £ auf den Inseln.

Aufenthaltskosten

▶ Übernachten
Jugendherbergen/Hostels: mit 15 £ sollte man mindestens rechnen.
Studentenwohnheim: ca. 35 £, je nach Ausstattung mehr.
B&B: 20–40 £ pro Person.
Hotels: In der Regel kostet ein „Standardhotel" zwischen 35 und 50 £ pro Person. Nach oben hin ist allerdings keine Grenze gesetzt. Viele Hotels bieten am Wochenende „special rates" an.

Die folgenden Preiskategorien gelten pro Person mit Übernachtung im DZ und Frühstück: € bis 30 £ (günstig); €€ 30–60 £ (mittlere Preisklasse); €€€ 60–90 £ (gehobene Preisklasse); €€€€ ab 90 £ (Luxus)

▶ Lebensmittel
Essen
Die Preise für Essen und Trinken variieren erheblich. Ein Gericht in einem Imbiss (z. B. Fish & Chips oder Haggis und Chips) kostet ca. 6 £. Eine Mahlzeit in einem Pub ist ab 8 £ zu haben, in einem Restaurant ab 8 £ (Mittagstisch). Chinesische und indische Restaurants sind oft eine gute und bezahlbare Alternative. Für ein Dinner (Abendessen) müssen Sie in einem guten Lokal mit 15 £ und mehr rechnen. Die Preise der Spitzenrestaurants liegen weit darüber. Die schottische Restaurantsze-

ne wandelt sich derzeit rapide. Eine Empfehlung vor Ort und von den lokalen Touristenbüros kann von Nutzen sein.

Die Angabe der Preiskategorien der Restaurantempfehlungen in diesem Buch bezieht sich auf den Durchschnittspreis für ein Hauptgericht aus der Speisekarte.
Günstig: unter 10 £; **Mittlere Preisklasse**: 10–20 £; **Gehobene Preisklasse**: 20–30 £; **Luxus**: über 30 £.

Getränke
Bei alkoholischen Getränken sind Pubs günstiger als Hotel Lounges. Ein Malt Whisky (¼ *gill* = ca. 3,5 cl) kostet ca. 2–2.50 £, wobei nach oben hin keine Grenzen gesetzt sind. Die Bierpreise liegen zwischen 2 und 2.50 £ pro Pint. Für einen Kaffee/Tee zahlt man in der Regel zwischen 1.20 und 1.80 £.

▶ Sonstiges
Porto: Ein Brief oder eine Postkarte nach Deutschland kostet 42 Pence (Euro-Marke), innerhalb Großbritanniens 30 Pence (1. Klasse) bzw. 21 Pence (2. Klasse).

Eintrittspreise: Das hängt natürlich sehr davon ab, welche und wie viele Sehenswürdigkeiten Sie besichtigen möchten, aber bei einer 14-tägigen Reise können Sie durchaus mit rund 100 € rechnen.

Kostenkalkulation

Schottland bietet verschiedene Möglichkeiten, seinen Geldbeutel nicht allzu sehr zu strapazieren. Sparen können Sie z. B., wenn Sie auf die Angebote der Bahn-, Bus- oder Fährunternehmen zurückgreifen. Wenn Sie beabsichtigen, sich mehrere historische Stätten oder Gebäude oder Parks anzuschauen, beachten Sie die Angebote des National Trust of Scotland (NTS) oder von Historic Scotland (HS) – sowohl HS als auch NTS bieten Saison- oder Jahreskarten, die unbegrenzten Einlass zu allen von ihnen betreuten Stätten gewähren. Bei der Unterkunft und bei den Mahlzeiten hingegen hängt es sehr stark davon ab, ob Sie auf gute Qualität, Komfort und Luxus Wert legen oder nur ein Dach über dem Kopf haben möchten. Wie oft hat sich schon herausgestellt, dass gerade die bescheideneren Unterkünfte und die lokalen Pubs sehr gemütlich sind und man dort im Gespräch mit den Einheimischen viel über Land und Leute erfährt.

Die folgenden Angaben sollen als eine grobe Richtlinie für Ihre individuelle Reise durch Schottland gelten. Sie beziehen sich auf Übernachtung sowie Essen und Trinken für einen Zeitraum von zwei Wochen. Die Anreise sowie Transportkosten innerhalb des Landes sind bei dieser Kalkulation nicht berücksichtigt, da die Art des Reisens stark variiert.
Günstig: ca. 600 € (Übernachtung in Jugendherbergen/Hostels und weitgehend Selbstversorgung)
Mittel: ca. 1.000 € (Übernachtung in B&Bs, Selbstversorgung, Pub-Lunch oder Mittelklasse-Restaurant)
Gehoben: ca. 2.000 € (Übernachtung in Hotels, Lunch und Dinner im Restaurant)

Reisen in Schottland: Routenvorschläge

„Es ist eine Unsitte, die, wie überall, so auch in Schottland herrscht, dem Reisenden gleichsam eine bestimmte Reiseroute, eine bestimmte Reihenfolge von Sehenswürdigkeiten aufzudrängen." Theodor Fontane

Schottland ist zwar ein relativ überschaubares Land, es birgt aber so viele landschaftliche und kulturelle Sehenswürdigkeiten, dass man sich genügend Zeit nehmen sollte, um das Land wirklich kennenzulernen. Wer über diese Zeit nicht verfügt, sollte selektiv vorgehen und sich wenige Dinge intensiv vornehmen, anstatt alles sehen zu wollen. Die Routenplanung sollte sich also an der zur Verfügung stehenden Zeit sowie an den individuellen Interessenschwerpunkten orientieren.

Grundlage der folgenden Routenvorschläge ist die von der Autorin abgefahrene Gesamtroute von gut 1.500 km, die in den Reisekapiteln (ab S. 100) beschrieben wird. Reisende, die mit dem Flugzeug in Edinburgh oder Glasgow ankommen, sind oft versucht, sofort in den Norden aufzubrechen. Das ist schade, denn auch der Süden Schottlands hat sehr reizvolle und interessante Seiten, wenn auch sicherlich nicht ganz so spektakulär wie die Highlands. Wenn man genügend Zeit hat, sollte man durchaus 2–3 Tage für den Süden reservieren.

Programmvorschläge für eine 2-wöchige, 3-wöchige und 4- bis 6-wöchige Reise in Stichworten

Vorschlag für zwei Wochen
(ev. Südosten) – Edinburgh – Pitlochry – über Inverness hinauf in den Norden – Lairg – Tongue – Durness – entlang der Nordwestküste nach Ullapool – Kyle of Lochalsh – Isle of Skye – Mallaig – Fort William – Oban – Callender – Glasgow – (ev. Südwesten).

Vorschlag für 3 Wochen
(ev. Südwesten) – Glasgow – Loch Lomond – Loch Katrine – über Crianlarich und Inveraray nach Oban – über Fort William und Mallaig zur Isle of Skye – entlang der Nordwestküste über Ullapool nach Durness – entlang der Nordküste nach Thurso – Tagesausflug auf die Orkney-Inseln – die Nordostküste nach Inverness – durch die Grampian Highlands nach Aberdeen – durch das Dee-Tal nach Pitlochry – die Halbinsel Fife – über Stirling nach Edinburgh – (ev. Südosten).

Vorschlag für 4–6 Wochen (Anfahrt von England aus)
Der Südwesten – die Insel Arran – Glasgow – Loch Lomond – Loch Katrine – Crianlarich – Inveraray – die Region Argyll – Knapdale und Kintyre – Oban – eine Drei-Inseln-Tour machen (besser: einige Tage auf einer der Inseln verbringen) – über Fort William und Mallaig oder Kyle of Lochalsh zur Isle of Skye – Fahrt auf die Äußeren Hebriden (Lewis, Harris, von dort nach North und South Uist) – entlang der Nordwestküste über Ullapool zum Cape of Wrath – entlang der Nordküste nach Thurso – Orkney (wenn möglich einige Tage dafür Zeit nehmen) – entlang der Nordostküs-

te nach Inverness – entlang der Ostküste nach Elgin – durch die Grampian Highlands nach Aberdeen – durch das Dee-Tal nach Pitlochry – die Halbinsel Fife – über Stirling nach Edinburgh – der Südosten.

Für die Shetland-Inseln sei ein Aufenthalt von mindestens 3–4 Tagen empfohlen, um einen richtigen Einblick in das Inselleben zu erhalten. Wenn man bereits auf den Orkney-Inseln ist, kann man von dort übersetzen. Die Fähren zwischen Orkney und Shetland verkehren oft. In der Hochsaison sind Vorausbuchungen für Autos zu empfehlen. Schön und geruhsam ist aber auch die Fahrt mit der Fähre von Aberdeen aus (14 Std. über Nacht).

Fahrzeiten (80 km/h)

Edinburgh – Glasgow: 1 ¼ Std.
Edinburgh – Aberdeen: 2 ½ Std.
Edinburgh – Inverness: 3 Std.
Edinburgh – Ullapool: 4 ¼ Std.
Edinburgh – Fort William: 3 Std.
Edinburgh – Jedburgh: 1 ½ Std.
Edinburgh – Oban: 3 Std.
Edinburgh – Scrabster: 6 Std.

Fontanes Reise in die Highlands: „Jenseit des Tweed"

„Jenseit (sic) des Tweed" – ist Fontanes Beschreibung seiner Reise durch Schottland. Gemeinsam mit seinem Freund Bernhard von Lepel hatte sich Theodor Fontane 1858 von London aus aufgemacht, um zwei Wochen in Schottland zu reisen. Schon lange war es sein sehnlichster Wunsch gewesen, das Hochland zu bereisen, eine Begeisterung, die sich sein Leben lang nicht legen sollte. Nach der Lektüre von Romanen Walter Scotts fühlte sich Fontane dem Land besonders verbunden.

Es war in jenen Tagen nichts Ungewöhnliches, nach Schottland zu reisen. Schon Anfang des 18. Jh. hatte Daniel Defoe das Hochland ausgiebig erkundet. Und wenige Jahre später war Dr. Samuel Johnson mit seinem späteren Biografen James Bothwell durch Schottland bis zu den Äußeren Hebriden gereist. Fontane und Lepel konnten bereits auf die 5. Auflage des schottischen Reiseführers „Black's Picturesque Tours of Scotland" zurückgreifen. Die erste Station der Reise war Edinburgh. Fast die Hälfte seines Buchs widmet Fontane der Beschreibung dieser Stadt. Von dort aus ging es nach Stirling und Perth, weiter durch das schottische Hochland bis Inverness, anschließend per Schiff durch den Caledonian Canal und schließlich nach Oban. Hier hatten die beiden Reisenden mit einem auch heute noch bekannten Problem zu kämpfen – es gab kein freies Bett mehr! Von Oban besuchten sie die Inseln Staffa und Iona und kehrten unter Besichtigung des Loch Lomond nach Edinburgh zurück. „Es war eine der schönsten Reisen in meinem Leben, jedenfalls die poetischste. Ich habe nie Einsameres durchschritten!" (Theodor Fontane)

Buchtipp
Theodor Fontane: Jenseit des Tweed, Bilder und Briefe aus Schottland, versch. Ausgaben, z.B. tredition, Hamburg 2011. Engl. Ausgabe, z.B.: Theodor Fontane: Beyond the Tweed – A Tour of Scotland in 1858. Libris, 1999.

3. DER SÜDEN

Allgemeiner Überblick

Die Landesgrenze zwischen England und Schottland wird lediglich durch einen schlichten Stein markiert. Die Landschaft der Lowlands besteht aus Mooren und Hügeln, durch die sich der Fluss Tweed schlängelt. Das Gebiet wird von den Cheviot- und Tweedsmuir Hills im Süden und von den Lammermuir- und Pentland Hills im Norden eingefasst. Die Haupterwerbsquellen sind hier die Textilindustrie sowie Land- und Viehwirtschaft. Wesentliche Merkmale Südschottlands sind die Schlösser und Burgen, die vier großen Klosterruinen Jedburgh, Dryburgh, Melrose und Kelso sowie etliche prähistorische Stätten. Aus Südschottland stammen zwei große Literaten: Sir Walter Scott (1771–1832) und Robert Burns (1759–1796). In Anlehnung an ihre Wirkungsstätten wird der Südosten als „**Scott's Country**" bezeichnet, im Gegensatz zum „**Burns' Country**" im Westen.

Touristisch wurde der Süden erst wesentlich später als die Highlands erschlossen, die bereits seit der Romantik viel besucht wurden. Auch heute noch liegen der Südwesten und der Südosten in der Besucherskala hinter den Highlands. Oft wird der Süden Schottlands nur als Durchgangsstation auf dem Weg in die Highlands betrachtet. Sicherlich zu Unrecht: Zwar finden sich hier nicht die wildromantischen Naturschönheiten wie in den Highlands, doch ist die Landschaft mit ihren kleinen Fischerorten und der dazwischenliegenden hügeligen Wiesen- und Weidenland-

☞ Zeitvorschlag

Südschottland empfiehlt sich für den Beginn oder den Abschluss einer Schottland-Reise. Je nachdem, ob man bei einer großen Rundtour zunächst die Westküste hinauffährt oder aber die Ostküste, wird man sich entweder für den Südwesten (Dumfries, Galloway und Ayrshire) oder aber für den Südosten (Borders und Lothian) entscheiden. Sowohl für den Südosten als auch für den Südwesten sind 2-3 Tage zu empfehlen. Aber auch im Zuge eines Städtetrips (Edinburgh, Glasgow) lohnt sich ein Abstecher in den Süden Schottlands allemal.

> **Entfernungen**

Glasgow – Edinburgh: 64 km
Gretna Green – Edinburgh: 122 km
Gretna Green – Glasgow: 128 km
Gretna Green – Dumfries: 42 km
Dumfries – Stranraer: 122 km
Newcastle – Edinburgh: 161 km
Stranraer – Glasgow: 132 km

schaft sehr attraktiv. Besonders im Südosten gibt es eine Fülle an Kunstdenkmälern, die in dieser Dichte sonst kaum in Schottland zu finden ist. Zudem gibt es hervorragende Wander- und Radwandermöglichkeiten, lange Strände und viele Besichtigungsmöglichkeiten. Durch eine vollständig ausgebaute touristische Infrastruktur eignet sich dieser Landstrich insbesondere auch für Familien mit Kindern oder Erholungssuchende. Und Golfliebhabern stehen etliche Golfplätze zur Verfügung.

Wandern

Südschottland ist ein Mekka der Wanderfreunde. So kann man z. B. einer historischen Route an der Solway-Küste folgen, auf den Spuren von Robert Burns wandeln, die wilde Schönheit des Galloway Forest Park erkunden oder in mehreren Tagesetappen auf dem Southern Upland Way von Portpatrick im äußersten Südwesten an die Ostküste nach Cockspurnspath wandern. Dieser Langstreckenweg ist Großbritanniens einziger Wanderweg, der von Küste zu Küste führt.

Der Südwesten: Dumfries, Galloway und Ayrshire

Öffentliche Verkehrsmittel

Im gesamten Süden existiert ein gut ausgebautes Bussystem mit Stagecoach West Scotland. Busse von National Express (www.nationalexpress.com) verkehren von London, Glasgow und Edinburgh nach Stranraer zu den Fähren nach Belfast und Larne in Nordirland. Daneben gibt es Zugverbindungen von Carlisle nach Glasgow (über Dumfries und Moffat) sowie von Stranraer nach Glasgow.

Redaktionstipps

➤ Die Stadt **Dumfries** besichtigen (S. 104).
➤ Den **Glenkiln Sculpture Park** im Glenkiln Reservoir anschauen (S. 106).
➤ Im **Galloway Forest** oder entlang des **Southern Upland Way** wandern (S. 117).
➤ Besichtigung der Schlösser **Drumlanrig** (S. 105) und **Culzean** (S. 119).
➤ Einen Ausflug (am besten für einige Tage) auf die **Insel Arran** unternehmen (S. 126).

Dumfries und Galloway

Von Gretna Green nach Dumfries

Von Carlisle kommend, stößt man direkt an der Grenze auf einen wohl weltweit bekannten Besuchermagneten: **Gretna Green**. Da ab 1713 in England Eheschließungen nur mit Lizenz und in der Kirche möglich waren, flohen viele junge Leute in den ersten Ort hinter der englisch-schottischen Grenze, nach Gretna Green. Nach 1865 sah das Gesetz vor, dass wenigstens ein Partner mindestens für drei Wochen in Schottland gelebt haben musste. Endgültig illegal wurde die Hochzeit aber erst 1940. Als Touristenattraktion kann man im **Old Blacksmith's Shop** Scheinehen vornehmen, lassen, aber auch „richtige" Eheschließungen sind in Gretna Green möglich. Mittlerweile gibt es eine vollstandig ausgebaute touristische Infrastruktur mit Restaurant, Vier-Sterne-Hotel und Hochzeitsrundumpakete *(Infos unter www.gretnagreen. com, ganzjährig).*

Ecclefechan, an der A74 gelegen, ist der Geburtsort von **Thomas Carlyle** (1795–1881), Historiker und Philosoph der viktorianischen Zeit, der vor allem für seine sozialpolitischen Schriften bekannt wurde. In Deutschland hat sich Carlyle mit seiner Biografie Friedrichs II. von Preußen einen Namen gemacht. In seinem Geburtshaus wurde ein kleines Museum mit Erinnerungsstücken an Carlyle eingerichtet.
Thomas Carlyle's Birthplace, ☎ *01576 300 666, www.nts.org.uk, Ostern, Juni–Sept. Fr–Mo 12–16 Uhr, Eintritt 3.50 £.*

12 km nördlich von Ecclefechan liegt **Lockerbie**, eine ruhige, wenig spektakuläre Stadt. In die internationalen Schlagzeilen kam der Ort, als hier am 21. Dezember 1988 ein Pan Am Jumbo Jet auf dem Weg von Frankfurt nach New York durch eine von arabischen Attentätern in die Maschine geschmuggelte Bombe explodierte. 270 Menschen kamen bei dem Unglück ums Leben.

Dumfries und Umgebung

Dumfries ist mit 32.000 Einwohnern die größte Stadt im Südwesten Schottlands und Verwaltungssitz der Grafschaften Dumfries und Galloway. Die betriebsame Stadt lohnt einen Besuch oder bietet sich als Ausgangspunkt für Besichtigungen in der Umgebung an. Aufgrund seiner grenznahen Lage war Dumfries jahrhundertelang Grund für kämpferische Auseinandersetzungen zwischen Schotten und Engländern. Zahlreiche Bauten des Mittelalters fielen den Kämpfen zum Opfer.

Erhalten ist die sechsbogige **Old Bridge** über den Fluss Nith aus dem 15. Jh. sowie das **Old Bridge House**, das älteste Gebäude der Stadt (1660 erbaut), in dem ein kleines Museum Stadtgeschichtliches und Volkskundliches ausstellt.
The Old Bridge House, *Mill Road, ☏ 01387 256 904, April–Sept. Mo–Sa 10–17, So 14–17 Uhr, Eintritt frei.*

Letzter Wohnort von Robert Burns

Dumfries ist jedoch vor allem als letzter Wohnort des schottischen Dichters **Robert Burns** (1759–1796) bekannt, der hier seine letzten Lebensjahre verbrachte. Eine **Statue** in der verkehrsberuhigten High Street zeigt den großen Barden auf einem Baumstamm sitzend mit seinem treuen Hund an seiner Seite. Einige Minuten zu Fuß entlang der High Street kommt man zum **Midsteeple**, 1707 als Gerichtshaus und Gefängnis erbaut.

Die Old Bridge in Dumfries besitzt sechs Bögen

Einkehren

*Ganz in der Nähe liegt das **Globe Inn**, eines von Burns' Lieblingslokalen und mittlerweile eine Touristenattraktion (56 High Street, ☏ 01387 252 335, www.globeinn dumfries.co.uk, Mo–Do 10–23, Fr–So 10–24 Uhr).*

Weiter entlang der High Street, folgt man den Schildern zum **Burns House**. Das Wohnhaus des Dichters beherbergt viele Ausstellungsstücke, die über Leben und Schaffen des literarischen Nationalhelden informieren. Auf dem Friedhof der **St. Michael's Church**, südlich vom Burns House, hat Burns in einem monumentalen Mausoleum seine letzte Ruhestätte gefunden.

Leben Robert Burns

Burns House, ☏ 01387 255 297, April–Sept. Mo–Sa 10–17, So 14–17, Okt.–März Di–Sa 10–13, 14–17 Uhr.

Auf der anderen Seite des Flusses liegt das **Robert Burns Centre**. Das Besucherzentrum informiert anschaulich über das Leben des Dichters und seine Verbindung zur Stadt Dumfries. Im gleichen Gebäude gibt es auch ein kleines Kino.

Robert Burns Centre, Mill Road, ☏ 01387 264 808, April–Sept. Mo–Sa 10–20, So 14–17, Okt.–März Di–Sa 10–13, 14–17 Uhr, Kino: www.rbcft.co.uk.

Auf dem Corbelly Hill, oberhalb des Robert Burns Centre, ist in der Windmühle aus dem 18. Jh. das **Dumfries Museum & Camera Obscura** untergebracht. Es zeigt stadt- und lokalgeschichtliche Exponate. Die „Camera Obscura" wurde 1836 installiert, als das Gebäude in ein Observatorium umgestaltet wurde. Richtet man sie auf einen Teil der Stadt, wird das Panorama von Dumfries und der umgebenden Landschaft auf eine Mattscheibe projiziert.

Dumfries Museum & Camera Obscura, ☏ 01387 253 374, www.dumfries museum.com, April–Sept. Mo–Sa 10–17, So 14–17 Uhr.

Nördlich von Dumfries

Die A76 verläuft in nordwestlicher Richtung von Dumfries hoch nach Kilmarnock in Ayrshire. Entlang der Strecke lohnen einige Sehenswürdigkeiten einen Halt: Auf der **Ellisland Farm**, 9 km nördlich von Dumfries (an der A76), lebte Robert Burns 1788–1791. Er schrieb dort einige seiner schönsten Gedichte. Nebenbei versuchte sich der Dichter als Farmer, allerdings nicht sonderlich erfolgreich.

Ellisland Farm, Holywood Road, Auldgirth, ☏ 01387 740 426, www.ellislandfarm. co.uk, April–Sept. Mo–Fr 10–13, 14–17, So 14–17, Okt.–März Di–Sa 14–17 Uhr, Führungen möglich, Eintritt 4 £, Kinder bis 15 Jahren frei.

5 km nördlich von Thornhill biegt man zum **Drumlanrig Castle** ab. Das prachtvolle Renaissanceschloss aus dem 17. Jh. ist ein stattlicher Bau aus rosafarbenem Stein und ein gutes Beispiel für die Übergangszeit von der Kastellarchitektur zu den Innenhöfen der Renaissance. Vergleichbar mit dem George Heriot's Hospital in Edinburgh (s. S. 177), besitzt auch Drumlanrig Castle einen rechteckigen Innenhof, der von vier symmetrischen Flügeln umschlossen wird. Auch in Drumlanrig liegt das Niveau des Innenhofs ein Stockwerk höher als das äußere Niveau. Im Inneren befindet sich eine bedeutende Bildergalerie mit Gemälden von van Dyck,

Renaissanceschloss

Reynolds, Gainsborough, Ramsay, Holbein und Rembrandt. Nachdem im Jahr 2003 ein Gemälde von Leonardo da Vinci (mit einem geschätzten Wert von rund 50 Mio. Pfund) gestohlen wurde, sind Besichtigungen im Schloss nur noch mit Führung möglich.
Drumlanrig Castle, *35 km nördlich von Dumfries, www.drumlanrig.co.uk, Schloss: Ostern–Aug. 11–17, letzte Tour um 16 Uhr; Garten: April–Sept. 10–17 Uhr, Eintritt Erw. 10 £, Kinder 6 £, Kombiticket mit Museum of Lead Mining Erw. 15 £, Kinder 10 £.*

Der große **Country Park** lädt nach dem Besuch des Schlosses zur Erholung ein. Man kann auch Mountainbikes ausleihen und auf gut erschlossenen Fahrradwegen radeln. Das **Fahrradmuseum** umfasst eine Sammlung von rund 70 Fahrrädern und erinnert daran, dass das Fahrrad hier in der Nähe erfunden wurde.

10 km nördlich, in Wanlockhead, dem höchstgelegenen Dorf Schottlands, ist das **Museum of Lead Mining** interessant. Das Museumsdorf zeigt in anschaulicher Weise die Arbeit und das harte Leben der Bergarbeiter. Bei einer Führung geht es durch die 600 m tiefe Loch-Nell-Bleimine. Für die Besichtigung sollte man 2–3 Std. einplanen.
Museum of Lead Mining, *bei Mennock, ☎ 01659 74387, www.leadminingmuseum.co.uk, tgl. April–Sept. 11–16.30 Uhr, Eintritt Erw. 7.75 £, Kinder 5.70 £, Kombiticket mit Drumlanrig Castle Erw. 15 £, Kinder 10 £.*

Wenige Kilometer weiter nördlich an der A76 liegt der kleine gepflegte Ort **Sanquhar** am **Southern Upland Way** und ist daher besonders für Wanderer interessant. Die Touristeninformation ist im alten Postamt untergebracht.

Werke bekannter Bildhauer Ein besonders lohnendes Ausflugsziel liegt beim **Glenkiln Reservoir**, ca. 9 km westlich von Dumfries (von der A75 ab, Richtung Shawhead, dann Dunscore). Inmitten von Hügeln und Schafen kann man im **Glenkiln Sculpture Park** Skulpturen von Henry Moore, Auguste Rodin und Auguste Renoir bewundern.

Südlich von Dumfries

Monument frühchristlicher Zeit 10 km südöstlich von Dumfries (von der B724 ausgeschildert, in der Kirche) kann man mit **Ruthwell Cross** eines der wichtigsten Monumente aus frühchristlicher Zeit bestaunen. Das gewaltige Steinkreuz (5,5 m) stammt aus dem frühen 8. Jh. Auf der Vorderseite des Kreuzes sind Szenen aus dem Leben Christi mit lateinischen Inschriften dargestellt. An den Seiten sind Zweige, Blätter, Vögel und Tiere zu erkennen und am Rand ein Gedicht in northumbrischer Sprache und Runenschrift.

Nicht weit davon entfernt liegt **Caerlaverock Castle**. Die auf triangelförmigem Grundriss ruhende Festung geht auf das ausgehende 13. Jh. zurück. Im frühen 14. Jh. wurde die Burg zerstört und erst 1593 wiederaufgebaut. 1634 im Renaissancestil erweitert, wurde sie 1640 erneut zerstört und nie wiederaufgebaut. Die mächtige Burg ist von einem Wassergraben umgeben und galt deshalb als uneinnehmbar. Zwei Rundtürme flankieren den Eingang an der Spitze des Baus. Zwei weitere kleine Türme befinden sich an den beiden Schenkeln des Gebäudes. Der

Dumfries und Galloway

Von einem Wassergraben umgeben: Caerlaverock Castle

Innenhof ist überraschend prunkvoll im Renaissancestil gestaltet und steht im Gegensatz zur Wehrhaftigkeit des Außenbaus.
Caerlaverock Castle, *bei Glencaple an der B725, 12 km südöstlich von Dumfries, ☎ 01387 770 244, www.historic-scotland.gov.uk, April–Sept. 9.30–17.30, Okt.–März bis 16.30 Uhr, Eintritt 5.50 £, Kinder 3.30 £.*

Wenige Kilometer weiter liegt das **Caerlaverock Wildlife & Wetlands Centre**, ein „Muss" für Vogel- und Naturliebhaber. Das salzige Marschland und das Moorgebiet ziehen Tausende von Vögeln an. Von Beobachtungsständen aus kann man die Vögel sehen, im Sommer finden Führungen statt.   *Marsch- und Moorland*
Caerlaverock Wildlife & Wetlands Centre, *Eastpark Farm, Caerlaverock, ☎ 01387 770 200, www.wwt.org.uk, tgl. 10–17 Uhr.*

Reisepraktische Informationen Dumfries

Information
Visit Dumfries & Galloway, *64 Whitesands, Dumfries, Dumfries & Galloway DG1 2RS, ☎ 01387 253 862, www.visitdumfriesandgalloway.co.uk, www.dumgal.gov.uk.*

Unterkunft
Dumfries hat zahlreiche **B&Bs**, *sodass Unterkunftsuchende ausreichend Auswahlmöglichkeiten haben sollten.*
Burnett House €, *4 Lovers Walk, ☎ 01387 263 164, www.burnetthouse.co.uk. In der Nähe des Bahnhofs, freundliches, B&B mit langer Tradition. Fahrradfahrer sind sehr willkommen.*

Golf

„**The Gateway to Golf Pass**" umfasst über 30 Golfplätze der Region, ob für Anfänger oder Fortgeschrittene. Ein Pass für 3 Runden kostet 80 £ (an 5 aufeinanderfolgenden Tagen), für 6 Runden (an 5 Tagen) 120 £. Auskunft unter www.visitdumfriesandgalloway.co.uk oder ☎ 01387 245 566.

Bus und Bahn

Es bestehen regelmäßige Zugverbindungen und Citylink-Busanbindungen in alle Landesteile.

Von Dumfries entlang der Solway Coast nach Castle Douglas

Die A710 verläuft durch New Abbey und folgt dann der Solway Coast vorbei an den kleinen Ortschaften Rockcliffe und Kippford. Hinter Dalbeattie trifft sie auf die A711 von Dumfries nach Kirkcudbright.

Waldgebiet zum Wandern

Wandern und Fahrrad fahren

6 km südlich von Dumfries liegt der **Mabie Forest**, ein großes Waldgebiet mit Wanderwegen und Fahrradstrecken.

In dem hübschen Ort **New Abbey** (an der A710, 12 km südlich von Dumfries) liegt die beeindruckende rote Sandsteinruine von **Sweetheart Abbey**. Der Name der Abtei geht auf eine große Liebe zurück: Devorgilla Balliol, die Begründerin der Abtei (1273), hat sich hier zusammen mit dem Herzen ihres Mannes, begraben lassen.

Mit einer großen Liebesgeschichte verbunden: Sweetheart Abbey

Sie hatte ihren Mann so sehr geliebt, dass sie nach dessen Tod sein Herz in ein Behältnis gab und dieses bis zu ihrem eigenen Tod sechzehn Jahre später stets bei sich trug. Von der ehemaligen Zisterzienserabtei sind noch der mächtige zentrale Turm, sechs Bögen, Reste der Querschiffe und ein Teil der Lichtgaden vom Hauptschiff erhalten. Die drei Lanzettfenster in der Westfassade werden von einer schönen Rosette gekrönt, aber ebenso beeindruckend ist auch das Kleeblattmaßwerk in den Fenstern des Chors.
Sweetheart Abbey, ☎ 01387 850 397, www.historic-scotland.gov.uk, April–Sept. tgl. 9.30–17.30, Okt.–März Sa–Mi 9.30–16.30 Uhr, Eintritt Erw. 4.50 £, Kinder 2.70 £.

Die Corn Mill ist eine mit Wasser betriebene Kornmühle aus dem späten 18. Jh. Die Mühle funktioniert noch und wird regelmäßig vorgeführt. Am Mühlenteich kann man schön picknicken. *Kornmühle*
New Abbey Corn Mill, ☎ 01387 850260, www.historic-scotland.gov.uk, April–Sept. tgl. 9.30–17.30, Okt.–März Sa–Mi 9.30–16.30 Uhr (jeweils 13–14 Uhr geschl.), Eintritt Erw. 4.50 £, Kinder 2.70 £.

🚶 Wandern
New Abbey wird von dem **Criffel Hill** (569 m) überragt. 3 km südlich des Dorfs nimmt man die Abzweigung zur Ardwell Mains Farm, von wo aus der Weg zum Gipfel verläuft. Von oben hat man eine wunderschöne Aussicht.

🍴 Einkehren
Im **Abbey Cottage Tearoom** gibt es leckere hausgemachte Kuchen und guten Kaffee. In den beiden Pubs, **Abbey Arms** (www.abbeyarmshotel.com) und **Criffel Inn** (www.criffel-inn.co.uk) kann man auch draußen sitzen.

Die Colvend Coast
Die Colvend Coast, 30 km südwestlich von Dumfries, ist der schönste Abschnitt an der „Scottish Riviera". Die A710 verläuft parallel zur Küste, entlang der weiten Sandyhill Bay, nach Colvend. Knapp 2 km danach biegt eine Seitenstraße zu dem kleinen, wunderschön gelegenem Dorf **Rockcliff** ab. Von hier aus lässt es sich herrlich entlang des **Jubilee Path** (NTS) ins benachbarte Kippford wandern, einem beliebten Segelzentrum. Der rund 4 km lange Weg führt entlang der **Mote of Mark**, einem keltischen Fort. Von Kippford kann man bei Ebbe (allerdings nicht im Mai und Juni, wenn die Austernfischer brüten) zur **Rough Island** wandern, einem Vogelschutzgebiet, das vom NTS verwaltet wird. In **Kippford** wartet das Anchor Hotel, direkt am Wasser, mit Erfrischungen. *Scottish Riviera*

Dalbeattie ist ein kleiner Ort mit einigen Läden und einer Touristeninformation. 6 km südlich liegt der **Orchardton Tower**. Der Turm entstand Mitte des 15. Jh. und ist das einzige runde Turmhaus in Schottland. Interessant sind die extrem dicken Außenwände, in denen sich ein schmaler Aufgang befindet. Während das Erdgeschoss als Lagerraum genutzt wurde, dienten die oberen Stockwerke als Wohnräume der Herrschaft. Den oberen Abschluss bildet ein umlaufender Wehrgang. Man vermutet, dass es sich bei den Ruinen im Süden des Turms um Wirtschaftsgebäude handelt (von der A711 ab, 3 km südlich von Palnackie, 10 km südlich von Castle Douglas).

Castle Douglas

Von Dalbeattie verlaufen die A711 südwestlich nach Kirkcudbright und die A745 zum 8 km entfernten **Castle Douglas**. Die geschäftige Kleinstadt, am Rande des wunderschönen kleinen Carlingwark Loch gelegen, wurde im 18. Jh. von Sir William Douglas gegründet. An der Hauptstraße reihen sich mehrere Restaurants und Hotels. Die kleine, 1996 gegründete und im Familienbetrieb geführte **Sulwath Brewery** kann man auch besichtigen (**The Brewery**, *209 King Street*, ☎ *01556 504 525, ganzjährig*). Ansonsten bietet der Ort selbst keine herausragenden Sehenswürdigkeiten, dafür gibt es in der Umgebung lohnende Ausflugsziele.

Schöne Ausflugsziele

Information
Tourist Information, *Markethill, Castle Douglas*, ☎ *01556 502 611, April–Okt.*

Threave Gardens, 1 km westlich von Castle Douglas (von der A75 ab), ist ein weitläufiges Parkareal mit vielen schönen und seltenen Pflanzen. Es gehört zum Threave Estate, das neben dem restaurieren Threave House im Baronialstil einen Skulpturengarten, ein Naturreservat und die Gartenanlagen umfasst. Obwohl immer wieder für seine herrlichen Arrangements von Frühlingsblumen gerühmt, ist es wahrlich ein Garten für alle Jahreszeiten, in dem man wunderschön spazieren gehen kann.
Threave Gardens, ☎ *01556 502 575, www.nts.org.uk, Feb./März Fr–So 10–17, März–Okt. tgl. 10–17, Nov.–Dez. Fr–Sa 10–17 Uhr, Eintritt 7 £, inkl. Haus 12 £.*

Nicht weit entfernt liegt **Threave Castle**, ein Wohnturm, der auf einer kleinen Insel im Dee liegt. Er wurde zwischen 1339 und 1390 errichtet, die umlaufende Ringmauer mit drei Ecktürmen um 1450 hinzugefügt. In den folgenden Jahrhunderten wurde Threave Castle mehrfach zerstört und wiederaufgebaut, heute ist es eine romantische Ruine, die man nach 15 Minuten Fußweg und einer kurzen Überfahrt mit einem kleinen Boot besichtigen kann.
Threave Castle, ☎ *07711 223 101, www.historic-scotland.gov.uk, April–Sept. Mo–So 9.30–18.30 Uhr, Eintritt Erw. 4.50 £, Kinder 2.70 £.*

Die A713 verläuft nördlich von Castle Douglas entlang des Ufers des lang gestreckten **Loch Ken** nach New Galloway.

Wassersport
Loch Ken ist vor allem bei Wassersportlern beliebt. Es gibt Möglichkeiten zum Segeln, Windsurfen, Wasserski, Kanufahren, Rudern und Angeln. Auskunft: **Galloway Activity Centre**, ☎ *01644 420 626, www.lochken.co.uk.*

Kirkcudbright

Der kleine Ort Kirkcudbright (sprich: Kirkubie) bietet sich als Standquartier für die Erkundung des Südwestens an. Romantisch an der Mündung des Dee im Solway Firth gelegen, ist es mit seinen eleganten georgianischen Villen und viktorianischen Stadthäusern das attraktivste Städtchen im Südwesten. Erhalten sind das Marktkreuz von 1610 und ein malerischer Tolbooth (Rathaus mit Gefängnis) aus dem 16./17. Jh. mit einer Außentreppe aus Stein.

Bootstour
Bei einer Bootsfahrt mit **Kirkcudbright Bay Cruises** (☎ 01557 331 838) kann man die schöne Kirkcudbright Bay kennenlernen.

In der Nähe des Hafens liegt **MacLellan's Castle**, ein 1577 errichtetes befestigtes Herrenhaus, das seit 1752 zur Ruine verfallen ist, aber schöne architektonische Details aufweist.
MacLellan's Castle, High Street, ☎ 01557 331 856, www.historic-scotland.gov.uk, April–Sept. Mo–So 9.30–17.30 Uhr, Eintritt Erw. 4.50 £, Kinder 2.70 £.

Die Künstlerkolonie der **Glasgow Boys** (s. S. 29) wurde in Kirkcudbright gegründet, seither ist Kirkcudbright vor allem bei Künstlern sehr beliebt. Das wunderschöne **Broughton House**, ein georgianisches Stadthaus, das 1901 von E.A. Hornel gekauft wurde, beherbergt die **Hornel Art Gallery & Library** und viele Werke des in Australien geborenen Malers Edward Atkinson Hornel (1864–1933) sind hier ausgestellt. Hornel war Mitglied der Glasgow Boys, deren idyllische Landschaftsmalerei vielfach den Einfluss japanischer Kunst zeigt. Zum Haus gehört ein wunderschöner japanischer **Garten**, den Hornel hier anlegen ließ.

Künstlerkolonie

Broughton House & Garden, 12 High Street, ☎ 01557 330 437, www.nts.org.uk, Garten Feb./März Mo–Fr 11–16 Uhr, Haus und Garten: Ostern–Okt. tgl. 12–17 Uhr, Eintritt 6.50 £.

In der High Street liegt auch das **Tolbooth Art Centre** mit einer kleinen Ausstellung zeitgenössischer Kunst (☎ 01557 331 556, ganzjährig). Der imposante Tolbooth, ehemals Stadtverwaltung, Gefängnis, Gericht und Versammlungshalle, stammt von 1620.

Ein reizendes, viktorianisches Museum ist das **Stewartry Museum**, 1879 gegründet. Hier ist ein buntes Durcheinander an lokalgeschichtlichen Exponaten aus dem 18. und 19. Jh. zu sehen.
Stewartry Museum, St. Mary Street, ☎ 01557 331 643, Mai, Juni, Sept. Mo–Sa 11–17, So 12–17, Juli/Aug. Mo–Sa 10–17, So 14–17, Okt. Mo–Sa 11–16, So 14–17, Nov.–April Mo–Sa 11–16 Uhr, Eintritt frei.

Am Ortsausgang führt die **Tongland Bridge**, eine Brücke von Thomas Telford, über den Dee.

Buchtipp
In Kirkcudbright und Umgebung spielt der Krimi von Dorothy Sayers „Five Red Herrings" (dt. „Fünf falsche Fährten"). Die Krimiautorin hat lange in Galloway gelebt.

Kutschfahrt durch Kirkcudbright

Der Südwesten: Dumfries, Galloway und Ayrshire

Dundrennan Abbey, 10 km südöstlich von Kirkcudbright an der A711, ist für alle Architekturfreunde interessant. Die im 12. Jh. gegründete Zisterzienserabtei war das Mutterhaus der Zisterzienserabteien Sweetheart Abbey und Glenluce. Sie verfiel im 17. Jh. Erhalten sind die Grundmauern und die Fundamente der Säulen sowie die Westfront der Abtei. Die Ruinen der Abtei zeigen in ihrer Mischung verschiedener Baustile recht anschaulich den Übergang vom normannischen zum gotischen Stil. Sehr interessant ist die mittelalterliche Effigie eines Abts in der Nordwest-Ecke des Hauptschiffs. Er wurde ermordet und in seiner Brust steckt ein Dolch.
Dundrennan Abbey, ☎ 01557 500 262, www.historic-scotland.gov.uk, April–Sept. tgl. 9.30–17.30, Okt.–März Sa/So 9.30–16.30 Uhr, Eintritt Erw. 4.50 £, Kinder 2.70 £.

Übergang zum gotischen Stil

Reisepraktische Informationen Kirkcudbright

Information
TIC, Harbour Square, Kirkcudbright, Dumfries & Galloway DG6, ☎ 01557 330 494.

Unterkunft
Selkirk Arms Hotel €€, High Street, Kirkcudbright DG6 4JG, ☎ 01557 330 402, www.selkirkarmshotel.co.uk. Ganzjährig, 17 Zimmer, korrekt geführtes Hotel in Familienbesitz.

Feste
Am 3. Wochenende im Juli findet das **Wickerman Festival** statt, ein großes Musikfestival (www.thewickermanfestival.co.uk), in dessen Verlauf ein riesiger „wicker man" verbrannt wird.

Clatteringshaws Loch im Galloway Forest Park

Gatehouse of Fleet und Umgebung

15 km westlich von Kirkcudbright liegt die ruhige Kleinstadt **Gatehouse of Fleet** malerisch Ufer des Water of Fleet. Die Mühle aus dem 18. Jh., genannt **Mill on the Fleet**, beherbergt ein Modell der Ortschaft zur Mitte des 18. Jh. und historische Ausstellungsstücke. Neben einem Kunst- und Kunsthandwerksladen lädt das Café mit Terrasse am Fluss zum Verweilen ein. Auch die Touristeninformation hat hier ihren Sitz.
Mill on the Fleet, High Street, ☎ 01557 814099, www.millonthefleet.co.uk, www.gatehouse-of-fleet.co.uk, tgl. 10–17 Uhr, Eintritt frei.

Von Gatehouse of Fleet kann man einen schönen Spaziergang zum **Cardoness Castle** machen (1,5 km südwestlich). Das Familienhaus der McCullochs, ein sechsgeschossiges Tower House, stammt aus dem 15. Jh. und steht auf einer felsigen Plattform über dem Water of Fleet. Beachtenswert sind im Inneren die Feuerstellen in der Great Hall und in den Upper Halls.
Cardoness Castle, ☎ 01557 814 427, www.historic-scotland.gov.uk, April–Sept. 9.30–17.30 Uhr, Eintritt Erw. 4.50 £, Kinder 2.70 £.

Die A75 verläuft mit herrlichen Ausblicken auf die Bucht weiter westlich nach **Creetown**, am Ostufer der Wigtown Bay gelegen. 6 km südlich von Creetown an der A75 liegt **Carsluith Castle**, die wohlerhaltene Ruine eines viergeschossigen Tower House aus dem 16. Jh. mit Anbauten aus dem 18. Jh.

New Galloway und Umgebung

Eingebettet im Tal **The Glenkens**, das nördlich des Loch Ken verläuft, liegt **New Galloway**, ein hübsches kleines Dorf mit weiß gekalkten Häusern, das von herrlicher Landschaft umgeben ist.

Der **Galloway Forest Park** liegt westlich des Ortes. Es ist der größte Waldpark in Großbritannien mit bewaldeten Hügeln, wildem Moorland, zahlreichen Lochs und einer reichen Tier- und Pflanzenwelt. Das wunderschöne Gebiet ist von zahlreichen Wegen durchzogen, so auch vom Southern Upland Way und ausgezeichneten Mountainbiketrails. Der Galloway Forest Park hat drei **Besucherzentren**, die i. d. R. April–Okt. tgl. geöffnet sind (10.30–16.30 Uhr): Clatteringshaws, Glen Trool und Kirroughtree (s. u.). Alle drei verfügen über ein Café und bieten zahlreiche Informationen über Aktivitaten und Wanderwege. Glen Trool und Kirroughtree liegen an Mountainbiketrails, die zu Südschottlands „7stanes" gehören *(Infos unter www.7stanes.co.uk)*.

Größter Waldpark Großbritanniens

Die A712 verläuft südwestlich von New Galloway nach Newton Stewart, wobei sie die südliche Hälfte des Galloway Forest Park durchschneidet. Die 25 km lange Strecke ist als **The Queen's Way** bekannt. Sie passiert den **Clatteringshaws Loch**, der hinter Bäumen versteckt liegt. Ein Fußweg verläuft rund um den Loch. Dieser Weg trifft auf den Southern Upland Way, der sich nördlich zu der Hügelkette Rhinns of Kells windet, die die östliche Grenze des Parks bildet.

Newton Stewart

Startpunkt für Wanderungen

Der Ort liegt an der Kreuzung der A75 und der A714, inmitten herrlicher bewaldeter Landschaft. Er ist ein beliebter Ausgangsort für Wanderungen in den Hügeln des Galloway Forest Park, aber auch ein Zentrum für Lachs- und Forellenfischen. Die Saison beginnt im März und endet Mitte Oktober. Im Creebridge Hotel (s. o.) erhält man die nötigen Lizenzen und Informationen.

Reiseprak. Infos Newton Stewart/Galloway Forest Park

Information
TIC, *Dashwood Square, Newton Stewart, Dumfries & Galloway,* ☎ *01671 402431, www.newtonstewart.org, Ostern–Okt.*

Unterkunft
***Creebridge Lodge €**, *Minnigaff, Newton Stewart DG8 6NR,* ☎ *01671 402 319, www.newtonstewartbedandbreakfast.co.uk. Ganzjährig, 5 Zimmer, freundliches kleines Gästehaus, wunderbares Frühstück.*
***Creebridge House Hotel €€**, *Newton Stewart DG8 6NP,* ☎ *01671 402 121, www.creebridge.co.uk. Ganzjährig. Das traditionelle Country House stammt von 1760 und hat 18 Zimmer. Herrliche Blicke vom Restaurant in den Garten.*
****Kirroughtree Hotel €€€**, *Newton Stewart DG8 6AN,* ☎ *01671 402 141, 0844 488 9695, www.mcmillanhotels.co.uk/kirroughtree-house-hotel/. Imposantes Herrenhaus (18. Jh.), von einem wunderschönen Garten umgeben, 17 behagliche Zimmer.*

Jugendherberge
**Minnigaff Y.H. Newton Stewart, *Wigtownshire, DG8 6PL,* ☎ *0870 004 1142, www.syha.org.uk, April–Sept., 36 Betten. Als Ausgangspunkt für Wanderungen, z. B. im Galloway Forest Park, oder für Radwanderungen in der Umgebung geeignet.*

Wandern
Am **Kirroughtree Besucherzentrum** (☎ *01671 402 165*), 5 km östlich von Newton Stewart, beginnen verschiedene Wander- und Fahrradrouten in den Park. Die Hauptattraktion in der Umgebung von Newton Stewart ist **Glen Trool**, eine der schönsten und am leichtesten zugänglichen Teile des **Galloway Forest Park**. 15 km nördlich von Newton Stewart, bei Bargrennan an der A714, windet sich eine schmale Straße 7 km zum Loch Trool. An der Straße liegt das **Glen Trool Visitor Centre** (☎ *01671 840 302*). Auf halber Höhe liegt Bruce's Stone, ein großer Stein, der die Stelle markiert, an der sich Robert the Bruce angeblich nach seinem Erfolg über die englische Armee ausgeruht hat. Von hier aus kann man auf den Gipfel des **Merrick** (843 m), den höchsten Berg in Südschottland, wandern. Für den – relativ anstrengenden – Aufstieg sollte man 4 Std. einplanen, er ist aber übersichtlich markiert und lohnt gewiss die Anstrengung. Daneben gibt es zahlreiche einfachere und kürzere Wege. Ein Teil des Southern Upland Way verläuft entlang des Glen Trool und führt dann weiter zum **Clatteringshaws Loch** (Clatteringshaw Visitor Centre ☎ *01644 420 285*). Wanderer sollten sich mit dem richtigen Kartenmaterial ausrüsten, empfehlenswert ist die „OS Outdoor Leisure Map Nr. 32".

The Machars

Bei genügend Zeit lohnt sich eine Rundfahrt über die Halbinsel The Machars mit ihrer malerischen Weiden- und Wiesenlandschaft. **Wigtown** ist ein kleiner Ort, der an der gleichnamigen Bucht liegt. Im Ort gibt es einige Cafés und Pubs, erstaunlicherweise jedoch vor allem eine Fülle an Buchläden. Die Stadt, die alljährlich im Herbst ein Bücherfestival ausrichtet *(www.wigtownbookfestival.com)*, kann sich mit dem Titel „Scotland's National Book Town" *(www.wigtown-booktown.co.uk)* rühmen.

Ein kleines **Heimatmuseum** informiert über die Geschichte der Wigtown-Märtyrer: Eine 85-jährige Frau und ein 18-jähriges Mädchen wurden 1685 in der Bucht an Pfähle gebunden und ertranken in der einsetzenden Flut. Beide hatten sich geweigert, der Presbyterianischen Kirche abzuschwören. Auf dem Friedhof kann man die Grabstätten der Märtyrerinnen aufsuchen.

Wigtown-Märtyrer

1 km südlich von Wigtown kann man die **Bladnoch Distillery** besichtigen. Die Whisky-Destillerie wurde 1817 gegründet und liegt direkt am Fluss Bladnoch. **Bladnoch Distillery**, ☎ *01988 402 605, www.bladnoch.co.uk, Ostern–Okt. Mo–Fr 9–17 Uhr, Juli/Aug. und feiertags auch am Wochenende.*

15 km weiter südlich ist **Whithorn**, der Hauptort der Halbinsel, erreicht. Im Jahr 397 baute hier der hl. Ninian die kleine Kirche **Candida Casa**. In den folgenden Jahrhunderten entwickelte sich Whithorn zu einem wichtigen Missionszentrum und später zum Bischofssitz. Um 1160 wurde das Prämonstratenserkloster gegründet, welches nach der Reformation als Kathedrale für den protestantischen Bischof genutzt wurde. Nach dieser bewegten Geschichte wurde sie schließlich Pfarrkirche von Whithorn. Von der Candida Casa sind nur ein paar Fundamente erhalten. Das Hauptschiff aus dem 13. Jh. wurde im 17. und 18. Jh. verändert. Zu beachten ist am Westende der Kirche das schöne normannische Portal mit den vier rückspringenden Bögen. Unter dem zerstörten Chor und den Ostkapellen befinden sich Krypten (um 1200). Im **Priory Museum** kann man frühchristliche Kreuze und Grabsteine bewundern, u. a. auch den Latinus- oder Barrovadus-Stein (450 AD). Bei diesem Stein handelt es sich um das früheste christliche Denkmal in Schottland. **Whithorn Priory & Museum**, ☎ *01988 500 508, www.whithornpriorymuseum.gov.uk, April–Okt. tgl. 10.30–17 Uhr, Eintritt Erw. 4.50 £, Kinder 2.25 £.*

Am südlichen Ende der Halbinsel liegt der kleine malerische Hafenort **Isle of Whithorn**. An der Hafenpromenade laden einige Lokale und Cafés zur Einkehr ein. Nicht weit entfernt ist die **St. Ninian's Cave**. Vom (ausgeschilderten) Parkplatz erreicht man in ca. 30 Min. zu Fuß die Höhle, in der sich der Legende zufolge der hl. Ninian aufgehalten hat. Einige in Stein gehauene Kreuze erinnern an die frühchristliche Missionierung.

Höhle des hl. Ninian

Die Straße folgt nun dem Küstenverlauf Richtung Norden und passiert den Hafen- und Straßenort **Port William**. Unweit der Straßenkreuzung der A747 mit der A75 liegen die Ruinen von **Glenluce Abbey**. Die Zisterzienserabtei wurde 1191/92 als Tochterhaus von Dundrennan Abbey gegründet. Heute sind nur noch die Grundmauern und der Giebel des südlichen Querschiffs erhalten sowie das Kapi-

telhaus von 1470 mit einem mit Ornamenten verzierten rundbogigen Eingang. Im Inneren sind ein schönes Rippengewölbe sowie Reste der Fußbodenkacheln und einzelne Teile des mittelalterlichen Wasserrohrsystems zu sehen.
Glenluce Abbey, von der A75 ab, 3 km nordwestlich von Glenluce, 15 km östlich von Stranraer, ☎ 01581 300 541, www.historic-scotland.gov.uk, April–Sept. tgl., Eintritt Erw. 4.50 £, Kinder 2.70 £.

Stranraer und Umgebung

Fähre nach Nordirland

Von **Stranraer** bestehen mehrmals täglich Fährverbindungen nach Nordirland. Die Überfahrt per Schnellfähre dauert gut 1,5 Std. Die Stadt liegt am Loch Ryan, einer großen Bucht, die vor den Stürmen der Irischen See Schutz bietet. Die Bucht ist Heimat für eine Vielzahl an Vögeln.

Castle of St. John ist ein spätmittelalterliches Tower House (um 1500 errichtet), das in viktorianischer Zeit als Gefängnis genutzt wurde. Eine kleine Ausstellung informiert über die bewegte Geschichte des Gebäudes.
Castle of St. John, ☎ 01776 705 544, Mitte April–Mitte Sept. Mo–Sa 10–13, 14–17 Uhr.

Schöne Gärten

In der Umgebung von Stranraer liegen zwei schöne Gärten, die man besichtigen kann: **Ardwell Gardens**, 15 km südlich von Stranraer, bietet herrliche Rhododendren und eine Vielfalt an anderen blühenden Büschen. Vom Garten eröffnen sich wunderschöne Blicke auf das Meer.
Ardwell Gardens, an der A716, ☎ 01776 860 227, März–Sept. tgl. 10–17 Uhr, Eintritt 3 £.

Castle Kennedy Gardens ist ein herrlicher Landschaftsgarten, der zwischen zwei Lochs angelegt ist. Der Garten, 5 km östlich von Stranraer, ist vor allem für seine Rhododendren und Pflanzen aus der ganzen Welt berühmt.
Castle Kennedy Gardens, an der A75, ☎ 01776 702 024, www.castlekennedygardens.co.uk, April–Sept. tgl. 10–17 Uhr, Eintritt Erw. 5 £, Kinder 1.50 £.

Reisepraktische Informationen Stranraer

Information
TIC, Harbour Street, Stranraer, Dumfries & Galloway, ☎ 01776 702 595, www.visitdumfriesandgalloway.co.uk.

Unterkunft
****Corsewall Lighthouse Hotel €€€, Corsewall Point, Kirkcolm, Stranraer DG9 0QG, ☎ 01776 853 220, www.lighthousehotel.co.uk. Ganzjährig, 11 Suiten und Zimmer. Charmante und romantische Unterkunft im 1815 erbauten Leuchtturm. Die gemütlichen Zimmer sind alle individuell gestaltet. Atemberaubende Ausblicke auf das Meer. 16 km nördlich von Stranraer.

Reisepraktische Informationen Stranraer

Fähre nach Nordirland
Sealink Stena Line, www.stenaline.co.uk, fährt mehrmals tgl. von Cairnryan nach Belfast (2 Std. 20 Min). Achtung: Cairnryan ist 5 km von Stranraer entfernt und die Busse sind nicht auf die Abfahrt und Ankunft der Fähren abgestimmt!

Bus und Bahn
Die Zugverbindungen aus dem Norden und aus Glasgow sind auf die Abfahrts- und Ankunftszeiten der Fähren abgestimmt. Gute Busverbindungen nach Glasgow und Dumfries.

Rhinns of Galloway

Die Halbinsel ist mit ihren hügeligen Weiden und Wiesen landschaftlich äußerst reizvoll und bietet sich für einige ruhige Tage an. Die Rhinns werden durch den Golfstrom gewärmt und sind fast frostfrei. **Portpatrick** ist ein kleiner Küstenort mit einigen Hotels, vielen B&Bs, Fischrestaurants und lebhaften Pubs. Bis zur Mitte des 19. Jh. war Portpatrick der Abfahrtsort der Fähren nach Nordirland. Die irische Küste ist nur 30 km entfernt. Die Ruinen von **Dunskey Castle** (16. Jh.), im Süden von Portpatrick, liegen in dramatischer Lage über den Klippen und können in 20 Min. über einen Klippenweg von Portpatrick aus erreicht werden.

Reisepraktische Informationen Portpatrick

Unterkunft
***Fernhill Hotel €€, Portpatrick DG9 8TD, ☎ 01776 810 220, fernhillhotel.co.uk. Feb.–Dez. Im Familienbetrieb geführtes, alteingesessenes solides Hotel mit 20 Zimmern. Von den meisten Zimmern hat man einen wunderbaren Blick über die Bucht.

Wandern
In Portpatrick beginnt der **Southern Upland Way**, der sich bis an die Ostküste nach Cockspurnspath erstreckt. Ein schönes Teilstück sind die 14 km nach Stranraer und weitere 6 km zu den Castle Kennedy Gardens. Mit dem Bus kann man über Stranraer nach Portpatrick zurückkehren.

Portpatrick hat auch einen herrlich gelegenen 18-Loch-Golfplatz zu bieten

Rund 20 km südlich von Stranraer stehen in einer kleinen Friedhofskapelle drei besondere Grabsteine, die **Kirkmadrine Stones** (von der A716 ab, 3 km südwestlich von Sandhead). Sie stammen aus dem 5./frühen 6. Jh. Auf allen drei Steinen befinden sich lateinische Inschriften.

Im **Logan Botanic Garden** gedeihen, bedingt durch das milde Klima, viele verschiedene Pflanzen. Logan gehört zum Royal Botanic Garden in Edinburgh und ist für seine Farne sowie viele ungewöhnliche Pflanzen aus der südlichen Hemisphäre berühmt. Es gibt herrliche Spaziermöglichkeiten durch die Gartenanlage. Ein nettes Lokal (Salad Bar) lädt zum Entspannen und ein Buchladen zum Stöbern ein.
Logan Botanic Garden, *von der B7065 ab, ☎ 01776 860 231, www.rbge.org.uk, Mitte März–Okt. tgl. 10–17 Uhr, Feb. nur So, Eintritt Erw. 5.50 £, Kinder 1 £.*

Südlichster Punkt Schottlands — Vom **Mull of Galloway**, dem südlichsten Punkt Schottlands, kann man bei klarer Sicht die irische Küste, die 40 km entfernt ist, sehen. Der schmale Isthmus ist RSPB-Schutzgebiet und Heimat von Tausenden von Seevögeln. Ein kleines Informationszentrum liegt in der Nähe des Leuchtturms *(Ostern–Sept. tgl. 10.30–17 Uhr)*.

Ayrshire

Ayrshire ist sehr fruchtbar und daher vor allem von der Landwirtschaft geprägt. Für Touristen ist die Gegend vor allem als Geburtsort von Robert Burns bekannt, Schottlands geliebtem Dichter. Die meisten Besucher kommen hierher, um auf seinen Spuren zu wandeln. Daneben ist die Küste für ihre ausgezeichneten Golfplätze, etwa Turnberry und Troon, berühmt. Culzean Castle ist einen Besuch wert, und natürlich die wunderschöne Isle of Arran. Der attraktivste Teil von Ayrshire ist der Süden, zwischen Ayr und Girvan. Nördlich von Ayr befindet sich eine Reihe bescheidener Badeorte, die aber immer wieder von Häfen und Industrien unterbrochen werden, die sich zur Mündung des Clyde hinziehen.

Von Stranraer nach Ayr

Kleines Seebad — Von Stranraer nordwärts geht es auf der A77 Richtung Ayr immer entlang der Küste. **Girvan** ist ein kleines Seebad mit einer Reihe an Restaurants und Unterkunftsmöglichkeiten. Von der 3 km langen Promenade hat man einen schönen Blick auf den großen unbewohnten Granitfelsen **Ailsa Craig**, heute ein Vogelschutzgebiet. Mit einer Population von rund 40.000 Basstölpeln *(gannets)* ist es das weltweit zweitgrößte Schutzgebiet für diese Vögel.

Bootstour
Von Girvan aus werden tgl. und das ganze Jahr über Bootstouren veranstaltet (Touren wetterabhängig, ☎ 01465 713 219, www.ailsacraig.org.uk).

Wenige Kilometer hinter Girvan liegt **Turnberry**, das für seinen Golfplatz, auf dem internationale Turniere ausgetragen werden, bekannt ist. Dieser zählt zu den schönsten und besten Golfplätzen der Welt.

Nicht weit von Turnberry, 30 km südlich von Ayr, liegt **Culzean Castle** (sprich: Cullane), ein direkt an der Steilküste gelegenes Schloss, das zwischen 1777 und 1792 errichtet wurde. Culzean Castle ist ein ausgebauter Turm und gilt als eines der Meisterwerke von Robert Adam. Durch einen Torbogen gelangt man in das Anwesen. Im Vordergrund des Hauses befindet sich ein fremdländisch anmutender Terrassengarten mit Palmen. Hinter dem Gebäude kann man über dem Meer die Insel Arran erblicken. Der Auftraggeber, der Earl von Cassilis, wie auch Robert Adam, waren von den romantischen Burgen in Italien beeindruckt und wollten Ähnliches auch in Schottland verwirklichen. Zu diesem Zwecke wurde der originale Turm erneuert und mit zwei Seitenflügeln mit vorspringenden runden Ecktürmen sowie mit Zinnen und Brustwehr versehen. Das Schloss vereinigt in einer für die georgianische Zeit typischen Weise Bauelemente des Wehrburgenbaus mit einer klassisch-symmetrischen Aufteilung. Das Innere, ebenfalls von Adam gestaltet, beeindruckt durch seine Eleganz. Besonders eindrucksvoll ist das von einer Kuppel bekrönte ovale Treppenhaus. Die Decke des runden Drawing Room war jahrelang weiß, bis der NTS 1968 ein von Robert Adam signiertes Originalaquarell erwarb, aus dem die ursprünglich geplanten Farben der Decke hervorgehen. 1974 wurde die Deckenbemalung nach Adams Entwurf wiederhergestellt, wodurch die einheitliche harmonische Gesamtstruktur des Raums vertieft wird.

Culzean Castle – ein Meisterwerk von Robert Adam

Elegante Innenausstattung

1945 hatte der Kennedy-Clan dem NTS das Schloss unter der Bedingung überlassen, die obere Etage für „VIP" *(very important person)* zu reservieren. Präsident Eisenhower hatte in Culzean Castle Wohnrecht auf Lebenszeit. Bilder und Erinnerungsstücke, die in einem Raum ausgestellt sind, erinnern daran. Lohnend ist auch ein Besuch der weitläufigen Parkanlagen, die 1970 als erster schottischer Country Park eröffnet wurden. Das Farmgebäude wurde von Robert Adam entworfen, auch gibt es einen schönen Garten, der 1783 angelegt wurde. Es werden naturkundliche Spaziergänge durchgeführt und im Besucherzentrum Filme und Ausstellungen gezeigt.

Culzean Castle, ☎ *01655 884 400, www.culzeanexperience.org, Schloss und Besucherzentrum: April–Okt. tgl. 10.30–17 Uhr, Park und Garten 9 Uhr bis Abenddämmerung, Kombiticket Schloss und Country Park Erw. 15 £, Kinder 11 £.*

🛏 Unterkunft

The Eisenhower at Culzean Castle €€€€, *Maybole Ayrshire KA19 8LE,* ☎ *01655 884 455, www.culzeanexperience.org.* Im Culzean Castle kann man auch übernachten. The Eisenhower im obersten Stockwerk hat 6 Doppelzimmer und auf dem Gelände gibt es 4 Cottages für Selbstversorger.

Der Südwesten: Dumfries, Galloway und Ayrshire

Robert Adam – Vater des britischen Klassizismus

Das georgianische Zeitalter, 1700–1830, war in der Architektur durch die klassizistische Bauweise bestimmt. Die ersten schottischen Vertreter waren **Sir William Bruce** und **William Adam**, die vor allem durch die Bauten Andrea Palladios (1508–1580) und durch die englischen Klassizisten Inigo Jones (1573–1652) und Christopher Wren (1632–1723) beeinflusst waren. Typische Merkmale sind ein symmetrischer Grundriss, ein zentraler Eingang und eine gleichmäßige Fassadeneinteilung.

Der britische Klassizismus erreichte seinen Höhepunkt unter **Robert Adam** (1728–1792). Robert war einer der vier Architektensöhne von William Adam. Nach einem mehrjährigen Studium in Frankreich und Italien ließ sich Robert 1759 in London nieder. Er wurde einer der wichtigsten Baumeister seiner Zeit, denn durch seine ästhetische Sensibilität gelang es ihm, selbst im kleinsten Detail ausgewogene Proportionen zu schaffen. Bald ging es ihm nicht nur um die Architektur, sondern er übertrug seinen Stil auch auf die Innenraumgestaltung. Der „Adam Style", insbesondere die Stuckdekorationen in zarten Pastelltönen und die geometrischen Ornamente an Kaminen und Möbeln, wurde weltberühmt und fand viele Nachahmer, vor allem im 19. Jh.

Einige Kilometer landeinwärts an der A77, 18 km südwestlich von Ayr, befindet sich das winzige Dorf **Kirkoswald**. Hier steht das restaurierte strohgedeckte Cottage, in dem John Davidson lebte, der Dorfschuster und Namensgeber für Burns' „Souter Johnnie". Lebensgroße Skulpturen des Schusters und anderer Figuren aus Burns' Balladen sind im nachgebauten Wirtshaus zu bewundern. Sie wurden 1802 vom Bildhauer James Thom geschaffen. Im Haus kann man Erinnerungsstücke an den Dichter bestaunen.
Souter Johnnie's Cottage, ☎ 01655 760 603, www.nts.org.uk, Ostern–Sept. Fr–Di 11.30–17 Uhr, Eintritt 3.50 £.

Auld Brig O'Doon in Robert Burns' Geburtsort Alloway

Ebenfalls an der A77, 3 km südlich von Maybole, liegen die Ruinen von **Crossraguel Abbey**. 1244 als Cluniazenserabtei gegründet, wurde sie im 13. Jh. zerstört, im 15. Jh. jedoch wieder aufgebaut. Crossraguel Abbey hatte eigene Münz- und Fischereirechte sowie Brauereien und Mühlen. Bis zum Ende des 16. Jh. befand sie sich in den Händen des Cluniazenserordens, so sind auch

die französischen Einflüsse in der Architektur, beispielsweise in der Ornamentik, zu verstehen.
Crossraguel Abbey, ☎ 01655 883 113, www.historic-scotland.gov.uk, April–Sept. Mo–So 9.30–17.30 Uhr, Eintritt Erw. 4.50 £, Kinder 2.70 £.

> **Tipp**
> Kurz bevor Sie Ayr erreichen an der Küstenstraße A719, kommen Sie zu einer mysteriösen Stelle, die als **Electric Brae** bekannt ist. Es handelt sich um eine Sinnestäuschung, und zwar hat man das Gefühl, bergab zu fahren, obwohl man in Wirklichkeit doch bergauf fährt – oder umgekehrt, je nach Fahrtrichtung. Auf jeden Fall muss man langsam fahren.

Ayr

Die rund 50.000 Einwohner zählende Stadt ist vor allem für Anhänger von Robert Burns interessant, der in Alloway, einem Vorort von Ayr, geboren wurde. Burns pries Ayr als eine Stadt „*for honest men and bonnie lasses*". In viktorianischer Zeit ein beliebtes Seebad, zieht Ayr auch heute noch mit seinem 4 km Sandstrand viele Besucher aus dem nahe gelegenen Glasgow an. Der Strand liegt südwestlich des Stadtzentrums und wird von einer langen Esplanade und eleganten viktorianischen Häusern gesäumt. Hier befinden sich die meisten B&Bs.

Touristenattraktion ist der **Tam O'Shanter Inn** in der High Street (☎ 01292 611 684), schon zu Zeiten Robert Burns' eine bekannte Kneipe. Der Name des Pub geht auf die berühmte Ballade „Tam O'Shanter" von Burns zurück.

In der Nähe der High Street liegt der **Wallace Tower**, der an William Wallace erinnert, der in Ayr gefangen gehalten wurde (1297). Der **St. John's Tower** ist der einzig erhaltene Teil der Kirche St. John the Baptist aus dem 12. Jh.

Ayr ist auch für seine Pferderennen bekannt und Golfer finden drei öffentliche Plätze vor. Die **Ayr Flower Show**, eine große Blumenshow, die jährlich Anfang August abgehalten wird, lockt ebenfalls viele Besucher *(www.ayrflowershow.org)*.

In einem kleinen Cottage in **Alloway**, einem Vorort von Ayr, wurde am 25. Januar 1759 Robert Burns geboren. Er lebte hier bis 1766. Alle mit Burns assoziierten Sehenswürdigkeiten liegen in Gehentfernung voneinander. Im **Geburtshaus** des Dichters kann man originale Manuskripte, Bücher, Gemälde und andere Memorabilien bestaunen.
Geburtshaus Robert Burns'
Robert Burns Birthplace Museum, ☎ 0844 493 2601, www.burnsmuseum.org.uk, tgl. April–Sept. 10–17.30, Okt.–März 10–16 Uhr.

Die durch die Ballade von „Tam O'Shanter" berühmt gewordene Brücke **Auld Brig O'Doon** (13. Jh.) bietet ein beliebtes Fotomotiv. Übrigens hat Klaus Groth auf Plattdeutsch eine Ballade („Hans Schander") in Anlehnung an Burns' „Tam O'Shanter" geschrieben. Die Brücke von Alloway wird vom Burns Monument, einem neoklassizistischen Tempel, überragt.

Reisepraktische Informationen Ayr

Information
TIC, 22 Sandgate, Ayr, Strathclyde KA7, ☏ 01292 290 300.

Unterkunft
Zahlreiche **B&Bs** vor allem zwischen dem Alloway Place und der Esplanade.
******Graggallan Guesthouse €–€€**, 8 Queen's Terrace, Ayr KA7 1DU, ☏ 01292 264 998, www.craggallan.com. Liebevoll im Familienbetrieb geführtes Gästehaus mit 5 Doppelzimmern in Strandnähe.
*****Savoy Park Hotel €€–€€€**, 16 Racecourse Road, Ayr KA7 2UT, ☏ 01292 266 112, www.savoypark.com. Ganzjährig, 19 Zimmer, traditionell elegantes Hotel im Familienbetrieb, unweit des Zentrums gelegen.

Einkehren
Fouters Bistro Restaurant, 2a Academy Street, ☏ 01292 261 391. Di–Sa Lunch und Dinner. Freundliches Restaurant mit leckeren Fisch- und Fleischspezialitäten, alles frisch zubereitet. Mittlere Preisklasse.

Bus und Bahn
Regelmäßiger Bahn- und Busverkehr von/nach Glasgow und in andere Landesteile.

Robert Burns (1759–1796)

Robert Burns und Sir Walter Scott gelten als Wegbereiter der englischsprachigen Romantik. Im Gegensatz zu Scott gilt Burns als „Mann aus dem Volk". Seine Balladen und Gedichte sind überwiegend volkstümlich und heiter. Am 25. Januar 1759 wurde Robert als Sohn eines Landarbeiters in Ayrshire geboren. Der Vater ermöglichte ihm eine die soziale Stellung übersteigende Schulausbildung, doch sein literarisches Grundwissen brachte er sich selbst bei. Insbesondere war er von den heimischen Sagen, Legenden und Liedern beeindruckt, die sein späteres Schaffen nachhaltig beeinflussten. Schon als Junge begann Robert, Gedichte und Liebeslieder in Lowland Scot, einer schottischer Mundart, zu schreiben. Mit seinen ersten Veröffentlichungen (auf Zetteln geschrieben) wurde er rasch in seiner Heimat bekannt. Die Sprache des Volkes sprechend, wetterte er gegen den Puritanismus der Presbyterianer und gegen die politische Union mit England 1707, der Stuart-Prinz, „Bonnie Prince Charlie", wird hingegen heldenhaft verklärt.

Nach dem Tod des Vaters, um 1785, bewirtschaftete Robert, zusammen mit seinem Bruder, eine Farm. Die Tätigkeit war von wenig Erfolg gekrönt, sodass Robert Pläne zur Auswanderung nach Jamaika fasste. Hinzu kam der Umstand, dass seine Geliebte, Jean Armour, ihm das erste Kind gebar, und er von deren Vater zur Heirat gedrängt wurde. Alles war bereits für die Abreise arrangiert, als ein Verleger seine *„Poems chiefly in the Scottish Dialect"* 1786 publizierte. („Kilmarnock Edition", fünf jeweils erweiterte Auflagen). Schlagartig war Burns zu einem bekannten Mann geworden und sein Erfolg war so groß, dass Dichterkollegen von ihm als einem „Heaven-Taught-Ploughman" sprachen.

Burns schrieb nicht nur in der Mundart, sondern auch in Englisch. Seine sentimentale und teilweise melancholische Sprache traf genau den Geschmack der Zeit. Seine Themen waren stets volkstümlich, wobei er gerne alte Volkslieder oder Geschichten zur Vorlage nahm. Fromme Heuchler wurden aufs Korn genommen, echte Frömmigkeit hingegen wurde gelobt. Aus vielen seiner Gedichte spricht ein unbedingter Patriotismus und ein Sinn für die Gleichheit der Menschen.

Seine letzten Lebensjahre verbrachte Burns in Dumfries. Noch einmal versuchte er sich dort als Bauer, daneben war er aber auch Steuereinnehmer. 1788 heiratete er schließlich doch Jean Armour, mit der er insgesamt sechs Kinder hatte. Daneben gab es wohl allerdings eine ganze Reihe anderer Frauen in seinem Leben, wie man seinen Gedichten entnehmen kann. Am 21. Juli 1796, im Alter von nur 37 Jahren, starb Robert Burns. Ein schwaches Herz, rheumatisches Fieber, aber auch ein nicht unerheblicher Alkoholkonsum werden für den frühen Tod verantwortlich gemacht. Zur Erinnerung an den Dichter gibt es heute weltweit rund 1.100 Burns-Gesellschaften. Sein Geburtstag wird traditionell mit einem „Burns Supper" gefeiert. Unter Dudelsackklängen wird dabei das schottische Nationalgericht Haggis serviert.

A Red, Red Rose
Oh, my luve's like a red, red rose
That's newly sprung in June:
Oh, my luve's like the melodie
That's sweetly play'd in tune

As fair art thou, my bonny lass,
So deep in luve am I;
And I will luve thee still, my dear,
Till a'the seas gang dry

Till a'the seas gang dry, my dear,
And the rocks melt wi'the sun:
I will luve thee still, my dear,
While the sands o'life shall run

And fare thee weel, my only luve!
And fare thee weel a while!
And I will come again, my luve,
Though it were ten thousand mile.

Mauchline

Ein anderer, mit Burns assoziierter Ort ist Mauchline (A76). Hier traf Robert zum ersten Mal Jean Armour. **Poosie Nansie's** ist ein seit Burns' Zeiten bestehender Pub, eine Szene der Ballade „Jolly Beggars" spielt hier. Das Cottage, in dem Burns mit Jean Armour lebte, ist heute als **Burns House Museum** zu besichtigen.
Burns House Museum, Castle Street, ☏ 01290 550 045, Di–Sa 11–17 Uhr.

Am Ortsausgang steht der **Burns Memorial Tower**. Etwas weiter westlich liegt die **Mossgiel Farm**, wo sich Burns als Farmer versuchte.

Kilmarnock

Wer von Burns noch nicht genug hat, fährt nach **Kilmarnock** (37 km südwestlich von Glasgow), wo die Erstausgabe seiner Gedichte veröffentlicht wurde (1786). Hier steht am höchsten Punkt der Stadt, das größte Burns-Denkmal in ganz Schottland. Im **Dean Castle Country Park** kann man neben alten Rüstungen, Waffen, Wandteppichen und frühen Musikinstrumenten auch Manuskripte von Robert Burns bestaunen. Im umgebenden Park gibt es schöne Wanderwege, Spielplätze für Kinder, Picknickplätze und einen Reitstall.
Dean Castle Country Park, Dean Road, Kilmarnock, ☏ 01563 554 734, Besucherzentrum & Castle: April–Sept. tgl. 11–17, Okt.–März Mi–So 10–16 Uhr, Park: jederzeit.

Dumfries House

Ein Happy End für Dumfries House. Die Möbel, Gemälde und zahlreiche Kunstgegenstände waren bereits auf dem Weg zum Auktionshaus. Seit Mitte des 18. Jh. bis

Blick von der Ardneil Bay bei West Kilbride auf die Isle of Arran

2007 in Familienbesitz, sollte das Haus aufgelöst und der Bestand veräußert werden. Nur mit Hilfe von Prinz Charles persönlich, der in Windeseile ein Hilfskomitee zusammentrommelte, konnte das Anwesen mit seiner wertvollen Inneneinrichtung als historisches Erbe gerettet werden.

Engagement von Prinz Charles

Dumfries House, ca. 3 km westlich von Cumnock (von der A70 ab), ☏ 01290 421 742, www.dumfries-house.org, April–Okt. So–Fr, Führungen 11–15.30, Nov.–Feb. Sa/So 12.15 und 13.45 Uhr, Eintritt Erw. 8.50 £, Kinder 4 £.

Von Ayr nach Glasgow

Die Küstenstraße nördlich von Ayr (A78) bietet keine sonderlich spektakulären Aussichten. Vom internationalen Flughafen in Prestwick gibt es u. a. Flugverbindungen nach Deutschland. **Troon** ist für seine ausgezeichneten Golfplätze berühmt. **Irvine** war einst ein wichtiger Handelshafen, heute ist es eine mehr oder weniger neue Stadt. Am alten Hafen lohnt das **Scottish Marine Museum** einen Besuch. Es gibt eine wohlpräsentierte Ausstellung alter Schiffe sowie die rekonstruierte Wohnung einer Dockarbeiterfamilie zu sehen.

Scottish Marine Museum, 6 Gottries Road, ☏ 01294 278 283, www.scottishmaritimemuseum.org, März–Dez. 10–17 Uhr, Eintritt Erw. 7 £, erm. 5 £.

Saltcoats bei Ardrossan ist ein weiterer Ferienort mit Strandpromenade. Von hier aus verkehren Fähren zur Insel Arran.

Das Seebad **Largs** (A78) ist die attraktivste Stadt in North Ayrshire und traditionell bei Familienurlaubern aus Glasgow beliebt. Von hier aus bieten sich schöne Blicke auf die Insel Great Cumbrae, die man unkompliziert mit einer Fähre von Largs aus erreichen kann (s. u.). Auch werden Bootstouren zur Isle of Bute und zur Isle of Arran angeboten.

Am nördlichen Ende der Promenade lockt ein **Freizeitzentrum** mit vielen Spielmöglichkeiten für Kinder, Restaurant und Bar, Souvenirladen, Swimmingpool und die Besucherattraktion **Vikingar!**. Eine Multimediashow macht die Zeit von der Ankunft der Wikinger bis zur Niederlage in der Schlacht bei Largs lebendig, wobei der Besucher mittels moderner Technik auf eine Reise in die Vergangenheit geschickt wird.

Im Zeichen der Wikinger

Vikingar!, Greenock Road, ☏ 01475 689 777, www.kaleisure.com/vikingar.html, Mo–Fr 9–21, Sa/So 10–17 Uhr.

Skelmorlie Aisle ist ein interessantes Beispiel schottischer Renaissance-Architektur. 1636 als Mausoleum für Sir Robert Montgomerie of Skelmorlie erbaut, ist vor allem die reich verzierte Holzdecke bemerkenswert. Dargestellt sind Familienwappen, biblische Szenen und die vier Jahreszeiten.

Skelmorlie Aisle, Bellman's Close (von der High Street ab), Ende Mai–Anfang Sept. 14–17 Uhr, ☏ 01475 687 081, Schlüssel im Largs Museum erhältlich.

Largs wird vom **Clyde Muirshiel Regional Park** umgeben, wo es schöne Wanderwege und Picknickplätze mit Ausblicken auf den Firth of Clyde gibt.

Die **Great Cumbrae Island** liegt nur 10 Minuten mit der Fähre von Largs entfernt (im Sommer alle 15 Min., im Winter stündlich). Die hügelige Insel ist 6 km lang und am besten zu Fuß oder mit dem Rad zu erkunden. Die 20 km lange Fahrradstrecke führt einmal rund um die Insel. Great Cumbrae Island ist besonders bei Windsurfern beliebt, insbesondere am Millport Beach. In **Millport**, der einzigen Siedlung der Insel, befindet sich die kleinste Kathedrale Europas, die schöne „Cathedral of the Isles", die in der Mitte des 19. Jh. nach Plänen von William Butterfield erbaut wurde.

Eis-/Kaffeepause
Legendär ist das im 1960er-Jahre Dekor eingerichtete und im Familienbetrieb geführte **Ritz Café** *in der Stuart Street in Millport (☎ 01475 530 459). Selbst wenn die Warteschlange einmal lang sein sollte, lohnt es sich zu warten: das Eis ist phänomenal.*

Tipp
Verzichtet man auf einen Besuch der Inseln Arran oder Bute, empfiehlt es sich, von Ayr auf der A77 oder alternativ auf der A736 nach Glasgow zu fahren.

Die Inseln Arran und Bute

Arran

Die im Firth of Clyde gelegene Insel gehört zur Region Ayrshire and Arran. Arran ist einfach zu erreichen und bietet sich auch als Tagesausflug von Glasgow an.

Die Insel zählt rund 5.000 Einwohner und misst von Norden nach Süden 30 km und von West nach Ost 16 km. Es bestehen gute Busverbindungen auf der Insel und für Tagesausflügler werden verschiedene Rundtouren angeboten. Obwohl Arran ein beliebtes und leicht zu erreichendes Ausflugsziel ist, wirkt es nie überlaufen.

Topografie Die Topografie der Insel ähnelt der des schottischen Festlands: Der vergleichsweise flache Süden erinnert an die Lowlands, der Norden ist bergig. Aufgrund der wunderschönen Natur hat Arran mehr Besucher zu verzeichnen als die anderen südwestlichen Inseln. Aber auch Geologen, Historiker und Kunstliebhaber kommen hier auf ihre Kosten. Auch Aktivurlauber können die gleichen Freizeitmöglichkeiten wie auf dem Festland genießen. So kann man auf immerhin sieben Golfplätzen dem Golfsport frönen. Schon vom Festland aus fallen die elf nördlichen Hügel ins Auge. Der höchste ist der Goat Fell mit 874 m. Goat Fell ist anglisiertes Gälisch und heißt eigentlich Gast Bheinn, was so viel wie „windiger Hügel" bedeutet.

Wandern
Von Cladach bei Brodick Castle kann man die 5,5 km bis zum Gipfel des **Goat Fell** *in Angriff nehmen. Für Hin- und Rückweg sollte man 5 Std. einplanen. Bergauf geht es durch das* **Glen Rosa**, *dann oben den Sattel entlang und zurück durch das Glen Sannox bis zur Ortschaft Corrie.*

Brodick und Brodick Castle

Brodick, die größte Ortschaft der Insel und Hauptfährhafen, liegt in einer weiten Bucht – daher der nordische Name *„breidr vik"*, was so viel wie „weite Bucht" bedeutet. Der Ort besteht hauptsächlich aus einer langen Straße, die sich rund um die Bucht zieht. Brodick bietet eine Anzahl an Touristeneinrichtungen und einen guten Ausgangspunkt für Wanderungen auf den Goat Fell oder in das Glen Rosa.

„Weite Bucht"

Brodick Castle wird vom NTS verwaltet und liegt wunderbar inmitten eines riesigen Landschaftsparks, 3 km nördlich von Brodick. Das Gebäude weist verschiedene Stilepochen auf. Der älteste Teil, der Nordflügel, stammt wohl aus dem 14. Jh. Der Haupttrakt wurde im 16. Jh. errichtet, die anderen Anbauten 1845. Im „Drawing Room" sind eine schön verzierte Stuckdecke und Gemälde von Watteau und Turner zu bewundern.

Gartenliebhaber finden hier gleich zwei prachtvolle Gärten, eine übrigens sehr schottische Kombination: Der **Formal Walled Garden** wurde 1710 in typisch französischer geometrischer Manier angelegt. 1923 kam der **Woodland Garden** hinzu, der im Sinne eines englischen Landschaftsgartens als Vermittler zwischen Architektur, strengem Gartenkonzept und freier Natur dient. Woodland Garden gilt als einer der schönsten Rhododendron-Gärten Großbritanniens. Kurios ist an diesem Ort das bayerische Sommerhaus, das 1845 von bayerischen Handwerkern gefertigt wurde. Das ganz aus Holz gearbeitete Häuschen war ein Geschenk zur Hochzeit des elften Herzogs mit Marie von Baden.

Brodick Castle, ☎ *01770 302 202, www.nts.org.uk, Castle: Ostern 11-15, Mai-Sept. tgl. 11-16, Okt. 11-15 Uhr, Park tgl. 9.30 Uhr bis Sonnenuntergang, Eintritt Erw. 12 £, erm. 8.50 £, nur Park 6.50 £.*

Am Hafen des Fischerdorfs Blackwaterfoot auf der Isle of Arran

Einkehren

Im **Brodick Castle Restaurant** kann man hausgemachte Gerichte verzehren und an einem warmen Tag auch auf der Schlossterrasse sitzen und dabei herrliche Ausblicke über die Bucht genießen.

Im **Arran Heritage Museum**, zwischen Dorf und Schloss gelegen, kann man eine Menge alter Gerätschaften und Möbel bestaunen. Das Museum ist in einer umgebauten Farm aus dem 18. Jh. untergebracht.
Arran Heritage Museum, ☎ 01770 302 636, www.arranmuseum.co.uk, April–Okt. tgl. 10.30–16.30 Uhr, Eintritt 3 £.

Im Süden der Insel

Fruchtbarer Süden

Der fruchtbare Süden der Insel ist durch Hügellandschaft und hübsche, kleine Küstenorte gekennzeichnet. Hier lebt ein Großteil der Einwohner und hierher kommen auch die meisten Touristen. Einige Kilometer südlich von Brodick liegt **Lamlash**, ein ruhiger Ort in einer weiten und geschützten Bucht.

Auf der vorgelagerten **Holy Island** befindet sich das von tibetanischen Mönchen geführte **Holy Island Centre for World Peace and Health** *(www.holyisland.org)*. Die hier lebenden Menschen versuchen, in der Abgeschiedenheit Ruhe und meditative Stille zu finden. Eine Fähre verbindet die Insel mehrmals täglich mit dem Festland. Das Zentrum bietet das ganz Jahr hindurch Kurse wie Yoga und Meditation an. Man kann die Insel jedoch auch im Rahmen eines Tagesausflugs besuchen.

An der Südostküste von Arran bietet der schön gelegene Ferienort **Whiting Bay** eine gute Alternative zu Brodick als Inselstandquartier mit Unterkunftsmöglichkeiten und Restaurants.

Wandern
Von Whiting Bay aus beginnen der wunderschöne Wanderweg zu den **Glenashdale Falls** *und ein anderer zu den* **Giant's Graves** *(Gehzeit: 1 Std. hin und zurück). Achtung: es müssen dabei steile Stufen überwunden werden.*

Die Straße entlang der Südküste bietet herrliche Ausblicke, wobei man immer wieder Seehunde auf den Felsen liegen sehen kann. Es gibt einige schöne Sandstrände, insbesondere in **Kildonan**, einem etwas von der Hauptstraße zurückgesetzten Dorf mit einer Schlossruine.

Seehunde

Das kleine, friedliche Fischerdorf **Blackwaterfoot** liegt an einer schönen Bucht und hat einen winzigen Hafen. 3 km nördlich der Küste von Tormore befinden sich die **King's Caves**. Vom Parkplatz an der A841 braucht man ca. 30 Min. zu Fuß, um zu den Höhlen zu gelangen. Es handelt sich um Felsenhöhlen, die mit Wandmalereien versehen sind. Hier soll Robert Bruce vor seinem Feldzug für die schottische Unabhängigkeit untergekrochen sein.

Die **Stehenden Steine** von **Machrie Moor** in der Nähe von Machrie sind die Reste von sechs bronzezeitlichen Steinkreisen. Einige der hohen Steine sind umgefallen oder gar nicht mehr zu erkennen, andere ragen noch bis zu 3 m hoch auf. Ein paar Kilometer weiter gelangt man zum **Moss Farm Road Stone Circle**. Auch in **Auchagallon** gibt es einen Steinkreis aus der Bronzezeit.

Standing Stones

Im Norden der Insel

Die nördliche Hälfte von Arran ist ganz anders als die südliche Hälfte und erinnert eher an die schottischen Highlands: Einsam, unberührt und einige Teile sind nur für geübte Bergwanderer zugänglich. Obwohl landschaftlich sicherlich spektakulärer als der Süden, finden sich hier weniger Besucher ein.

Corrie, 9 km nördlich von Brodick, gilt als Arrans hübschestes Dorf und bietet eine gute Alternative zu Brodick als Ausgangspunkt für eine Wanderung auf den Goat Fell. Eine Reihe weiß gekalkter Cottages zieht sich am Ufer entlang. Es gibt einige Hotels, B&Bs und einen netten Pub.

Die Küstenstraße verläuft weiter nördlich von Corrie nach **Sannox** (schöne Sandstrände), schneidet dann landeinwärts und führt nach Lochranza. Entlang der Straße bieten sich herrliche Ausblicke auf die Berge und die Küste.

Lochranza – ganz im Norden der Insel – ist ein beschaulicher, freundlicher Ort, der malerisch auf einem Landvorsprung liegt. Er wartet mit einem mittelalterlichen Schloss (13. Jh.), einer kleinen Bucht mit einem winzigen Jachthafen und dem zweiten Fährhafen der Insel auf.

Whisky-Brennerei
Die **Isle of Arran Distillery** von 1995 ist die erste legale Whisky-Brennerei auf der Insel seit 150 Jahren. Das Besucherzentrum informiert über die Herstellungsweise des edlen Tropfens, ein Film zeigt die Entwicklung und den Bau der Brennerei. Angeboten werden verschiedenen Führungen durch die Anlagen, die vom obligatorischen Probeschluck gekrönt werden *(Info und Reservierung unter ☎ 01770 830 264, www.arranwhisky.com, Touren um 10.15, 11.45, 13.15, 14.45 und 16.15 Uhr).*

Einige Kilometer südwestlich von Lochranza liegt das winzige Dörfchen **Catacol**, dessen weiß gekalkte Cottages als die „Zwölf Apostel" bekannt sind.

Einkehren
In der Bar des **Catacol Bay Hotel** *wird gutes und preisgünstiges Essen aufgetischt. Ab und zu Live-Musik, ☎ 01770 830 231, www.catacol.co.uk, ganzjährig.*

Reisepraktische Informationen Isle of Arran

The Arran Platter, lokale Spezialitäten der Insel

Information
TIC, The Pier, Brodick, Isle of Arran KA27 8AU, ☎ 01770 302 401, www.visitarran.com.

Unterkunft
******Apple Lodge** €€, Mrs. J. Boyd, Lochranza, Isle of Arran KA27 8HJ, ☎ 01770 830 229, www.applelodgearran.co.uk. Ganzjährig, 4 Zimmer. Nette, wunderschön gelegene Unterkunft. Dinner nach Voranmeldung (nicht lizensiert, aber man kann seinen eigenen Wein mitbringen).

Jugendherbergen
***Lochranza Y.H.**, Lochranza, Isle of Arran KA27 8HL, ☎ 01770 830 631, www.shya.org. 64 Betten, Familienzimmer, März–Okt.
****Whiting Bay Y.H.**, Shore Road, Whiting Bay, Isle of Arran KA27 8QW, ☎ 01770 700 339, www.syha.org.uk. März–Okt., 48 Betten, Familienzimmer, nahe am Strand.

Fähre
Autofähre von Ardrossan nach Brodick Pier, im Sommer 6 x tgl., die Überfahrt dauert 1 Std. Von Ostern bis Okt. kann man auch über Kintyre anreisen und von Claonaig nach Lochranza übersetzen. ☎ 08705 650 000, www.calmac.co.uk

Bahn
Die Zugverbindungen von Glasgow nach Ardrossan sind auf die Fährzeiten abgestimmt.

Bute

Die kleine Insel Bute wird während der Sommermonate rege frequentiert. Es gibt einen schönen Sandstrand, Wanderwege, einige Sehenswürdigkeiten sowie ausreichende Unterkunftsmöglichkeiten und Restaurants.

Rothesay

Rothesay ist Butes einzige Stadt und ein gepflegter Ferienort mit eleganten viktorianischen Häusern und einer schönen, mit Palmen bestandenen Promenade. In den ehemaligen Winter Gardens, einem denkmalgeschützten Gebäude von 1920, befindet sich das **Discovery Centre**. Es ist ein interaktives Ausstellungsforum, das dem Besucher die Geschichte und Kultur der Insel näherbringt. Hier ist auch die Touristeninformation untergebracht. **Discovery Centre**, *Victoria St., Rothesay,* ☎ *01700 502 151.*

Ein „Knüller" ist das **öffentliche Toilettenhaus** am Victoria Quay, denn das Herren-WC weist eine komplett erhaltene viktorianische Inneneinrichtung auf. Weil es so schön ist, kann man neben Seife, Einmal-Handtüchern etc. sogar Postkarten von dem besonderen „stillen Örtchen" kaufen.

Rothesay Castle, nur wenige Minuten vom Fähranleger entfernt, stammt aus dem frühen 13. Jh. und ist die einzige Burg in Schottland, die von einer runden Mauer mit vier runden Ecktürmen umschlossen wird. Im späten 17. Jh. niedergebrannt, wurde sie erst im 19. Jh. wiederaufgebaut.

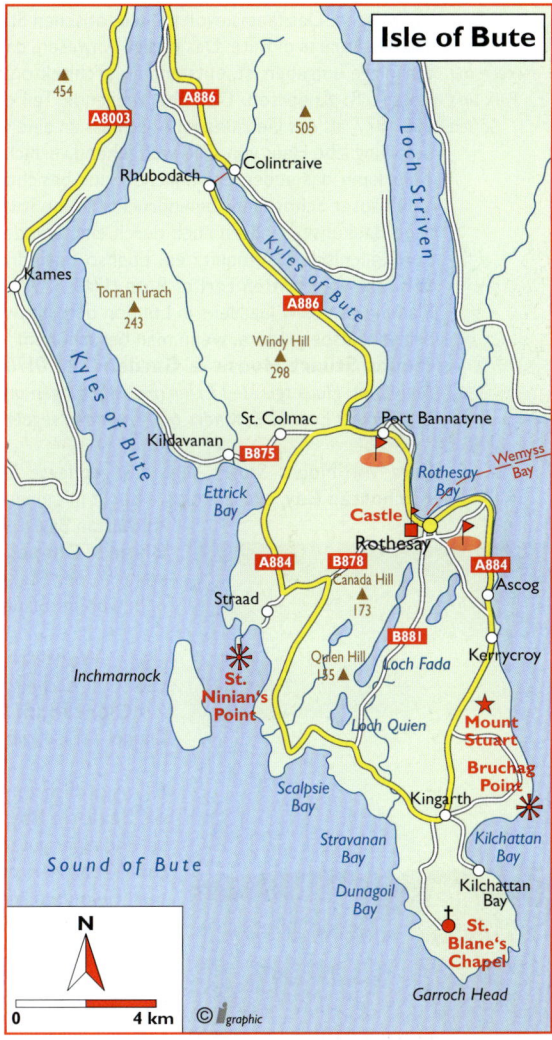

Rothesay Castle, ☎ 01700 502 691, www.historic-scotland.gov.uk, April–Sept. tgl. 9.30–17.30, Okt.–März Sa–Mi 9.30–16.30 Uhr, Eintritt Erw. 4.50 £, Kinder 2.70 £.

Hinter dem Schloss liegt das **Bute Museum**, wo es natur- und sozialgeschichtliche Exponate zu bestaunen gibt.
Bute Museum, Stuart Street, ☎ 01700 505 067, Okt.–März Di–Sa 14.30–16.30, April–Sept. Mo–Sa 10.30–16.30, So 14.30–16.30 Uhr.

Anwesen mit Park und Garten

Eine der Hauptattraktionen der Insel ist **Mount Stuart**, 8 km südlich von Rothesay gelegen. Das fantasievoll im neogotischen Stil gestaltete Haus ist der Familiensitz der Stuarts of Bute. Das riesige Anwesen, das von einer großen Park- und Gartenanlage umgeben ist, entstand als architektonische Spielerei. Der Architekt war Robert R. Anderson. Der überwiegende Teil der heutigen Bausubstanz stammt von 1877, als das Gebäude im Anschluss an eine verheerende Feuersbrunst, die das ursprüngliche Haus von 1719 weitgehend vernichtete, wiederaufgebaut wurde. Seit 1995 kann das außergewöhnliche Haus besichtigt werden. Als eines der großen Landhäuser Schottlands beeindruckt Mount Stuart nicht nur durch die ungewöhnliche Baukunst, sondern auch durch eine wunderschöne Inneneinrichtung mit feinen italienischen Antiquitäten. Ebenso beeindruckend ist der **Landschaftsgarten**, der vom dritten Earl of Bute (1713–1792) angelegt wurde, der auch bei der Planung von Kew Gardens in London beteiligt war. Hier lässt sich gut ein Tag verbringen, insbesondere, wenn man bei schönem Wetter im Park picknicken kann.
Mount Stuart House & Gardens, ☎ 01700 503 877, www.mountstuart.com, Mai–Sept. Haus tgl. 11–17 Uhr (Hausführungen um 11, 12, 13 Uhr), Garten tgl. 10–18 Uhr. Eintritt Erw. 11 £, Kinder 6 £. Es fahren regelmäßig Busse von Rothesay.

Kurz vor Mount Stuart liegt das gepflegte Dorf **Kerrycroy** und südlich die **Kilchattan Bay**, eine attraktive Bucht mit einem schönen Strand. Südwestlich von Kilchattan Bay steht in friedlicher Umgebung die **St. Blane's Chapel**, eine Ruine aus dem 12. Jh. Sie steht an der Stelle eines früheren Klosters, das im 6. Jh. von St. Blane gegründet wurde.

Wandern

In Kilchattan Bay beginnt der Rundwanderweg zur **Glencallum Bay** und zurück über die St. Blane's Chapel. Für die knapp 8 km sollte man 3 Std. einplanen.

6 km nördlich von St. Blane's an der Westküste liegt die **Scalpsie Bay** mit dem schönsten Strand der Insel und einer guten Stelle, um Seehunde zu beobachten. Wenig weiter ist der **St. Ninian's Point** erreicht, von wo man hinüber zur Insel Inchmarnock blicken kann. Am Ende des Strands liegen die Ruinen einer Kapelle aus dem 6. Jh., die St. Ninian gewidmet ist.

Pfad zum Strand an der Scalpsie Bay

Reisepraktische Informationen Bute

Information
TIC, Discovery Centre, Victoria Street, Rothesay, Isle of Bute PA20 0AH, ☎ 01700 502 151, www.visitbute.com

Unterkunft
Auf Bute gibt es zahlreiche B&Bs, einige Hotels und ein Hostel, das **Bute Backpackers** (☎ 01700 503 603).

Fährverbindungen
Fähren setzen von Wemyss Bay nach Rothesay (35 Min. Überfahrt) und von Colintraive (Cowal Peninsula) nach Rhubodach (5 Min.) über.

Der Südosten: Borders und Lothian

Der Südosten wird aus zwei Teilen gebildet: **Lothian** im Norden und den **Borders** im Süden. Die gewünschte Route hängt davon ab, ob man aus Newcastle oder aus Carlisle kommt und ob zunächst Edinburgh oder zunächst Glasgow angesteuert wird. Von Newcastle aus ist die schnellste Verbindung nach Edinburgh die A695, die dann mit der A68 zusammentrifft. Von Carlisle aus kommend, führt die A7 über Hawick rasch nach Edinburgh. Aufgrund der vielen Sehenswürdigkeiten würde es sich durchaus lohnen, zwei bis drei Tage im Südosten zu verweilen. Im Folgenden werden verschiedene Streckenführungen vorgestellt.

Wandern
Im Südosten gibt es vielfältige Wandermöglichkeiten unterschiedlicher Länge und Schwierigkeitsgrade. Die lokalen Touristenbüros halten Karten und Informationsmaterial bereit. Der **Southern Upland Way**, der insgesamt 340 km lange Wanderweg von Küste zu Küste, führt 135 km durch die Borders.

Die Region Borders

Seit der Römerzeit und etwa bis Mitte des 17. Jh. war diese Gegend Austragungsort der ständig schwelenden Konflikte zwischen England und den Einheimischen. Stets wechselten die Besitzer in diesem instabilen Grenzland. Zunächst die Unabhängigkeitskriege gegen England, dann die Auseinandersetzungen innerhalb

Redaktionstipps

➤ Besichtigung der großen **Klosterruinen Jedburgh** (S. 137), **Dryburgh** (S. 143), **Melrose** (S. 139) und **Kelso** (S. 152) sowie **Bowhill House** (S. 145), **Rosslyn Chapel** (S. 149), **Abbotsford House** (S. 141), **Tantallon Castle** (S. 157) und **Traquair House** (S. 146).
➤ An einem „**Riding of the Marches**", am besten in Selkirk, teilnehmen (S. 145).
➤ Eine Wanderung am **Grey Mare's Tail** (S. 146) unternehmen oder in den **Lammermuir Hills** wandern (S. 154).
➤ Das **New Lanark World Heritage Village** besichtigen (S. 151).

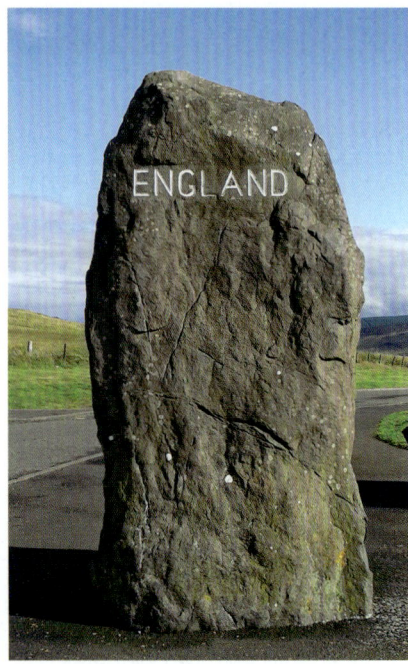
Grenzstein an der Grenze zu England

des Adels, schließlich die Reformation und dann die Zerstörungen durch die englischen Feldherren, den Earl of Hertford (1544–1547) und Oliver Cromwell (1650). Die Ruinen der stattlichen Grenzlandabteien – einst ein Zeichen großer kultureller Blüte der christlichen Kultur im 12. Jh. – legen Zeugnis von den immer wiederkehrenden Zerstörungen ab.

Die Klöster Jedburgh, Dryburgh, Melrose und Kelso sind Gründungen verschiedener Orden, aber insofern zu vergleichen, als dass sie alle relativ spät, und zwar zur Regierungszeit Davids I. (1124–1153), errichtet wurden. Jahrhundertelang waren die Borders von sowohl geistlichen als auch weltlichen Mächten umkämpft. Um eindeutige Stellung zu beziehen und für den religiös-kulturellen Anschluss Schottlands an das restliche Europa zu sorgen, holte David I. während seiner Regierungszeit –aus politischen, nicht aus religiösen Gründen – diverse römisch-katholische Orden ins Land. Alle vier Abteien wurden im Laufe der Geschichte mehrfach zerstört. Auch dass sich das Tower House hier noch bis ins 17. Jh. als Wehrbau gehalten hat, zeugt von den unsicheren Zeiten im Südosten.

Golf
Der „**Freedom of the Fairways Golf Passport**" bietet zwischen April und Oktober die Möglichkeit, an 3 bzw. 5 aufeinanderfolgenden Tagen 6 (bzw. 10) Runden Golf auf insgesamt 21 Plätzen in den Borders zu spielen. Der Pass ist in jedem Touristenbüro erhältlich. Auskunft: ☎ 01835 863 170, www.visitscottishborders.com.

Feste
Grenzritte
Die Leidenschaft der Grenzbewohner für Rugby wird nur noch von ihrer Passion für das „**Riding of the Marches**" übertroffen, das während der frühen Sommermonate in jeder Stadt in den Borders stattfindet. Das Ritual geht auf das Mittelalter zurück, als die jungen Männer („Callants" genannt) zu den Grenzen des Gemeindelands ritten. Jede Stadt hat ihre eigenen Variationen, um diese Grenzritte zu feiern und es gibt verschiedene begleitende Aktivitäten, wie Konzerte und Spiele, die teilweise einige Tage dauern. Andere feiern gleichzeitig historische Ereignisse, wie etwa in Selkirk: Das **Selkirk Gathering** ist das älteste und größte der Grenzritte und endet mit dem „Casting of the Colours", das an Schottlands niederschmetternde Niederlage im Battle of Flodden erinnert.

Bus
Es bestehen gute Busverbindungen zwischen den Städten. Wichtigster Anbieter ist **First Edinburgh** (www.firstgroup.com). **National Express** (www.nationalexpress.com) verbindet Edinburgh und Newcastle mit Halt in Jedburgh, Galashiels und Melrose.

Von Carlisle nach Selkirk | **135**

Von Carlisle nach Selkirk

Langholm

Langholm (A7) entwickelte sich während des 18. Jh. zur Textilstadt und ist auch heute noch ein Zentrum der Tweedherstellung. Es ist auch der Geburtsort von Hugh McDiarmid (1829–1978), Dichter und Mitbegründer der Scottish National Party. Auf dem Hügel über der Stadt steht das McDiarmid Memorial, eine moderne Skulptur, die wie ein riesiges aufgeschlagenes Buch aus Metall aussieht.

Feste
Im Juli findet in Langholm das **Common Riding** *statt und Mitte/Ende August das* **Langholm and Eskdale Festival of Music & Arts**. *Beide Veranstaltungen bieten ein buntes Unterhaltungsprogramm.*

Möchte man nicht die A7 nehmen, bietet die B709 eine gute Alternative, um von Langholm nach Selkirk zu kommen. Sie führt nordwestlich zu dem kleinen Dorf **Eskdalemuir**, 20 km von Langholm entfernt. Von dort geht es nördlich durch den Eskdalemuir und Craik Forest nach **Ettrick**, wo die Straße dem Verlauf des Ettrick Water nach Selkirk folgt.

Etwa 3 km nördlich von Eskdalemuir liegt das **Kagyu Samye Ling Tibetan Monastry** (☏ *01387 373 232, www.samyeling.com*). Das Zentrum wurde 1967 gegründet. Der Samye Temple ist der erste tibetanische Tempel im Westen. Es gibt freie Führungen für Besucher (unabhängig davon, welcher Konfession sie angehören), ein Programm an Wochenendkursen und ein Café. Es besteht auch die Möglichkeit, eine gewisse Zeit dort zu leben.

Hermitage Castle war eine der großen Festungen in den Borders und ist auch heute noch sehr beeindruckend. Der älteste Teil stammt aus dem 13. Jh. und gehörte den Earls of Douglas bis 1492, als die Burg an die Earls of Bothwell fiel. Der vierte Earl of Bothwell, James Hepburn, war der dritte Ehemann von Mary Queen of Scots. Im Anschluss an die Union of Crowns verlor Hermitage Castle an Bedeutung und verfiel. Einsam gelegen, umgibt die Burg ein seltsam anmutender, fast mysteriöser Charakter.
Hermitage Castle, *von der A7 ab, 6 km nördlich der Kreuzung der B6357 und der B6399, ☏ 01387 376 222, www.historic-scotland.gov.uk, April–Sept. tgl. 9.30–17.30 Uhr, Eintritt Erw. 4.50 £, Kinder 2.70 £.*

Zentrum der Tweedherstellung

Hawick (sprich: hoyk) ist die größte Stadt in den schottischen Borders und seit über 200 Jahren ein Zentrum der Tweedherstellung. Der Name Tweed ist übrigens nicht vom gleichnamigen Fluss abgeleitet, sondern entstand aus einer schottischen Verballhornung des französischen Worts für Stoff *(toile)*. Hawick ist kein besonders schöner Ort, aber ein Anziehungspunkt für Besucher, die in einem der vielen *Factory Outlets* (Fabrikverkauf) ein gutes Stück Markenware ergattern möchten.

Drumlanrig's Tower wurde im 15. Jh. als Befestigung der Douglas-Familie errichtet. Im 18. Jh. diente der Turm erst als Gasthof und später als Hotel, das in den 1970er-Jahren geschlossen wurde. Nun beherbergt der restaurierte Wohnturm ein Textilmuseum, das über die spannende Geschichte der Textilindustrie und dem Weg der Textilien von der Schurwolle bis hin zu den Kreationen der Modedesigner informiert. In wechselnden Ausstellungen werden die Arbeiten von angesagten Designern der Region und von Absolventen der Heriot-Watt School of Textiles and Design präsentiert.
Borders Textile Towerhouse, *☏ 01450 377 615, www.heartofhawick.co.uk, April–Okt. Mo–Sa 10–16.30, So 12–15, Nov.–März Mo, Mi–Sa 10–16 Uhr, Eintritt frei.*

Im Wilton Lodge Park ist das **Hawick Museum & Scott Art Gallery** untergebracht. Es zeigt eine interessante Sammlung von Gegenständen, die den Menschen der Region in irgendeiner Weise von Bedeutung waren. In der Gemäldegalerie sind vorwiegend Bilder des 19. und 20. Jh. zu sehen.
Hawick Museum & Scott Art Gallery, *☏ 01450 373 457, April–Sept. Mo–Fr 10–12, 13–17, Sa/So 14–16.45, Okt.–März Mo–Fr 12–15, So 13–15 Uhr.*

Reisepraktische Informationen Hawick

Information
TIC, Tower Mill, ☎ 01450 372 547, www.heartofhawick.co.uk, ganzjährig.

Unterkunft
***Mansfield House Hotel €€, Weensland Road, Hawick TD9 8LB, ☎ 01450 373 988, www.mansfield-house.com. Ganzjährig. Einst das Familienhaus einer wohlhabenden Hawicker Familie, heute ein schönes Landhaushotel mit 12 Zimmern, das von einem großen Park umgeben ist. Sehr gutes Restaurant.

Jedburgh

Jedburgh ist eine freundliche Kleinstadt mit 4.000 Einwohnern, die am nördlichen Ausläufer der Cheviot Hills liegt. Aufgrund der Nähe zu England war Jedburgh die strategisch wichtigste Stadt in den Borders und wurde oft angegriffen. Heutzutage finden die einzigen „Überfälle" durch Urlauber statt. Es gibt eine Vielzahl an Sehenswürdigkeiten in Jedburgh.

Strategisch wichtige Stadt

Bedeutendste Sehenswürdigkeit ist **Jedburgh Abbey**, die Ruine einer Augustinerabtei aus dem 12. Jh. Sie wurde 1118 von David I. gegründet und 1147 zur Abtei erhoben. Die Bauzeit erstreckte sich bis zum 15. Jh. 1544 wurde Jedburgh Abbey durch die Truppen des Earl of Herford zerstört. Dennoch gelten die Ruinen als ei-

Jedburgh Abbey aus dem 12. Jh.

nes der besten Beispiele für den Übergangsstil zwischen normannischer und gotischer Architektur. Die drei Stockwerke des Hauptschiffs (normannische Arkade, Triforium und darüber eine Reihe schmaler Spitzbögen) sowie die Westfront mit normannischem Portal (12. Jh.), Giebeln, Arkaden, einer Fensteröffnung (14. Jh.) und als Bekrönung das sog. „Rad der hl. Katharina", eine beeindruckende Fensterrose, machen die baugeschichtliche Entwicklung deutlich.

Im Besucherzentrum kann man sich über das Leben der Mönche in der mittelalterlichen Augustinerabtei Jedburgh informieren. Es gibt auch einen hübschen Kräutergarten.
Jedburgh Abbey, 01835 863 925, historic-scotland.gov.uk, April–Sept. tgl. 9.30–17.30, Okt.–März Mo–Sa 9.30–16.30 Uhr, Eintritt Erw. 5.50 £, Kinder 3.30 £.

Ganz in der Nähe lohnt das **Jedburgh Castle Jail & Museum** einen Besuch. Das Gefängnis wurde 1823 an der Stelle einer mittelalterlichen Burg erbaut. Die Exponate in den Zellen zeigen, wie das Gefängnisleben im 19. Jh. ausgesehen haben mag. Auch gibt es eine Ausstellung zur Stadtgeschichte.
Jedburgh Castle Jail & Museum, Castlegate, 01835 863 254, Ostern–Okt. Mo–Sa 10–16.30, So 13–16 Uhr, Eintritt frei.

Gedenkstätte an Maria Stuart

Am anderen Ende des Stadtzentrums liegt das wunderschöne **Queen Mary's House** aus dem 16. Jh. Es beherbergt eine Gedenkstätte mit Erinnerungsstücken an Maria Stuart. Im Jahr 1566 hielt sich hier Maria Stuart auf, als sie in Jedburgh Gericht hielt. Als sie erfuhr, dass ihr geliebter Bothwell verwundet im nahen Hermitage Castle liegt, ritt sie zu ihm, kehrte jedoch bald mit schwerem Fieber zurück und blieb todkrank einen Monat in Jedburgh.
Queen Mary's House, 01835 863 331, www.marie-stuart.co.uk/Castles/MaryHouse.htm, März–Nov. Sa 10–16.30, So 11–16 Uhr.

Die dreibogige **Canongate Bridge** stammt von 1147 und ist eine der wenigen mittelalterlichen Brücken, die noch benutzt werden.

Reisepraktische Informationen Jedburgh

Information
TIC, Murray's Green (an der A68), Jedburgh TD8 6BE, 01835 863 435, 01835 863 688, www.jedburgh.org.uk.

Unterkunft
***Willow Guest House** €, Willow Court, The Friars, Jedburgh TD8 6BN, 01835 863 702, www.willow-guesthouse.co.uk. Ganzjährig, 4 Zimmer, etwas oberhalb der Stadt gelegenes, kleines Gästehaus mit wunderbarer Aussicht über die Stadt und Umgebung.
****Meadhon House** €€–€€€, 48 Castlegate, Jedburgh TD8 6BB, 01835 862 504, www.meadhon.co.uk. Gemütliches B&B, sauber und gepflegt, direkt bei der Abtei gelegen.

Melrose

Melrose, 26 km nordwestlich von Jedburgh am Ufer des Tweed gelegen, ist eine hübsche Kleinstadt mit einer Mischung aus niedlichen Läden und Cottages und eleganten georgianischen und viktorianischen Häusern. Die normalerweise eher gemächliche Atmosphäre wird jedes Jahr im April gestört, wenn zu den **Melrose Seven** *(www.melrose7s.com)* Rugby-Fans aus aller Welt zusammenkommen. Das Match findet seit 1883 statt.

Die bedeutendste Sehenswürdigkeit ist **Melrose Abbey**. Das 1136 von David I. gegründete (erste) schottische Zisterzienserkloster wurde im 14. Jh. verwüstet, wenig später erneut aufgebaut, um dann 1545 endgültig zerstört zu werden. Selbst die Ruinen sind noch beeindruckend. Als Ruinen erhalten sind der Ostteil des Hauptschiffs, das Querschiff, Chor und Teile des südlichen Seitenschiffs. Diese Teile stammen aus dem 14. und 15. Jh. und zeigen eine ungewöhnlich detailreiche Ornamentik. Für eine Zisterzienserabtei ist eine solch reiche Ornamentik sehr ungewöhnlich, da dieser Orden mit seinem strengen Ideal von „*Ora et Labora*" jeglichen Überfluss ablehnte. Besonders beeindruckend sind die mit unterschiedlichen Blumen und Blätterranken verzierten Säulenkapitelle und das feine Maßwerk am Ostfenster des südlichen Querschiffs.

Einst von besonderer Schönheit – Melrose Abbey

Schon Theodor Fontane, der die Abtei 1858 besuchte, bemerkte, „dass diese Ruine zu jenen großartigen Schönheitswundern gehört, die, einmal gesehen und in sich aufgenommen, nicht wieder vergessen werden". Und an anderer Stelle: „Es ist, als ob die Meister jener Epoche den Zweck verfolgt hätten, ein in Stein gebildetes *Herbarium scoticum* auf die Nachwelt kommen zu lassen. Alle möglichen Blumen und Blätter, Lilien, Disteln, Eichenlaub, Kleeblatt und Raute finden sich vor …". Im Nordostteil der Kirche fand Fontane „die krausen Blätter des schottischen Grünkohls mit überraschender Treue nachgebildet".

Auch Sir Walter Scott war von Melrose Abbey begeistert, insbesondere aufgrund ihrer Geschichtsträchtigkeit: Es heißt, dass hier das Herz von Robert the Bruce aufbewahrt sein soll. Die Legende besagt, dass Bruce auf seinem Sterbebett den Grafen Douglas bat, statt seiner ins Heilige Land zu pilgern. Dort solle dann sein Herz begraben werden. Offensichtlich kam der Graf jedoch nur bis Spanien, ließ das Herz aber wieder nach Schottland zurückschicken, wo es dann in Melrose Ab-

Herz von Robert the Bruce

Herrliche Wanderungen führen u. a. zum Scott's View

bey bestattet wurde. Seither trägt es die Familie Douglas in ihrem Wappen. Im Jahr 1920 fand man tatsächlich ein mumifiziertes Herz im Kapitelhaus.
Melrose Abbey, ☎ *01896 822 562, www.historic.scotland.gov.uk, April–Sept. tgl. 9.30–17.30, Okt.–März Mo–So 9.30–16.30 Uhr, Eintritt 5.50 £, Kinder 3.30 £.*

Neben der Abtei kann man dem **Priorwood Garden** einen Besuch abstatten, einem speziellen Ort für die Kunst des Arrangierens von Trockenblumen. Die hier angebauten Pflanzen werden später zu Trockenblumen verarbeitet.
Priorwood Garden, ☎ *01896 822 493, www.nts.org.uk, Laden: Jan.–März Mo–Sa 12–16, April–Okt. Mo–Sa 10–17, So 13–17, Nov.–Dez. Mo–Sa 10–16 Uhr, Garten: Ostern–Okt. Mo–Sa 10–17, So 13–17, Nov.–Dez. Mo–Sa 10–16 Uhr, Eintritt 6.50 £.*

Am Marktplatz erzählt die **Trimontium Exhibition**, ein kleines, interessantes Museum, von der Zeit der Römer in dieser Gegend. Der **Trimontium Walk**, eine 6 km lange geführte Wanderung, führt zum Trimontium Fort (Three Hills) in Newstead und zu anderen römischen Stätten in der Umgebung.
Trimontium Trust, ☎ *01896 822 651, www.trimontium.org.uk, April–Okt. Mo–Sa 10.30–16.30, So 14–16.30 Uhr, Eintritt 2 £, Führungen Do 13.30–17.15 Uhr 3 £ (inkl. Tee), Juli/Aug. auch Di.*

Wandern

Gipfelbesteigung

Die drei Gipfel der sagenumwobenen **Eildon Hills** *kann man überall von den Central Borders aus sehen und relativ einfach von Melrose aus erklimmen. Vom Marktplatz geht es entlang der B6359 nach Lilliesleaf. Kurz danach biegt der Pfad nach links ab, wo er auf den Sattel zwischen dem North und dem Mid Hill führt. Es geht auf den Gipfel des North Hill, dann auf den Mid Hill und schließlich auf den West Hill. Es gibt verschiedene Touren zurück in die Stadt, schön ist es entlang des Golfplatzes. Insgesamt sollte man 1,5 Std. für die Tour einplanen. Im Touristenbüro gibt es ausführliche Wegbe-*

schreibungen. **Scott's View** bei Bemersyde bietet ein herrliches Panorama über den Tweed und die Eildon Hills. Dies war Sir Walter Scotts Lieblingsplatz. Jedesmal legte er hier eine Pause ein, um die Aussicht zu genießen. Auch der Leichenzug des großen Dichters fuhr hier vorbei, und – so berichten die Chroniken – die Pferde hielten auch ohne Kommando ihres Herrn an dieser Stelle an. Melrose ist auch der Ausgangspunkt für den **St. Cuthbert's Way**, einen 90 km langen Wanderweg, der in Lindisfarne (Holy Island) endet. Der wesentliche längere **Southern Upland Way** passiert ebenfalls Melrose.

Panoramablick

Reisepraktische Informationen Melrose

Information
TIC, Abbey House, Abbey Street, Melrose, Borders TD6 9LG, ☎ 01896 822 555, www.melrose.bordernet.co.uk, April–Okt.

Unterkunft
****Burts Hotel €€–€€€, Market Square, Melrose TD6 9PL, ☎ 01896 822 285, www.burtshotel.co.uk. Ganzjährig, traditionelles Hotel (Haus von 1722) mit 20 Zimmern und gutem Essen, rund 90 Malt-Whisky-Sorten sowie Spezialitäten-Biere.

Rund um Melrose

Melrose ist ein guter Ausgangspunkt, um die herrliche Landschaft des mittleren Abschnitts des Tweed zu erkunden, die Sir Walter Scott so nachdrücklich fasziniert hat. Die beiden Sehenswürdigkeiten Dryburgh Abbey und **Abbotsford House** sind eng mit dem Leben und Schaffen des Schriftstellers verbunden. Errichtet zwischen 1817 und 1822, war Abbotsford House das Heim von Sir Walter Scott. Das Haus bietet ein Sammelsurium an Stilelementen und architektonischen Zutaten, die Scott von überall her zusammentrug und sich damit sein pittoresk-kurioses Traumhaus, seine „Romanze in Stein und Mörtel", baute. Das Hauptportal ist dem Portal von Linlithgow (s. S. 189) nachgebildet, die Decke der Bibliothek der Ornamentik von Rosslyn Chapel (s. S. 149), den Kreuzgang von Melrose findet man in der Gartenmauer wieder, in der Mauer neben der Eingangstür ist ein Teil des Edinburgher Tolbooth eingelassen.

Zuhause von Sir Walter Scott

In diesem Gebäude verbrachte Scott seine letzten Lebensjahre. Er starb am 21. September 1832. Bereits ab 1833 konnte das Anwesen besichtigt werden. Seine Sammelleidenschaft beschränkte sich nicht nur auf Teile des Hauses. In seiner außergewöhnlichen „Sammlung schottischer Kuriosa und Reliquien" findet man Waffen, die Sporen von Bonnie Prince Charlie, ein Parfümfläschchen von Mary Stuart, ein Pulverhorn von James VI. sowie eine Bibliothek mit über 9.000 Büchern. Das Haus wird auch heute noch von Nachkommen des großen Schriftstellers bewohnt. **Abbotsford House**, westlich von Melrose, 4 km östlich von Galashiels an der B6360, ☎ 01896 752 043, www.scottsabbotsford.co.uk, Visitor Centre: April–Sept. 9–17, Okt.–März 10–16 Uhr, Garten: April–Sept. 10–17, Okt.–Dez. bis 16 Uhr, Haus: Juli–Sept. 10–17, Okt.–Dez. bis 16 Uhr, Eintritt Haus/Garten Erw. 8.75 £, Kinder 4.50 £, Garten 3.50 £.

Sir Walter Scott (1771–1832)

Im Jahr 1771 wurde Walter Scott (seit 1820 Sir) in Edinburgh geboren. Er starb 1832 in Abbotsford. Gehbehindert und daher nicht in der Lage, mit den Jungen seines Alters mitzuhalten, flüchtete sich Walter schon in jungen Jahren in die Literatur. An der Universität in Edinburgh studierte er Jura (sein Vater war Rechtsanwalt), beschäftigte sich jedoch gleichzeitig intensiv mit deutscher Literatur, insbesondere mit der Romantik, und übersetzte verschiedene Werke ins Englische, z. B. Goethes „Götz von Berlichingen". Nach Abschluss des Studiums übernahm er die Anwaltspraxis seines Vaters, doch widmete er neben seiner Arbeit als Jurist in Edinburgh und Stellvertreter des Obersten Richters in den Borders einen großen Teil seiner Zeit der Literatur.

In Versen hielt er Ereignisse der schottischen Geschichte und Sitten und Gebräuche vergangener Zeiten fest. „The Lady of the Last Minstrel", „Marmion" und „The Lady of the Lake", lebendige und handlungsreiche Darstellungen, waren von großem Erfolg gekrönt. 1812–1814 ließ er sich nach eigenen Vorstellungen das Schloss Abbotsford am Tweed erbauen. Durch den Zusammenbruch seines Verlagshauses in eine schwere finanzielle (und damit verbundene seelische) Krise versetzt, begann er als weitere Einnahmequelle Romane zu schreiben. So entstanden – zunächst anonym – mehr als 40 historische Romane. Nach dem Titelhelden des ersten dieser Werke, Edward Waverly, werden sie als „Waverly-Romane" bezeichnet.

Die meisten dieser Romane sind im England des 17. und 18. Jh. angesiedelt, andere im England zu Zeiten der Kreuzzüge („Ivanhoe") und der Königin Elizabeth („Kenilworth"). Das immer wiederkehrende Thema seiner Werke sind moralische Lehren, wobei sich die Handlung meist um erfundene Personen rankt und die großen Persönlichkeiten der Geschichte den Hintergrund bilden. Am erfolgreichsten war er mit der Darstellung der schottischen Landbevölkerung, in der Scholle verwurzelt und im Puritanismus verhaftet. Scott schuf ein farbiges Zeitbild und stellte eine edle schottische Vergangenheit dar. Das unter der englischen Vorherrschaft leidende Volk sah sich durch Scotts Romane in seiner Identität und im Bewusstsein einer eigenständigen Nation gestärkt. Insbesondere bemühte sich Scott um die Erhaltung der schottischen Sprache, wodurch er entscheidende Impulse für die Bewahrung der nationalen Kultur setzte.

Die Romane Sir Walter Scotts wurden die Grundlage des europäischen Geschichtsromans des 19. Jh. Und auch im übrigen Europa war man von Scott begeistert. Donizettis Oper „Lucia von Lammermoor", 1835 uraufgeführt, basiert auf dem gleichnamigen Roman Scotts. Infolge mehrerer Schlaganfälle starb Scott im Alter von 61 Jahren im September 1832. Die 15 Jahre später publizierte Biografie seines Schwiegersohns John Gibson Lockhard gilt als eines der großen literarischen Porträts.

In den Ruinen der Dryburgh Abbey ruht Sir Walter Scott

7 km südöstlich von Melrose an der B6404 liegt zwischen alten Zederbäumen am Ufer des Tweed **Dryburgh Abbey**, eine 1150 gegründete Prämonstratenserabtei. Dreimal (1322, 1385 und 1544) wurde sie zerstört und danach nicht wiederaufgebaut. Teile des Hauptschiffs, des Chors und der Querschiffe sind erhalten. Hier, in den Ruinen der Dryburgh Abbey, liegt Sir Walter Scott begraben. Scott war von der romantischen Lage des Klosters in einer Tweedschleife so angetan, dass er die Ruine zu seiner Begräbnisstätte erkor. Der schlichte Sarkophag aus Granit befindet sich im nördlichen Querschiff. Hier ist noch das originale Kreuzrippengewölbe zu sehen. Die umliegenden Klostergebäude sind in verhältnismäßig gutem Zustand. Das Kapitelhaus ist noch vollständig erhalten.

Letzte Ruhestätte von Sir Walter Scott

Dryburgh Abbey, St. Boswell, ☎ 01835 822 381, www.historic-scotland.gov.uk, April–Sept. tgl. 9.30–17.30, Okt.–März bis 16.30 Uhr, Eintritt Erw. 5 £, Kinder 3 £.

Nördlich von Melrose an der A68 liegt die Marktstadt **Lauder** mit einem der ältesten und schönsten schottischen Schlösser, **Thirlestane Castle**. Mit Ursprüngen im 13. Jh. wurde das Schloss im späten 16. Jh. und erneut im 17. Jh. im Baronialstil umgebaut und erweitert. Im 19. Jh. wurden zwei neue Flügel angebaut. Die sehenswerten Stuckdecken im Inneren stammen aus dem 17. Jh.

Thirlestane Castle, ☎ 01578 722 430, www.thirlestanecastle.co.uk, bis Ostern 2014 geschl.

Die westliche Route: Von Selkirk über Peebles und Penicuik nach Edinburgh

Selkirk

Selkirk, 9 km südwestlich von Melrose, liegt am Rande des Ettrick Forest. Es ist eine nette Kleinstadt mit 5.000 Einwohnern, einigen Unterkunftsmöglichkeiten und Pubs. Im 19. Jh. ein Zentrum der Textilherstellung, als der wachsende Bedarf für Tweed nicht mehr nur von Galashiels erfüllt werden konnte, ist Selkirk heute eher ein ruhiger Flecken.

In Selkirk waltete Walter Scott fast 30 Jahre lang seines Amtes als Richter. Das 1839 errichtete Denkmal vor dem Gerichtsgebäude ehrt den Schreiber monumentaler Historienwerke. **Sir Walter Scott's Courtroom** am Marktplatz mit originaler Einrichtung, Porträts von Scott und anderen literarischen Persönlichkeiten sowie Erinnerungsstücke an Mungo Park kann besichtigt werden.
Sir Walter Scott's Courtroom, ☎ *01750 720 096, April–Sept. Mo–Fr 10–16, Sa 10–14, Mai–Aug. auch So 10–14 Uhr.*

Das **Halliwell House Museum & Robsen Gallery**, ein Heimatmuseum, liegt ebenfalls am Marktplatz und zeigt Ausstellungsstücke zur lokalen Geschichte und die Werke zeitgenössischer Künstler.
Halliwell House Museum & Robsen Gallery, ☎ *01750 20096, April–Okt. Mo–Sa 11–16, So 12–15 Uhr.*

Am Ende der High Street ist eine Statue von **Mungo Park** zu sehen. Mungo Park (1771–1805) erblickte als erster Europäer 1795 den Niger und erforschte, unter Einsatz seines Lebens, die Regionen am Flusslauf. In seine Heimat zurückgekehrt, begab sich der Schotte, nach einem kurzen Aufenthalt im nahe gelegenen Ort Peebles, vom Fernweh gepackt, wieder nach Afrika, wo er 1806 ermordet wurde.

Buchtipp
T. Coraghessan Boyles sprachgewaltiger Roman „Wassermusik" (1981) schildert das Leben des großen Entdeckers Mungo Park, der in Selkirk geboren wurde.

Reisepraktische Informationen Selkirk

Information
TIC, *Halliwell House, Selkirk, Borders TD7 4BL,* ☎ *01750 20054.*

Unterkunft
***Heatherlie House Hotel €€, *7 Heatherlie Park, Selkirk TD7 5AL,* ☎ *01750 21200, www.heatherliehotel.co.uk. Ganzjährig, 9 Zimmer, nettes, im Familienbetrieb geführtes Hotel in ruhiger Lage. Kinderfreundlich. Idealer Ausgangspunkt zum Wandern, Angeln oder Golfen. Am letzten Freitag im Monat gibt es Live-Musik.*

Jugendherberge
**Broadmeadows Y.H., *Yarrowford, Selkirk TD7 5LZ,* ☎ *01750 76372 www.syha.org.uk. 1931 wurde die-*

Jugendherberge Broadmeadows in Selkirk

se Jugendherberge als erste SYHA-Herberge eröffnet. Geöffnet April–Sept., 20 Betten stehen zur Verfügung, ab 15 £.

Feste
Alljährlich im Juni findet in Selkirk, wie auch in vielen anderen Orten in den Borders, das **„Common Riding"** statt. Der gemeinschaftliche Ausritt erinnert daran, wie die Männer von Selkirk 1513 in die Schlacht von Flodden zogen, wo sie von den Engländern vernichtet wurden. Die Chronik berichtet, dass nur ein einziger Kämpfer in seine Heimat zurückgekehrt ist.

Rund um Selkirk

Bowhill
Für alle Kunstliebhaber ist eine Besichtigung des viktorianischen Landsitzes des Duke of Buccleuch, Bowhill, ein besonderes Erlebnis. Seit 1812 ist Bowhill der Stammsitz der Scotts of Buccleuch and Queensberry, einst die größten Landbesitzer in den Borders und dementsprechend wohlhabend. Man kann hier eine der größten Privatsammlungen in ganz Schottland sehen, mit Kunstschätzen aller Art, eine beeindruckende Sammlung Meißner Porzellan, Möbel, chinesische Tapeten aus dem 17. Jh. sowie eine erlesene Gemäldesammlung europäischer Meister. Im wunderschönen Country Park kann man herrlich spazieren gehen und im Sommer gibt es Freilufttheater.
Bowhill, 5 km westlich von Selkirk, ☎ 01750 22204, www.bowhill.org, Park: April–Sept. Mi–Mo 10–17 Uhr, Eintritt 3.50 £, Haus: Juli sowie an einzelnen Tagen im Aug. Führungen alle 30 Min. ab 13 Uhr, letzte Tour 15.30 Uhr, Eintritt Erw. 8 £, Kinder 3.50 £.

Yarrow Water und Errick Water
Die A708 verläuft südlich von Selkirk nach **Moffat**, wobei sie dem wunderschönen Yarrow Water nach St. Mary's Loch folgt. Der nette Ort Moffat wurde schon mehrfach für seine Blumenpracht ausgezeichnet. Die B709 führt über Ettrick, Eskdalemuir nach Langholm.

 Einkehren
An der Kreuzung der A708 und der B709 befindet sich der **Gordon Arms Inn** (☎ 01750 82222, www.thegordonarms.com), ein beliebter Stopp für Wanderer.

In **Cappercleuch**, am Westufer des St. Mary's Loch, schlängelt sich eine einspurige Straße hinauf zum Megget Reservoir und dann hinunter entlang des Talla Reservoir zum winzigen Ort **Tweedsmuir** an der A701. Die Straße ist großartig, allerdings sehr steil und nicht für Wohnmobile geeignet. Die einsame Gegend ist wunderschön und eng mit **James Hogg** verbunden (1770–1835). „The Ettrick Shepherd" war ein enger Freund von Sir Walter Scott. Geboren in Ettrick, verbrachte er sein gesamtes Leben in dieser Gegend. Hogg hatte sich das Schreiben und Lesen autodidaktisch beigebracht. Seine schlichten pastoralen Verse dichtete er während des Schafehütens. Hoggs Hauptwerk sind die „Confessions of a Justified Sinner". Er und Scott trafen sich häufig im **Tibbie Shiels Inn**, auf dem engen Landstreifen zwischen dem St. Mary's Loch und dem Loch of the Lowes.

Pastorale Verse

Einkehren/Unterkunft

Das Gasthaus **Tibbie Shiels Inn** gibt es noch immer. Es ist ein beliebtes Ziel für Wanderer entlang des Southern Upland Way (St. Mary's Loch, Selkirk TD7 5LH, ☎ 01750 42231, http://tibbieshiels.com, 4 Zimmer €€, Restaurant Fr–So).

Wandern

An der A708 Richtung Moffat befindet sich Schottlands bekanntester Wasserfall, *Natur-* **Grey Mare's Tail**. Er ist 60 m lang, wurde oft bewundert und gemalt. Es gibt zwei *schauspiel* Möglichkeiten, dieses Naturspektakel zu erreichen: Auf einem schmalen, leicht begehbaren Weg kann man nach etwa 10 Min. recht gut den Wasserfall sehen, ein zweiter Pfad (1 Std. für den Aufstieg) führt sehr hoch zur Absturzkante und zum Loch Skeen. Der Grey Mare's Tail ist nach dem „grey mare" in Robert Burns' Ballade „Tam O'Shanter" benannt.

Galashiels

An der Kreuzung der A72 und A7 Edinburgh – Carlisle liegt die Textilstadt Galashiels, die sich entlang des Gala-Flusses über eine Länge von 3 km erstreckt. In einer der größten Städte in den Borders gibt es allerdings nicht viel für den Urlauber zu sehen. Die Stadt hat sich seit 700 Jahren der Textilherstellung verschrieben, die jedoch heute eher ein sterbender Industriezweig ist.

Unterkunft

**Over Langshaw Farm €, Sheila & Martyn Bergius, Langshaw, bei Galashiels TD1 2PE, ☎ 01896 860 244, www.overlangshawfarm.co.uk. Ganzjährig, ein Familien- und ein Doppelzimmer, wunderschön gelegenes Farmhaus (ökologisch-dynamischer Betrieb) mit behaglicher, ungezwungener Atmosphäre.

Innerleithen

In Innerleithen, 10 km östlich von Peebles, kann man in **Robert Smail's Printing Works** eine rekonstruierte viktorianische Druckerei sehen, die vom NTS als Zeugnis schottischer Sozial- und Arbeitergeschichte betreut wird: ein „Museum zum Anfassen".
Robert Smail's Printing Works, ☎ 01896 830 206, www.nts.org.uk, Ostern–Okt. Do–Mo 12–17, So 13–17 Uhr, Eintritt 6.50 £.

Traquair House

Traquair House, 2 km südlich von Innerleithen, ist eines der großen schottischen Landhäuser. Die Geschichte des Schlosses reicht bis ins 10. Jh. zurück. Heute ist *Ältester* Traquair House, im Laufe seiner Geschichte vielfach erweitert und verändert, der *bewohnte* älteste bewohnte Herrensitz in Schottland, der seit seiner Gründungszeit im Fami-*Herrensitz* lienbesitz ist. Die heute erhaltene Bausubstanz stammt weitgehend aus der Mitte des 17. Jh. Wie die Chronik besagt, haben 27 schottische und englische Monarchen in den Gemächern genächtigt. Im 17. und 18. Jh. diente das Haus als Versammlungsort der royalistischen, katholischen Jakobiter. Prince Charles Edward Stuart hielt sich hier vor seiner entscheidenden Schlacht auf. Interessant ist der Schwur, den der damalige Earl 1745 nach der Flucht von „Bonnie Prince Charlie" ablegte: Erst wenn wieder ein Stuart auf dem schottischen Thron sitze, dürfe das „Bear Gate" (Bärentor) erneut geöffnet werden. Obwohl es nicht einmal als gesichert gilt, dass der Prinz je in Traquair war, blieb das Tor bisher verschlossen. Ein Besuch in Traquair ist ein Schritt in die Vergangenheit, das Gebäude hat eine eigentümliche nostalgische und fast unheimliche Atmosphäre, die bei so vielen der großen Häuser fehlt. Nicht versäumen sollte man einen Besuch im **Garten**, wo den ganzen Sommer über viele verschiedene Veranstaltungen stattfinden.

Traquair House, ☎ 01896 830 323, www.traquair.co.uk, April–Sept. tgl. 11–17, Okt. 11–16, Nov. Sa/So 12–15 Uhr, Eintritt Erw. 8 £, Kinder 4 £.

Unterkunft
Traquair House bietet auch B&B in drei schönen DZ (€€€).

Im Café von Traquair House

Das berühmte **Traquair Ale** gilt als Kostbarkeit unter den schottischen Bieren. Es wird in über 200 Jahre alten Braukesseln hergestellt, in welchen pro Sud nur rund 2.000–2.500 Flaschen gebraut werden können. Jede einzelne von diesen erhält eine Sud- und Flaschennummer. Während einer Besichtigung lernt man die traditionellen Brauweisen kennen und kann Probeschlückchen des nur in kleinen Mengen hergestellten Biers zu sich nehmen (*Traquair House, s. o.*).

Kostbares schottisches Bier

Peebles und Umgebung

Peebles ist eine sympathische, malerisch beiderseits des River Tweed gelegene und von bewaldeten Hügeln umgebene Kleinstadt mit einigen Hotels, B&Bs, einem Camping- und Caravanplatz und verschiedenen Pubs. Der Fluss ist hier weit und schnell, wohingegen es in der kleinen Stadt eher gemächlich zugeht. Nur während der **Beltane Fair** (www.peeblesbeltanefestival.co.uk), ein auf gälische Ursprünge zurückgehendes Fest, das die Rückkehr des Sommers feiert, kommt Leben in die Stadt. Ein anderer guter Zeitpunkt, um Peebles zu besuchen, ist während des **Peebles Arts Festivals**, das zwei Wochen lang Ende August und Anfang September abgehalten wird. Peebles ist nur 45 Min. von Edinburgh entfernt und bietet einen netten Zwischenstopp während einer Tour durch das Tweed Valley.

Beliebt an Festtagen

Wandern
Gute Wander- und Spaziermöglichkeiten gibt es auch im **Glentress Forest**, ca. 2 km östlich von Peebles an der A72, und im **Cardrona Forest** an der Südseite des Tweed, 6 km außerhalb der Stadt an der B7062. Das Touristenamt hält ausführliche Wegbeschreibungen bereit.

Fahrrad fahren

Die Gegend rund um Peebles ist ein Mekka für Mountainbiker. Im Sommer kommen bis zu 1.000 Biker pro Woche. Touren führen z. B. durch den Glentress, Cardrona, Elibank und Traquair Forest. In Walkerburn, östlich von Innerleithen, stößt man auf den 135 km langen **Tweed Cycleway**, der von Biggar nach Berwick upon Tweed verläuft (s. auch unter www.scottishsport.co.uk).

Reisepraktische Informationen Peebles

Information

TIC, High Street, Peebles, Borders EH45 8AG, ☎ 01721 720 138, ganzjährig.

Unterkunft

An Unterkünften besteht in Peebles kein Mangel. Es gibt zahlreiche Hotels und B&Bs.

Rowanbrae B&B, 103 Nortgate, Peebles EH45 8BU, ☎ 01721 721 630. Ein wunderschön, von Blumen umgebenes Haus mit 3 Gästezimmern. Liebevolle Betreuung, günstig.

****Cringletie House Hotel & Restaurant €€€–€€€€, off Edinburgh Road, Peebles EH45 8PL, ☎ 01721 725 750, www.cringletie.com. Ganzjährig. Von einem großen Park umgebenes schönes Baronial-Schlösschen (1861 gebaut) mit 12 Zimmern und einer Luxussuite. Klassisch, elegant und gediegen.

Herrlicher Garten

Kailzie Gardens lohnen unbedingt einen Abstecher. In der herrlich im Tal des Tweed gelegenen Gartenanlage mit Rhododendren und Azaleenpflanzung kann man schön spazieren gehen. Eine Besonderheit der in privater Hand befindlichen Anlage sind die speziellen Themen, je nach Jahreszeit, so gibt es Schneeglöckchenwochen, Osterglockenwochen etc.

Kailzie Gardens, an der B7062, ☎ 01721 720 007, www.kailziegardens.com, tgl. 11–17.30 Uhr bzw. bis Sonnenuntergang.

Einkehren

Das **Gardens Restaurant** (☎ 01721 722 807) lädt tagsüber zu leckeren Kuchen und Snacks ein (tgl. 10–17 Uhr), jeden Sa ab 18 Uhr kann man auch zum Dinner bleiben.

12 km südwestlich von Peebles, hinter Stobo an der B712, liegt **Dawyck Botanical Gardens**. In dieser Dependance des Botanischen Gartens in Edinburgh wachsen über 300 Jahre alte Bäume und einige sehr seltene Pflanzen. Dawyck gilt als einer der weltweit schönsten Arboreten.

Dawyck Botanical Gardens, Stobo, ☎ 01721 760 254, Feb., Nov. 10–16, März, Okt. 10–17, April.–Sept. 10–18 Uhr, Eintritt Erw. 5.50 £, Kinder 1 £.

In **Stobo** ist eine kleine Kirche mit normannischem Portal aus dem 13. Jh. und normannischen Verzierungen im Mauerwerk von Schiff und Chor zu besichtigen. Sie ist dem hl. Mungo geweiht.

Kurz hinter Penicuik geht es rechts nach **Roslin** ab, wo man nach wenigen Kilometern (ausgeschildert) zu einer besonderen Sehenswürdigkeit dieser Region gelangt: **Rosslyn Chapel**. Das relativ schlichte Äußere der kleinen Kapelle lässt kaum vermuten, welche Pracht sich im Inneren entfaltet. Rosslyn Chapel wurde 1446 von William Sinclair, dem dritten Earl of Orkney, gestiftet. Er starb 1484 und die Kapelle blieb unvollendet. Die ursprüngliche Planung war eine große, kreuzförmige Kirche, geschaffen wurden jedoch lediglich ein fünfjöchiger Chor, Seitenschiffe, Chorumgang und eine kleine Ostkapelle. Die simple Architektur wird verdeckt durch eine Fülle einzigartiger Ornamente, beeindruckend in ihrer Dichte und in der Vielfalt ihrer Skulpturen. Die Säulenkonsolen und -kapitelle sind mit verschiedenen Mustern dekoriert, jede Fläche ist ornamental ausgefüllt. Auf den Gewölberippen der Seitenschiffe zeigen Reliefs allegorische Darstellungen der sieben Laster und Tugenden sowie Totentanz, groteske Figuren, Tiere, exotische Pflanzen, Heilige und musizierende Engel. Einer von diesen spielt Dudelsack.

Die Pracht entfaltet sich im Inneren: Rosslyn Chapel

Die berühmteste Säule der Kirche ist der **Apprentice Pillar**. An deren Fuß gruppieren sich geflügelte Drachen. Aus ihren weit aufgesperrten Mäulern entspringen Ranken und Blumen, die sich entlang der Säule emporwinden. Es heißt, dass ein Lehrling *(apprentice)* in der Abwesenheit des Meisters dieses Prachtstück geschaffen haben soll. Als der Meister später die Säule sah, wurde er von Eifersucht gepackt und brachte den Lehrling um.

Faszinierende Säule

Rosslyn Chapel, ☎ 0131 440 2159, www.rosslynchapel.org.uk, Mo–Sa 9.30–17, im Sommer bis 18, So 12–16.45 Uhr, Eingang durch das Besucherzentrum, Eintritt Erw. 9 £, Kinder unter 18 Jahren frei (Familien).

Alternativroute: Von Peebles über Biggar und New Lanark nach Glasgow

Biggar

Biggar, 27 km westlich von Peebles an der A702, ist eine kleine Stadt mit freundlicher Atmosphäre, die sich als Standquartier für Wanderungen oder Besichtigungstouren im Clyde Valley oder als Zwischenstopp auf dem Weg von oder nach Edinburgh anbietet. Im Stadtzentrum der alten Marktstadt kann man gut ein paar Stunden verbummeln.

Im **Moat Park Heritage Centre**, das in einer alten Kirche untergebracht ist, sind lokalgeschichtliche, archäologische und geologische Exponate ausgestellt. Modelle von archäologischen Fundorten stellen die Ausstellungsstücke in einen Zusammenhang. Daneben gibt es noch einige andere Museen in Biggar. Das **Gladstone Court Museum** in der North Back Road zeigt eine viktorianische Straße mit verschiedenen Geschäften, einer Bank und einem Schulraum, wie er vor 150 Jahren ausgesehen hat.
Moat Park Heritage Centre/Gladstone Court Museum, ☎ *01899 221 050, www.biggarmuseumtrust.co.uk, Ostern–Okt. Mo, Di, Do–Sa 11–16.30, So 14–16.30 Uhr, Eintritt jeweils 2.50 £.*

Das **Greenhill Covenanter's Museum** n einem alten Farmhaus aus dem 17. Jh. dokumentiert die Geschichte der Covenanter-Bewegung (s. S. 23).
Greenhill Covenanter's Museum, ☎ *01899 221 050, www.biggarmuseumtrust.co.uk, Mai–Sept. 1. Sa/Monat 14–16.30 Uhr, 1.50 £.*

In der Broughton Street lohnt das **Biggar Puppet Theatre** einen Besuch, das von der Wanderbühne „Purves Puppets" ins Leben gerufen wurde. Rund um das Jahr finden Workshops statt. Die Vorstellungen in dem viktorianisch ausgestatteten Puppentheater können auf Wunsch auch in verschiedenen Sprachen gegeben werden. Im Museum sind Kuriositäten aus der ganzen Welt zu bestaunen.
Biggar Puppet Theatre, ☎ *01899 220 631, www.purvespuppets.com, ganzjährig.*

Wandern

6 km südwestlich von Biggar an der Kreuzung von A72 und A73, nicht weit von dem Dorf Symington, beginnt der Aufstieg auf den **Tinto Hill** *(711 m)*. Der Weg ist nicht schwer und oben auf dem Hügel angekommen wird man mit herrlichen Ausblicken belohnt. Ein guter Ausgangspunkt liegt in der Nähe des Tinto Hill Farm Shop an der A73. Man sollte 3 Std. für die Wanderung einplanen.

Robert Owens House in der Mustersiedlung New Lanark World Heritage Village

Reisepraktische Informationen Biggar

Information
TIC, 155 High Street, Biggar, ML12 6DL, ☎ 01899 210 666, Ostern–Sept.

Unterkunft
*****Skirling House €€, Bob & Isobel Hunter, Skirling, bei Biggar ML12 6HD, ☎ 01899 860 274, www.skirlinghouse.com. Jan./Feb. geschl., 6 Zimmer, wunderschönes Haus voller Kunstgegenstände, wunderbares Essen. Nichtraucher.

New Lanark

Das **New Lanark World Heritage Village & Visitor Centre** ist ein herausragendes Denkmal der Industrie- und Sozialgeschichte Schottlands und lohnt unbedingt einen Besuch. Während der Industriellen Revolution entstanden im Clyde-Tal die Baumwollfabriken und Arbeiterwohnungen von New Lanark, eine einzigartige frühkapitalistische Mustersiedlung. Die Anlage ist bis heute fast unverändert erhalten und stellt eines der bedeutendsten Denkmäler der Industriellen Revolution in Großbritannien dar. Bis zur Einführung der „Baumwoll-Jenny" (James Hargreaves, 1764), der ersten brauchbaren Spinnmaschine, waren die Weber Hand- und Heimarbeiter. Der Ingenieur Richard Arkwright, der eine mit Wasserkraft betriebene Spinnmaschine entwickelt hatte, besuchte 1783 mit dem Tuchhändler und Bankier David Dale die Wasserfälle am Clyde. Die beiden Männer schlossen sich als Partner zusammen und zwei Jahre später stand hier die erste Fabrik, mit vier Spinnereien die größte Baumwollfabrik in Schottland. Über 2.000 Menschen lebten hier.

Frühkapitalistische Mustersiedlung

1799 wurde **Robert Owen** (1771–1858) Schwiegersohn und Teilhaber von David Dale. Dem Sozialutopist gelang es, die mittlerweile heruntergekommene Arbeitersiedlung mit Erfolg zu reformieren. Jede Familie erhielt eine Wohnung mit mindestens zwei Räumen. Eine ärztliche Versorgung wurde eingerichtet, eine Pensionskasse, ein Kindergarten sowie eine Kantine. Seine Motive waren dabei nicht rein philanthropischer Natur, denn seine sozialen Verbesserungen bedeuteten gleichsam steigenden Umsatz. Owens soziales Modell basierte auf seinem Traum: „Die Verhältnisse prägen den Charakter, und der Mensch wird gut, wenn man seine Lebensumstände verbessert". 1816 ließ er das „Institute of the Formation of the Character" („Institut zur Bildung des Charakters") errichten: Schule, Kirche, Kindertagesstätte, Bücherei, Gemeindehaus und Abendschule in einem. Der Besuch der Grundschule wurde bis zum Alter von zehn Jahren obligatorisch. Danach traten die Kinder in die Spinnerei ein, erhielten aber noch zwei Jahre lang Unterricht an einer Abendschule. Dieses war durchaus ungewöhnlich, denn eigene Schulen für Arbeiterkinder gab es in ganz Großbritannien nicht. Erst 1833 wurde die Fabrikarbeit für Kinder unter neun Jahren offiziell verboten.

Rundumversorgung

Die Mustersiedlung New Lanark wurde schnell über die Grenzen Schottlands hinaus bekannt, scharenweise strömten die Besucher an den Clyde, um Owens soziales Reformmodell zu besichtigen. Zwischen 1815 und 1825 verzeichnete New La-

nark 20.000 Besucher. Robert Owen starb 1858. Erst 1968 schloss man die Fabrik, die Gebäude verfielen rasch. Mittlerweile wurde New Lanark zum Welterbe erklärt. Mit Hilfe des *New Lanark Conservation and Civic Trust* konnte die einstige Mustersiedlung umfassend restauriert werden. In die alten Reihenhäuser zogen Familien ein, Kunsthandwerker arbeiten hier, es gibt ein Industriemuseum und das moderne Besucherzentrum informiert über New Lanarks Vergangenheit.
New Lanark World Heritage Village & Visitor Centre, ☎ *01555 661 345, www.newlanark.org, April–Okt. tgl. 10–17, Nov.–März bis 16 Uhr, Eintritt Erw. 8.50 £, Kinder 6 £.*

Jugendherberge
***New Lanark Y.H.**, Wee Row, Rosedale Street, New Lanark ML11 9DJ, ☎ 0870 004 1143, www.syha.org.uk. März–Okt., 68 Betten, Familienzimmer. Inmitten des World Heritage Village gelegen.*

Die östliche Route: Von Jedburgh über Kelso, Dunbar, Haddington nach Edinburgh
Kelso

Spaziergang entlang des Tweed

Sir Walter Scott hielt das Städtchen für das „schönste, wenn nicht romantischste Dorf in Schottland". Einen guten Blick auf die hübsche Kleinstadt (5.400 Einwohner) hat man von der 1803 errichteten fünfbogigen, den Fluss Tweed überspannenden Brücke. Lohnend ist ein Spaziergang entlang der Uferwiesen des Tweed unterhalb des Ortes. Im 19. Jh. hatte der Ort ein reges handwerkliches Leben, woran noch viele Straßennamen erinnern: Copper's Court (Kupferschmiede), Dyer's Court (Färber), Tanner's Court (Gerber), Weaver's Court (Woll- und Leinenweber), Horsemarket, Coalmarket und Woodmarket. Die kopfsteingepflasterten Straßen laufen am Marktplatz zusammen.

Für die Kunstinteressierten ist **Kelso Abbey**, 1128 von David I. gegründet, der erste Anlaufpunkt. 1460 wurde James III. in der Klosterkirche gekrönt, 1545 brannte die Stadt nieder und mit ihr auch das Kloster. Der Angriff des Earl of Hertford war Teil des von Henry VIII. sog. „rough wooing". Der König war so verärgert, dass die Schotten ihre Mary Scott nicht mit seinem Sohn verheiraten wollten, dass er die Stadt in Schutt und Asche legte. Von der einst größten, reichsten und prächtigsten Abtei Schottlands ist nur ungefähr ein Drittel übriggeblieben.
Kelso Abbey, ☎ *01573 460 365, www.historic-scotland.co.uk, i.d.R. tgl. ab 9.30 Uhr.*

Spaziergang nach Floors Castle
*Schön ist der **Cobby Riverside Walk**, der entlang des Tweed-Ufers nach Floors Castle führt. Von Roxburgh Street folgt man den Ausschilderungen zum Ausgangspunkt des Wegs. Der Weg verläuft an der Stelle vorbei, wo sich der Tweed und der Teviot River treffen (einem bekannten Platz für Lachsangeln).*

3 km nordwestlich von Kelso (im Ort ausgeschildert) liegt **Floors Castle**, das zwischen 1721 und 1726 von William Adam für den ersten Herzog von Roxburghe als

Die östliche Route: Von Jedburgh über Kelso, Dunbar, Haddington nach Edinburgh

einfacher, georgianischer Landsitz errichtet wurde. Ab 1837 wurde das Gebäude von William Playfair im Stil der Tudor-Gotik erweitert und mit Türmchen, Zinnen und Kaminen versehen. Heute ist es das größte bewohnte Schloss in Schottland. Im elegant ausgestatteten Inneren kann man sich an einigen schönen Gemälden (William Hogarth, Reynolds, Raeburn, Gainsborough, Allan Ramsey, Picasso, Matisse, Augustus John) und an einer herausragenden Sammlung europäischer Möbel erfreuen. Der bezaubernde Park mit Rosengarten, Gartenzentrum und Gewächshäusern lädt zum Verweilen ein. Im Sommer werden auf dem Gelände von Floors Castle Freilufttheater veranstaltet.

Stil der Tudor-Gotik

Floors Castle, ☎ 01573 223 333, www.roxburghe.net, Mitte April–Sept. tgl. 10.30–17, Okt. bis 15.30 Uhr, Eintritt Castle und Park Erw. 8.50 £, Kinder 4.50 £.

Feste
Noch immer zeugen verschiedene Märkte und Festivitäten von den Handelsaktivitäten Kelsos, so die alljährlich stattfindende „**Kelso Border Union Show**", *eine große Landwirtschaftsmesse mit Volksfestcharakter (seit 1813) sowie* **Schaf- und Pferdemärkte** *(www.buas.org).*

Reisepraktische Informationen Kelso

Information
TIC, Town House, The Square, Kelso, TD5 7HF, ☎ 01573 223 464, April–Okt.

Unterkunft
*****Queen's Head Hotel €**, 24 Bridge Street, Kelso TD5 7JD, ☎ 01573 228 899, www.queensheadhotelkelso.com. Ganzjährig, 13 Zimmer. Ehemalige Kutschenstation aus dem 17. Jh., im Stadtzentrum gelegen. Gute Küche (im Erdgeschoss Bistro), leckeres Ale.

*****Cross Keys Hotel €€**, 36–37 The Square, Kelso TD5 7HL, ☎ 01573 223 303, www.cross-keys-hotel.co.uk. Ganzjährig, 26 Zimmer. Hotel mit langer Tradition direkt am Markt. Restaurant und Bistro.

*****Ednam House Hotel €€**, Bridge Street, Kelso TD5 7HT, ☎ 01573 224 168, www.ednamhouse.com. In der vierten Generation, seit 1928, im Familienbetrieb. Ganzjährig, 32 Zimmer. Schönes Gebäude von 1761 in großem Garten mit Blick auf den Tweed. Ganz reizende und anheimelnde Atmosphäre, gute Küche und kinderfreundlich.

Rund um Kelso

9 km nordwestlich von Kelso (A6089, dann B6397 und B6404) liegt das Dorf **Smailholm**. Dort kann man den **Smailholm Tower** besichtigen, ein typisches schottisches dreigeschossiges Tower House (15. Jh.) und ein herrlicher Platz voller Geschichte und Romantik. Hierher kam der junge Walter Scott, um sich von einer Krankheit zu erholen und hier nahm seine Liebe zu der Landschaft der schottischen Borders, die so viel Einfluss auf seine Gedicht und Prosawerke hatte, ihren Anfang.

Dreigeschossiges Towerhouse

Der Südosten: Borders und Lothian

Smailholm Tower aus dem 15. Jh.

Smailholm Tower, *Sandyknowe Farm*, ☎ *01573 460 365, www.historic-scotland.gov.uk, tgl. April–Sept. 9.30–17.30, Okt.–März Sa/So 9.30–16.30 Uhr, Eintritt Erw. 4.50 £, Kinder 2.70 £.*

Eine weitere Sehenswürdigkeit 10 km nordwestlich von Kelso ist **Mellerstain House**. Das Herrenhaus im georgianischen Stil wurde 1725 von William Adam begonnen und 1778 von seinem Sohn Robert Adam fertiggestellt. Es ist ein gutes Beispiel für die elegante symmetrische Bauweise dieser Stilepoche. Das Äußere steht dem Inneren in nichts nach. Dort gibt es eine beeindruckend elegante Bibliothek von Robert Adam sowie eine Gemäldesammlung und kostbare Möbel, darunter seltene Stücke von Chippendale, zu sehen. Hinter dem Haus führt ein italienischer Terrassengarten zum See.

Mellerstain House, ☎ *01573 410 225, www.mellerstain.com, Mai–Sept. Fr–Mo 12.30–17, Garten 11.30–17 Uhr, Eintritt Haus und Garten Erw. 8.50 £, Kinder 4 £, nur Garten Erw. 5 £, Kinder 2.50 £.*

Duns

Wanderungen

Duns ist ein kleiner ruhiger Ort mit 2.600 Einwohnern, der von fruchtbarem Farmland umgeben ist. Rund um Duns gibt es schöne **Wanderwege**. Der schönste Weg führt auf den **Duns Law** (eine eisenzeitliche Siedlung), von wo man wunderbare Blicke über den Merse und auf die Lammermuir Hills im Norden genießen kann. Duns liegt nur ein paar Kilometer südlich der **Lammermuir Hills**, einer Hügelkette die von Osten nach Westen verläuft und eine natürliche Grenze zwischen den Borders und East Lothian darstellt. Die Hügel werden von einer Reihe von Wegen und Pfaden durchzogen, einschließlich des östlichen Abschnitts des Southern Upland Way von Port nach Cockburnspath.

Einzige Treppe aus Silber

4 km östlich von Duns liegt **Manderston House**. Einst ein schlichtes Landhaus, wurde Manderston House um die Jahrhundertwende in einen für die edwardianische Zeit typischen riesigen, historisierenden Prunk- und Prachtbau umgestaltet. Kein Pfennig wurde an Ausstattung und Dekoration gespart und so kann sich Manderston House heute der weltweit einzigen Treppe aus Silber rühmen. Das Haus wird von ausgedehnten Gartenanlagen umgeben. Von den 109 Zimmern werden neun Zimmer auf B&B-Basis vermietet.

Die östliche Route: Von Jedburgh über Kelso, Dunbar, Haddington nach Edinburgh

Manderston House, ☎ 01361 883 450, www.manderston.co.uk, Mai–Sept., Do und So 13.30–17 Uhr, Garten ab 11.30 Uhr bis Sonnenuntergang, Eintritt Haus und Garten Erw. 9 £, Kinder 5 £, nur Garten Erw. 5 £, Kinder 2.50 £.

Paxton House

Ein weiteres Anwesen, 5 km von Berwick upon Tweed an der B6461, ist Paxton House, ein 1758 von John und James Adam (den Brüdern von Robert Adam) im palladianischen Stil errichtetes Herrenhaus aus rotem Sandstein. Typisch für den britischen Palladianismus – der während der georgianischen Epoche sehr beliebt war – sind die symmetrische Aufteilung, der zentrale Eingang, der flache Dreiecksgiebel sowie die bogenförmig geschwungenen Verbindungsmauern zu den Seitengebäuden. Zu der wertvollen Inneneinrichtung zählt eine Sammlung von Chippendale-Möbeln sowie eine beeindruckenden Gemäldegalerie, die von einem ovalen Glasdach (1811 eigens für diesen Zweck angefertigt) überwölbt wird. Im weitläufigen Parkgelände gibt es einen Abenteuerspielplatz für Kinder.

Im palladianischen Stil

Paxton House, ☎ 01289 386 291, http://paxtonhouse.co.uk, Mitte März–Okt. Haus (nur mit Führung 6 x tgl. 11–17 Uhr), Park 10–22 Uhr, Eintritt Erw. 7.60 £, nur Park 4 £, Kinder unter 16 Jahren frei.

Eyemouth

Eyemouth ist bereits seit dem 13. Jh. ein Fischerort. Das **Eyemouth Museum** am Marktplatz widmet sich der Darstellung dieses Erwerbszweigs. Das wichtigste Ausstellungsstück ist die *Eyemouth Tapestry*, von Einheimischen 1981 hergestellt, um an den schrecklichen Sturm von 1881 zu erinnern, bei dem 189 Fischer ums Leben kamen.

Eyemouth Tapestry

Eyemouth Museum, Auld Kirk, ☎ 01890 751 701, Ostern–Okt. Di-Sa 10–16 (teils auch Mo), So 12–16 Uhr, Okt. So geschl., Eintritt Erw. 3.50 £, Kinder unter 16 Jahren frei.

Reisepraktische Informationen Eyemouth

Information
TIC, im Erdgeschoss des Eyemouth Museum (s. o.), ☎ 01890 750 678, www.visiteyemouth.com, April–Okt.

Wandern
Rund um Eyemouth gibt es einige tolle **Küstenwanderungen**, so etwa den 10 km langen Weg von Burnmouth nach **St. Abb's Head**. 4 Std. Gehzeit sollte man einplanen. Die Touristeninformation (s. o.) hält ausführliche Beschreibungen bereit.

Feste
In Eyemouth dreht sich alles um den Fisch: Im Juni gibt es das **Seafood Festival**, im Juli das **Hering Festival** und im August eine **Life Boat Gala**.

Dunbar

Dunbar (18 km südöstlich von North Berwick, von der A1 ab) ist ein netter Hafenort mit Überresten einer alten Festung aus dem 13. Jh. neben dem alten Hafen. Das **Rathaus** in der High Street stammt aus dem 17. Jh. Ebenfalls in der High Street kann man das **Geburtshaus von John Muir** (1838–1914) sehen, der sich in Amerika als Gründer vieler Nationalparks einen Namen gemacht hat. In seinem Geburtshaus wurde ein Museum eingerichtet.
John Muir's Birthplace, ☎ 01368 865 899, www.jmbt.org.uk, April–Okt. Mo–Sa 10–17, So 13–17, Nov.–März Mi–Sa 10–17, So 13–17 Uhr.

Klippenweg zum John Muir Country Park
Zur Erinnerung an John Muir wurde ihm 1976 ein Park gewidmet, der John Muir Country Park. Ein 3 km langer Klippenweg führt westlich von den Burgruine zum Park, der an der Küste nordöstlich von Dunbar liegt.

Das historische Dunbar Town House aus dem 16. Jh. beherbergt neben städtischen Räumlichkeiten ebenso das **Dunbar Town House Museum**, das über die Lokalgeschichte informiert.
Dunbar Town House Museum, ☎ 01368 866 030, April–Sept. tgl. 13–17 Uhr.

Älteste unabhängige Brauerei

Dunbar ist für das **Bellhaven Beer** bekannt, das auch heute noch hier gebraut wird. Schottlands älteste unabhängige Brauerei wurde 1719 gegründet. Im Rahmen einer zweistündigen Führung lernt man die Produktionsabläufe kennen und kann selbstverständlich das Bier auch probieren.
Bellhaven Brewery, ☎ 01368 869 200, www.belhaven.co.uk, Di–Fr 13.45 Uhr, Brauerei-Tour 8 £.

Unterkunft
**New Bayswell Hotel & Restaurant €€, Bayswell Park, Dunbar EH42 1AE, ☎ 01368 862 225, www.bayswellparkhotel.com. Im Familienbetrieb geführtes freundliches Hotel mit Blick über den Firth of Forth. Bistro und Restaurant.

North Berwick

Lebhafter Küstenort

North Berwick, 35 km östlich von Edinburgh gelegen, ist ein netter, lebhafter Küstenort mit kleinen Lädchen entlang der Hauptstraße, einem Bahnhof, feinen Sandstränden sowie Unterkunfts- und Einkaufsmöglichkeiten. Zur Hauptattraktion gehören, neben den Stränden, die beiden hervorragenden Golfplätze, der West Links und der Glen.

Unweit des Hafens liegen die Überreste der **Auld Kirk**, einer dem hl. Andreas weihten Kirche aus dem 12. Jh. Sie war Schauplatz eines der merkwürdigsten Ereignisse in der schottischen Geschichte. 1590, als König James VI. aus Europa mit seiner neuen Frau, Anne von Dänemark, heimkehrte, zettelte Francis Stewart, der Earl of Bothwell, eine Verschwörung gegen ihn an. Der Earl rief in der Kirche sämtliche Hexen aus East Lothian zusammen, um dort den Teufel (Bothwell in Verklei-

Die östliche Route: Von Jedburgh über Kelso, Dunbar, Haddington nach Edinburgh

dung) zu treffen. Mit Hilfe der Hexenkraft versuchte er, einen Sturm im Firth of Forth hervorzurufen, um James VI. und seine Frau zu ertränken. Der Versuch scheiterte und als James von dem Vorhaben hörte, ließ er mehrere Hexen umbringen. Der Earl of Bothwell wurde in den Kerker geworfen, konnte jedoch später fliehen.

Verschwörung

North Berwick wird vom **Berwick Law** überragt, einem 180 m hohen Vulkankegel. Der **Wachturm** (heute eine Ruine) wurde während der Napoleonischen Kriege errichtet. Ein nicht anstrengender Weg führt auf den Hügel hinauf und an einem klaren Tag hat man von dort eine schöne Aussicht.

Das **Scottish Seabird Centre** bietet eine interessante Ausstellung, einen Film über die Vogelwelt in Schottland, einen wohlsortierten Buchladen und ein nettes Café. Jährlich nisten rund 150.000 Seevögel auf den Inseln im Firth of Forth. Im Seabird Centre kann man mit Hilfe von Videokameras die faszinierenden Tiere ganz aus der Nähe beobachten, ohne sie zu stören.
Scottish Seabird Centre, ☎ 01620 890 202, www.seabird.org, Nov.–Jan. Mo–Fr 10–16, Sa/So 10–17, April–Aug. tgl. 10–18, Feb., März, Sept., Okt. Mo–Fr 10–17, Sa/So 10–17.30 Uhr, Eintritt Erw. 8.95 £, Kinder 4.95 £. Etwas außerhalb von North Berwick, gut ausgeschildert).

Vogelwelt Schottlands

5 km östlich von North Berwick (von der A198 ab) liegen die Ruinen von **Tantallon Castle**. Mitte des 14. Jh. erbaut, galt Tantallon Castle durch seine Lage auf einem Landvorsprung als damals fast uneinnehmbare Festung. Erst durch tagelange Bombardierung durch Cromwells Truppen konnte die rote Sandsteinburg erobert werden. Geblieben sind die Türme sowie die Wehrmauer mit einer Stärke von bis zu 6 m.
Tantallon Castle, ☎ 01620 892 727, www.historic-scotland.gov.uk, April–Sept. Mo–So 9.30–17.30, Okt.–März Sa–Mi 9.30–16.30 Uhr, Eintritt Erw. 5.50 £, Kinder 3.30 £.

Strand
Wenige Kilometer südlich von Tantallon befindet sich ein schöner Strand: Von der A198 bei Auldhame Farm abbiegen und der Straße ca. 1,5 km bis zum Gatter folgen, den Rest zu Fuß gehen.

Von Tantallon aus kann man den **Bass Rock** im Meer sehen. Auf dem über 100 m hohen, schwarzen Basaltfelsen sind noch die Überreste einer alten Festung und einer Kapelle erhalten. Der Felsen wurde nach 1671 als Gefängnis für Covenanter benutzt. Heute bietet er eine Brutstätte für Tausende von Tölpeln. Nicht weit entfernt liegt die kleine Insel **Fidra**, ein weiteres Vogelparadies.

Reisepraktische Informationen North Berwick

Information
TIC, *Quality Street, North Berwick, East Lothian EH39 4HJ,* ☎ *01620 892 197, www.north-berwick.co.uk, ganzjährig.*

Unterkunft
Kaimend €€€, Charlotte & Nigel Souter, Hamilton Road, North Berwick EH39 4NA, ☎ 01620 893 557, www.kaimend.com. Wunderbar behagliche Unterkunft mit drei Zimmern, auf Wunsch gibt es auch Dinner. Strand in Gehentfernung und in der Umgebung liegen zahlreiche Golfplätze. DZ ab 150 £, Dinner auf Vorbestellung 60 £.

Bootstouren
Verschiedene Veranstalter bieten bei ruhiger See Bootstouren zum Bass Rock, zur Isle of May und nach Fidra von North Berwick aus, z. B. **SULA Boat Trips**, ☎ 01620 880 770, www.sulaboattrips.co.uk, oder **Aquatrek**, ☎ 01620 893 952, www.aquatrek.co.uk. Es gibt unterschiedliche Touren von 1,5–4 Std.

Dirleton

Eine der ältesten Steinburgen

Das freundliche Dörfchen Dirleton, 11 km westlich von North Berwick an der A198, kann mit einer kleinen Kirche, einem Lebensmittelladen, einer Kunstgewerbegalerie und einem Hotel aufwarten. Die Besonderheit des Ortes ist jedoch die rote Sandsteinruine von **Dirleton Castle**. Das Castle wurde um 1225 errichtet und ist somit eine der ältesten Steinburgen in Schottland. 1560 wurde sie von Cromwell zerstört. Einst umgab eine Mauer den Innenhof und den Eingang beherrschte ein hoher Turm. Der schöne Garten wurde im 16. Jh. angelegt und lohnt auf jeden Fall einen Besuch, nicht nur wegen der – laut Guinnessbuch der Rekorde – längsten Buchsbaumhecke der Welt.
Dirleton Castle, ☎ 01620 850 330, www.historic-scotland.gov.uk, April–Sept. tgl. 9.30–17.30, Okt.–März bis 16.30 Uhr, Eintritt Erw. 5.50 £, Kinder 3.30 £.

Unterkunft
****Open Arms Hotel €€–€€€**, Dirleton, North Berwick EH39 5EG, ☎ 01620 850 241, www.openarmshotel.com. Direkt gegenüber vom Castle liegt das traditionelle Hotel mit gemütlich eingerichteten Zimmern, Brasserie und Restaurant.

Haddington und Umgebung

Haddington, 25 km westlich von Edinburgh, ist eine nette, etwas verschlafene Kleinstadt mit einem attraktiven historischen Ortskern. Über hundert Gebäude überwiegend aus dem 17.–19. Jh. sind als historisch wertvoll aufgelistet, so etwa das **Town House** in der Court Street, das 1748 von William Adam errichtet wurde. Weiterhin sehenswert sind das **Rathaus** (1748 von William Adam) und die **Nungate Bridge** aus dem 17. Jh.

Am Ostende der High Street führt die Church Street zur **St. Mary's Collegiate Church** (14. Jh.), der größten Gemeindekirche in Schottland. Mit ihren 63 m Länge ist sie länger als St. Giles in Edinburgh. Durch „St. Mary's Gate" gelangt man zu „St. Mary's Pleasance". Nach Vorlagen des 17. Jh. wurde hier ein Rosen- und Kräutergarten angelegt. Haddington hat kein Touristenamt, aber Informationstafeln, auf denen alle interessanten Stätten erklärt werden.

Die östliche Route: Von Jedburgh über Kelso, Dunbar, Haddington nach Edinburgh

Knapp 2 km südlich von Haddington liegt **Lennoxlove House**, der Familiensitz des Duke of Hamilton. Ursprünglich ein Turmhaus aus dem 13. Jh., erhielt Lennoxlove sein heutiges Aussehen im 17. Jh. Benannt ist das Haus nach der Duchess of Lennox. Als „La Belle Stewart" war sie Hofdame der Gemahlin Charles II. und von diesem heiß begehrt. Alle Anträge des Königs lehnte sie jedoch tugendhaft ab und heiratete stattdessen den Duke of Richmond and Lennox. Lennoxlove hat eine wertvolle Innenausstattung: Gemälde, eine stattliche Porzellansammlung, alte Petit-Point-Stickereien sowie kostbare Möbel.

In der Kleinstadt Haddington

Lennoxlove House, ☏ 01620 828 619, www.lennoxlove.com, Führungen Ostern–Okt. Mi, Do, So 13.30, 14.30 und 15.30 Uhr, Eintritt 5 £.

6 km nordöstlich von Haddington, an der B1347 bei **East Fortune**, liegt das ausgezeichnete **Museum of Flight**. Das Museum zeigt eine stattliche Sammlung an Flugzeugen (einschließlich dem ältesten Flugzeug Großbritanniens) und ist in einer Flugzeughalle auf einem Militärflugplatz aus dem Zweiten Weltkrieg untergebracht. Absolutes Highlight ist natürlich „The Concorde Experience". Das schnellste Flugzeug der Welt hat hier in East Fortune eine neue Heimat gefunden. *Flugzeuge*

Museum of Flight, ☏ 0300 123 6789, www.nms.ac.uk, April–Okt. 10–17, Nov.–März Sa/So 10–16 Uhr, Eintritt Erw. 9.50 £, Kinder 4 £.

In **East Linton**, 6 km östlich von Haddington, bietet die **Preston Mill**, eine malerisch am Tyne gelegene Wassermühle aus dem 18. Jh., ein schönes Fotomotiv. Die Mühle ist auch heute noch funktionsfähig. Ganz in der Nähe steht der sog. Phantassie Doocot, ein typisches Beispiel für einen der in Schottland häufigen Taubenschläge. Die sog. *dovecots* oder *doocots* sind eine architektonische Besonderheit des 17. Jh. Erst im 18. Jh. wurden Rüben als Winterfutter für Tiere eingeführt. Bis dahin mussten im Winter alle Tiere außer dem Zuchtvieh geschlachtet und gepökelt werden. Einzig durch Tauben bekam man im Winter Frischfleisch. Jeder größere Besitz hatte seinen eigenen Taubenturm, der entweder als Ecktürmchen am Haus oder freistehend gebaut wurde. *Besonderheit: Taubenschläge*

Preston Mill, East Linton, ☏ 01620 860 426, www.nts.org.uk, Mai–Sept. Do–Mo 12.30–17 Uhr, 6.50 £.

7 km südlich von Haddington, an der B6369, liegt das hübsche Dorf **Gifford**. Da es verschiedene Unterkunftsmöglichkeiten bietet, stellt Gifford einen guten Ausgangspunkt für Wanderungen in den südlich gelegenen Lammermuir Hills dar.

4. EDINBURGH

Allgemeiner Überblick

Mit seinen knapp 500.000 Einwohnern ist Edinburgh nach Glasgow die zweitgrößte Stadt Schottlands und seit jeher der kulturelle und administrative Mittelpunkt des Landes. Edinburgh Castle ist Wahrzeichen und Zentrum der schottischen Hauptstadt. Vom Castle aus führt die Royal Mile abwärts zum zweiten königlichen Schloss, dem Palace of Holyroodhouse, der auch heute noch die offizielle Residenz der Königin ist.

Zweitgrößte Stadt Schottlands

Edinburgh ist kosmopolitisch, kultiviert und einfach nur schön. Vier Universitäten sorgen für lebhafte Stimmung das ganze Jahr hindurch. Das alljährlich im August stattfindende Theater Festival mit zahlreichen Rahmenveranstaltungen ist das größte seiner Art in der ganzen Welt und zieht alljährlich im August rund eine Million Besucher aus der ganzen Welt an.

Geschichte

Der Name Edinburgh kommt höchstwahrscheinlich von Din Eidyn, was auf Gälisch „burgh" bedeutet und dem angelsächsischen Wort für Festung oder Stadt entspricht. Edinburghs Ursprung ist nicht genau geklärt, jedoch soll hier schon im 7. Jh. der König von Northumberland, Edwin, eine Befestigungsanlage, **Edwin's Burgh**, gegründet haben. Als ältestes erhaltenes Gebäude in der Stadt gilt die „Kapelle der heiligen Königin Margaret" im Castle. Nur diese Kapelle ist von der ursprünglichen Burg erhalten, die Margarets Mann, König Malcolm III. hier erbauen ließ. Um die Burg herum entstanden im späten 11. Jh. erste Siedlungen. Um 1125 erhielt Edinburgh Stadtrecht und wurde *Royal Burgh*. David I. (Sohn Margarets und Malcolms) gründete 1128 am östlichen Ende des Burgfelsens die Augustinerabtei von Holyrood. Hier bildete sich später die Gemeinde von Canongate. Zwischen der Burg und der Abtei wurde die Besiedlung immer dichter und so entstand die eine Meile messende **Royal Mile**. Auch heute noch wird der Abschnitt zwischen Edinburgh Castle und Palace of Holyroodhouse so genannt.

Städtische Bedeutung gewann Edinburgh in der Mitte des 15. Jh. unter der Regierung von James II. Eine Stadtmauer wurde ab 1455 angelegt. Unter James VI. wurde Edinburgh zur Hauptstadt Schottlands erklärt. Nach der Niederlage bei Flodden, 1513, ließ man den **Flodden Wall** anlegen, da man eine englische Invasion fürchtete. Trotz der politischen und religiösen Unruhen des 16. Jh. entwickelte sich die Stadt zu dieser Zeit schnell weiter

Redaktionstipps

▶ **Edinburgh Castle** besichtigen (S. 165) und die **Royal Mile** mit ihren verschiedenen Museen und Besucherattraktionen hinuntergehen (S. 167).
▶ Das interessante **National Museum of Scotland** besuchen (S. 178).
▶ Der **National Gallery of Scotland**, der **Royal Scottish Academy** (S. 180) oder der **National Gallery of Modern Art** (S. 184) einen Besuch abstatten.
▶ Sich in den unterirdischen Gängen und Passagen des **Mary King's Close** gruseln (S. 169).
▶ Einen Ausflug nach **South Queensferry** (S. 188) machen und die **Forth Bridges** anschauen (S. 469).

und wurde das Zentrum von Kirche, Wissenschaft (1582 Universitätsgründung) und Verwaltung. Als James VI. von Schottland (1567–1625) 1603 im Zuge der *Union of Crowns* nach dem Tod der englischen Königin Elizabeth I. als König James I. von England die Thronfolge antrat und den Herrschersitz von Holyrood nach London verlegte, verlor Edinburgh an Bedeutung.

Allmählich war die *Old Town* zwischen Castle und Holyrood zu klein und eng geworden und konnte die Menschenmassen nicht mehr aufnehmen. Enge, Schmutz, Wohnungsnot und Epidemien machten sich breit. So entschloss sich der Stadtrat 1767 zum Bau eines neuen Stadtteils. Der junge Architekt **James Craig** gewann mit dem Entwurf der großzügigen Anlage der **New Town** den Wettbewerb. Nördlich des einstigen Stadtzentrums entstand ein überschaubares Quartier mit rechtwinklig verlaufenden Straßen und Gebäuden im schönsten georgianischen Stil. Während in der „gewachsenen" Altstadt ein buntes Durcheinander herrscht, sind die Straßen der „Neustadt" einheitlich und ebenmäßig angelegt.

Blüte von Kunst und Wissenschaft

Von etwa 1750 bis 1830 erlebte Edinburgh – bedingt durch wachsenden Wohlstand, der Schwächung der Kirche und einer Verbesserung des Schul- und Universitätslebens – eine Blüte in Kunst und Wissenschaft. Bedeutende Persönlichkeiten der Wissenschaft und Künste kamen nach Edinburgh. Zu nennen sind etwa der Philosoph David Hume und der Nationalökonom Adam Smith. Edinburgher Künstler wie Allan Ramsay und Henry Raeburn machten sich weit über die Grenzen Schottlands hinaus einen Namen. Auch schottische Ärzte waren über die Landesgrenzen hinaus bekannt. Aus dieser Zeit stammt auch eine Reihe monumentaler und eindrucksvoller Schulen und Krankenhäuser, die von privaten Stiftern gegründet wurden, z. B. das John Watson's Hospital (1828), in dem heute die Gallery of Modern Art untergebracht ist.

Ausgelöst durch die Abwanderung vieler Literaten, Künstler und Wissenschaftler (ab 1830), begann ein Niedergang im kulturellen Schaffen Edinburghs. Dennoch blieb die Stadt auch noch im viktorianischen Zeitalter eine Wirtschaftsmetropole und ein Zentrum der medizinischen Wissenschaften. Die Industrielle Revolution beeinflusste Edinburgh weniger als andere Städte in Großbritannien. Weiterhin gab es hier eher Verwaltung denn Industrie. Städtebauliche Entwicklungen im 20. Jh. führten zur Eingemeindung der kleineren Vororte und Randgebiete, ließen jedoch die schönsten Teile der Stadt unversehrt. Nach dem Zweiten Weltkrieg erhielt Edinburgh internationale Bedeutung als Heimat des Edinburgh International Festival. Im ersten Jahrzehnt des neuen Jahrtausends rückte die Stadt mit dem Neubau des Scottish Parliament, gegenüber dem Palace of Holyroodhouse, erneut ins öffentliche Rampenlicht.

Welterbe der UNESCO

Neben seinem Status als Welterbe kann Edinburgh stolz darauf sein, weltweit die erste Literaturstadt zu sein. Die Stadt kann auf eine lange Tradition der Druckkunst, im Besonderen des Buchdrucks zurückblicken, denn bereits 1507 vergab der damalige König Drucklizenzen. Zudem kann Edinburgh sich rühmen, Heimat des meistverkauften Krimiautors Großbritanniens, Ian Rankins, und anderer Schriftsteller wie Irvine Welsh, Muriel Spark zu sein *(s. auch www.cityofliterature.com und www.scottishprintarchive.org)*.

Stadtstruktur

Das alte Edinburgh

Die Ausdehnung der Stadt war durch drei verschiedene Faktoren begrenzt: durch das abfallende Land rechts und links der Royal Mile, durch den Flodden Wall und den im 15. Jh. als künstlichen See zu Verteidigungszwecken angelegten Nor'Loch am Fuß des Burgfelsens. Bedingt durch die geografischen Gegebenheiten und um die steigenden Einwohnerzahlen zu bewältigen, wurde in die Höhe gebaut. Auf engstem Raum entstand dicht aneinandergedrängt eine Anhäufung hoher, schmaler Häuser (z. T. bis zu zehn Stockwerke hoch), die ersten „Hochhäuser" Europas.

Die ersten Hochhäuser in Europa

Zwischen den hohen Häusern auf jeder Seite zweigen sog. *Wynds* oder *Closes* ab. Wynd steht für ein enges Sträßchen oder Gässchen, breit genug für ein einzelnes Pferd, während Close im Allgemeinen eine Sackgasse ist. In diesen kleinen Gässchen herrschte reges Leben, denn dort befanden sich Werkstätten, Tavernen und Läden. Die Altstadt hat über hundert solcher Gässchen; diejenigen, die von besonderem Interesse oder geschichtlicher Bedeutung sind, tragen am Eingang ein Schild mit einer Beschreibung ihrer Funktion und Bedeutung. In einigen dieser Close sind kleine Grünanlagen, wo man sich herrlich ausruhen oder sein Picknick verspeisen kann.

Ansicht auf die National Gallery

Das neue Edinburgh

Die „Neustadt" geht auf das 18. Jh., die georgianische Zeit zurück. Vom Castle hügelabwärts erreicht man die Princes Street, die Hauptstraße Edinburghs. Zur einen Seite liegen die Princes Street Gardens, an der anderen Seite reihen sich Geschäfte, Hotels und Büros am Rande der New Town aneinander. Die erste New Town von James Craig (1776, der Originalplan wurde später mehrfach erweitert) ist ein klar eingegrenztes Rechteck: Charlotte Square und St. Andrews Square im Westen und Osten sowie Princes, George und Queen Street als verbindende Achsen. Craigs Entwurf symbolisierte die Verbindung zwischen Schottland und England, was sich in vielen Straßennamen reflektiert: George Street (zu Ehren des Königs), die Plätze St. Andrew im Osten und St. George (später Charlotte) im Westen, parallel zur George Street die Thistle Street und die Rose Street, die nationalen Embleme der beiden Länder sowie die Querstraßen Hanover Street und Frederick Street.

Homogene Straßenzüge

Queen Street und Princes Street waren jeweils nur an einer Seite bebaut. Die großzügig angelegten, eleganten Straßenzüge werden von Plätzen, oft mit Grünanlagen in der Mitte, unterbrochen. Charlotte Square ist der schönste dieser Plätze. Das Entscheidende an diesem Konzept war die Idee eines städtebaulichen Gesamtkonzepts, d. h. es entstanden nicht nur einzelne Häuser, sondern ein homogener Straßenzug. Die ständig wiederkehrenden Fassadenelemente der klar gegliederten, dreigeschossigen Häuser schaffen eine einmalige Atmosphäre architektonischer Einheit und Geschlossenheit. Heute bildet das Areal das größte und homogenste Gebiet georgianischer Stadtarchitektur und ist mit 310 ha das größte Denkmalschutzgebiet Großbritanniens.

Aussicht vom Tower Restaurant auf Edinburgh Castle

Das moderne Edinburgh

Seit den 1990er-Jahren kam es zu einer Rückbesinnung auf alte Bautraditionen. Eine Reihe neuer öffentlicher Bauten entstand, z. B. das Saltire Court Centre, das Radisson SAS Hotel und das Parlamentsgebäude, in denen sich traditionelle Edinburgher Bauweise mit moderner und postmoderner Architektur verbindet.

Alte Bautraditionen

Stadtbesichtigung

Tipps zur Stadtbesichtigung
Während der Festivals im Sommer sind viele Sehenswürdigkeiten abends länger geöffnet. In Edinburgh ergeben sich aufgrund der symmetrischen Stadtanlage und der zahlreichen Sehenswürdigkeiten Rundgänge wie von selbst. Ein etwa dreistündiger Rundgang (oder länger, je nachdem wie oft man einkehrt) beginnt beim Edinburgh Castle, führt entlang der Royal Mile, über die North Bridge zum Waterloo Place und auf den Calton Hill. Von dort geht es in Richtung Westen zur „New Town", entlang der George Street oder Queen Street zum Charlotte Square. Via Princes Street und The Mound gelangt man wieder zum Schloss.

Sehenswertes in der Innenstadt

Hinweis
Den Stadtplan Innenstadt Edinburgh finden Sie in der hinteren Umschlagklappe.

Edinburgh Castle (1)

Der Felsen, auf dem die Burg erbaut wurde, ist wie Arthur's Seat vulkanischen Ursprungs. Der Burghügel liegt 135 m über dem Meeresspiegel und ca. 82 m über den West Princes Street Gardens. König Malcolm III., Sieger über Macbeth, und seine Gemahlin Königin Margaret machten die Burg zu einer ihrer Residenzen, während die schottische Hauptstadt zu jener Zeit noch Dumfermline war.

Burg auf vulkanischem Felsen

Edinburgh Castle ist Schottlands meistbesuchte Besucherattraktion. Ein Besuch lohnt sich schon allein wegen der fantastischen Aussicht über die Stadt, die man von dort oben genießen kann. Man kann die Burg auf eigene Faust erkunden oder sich einer der ausgezeichneten kostenlosen Führungen anschließen.
Edinburgh Castle, Castlehill, ☎ 0131 225 9846, www.edinburghcastle.gov.uk, www.historic-scotland.gov.uk, April–Sept. tgl. 9.30–18 (während des Tattoo bis 17.30 Uhr), Okt.–März tgl. 9.30–17 Uhr, letzter Einlass 1 Std. vorher, Eintritt Erw. 16 £, Kinder 9.60 £.

Man betritt Edinburgh Castle über die **Esplanade (A)** durch das **Portcullis-Tor (B)** und die **Argyll Battery (C)**.

Der Turm wurde 1369 erbaut und diente als Gefängnis. Geradeaus gelangt man zur Mill Mount Battery. Jeden Tag (außer Sonntag, Weihnachten und Karfreitag) wird

Edinburgh – Stadtbesichtigung

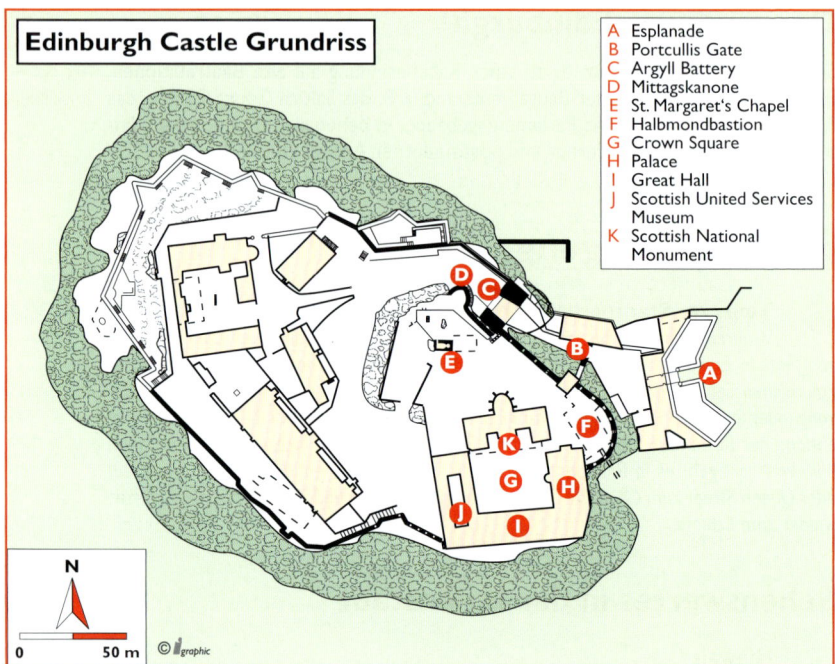

Edinburgh Castle Grundriss

A Esplanade
B Portcullis Gate
C Argyll Battery
D Mittagskanone
E St. Margaret's Chapel
F Halbmondbastion
G Crown Square
H Palace
I Great Hall
J Scottish United Services Museum
K Scottish National Monument

Mittags-kanone — um 13 Uhr ein Schuss von der sog. **13-Uhr-Kanone (D)** abgefeuert. Diese Tradition besteht seit 1851 und diente anfänglich dazu, die Angestellten in der Stadt an die Zeit zu erinnern. Von den beiden Geschützplattformen hat man einen Blick auf die schnurgerade Princes Street, die New Town und den Firth of Forth. Der steilen und kurvigen Straße folgend, passiert man das Governor's House und gelangt zur **St. Margaret's Chapel (E)**. Die schlichte kleine Kapelle im normannischen Stil wurde möglicherweise nicht unter Königin Margaret, sondern erst unter ihrem Sohn David I. errichtet. Mons Meg ist eine mächtige Kanone aus der Zeit James IV. 1754 brachte man sie in den Tower of London. Sir Walter Scott gelang es schließlich, George IV. zu überreden, sie anlässlich seines Besuchs 1822 wieder mitzubringen. Sie wiegt über 3 t und konnte mit einer Ladung von 50 kg Pulver ein 150 kg schweres Geschoss 3 km weit feuern.

Von der **Halbmondbastion (F)**, östlich der Kapelle, hat man einen tollen Blick auf die Stadt. Die Bastion wurde 1574 errichtet. Südlich der Kapelle gelangt man zum **Crown Square (G)**, dem Zentrum und wichtigsten Teil der Burganlage. Der Platz wird von Palastgebäuden aus dem 15. und 16. Jh. flankiert.

An der Ostseite des Crown Square steht der **Königliche Palast (H)**, der während der Regierungszeit James IV. erbaut wurde. Von besonderem Interesse sind der winzige Raum, in dem Maria Stuart 1566 den späteren James I. von England gebar, sowie der Crown Room, in dem die schottischen Reichsinsignien *(Honours of*

Scotland) zu besichtigen sind. Zum ersten Mal wurden die Kronjuwelen 1543 für die Krönung von Queen Mary verwendet, letztmalig 1651 für die Krönung Charles' II. Die Krone besitzt über 90 Perlen, zehn Diamanten und mehr als 30 weitere Edelsteine. Schwert und Zepter sind um 1500 von Goldschmieden geschaffen worden. Im Crown Room befindet sich auch der legendäre Stone of Destiny, der Sitz, auf dem die schottischen Könige gekrönt wurden. 1296 wurde der Stein vom englischen König Edward I. gestohlen und kehrte erst 1996 wieder zurück (s. S. 396).

Kronjuwelen

In der mittelalterlichen **Great Hall (I)**, auch Bankett Hall genannt, wurde einst das Parlament abgehalten. An der westlichen Seite des Platzes sieht man die aus dem 18. Jh. stammenden Queen Anne Barracks, in denen heute das **Scottish United Services Museum (J)** untergebracht ist. Das Museum beherbergt zahlreiche Exponante zur schottischen Militärgeschichte vom 16. Jh. bis heute.

Im Norden beschließt das neogotische **Scottish National Monument (K)** den Platz. Es wurde von Sir Robert Lorimer geschaffen und ehrt die schottischen Soldaten, die im Ersten Weltkrieg starben.

Von der Westseite des Crown Square kann man in die **Vaults** hinabsteigen, eine Reihe dunkler Kammern, die einst als Gefängnis für französische Kriegsgefangene während der Napoleonischen Kriege genutzt wurden.

Royal Mile

Vor dem 18. Jh. bildete die steile Straße, die die Burg mit dem Palace of Holyroodhouse verbindet, den Mittelpunkt des Edinburgher Lebens. Obwohl es im Sommer unangenehm voll werden kann, hat die Royal Mile dennoch auch einen ganz normalen Alltag, denn das Gericht befindet sich hier und natürlich das Parlament.

Daniel Defoe, der Anfang des 18. Jh. in Edinburgh lebte, beschrieb die Royal Mile als *„perhaps the longest and finest street for buildings, and number of inhabitants, not in Britain only, but in the world."* Entlang der Royal Mile, die aus den Straßenzügen „Castle Hill", „Lawnmarket", „High Street" und „Canongate" besteht, liegen viele Sehenswürdigkeiten, u. a. der Outlook Tower, Gladstone's Land, St. Giles Cathedral, John Knox House sowie vier Museen und zahlreiche Cafés, Restaurants und Pubs.

Outlook Tower & Camera Obscura and the World of Illusion (2)

Während das untere Stockwerk im 17. Jh. errichtet wurde, stammt der obere Teil sowie der mit Zinnen versehene Turm aus der Mitte des 19. Jh. Die Camera Obscura, die – richtet man sie auf einen Teil der Stadt – das Panorama Edinburghs auf eine halbrunde Mattscheibe projiziert, wurde 1854 von der Optikerin Maria Theresa Short hier aufgestellt. Ebenso interessant sind die Foto- und Hologrammausstellung sowie der gigantische „Plasmadome", der größte in der Welt. Bereits seit 1853 ist die Camera Obscura eine Besucherattraktion für Jung und Alt! Bereits vor dem Eingang stehen zwei verformte Siegel, in denen man sich ebenfalls, lustig verformt, bewundern kann.

Projektion des Stadtpanoramas

Kuriose Ansichten bietet die Camera Obscura

Camera Obscura, *Royal Mile,* ☎ *0131 226 3709, www.camera-obscura.co.uk, April–Okt. tgl. 9.30–20, Juli/Aug. bis 21, Nov.–März tgl. 10–20 Uhr, Eintritt Erw. 11.95 £, Kinder 8.75 £.*

The Scotch Whisky Experience (3)

In dem didaktisch geschickt aufgebauten Museum kann man sich über jegliche Aspekte des schottischen Nationalgetränks informieren. Zunächst wird der komplizierte Vorgang der Whiskyproduktion erläutert. Danach geht es in kleinen Wägelchen – Whisky-Fässern nachgebildet – bei düsterer Beleuchtung auf eine „Reise in die Vergangenheit" des schottischen Whiskys.
The Scotch Whisky Experience, *354 Castlehill,* ☎ *0131 220 0441, www.scotch whiskyexperience.co.uk, tgl. 10–18 Uhr, letzte Tour um 17 Uhr; Touren von unterschiedlicher Länge. Die Silver Tour z. B., ideal für Familien, dauert 1 Std. und kostet für 2 Erw. und 2 Kinder 31 £.*

Auf der gleichen Straßenseite steht die **Tolbooth Kirk**, deren Turm der höchste der Stadt ist. Die Kirche wurde 1981 geschlossen und seit 1999 befindet sich hier **„The Hub" (4)**, das Zentrum des Edinburgh Festivals. Hier gibt es ein Café, einen Geschenke- und Bücherladen, Ausstellungen sowie die Veranstaltungskasse für das Edinburgh Festival *(www.thehub-edinburgh.com)*.

Gladstone's Land (5)

Schottische Stadtarchitektur des 17. Jh.

Gladstone's Land – „Land" bedeutet Mietshaus – ist ein schmales Bürgerhaus mit fünf Stockwerken, das 1620 erbaut wurde. Die Fassade ist fast original erhalten. Kennzeichnend für die schottische Stadtarchitektur des 17. Jh. sind die in den ersten Stock führende Außentreppe sowie die Arkaden, die nun anstelle von Holz aus Stein gebaut sind. Das Gebäude wurde bereits in den 1930er-Jahren vom NTS restauriert. Dabei kamen wunderschöne, bemalte Holzbalkendecken zum Vorschein. Über zwei Etagen ist die Wohnung mitsamt Inneneinrichtung einer Tuchhändler-Familie im 17. Jh. in einem typischen Haus der Old Town nachgebildet.
Gladstone's Land, *Royal Mile,* ☎ *0131 226 5856, www.nts.org.uk, Ostern–Okt. 10–17, Juli/Aug. 10–18.30 Uhr, Eintritt 6.50 £. Wenn es Ihnen hier gefällt: In Gladstone's Land kann man eine Ferienwohnung mieten (Auskunft erteilt der NTS).*

Lady Stair's Close und The Writers' Museum (6)

Unweit Gladstone's Land liegen Lady Stair's Close mit dem **Writers' Museum**. Im 18. Jh. lebte hier Lady Stair, Mitglied der damaligen Edinburgher High Society. Sir Walter Scott setzte ihr mit der Geschichte „Der Spiegel meiner Tante" ein litera-

risches Denkmal. Heute ist hier das Writers' Museum eingerichtet. Gezeigt werden Originalhandschriften, Erstausgaben, Briefe, Fotografien und Erinnerungsstücke der drei schottischen Dichter Robert Burns, Sir Walter Scott und Robert Louis Stevenson. Neben dem Museum ist Makers' Court. Steinplatten zeigen Inschriften von schottischen Schriftstellern vom 14. Jh. bis heute.
The Writer's Museum, ☏ 0131 529 4901, www.edinburghmuseums.org.uk, Mo–Sa 10–17, Aug. auch So 12–17 Uhr.

Brodie's Close und Deacon Brodie's Tavern (7)
An den wohl berühmtesten Edinburgher Schurken des 18. Jh. erinnern **Brodie's Close** und **Deacon Brodie's Tavern**. Tagsüber war er der ehrenwerte Ratsherr William Brodie, nachts hingegen betätigte er sich als Einbrecher, um Spielschulden bezahlen sowie seine beiden Geliebten und einige uneheliche Kinder unterhalten zu können. Nachdem er ertappt worden war und 1788 erhängt werden sollte, versuchte er, durch das Tragen eines eisernen Kragens unter dem Hemd dem Tode zu entrinnen, was jedoch misslang. William Brodies Konterfei ist auf dem Schild der „Deacon Brodie's Tavern" am Lawnmarket zu sehen.
Deacon Brodie's Tavern, 435 Lawnmarket, ☏ 0131 225 6531, www.nicholsons pubs.co.uk.

Dr. Jekyll and Mr. Hyde

Buchtipp
Die Figur von William Brodie diente Robert Louis Stevenson als Vorlage für seine Erzählung „**Dr. Jekyll and Mr. Hyde**", 1866. Wie Walter Scott, war auch Stevenson Jurist und Schriftsteller in Edinburgh.

Mary King's Close (8)
In Mary King's Close geht es in Begleitung eines unterhaltsamen Führers bzw. Führerin durch vier verborgene „Closes" unterhalb der Royal Mile. Dabei gewinnt man einen guten Eindruck vom Leben in Edinburgh im 16. bis 19. Jh. Während der interessanten Tour begegnet man allerhand skurriler Gestalten, die die Vergangenheit lebendig machen.
The Real Mary King's Close, 2 Warriston's Close, High Street, ☏ 0845 070 6244, www.realmarykingsclose.com, April–Okt. tgl. 10–21, Nov.–März So–Do 10–17, Fr/Sa 10–21 Uhr, Eintritt Erw. 12.95 £, Kinder 7.45 £.

St. Giles (9)
St. Giles ist der Namenspatron der High Kirk of Edinburgh. Er ist einer der 14 Nothelfer (zuständig bei Epilepsie und Unfruchtbarkeit) sowie Schutzheiliger der Mütter. Die Kirche hat eine bewegte Geschichte. Im Mittelalter kam hier das schottische Parlament zusammen. Später spielten sich in der Kirche die Wirren der Reformation ab. Schließlich wurde das Gotteshaus aufgeteilt und als Gerichtshaus, Stadtamtshaus, Schule und selbst als Gefängnis benutzt. Zeitweilig beherbergte die Kirche vier verschiedene Kongregationen, die erst in viktorianischer Zeit wieder vereinigt wurden. Die gotische Kirche entstand auf den Ruinen zweier Vorgängerbauten. Die erste Kirche wurde im 9. Jh. errichtet. Um 1120 jedoch entschied man sich zum Neubau einer größeren normannischen Kirche. 1385 zerstört, begann wenig später der Bau des jetzigen Gotteshauses, das im 15. Jh. fertiggestellt war. Der *crown steeple*, der Kirchturm mit seinem kronenförmigen Abschluss, wurde

High Kirk von Edinburgh

Edinburgh – Stadtbesichtigung

1495 fertiggestellt. Nachdem aus der Stadtkirche eine Stiftskirche wurde, baute man weitere kleinere Nebenkapellen an. Im Zuge der Reformation und mit dem Sieg der Protestanten erlebte St. Giles erhebliche Missbräuche (44 Altäre wurden aus der Kirche entfernt!) und im 19. Jh. haben wenig geglückte Renovierungen den Bau stark verändert. Der Turm mit dem *crown steeple* blieb allerdings unverändert.

Im Inneren überrascht die Fülle an historischen Gedenkstätten und Ehrenmalen. An den vier massiven normannischen Säulen in der Mitte der Kirche hängen Standarten der schottischen Regimenter. In der „Albany Aisle" befindet sich eine Gedenkstätte für die im Ersten Weltkrieg gefallenen schottischen Soldaten. Eindrucksvoll sind die Glasfenster von Edward Burne-Jones (1833–1898) und William Morris (1834–1896). Das große Fenster im Westen ist dem Dichter Robert Burns gewidmet.

Distelorden   Die Kapelle des altehrwürdigen Distelordens (*Most Ancient and Most Noble Order of the Thistle*, 1470 von James III. gegründet) wurde von Sir Robert Lorimer entworfen und 1911 eingeweiht. Außer dem jeweiligen König hat dieser Orden niemals mehr als 16 Mitglieder aus dem schottischen Hochadel. Die Kapelle ist reich verziert. Besonders eindrucksvoll sind die herrlichen Schnitzereien an den Chorstühlen, ein mit komplizierten Ornamenten versehener Baldachin und eine Fülle heraldischer Embleme. Vor dem Haupteingang von St. Giles markiert eine 1885 errichtete Kopie des Mercat Cross – einige wenige Teile sind noch original aus dem 15. Jh. erhalten – den einstigen Handelsplatz der Stadt, den Proklamations- und Versammlungsort sowie die Richtstätte.

St. Giles, *Royal Mile,* ☎ *0131 225 9442, www.stgilescathedral.org.uk, Mai–Sept. Mo-Fr 9–19, Sa 9–17, So 13–17, Okt.–April Mo–Sa 9–17, So 13–17 Uhr.*

Edinburghs Kathedrale St. Giles

Sehenswertes in der Innenstadt

Einkehren
Im **Café von St. Giles** kann man einkehren und schottische Spezialitäten wie Stovies probieren.

Nicht weit entfernt zeigt die Straßenpflasterung die Umrisse eines Herzens, das **Heart of Midlothian** – übrigens ein weiterer Romantitel Sir Walter Scotts. Derjenige, so sagt es die Legende, wird Glück haben, der mitten in das Herz hinein zu spucken vermag. Versuchen Sie es!

Parliament House/Supreme Courts (10)
Das Parliament House befindet sich hinter St. Giles. Von 1639 bis zum *Act of Union* 1707 tagte hier das schottische Parlament. Das Gebäude wurde 1632–1639 erbaut, 1807 jedoch im neoklassizistischen Stil umgestaltet. Heute beherbergt es den High Court, den Obersten Gerichtshof Schottlands. Vor dem Gebäude, auf dem Parliament Square, steht eine Reiterstatue von Charles II., die 1685 errichtet wurde.

City Chambers (11)
Das neoklassizistische Gebäude wurde 1753 von John Adam, dem Bruder Roberts, als Börse erbaut. Offensichtlich entsprach das Gebäude jedoch nicht den Vorstellungen der Handelsleute, jedenfalls wurde es zu Beginn des 19. Jh. zur Niederlassung des Stadtrats umfunktioniert. Die Rückseite des Gebäudes (Cockburn Street) ist mit seinen zwölf Stockwerken eines der höchsten der Altstadt.

Museum of Childhood (12)
Das Museum, das sich aus einer privaten Puppensammlung entwickelt hat, wurde 1955 gegründet und war das erste Museum überhaupt, das sich mit dem Thema „Kindheit" beschäftigte. Heute findet man hier eine wahre Schatztruhe aus dem Reich der Kindheit, von Spielzeug bis zur Kindermode. Aber auch die Geschichte des Schul- und Gesundheitswesen wird interessant dargestellt.
Museum of Childhood, 42 High Street, ☏ 0131 529 4142, www.edinburghmuseums.org.uk, Mo–Sa 10–17, So 12–17 Uhr, Eintritt frei.

Kindheit

Beinahe gegenüber liegt das aus dem 16. Jh. stammende **Moubray House**, angeblich das älteste bewohnte Haus in Edinburgh. Leider ist es für die Öffentlichkeit nicht zugänglich. Hier lebte Daniel Defoe, als er 1707 nach Edinburgh kam, um beim *Act of Union* zu beraten.

Scottish Storytelling Centre mit John Knox House (13)
Nebenan lohnt das **Scottish Storytelling Centre** mit dem **John Knox House** den Besuch. Das Storytelling Centre umfasst ein tolles Café, das Netherbow Theatre, die George Mackay Brown Library und das John Knox House. Ob die Leit- und Schlüsselfigur der schottischen Reformation tatsächlich in dem Eckhaus gewohnt hat, wird allerdings bezweifelt. Es gehörte James Mossman, dem Goldschmied von Mary Queen of Scots. Das Gebäude ist mit den überhängenden Stockwerken, umlaufenden Holzgalerien, Giebelfenstern sowie der Außentreppe ein besonders schönes Beispiel für die Bauweise im Edinburgh des 16. Jh. Im Museum kann man sich anhand einer Filmvorführung sowie vielfältiger Ausstellungsstücke über das Leben von John Knox sowie die Geschichte der Reformation und ihre

John Knox und die Reformation

Hintergründe informieren. Faksimiles seiner Werke, u. a. die „History of Religion within the Realm of Scotland" und Knox' Ausführungen gegen das „monströse Regiment der Weiber" sind ebenfalls ausgestellt.
Scottish Storytelling Centre, *43–45 High Street, ☎ 0131 556 9579, www.scottishstorytellingcentre.co.uk, Mo–Sa 10–18, Juli/Aug. auch So 12–18 Uhr, Museum 5 £.*

Ein paar Schritte die Straße hoch, führt der **Trunk's Close** zu einer kleinen Gartenanlage, wo man sich herrlich nach dem Trubel der Royal Mile ausruhen kann.

Radisson Blu Hotel

Viel diskutierte Architektur

Werfen Sie einen Blick auf das **Radisson Blu Hotel** (s. S. 190) auf der anderen Straßenseite. Das Hotel wurde 1990 fertiggestellt und gab vielfach Anlass zu kritischen Diskussionen. Der Rohbau besteht aus dänischen Fertigteilen, nur die Fassade wurde anschließend mit Bruchsandsteinen verkleidet. Damit das große Gebäude nicht allzu klobig innerhalb der architektonisch lebendigen und gewachsenen Royal Mile wirkt, schuf der Architekt vier verschiedene Häuser mit unterschiedlich gestalteten Fassaden. Während die beiden seitlichen Häuser mit unregelmäßigen Sandsteinblöcken versehen sind, wurden die mittleren Häuser verputzt, das eine sandsteinfarben und das andere ziegelrot. Unterschiedliche Firsthöhen, Dachgauben und eine unregelmäßige Fensteranordnung beleben zusätzlich die Ansicht. Geschickt zitiert der Holzerker am „roten Haus" das distinktive Motiv des gegenüberliegenden John Knox House.

Canongate

Canongate ist der untere Abschnitt der Royal Mile und war bis 1856 ein eigener, von Edinburgh unabhängiger Stadtteil. Viele der Gebäude in Canongate wurden aufwendig restauriert, z. B. **Chessel's Court** oder, etwas weiter östlich, **Moray House**.

Alltag der Bürger

Der 1591 erbaute **Canongate Tolbooth (14)** war einst Rathaus und Gefängnis von Canongate. Heute befindet sich hier das **People's Story Museum**. In dieser Abteilung des Huntly House (s. u.), das sich auf der gegenüberliegenden Straßenseite befindet, wird in anschaulicher Weise das tägliche Leben einfacher Bürger vom späten 18. Jh. bis heute dargestellt. Aspekte des Wohnungsbaus, Gesundheitsfragen, die sozialen Verhältnisse, die Organisation der Gewerkschaften, die politischen Kämpfe, ebenso aber auch die unbeschwerte Seite des Lebens werden dargestellt: Man erfährt, wie die Menschen ihre Freizeit verbrachten, welchen Sport sie trieben, wie sie Ferien machten und Feste feierten. Die Ausstellung wird lebendig durch die Rekonstruktion einer Gefängniszelle, der Werkstatt eines Küfers, eines Pubs, eines Festzugs sowie durch lebensecht wirkende Figuren. Fotografien, Gebrauchsgegenstände des damaligen Alltagslebens und eine Filmvorführung vertiefen die Eindrücke.
People's Story Museum, *163 Canongate, ☎ 0131 529 4057, www.edinburghmuseums.org.uk, Mo–Sa 10–17 Uhr, während des Festivals auch So 12–17 Uhr.*

Die **Canongate Kirk**, aufgrund ihrer guten Akustik oft für Konzerte genutzt, hat einen herrlichen Kirchhof, wo man gut sitzen kann, und einen alten Friedhof, auf dem etwa der Ökonom Adam Smith begraben liegt.

Das **Huntly House** von 1570 beherbergt das **Museum of Edinburgh (15)**. Das Stadtmuseum zeigt u. a. Edinburger Silber, Kristall und Keramik sowie eine Originalausgabe des National Convent von 1638.
Museum of Edinburgh, *142 Canongate, ☎ 0131 529 4143, , www.edinburghmuseums.org.uk, Mo–Sa 10–17, Juni–Sept. bis 18 Uhr, Eintritt frei, Spende willkommen.*

Gegenüber der **Scottish Poetry Library** *(www.spl.org.uk)* kann man sich in dem tollen Garten von **Dunbar's Close** ausruhen.

Palace of Holyroodhouse und Queen's Gallery (16)

Am Ende der Royal Mile gelangt man nun zum **Palace of Holyroodhouse** und zur **Queen's Gallery**. Das herrschaftliche Anwesen ging aus einer kleinen, im 12. Jh. errichteten Abtei hervor. Der Legende zufolge war König David I. 1128 auf der Jagd, als er von einem riesigen Hirsch angegriffen und vom Pferd geworfen wurde. David packte daraufhin den Hirsch beim Geweih, stellte dann aber fest, dass er ein Kruzifix in den Händen hielt. Der Hirsch verschwand und in der Nacht hatte David einen Traum, dass er an dieser Stelle eine Kirche bauen sollte. So entstand die Augustinerabtei Holy Rood. „Rood" ist ein anderes Wort für Kreuz.

Hirsch- Legende

Die romantischen Ruinen von **Holyrood Abbey** liegen heute in dem den Palast umgebenden Park. Von Davids I. normannischer Kirche blieb lediglich ein Türbogen in der südöstlichen Ecke erhalten. Im 16. Jh. schwer beschädigt, wurde die Kirche zwar wieder aufgebaut, verfiel jedoch nach dem Zusammenbruch des Dachs (1768) endgültig. Nur noch das Kirchenschiff ist erhalten. Heute kann man sich kaum vorstellen, dass etliche schottische Könige hier getauft, getraut oder begra-

Romantische Klosterruinen

Die Ruinen von Holyrood Abbey

Edinburgh – Stadtbesichtigung

ben wurden. Wichtige Grabmale in der Kirche sind die der Könige David II., James II. und seiner Gemahlin sowie James V.

Das zum Kloster gehörige Gästehaus wurde im 16. Jh. zu einem großen königlichen Palast umgebaut. Von diesem Bau ist noch der Nordwest-Turm erhalten.

Hier regierte Maria Stuart

Im Palast von Holyroodhouse regierte Maria Stuart, hier heiratete sie Lord Darnley und musste später mit ansehen, wie ihr Mann und einige Verschwörer ihren Vertrauten und Privatsekretär David Rizzio ermordeten. Über die Wendeltreppe an der nördlichen Seite sollen am 9. März 1566 Rizzios Mörder in das Gemach der Königin eingedrungen sein. Im angrenzenden kleinen Raum spielte sich dann der Mord ab. Eine in den Boden eingelassene Messingplatte weist auf die Stelle hin.

1603 verlegte James VI. den Hof nach England, wodurch Holyroodhouse als königlicher Palast an Bedeutung verlor. Unter Cromwell zerstörte eine Feuersbrunst weite Teile des Schlosses (1650). Im Zuge umfangreicher Renovierungsarbeiten 1671–1679 unter Charles II. schuf der Architekt Sir William Bruce mit seinem Umbau das erste Paradebeispiel des palladianischen Baustils in Schottland. Da Charles II. während seiner 25-jährigen Regierungszeit niemals in Schottland gewesen ist, hat er die für ihn entworfenen prachtvollen Staatsräume nie zu Gesicht bekommen.

Die ältesten Teile des Palastes können besichtigt werden. Die **Great Gallery** nimmt den gesamten ersten Stock des Nordflügels ein. Hier hielt Bonnie Prince Charlie während der Rebellion Versammlungen ab und auch heute noch wird die

Palace of Holyroodhouse ist die offizielle Residenz der britischen Königin in Schottland

Halle für Zeremonien genutzt. In der Gemäldegalerie befinden sich 111 Porträts der Stewarts, die der holländische Malers Jakob de Wet (1640–1697) anfertigte. Als Begründer der Ahnenreihe ist der Stammherr Fergus (330) dargestellt. Da die wenigen alten Porträts, die man de Wet als Vorlage gab, nicht ausreichten, beauftragte er angeblich zwei Menschen von der Straße, ihm als Modelle zu dienen.

In der **Queen's Gallery**, die man auch unabhängig vom Palast besichtigen kann, werden Wechselausstellungen aus der Royal Collection gezeigt.
Palace of Holyroodhouse und Queen's Gallery, www.royalcollection.org.uk, während der Anwesenheit der Queen geschl., sonst Nov.–März 9.30–16.30, April–Okt. 9.30–18 Uhr, letzter Einlass 1 Std. vor Schließung, Eintritt Erw. 11 £, Kinder 6.65 £.

Tipp

Vom Palast aus lohnt sich eine Fahrt oder ein Spaziergang durch den 263 ha umfassenden **Holyrood Park** (oder auch Queen's Park genannt) auf den **Arthur's Seat**, einen 250 m hohen Vulkankegel und Wahrzeichen Edinburghs. Der asphaltierte Queen's Drive – eine Idee von Sir Walter Scott – führt rund um den Hausberg Edinburghs. Es gibt verschiedene Möglichkeiten, den Berg zu erklimmen, die alle nicht länger als eine Stunde dauern. Von oben ergibt sich eine fantastische Aussicht über die Stadt, über die Pentland Hills im Süden, den Firth of Forth und auf die Grafschaft Fife im Norden. An einem klaren Tag kann man sogar die Spitzen der Highlands erkennen. Am schönsten ist es früh am Morgen, wenn man den Sonnenaufgang über East Lothian bestaunen kann.

Queen's Drive um Arthur's Seat

The Scottish Parliament (17)

Gegenüber dem Palace of Holyroodhouse hat das **Scottish Parliament** 2004 ein neues Zuhause gefunden. Architekt des interessanten und originellen Gebäudes ist Enric Miralles (1955–2000) aus Barcelona. Miralles verstarb noch vor der Fertigstellung seines Hauptwerks. Das Parlamentsgebäude gab Anlass zu heftiger Diskussion, insbesondere wegen der enormen Baukosten.
The Scottish Parliament, ☎ 0131 348 5200, www.scottish.parliament.uk, Führungen durch das Parlament ganzjährig buchbar.

Südlich der Royal Mile

Holyrood Road führt vom Palast, parallel zur Canongate, zurück zur Old Town. In **Our Dynamic Earth (18)** wird der Besucher mittels modernster Technologie und Interaktion auf eine faszinierende Entdeckungsreise von den Anfängen unserer Zeit bis zu einer uns noch unbekannten Zukunft geschickt. Der „Urknall", die Eiszeit, ein Vulkanausbruch und der tropische Regenwald sind einige der Stationen. In dem Amphitheater vor dem Gebäude finden Freiluftaufführungen und Konzerte statt.
Our Dynamic Earth, ☎ 0131 550 7800, www.dynamicearth.co.uk, tgl. 10–17.30, Juli/Aug. 10–18 Uhr, Eintritt Erw. 11.50 £, Kinder 7,50 £.

Unsere Erde

Die Holyrood Road führt weiter westlich und geht dann in **Cowgate** über, eine der ältesten Straßen Edinburghs. Sie verläuft fast parallel zur High Street, ist jedoch viel tiefer gelegen. Als die George IV. Bridge und die South Bridge gebaut wurden, war Cowgate fast darunter vergraben und wurde reichlich vernachlässigt. Hier befindet sich eine der Anlaufstellen für das Nightlife Edinburghs, mit vielen Pubs und Clubs. Cowgate geht schließlich in den kopfsteingepflasterten **Grassmarket** über, der von hohen Mietshäusern eingeschlossen und vom Castle überschattet wird.

Der Grassmarket und das Universitätsviertel

Das lang gestreckte Viereck des **Grassmarket (19)**, unterhalb und südlich der Burg gelegen, ist ein wichtiger Teil der Altstadt. Ab 1477 wurde hier regelmäßig Wochenmarkt abgehalten, bis dieser Anfang des 20. Jh. in einen anderen Stadtteil verlegt wurde. Ab 1660 diente der Grassmarket als Richtplatz. Im Osten des Platzes erinnert ein Kreuz an die Stelle, an der die Hinrichtungen am Galgen stattfanden. Rund um den Grassmarket sowie in den kleinen Seitengässchen laden unzählige Pubs zur Einkehr ein. Doppeldeutig und etwas makaber gegenüber der einstigen Hinrichtungsstelle liegt der Pub „**The Last Drop**". *The Last Drop* bedeutet aber nicht nur „der letzte Schluck", sondern verweist auch auf den „rollenden Kopf" *(74–78 Grassmarket, www.grassmarket.net).*

Einst Richtplatz

Am nordwestlichen Ende des Platzes wohnten die Leichenräuber **William Burke** und **William Hare**. Die beiden Schurken, die einen festen Platz in Edinburgher Gruselgeschichten einnehmen, verdienten ihr Geld zunächst damit, dass sie Leichen aus ihren Gräbern nahmen und für wissenschaftliche Zwecke verkauften. Später eröffneten sie ein bescheidenes Hotel, brachten hier innerhalb eines Jahres 18 ihrer Gäste ums Leben und verkauften die Leichen.

1828 konnte man ihnen auf die Schliche kommen, William Burke wurde erhängt, sein Kumpan konnte entfliehen. Theodor Fontane war es auf dem Grassmarket wohl auch etwas unbehaglich zumute, denn er schrieb: *„Die Lokalität ist allerdings wie geschaffen für allerhand lichtscheue Untat … Alle diese Gassen, die unmittelbar am Südhang des Hügels, als im Rücken desselben und versteckt vor den Blicken gang und geber Edinburg-Besucher liegen, sind durchweg von niedrigem und abstoßendem Charakter und zählen mit zu dem Schlimmsten, was ich derart gesehen habe."* (aus Theodor Fontane, „Jenseits des Tweed, Bilder und Briefe aus Schottland", 1860).

Buchtipp
Robert Louis Stevenson: „**Der Leichenräuber und andere Geschichten**", *Diogenes, 1990.*

Vom Grassmarket führt die Victoria Street zur George IV. Bridge und zur **National Library of Scotland (20)**. Sie wurde 1689 gegründet und umfasst einen Bestand von über 5 Mio. Büchern, alten Manuskripten, historischen Dokumenten und Briefen.
National Library of Scotland, ☏ *0131 623 3700, www.nls.uk, Mo, Di, Do, Fr 9.30–20.30, Mi ab 10, Sa 9.30–13 Uhr.*

Nationalbibliothek

Am südwestlichen Ende der George IV. Bridge, am oberen Ende der Candlemaker Row, steht die Statue des **Greyfriars Bobby**. Es handelt sich um die Statue des kleinen Hundes Bobby, der 14 Jahre lang am Grab seines Herrn, dem Schafhirten John Gray, Wache hielt. Der Terrier wurde während seiner langen Trauerzeit zu einer Berühmtheit im alten Edinburgh und von den anliegenden Bewohnern liebevoll betreut. Es heißt, dass sich der Hund jeden Tag, wenn er die 13-Uhr-Kanone hörte, im Pub einfand, um gefüttert zu werden. Bobby starb 1872 und wurde neben seinem Herrchen auf dem **Greyfriars Kirkyard** begraben. Auf dem Friedhof befindet sich eine große Anzahl bildhauerisch und künstlerisch interessanter Grabdenkmäler des 17. und 18. Jh. Allan Ramsay, John und Robert Adam und George Hariot sind hier begraben.

Trauer um sein Herrchen

Greyfriars Kirk (21)

Die **Greyfriars Kirk**, 1612–1614 als erste nach der Reformation in Edinburgh erbaute Kirche, steht an der Stelle eines ehemaligen Franziskanerklosters. 1638 wurde in der Kirche das *National Covenant* unterzeichnet. Im Widerstand gegen die reformatorischen Absichten König Charles I., der Schottland der anglikanischen Kirche einzugliedern versuchte, hatten sich presbyterianische Schotten zusammengeschlossen, um mit ihrer Unterschrift unter die *Covenanter Resolution* ihre Bereitschaft zu zeigen, für die schottische Kirche zu kämpfen. England schlug mit voller Macht zurück: Über 1.000 Kriegsgefangene wurden 1679 fünf Monate lang auf dem Friedhof der Kirche eingesperrt. Viele ließen ihr Leben. Ein Denkmal in einer Ecke des Friedhofs erinnert an sie *(www.greyfriarskirk.com)*.

Bewegung der Covenanter

George Heriot's Hospital (22)

Hinter dem Friedhof, vom Lauriston Place aus, kommt man zum **George Heriot's Hospital**, das von dem wohlhabenden George Heriot, Goldschmied und Juwelier James IV., nicht als Krankenhaus, sondern als Schule für die Armen gestiftet wurde.

Erinnerung an den treuen Terrier Greyfriars Bobby

Übergang von der Wehrburg zum Schloss

Das Gebäude (1627–1650) ist architekturgeschichtlich äußerst interessant, da es den Übergang der Bauweise einer befestigten Burg zum prunkvollen Renaissanceschloss zeigt. Deutlichste Renaissancemerkmale sind die Anlage als Zentralbau, die klare und symmetrische Fassadengliederung und das Dekor der Fenstergiebel. Die vier Ecktürme und der Reichtum an kleinen Türmchen als Dachaufbauten erinnern andererseits an mittelalterliche Wehranlagen (vgl. dazu Drumlanrig, S. 105). Die Vermischung der beiden Baustile ist typisch für viele schottische Schlösser aus dieser Zeit und wurde im 19. Jh. in der Neorenaissance wiederaufgegriffen. Heute ist hier eine der angesehensten (und teuersten) Privatschulen der Stadt untergebracht. Eine Innenbesichtigung ist nicht möglich.

George Heriot's School, *Lauriston Place, www.george-heriots.com.*

National Museum of Scotland (23)

Zwischen George IV. Bridge und South Bridge verläuft die Chambers Street, wo Universitätsgebäude sowie das **National Museum of Scotland** liegen. Im Verbindungstrakt zwischen den beiden Museen gibt es einen großen Museumsladen und ein Café. Dort oder im fantastischen „Tower Restaurant" kann man sich stärken. Für den Museumsbesuch sollte man mindestens 2–3 Stunden, besser jedoch einen halben Tag einplanen. Das Museum beherbergt ethnografische, naturgeschichtliche, technische sowie kunst- und kulturgeschichtliche Sammlungen aus aller Welt. Das imposante Gebäude wurde zwischen 1866 und 1874 errichtet. Die schöne, helle Haupthalle – ausgestattet mit Palmen und Brunnen – ist ein viktorianisches Meisterwerk der Gusseisenkonstruktion. Der Neubau hingegen wurde 1998 von der Queen eröffnet. Es beherbergt mehr als 10.000 der seltensten und schönsten Schätze des Landes, die die Geschichte des Landes, ihrer Menschen, ihrer Kultur sowie ihrer technischen Errungenschaften dokumentieren.

Im National Museum of Scotland

National Museum of Scotland, ☏ *0300 123 6789, www.nms.ac.uk, tgl. 10–17 Uhr, Eintritt frei.*

An der Ecke Chambers Street/South Bridge lohnt das Hauptgebäude der Universität, das **Old College (24)**, einen Blick. Der eigentliche Universitätscampus liegt etwas weiter südlich rund um den George Square. Nach Entwürfen von Robert Adam vollendete William Henry Playfair 1834 den Bau. Der schönste Teil ist die Bibliothek, wo heute hauptsächlich Zeremonien stattfinden. Jenseits des von Adam entworfenen Eingangsbogens liegt die **Talbot Rice Gallery**, in der spannende Wechselausstellungen zeitgenössischer Künstler zu sehen sind *(Chambers Street/South Bridge, ☏ 0131 650 2210, Di-Sa 10–17 Uhr, Eintritt frei).*

Etwas weiter die Nicholson Street hoch, bietet das **Edinburgh Festival Theatre** den passenden Rahmen für Opern und Tanzaufführungen.
Edinburgh Festival Theatre, *13–29 Nicolson Street, ☎ 0131 529 6000, www.eft. co.uk.*

Gegenüber liegt die imposante Surgeon's Hall, einst das Royal College of Surgeons. Die **Surgeon's Hall Museums (25)** vereinen drei Museen: The Pathology Museum, The History of Surgery Museum und The Dental Museum. Dort kann man sich z. B. bei scheußlichen chirurgischen Gerätschaften aus vergangenen Jahrhunderten und anatomischen Sammlungen gruseln. Hier findet sich eine der größten pathologischen Sammlungen der Welt. Das Museum wurde für Medizinstudenten eingerichtet, ist aber bereits seit 1832 für die Öffentlichkeit zugänglich. Auch heute noch finden hier manchmal medizinische Prüfungen statt.
Surgeon's Hall Museums, *☎ 0103 527 1711, www.museum.rcsed.ac.uk, April–Okt. tgl. 10–17, Nov.–März Mo–Fr 12–16 Uhr, Eintritt 5 £.*

Drei Museen

Die New Town

Princes Street

Princes Street ist die Flanier- und Geschäftsmeile von Edinburgh und immer voller Leben. Sie wurde nach Prinz George, dem späteren König George IV. (1820–1830), benannt. Die Südseite der etwa eine Meile langen Straße wird von den **Princes Street Gardens** gesäumt, die ihrerseits an den steilen Hang der Old Town grenzen. Die schmalen, hohen mittelalterlichen „Hochhäuser" und als Krönung Edinburgh Castle geben eine fast filmreife Kulisse ab. Richtung Osten blickt man auf den **Calton Hill**, der mit seinen Nachahmungen antiker Bauwerke ein klassizistisches Gegengewicht zum mittelalterlichen Panorama der Old Town darstellt.

Flanier- und Geschäftsmeile

Princes Street ist die Haupteinkaufsstraße Edinburghs. Den Endpunkt am Ostende bildet das große **Balmoral Hotel (26)**. Das Hotel wurde 1902 eröffnet und ist eine der besten und vornehmsten Adressen in der Stadt. Das Gebäude zeigt in der unteren Hälfte eine klare klassizistische Gliederung, während im Attikageschoss Türmchen, Erker und Gauben an mittelalterliche Architektur erinnern. Bekrönt wird der Bau von einem fast 60 m hohen Glockenturm. Als Pendant zum Balmoral Hotel am westlichen Ende von Princes Street steht das ebenfalls traditionsreiche **Caledonian Hotel** (heute Teil der Waldorf Astoria Gruppe), das ein Jahr nach dem Balmoral eröffnet wurde und ebenfalls zu den angesehensten Hotels zählt.

Gegenüber dem Balmoral Hotel liegt auf der anderen Straßenseite das **Register House (27)**, in dem das schottische Nationalarchiv *(www.nrscotland.gov.uk)* untergebracht ist. Einige Dokumente gehen auf das 13. Jh. zurück. Die Reiterstatue vor dem Gebäude stellt den Herzog von Wellington dar.

Nationalarchiv

Rechts neben dem Balmoral Hotel befinden sich der Waverley Bahnhof, der durch seine Lage unterhalb der Straße in keiner Weise das Stadtbild stört, und Waverley Market mit vielen kleinen Geschäften und Cafés. In diesem Komplex hat auch die

Edinburgh – Stadtbesichtigung

schottische **Touristeninformation** ihren Sitz (s. S. 190). Die North Bridge, ursprünglich 1760 als Hauptverbindung zwischen Old Town und New Town errichtet, wurde im ausgehenden 19. Jh. vollständig umgebaut, um den Waverley Bahnhof zu überspannen.

Einladung zum Gruseln

Nicht weit ist es von hier zur Market Street, wo der **Edinburgh Dungeon (28)** zum Gruseln einlädt. Kannibalen, Leichenräuber und grausame Kerkermeister werden von Schauspielern – zum Fürchten – wirklichkeitsnah nachgespielt.
Edinburgh Dungeon, Market Street, ☎ 0131 240 1000, www.thedungeons.com, in der Regel 10–17, im Sommer bis 19 Uhr, im Winter etwas eingeschränkt. Eintritt Erw. 16.20 £, Kinder 10.95, online 12 £/9.50 £, verschiedene Ermäßigungen, letzter Einlass 1 Std. vor Schließung.

In den **Princes Street Gardens** (im Sommer kann man hier schön sitzen und sich von der Besichtigungstour ausruhen) ehrt eine Skulptur den Edinburgher Ehrenbürger und Afrika-Forscher **David Livingstone**, den Entdecker der Viktoria-Fälle. Unübersehbar steht daneben das über 61 m hohe neogotische **Scott Monument (29)**, das 1840–1844 zu Ehren Sir Walter Scotts errichtet wurde. Unter einem Baldachin sitzt der Dichter, neben ihm sein Hund. Die Außenseite ist mit mehr als 60 Figuren aus seinen Romanen sowie mit Darstellungen von Begebenheiten aus der schottischen Geschichte geschmückt. Von der Spitze des Denkmals hat man einen guten Ausblick über die Stadt.
Scott Monument, ☎ 0131 529 4068, www.edinburghmuseums.org.uk, Okt.–März Mo–Sa 9–14, So 10–18, April–Sept. Mo–Sa 9–19, So 10–18 Uhr, Eintritt 4 £.

Riesiges Warenhaus

Die gegenüberliegende Straßenecke wird von einem gewaltigen Gründerzeitbau, **Jenners Department Store (30)**, einem Bau von 1895, dominiert. Das riesige Warenhaus Jenners ist in Ausstattung und Größe fast mit Harrod's in London vergleichbar und lohnt immer einen Besuch. Ein wenig weiter westlich werden die Princes Street Gardens von **The Mound** unterbrochen, einer großen Schlaufe, die von St. George IV. Bridge in der Old Town zur Princes Street verläuft.

Bedeutende Kunstsammlungen

An der Ecke von The Mound und Princes Street liegen die beiden im neoklassizistischen Stil errichteten Museumsbauten von William Playfair (1790–1857): die **National Gallery of Scotland (31)** und die **Royal Scottish Academy (32)**. Beide sind durch den Weston Link miteinander verbunden. Die Royal Scottish Academy (www.royalscottishacademy.org) wurde 1826 fertiggestellt, musste jedoch bereits 1833–1836 vergrößert werden. Seit ihrer Gründung veranstaltet die Akademie regelmäßig Jahresausstellungen der Werke ihrer Mitglieder und anderer zeitgenössischer Künstler. Die National Gallery, 1850–1859 erbaut, zählt mit ihren exquisiten Sammlungen europäischer Malerei von der Renaissance bis zum Post-Impressionismus zu den bedeutenden europäischen Kunstmuseen. Zu sehen ist italienische Malerei des 16. Jh., holländische Genremalerei des 16./17. Jh., spanische Malerei des 17. Jh., holländische und flämische Malerei des 17. Jh., italienische Zeichnungen des 16.–18. Jh., niederländische Barockmalerei, britische und italienische Malerei des 18. Jh., britische Malerei des 18./19. Jh., französische Malerei des 19. Jh., französische und Post-Impressionisten sowie Skulpturen von Rodin und Degas. Die Galerie ist nicht zu groß und selten überlaufen, sodass man die geschickt gehängten Kunst-

werke in Ruhe genießen kann. Im „Neuen Flügel" ist die ständige Ausstellung schottischer Gemälde untergebracht (Allan Ramsey, David Wilkie, Henry Reaburn, Horatio McCulloch, James Guthrie, William McTaggart).
National Gallery of Scotland, *Princes Street,* ℡ *0131 624 6200, www.natgalscot.ac.uk, tgl. 10–17, Do bis 19, Aug. bis 18 Uhr. Ein kostenloser Museumsbus verbindet die National Gallery of Scotland mit der National Gallery of Modern Art.*

Die Grünanlagen rund um die Galerien verwandeln sich während des Festivals in Aufführungsplätze für Straßenkünstler, Musikgruppen und Komödianten.

Den Spaziergang in westlicher Richtung fortsetzend, geht es durch die **West Princes Street Gardens**. Am Eingang zu der Grünanlage kann man die älteste **Blumenuhr** der Welt bestaunen, die alljährlich mit über 20.000 Blumen bepflanzt wird.

Die **St. John's Episcopal Church (33)**, am Ende der Princes Street, wurde 1815–1818 von William Burn weitgehend im englischen Perpendicular-Stil erbaut. Unterhalb liegt **St. Cuthbert's Church**. Dies ist die älteste Sakralstätte in Edinburgh und geht auf die Regierungszeit von Malcolm III. zurück. Das jetzige Gotteshaus stammt von 1894.

Scott Monument zu Ehren des Dichters

Nicht weit vom **Caledonian Hotel (34)**, dem westlichsten Punkt der Princes Street, gelangt man zu einem interessanten Beispiel postmoderner Architektur. Das 1992 fertiggestellte **Saltire Court (35)** ist ein symmetrisch gegliedertes, leicht geschwungenes Sandsteingebäude mit vorspringendem Mitteltrakt, Kolonnaden und einer akzentuierten Farbgebung: grüne Fensterrahmen, zwei schwarze Stahlsäulen am Eingang und ziegelrote Steine im Attikageschoss. Das Gebäude sollte ursprünglich ein Opernhaus werden, wird stattdessen jedoch als Verwaltungsgebäude genutzt. Im rückwärtigen Teil (Cambridge Street) ist das **Traverse Theatre** (s. S. 195) untergebracht, eine der innovativsten britischen Bühnen.

Postmodern

Charlotte Square und Queen Street

Nördlich und parallel zur Princes Street liegt zunächst **Rose Street**. Die lange Straße ist ein einziges Schlemmerparadies: Restaurants, Cafés, Bars und Pubs reihen sich hier aneinander. Danach folgt **George Street**, ein lebhafter Straßenzug mit Geschäften, Banken, Büros und modernen Bars und Cafés. St. Andrew Square begrenzt die Straße im Osten. Der **Charlotte Square (36)** am westlichen Ende

Harmonische Anlage von George Street wurde 1791 von Robert Adam entworfen und gilt als sein Meisterwerk. Jede Seite des Platzes stellt eine in sich geschlossene Anlage dar. Die einzelnen Gebäude sind durch verbindende Architekturelemente zu einer Einheit zusammengefasst. Harmonie und Ausgewogenheit der Proportionen bestimmen das Bild. Besonders eindrucksvoll ist die Nordseite des Platzes mit ihrer 100 m langen „Palastfront" und einem zentralen Giebeldreieck.

In Charlotte Square Nr. 7 vermittelt das **Georgian House (37)** mit seinen komplett eingerichteten Räumen im Erdgeschoss einen Eindruck vom Leben im Edinburgh des ausgehenden 18. Jh.
Georgian House, *7 Charlotte Square,* ✆ *0844 493 2118, www.nts.org.uk, April–Okt. tgl. 10–17, Juli/Aug. 10–18, Nov. 11–15, März 11–16 Uhr, Eintritt 6.50 £.*

Parallel zur George Street verläuft **Queen Street**, die nördlichste Trasse von James Craigs „New Town"-Entwurf. Ein Hauch von Exklusivität ist immer noch zu spüren und die **Queen Street Gardens** können nur von den Anliegern, die einen eigenen Schlüssel haben, aufgesucht werden. Öffentlich hingegen ist die **Scottish National Portrait Gallery (38)**. Die 1882 gegründete Galerie zeigt Bildnisse bedeutender Schotten von der Mitte des 16. Jh. bis heute.
Scottish Natinal Portrait Gallery, *1 Queen Street,* ✆ *0131 624 6200, www.nationalgalleries.org, tgl. 10–17, Do bis 19 Uhr, Eintritt frei.*

Calton Hill (39)

In den ersten Dekaden des 19. Jh. erfuhr die New Town verschiedene Erweiterungen. Die Bebauung des Calton Hill, ein 108 m hoher **Vulkanhügel** am Ostende der Princes Street, ist besonders interessant. Von oben aus hat man den besten Blick auf Edinburgh und Arthur's Seat. Bei klarer Sicht kann man die Küste von East

Calton Hill mit antiken Nachbauten aus Athen

Lothian und die Hügel der Grafschaft Fife sehen. Wer noch höher hinauf möchte, kann auf das **Nelson Monument** steigen.
Nelson Monument, ☎ 0131 556 2716, www.edinburghmuseums.org.uk, April–Sept. Mo 13–18, Di–Sa 10–18, Okt.–März Mo–Sa 10–15 Uhr.

Der Hügel wurde zu Beginn des 19. Jh. mit **Nachbildungen antiker Athener Bauten** bestückt. Das Monument für den schottischen Philosophen **Dugald Stewart** ist in Form des Lysikrates-Denkmals gegeben, die Royal High School (1825–1829) an der Südseite des Hügels stellt eine Nachempfindung des Theseus-Tempels dar. Das National Monument, in Form des **Parthenon**, 1822 begonnen, war als Gedenkstätte an die schottischen Gefallenen der Napoleonischen Kriege geplant. Als 1830 die finanziellen Mittel ausgingen, stellte man den Bau ein, und er blieb unvollendet. An der Westseite des Hügels liegt das alte **City Observatory**, 1818 von Playfair erbaut. Obwohl das Observatorium 1895 seinen Betrieb einstellte, werden seine Geräte heute noch von der Astronomischen Gesellschaft benutzt. All diese Gebäude zeugen von der Vorliebe für das Klassisch-Griechische, das die Architektur in Edinburgh in der ersten Hälfte des 19. Jh. bestimmte. Nicht zu Unrecht nannte ein Biograf Edinburgh „**das Athen des Nordens**".

Dean Village war ein Müller- und Bäckerdorf

Vorliebe für das Klassisch-Griechische

Das West End, Dean Village und Stockbridge

Die westliche Ausdehnung der Stadt folgte einige Jahre nach der östlichen Ausdehnung und zieht sich von Shandwick Place entlang West Maitland Street nach Haymarket, dessen Bahnhof 1840 für die Bahnverbindung nach Glasgow erbaut wurde. Nordwestlich erstreckt sich das West End entlang Queensferry Street. Sie verläuft entlang der alten Strecke nach South Queensferry und führt bald zum **Water of Leith**, einem 35 km langen Fluss, der von den Penthall Hills nach **Leith** verläuft, um dort in den Firth of Forth zu münden. Einst waren am Water of Leith 80 Mühlen in Betrieb. **Dean Village** hat, als Müller- und Bäckerdorf, seine Ursprünge im 12. Jh. Heute ist Dean Village größtenteils Wohngebiet und in den alten Mühlengebäuden entstanden Designer-Wohnungen.

Wandern: Entlang des Water of Leith

Eine gute Möglichkeit, dem Stadtverkehr zu entfliehen, ist ein Spaziergang entlang des Flusses. Der rund 18 km lange Wanderweg verbindet Balerno (9 km westlich des Stadtzentrums) mit Leith. Der Weg verläuft entlang der Gallery of Modern Art, durch das

Scottish National Gallery of Modern Art

Dean Village, am Royal Botanic Garden und, nach einem kurzem Stück an der Straße, am Warriston-Friedhof entlang und dann hinunter zu den Docks von Leith.

10 Minuten zu Fuß vom Dean Village liegt die **Scottish National Gallery of Modern Art** an der Belford Road. Die moderne Kunstgalerie ist in einem eindrucksvollen neoklassizistischen Gebäude untergebracht, das von einem großen Park umgeben ist. Zwischen 1825 und 1828 als Waisenhaus für Jungen von einem privaten Stifter erbaut, ist das Gebäude ein weiteres Beispiel für das soziale Engagement der aufgeklärten Edinburger Bürger zu Beginn des 19. Jh. Die Scottish National Gallery of Modern Art zählt zu den bedeutendsten Sammlungen moderner Kunst in Großbritannien. Schwerpunkt des Museums sind Skulpturen, Grafiken sowie Malerei des 20. Jh., besonders des deutschen Expressionismus, des Surrealismus und des Kubismus. Daneben wird aber auch Kunst der Nachkriegszeit gezeigt und regelmäßig gibt es Ausstellungen von Werken moderner schottischer Künstler. In dem ausgezeichneten Café kann man im Sommer schön draußen sitzen Vor der Galerie beeindruckt Charles Jencks „Landform".

Moderne Kunst

Scottish National Gallery of Modern Art, ☏ 0131 624 6200, www.nationalgalleries.org, tgl. 10–17 Uhr.

Gegenüber, auf der anderen Straßenseite kann man die Galerie **Modern Art Two** (ehemals Dean Gallery) besuchen. Dort werden neben Werken der Dadaisten und Surrealisten, vor allem Wechselausstellungen gezeigt.

Nordwestlich liegt **Stockbridge** mit seinen Antiquitätengeschäften, Secondhand-Buchläden, Restaurants und Bars.

Sehenswertes in der Umgebung

Die Sehenswürdigkeiten beschränken sich nicht nur auf das Stadtzentrum, sondern auch auf die Außenbezirke, die aber alle gut mit öffentlichen Verkehrsmitteln zu erreichen sind, wie etwa der Zoo und der Botanische Garten. Der **Edinburgh Zoo** liegt 5 km westlich des Stadtzentrums an der A8. Er wurde 1913 gegründet und verfügt heute über einen Bestand von mehr als 1.000 Tierarten. Der Zoo rühmt sich, das europaweit größte Pinguin-Außengehege zu besitzen.
Edinburgh Zoo, *Corstorphine Road, ☎ 0131 334 9171, www.edinburghzoo.org.uk, tgl. April–Sept. 9–18, Okt.–März 9–17, Nov.–Feb. 9–16.30 Uhr, Eintritt Erw. 16 £, Kinder 11.50 £. Gute Busverbindungen, z. B. 900, 904, 909, Airlink 100.*

Der **Royal Botanic Garden Edinburgh** liegt in Inverleith. Er ist einer der ältesten botanischen Gärten in Großbritannien (seit 1670). Es gibt eine wunderschöne Rhododendron-Sammlung, exotische Pflanzen sowie ein Alpinum. Im Terrace Café kann man sich bei einem kleinen Imbiss stärken
Botanischer Garten
Royal Botanic Garden, *Inverleith Row, ☎ 0131 552 7171, www.rbge.org.uk, tgl. Nov.–Jan. 10–16, März, Sept. 10–18, Feb., Okt. 10–16 Uhr, Eintritt frei, Gewächshäuser 4.50 £, Kinder 1 £.*

Nördlich des Stadtzentrums

Leith war jahrhundertelang Schottlands bedeutendster Hafen und bis 1920 ein unabhängiges Städtchen. Im Industriezeitalter siedelten sich neue Gewerbezweige an: Glasbläsereien, Zuckerraffinerien und Schiffsbau. Vier neue Docks entstanden in der zweiten Hälfte des 19. Jh., womit ein rapider Bevölkerungsanstieg verbunden war. Nach den beiden Weltkriegen war Leith jedoch wirtschaftlich stark angeschlagen und ziemlich heruntergekommen. Ab den 1980er-Jahren besannen sich die Stadtväter und investierten in die alten Hafenstadt. Viele alten Häuser wurden restauriert und zahlreiche Restaurants, Pubs und kleine Geschäfte siedelten sich an. Etliche der alten Lagerhäuser und Bürogebäude wurden in teure Dockside-Wohnungen umgebaut.

Eine der Hauptattraktionen von Leith ist eine Besichtigung der **Royal Yacht Britannia**, direkt am modernen Ocean Terminal. Für alle, die sich für Schifffahrt (oder für die königliche Familie) interessieren, lohnt eine Besichtigung der königlichen Jacht. Die „Britannia" lief 1953 vom Stapel und beförderte auf rund 700 offiziellen Reisen Königin Elizabeth II. und ihre Familie. Im Besucherzentrum kann man sich über die Geschichte des Schiffs und seine vielen Reisen informieren. An Bord ist die königliche Kajüte zu bestaunen.
Königliche Jacht
Royal Yacht Britannia, *Ocean Drive, Leith, ☎ 0131 555 5566, www.royalyachtbritannia.co.uk, tgl. Nov.–März 10–15.30, April–Okt. 9.30–16, Juli–Sept. bis 16.30 Uhr, Eintritt Erw. 12 £, Kinder 7.50 £.*

Östlich von Leith liegt der Badeort **Portobello**. Hier pflegte ganz Edinburgh an sonnigen Wochenenden herzukommen, um entlang der Promenade spazieren zu gehen oder im Firth of Forth zu plätschern. Der lange Sandstrand ist immer noch voll im Sommer. Anzutreffen sind die üblichen „amusements", Fish & Chips-Shops und Eisverkäufer, die ein britisches Seebad in der Regel aufzuweisen hat.

Für Architekturfreunde lohnt sich in **Musselburgh** ein Besuch im **Newhailes House**, ein charaktervolles Herrenhaus aus dem späten 17. Jh. mit einigen Veränderungen des 18. Jh. Dank der Bemühungen des NTS kann man heute eine fast intakte Inneneinrichtung aus dieser Zeit sehen. Das Anwesen ist von einem herrlichen Landschaftspark umgeben.
Newhailes House, ☏ 0131 653 5599, www.nts.org.uk, Mai–Sept. Do–Mo 12–17 Uhr, Eintritt 12 £, Kinder 8.50 £.

Südlich des Stadtzentrums

Observatorium
Der Süden der Stadt ist als Southside bekannt. Hier hat sich die Universität ausgebreitet. Südlich des Vororts Morningside, auf dem Blackford Hill, steht das **Royal Observatory**. Hier kann man nicht nur Sterne schauen, sondern auch einen herrlichen Blick auf die Stadt genießen.
Royal Observatory Edinburgh, *Blackford Hill,* ☏ *0131 668 8404, aktuelles Programm unter www.roe.ac.uk.*

4 km südöstlich von Edinburgh an der A68 liegt **Craigmillar Castle**. Das Tower House aus dem 14. Jh. wurde im Laufe der Zeit mehrfach verändert. Craigmillar war eines der bevorzugten Schlösser Maria Stuarts. Auch heute noch ist die Ruine beeindruckend.
Craigmillar Castle, *Craigmillar Castle Road,* ☏ *0131 661 4445, www.historic-scotland.gov.uk, April–Sept. tgl. 9.30–17.30, Okt. bis 16.30, Nov.–März Sa–Mi bis 16.30 Uhr.*

Wandern

Südlich der Braid Hills, jenseits des City Bypass, liegen die **Pentland Hills**, *eine bis zu 600 m hohe Hügelkette, die ca. 16 km südlich von Edinburgh beginnt und sich bis nach Lanarkshire hinzieht. Die Hills bieten relativ mühelose Wandermöglichkeiten und man wird mit herrlichen Ausblicken belohnt. Der beste Zugang besteht von der A702 aus. Die Karte OS Landranger Nr. 66 deckt das Gebiet ab. Infos: www.pentlandhills.org.uk*

In **Lasswade** in der Nähe von Dalkeith kann man in der **Butterfly & Insect World** durch tropische Vegetation schlendern und dabei die schönsten exotischen Schmetterlinge bestaunen, die man sich vorstellen kann.
Butterfly & Insect World, *Lasswade,* ☏ *0131 663 4932, www.edinburgh-butterflyworld.co.uk, Winter 10–17, Sommer 9.30–17.30 Uhr, Eintritt Erw. 6.95 £, Kinder 4.95 £.*

Bergbaumuseum
2 km südlich von Dalkeith liegt **Newtongrange**, ein ehemaliges Bergbaudorf. Die Mine wurde 1981 eingestellt und zum **National Mining Museum Scotland** umgestaltet, wobei ehemalige Bergarbeiter durch die Anlage führen. Der Besucher erhält einen guten Eindruck davon, wie es sein muss, tagtäglich 450 m unter der Erdoberfläche zu arbeiten. Beeindruckend sind die riesigen Maschinen, die 87 Jahre lang sowohl Menschen als auch die gewonnene Kohle aus dem Berg herausbrachten.

Lauriston Castle, Cramond und Dalmeny   187

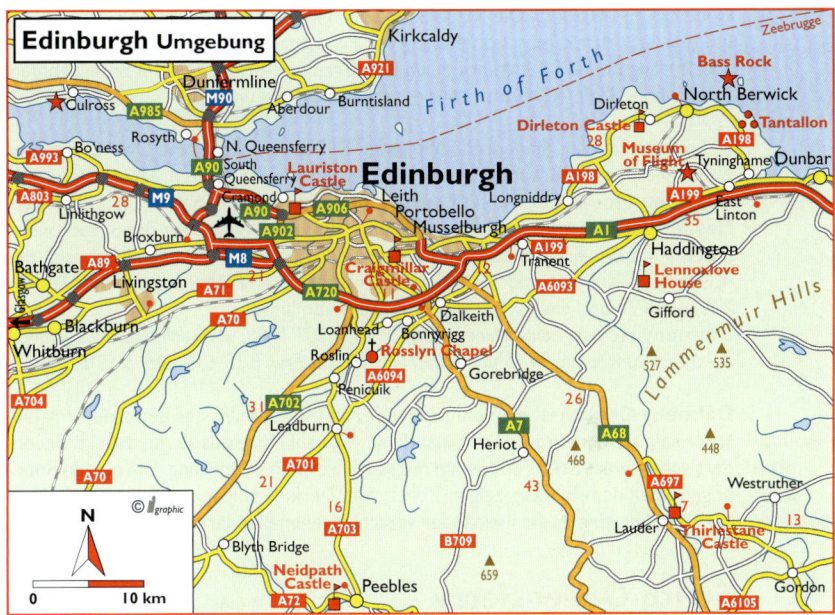

National Mining Museum Scotland, Newtongrange, Lady Victoria Colliery, ☎ 0131 663 7519, www.scottishminingmuseum.com, tgl. 10–17, Winter bis 16 Uhr, Führungen jeweils 11.30 und 13.30/15 Uhr, Eintritt 7.50 £.

Lauriston Castle, Cramond und Dalmeny

Lauriston Castle ist ein westlich von Edinburgh direkt über dem Firth of Forth gelegener Landsitz, der von einem prächtigen Rhododendron-Park umgeben ist. Das Gebäude stammt weitgehend aus dem 19. Jh. Im Rahmen einer Führung kann man die elegante edwardianische Inneneinrichtung bestaunen, z. B. wunderschöne Stilmöbel, flämische Wandteppiche sowie eine reichhaltige Porzellansammlung. Sie spiegelt den Geschmack einer wohlhabenden Familie aus der „middle-class" wider. **Lauriston Castle**, Cramond Road South, ☎ 0131 336 2060, www.edinburghmuseums.org.uk, nur mit Führung jeweils 14 Uhr, April–Okt. Sa–Do, Nov.–März nur Sa/So, Eintritt Erw. 5 £, Kinder 3 £.

Cramond, 2 km weiter westlich, ist ein beliebter Platz zum Jollensegeln und ein von der Stadt aus rasch zu erreichendes Ausflugsziel. Der hübsche Küstenort liegt an der Stelle, wo der Fluss Almond in den Forth fließt. Wie Ausgrabungen bewiesen haben, handelt es sich bei Cramond um ein ehemaliges Römerlager. Hinter der Kirche sind Reste eines Forts zu sehen, das im 2. Jh. n.Chr. unter Kaiser Antonius Pius errichtet wurde. Die Überreste eines römischen Badehauses wurden freigelegt. 1997 fand man die wunderbare Sandsteinskulptur einer Löwin („Cramond

Küstenort mit Geschichte

Lioness") im Flussbett. Die Klauen der Löwin liegen auf den Schultern eines nackten Mannes. Man kann schön entlang der Promenade spazieren gehen oder einen Spaziergang entlang des Almond zur Old Cramond Bridge (16. Jh.) unternehmen. Im Cramond Café-Restaurant gibt es leckere Kuchen und Eis.

12 km westlich von Edinburgh (A90, dann B924) liegt das kleine Dorf **Dalmeny**, wo es gleich zwei Besonderheiten gibt. Anstelle eines älteren Anwesens wurde **Dalmeny House** 1815 im Stil der Tudor-Gotik in traumhafter Lage über dem Meer erbaut. Die erlesene Kunstsammlung kam durch die Heirat des 5. Earl of Roseberry mit der Erbin des Barons Meyer de Rothschild in den Familienbesitz der Roseberrys. Kostbar sind besonders die französischen Möbel aus der Zeit Ludwig XV. und XVI. und die reichhaltige Porzellansammlung.
Dalmeny House, *South Queensferry,* ✆ *0131 331 1888, www.dalmeny.co.uk, Juni/Juli So–Mi Führungen um 14.15 und 15.30 Uhr, Eintritt Erw. 8.50 £, Kinder 5.50 £.*

Normannische Sakralarchitektur

Dalmeny Church ist ein herausragendes und wohlerhaltenes Beispiel normannischer Sakralarchitektur in Schottland und wird auf Mitte des 12. Jh. datiert. Besonders sehenswert ist das Südportal mit seiner reichen Verzierung. Die beiden Rundbögen über dem Eingang zeigen Reliefs mit Tierkreiszeichen und grotesken Masken, darüber eine Reihe ineinander verschlungener Blendarkaden.

South Queensferry

South Queensferry ist der alte Fährhafen zur Überquerung des Flusses Forth. Der Name geht auf Königin Margaret zurück, die den Ort als Zwischenstation nutzte, wenn sie von Edinburgh nach Dumfermline, der damaligen Hauptstadt, reiste. Alte, enge Straßen kennzeichnen das Ortsbild. Die Gaststätte **Hawes Inn**, unter der Eisenbahnbrücke bei der ehemaligen Anlegestelle für die Fähren gelegen, spielte schon in Stevensons Buch „Kidnapped" und in Scotts „The Antiquary" eine Rolle. Im **Queensferry Museum** wird die Geschichte des Ortes und der Brücke über den Forth anschaulich dargestellt.
Queensferry Museum, *53 High Street,* ✆ *0131 331 5545, www.edinburghmuseums.org.uk, Mo, Do–Sa 10–13, 14.15–19, So 12–17 Uhr, Eintritt frei.*

Überfahrt mit der „Maid of the Forth"

Inchcolm Abbey, auf einer kleinen Insel im Firth of Forth gelegen, wurde 1123 für Augustinermönche aus Scone gegründet. Die „Maid of the Forth" fährt regelmäßig zwischen Ostern und Oktober vom Haws Pier (unter der Forth-Eisenbahnbrücke) zur Inchcolm Island, wo man Aufenthalt hat, um die Abtei zu besichtigen. Die Abteikirche wurde durch Plünderungen bis auf den Turm und das südliche Querschiff zerstört, die Klostergebäude hingegen sind ausgezeichnet erhalten. Interessant ist das Kapitelhaus von etwa 1283. Es ist oktogonal und besitzt ein frühgotisches Rippengewölbe ohne den üblichen zentralen Stützpfeiler. Im Chor sind Teile von Wandfresken aus dem 13. Jh. zu sehen.
Inchcolm Abbey, *Inchcolm Island,* ✆ *01383 823 332, www.historic-scotland.gov.uk, April–Sept. tgl. 9.30–17.30, Okt.–März bis 16.30 Uhr (Besichtigungszeiten abhängig von den Fahrzeiten der Fähre,* ✆ *0131 331 5000, www.maidoftheforth.co.uk), Eintritt Erw. 5.50 £, Kinder 3.30 £.*

15 km nordwestlich von Edinburgh und 3 km westlich von South Queensferry liegt **Hopetoun House** an der B924. Das prachtvolle, riesige Barockschloss wurde 1699–1703 unter Sir William Bruce begonnen, jedoch bereits 1721 durch William Adam großzügig erweitert. Die ursprüngliche Ostfront wurde zur Hauptfront umgestaltet, an dessen Seiten sich Kolonaden anschließen, die in üppig dekorierten Seitentrakten enden. 1748 führten – in der dritten Bauphase – William Adams Söhne John und Robert den Bau weiter, vor allem die Inneneinrichtung der Prachträume geht auf sie zurück. Zu der reichhaltigen Kunstsammlung gehören Gemälde von Rembrandt, Tizian und Rubens. Auch das 40 ha umfassende Parkgelände (mit Wildpark und wunderschönen Wanderwegen) lohnt einen Besuch.

Reiche Kunstsammlung

Hopetoun House, ☎ *0131 331 2451, www.hopetounhouse.com, Ostern–Sept. 10.30–17 Uhr, letzter Einlass 16 Uhr, Eintritt Erw. 9.20 £, Kinder 4.90 £.*

Linlithgow

Auf halber Strecke zwischen Falkirk und 28 km westlich von Edinburgh an der M9 liegt der hübsche Ort Linlithgow mit dem beeindruckenden **Linlithgow Palace**. Der Palast ist ein wenig abseits der üblichen Touristenstrecke und nur relativ wenig besucht, aber auf jeden Fall einen Abstecher wert. Linlithgow Palace ist die imposante Ruine der ehemaligen königlichen Residenz. An dem Palast wurde vom 15. bis zum 17. Jh. gebaut. Von außen wirkt das Gebäude wie ein blockartiger Kasten. Vier von Ecktürmen begrenzte Flügel sind um einen quadratischen Innenhof gebaut. Das schönste Stück der Anlage ist im Innenhof der achteckige Brunnen mit drei konzentrischen Bassins, die James V. bauen ließ (1530). In Linlithgow Palace wurden James V. und seine Tochter Maria Stuart geboren. Nachdem James VI. den Herrschersitz nach London verlegt hatte, verfiel der königliche Palast allmählich.

Linlithgow Palace, ☎ *01506 842 896, April–Sept. tgl. 9.30–17.30, Okt.–März bis 16.30 Uhr, Eintritt Erw. 5.50 £, Kinder 3.30 £.*

Gegenüber dem Schloss ist im **Annet House**, einem Haus aus dem 18. Jh., ein Heimatmuseum eingerichtet worden. Im Garten, Annet House Rig, wurden Nutzpflanzen, Kräuter und Blumen angepflanzt, die zur viktorianischen Zeit geblüht haben.

Annet House, *143 High Street, www.annethousemuseum.org.uk, April–Okt. Mo–Sa 11–17, So 13–16 Uhr.*

Eine besondere Attraktion für all jene, die sich für Schifffahrt und Technik interessieren, bietet in Falkirk das **Falkirk Wheel**, das eine Verbindung zwischen dem Forth & Clyde Canal und dem Union Canal darstellt. Früher waren wegen der Höhenunterschiede elf Schleusen nötig, heutzutage sind durch diese technische Errungenschaft beide Kanäle problemlos miteinander verbunden. Das Falkirk Wheel gilt als weltweit erster rotierender Schiffslift als Meisterwerk der Technik. Bis zu vier Schiffe können gleichzeitig gehoben werden. Im Besucherzentrum werden die technischen Besonderheiten des Falkirk Wheel erläutert. Die anschließende Bootstour lässt einen das „Wunder" hautnah erleben

Rotierender Schiffslift

Falkirk Wheel, ☎ *08700 500 208, www.thefalkirkwheel.co.uk, Besucherzentrum und Café tgl. 10–17.30 Uhr. April–Okt. 9.30–17 Uhr Fahrten in regelmäßigen Abständen, Nov.–März 10–15 Uhr, jeweils zur vollen Stunde, Bootstour Erw. 8.95 £, Kinder 4.95 £.*

Reisepraktische Informationen Edinburgh

ℹ Information
Edinburgh & Scotland Information Centre, *3 Princes Street, Edinburgh EH2 2QP, ☎ 0131 473 3868, allgemeine Auskünfte und Prospektbestellung ☎ 0845 225 5121, info@visitscotland.com, www.edinburgh.org und www.visitscotland.com.*
Edinburgh Airport Information Centre, *Main Concourse, Edinburgh International Airport, EH12 9DN, ☎ 0131 344 3120.*

Wichtige Telefonnummern
Vorwahl: ☎ *0131*
Polizei, Feuerwehr, Krankenhaus-Notruf: ☎ *999*

🛏 Unterkunft
Edinburgh bietet zahlreiche Unterkünfte: Hotels sämtlicher Preisklassen, Gästehäuser, B&Bs, Apartments für Selbstversorger, Studentenapartments, Jugendherbergen und Campingplätze. Im Sommer sollte man die Unterkunft vor Anreise buchen. Im Stadtzentrum gibt es fast ausschließlich Hotels internationaler Hotelketten.

***Alisa Craig Hotel €–€€ (1)**, *24 Royal Terrace, Edinburgh EH7 5AH, ☎ 0131 556 1022 www.ailsacraighotel.co.uk. 17 Zimmer, ruhiges, gepflegtes Hotel, 10 Minuten Fußweg zum Stadtzentrum. Einige Zimmer mit Panoramablick.*

**The Inn on the Mile €€ (2), *The Royal Mile, 1 South Bridge, Edinburgh EH1 1LL, ☎ 0131 556 9940, www.festival-inns.co.uk. Ganzjährig, 9 Zimmer. Ideale Lage für Besichtigungen und Nachtleben, im ehemaligen Bankgebäude direkt an der Royal Mile. Im Erdgeschoss Café/Bar.*

**Central Hotel €€ (3), *139 Cowgate, Edinburgh EH1 1JS, ☎ 0131 622 6801, www.festival-inns.co.uk. Direkt in der Innenstadt, geeignet für Nachtschwärmer, junges Publikum, sehr lebhaft, 42 Zimmer, modern und funktional. DZ ab 45 £.*

Ibis Edinburgh Centre €€ (4), *6 Hunter Square, www.accorhotels.com. Super zentral gelegene Unterkunft der Ibis-Hotelkette, funktional, bietet alles was man braucht …*

Doubletree by Hilton €€€ (5), *34 Bread Street, Edinburgh EH3 9AF, ☎ 0131 221 5555, http://doubletree3.hilton.com. Minimalistisch und modern in historischem Gebäude. 139 Zimmer, Restaurant und Bar. Kinder willkommen.*

****Radisson Blu Hotel €€€ (6), *80 High Street, Edinburgh EH1 1TH, ☎ 0131 557 9797, www.radissonblu.co.uk. Direkt an der Royal Mile gelegenes Hotel, 238 Zimmer, in einem interessanten, modernen Gebäude, das sich aber hervorragend in seine Umgebung einpasst. DZ ab 175 £.*

*****The Balmoral €€€€ (7), *1 Princes Street, Edinburgh EH2 2EQ, ☎ 0131 556 2414, www.roccofortehotels.com. 168 Zimmer und 20 Suiten. Vornehmes, traditionsreiches Hotel der Luxusklasse mitten im Herzen der Stadt. Von der Westseite des Hauses hat man einen einzigartigen Blick auf das Castle.*

****Hotel Missoni €€€€ (8), *1 George IV Bridge, ☎ 0131 220 6666, www.hotelmissoni.com. Luxuriös, minimalistisch, gestylt im Missoni-Zickzack-Muster und Toplage.*

Übernachtung im Studentenwohnheim
Pollock Halls of Residence, *University of Edinburgh, 18 Holyrood Park Road, ☎ 0131 651 2007, www.edinburghfirst.co.uk. 10 Min. Busfahrt vom Zentrum (Nr. 30/33 bis*

Commonwealth Pool), ruhig gelegen mit Blick auf Arthur's Seat, Einzel- und Doppelzimmer, reichhaltiges Frühstücksbuffet, um 50 £. Ca. 2.000 Betten in den Sommermonaten.

Wohnungen für Selbstversorger
Es gibt zahlreiche Unterkünfte für Selbstversorger – eine gute Alternative, vor allem, wenn man sich während des Festivals in Edinburgh für eine ganze Woche aufhält. Die Touristeninformation hält eine Liste mit Anbietern von Wohnungen für Selbstversorger bereit. Die Preise rangieren zwischen 160 und 800 £ pro Woche, je nach Jahreszeit, Ausstattung, Zimmerzahl und Lage.
Empfehlenswert sind etwa: **Apartments in Edinburgh**, ☎ 0131 556 8309, www.apartmentsinedinburgh.com. Angeboten werden verschiedene Apartments in Edinburgh, z. B. im Dunstaffnage House €€, für 4–5 Pers., sehr günstig gelegen, rund 10 Min. Spaziergang in die Innenstadt, ruhig und mit wunderschönem Blick auf die Stadt. Georgianisches Haus mit viel Charakter, sehr hell, behaglich und elegant eingerichtetes Apartment.

Jugendherbergen/Hostels
In Edinburgh gibt es Jugendherbergen des SYHA sowie unabhängige Hostels und Backpacker-Unterkünfte. Eine Auswahl:
Edinburgh Central Y.H., 9 Haddington Place, Edinburgh EH7 4AL, ☎ 0131 524 2090 www.syha.org.uk. 301 Betten, sehr modern, brandneu, ganzjährig. Daneben betreibt SYHA im Juli und August das **Metro Youth Hostel** in Cowgate.
Argyle Place Backpackers, 14 Argyle Place, Edinburgh EH9 1JL, ☎ 0131 667 9991, www.argyle-backpackers.co.uk. Ganzjährig, Doppel-, Twin- und Mehrbettzimmer. Freundliche Unterkunft im Süden der Stadt.
Royal Mile Backpackers, 105 High Street, Edinburgh EH1 1SG, ☎ 0131 557 6120, www.scotlandstophostels.com. Ganzjährig, 35 Betten in Schlafsälen. Scotlands Top Hostels hat noch zwei weitere Hostels in der Innenstadt: Castle Rock, 15 Johnston Terrace, ☎ 0131 225 9660 und High Street, ☎ 0131 557 3984, 8 Blackfriars Street.
Brodies Backpacker Hostel, 93 High Street, Edinburgh EH1 1TB, ☎ 0131 556 2223, www.brodieshostels.co.uk. Ganzjährig, sauber und gepflegt, 80 Betten in EZ, DZ und Mehrbettzimmer.
Cowgate Tourist Hostel, 112 Cowgate, Edinburgh EH1 1JN, ☎ 0131 226 2153, www.cowatehostel.com. Geöffnet Juli–Sept., Twin- und Familienzimmer. Freundliche, alteingesessene Herberge, zentral gelegen. Saubere, funktional ausgestattete Apartments für jeweils 8–22 Pers. Insgesamt 170 Betten.
Belford Hostel, 6–8 Douglas Gardens, Edinburgh EH4 3DA, ☎ 0131 220 2200, www.hoppo.com. Ganzjährig, das Hostel ist in einer ehemaligen Kirche untergebracht, 10 Min. von Princes Street entfernt. Gruppen willkommen.
Princes Street East Backpackers, 5 West Register Street, Edinburgh EH22 AA, ☎ 0131 556 6894, www.edinburghbackpackers.com. Doppel- sowie Dreibett-, Familien- und Mehrbettzimmer. Großes Hostel mit freundlicher Atmosphäre.

Camping
*****Edinburgh Caravan Club Site**, Marine Drive, Edinburgh EH4 5EN, ☎ 0131 312 6874, www.caravanclub.co.uk. Sehr gut ausgestatteter Platz, ganzjährig.
****Mortonhall Caravan Park**, 38 Mortonhall Gate, Frogsten Road East, Edinburgh EH16 6TJ, ☎ 0131 664 1533, www.meadowhead.co.uk. Schön gelegener Caravan- und Zeltplatz, 15 Autominuten nach Edinburgh.

Einkehren

Bell's Diner (1), 7 St. Stephen Street, ☎ 0131 225 8116, So–Fr 18–22, Sa 12–22 Uhr. Seit Langem beliebtes Restaurant, ungezwungen, beste Burgers und Steaks in der Stadt. Mittlere Preisklasse.

Café Royal Oyster Bar (2), 17a West Register Street, ☎ 0131 556 1884, www.caferoyaledinburgh.co.uk, So 12.30–23, Mo–Mi 11–23, Do 11–24, Fr/Sa 11–1 Uhr. Alteingesessenes Restaurant mit viktorianischer Inneneinrichtung. Fisch und Meeresfrüchte sind die Spezialitäten. Mittlere bis gehobene Preisklasse.

City Café (3), 19 Blair Street, ☎ 0131 220 0125, www.thecitycafe.co.uk. Sehr beliebte, bekannte Bar im 1950er-Jahre-Stil. Diner und Events.

Fishers, 1 The Shore, Leith, ☎ 0131 554 5666, tgl. 12 Uhr bis spät nachts. Bewährtes und beliebtes Fischrestaurant, mit Zweigstelle in Edinburgh (Thistle Street). Mittlere Preisklasse.

Hadrian's Brasserie (4), 2 North Bridge, ☎ 0131 557 5000, www.hadriansbrasserie.com. Beliebte, leicht aufgehübschte Brasserie unterhalb des Balmoral. Tgl. zum Frühstück, Lunch, Dinner. Mittlere bis gehobene Preisklasse. 2-Gänge-Lunch-Menü 14.50 £.

The Mussel Inn (5), 61–65 Rose Street, ☎ 0843 2892 481, www.mussel-inn.com, Mo–Do 12–15, 17.30–22, Fr/Sa 12–22, So 12.30–22 Uhr. Wunderbarer Fisch und der richtige Ort, um Muscheln zu essen. Mittlere Preisklasse. Auch Tische draußen.

Number One, im Balmoral Hotel (26), 1 Princes Street, ☎ 0131 557 6727, www.thebalmoralhotel.com, tgl. 18.30–22 Uhr. Hervorragende Küche, exzellenter Service – das Beste vom Besten. Teuer.

Pierre Victoire (6), 10 Victoria Street, ☎ 0131 556 0006, www.pierrevictoirerestaurant.co.uk, tgl. 9–22, So bis 23 Uhr. Günstig und unkompliziert, alteingesessen.

Tower Restaurant, im National Museum of Scotland (23), Chambers Street, ☎ 0131 225 3003, www.tower-restaurant.com, Mo–So 10–23 Uhr. Moderne Küche und fantastische Aussicht auf das Castle. Mittlere bis gehobene Preisklasse. Gilt als eines der besten Restaurants in der Stadt.

The Witchery by the Castle (7), 352 Castlehill, ☎ 0131 225 5613, www.thewitchery.com, Mo–So 12–16, 17.30–23.30 Uhr. Teuer, gut, vornehm, sehr exklusiv, insbesondere auch die 9 Gästezimmer … Vorher reservieren. Gehobene Preisklasse.

St Giles Cathedral Café, St. Giles Cathedral (9), ☎ 0131 225 5147, www.stgilescathedral.org.uk. Mo–Fr 9–19, Sa 9–17, So 11–17 Uhr. Hier kann man typisch Schottisches probieren, wie Stovies (langsam gegartes Fleisch mit Kartoffeln und Zwiebeln) Günstig (Stovis 6.50 £). Es gibt auch einige Tische nach hinten am ruhigen Parliament Square.

Elephant House (8), 21 George IV Bridge, ☎ 0131 220 5355, www.elephanthouse.biz, Mo–Do 8–22, Fr 8–23, Sa 9–23, So 9–22 Uhr. Hier begann J. K. Rowling ihre literarische Laufbahn. Es gibt klassisch schottische Gerichte wie Haggis oder Taties. Sehr beliebt und schon mehrfach als bestes Café-Restaurant der Stadt ausgezeichnet.

Vegetarisch

Es gibt eine gute Auswahl an vegetarischen Restaurants in Edinburgh.

Henderson's, 94 Hanover Street (9), Edinburgh, ☎ 0131 225 2131, www.hendersonsofedinburgh.co.uk, Mo–Sa 8–22, So 11–16 Uhr. Herrliche Auswahl an vegetarischen Köstlichkeiten, auch Take-away-Service. Günstig.

Daneben gibt es **Henderson's Bistro**, 25c Thistle Street, So–Mi 12–20.30, Do–Sa 12–21.30 Uhr, **Henderson's @ St John's**, 3 Lothian Road sowie das **Deli** in 92 Hanover Street.

Pubs

Abbotsford, 3 Rose Street, ☎ 0131 225 5276, www.theabbotsford.com. Alter, fest etablierter Pub mit viel Stammpublikum. Große Auswahl an Malt Whiskies. Bei Einheimischen und Touristen gleichermaßen beliebt. Restaurant im Obergeschoss.
Bennets Bar, 8 Leven Street, ☎ 0131 229 5143, www.bennetsbar.co.uk. Netter, alter, traditioneller Pub neben dem Kings Theatre. Stattliche Auswahl an Malt Whiskies.
The Bow Bar, 80 West Bow Street, ☎ 0131 226 7667. Schlichter no-nonsense-Pub, viele Einheimische. Gute Auswahl an Malt Whisky und Ale.
Greyfriars Bobby, 34a Candlemakers Row, ☎ 0131 225 8328, www.nicholsonspubs.co.uk. Benannt nach Schottlands „bekanntestem" Hund, ist der Pub besonders bei Touristen beliebt.
The Jolly Judge, 7 James Court, ☎ 0131 225 2669, www.jollyjudge.co.uk. Gemütlicher kleiner Pub, manchmal Live-Musik, offenes Feuer, gut zum Aufwärmen im Winter, im Sommer einige Bänke draußen. Viele Einheimische und Studenten.
Outhouse, 12a Broughton Street Lane, ☎ 0131 557 6668, www.outhouse-edinburgh.co.uk. Hip und trendy, verschiedene Bars, Biergarten, Billardtische, Kunst.
The Royal Oak, 1 Infirmary Road, ☎ 0131 557 2976, www.royal-oak-folk.com, Mo–Sa 9–2, So 12.30–2 Uhr. Jeden Abend Folkloremusik und im Kellergeschoss tagt der Folkclub, fast nur Einheimische. Tolle Atmosphäre. Wee Folk Club So 9–11 Uhr, 3 £.
Sandy Bell's, 25 Forrest Road, ☎ 0131 225 2751. Eine Institution! Allabendliche Folkore live … Immer tolle Stimmung.
Whistlebinkies, 4–6 South Bridge/7 Niddy Street, ☎ 0131 557 5114, www.whistlebinkies.com. Bekannte Live-Musik-Bar mit mehreren Gruppen am Abend.

Einkaufen

In der Princes Street reihen sich die großen Kaufhäuser, wie Marks & Spencers, Debenhams und Primark aneinander.
Auch nur so zum Bummeln interessant sind das alteingesessene Kaufhaus **Jenners (30)** (48 Princes Street/St. Davids Street, www.houseoffraser.co.uk) und das ebenso prächtige **Harvey Nichols** (www.harveynichols.com/stores/edinburgh) am St. Andrews Square. Von Harvey Nichols verbindet die Einkaufsmeile „The Walk" den St. Andrews Square mit dem **St. James Shopping Centre** (stjamesshopping.com).
Die **Princes Mall** (www.princesmall-edinburgh.co.uk) bietet über 80 Geschäfte, Restaurants und Cafés.
Antiquitäten, Kuriositäten und Secondhandläden sind in der Old Town rund um den Grassmarket und in der Victoria Street, in der New Town am Royal Circus und der Great King Street und in der St. Stephens Street in Stockbridge zu finden.

Lebensmittel und Delikatessen

Hinter Jenners (Princes Street) befindet sich ein Sainsbury's Supermarkt. Hier kann man sich günstig für ein Picknick eindecken. Auch bei Marks & Spencers gibt es eine Lebensmittelabteilung.
Rudi Delikatessen, 30 Forrest Road, ☎ 0131 226 6434. Altmodisches Lädchen, Sandwiches, Wein, vegetarische Leckereien und Graubrot liegen hier neben türkischen Süßigkeiten und italienischer Ciabatta.
Valvona & Crolla, 19 Elm Row, ☎ 0131 556 6066, www.valvonacrolla.co.uk, Mo–Do 8.30–17.30, Fr/Sa 8–18, So 10.30–15.30 Uhr. Edinburghs erster Delikatessenladen verwöhnt seit 1934 seine Kunden mit Leckereien. Valvona & Crolla betreibt auch ein tolles

Café-Restaurant in der New Town, 11 Multrees Walk, ☎ 0131 557 0088, mittlere Preisklasse, Mo–Sa 8 bis spät, So 11–20 Uhr.

Whisky
Royal Mile Whiskies, 379 High Street, Royal Mile, ☎ 0131 622 6255. Whisky-„Kaufhaus" mit einer Auswahl an über 500 Whiskies. Auch große Souvenirabteilung.
Cadenhead's, 172 Canongate, ☎ 0131 556 5864, www.wmcadenhead.com. Schottlands ältester unabhängiger Abfüller für Whisky, Gin und Rum, gegründet 1842, gehört mittlerweile zur Springbank Distillery.

Musik
Coda Music, 12 Bank Street, ☎ 0131 662 7246, www.codamusic.co.uk. Rock, Pop, Folk, Klassik und Jazz.
Kilberry Bagpipes, 93 Causewayside, ☎ 0131 668 3303, www.kilberry.com. Hier kann man alles rund um den Dudelsack erwerben.

Bekleidung
Geoffrey (Tailor) Kiltmakers and Weavers, 555 Castlehill, ☎ 0131 226 1555 sowie 57–59 High Street, Royal Mile, www.geoffreykilts.co.uk. Hier bekommt man „Highland"-Kleidung für Damen und Herren, die auch maßgeschneidert wird, sowie eine große Auswahl an schottischen Souvenirs.

Edinburgh International Festival

Das „Edinburgh International Festival of Music and Drama" wurde 1947 begründet. Die Schwerpunkte waren und sind: Oper, Ballett, Symphonie, Kammermusik und Theater. Das Festival ist international bekannt und berühmt. Regelmäßig gastieren das New York und das London Philharmonic Orchestra sowie die Royal Shakespeare Company. Gleichzeitig mit dem offiziellen Festival wurde das sog. „Fringe" gegründet. Sechs Gesellschaften waren damals von der offiziellen Festorganisation abgewiesen worden und hatten sich eigene Spielstätten „on the fringe of the festival" (am Rande des eigentlichen Festivals) geschaffen. Ein erstes Fringe-Programm wurde 1954 herausgegeben, 1958 formierte sich eine Fringe Society. Die Programme der Festivals werden jeweils im März festgelegt, ab April sind Vorbestellungen möglich. Die Karten sind nicht sonderlich teuer und sehr schnell vergriffen. Falls man an bestimmten Aufführungen interessiert ist, sind Vorbestellungen ratsam.

- Programm/Tickets online unter **www.edinburghfestivals.co.uk**
- **Edinburgh International Festival**, ☎ 0131 473 2000, www.eif.co.uk
- **Edinburgh Festival Fringe**, ☎ 0131 226 0026, www.edfringe.com
- **The Hub**, Edinburgh's Festival Centre, Castlehill, The Royal Mile, Edinburgh EH1 2NE, ☎ 0131 473 2000, www.thehub-edinburgh.com,
- Tagesprogramm mit Spielorten auch in der Zeitung „The Scotsman".

Das „Military Tattoo"

Die Militärparade wird jedes Jahr während der drei Festspielwochen im August auf der Burgesplanade abgehalten. Vor der Kulisse der uralten Burgmauern werden alle erdenklichen Soldatenkünste vorgeführt. Jedes Jahr sind Gasttruppen aus anderen Ländern vertreten. Vorbestellungen sind ab Dezember schriftlich möglich beim *Edinburgh Military Tattoo Office, 32 Market Street, Edinburgh EH1 1QB*, ☏ 0131 225 1188, www.edintattoo.co.uk. Verkauf am Schalter ab März im *Tattoo Ticket Sales Office, 33–34 Market Street*.

Theater, Konzerte, Kino
Edinburgh Festival Theatre, 13–29 Nicolson Street, ☏ 0131 529 6000, www.eft.co.uk.
King's Theatre, 2 Leven Street, ☏ 0131 529 6000, www.eft.co.uk.
Edinburgh Playhouse, 18–22 Greenside Place, ☏ 0870 606 3424. Ehemaliges Kino, jetzt Spielstätte für Musicals, Konzerte und Shows.
Ross Open Air Theatre, Princes Street Gardens, ☏ 0131 228 8616.
Royal Lyceum Theatre Company, Grindlay Street, ☏ 0131 248 4848, www.lyceum.org.uk.
Traverse Theatre, 10 Cambridge Street, ☏ 0131 228 1404, www.traverse.co.uk. Avantgarde-Theater mit zwei kleinen Bühnen, das auf die Aufführung neuer und sonst nur selten zu sehender Stücke spezialisiert ist. Aufgeführt werden u. a. Werke schottischer Schriftsteller.
Usher Hall, Lothian Road, ☏ 0131 2281155, www.usherhall.co.uk. Beeindruckende Konzerthalle unter Denkmalschutz. Klassische Konzerte, Jazz, Blues, manchmal auch Pop-Konzerte.
Filmhouse, 88 Lothian Road, ☏ 0131 228 2688, www.filmhousecinema.com. Programmkino mit stets interessantem Programm, viele ausländische, Kunst- und experimentelle Filme.

Golf
Melville Golf, Melville Golf Course, Range & Shop, Lasswade, Midlothian EH18 1AN, ☏ 0131 663 8038, www.melvillegolf.co.uk. Hier kann man sich seine komplette Golfausrüstung zusammenstellen lassen oder das eine oder andere wichtige Golfutensil erwerben.

Fahrrad fahren
Bike Trax Cycle Hire, 11–13 Lochrin Place, Tollcross, ☏ 0131 228 6633, www.biketrax.co.uk. Alteingesessener Fahrradverleih. Ab 17 £/Tag, ab 75 £/Woche. Große Auswahl an Fahrrädern. Die Fahrräder für Gruppenreisende werden auch an einen bestimmten Platz angeliefert.

Pferderennen
Musselburgh Racecourse, Linkfield Road, Musselburgh, ☏ 0131 665 2859, www.musselburgh-racecourse.co.uk, an 25 Renntagen pro Jahr, Eintritt 15 £.

Feste und Festivals

Aktuelle Informationen und Termine unter www.edinburghfestivals.co.uk
The Hub, Edinburgh's Festival Centre, Castlehill, The Royal Mile, Edinburgh EH1 2NE, ☎ 0131 473 2000, www.thehub-edinburgh.com, Mo–Sa 10–17 Uhr. Hier kann man Karten erwerben, sich über das Programm informieren, im Buch- und Souvenirladen stöbern oder bei einer Tasse Tee entspannen.
Edinburgh Military Tattoo, August, s. o.
Edinburgh Festival Fringe, ☎ 0131 226 0026, www.edfringe.com. Das größte Kunstfestival der Welt findet 3 Wochen im August statt. s. Kasten
Edinburgh International Book Festival, Book Festival Box Office, Waterstone's, 83 George Street, ☎ 0845 373 5888 (Mitte Juni–Aug.), www.edbookfest.co.uk.
Edinburgh International Festival, ☎ 0131 473 2000, www.eif.co.uk. August bis Anfang September, s. Kasten
Edinburgh International Film Festival, ☎ 0131 228 4051, www.edfilmfest.org.uk.
Edinburgh's Hogmanay, ☎ 0844 573 8455, www.edinburghshogmanay.org. Neujahrsfeiern, ein 4-tägiges Festival mit viel Musik, Umzügen, Straßentheater, Feuerwerk, Sportveranstaltungen und vielerlei Aktivitäten für Kinder.
Edinburgh International Science Festival, ☎ 0131 553 0320, www.sciencefestival.co.uk, Das 14-tägige Festival ist der Wissenschaft gewidmet und findet jeweils im April statt.

Stadtbesichtigung
Organisierte Bustouren, Stadtrundfahrten, Tagestouren

Es gibt eine Vielzahl an Anbietern, die sog. „Special Interest Tours" durchführen: historische Fahrten, auf den Spuren von Sir Walter Scott, spezielle Whisky-Touren und maßgeschneiderte Tages- oder auch mehrtägige Touren nach individuellen Wünschen.
Edinburgh Bus Tours, ☎ 0131 220 0770, www.edinburghtour.com. Abfahrt ganzjährig und tgl. alle 20–30 Min. von der Waverley Bridge. Kommentare in verschiedenen Sprachen. Erw. 13 £, Kinder 6 £. Die Tickets sind 24 Std. gültig (Hop on – hop off).
Rabbie's Trail Burners, Celtic Art & Travel Centre, 207 High Street, Edinburgh EH1 1PE, ☎ 0131 226 3133, www.rabbies.com. 1- bis 5-tägige Touren in die Highlands und auf die Inseln.

Stadtführungen

Scottish Tourist Guides ist eine Vereinigung von ausgebildeten Reiseführern, die sich an Individualreisende oder an Gruppen wendet. Führungen sind in vielen Städten oder interessanten Plätzen und in vielen Sprachen möglich. Auskunft von STGA, Old Town Jail, Stirling FK8 1EA, ☎ 01786 447 784, www.stga.co.uk.
Daneben gibt es verschiedene Touren zu bestimmten Themen:
Leith Walks, www.leithwalks.co.uk. Geführte Touren durch Edinburgh und die Pentland Hills. Highlight: die Trainspotter Tour!
The Cadies & Witchery Tours, 352 Castlehill, Royal Mile, ☎ 0131 225 6745, www.witcherytours.com. Ghosts-&-Gore-Touren und Murder-&-Mystery-Touren.
Edinburgh Literary Pub Tour, www.edinburghliterarypubtour.co.uk. Touren mit langer Tradition durch das literarische Edinburgh. „Drinking (perhaps), Thinking (maybe), Entertainment (guaranteed)".
Mercat Tours, ☎ 0131 225 5445, www.mercattours.com. Stadtführungen zu verschiedenen Themen wie „Secrets of the Royal Mile" oder „Ghosts & Ghouls".

Flughafen

Edinburgh Airport, ☎ 0870 040 0007, www.edinburghairport.com. Der Flughafen von Edinburgh befindet sich 12 km außerhalb des Stadtzentrums. Mit dem **Auto** besteht Zugang von der A8 (Edinburgh – Glasgow). **Taxis** in die Innenstadt kosten ca. 15 £. Der **Flughafenbus Airlink 100** fährt regelmäßig vom Flughafen in die Innenstadt, tagsüber alle 10 Min., abends ca. alle 30 Min. Fahrzeit 25 Min., 3.50 £ pro Fahrt, 6 £ hin und zurück. Die Flughafenbusse halten in der Stadt an der Waverley Brücke und an der St. Andrews Bus Station. ☎ 0131 555 6363, www.flybybus.com.

Flugverbindungen: Zahlreiche Verbindungen nach London und andere Städte in Großbritannien sowie nach Berlin, Bremen, Düsseldorf, Frankfurt/M., Köln, Hamburg, München, Memmingen, Salzburg, Innsbruck und Zürich.

Stadtbusse

Edinburgh verfügt über ein flächendeckendes Netz an regelmäßigen, in der Regel auch zuverlässigen Busverbindungen. Mit einem **Day Ticket** (Erw. 3.50 £, Kinder 2 £) kann man einen Tag lang (Mo–Fr nach 9.30 Uhr, Sa und So jederzeit) uneingeschränkt die **Lothian Buses** in Edinburgh, Midlothian und East Lothian benutzen. Die einfache Fahrt kostet 1.50 £ bzw. 70 pence für Kinder. Die Fahrkarten können direkt beim Busfahrer erworben werden. Halten Sie passendes Kleingeld bereit; Busfahrer haben kein Wechselgeld. www.lothianbuses.co.uk.

Überlandbusse

Regelmäßige Busverbindungen (Scottish Citylink, National Express) bestehen in alle Landesteile. Die Busse fahren vom St. Andrews Square ab. Die Fahrzeiten betragen von Edinburgh nach Birmingham 7 Std., nach London 9 Std., nach Manchester 6 Std. und nach Newcastle 3 Std. Die Fahrkarten kann man im Edinburgh & Scotland Information Centre, 3 Princes Street und an der St. Andrews Square Bus Station erwerben. Citylink: ☎ 0871 266 3333, First Group: ☎ 0871 200 2233, National Express: ☎ 0871 781 8178.

Züge

Edinburgh hat zwei Bahnhöfe. Waverley ist der Hauptbahnhof und befindet sich mitten in der Stadt unterhalb der Waverley Bridge. Von dort aus bestehen Anschlüsse in den Norden, an die Ostküste und nach London. Die Touristeninformation ist unmittelbar über dem Bahnhof. Der Bahnhof Haymarket liegt im Westen der Stadt. Fahrplanauskunft: ☎ 08457 484 950.

Taxis

Taxistände gibt es z. B. am Bahnhof und am westlichen Ende der Princes Street. Es ist üblich, die Taxis herbeizuwinken. Taxis für Rollstuhlfahrer sind gekennzeichnet.
Capital Castle Taxis, 2 Torphichen Street, ☎ 0131 228 2555, 24-Stunden-Service.

Mietwagen/Campervan

Zahlreiche Mietwagenfirmen konkurrieren miteinander. Ein Preisvergleich lohnt.
Avis Rent A Car, ☎ 0870 606 0100, www.avis.co.uk.
Arnold Clark Car Rental, ☎ 0845 607 4500, www.arnoldclark.com/rental. Größter schottischer Anbieter mit mehreren Zweigstellen in Edinburgh.
Condor Self Drive, 45 Lochrin Place, Tallcross, ☎ 0131 229 6333, www.condorselfdrice.co.uk. **Thrifty**, 42 Haymarket Terrace, ☎ 0131 337 1319, www.thrifty.co.uk.

5. GLASGOW

Allgemeiner Überblick

„…I have never been more heartily received anywhere, or enjoyed myself more completely."
Charles Dickens, 1847

Seit den 1980er-Jahren hat Glasgow einen unglaublichen Wandel durchgemacht. Die interessante Stadt lohnt durchaus einen zwei- oder mehrtägigen Aufenthalt. Im Vergleich zu Edinburgh nahm Glasgow einen unterschiedlichen geschichtlichen Verlauf. Glasgow hatte seine Blüte erst im 19. Jh. Die Gebäude zeugen mit ihren auf Repräsentation ausgerichteten Maßen und ihrer Pracht vom einstigen Status der Industriestadt. Diese Haltung des Repräsentativen und Großartigen ist eigentlich auch heute noch spürbar. Glasgow hat eine Vielzahl teurer Geschäfte und pompöse Einkaufszentren.

Schon immer war es die Stadt Edinburgh, die mit den Begriffen Kultur, Bildung und Wissenschaft assoziiert wurde. Aber auch Glasgow verfügte immer über ein ausgeprägtes kulturelles Bewusstsein. Die Stadt hatte in der Theater- und Musikwelt stets einen hervorragenden Ruf. Mitten durch die Stadt rast die M8 und heruntergekommene Wohnsiedlungen am Stadtrand sind ein deprimierender Anblick, aber trotz allem ist Glasgow eine aufstrebende und selbstbewusste Stadt, die Einheimische und Besucher gleichermaßen anzieht.

Redaktionstipps

➤ Besuch des **People's Palace** (S. 208), der **Hunterian Art Gallery** (S. 217), der **Kelvingrove Art Gallery and Museum** (S. 216) oder der **Burrell Collection** im Pollock Country Park (S. 220).
➤ Die mechanischen Skulpturen in der **Sharmanka Kinetic Gallery** bestaunen (S. 207).
➤ An einer Führung durch die **Glasgow School of Art** teilnehmen (S. 212).
➤ Den Morning oder Afternoon Tea in den **Willow Tea Rooms** einnehmen (S. 211).
➤ Die **City Chambers** und andere viktorianische Architektur im Stadtzentrum bewundern (S. 203).
➤ Einen Ausflug zum **Hill House** in Helensburgh machen (S. 222).

Geschichtlicher Überblick und Stadtentwicklung

Um die Mitte des 6. Jh., so sagt es die Legende, errichtete der **hl. Mungo**, der erste Bischof von Glasgow, am Fluss Clyde ein Kloster. Es wurde „Glas cu" („grüne Senke") genannt. Aus der kleinen Klostergemeinde wurde 1110 ein Bischofssitz und 1175 verlieh König William I. Glasgow das Stadtrecht. Mit dem Bau der Kathedrale wurde 1238 begonnen. Als um 1451 die Universität gegründet wurde, zählte die Stadt bereits 3.000 Einwohner, stand aber während des Mittelalters im Schatten von Edinburgh. Dort befand sich das kulturelle und politische Zentrum des Landes. Die Reformationswirren überstand die Stadt gut.

Grüne Senke

Der **wirtschaftliche Aufschwung** erfolgte im 18. Jh. Durch die Union mit England (1707) und die damit verbundenen Handelsrechte nahm die Bedeutung der Stadt immens zu. Verträge öffneten für Schottland und insbesondere für Glasgow

Glasgow – Geschichtlicher Überblick und Stadtentwicklung

Tabak-metropole

das Tor zu den amerikanischen Kolonien und Glasgow entwickelte sich zur Tabakmetropole. Durch die unmittelbare Lage am Clyde konnten die Waren von hier aus direkt verschifft werden. Die sog. **Tobacco Lords** benötigten schnelle Segler, um der hohen Nachfrage Folge zu leisten und die Werftindustrie expandierte. Glasgow wurde dadurch ein noch wichtigerer Hafen als Liverpool oder Bristol. Ende des 18. Jh. wurde von Glasgow aus über die Hälfte des gesamten Tabaks für Großbritannien importiert. Schenkt man Daniel Defoe Glauben, muss Glasgow um diese Zeit besonders schön gewesen sein. In den „Reiseessays durch Britannien", 1726, heißt es dazu: „… 'tis the cleanest and beautifulest and best built city in Britain, London excepted." Der amerikanische Unabhängigkeitskrieg (1776) gefährdete den Tabakhandel erheblich, jedoch machte der Textilhandel die Verluste bald wieder wett. Ab Mitte des 18. Jh. wurde auch Baumwolle exportiert. Damit verbunden waren weitere Gewerbezweige wie Spinnereien, Webereien und Färbereien.

Zentrum der schottischen Industrie

Im Zuge der **Industriellen Revolution** wurde Glasgow das Zentrum der gesamten schottischen Industrie. Die Schwerindustrie erhielt durch die Erfindung der Dampfmaschine einen sagenhaften Auftrieb, insbesondere der Lokomotiv- und Schiffbau. Mit der wirtschaftlichen Entwicklung ging ein enormer Anstieg der Bevölkerungszahl einher. Bis zum Jahr 1800 stieg die Bevölkerungszahl auf 84.000 an, bis 1830 auf 200.000. Vor allem waren es die schottischen Bauern, die durch die *Clearances* aus den Highlands vertrieben wurden, oder irische Bauern, die der Hungersnot in Irland entflohen. Die Stadt musste sowohl den kometenhaften wirtschaftlichen Aufschwung als auch Tausende neuer Einwohner verarbeiten. Vergleichbar mit anderen Großstädten jener Zeit gab es auch hier Prachtentfaltung und Verschwendung auf der einen Seite, Überbevölkerung und Massenelend auf der anderen. Die Armenviertel Glasgows waren im ganzen Empire berüchtigt.

Die Kelvingrove Art Gallery and Museum entstand 1901 in Jahren des Wohlstands

Dennoch war Glasgow im 19. Jh. mit seinen 750.000 Einwohnern eine der wohlhabendsten Städte des Vereinigten Königreichs. Ausdruck des Wohlstands war das Bedürfnis nach einer neuen, repräsentativen städtischen Architektur. Öffentliche Gebäude, wie der Universitätskomplex in Gilmorehill (1878), die City Chambers (1888) und die Kelvingrove Art Gallery and Museum (1901), der Bahnhof und die Theater zeugen von Glasgows damaligem Wohlstand. 1880 wurde die Weltausstellung im Kelvingrove Park veranstaltet, 1896 die U-Bahn eröffnet, 1901 fand wieder eine Weltausstellung statt und das Glasgower Museum wurde eröffnet. Die wichtigste Industrie im ausgehenden 19. und Anfang des 20. Jh. war jedoch der Schiffbau, sogar riesige Ozeankreuzer liefen hier von Dock.   *Repräsentative Stadtarchitektur*

Die Einwohnerzahl stieg Glasgows weiterhin an. In den 1920er-Jahren erreichte die Bevölkerungszahl mit 1,25 Mio. ihren höchsten Stand. Nach dem Zweiten Weltkrieg setzte ein neuer Menschenzustrom ein, auf nur 7,8 km² lebte ein Siebtel der gesamten Bevölkerung Schottlands.

Aus der in den 1930er-Jahren begonnenen **Strukturkrise** konnte sich die Stadt nicht mehr befreien und immer mehr Betriebe mussten ihre Pforten schließen. Glasgow verkam zu einer hässlichen, heruntergekommenen Industriestadt mit Begleiterscheinungen wie Gewalt und Kriminalität. Nach dem Krieg baute die Stadt mehr Häuser als jede andere Stadt in Großbritannien. An den Peripherien entstanden die „New Towns" der 1950er-Jahre, schnell und billig gebaute Hochhäuser, drei Viertel von diesen ohne Zentralheizung. Die verhängnisvolle Wohnungspolitik bewirkte, dass die Innenstadt verödete und die Satellitenstädte zu sog. „no go areas" ohne soziale Einrichtungen und Gemeinschaftsgefühl wurden. Glasgow war die am höchsten verschuldete Stadt neben London und die Stadt mit der höchsten Abwanderungsrate in Großbritannien. Hatte Glasgow 1946 noch 1,1 Mio. Einwohner, waren es 1990 nur noch 720.000.   *Schlechte Wohnungspolitik*

Das East End war am schlimmsten betroffen: 1961 lebten hier noch 160.000 Menschen, Ende der 1970er-Jahre waren es nur noch 45.000. Mit dem Projekt „Glasgow Eastern Area Renewal" versuchte man (ab 1976), mit einem Aufwand in Milliardenhöhe das East End, eine Fläche von rund 17 km², zu sanieren. Es war das größte Projekt dieser Art in Westeuropa. Bald musste jedoch festgestellt werden, dass an die Stelle der alten Slums zwar Neubausiedlungen getreten, dass jedoch die Probleme die gleichen geblieben waren.

> **Buchtipp**
> Jimmy Boyle: „**A Sense of Freedom**", Glasgow 1977 (1979 verfilmt), ist die beeindruckende Autobiografie eines Mannes aus den „Slums" Glasgows.

Stadtputz

Anfang der 1980er-Jahre begannen Schritte zu einer umfassenden Erneuerung der Stadt. Umgerechnet rund 3 Milliarden Euro wurden in eine völlig neue Infrastruktur und in die Stadtsanierung gesteckt. Türme und Kuppeln von Banken und Kirchen, Lagerhallen und Kontore der viktorianischen Kaufmannsstadt leuchten seitdem wieder im alten Glanz. Viel zu tun gab es auch für den **Denkmalschutz**: 150 Kirchen galt es zu erhalten und fast 3.000 Gebäude wurden unter Schutz gestellt. Für den Fremden war die Stadt nicht wiederzuerkennen.

Imagewechsel

Der große Stadtputz hat Glasgow wieder attraktiv gemacht. In die restaurierten Lagerhäuser der alten „Merchant City" sind die Yuppies eingezogen. Viele englische Firmen haben sich angesiedelt. Keine andere britische Stadt außer London konnte so viele Investitionen wie Glasgow verbuchen. Und keine andere Stadt in Europa erreichte in so kurzer Zeit einen so radikalen Imagewechsel wie Glasgow. Sie präsentiert sich als moderne Stadt mit vielen sehenswerten Museen und attraktiven Shopping- und Nightlife-Adressen. Nach der Wahl Glasgows zur Kulturhauptstadt Europas 1990 folgte 1999 der Titel „City of Architecture and Design". Als nächstes hofft die selbstbewusste Stadt auf den Titel der „European Green Capital", der 2015 vergeben wird und besondere Bemühungen in Sachen Umweltschutz ehrt. Glasgow war und ist eine Stadt der Gegensätze – Glanz und Schmutz sind nie weit voneinander entfernt.

Stadtbesichtigung

Orientierung

Im Gegensatz zu anderen Großstädten ist das hügelige Glasgow eher eine Ansammlung verschiedener Gemeinden und Gegenden. Der eigentliche Stadtkern von Glasgow ist das City Centre mit George Square und den Einkaufsstraßen Sauchiehall Street, Buchanan Street und Argyle Street. Um sich einen ersten Eindruck zu verschaffen, empfiehlt sich ein Spaziergang durch Glasgows Stadtzentrum. Im weiteren Verlauf sollte man jedoch aufgrund der Entfernungen zwischen den einzelnen Sehenswürdigkeiten auf öffentliche Verkehrsmittel, U-Bahn oder Busse, zurückgreifen. Um die wichtigsten Sehenswürdigkeiten der Stadt zu sehen, braucht man mindestens zwei Tage.

Größere Entfernungen

Programmvorschlag

Hat man nur einen Tag, hier ein Programmvorschlag: Beginnen Sie den Tag im People's Palace, um einen Überblick über die Geschichte der Stadt zu bekommen. Danach könnten Sie den Princes Square hinunterschlendern und anschließend einen Gang durch die Merchant City machen.

Zum Lunch bietet sich das legendäre Babbity Bowster in der Blackfriars Street an. Nach der Mittagspause nehmen Sie die St. Enoch U-Bahn nach Kelvin Hall und besichtigen die fantastische Kelvingrove Art Gallery and Museum. Ein kleiner Spaziergang durch den schönen Kelvingrove Park führt zur Hunterian Art Gallery. Danach kann man sich im Botanischen Garten erholen und dort im Kibble Palace schön Tee trinken (10–16.15 Uhr). Mit der U-Bahn geht es zurück zur Buchanan Street.

Sehenswertes in der Innenstadt

Es ist kein Zufall, dass Glasgow sowohl zur Kulturhauptstadt (1990) als auch zur „City of Architecture and Design" (1999) gewählt wurde. Die Hauptattraktionen der Stadt sind die viktorianischen Gebäude, die Museen und Kunstgalerien.

Rund um den George Square

Das Zentrum der Innenstadt bildet der **George Square**, ein großer, von Prachtbauten des 19. Jh. umgebener Platz. Die 25 m hohe Säule in der Mitte wird von Sir Walter Scott und nicht – wie der Name des Platzes es vermuten ließe – von George III. bekrönt. Rundherum stehen weitere Denkmäler: eine Reiterstatue für Königin Victoria und Prinz Albert, James Watt, Robert Burns, Thomas Campbell und Sir John Moore.

Prachtbauten

Auf der Ostseite des Platzes befinden sich die **City Chambers (1)**, ein typisches Beispiel viktorianischer Selbstdarstellung. Das beeindruckende Bauwerk wurde 1883–1888 von William Young errichtet und von Queen Victoria eröffnet. Die Fassade ist im Stil der Neorenaissance gestaltet: Mittelrisalit mit Dreiecksgiebel, darin ein Figurenrelief, Ecktürme mit runden Kuppeln und der Mittelturm trägt eine kleine runde Kuppel auf Säulchen. Pilaster, Statuen, Kolonaden, Galerien, Balkone be-

Die Glasgow City Chambers im Neorenaissance-Stil

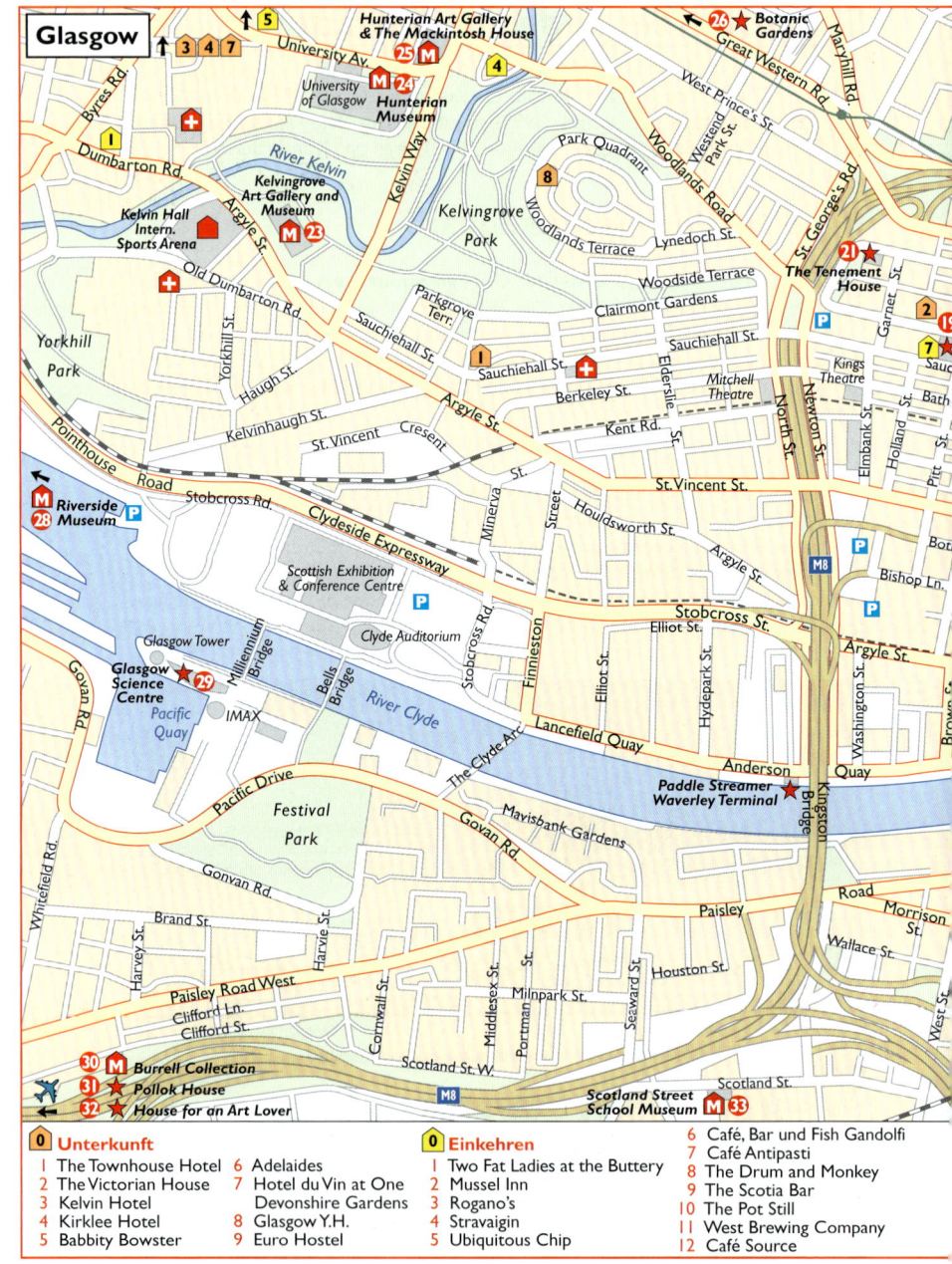

Sehenswertes in der Innenstadt

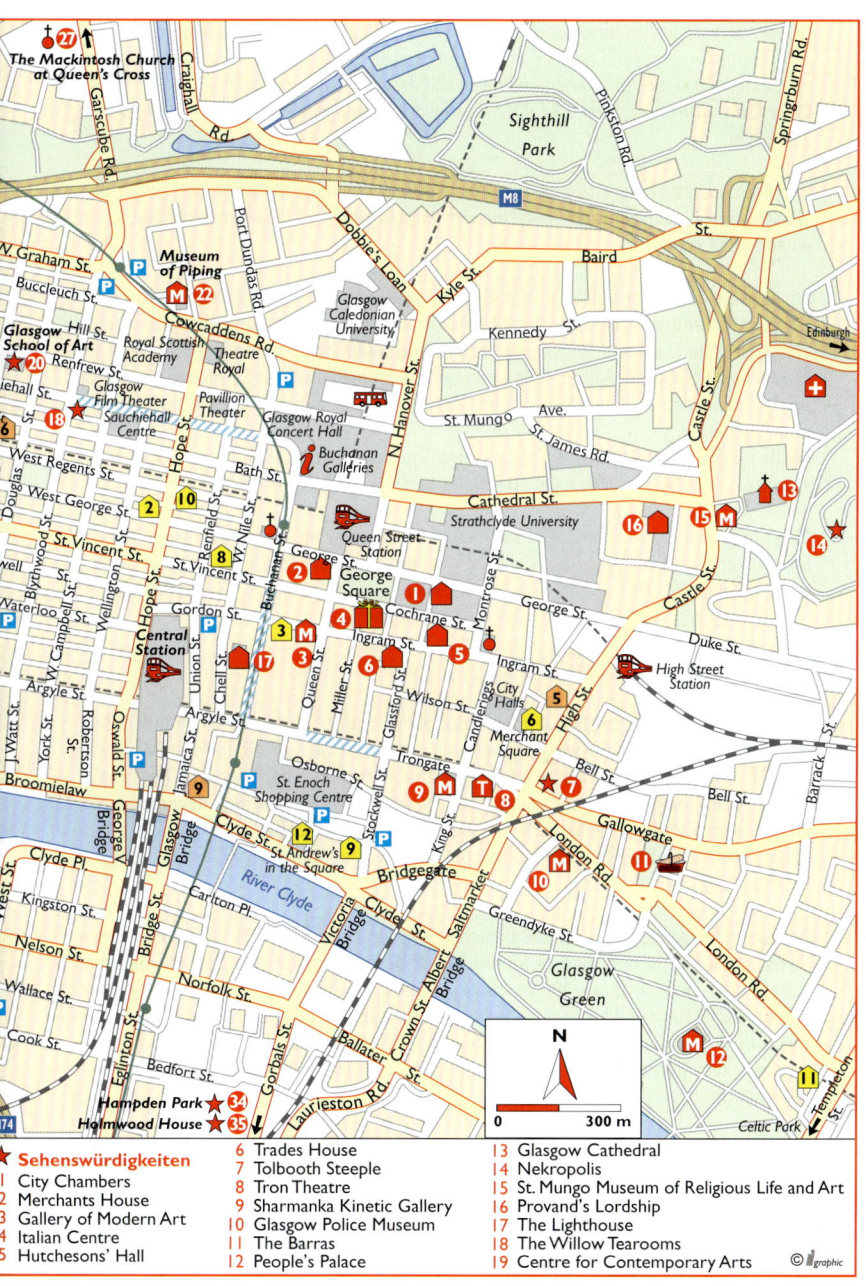

★ **Sehenswürdigkeiten**
1. City Chambers
2. Merchants House
3. Gallery of Modern Art
4. Italian Centre
5. Hutchesons' Hall
6. Trades House
7. Tolbooth Steeple
8. Tron Theatre
9. Sharmanka Kinetic Gallery
10. Glasgow Police Museum
11. The Barras
12. People's Palace
13. Glasgow Cathedral
14. Nekropolis
15. St. Mungo Museum of Religious Life and Art
16. Provand's Lordship
17. The Lighthouse
18. The Willow Tearooms
19. Centre for Contemporary Arts

Glasgow Boys leben die Ansicht. Im Inneren tritt man in eine prächtige Eingangshalle mit doppelten Treppenaufgängen. Die Banketthalle im ersten Stock hat eine wundervolle Decke, eine Wand zieren Wandgemälde der „Glasgow Boys" (s. S. 29).
City Chambers, ☏ 0141 287 4018, kostenlose Führungen 45 Min., Mo–Fr 10.30 und 14.30 Uhr.

Im **Merchants House (2)** an der Westseite des Platzes befindet sich heute die Glasgower Handelskammer *(www.merchantshouse.org.uk)*. Das imposante Gebäude wurde 1874 gebaut.

Nicht weit davon entfernt, an der Ecke Queen Street/Ingram Street, stößt man auf die **Gallery of Modern Art (3)**. Als Privathaus gebaut, beherbergt das neoklassizistische Gebäude mit Säulenvorbau und einer Kuppel heute die Gallery of Modern Art (GoMA). Ausgestellt ist zeitgenössische Kunst aus Schottland und aus der ganzen Welt: neben Malerei und Skulpturen z. B. auch Installationen, Video- und Fotokunst.
Gallery of Modern Art, *Royal Exchange Square*, ☏ 0141 287 3050, www.glasgow life.org.uk, Mo–Mi, Sa 10–17, Do 10–20, Fr, So 11–17 Uhr, Eintritt frei.

Geht man von der Gallery of Modern Art aus die Ingram Street hinunter, gelangt man linker Hand zum **Italian Centre (4)** mit italienischen Designerläden, Cafés und Restaurants.

Die Merchant City

Restaurierung der Merchant City Das Schachbrett der Straßen östlich des George Square bis hin zur High Street bildet die Merchant City *(www.glasgowmerchantcity.net)*, wo im 18. Jh. die **Tobacco Lords** ihre prächtigen Paläste bauten und lebhaften Handel trieben. Die Tabakfürsten machten Glasgow zur wichtigsten Handelsstadt. Ein städtebaulicher Geniestreich war die Idee, das historische Viertel wieder mit Leben zu füllen. Die alten Lager- und Wohnhäuser wurden kostspielig restauriert und teure Designer-Läden, Bistros und Cafés zogen ein.

Ein guter Ausgangspunkt für die Besichtigung der Merchant City ist die **Hutchesons' Hall (5)** in der Ingram Street Nr. 158. Der eleganteste Bau wurde zwischen 1801 und 1805 als Verwaltungsgebäude für die Hutcheson-Stiftung entworfen. Die Brüder Hutcheson waren wohlhabende Bürger im 17. Jh., die sich besondere Verdienste durch Stiftungen für alte Menschen und Waisenkinder erwarben. Die beiden Figuren in den Nischen der Fassade stellen die Gebrüder Hutcheson dar.

In der Glassford Street gegenüber steht das ehemalige Gildehaus der Kaufleute: das **Trades House (6)**. Es ist das einzige erhaltene Gebäude von Robert Adam in Glasgow. Es wurde zwischen 1791 und 1794 errichtet. Alle übrigen Gebäude, die Adams in Glasgow entworfen hat, fielen dem viktorianischen Bauboom zum Opfer. Auch heute noch haben hier die Berufsverbände, z. B. der Bäcker, Gärtner und Weber, ihren Sitz *(www.tradeshouse.org.uk)*.

Die Gallery of Modern Art zeigt ihre Ausstellungen in einem neoklassizistischen Gebäude

Von Trongate zum East End

Die Merchant City wird im Osten von der High Street und im Süden von Trongate beschlossen. Die beiden Straßen treffen sich am **Glasgow Cross**, einst das Handelszentrum der Stadt. In der Mitte der Kreuzung steht der hohe **Tolbooth Steeple (7)** von 1625, einziges Überbleibsel der Tolbooth Buildings, und daneben das Marktkreuz, wobei es sich allerdings um die Replik des mittelalterlichen Kreuzes handelt. Der Tron Steeple, nicht weit entfernt, ist der einzig erhaltene Rest der **St. Mary's Church**, die Ende des 18. Jh. einem Feuer zum Opfer fiel. Der Tron Steeple wurde geschickt in die moderne Front des **Tron Theatre (8)** (s. S. 228) eingebaut.

Einstige Tolbooth Buildings

Trongate 103 beherbergt ein Kreativ- und Kunstzentrum mit verschiedenen Künstlern, Galerien und Organisationen unter einem Dach. Auf sechs Etagen sind u.a. Druckgrafik, Fotografie, Videoinstallationen und Keramik zu sehen. Ein besonderes Highlight erwartet den Besucher in der **Sharmanka Kinetic Gallery (9)**, eine Ausstellung mechanischer Skulpturen. Sharmanka wurde 1990 von dem Künstler Eduard Bersudsky und der Theaterdirektorin Tatyana Jakovskaya in St. Petersburg gegründet. Seit 1996 leben sie in Glasgow, stellen ihre Werke aber in der ganzen Welt aus. Die Ausstellung ist sowohl für Kinder als auch Erwachsene geeignet. Die beweglichen Skulpturen, zusammengesetzt aus Hunderten von geschnitzten Figuren und alten Metallteilen, stellen die Geschichte des Menschen in seinem Überlebenskampf im täglichen Dasein dar, teils tragisch, teils philosophisch, aber auch lustig und auf jeden Fall faszinierend

Kreativ- und Kunstzentrum

Trongate 103, ☎ 0141 276 8380, www.trongate103.com.
Sharmanka Kinetic Gallery, ☎ 0141 552 7080, www.sharmanka.com, Vorführungen Mi–So 15, Do, So 19 Uhr, 5–8 £.

In der Nähe liegt das **Glasgow Police Museum (10)**. Die Glasgower Polizei war die erste Polizei im Vereinigten Königreich überhaupt. Das Museum informiert über das Wirken der Polizei zwischen 1800 und 1975 u.a. anhand von dokumentierten Fällen und Ereignissen. Polizeioffiziere, Polizeiwachen und die verschiedenen Uniformen werden vorgestellt. Daneben sind auch Exponate der Polizei weltweit zu sehen.
Glasgow Police Museum, *30 Bell Street, ☎ 0141 552 1818, www.policemuseum. org.uk, April–Okt. Eintritt frei.*

Quirliger Markt
Weiter östlich gelangt man zum Glasgower East End, der traditionellen Arbeitergegend. **The Barras (11)** ist ein großer Markt *(Sa/So 10–17 Uhr)*, der sich in den Straßen südlich von Gallowgate erstreckt. Der Markt, der auf eine fast hundertjährige Tradition zurückblicken kann, ist eine Mischung aus kleinen Läden, festen und mobilen Ständen, wobei Kunsthandwerkliches, Lebensmittel, Kleidung, Schuhe, neue und Secondhandware aller Art angeboten werden. Teilweise handelt es sich um Billigimporte aus Asien, dennoch kann man das eine oder andere schöne Stück erstehen. Vor allem ist die Atmosphäre toll. Der Eingang ist durch ein hohes rotes Tor an der Gallowgate gekennzeichnet.

Südlich der Barras erstrecken sich die weitläufigen **Glasgow Green**, angeblich der älteste öffentliche Park in Großbritannien. Der Park liegt den Bürgern Glasgows besonders am Herzen. Wichtige politische Demonstrationen und Kundgebungen haben hier stattgefunden. Am Rande des Parks kann man **Templeton's Carpet Factory** nicht übersehen. Das bunte Gebäude wurde 1889 von William Leiper als Imitation des Dogenpalastes in Venedig errichtet. Heute sind hier Apartments und Büros untergebracht.

Am nördlichen Ende des Parks gelangt man zum **People's Palace (12)**. Das hervorragende Museum ist der Geschichte Glasgows von frühgeschichtlicher Zeit bis in die Gegenwart gewidmet. Gezeigt werden Stadtansichten sowie einige königliche Porträts, Exponate aus dem Bereich des Handels und der Industrie, der Arbeiterbewegung, Unterhaltung und des Sports. Das bodenständige Museum ist bei Einheimischen und Besuchern gleichermaßen beliebt und unbedingt empfehlenswert, um einen guten Einblick in die Geschichte der Stadt zu bekommen. Schön sind auch die **Winter Gardens**, ein elegantes Gewächshaus aus viktorianischer Zeit. Inmitten von tropischen Pflanzen kann man sich im Café ausruhen. Der sog. **Doulton**

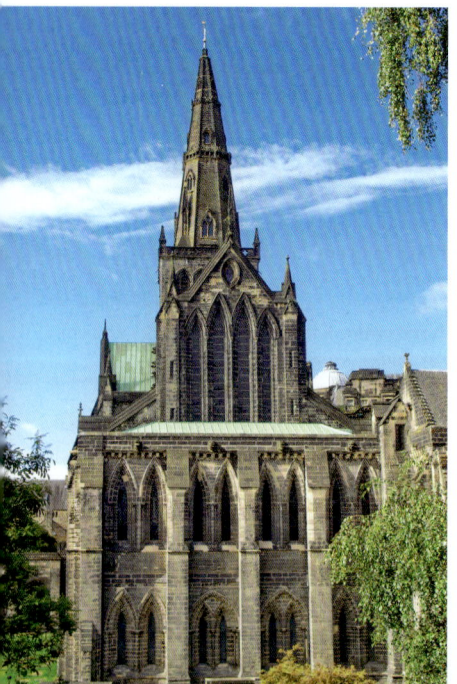

Die Kathedrale von Glasgow

Fountain vor dem Museum, der größte Terrakotta-Brunnen weltweit (er ist über 14 m hoch), wurde anlässlich des Goldenen Jubiläums Queen Victorias, 1887, hier aufgestellt. Die reichen Verzierungen stellen die Errungenschaften des britischen Empires dar.
People's Palace and Winter Gardens, ☏ 0141 276 0788, www.glasgowlife.org.uk, Di–Do, Sa 10–17, Fr /So 11–17 Uhr, Wintergarten tgl. 10–17 Uhr.

Rund um die Kathedrale

Glasgow Cathedral (13)

Nachdem der erste Bau bald nach seiner Entstehung (1136) einem Feuer zum Opfer gefallen war, begannen 1197 die Wiederaufbauarbeiten im frühgotischen Stil, dem sog. *Early English Style*. Im 13. Jh. wurden Chor und Unterkirche vollendet, das Schiff erst im späten 15. Jh. Trotz der langen Bauzeit bildet das äußere Erscheinungsbild der Kathedrale eine architektonische Einheit. Leider wurden im 19. Jh. die beiden großen Westtürme entfernt.

Early English Style

Im Inneren fällt die klare, harmonische und schlichte Proportionalität auf, welche für schottische mittelalterliche Kirchen typisch ist. Unter dem Chor befindet sich die **Unterkirche**, die noch in der frühen Bauphase der Kathedrale entstand (1233–1258). Fälschlicherweise wird sie oft als Krypta bezeichnet, obwohl sie noch über der Erdoberfläche liegt. Die 27 lanzettenförmigen hohen Fenster und die verschiedenartig verzierten Bündelpfeiler geben der Architektur in der Unterkirche eine eigenartige Ruhe. Die Kapitelle der vier mittleren Stützpfeiler sind alle mit unterschiedlichem Dekor versehen. In der Unterkirche ruhen die Gebeine des hl. Mungo, des Schutzpatrons von Glasgow. Wunderschön ist das **Millennium Window** in der Nordwand. Es wurde 1999 von John Clark geschaffen und besticht durch seine verschiedenen Blautöne.
Glasgow Cathedral, Castle Street, ☏ 0141 552 6891, www.historic-scotland.gov.uk, April–Sept. Mo–Sa 9.30–17.30, So 13–17 Uhr, Okt.–März Mo–Sa 9.30–16.30, So 13–16 Uhr.

Nekropolis (14)

Hinter der Kathedrale führt der Weg über die Glasgower Seufzerbrücke (Bridge of Sighs) hinauf auf den Hügel zur Nekropolis, der „Stadt der Toten". Der Friedhof wurde 1833 angelegt. Die fantastischen Grabmonumente zeugen von Reichtum und Pracht der Stadt im viktorianischen Zeitalter. Imitationen ägyptischer, indischer, griechischer und chinesischer Denkmäler erinnern an die Kolonien und zeigen die Pracht des Irdischen. Verschiedene Wege führen durch Reihen an mehr oder weniger verfallenen Gräbern hindurch hinauf auf den Hügel, auf dem sich eine dorische Säule mit der Statue von John Knox erhebt. Sie wurde 1825 errichtet. Von oben hat man einen guten Blick auf die Stadt.

Stadt der Toten

Nekropolis, zweistündige Führungen i.d.R. alle 14 Tage Fr–So, Themen und aktuelle Termine unter www.glasgownecropolis.org.

St. Mungo Museum of Religious Life and Art (15)

Themen des Lebens

Das St. Mungo Religions- und Kunstmuseum widmet sich den großen Themen des Lebens, des Todes und des Jenseits. Gezeigt wird eine Vielzahl an Kunstobjekten der verschiedenen Religionen, wobei ein Schwerpunkt die Rolle der Religion in der schottischen Geschichte ist. Eine besondere Attraktion ist der **japanische Zen-Garten** im Museumshof, der den kontemplativen Aspekt der Zen Buddha-Religion deutlich macht. Das eigens für diesen Zweck errichtete Museumsgebäude aus gelbem Sandstein passt sich harmonisch in die architektonische Umgebung mit Kathedrale und Provand's Lordship (s. u.) ein.
St. Mungo Museum of Religious Life and Art, *2 Castle Street, ☎ 0141 276 1625, www.glasgowlife.org.uk, Mo–Do, Sa 10–17, Fr, So 11–17 Uhr, freier Eintritt.*

Provand's Lordship (16)

Provand's Lordship ist das älteste Bauwerk Glasgows (1471), ein aus unbehauenen Steinen erbautes Stadthaus mit Staffelgiebel und unregelmäßiger Fensteranordnung. Ursprünglich diente es als Priesterwohnung. Heute ist in Provand's Lordship ein Museum untergebracht mit Einrichtungsgegenständen des 17. und 18. Jh., Tapisserien und Gemälden.
Provand's Lordship, *3 Castle Street, ☎ 0141 552 8819, www.glasgowlife.org.uk, Di–Do, Sa 10–17, Fr, So 11–17 Uhr.*

Buchanan Street

Haupteinkaufsstraßen

In den schachbrettartig angelegten Straßen zwischen der Buchanan Street und der M8 im Westen befinden sich die Haupteinkaufsstraßen und -arkaden der Stadt sowie Verwaltungsgebäude und Banken. Am südlichen Ende der Buchanan Street lädt das **St. Enoch Centre**, ein riesiger glasgedeckter Komplex mit Läden und Restaurants, zum Bummeln ein. Die Argyle Street ist die beliebteste Einkaufsmeile Glasgows. **Argyle Arcade** war Schottlands erste überdachte Einkaufsmeile, sie wurde 1827 gebaut.

Über die Buchanan Street Richtung Norden geht es zum **Princes Square**, einem elegant im Art-déco-Stil gestalteten Einkaufszentrum mit modischen Boutiquen und Läden. An der Ecke Buchanan Road und Sauchiehall Street locken die riesigen **Buchanan Galleries** mit weiteren Geschäften, hauptsächlich Ladenketten.

Linker Hand in der Mitchell Street befindet sich das **The Lighthouse – Scotland's Centre for Design and Architecture (17)**. „The Lighthouse" wurde 1893 von Charles Rennie Mackintosh errichtet und beherbergte die Büros des „Glasgow Herald". Nachdem die Zeitung 1980 ausgezogen war, stand das Gebäude leer, bis es eine neue Verwendung als Ausstellungs- und Fortbildungsstätte erhielt. Auch das „Mackintosh Interpretation and Orientation Centre" ist hier untergebracht. Von der Aussichtsplattform des Leuchtturms, nach dem das Gebäude benannt ist, hat man einen großartigen Blick auf die Stadt.

The Lighthouse – Scotland's Centre for Design and Architecture, ☎ 0141 276 5360, www.thelighthouse.co.uk, Mo–Sa 10.30–17, So 12–17 Uhr.

Rund um die Sauchiehall Street

The Willow Tea Rooms (18)

Im Auftrag der Philanthropin Catherine Cranston entwarf Mackintosh, zusammen mit seiner Frau, vier Teestuben. Frau Cranston wollte mit der Einrichtung von Teeräumen dem Alkoholproblem der Arbeiter entgegenwirken. Die Männer sollten in gepflegter Umgebung ihre Pausenzeiten verbringen und sich bei Tee und anschließendem Spiel erholen. Eine edle Vorstellung.

Mackintosh gestaltete insgesamt vier Teestuben

Die rekonstruierten Willow Tea Rooms in der Sauchiehall Street Nr. 217 wurden nach dem originalen Entwurf von Mackintosh restauriert und geben eine Vorstellung von dem ursprünglichen Bild dieser Teeräume. Im Erdgeschoss befindet sich das Juweliergeschäft Henderson mit einer reichen Auswahl an Schmuckstücken im Mackintosh-Design. Im *Room de Lux* ist alles, bis hin zum Teelöffel und Speisekarte, von Mackintoh entworfen. Er wählte das Weidenblatt als Motiv, um die gesamte Struktur zu vereinen: Tische, Stühle, Spiegel etc. Dabei ließ er sich vom Straßennamen Sauchiehall inspirieren (Weide = engl. *willow*, gälisch *sauchie*). Die lang gestreckten Formen betonen den kleinen Raum und zeigen Mackintoshs hervorragende Fähigkeit, Funktionalität mit Dekor zu verbinden. Die besondere Atmosphäre der Räumlichkeiten lässt sich zum Frühstück, Lunch oder zur Teatime bei traditionellen schottischen Speisen, Sandwiches, Scones und Kuchen genießen.

Weidenblatt als Motiv

The Willow Tea Rooms, 217 Sauchiehall Street, ☎ 0141 332 0521, sowie 97 Buchanan Street, ☎ 0141 204 5242, www.willowtearooms.co.uk, Mo–Sa 9–17, So 11–17 Uhr.

Centre for Contemporary Arts (CCA) (19)

Im Centre for Contemporary Arts, ganz in der Nähe, gibt es ebenfalls experimentelle Kunst sowie ein interessantes Programm mit zeitgenössischem Theater, Tanz und anderen kulturellen Veranstaltungen. Eine nette Café-Bar lädt zur Einkehr ein.
Centre for Contemporary Arts, 350 Sauchiehall Street, ☎ 0141 352 4900, www.cca-glasgow.com, Mo–Sa 10–24 Uhr.

Glasgow School of Art (20)

Mackintoshs Meisterwerk

Die Kunsthochschule gilt als Mackintoshs Meisterwerk, ja sogar als eines der ersten architektonischen Manifestationen der Moderne – obwohl die Bedeutung des Gebäudes erst Jahre später richtig erkannt wurde. Die Schule ist an einem Hügel gebaut, der steil zur Sauchiehall Street abfällt. Der Baukörper ist rational gestaltet und bildet in seiner Geschlossenheit mit den großen Flächen und Fenstern sowie plastischen Elementen eine ausgewogene Einheit. 1897 wurde mit dem Ostflügel begonnen, der 1899 eröffnet wurde. Aus Geldmangel konnten der Westflügel und das Dachgeschoss jedoch erst 1907 und 1909 angebaut werden.

Die lang gestreckte, schlichte Nord- und Eingangsfront weist in zwei Reihen Sprossenfenster auf. Der asymmetrisch gesetzte Eingang hat unregelmäßig verteilte Fenster und einen dekorativen Dachabschluss. Im Vergleich zu den Fensterfronten wirkt die Eingangstür geradezu winzig. Ost- und Westseite haben einen verschiedenen Charakter. Die ältere, östliche Seite – klar und karg gestaltet – weist die für die schottische Bauweise des mittelalterlichen Turmhauses so typischen kleinen Fenster auf. Der Westgiebel, zehn Jahre später gebaut, zeigt moderne Architektur. Ein massiver Block ragt über dem abfallenden Gelände empor, dessen Höhe und Vertikalität durch die drei beinahe 20 m hohen, gestuften Fenster noch mehr betont, gleichsam aber auch in seiner Schwere aufgelöst wird. Die Fenster sind zwei Stockwerke hoch, sodass die Innenräume der Schule licht und hell sind. Ein besonders ansprechender Raum der Schule ist die Bibliothek. Der quadratische Raum

Glasgow School of Art

wird von einer auf vorstehenden Stützbalken ruhenden Galerie umlaufen. Die Bibliothek ist zum größten Teil mit originalen Mackintosh-Stühlen ausgestattet und wird auch heute noch als solche genutzt. Auch der sog. „Mackintosh Room", das Dozenten- und Empfangszimmer, ist mit Originalmöbeln ausgestattet. Oberhalb der Bibliothek sind in ehemaligen Lagerräumen Möbel, Zeichnungen und Aquarelle des Künstlers ausgestellt.
Glasgow School of Art, *167 Renfrew Street, ☎ 0141 353 4526, www.gsa.ac.uk, Besichtigung nur mit Führung (1 Std.), Vorbuchung telefonisch oder online möglich, 4–6 x tgl., 9.75 £.*

The Tenement House (21)

Ein paar Straßenzüge weiter nördlich gelangt man zum **Tenement House** in der 145 Buccleuch Street. Das Mietshaus wurde 1892 erbaut. Zu besichtigen ist eine Zwei-Zimmer-Wohnung im 1. Stock, die über 50 Jahre lang von Miss Agnes Toward, einer Sekretärin, bewohnt wurde. Hier kann man Wohnstubenmief des Bürgertums aus der Zeit der Wende zum 20. Jh. schnuppern. Erhalten sind die Küche und viktorianisches Mobiliar, Gaslampen und das Klavier aus Rosenholz.

The Tenement House, 145 Buccleuch Street, U-Bahn Cowcaddens, ☎ 0141 333 0183, 0844 493 2197, www.nts.org.uk, März–Okt. tgl. 13–17 Uhr, Eintritt 6.50 £.

Charles Rennie Mackintosh (1868–1928)

Großbritanniens bedeutendster Beitrag zum europäischen Jugendstil kam aus Glasgow, einer Stadt, die um die Wende zum 20. Jh. in der Blüte viktorianischer Architektur stand. **Charles Rennie Mackintosh** erhielt seine künstlerische Ausbildung an der Glasgow School of Art. Zu jener Zeit war die Schule im Begriff, sich von ihrem Provinzialismus zu befreien und wegen kreativ-innovativer Arbeiten nicht nur in England, sondern auch auf dem Kontinent wahrgenommen zu werden. Mackintoshs erste Architekturentwürfe (um 1890) und kunstgewerbliche Arbeiten zeigen einen völlig neuartigen, revolutionären Stil, der aus einer entschiedenen Absage an den Historismus besteht. Als Student gewann Mackintosh mehrere Preise, u.a. ein Stipendium, das ihn 1890 nach Frankreich und Italien führe.

1893 lernte er seine spätere Frau **Margaret Macdonald** kennen. Margaret, ebenfalls Studentin an der Glasgow School of Art, wurde seine ständige Mitarbeiterin. Obwohl viele ihrer eigenen Entwürfe ungerechtfertigterweise dem Schaffen ihres Mannes zugeordnet werden, verdient sie als Malerin und Textilgestalterin eigenes Ansehen. Margarets Schwester Francis und Charles' Freund Herbert McNair (der Francis heiratete) schlossen sich zu der Gruppe „The Four" zusammen und wurden durch Ausstellungen in London und auch im Ausland bekannt. Die „Vier" wurden stark von Edward Burne-Jones (1833–1898), William Morris (1834–1896) und von Aubrey Beardsley (1872–1898) beeinflusst.

1897 gewann Mackintosh den ersten Preis zur Neugestaltung der **Glasgow School of Art**, deren erster Teil zwischen 1897 und 1899 begonnen, jedoch erst 1909 vollendet wurde. Für ein Jahrzehnt stellte dieser Bau seine Hauptbeschäftigung und die wichtigste Zeit seiner künstlerischen Laufbahn dar. Mackintoshs baukünstlerischen Auffassungen äußern sich in reiner Form an diesem Hauptwerk. Die Kunstakademie war für damalige Verhältnisse

so kühn und so jenseits aller historischen Elemente, dass Walter Gropius sie später als "den Anfang eines Durchbruchs" pries. Mackintosh selbst bezeichnete seinen Avantgardebau später gelegentlich als traditionell. Das "Traditionelle" ist am besten zu erkennen, wenn man von der Sauchiehall Street die steile Dalhousie Street hinaufgeht. Die kahlen Mauerflächen der Ostfassade mit den wenigen, schmalen Fenstern erinnern an die schottischen Wohnturmbauten des 16. Jh.

Die Fertigstellung der Kunsthochschule bedeutete für Mackintosh Krönung und Abschluss des Lebenswerks. Die Folgejahre waren von dem verzweifelten Versuch bestimmt, Anschluss an die zeitgenössische Formensprache zu finden. Sie brachten fast nur noch Enttäuschungen für den Künstler. Neben seiner Arbeit an der Glasgow School of Art unternahm Mackintosh zwischen 1897 und 1910 für eine Miss Cranston die innenarchitektonische Gestaltung einer Reihe von Teeräumen in Glasgow. Leider ist keiner von diesen vollständig erhalten geblieben und die Gebäude der Cranston Tea Rooms wurden abgerissen. Die legendären **Willow Tea Rooms** wurden 1980 restauriert und heute vermitteln eine Idee von dem einst stilvollen Ambiente.

Zur selben Zeit baute Mackintosh auch **Landhäuser**, u.a. das "Hill House" in Helensburgh für den Verleger Walter W. Blackie, bei dem er auch das kleinste Detail der Inneneinrichtung selbst gestaltete, von den Möbeln bis zum Besteck. Er gab seinen Möbeln eine weiße Farbfassung und schmückte sie mit von den englischen Präraffaeliten und von japanischer Kunst beeinflussten farbigen Einlegearbeiten aus Metall und rosa-, lila- oder perlmuttfarbenen Glasstücken. Weitere Werke in den darauffolgenden Jahren sind die Queen's Cross Church (1897–1899), die Scotland Street School (1904–1906), das Glasgow Herald Building (1895), die Martyrs' Public School und das Daily Record Building (1901) – alle in seiner Heimatstadt Glasgow.

1914 verließ er, angefeindet von dem Unverständnis der Zeitgenossen, Glasgow und ging nach London, wo er sich hauptsächlich mit Entwürfen für Textilien, Möbel und Wohnhäuser beschäftigte. In England noch zu seinen Lebzeiten vergessen, gab er Architektur und Design auf und widmete sich nur noch der Malerei. 1928 starb er in großer Armut. Dennoch hatte er seiner Heimatstadt einen Stempel aufgedrückt, vergleichbar mit den in etwa zeitgleich entstandenen Arbeiten von Antoni Gaudí in Barcelona und Victor Horta in Brüssel.

Nach dem Tod seiner Frau 1933 wurden ihre beiden Ateliers, Möbel, Bilder und andere Objekte auf nicht einmal 90 £ taxiert. Bei einer Sotheby's-Auktion 1975 brachte ein einziger Mackintosh-Stuhl 9.300 £. Für rund 60.000 £ kaufte das Glasgower Museum 1979 ein Schreibkabinett zurück, das dasselbe Museum 1933 für etwa 25 £ veräußert hatte. Internationale Firmen reproduzieren serienmäßig Mackintosh-Möbel, die einst nur als Einzelstücke konzipiert waren.

Wie kam es dazu, dass der einzige schottische Architekt nach Robert Adam, der – auch als Designer – internationalen Ruhm erntete, in seiner Heimat so wenig galt? War dies eine Folge der in Glasgow übermächtigen viktorianischen Tradition? Sicherlich spielte auch die Gründung der Labour Party (1893) eine Rolle, denn die besitzende Klasse, die um ihre Rechte fürchtete, förderte weniger die Avantgarde als die konservativen Künstler: Das Bestehende sollte politisch wie ästhetisch erhalten werden. Das immer noch im viktorianischen Pomp verhaftete Glasgow ließ sich für seine Ideen nicht begeistern. Auf dem Kontinent hingegen, vor allem in Wien bei der Ausstellung der Secession, stieß Mackintoshs Kunst auf lebhaftes Interesse. Mit seinem ausgeprägten Sinn für ausgewogene Raumgestaltung, für plastisches Volumen und Geometrie der Linie verlieh er der stark zum Dekorativen neigenden Kunst des Jugendstils völlig neue Impulse. Seine Kunst wurde als erfrischend und neuartig empfunden und wirkte befruchtend auf das Kunsthandwerk.

Mackintosh House

Mackintoshs besondere Leistung als Architekt ist die Integration der schottischen Bauweise in den europäischen Jugendstil. Er bekannte sich, im Gegensatz zu seinen Vorgängern William Bruce, William und Robert Adam, William Henry Playfair oder William Reid, eindeutig zu einer gewachsenen architektonischen Tradition. Heute wird Mackintosh als ein bedeutender Vorläufer der funktionellen und rationalen Architekturauffassung im 20. Jh. gesehen.

Museum of Piping (22)

Versteckt hinter der riesigen **Royal Scottish Academy of Music and Drama** liegt das **Museum of Piping**. Das Zentrum hat sich dem Erhalt des schottischen Nationalinstruments verschrieben. Es gibt Übungsräume, regelmäßige Aufführungen sowie eine Ausstellung zum Thema Dudelsack.
Museum of Piping, 30–34 McPhater Street, ☎ 0141 353 5551, www.thepipingcentre.co.uk, Mo–Fr 9–17, Sa 9–13 Uhr, 4.50 £; im Sommer Mo–Fr 10 Uhr Touren mit Möglichkeit zum Ausprobieren 7.50 £.

Kunst in stimmungsvollem Rahmen: Kelvingrove Art Gallery and Museum

Das West End

Auf der anderen Seite der M8 liegt das **West End**. Hier befinden sich die Hauptmuseen der Stadt, die Universität und schöne viktorianische Stadthäuser. Im 19. Jh. siedelten sich hier die reichen Kaufleute an. Die wichtigste Straße ist Byres Road, die von der Great Western Road Richtung Süden verläuft und vor allem von Studenten bevölkert wird. Dementsprechend findt man hier viele kleine Lädchen, Bars, Cafés und Restaurants.

Eindrucksvolle Sammlung

Am westlichsten Ende der Sauchiehall und der Argyle Street liegt Glasgows bedeutendstes (und beliebtestes) Kunstmuseum, die **Kelvingrove Art Gallery and Museum (23)**. Nach aufwendiger Renovierung zeigt die Galerie eine der schönsten städtischen Sammlungen europäischer Gemälde in Großbritannien, inklusive einer Anzahl impressionistischer Werke. Eine eigene Abteilung ist den „Glasgow Boys", den „scottish colourists" und zeitgenössischer Malerei gewidmet. Daneben gibt es eine umfangreiche Skulpturensammlung, u. a. mit Werken von Auguste Rodin. Im Museum sind Exponate zur Naturgeschichte, Archäologie, Geschichte und Ethnografie sowie Sammlungen mit Silber, Keramik, Porzellan, Waffen und Rüstungen ausgestellt. Tgl. um 13 Uhr wird die gigantische Orgel im Eingang gespielt.
Kelvingrove Art Gallery and Museum, *Argyle Street (U-Bahn Cowcaddens),* ☏ *0141 276 9599, www.glasgowlife.org.uk, Mo–Do, Sa 10–17, Fr, So 11–17 Uhr, Eintritt frei.*

Universität Glasgow und Museen

Die **Universität Glasgow** wurde 1451 gegründet und ist somit die zweitälteste in Schottland. Zunächst fanden die Veranstaltungen in der Kathedrale, später dann im

Old College (nicht mehr erhalten) in der High Street statt. Erst 1870 wurde das jetzige Gebäude errichtet, ein stattliches neogotisches Gebäude des Londoner Architekten Sir Gilbert Scott.

Auf dem Universitätsgelände ist das **Hunterian Museum (24)**. 1807 eröffnet, ist es das älteste öffentliche Museum Schottlands. Den Grundstock des heutigen Museums und der Galerie bildete die Stiftung des Arztes Professor William Hunter, der 1783 seine Sammlungen der Glasgower Universität vermachte: anatomische und pathologische Sammlungen, seine Bibliothek, Gemälde, Möbel, eine große Münzsammlung mit griechischen, römischen und britischen Münzen, weiterhin eine beeindruckende ethnografische Sammlung (u. a. Mitbringsel des berühmten Captain Cook von seinen Reisen in die Südsee) und eine imposante Vielzahl an Exponaten aus der Ur- und Frühgeschichte Schottlands bis zur Zeit der Wikinger und Römer.

Mitbringsel von Captain Cook

Hunterian Museum, *82 Hillhead Street (U-Bahn Hillhead Station),* ☎ *0141 330 4221, www.gla.ac.uk/hunterian/, Di–Sa 10–17, So 11–16 Uhr, Eintritt frei.*

Das **Zoologische Museum** ist im **Graham Kerr Museum** untergebracht, wenige Minuten zu Fuß vom Hauptmuseum entfernt.
Zoology Museum, ☎ *0141 330 4772, Mo–Fr 9–17 Uhr, Eintritt frei.*

Hunterian Art Gallery & The Mackintosh House (25)

Die Kunstsammlung wurde 1980 in einer eigens dafür erbauten Kunstgalerie untergebracht. Die ursprüngliche Sammlung Hunters, vor allem seine italienischen, holländischen und flämischen Gemälde des 17. Jh., war im Laufe der Zeit durch viele Schenkungen erheblich erweitert worden. Neben britischen Gemälden des 18. und 19. Jh. sowie schottischer Malerei ist vor allem die Whistler-Sammlung des amerikanischen Malers James McNeill Whistler (1834–1903) interessant. Whistler hatte schottische Vorfahren und sein gesamtes Atelier wurde der Universität vermacht. Nur Washington D.C. ist im Besitz einer größeren Whistler-Sammlung.

Für alle Mackintosh-Fans stellt das im Museum integrierte **Mackintosh House**, das rekonstruierte Wohnhaus des Architekten Charles Rennie Mackintosh, die größte Attraktion dar. Vor ihrem Umzug nach London (1906) lebten die Mackintoshs in der Southpark Avenue. 1919 verkauften sie das viktorianische Reihenhaus, das sie sich ihren Vorstellungen entsprechend umgestaltet hatten, mitsamt Einrichtung an einen früheren Kunden, William Davidson. Nach dem Krieg wurde es dann von der Glasgower Universität als Unterkunft für Angestellte genutzt. Als das Gebäude Anfang der 1960er-Jahre abgerissen werden sollte, ließ man die Möbel deponieren, bis sie innerhalb der Hunterian Art Gallery ein neues Zuhause fanden. Im *White Room* sind Möbel, Kamin, Vorhänge, Teppiche, Wände in Weiß oder Creme gehalten, wodurch der relativ kleine Raum an Weite und Helligkeit gewinnt. Das Rot in den Einlegearbeiten des Einbauregals oder das Schwarz des Kamingitters und -podestes verstärken dabei das Weiß. In diesem Raum wird Mackintoshs Absage an den dunkleren Einrichtungsgeschmack seiner Zeitgenossen und der Kontrast zwischen der Klarheit und Modernität eines von Mackintosh gestalteten Raums und dem etwa zeitgleich entstandenen Tenement House besonders deutlich.

Klarheit und Modernität

Hunterian Art Gallery & The Mackintosh House, ☎ *0141 330 4221, www.gla.ac.uk/hunterian, Di–Sa 10–17, So 11–16 Uhr, Eintritt frei.*

Am oberen Ende der Byres Road (Great Western Road) liegt der Eingang zum **Botanischen Garten (26)**. In dem kleinen, aber feinen Park kann man schön am Fluss Kelvin spazieren gehen. Es gibt zwei Gewächshäuser im Park: der Kibble Palace (hauptsächlich Palmen und Farne) und das schönere „Main Glasshouse", wo wunderbare Orchideen und Begonien zu bestaunen sind.
Glasgow Botanic Gardens, ☏ 0141 276 1614, www.glasgowbotanicgardens.com, tgl. 7 Uhr bis zur Abenddämmerung. Gewächshäuser 10–18 Uhr, iWinter 10–16.15 Uhr.

Kirchenbau von Mackintosh

Östlich des Botanischen Gartens, an der Kreuzung Garscube Road und Maryhill Road, gelangt man zur **The Mackintosh Church at Queen's Cross (27)**. Die Queen Cross Church, Mackintoshs einziger Kirchenbau, entstand 1897–1899. Heute beherbergt die Kirche den Hauptsitz der Charles Rennie Mackintosh Society, ein Informationszentrum, eine Präsenzbibliothek und einen Buchladen.
The Mackintosh Church at Queen's Cross, 870 Garscube Road, ☏ 0141 946 6600, www.crmsociety.com, April–Okt. Mo, Mi, Fr 10–17 Uhr, Nov.–März bis 16 Uhr, Mi nachm. frei, Eintritt 4 £.

Am Clyde

„The Clyde made Glasgow and Glasgow made the Clyde" – Die Stadt Glasgow entwickelte sich entlang des Flussufers, der Fluss spielte in der Stadtgeschichte eine wichtige Rolle. Dass Glasgow in viktorianischer Zeit zur zweitreichsten Stadt des Empire aufstieg, hat unmittelbar mit dem Handel auf dem Wasserweg zu tun.

Clyde Walkway
*Der **Clyde Walkway** ist ein 65 km langer Wanderweg, der vom Stadtzentrum durch das Clyde Valley nach New Lanark führt (www.walkhighlands.co.uk).*

Bedeutung des Schiffbaus

Als Zentrum für Schiffbau wurde Glasgow nach London zur zweitwichtigsten Stadt im British Empire. Trotz aller negativen Aspekte, die die Schwerindustrie mit sich brachte, war der Schiffbau das Lebensblut der Glasgower und jedes neue Schiff wurde jubelnd vom Stapel gelassen. Die „QE2" war 1967 der letzte große Ozeanliner, der hier gebaut wurde. Von Industrie ist heute am Flussufer nichts mehr zu sehen, doch haben sich die Stadtväter in anderer Hinsicht an ihren Fluss erinnert. Große Anstrengungen wurden unternommen, die beiden Ufer des Clyde touristisch attraktiv zu gestalten, etwa mit der Konzerthalle Amadillo und dem Glasgow Science Centre. An die Zeiten des Schiffbaus erinnert das „Tall Ship" sowie das neue Riverside Museum.

Haut aus Titanzink

Das neue **Riverside Museum (28)** ersetzt das ehemalige Verkehrsmuseum und widmet sich mit rund 3.000 Ausstellungsstücken den Themen Transport, Verkehr und Reisen. Spektakulär ist die Architektur des 2011 eingeweihten Gebäudes der Architektin Zaha Hadid durch ihre eigenwillig dynamische Formgebung und eine Verkleidung aus Titanzink. Auf einer stützenlosen Ausstellungsfläche sind u.a. Schiffsmodelle, eine Glasgower Straßenbahn, Busse, in Schottland gebaute Automobile, Feuerwehrautos, Pferdekutschen, eine Zuglokomotive sowie die Nachbildung einer ganzen Glasgower Straße aus dem Jahr 1938 zu sehen. Motorräder,

Spektakuläre Architektur: Riverside Museum

Skateboards und an der Decke installierte Fahrräder verschiedener Modelle ergänzen die Fülle an Exponaten.
Riverside Museum, 100 Pointhouse Place, ☏ 0141 287 2720, www.glasgowlife.org.uk, Mo–Do, Sa 10–17, Fr, So 11–17 Uhr, Eintritt frei.

Das **Tall Ship** ankert jetzt vor dem Riverside Museum. Es stammt von 1896 und ist eines der letzten fünf – seetauglichen – Segelschiffe, die am Clyde gebaut wurden. Auf dem Schiff laden „Rundwege" zur Erforschung ein. Veranstaltungen für Kinder, ein Café und ein Shop ergänzen das Angebot.
The Tall Ship at Riverside, 150 Pointhouse Place, ☏ 0141 357 3699, www.thetallship.com, März–Okt. 10–17, Nov.–Feb. 10–16 Uhr, Eintritt frei, Gruppen 2 £/Pers.

Am Anderston Quay liegt die wunderschön restaurierte „**Waverley**". Der letzte seetüchtige Schaufelraddampfer (Paddle Steamer) fährt noch regelmäßig auf dem Clyde. Als Clyde-Fähre gebaut, ist die „Waverley" heute ein Ausflugsdampfer, der im Sommer flussabwärts schippert und dabei an verschiedenen Häfen westlich von Glasgow anlegt. Man kann sich heute kaum noch vorstellen, dass der Fluss einst brechend voll mit Schiffen war.

Seetüchtiger Paddle Steamer

Waverley, Clydeside, ☏ 0845 130 4647, www.waverleyexcursions.co.uk, Mai–Okt.

Das **Scottish Exhibition & Conference Centre** (SECC) und das **Clyde Auditorium**, wurden am ehemaligen Queen's Dock errichtet. Es ist das größte Ausstellungs- und Konferenzzentrum in Großbritannien. Auch Rock- und Popkonzerte finden hier statt. „Armadillo", wie der umstrittene Bau von Norman Foster auch genannt wird, weil er an ein Gürteltier erinnert, wurde 1997 fertiggestellt.
SECC, Exhibition Way, www.secc.co.uk.

Vom SECC führt eine Fußgängerbrücke über den Clyde. Das **Glasgow Science Centre (29)** am Pacific Quay ist ein gigantischer Unterhaltungskomplex, zu dem ein IMAX Theatre, eine **Science Mall** mit unendlich vielen technischen Objekten

zum Anfassen und Ausprobieren sowie der über 100 m hohe **Glasgow Tower** gehören, von dem man einen fantastischen Blick über die Stadt hat.
Glasgow Science Centre, ☎ 0141 420 5000, www.glasgowsciencecentre.org, März–Okt. tgl. 10–17 Uhr, Nov.–Feb. nur Mi–So, Erw. 9.95 £, Kinder 7.95 £.

South Side

Die Gegend südlich des Clyde ist den meisten Touristen relativ unbekannt, obwohl sich hier einige wichtige Sehenswürdigkeiten befinden: die **Burrell Collection** und das **Pollok House** (beide im Pollok Country Park), das **House for an Art Lover** (Bellahouston Park), das **Scotland Street School Museum of Education** und, etwas weiter südlich in Cathcart, das **Holmwood House**. Es lohnt sich also durchaus, für den Süden Glasgows einen Tag einzuplanen.

Pollok Country Park

Schenkung von Burrell

Die **Burrell Collection (30)** wurde der Stadt Glasgow 1944 von dem Glasgower Unternehmer Sir William Burrell (1861–1958) und seiner Frau Lady Constance Burrell geschenkt. Um den über 8.500 Exponaten einen würdigen Rahmen zu verleihen, wurde 1983 dieses Museum erbaut, das in dem malerischen, 144 ha großen Pollok Country Park liegt. Die Ausstellungsstücke (Wandteppiche, Glas, Keramik, Gemälde, Skulpturen) stammen aus Europa und fernöstlichen Ländern, darunter Objekte aus Mesopotamien und Ägypten sowie aus der griechischen und römischen Antike.
The Burrell Collection, 2060 Pollockshaws Road, ☎ 0141 287 2550, www.glasgow life.org.uk, tgl. Mo–Do, Sa 10–17, Fr, So 11–17 Uhr.

Mackintoshs House for an Art Lover

Bei einem Spaziergang durch den Park erreicht man nach ca. 10 Minuten das **Pollok House (31)**. Der schlichte dreigeschossige Bau von William Adam entstand zwischen 1737 und 1752 und war noch bis ins 19. Jh. hinein das Familienhaus der Maxwells. Heute steht das Gebäude unter der Obhut des NTS – sehr passend, da hier 1931 der National Trust of Scotland gegründet wurde. Zu der wunderschönen Innenausstattung gehören eine beeindruckende Sammlung spanischer Gemälde (Goya, El Greco, Murillo). Besonders interessant sind auch die Räume der Dienstboten und Köche im Untergeschoss, da sie einen guten Eindruck von den harten Arbeitsbedingungen im 19. Jh. vermitteln.

Pollok House, ☎ 0844 493 2202, www.nts.org.uk/Property/Pollok-House/, tgl. 10–17 Uhr, Eintritt 6.50 £.

Nördlich des Pollok Park liegt **Bellahouston Park**, wo wiederum Mackintosh-Fans auf ihre Kosten kommen.

House for an Art Lover (32)

1901 gewann Mackintosh den zweiten Preis eines Wettbewerbs für das „Haus eines Kunstfreundes" in Darmstadt. Seine Pläne zum House for an Art Lover wurden jedoch erst anlässlich der Wahl Glasgows zur europäischen Kulturhauptstadt 1990 im Bellahouston Park verwirklicht. Zu sehen sind fünf originalgetreu rekonstruierte und mit Mackintosh-Möbeln ausgestattete Räume. Mackintosh arbeitete für diesen Entwurf eng mit seiner Frau zusammen. Insbesondere im wunderschönen Musikzimmer spürt man den Einfluss der begabten Künstlerin.

Haus für einen Kunstfreund

House for an Art Lover, Bellahouston Park, ☎ 0141 353 4770, www.houseforanartlover.co.uk, i.d.R. 10–12.30 sowie Mo–Mi 10–16 Uhr. Eintritt 4.50 £, Führungen auf Anfrage möglich. Da oft Veranstaltungen stattfinden, sollte man lieber vorher anrufen.

Scotland Street School Museum (33)

Die zwischen 1904 und 1906 nach einem Entwurf von Charles Rennie Mackintosh errichtete Scotland Street School – ursprünglich für 1.250 Schüler konzipiert – hatte 1979 nur noch 89 Schüler, sodass sie geschlossen werden musste. Nach der Wahl Glasgows zur Kulturhauptstadt ließ man die Schule nach Originalplänen wieder herrichten und zum „Museum of Education" umfunktionieren. Unterrichtsmethoden, pädagogische Ziele aus verschiedenen Epochen – von der viktorianischen Zeit bis hinein in die 1960er-Jahre – sowie Klassenzimmer aus vergangenen Zeiten werden anschaulich und mit Hilfe von „Jannie", „Headie" und „Teach" äußerst lebendig dargestellt. Die Schule weist einen einfachen, klaren und funktionalen Grundriss auf. Die symmetrische Fassade hat zu beiden Seiten des Eingangs zwei zylindrische, fast völlig verglaste Treppentürme, die den oberen Geschossen Helligkeit geben. Die Eingangshalle ist weiträumig angelegt. Interessante Details sind die weiß gekachelten Säulen mit grünem Abschluss im Erdgeschoss und die blau gekachelten Säulen im Zwischengeschoss.

Mackintoshs Entwurf für eine Schule

Scotland Street School Museum, 225 Scotland Street, ☎ 0141 287 0500, www.glasgowlife.org.uk, Di–Do, Sa 10–17, Fr, So 11–17 Uhr. U-Bahn Shields Road Station.

Östlich des Pollok Country Park, an der Pollockshaws Road, liegt der **Queen's Park**, benannt nach Mary Queen of Scots. Hier kann man schön spazieren gehen oder ein Picknick machen.

In Mount Florida liegt **Hampden Park (34)**, einst das größte Fußballstadion in Großbritannien mit einer Kapazität für 135.000 Zuschauer. Heute fasst es jedoch nur noch 52.000 Plätze. Fußballfans gehen hier ins **Scottish National Football Museum**, wo man auch eine Tour durch das berühmte Stadion machen kann.

Scottish National Football Museum, ☎ 0141 616 6139, www.scottishfootball museum.org.uk, Museum: Mo–Sa 10–17, So 11–17 Uhr, Führungen 11, 12.30, 14, 15 Uhr. Regelmäßige Zugverbindungen von Central Station nach Mount Florida oder Bus Nr. 5, 7, 12, 31, 66, 75 von Stockwell Street.

In Cathcart, südlich von Queen's Park und Hampden, ist **Holmwood House (35)** zu besuchen. Das Gebäude wurde von Alexander „Greek" Thomson, dem bekanntesten Architekten der viktorianischen Zeit, zwischen 1857 und 1858 entworfen und prächtig ausgestaltet. Interessant ist Holmwood, da der griechische Stil hier an einer asymmetrischen Komposition angewendet wurde.

Architekt der viktorianischen Zeit

Holmwood House, Netherlee Road, ☎ 0844 493 2204, www.nts.org.uk/Property/Holmwood/, April–Okt. Do–Mo 12–17 Uhr.

Sehenswertes in der Umgebung

Helensburgh, 37 km nordwestlich von Glasgow (von der B823 ab), ist eine weitere wichtige Station für alle Mackintosh-Fans, ein besserer Wohnort mit schachbrettartig angelegten Straßen mit vielen alten Villen.

Außen schlicht und funktional: Mackintoshs Hill House

The Hill House

1902 wurde Mackintosh von dem Verleger Walter Blackie mit dem Bau seines Hauses in Helensburgh am Firth of Clyde beauftragt (s. auch S. 213). Bevor Mackintosh mit dem Auftrag begann, machte er sich bei mehreren Besuchen bei der Familie Blackie mit deren Wohnbedürfnissen vertraut. Erst dann konzipierte er ein genau ihren Gewohnheiten entsprechendes Gebäude. Alles, vom Schrankschlüssel bis zum Garten, hat Mackintosh entworfen. Das Äußere des großen, grauen Gebäudes ist funktional und ohne hervorstechende Ornamentik gestaltet. Verschiedene Zitate der schottischen Burgenarchitektur lassen den Baukörper dann auch fast burgenartig erscheinen: der runde Treppenturm, der mit einem Kegeldach abschließt, oder das mit massiven Blöcken aus Sandstein eingerahmte Portal des Eingangs. Typisch „schottisch" ist auch die Oberfläche des Hauses durch die Verwendung einer besonderen Art von Rauputz, dem sog. „harling", ein mit kleinen Kieseln vermischter Zement, der der Gebäudeoberfläche eine homogene Struktur verleiht. Auch die weichen Ecken und Kanten sowie die Kamine und Erker

Zitate der Burgenarchitektur

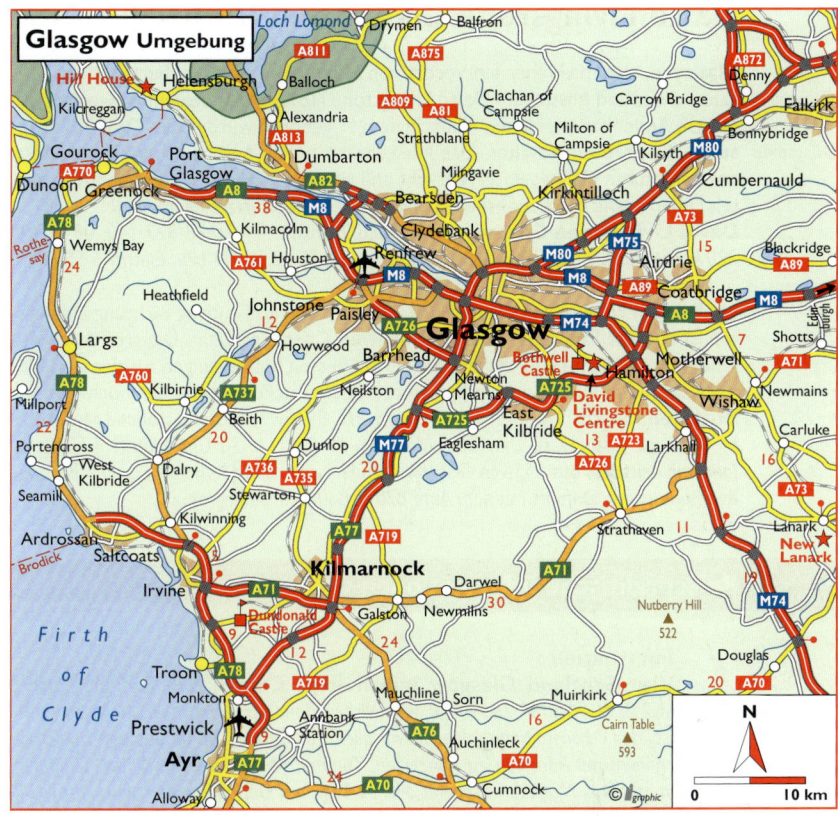

weisen auf einheimische Bautraditionen hin. Die Fenster und Kamine sind unregel- *Die Form*
mäßig am Gebäude verteilt. Dies entspricht der modernen Auffassung, dass die *folgt der*
Form der Funktion zu folgen habe. Im Kontrast zum schlichten Äußeren steht Ju- *Funktion*
gendstileinrichtung. Die Eingangshalle und die Bibliothek sind mit dunklen Holzpa-
neelen verkleidet. Strukturierendes Element ist das Quadrat. Die Sprossen der
Fenster, die Lichteinlässe der Türen, das Muster des Teppichs, der Lampen und der
schönen Möbel sind „quadratisch". Im Gegensatz zu der geometrischen Strenge
dieser ersten beiden Räume ist der „Drawing Room" hell und behaglich gestaltet.
Ungewöhnlich ist allerdings die schwarze Zimmerdecke. Schönster Raum ist das
weiße Schlafzimmer im Obergeschoss. Jegliches Ornament, jeder Farbtupfer und
die Platzierung der Möbel sind aufeinander abgestimmt.

The Hill House, *Upper Colquhoun Street, Helensburgh,* ☏ *01436 673 900, 0844
493 2208 www.nts.org.uk/Property/The-Hill-House/, April–Okt. tgl.13.30–17.30 Uhr,
Eintritt 10 £.* **Übernachten im Hillhouse**: *Unterkunft für 6 Personen organisiert der
Landmark Trust (ca. 286 £ für 4 Übernachtungen),* ☏ *01628 825 925, www.landmark
trust.org.uk.*

David Livingstone Centre und Bothwell Castle

Geburtsort von David Livingstone

Blantyre, eigentlich eher ein Vorort von **Hamilton**, ist als Geburtsort des Afrikaforschers und Missionars David Livingstone (1813–1873) bekannt geworden. Zu seinem Andenken wurde das Haus, in dem er geboren wurde, zum **David Livingstone Centre** umgestaltet. Das Museum ist in dem bescheidenen Geburtshaus des berühmten Mannes untergebracht und gibt einen Eindruck von seinem bewegten Leben sowie der Lebensbedingungen einer Arbeiterfamilie im 19. Jh.
David Livingstone Centre, *Station Road, Blantyre,* ☎ *01698 823 140, 0844 493 2207, www.nts.org.uk, März–Dez. Mo–Sa 10–17, So 12.30–17 Uhr, Eintritt 6.50 £.*

Nach einem Fußweg von Blantyre (ca. 30 Min.) am Fluss entlang Richtung Uddingston ist die rote Sandsteinruine von **Bothwell Castle** erreicht. Die größte schottische Burg aus dem 13. Jh. gilt als eine der schönsten Befestigungen aus der Zeit Obwohl sie immer wieder angegriffen wurde, beeindrucken ihre Ruinen noch immer.
Bothwell Castle, *Uddingston,* ☎ *01698 816 894, www.historic-scotland.gov.uk, April–Sept. tgl. 9.30–17.30 Uhr, Okt.–März Sa–Mi 9.30–16.30 Uhr, Eintritt 4.50 £. Anfahrt mit dem Bus: Bus 255 von Glasgow nach Hamilton und Motherwell, an der Bothwell Road aussteigen. Anfahrt mit dem Auto B7071 Bothwell-Uddington.*

Reisepraktische Informationen Glasgow

Information

Visit Scotland Glasgow Information Centre, *170 Buchanan Street, Glasgow G2 2LW,* ☎ *0141 204 4400, www.visitscotland.com bzw. www.seeglasgow.com.* **The List**, der Veranstaltungskalender (vor allem für Glasgow und Edinburgh) mit aktuellen Terminen und Adressen zu Konzerten, Theater, Kunst, Literatur, Sport, Shopping, Ausgehen etc. Das Magazin erscheint alle 14 Tage am Do, online unter www.list.co.uk. Extra-Publikationen zum Thema Essen und Trinken.

Unterkunft

***The Townhouse Hotel € (1), *21 Royal Crescent, Glasgow G3 7SL,* ☎ *0141 332 9009, www.townhousehotelglasgow.com.* Ganzjährig, schlichtes, aber korrektes Hotel mit 19 Zimmer, zentral gelegen.
***The Victorian House €–€€ (2), *212 Renfrew Street, Glasgow G3 6TX,* ☎ *0141 332 0129, www.thevictorian.co.uk.* Ganzjährig, 60 Zimmer, gutes, solides Hotel im Stadtzentrum in der Nähe der Glasgow School of Art.
**Kelvin Hotel € (3), *15 Buckingham Terrace, Great Western Road, Glasgow G12 8EB,* ☎ *0141 339 7143, www.kelvinhotel.com.* Ganzjährig, 21 Zimmer, im Westend gelegenes, solides Hotel im Familienbetrieb.
Kirklee Hotel €€ (4), *11 Kensington Gate, Glasgow G12 9LG,* ☎ *0141 334 5555, www.kirkleehotel.co.uk.* 9 Zimmer in einem schönen Stadthaus im edwardianischen Stil im Westend. Blick auf den Garten.
Babbity Bowster €€ (5), *s. unter Pubs. Super Lage.*
**Adelaides € (6), *209 Bath Street,* ☎ *0141 248 4970, www.adelaides.co.uk.* Ungewöhnliche Unterkunft bietet die Baptistengemeinde. 8 Zimmer, EZ, DZ, Familienzimmer.

****Hotel du Vin at One Devonshire Gardens €€€€ (7)**, 1 Devonshire Gardens, Glasgow G12 0UX, ☎ 0141 339 2001, www.luxuryscotland.co.uk/onedevonshire/ bzw. www.hotelduvin.com. Ganzjährig, 49 Zimmer im zeitlos eleganten Stil. Vornehmste Adresse am Platz. Ultimativ in Stil und Komfort.

Jugendherbergen/Hostels
****Glasgow Y.H. (8)**, 7–8 Park Terrace, Glasgow G3 6BY, ☎ 0141 332 3004, www.syha.org.uk. Ganzjährig 24 Std., 141 Betten, Einzel-, Doppel- und Familienzimmer.
***Euro Hostel (9)**, 318 Clyde Street, Glasgow G1 4NR, ☎ 08455 399 956, www.euro-hostels.co.uk, Doppel- und Mehrbettzimmer mit Bad. Sauber und zentral. 7 Stockwerke mit 360 Betten.

Unterkunft im Studentenwohnheim
In den Studentenwohnheimen der University of Glasgow sowie der University of Strathclyde bestehen günstige Unterkunftsmöglichkeiten während der Sommermonate. Auskunft: **University of Glasgow**, Conference & Visitor Services, ☎ 0141 330 4743, www.gla.ac.uk/services/cvso/accommodation/, März–April und Juli–Sept.
University of Strathclyde, Residence & Catering Services, 50 Richmond Street, Glasgow G1 1XP, ☎ 0141 548 3503, www.rescat.strath.ac.uk. Strathclyde University bietet Unterkünfte in ihren verschiedenen Studentenwohnheimen. Campus Village liegt nur wenige Minuten vom Stadtzentrum entfernt. Mitte Juni–Mitte Sept.

Unterkunft für Selbstversorger
***Mews Cottage and Flat**, 9 Kirklee Circus, Great Western Road, Glasgow G12 0TW, ☎ 0141 339 0008, www.thegeorgianhousehotel.com/self/. Ganzjährig, Apartment für 2–4 Pers., Wochenpreis 220–500 £. In der Nähe des Botanischen Gartens.
–*The White House**, 12 Cleveden Crescent, Glasgow G12 0PA, ☎ 0141 339 9375 www.whitehouse-apartments.com. Ganzjährig, Minimum eine Nacht, 32 Apartments (1–5 Pers.), Wochenpreise 300–700 £.
***Number 52 Charlotte Street**, 52 Charlotte Street, Glasgow G1 5DW, ☎ 01475 732 204 www.52charlottestreet.co.uk. Ganzjährig, Minimum eine Übernachtung, 6 Apartments für 1–5 Pers., denkmalgeschütztes Haus in der Merchant City, Wochenpreis 300–600 £.

Einkehren
Two Fat Ladies at the Buttery (1), 88 Dumbarton Road, ☎ 0141 339 1944, http://twofatladiesrestaurant.com, Mo–Sa 12–15, 17.30–22.30, So 13–21 Uhr. Das charmant- altmodische Restaurant ist eine Institution im Westend. Mittlere Preisklasse. Inzwischen gibt es drei weitere Filialen.
Mussel Inn (2), 157 Hope Street, ☎ 0843 2892 283, www.mussel-inn.com, Mo–Fr 12–14.30, 17–22, Sa 12–22, So 12.30–22 Uhr. Hervorragend zubereitete Muscheln, Austern und Jakobsmuscheln (aus eigenen Fischfarmen) sind die Spezialitäten des Hauses. Ungezwungene Atmosphäre. Mittlere Preisklasse. Eine Zweigstelle von Mussel Inn gibt es auch in Edinburgh.
Rogano's (3), 11 Exchange Place, ☎ 0141 248 4055, www.roganoglasgow.com, Restaurant tgl. 12–22.30 Uhr, Café und Oyster Bar 12–23 Uhr (letzte Bestellung). Rogano's wurde 1935 gegründet und ist eine der kulinarischen Institutionen der Stadt. Vor allem ist

es für seine Austernspezialitäten berühmt. Wunderbare Art-déco-Einrichtung im Stil des Ozeankreuzers „Queen Mary". Gehobene Preisklasse.

Stravaigin (4), 28–30 Gibson Street, www.stravaigin.co.uk, ☎ 0141 334 2665, Mo–Fr 9–1, Sa/So 11–1 Uhr. Freundliches, modernes Restaurant. Der Clou: die schottischen Fleisch- und Fischgerichte werden international-exotisch verwandelt. Mittlere Preisklasse (à la carte/Menü 30 £).

Ubiquitous Chip (5), 12 Ashton Lane (Byres Road), ☎ 0141 334 5007, www.ubiquitouschip.co.uk, Mo–Sa 12–14.30, 17–23, So 12.30–15, 17–23 Uhr. Bewährte Institution in Sachen regionaler schottischer Küche, präsentiert als frisches und innovatives Fine Dining. Gigantische Auswahl an Malt Whisky. Teuer.

University Café, Byres Road, ☎ 0141 3395 217, So, Mo, Mi, Do 9–22, Fr, Sa 9–22.30 Uhr. Das kleine, charmante Lokal, zu dem ein Verkaufstresen (Süßigkeiten, Zigaretten, Getränke) gehört, wurde 1918 gegründet. Hier kann man sich mit hausgemachten Suppen oder Spaghetti Bolognese für wenig Geld satt essen. Besonders beliebt ist jedoch das ebenfalls hausgemachte Eis. BYOW (bring your own wine) und Take away.

Café Gandolfi, **Bar Gandolfi** und **Fish Gandolfi (6)**, 64 Albion Street, Restaurant ☎ 0141 552 9475, www.cafegandolfi.com. Gandolfi ist ein fester Bestandteil in der Merchant City und bietet schottische Spezialitäten, inkl. Black Pudding. Café Mo–Sa 8–23.30, So ab 9 Uhr. Bar Mo–Sa 11–24, So ab 12 Uhr. Fischrestaurant Mo–Sa 12–22.30, So 12–21 Uhr.

Café Antipasti (7), 350 Sauchiehall Street, ☎ 0141 332 9002, www.antipasti.co.uk, Mo–Fr 12–22, Sa/So 10–22.30 Uhr. Unkomplizierter und günstiger Italiener in der Innenstadt.

Babbity Bowster, s. unter Pubs
The Drum and Monkey, s. unter Pubs

Tipp
Restaurantempfehlungen gibt auch der „**Eating and Drinking Guide**" des Magazins „The List".

Pubs/Clubs
Glasgow hat eine lebendige Musikszene mit zahlreichen Veranstaltungsorten, wie den legendären **Barrowland Ballroom** (www.glasgow-barrowland.com) im Eastend. Es gibt unzählige Clubs für Nachtschwärmer wobei die meisten von 11 Uhr vormittags bis 3 Uhr morgens geöffnet sind, manche bis um 5 Uhr. Die Eintrittspreise rangieren zwischen 5 und 25 £.

Babbity Bowster, 16–18 Blackfriars Street, ☎ 0141 552 5055, www.babbitybowster.com. Restaurant: Mo–Sa 12–22, So 12.30–22 Uhr, Bar Mo–Sa 11–24, So ab 12.30 Uhr. Gemütliches Pub-Restaurant mit offenem Feuer, viel Stammpublikum – eine Institution in der Merchant City. Traditionelle schottische und französische Küche. Regelmäßig Live-Musik, Sa nachmittags/abends. Zum Babbity Bowster gehören 6 Gästezimmer (€€, s. o.).

The Drum and Monkey (8), 93 St. Vincent Street, ☎ 0141 221 6636. Alteingesessener Pub in einem ehemaligen Bankgebäude. Nett zum Mittagessen oder für ein ruhiges Pint. Gute Auswahl an Ales und solides Bar Food.

The Scotia Bar (9), 112 Stockwell Street, ☎ 0141 552 8681, http://scotiabar.net. Altmodischer, gemütlicher und freundlicher Pub – angeblich der älteste in Glasgow. Viel Stammpublikum. Oft Live-Musik und regelmäßig tagt hier auch der „Writers Club". Angeblich begann Billy Connolly seine Karriere in der Scotia Bar.

The Pot Still (10), 154 Hope Street, ☎ 0141 333 0980, www.thepotstill.co.uk. Traditioneller, sehr gemütlicher Pub, in dem (angeblich) über 600 verschiedene Whisky-Sorten angeboten werden.

West Brewing Company (11), Templeton Building Glasgow Green, ☎ 0141 550 0135, www.westbeer.com, Mo–Fr 11–23, Sa/So 11–24 Uhr. Das Restaurant erinnert an ein bayrisches Brauhaus. Leckeres Bier, das nach dem deutschen Reinheitsgebot gebraut wird.

Café Source (12), 1 St. Andrews Square, ☎ 0141 559 5902, www.standrewsinthesquare.com, http://cafesource.co.uk. Unten Café und Treffpunkt. Schottische Folklore und Jazzsessions. Mi 20 Uhr Live-Musik. Oben wunderschöne Konzerthalle in der ehemaligen St. Andrew's-Kirche. Tgl. bis 23 Uhr, Fr, Sa bis Mitternacht.

Òran Mór, Byres Road/Great Western Road, ☎ 0141 357 6200, www.oran-mor.co.uk. Theater, Kunst, Live-Musik, Nachtclub, eine riesige Bar und zwei Restaurants – und das alles in einer alten Kirche.

Einkaufen

Glasgow ist das Einkaufsmekka schlechthin. Im gesamten Innenstadtbereich gibt es zahlreiche Einkaufszentren und -passagen, sämtliche großen Ladenketten, aber auch schicke Boutiquen und kleine, ausgefallene Lädchen. **Princes Square** in der Buchanan Street (www.princessquare.co.uk) ist ein moderner Kuppelbau. Hier findet man eine große Auswahl eleganter Geschäfte sowie Cafés und Restaurants. **St. Enoch's Centre** am St. Enoch Square (www.st-enoch.co.uk) beherbergt alle gängigen Modeketten sowie eine Reihe kleiner feiner Läden. Auch die **Buchanan Galleries** in der Buchanan Street (www.buchanangalleries.com) bieten alles, was das Shopper-Herz begehrt.

Schmuck

Henderson the Jeweller, 217 Sauchiehall Street, ☎ 0141 331 2569, www.hendersonjewellers.co.uk. Der Juwelier unterhalb der Willow Tearooms (Mo–Sa 9–17, So 12–16.15 Uhr) bietet eine große Kollektion schöner Schmuckstücke im „Mackintosh-Design". Der Familienbetrieb führt zahlreiche Zweigstellen in ganz Schottland.

Mode

Teuer und chic ist es im Italian Centre in der Merchant City, bezahlbarer und trendy in der Byres Road und in der Ruthven Lane. **Starry Starry Night** (☎ 0141 337 1837) hat altmodische Kleidung und **Glorious** in der Ruthven Lane (☎ 0141 357 5662) bietet tolle Secondhandmode für Damen.

Geoffrey (Tailor) Highland Crafts Ltd., 309 Sauchiehall Street, Glasgow G2 3HW, ☎ 0141 331 2388, www.geoffreykilts.com. Maßgeschneiderte Highland-Kilts (auch im Verleih), Strickwaren, Decken und Pullover.

Musik

Avalanche, 34 Dundas Street, www.avalancherecords.co.uk. Winzig, aber gute Auswahl, insbesondere schottische Folklore.

Markt

The Barras, ☎ 0141 552 4601, www.glasgow-barrowland.com, Sa/So 9–17 Uhr. Der Markt findet drinnen und draußen statt. 5 Min. von der U-Bahn-Station St. Enoch.

Theater, Konzerte, Kino

Glasgow verfügt über mehrere Theater, Kinos und ein Opernhaus. Regelmäßig finden Konzerte des BBC Scottish Symphony Orchestra und des Royal Scottish National Orchestra sowie Aufführungen des Scottish Ballet statt. Einige der wichtigsten Veranstaltungsorte:

BBC Scottish Symphony Orchestra, *City Halls, Candleriggs, ☎ 0141 552 0909, www.bbc.co.uk/bbcsso.*
Royal Scottish National Orchestra (RSNO), *73 Claremont Street, ☎ 0141 226 3868, www.rsno.org.uk.*
Theatre Royal, *282 Hope Street, ☎ 0844 871 7627, www.scottishopera.org.uk. Hier sind die Scottish Opera und das Ballett zu Hause. Auch regelmäßige Gastspiele von der Royal Shakespeare Company.*
Glasgow Royal Concert Hall, *2 Sauchiehall Street, ☎ 0141 353 8080, www.glasgowconcerthalls.com.*
Scottish Ballet, *☎ 0141 331 2931, www.scottishballet.co.uk und* **Scottish Opera**, *www.scottishopera.org.uk. Aufführungen im Theatre Royal.*
Citizen's Theatre, *119 Gorbals Street, ☎ 0141 429 0022, www.citz.co.uk. Das Citz hat sich über seine bescheidenen Anfänge in den 1960er-Jahren hinaus zu einer der besten Bühnen im ganzen Land entwickelt. Innovatives Theater auf drei Bühnen.*
King's Theatre, *297 Bath Street, ☎ 0844 871 7627. Wunderschöne Inneneinrichtung im imposanten roten viktorianischen Prachtbau. Klassiker.*
Tron Theatre, *63 Trongate, ☎ 0141 552 4267, www.tron.co.uk. Seit langem etablierte Truppe in der Merchant City mit traditionellen aber auch experimentellen und innovativen Stücken. Tron's Bar & Restaurant (☎ 0141 552 8587, So/Mo 10–18, Di–Sa 10 Uhr bis spätabends) ist ein beliebter Treffpunkt zum Einkehren.*
The Arches, *253 Aryl Street, ☎ 0141 565 1000, www.thearches.co.uk. Theater, Tanz, Ausstellungen, kleinere Festivals sowie Bar und Club.*

Stadtbesichtigung
Zu Fuß
Scottish Tourist Guides Association, *Old Town Jail, Stirling FK8 1EA, ☎ 01786 447 784, www.stga.co.uk. Professionelle Führungen in 20 Sprachen möglich.*
Mit dem Bus
City Sightseeing Glasgow Tour, *☎ 0141 204 0444, www.citysightseeingglasgow.co.uk. Die roten Busse fahren vom George Square ab und halten an den wichtigsten Sehenswürdigkeiten. Man kann aber überall ein- und aussteigen (hop-on – hop-off). Zwischen 9.30 und 17/18.15 Uhr alle 15–30 Min. Erw. 12 £, Kinder 6 £.*
Mit dem Boot
Waverley Excursions Ltd., *Anderson Quay, ☎ 0845 130 4647, www.waverleyexcursions.co.uk, Mitte Mai–Okt. Ausflugsfahrten auf dem Clyde mit der „Waverley", dem letzten seetauglichen Schaufelraddampfer. Abfahrt vom Glasgow Science Centre.*

Flughafen

Glasgow Airport, *☎ 0844 481 5555, www.glasgowairport.com, 13 km vom Stadtzentrum entfernt. Busverbindungen (First 500 Glasgow Shuttle) alle 10 Min., Fahrtzeit 35 Min. Taxi ins Zentrum ca. 20 £. Verschiedene Mietwagenfirmen am Flughafen.*
Prestwick, *48 km von Glasgow entfernt. ☎ 0871 223 0700, www.glasgowprestwick.com. Zug- und Busverbindungen alle 30–60 Min. Autoverleih am Flughafen.*

Öffentliche Verkehrsmittel
Traveline Scotland, ☎ 0871 200 2233, www.travelinescotland.com. Informationsdienst für den öffentlichen Verkehr in Schottland. Fahrplaninformationen und Routenplaner für Busse, Fernbusse, Züge, Fähren, U-Bahn in Glasgow und inländische Flüge in Schottland.

Busse
Der **Busbahnhof** ist in der Buchanan Street, 5 Min. Fußweg vom Bahnhof Queen Street oder 15 Min. vom Bahnhof Glasgow Central entfernt. ☎ 0141 3333 708. Auch die **Überlandbusse** fahren von hier, Scottish Citylink, www.citylink.co.uk.

U-Bahn
Die Glasgower U-Bahn wurde 1896 eröffnet und ist die drittälteste in der Welt. Da es nur 15 Stationen gibt und nur eine Rundlinie, ist das System sehr übersichtlich.

Züge
Glasgow ist ein Verkehrsknotenpunkt im landesweiten Bahnnetz. Aus und nach London verkehren regelmäßig Schnellzüge, die Fahrzeit beträgt nur 5 Std. Regelmäßigen Anschluss gibt es auch in andere britische Städte. Die beiden Bahnhöfe in Glasgow heißen: Queen Street und Central. **Queen Street** liegt in der Nähe des Busbahnhofs an der Buchanan Street. Hier kommt der Flughafenbus an. Vom Bahnhof Queen Street bestehen Verbindungen in den Norden, zur West Highland Line (Mallaig und Oban), in den Osten sowie mit einem Shuttle Service nach Edinburgh. Die **Central Station** ist ebenfalls im Zentrum. Von hier fahren die Züge zur Westküste in Richtung Süden (bis nach London). **National Rail Enquiry**, ☎ 08457 484 950, www.nationalrail.co.uk.

Tageskarten
Alle Tickets erhältlich bei SPT Travel Centres, www.spt.co.uk.
Das **Roundabout Glasgow Ticket** erlaubt unbegrenztes Fahren auf allen Strecken 15 km im Umkreis von Glasgow sowie für die U-Bahn für einen Tag. Mo–Fr nach 9 Uhr sowie Sa, So und an öffentlichen Feiertagen. Das Ticket kostet 6.30 £ für Erw. (3.15 £ für Kinder) und ist an allen Bahnhöfen erhältlich.
Das **Discovery Ticket** bietet uneingeschränktes Fahren auf allen U-Bahn-Strecken für einen Tag. Gültig Mo–Sa nach 9.30 Uhr sowie So und an öffentlichen Feiertagen. Es kostet 3.80 £ und ist an allen U-Bahn-Stationen erhältlich.
Das **Daytripper Ticket** bietet uneingeschränktes Fahren in und rund um Glasgow und in Strathclyde mit Zügen, U-Bahn, den meisten Bussen und einigen Fähren. Gültig Mo–Fr nach 9 Uhr sowie Sa und So und öffentlichen Feiertagen. 2 Erw. und bis zu 4 Kinder 19.80 £, 1 Erw. und bis zu 2 Kinder 11.20 £.
Das eintägige **Mackintosh Trail Ticket** kostet 16 £ und ermöglicht Eintritt in alle Mackintosh-Gebäude in Glasgow sowie freie Fahrt mit der U-Bahn und mit First Bus. Ticket erhältlich online unter www.crmsociety.com, von Visit Scotland Tourist Information, Buchanan Street oder SPT Travel Centres (www.spt.co.uk).

Mietwagen/Campervan
Neben den internationalen Firmen, wie Avis, Sixt etc. gibt es z. B. **Clarkson of Glasgow**, ☎ 0141 771 3990, www.carhirescotland.com, sowie **Arnold Clark**, ☎ 0844 815 2129, www.arnoldclarkrental.com

6. DER WESTEN

Hinweis zur Route

Die in diesem Kapitel beschriebene Strecke führt von Glasgow, entlang Loch Lomond, den Trossachs und Loch Katrine, über Crianlarich (von Edinburgh kommend über Stirling und Loch Katrine) nach Inveraray. Von dort geht es zunächst nach Knapdale und Kintyre, dann weiter nach Oban und schließlich über Glencoe nach Fort William. Von hier kann man entweder die A830 nach Mallaig nehmen oder nördlich auf der A82 Richtung Fort Augustus fahren und bei Invergarry westlich auf die A87 nach Kyle of Lochalsh abbiegen. Von Mallaig oder Kyle of Lochalsh geht es auf die Isle of Skye.

Alternative 1: Von Crianlarich direkt nach Fort William fahren, dann am Caledonian Canal (A82) entlang nach Inverness und von dort durch die Grampian Highlands (ab S. 384) zurück nach Edinburgh.

Alternative 2: Eine andere gute Reiseroute verläuft entgegen dem Uhrzeigersinn: von Loch Lomond, Loch Katrine und den Trossachs über Crianlarich nach Oban fahren, und von dort nach Fort William. Auf dem Rückweg die Corran-Fähre nehmen, Ardnamurchan erkunden und dann bei Lochaline nach Mull (ab S. 296) übersetzen. Von Craignure geht es wieder zurück nach Oban und südlich nach Knapdale und Kintyre. Von Claonaig kann man nach Lochranza (Isle of Arran, ab S. 126) übersetzen und schließlich von Brodick wieder auf das Festland. Von Ardrossan ist rasch wieder Glasgow erreicht. Für diese Tour sollte man mindestens eine Woche einplanen.

Tipp

Verweilen Sie einige Tage an einem Ort! Die Schönheit der Landschaft offenbart sich erst richtig durch die Muße und Ruhe, die man für sie aufbringt.

Allgemeiner Überblick

Die wilde Landschaft, beeindruckende Geschichtsdenkmäler sowie eine Bevölkerung, die sich bemüht, Geschichte und Traditionen lebendig zu halten, machen die Highlands so einzigartig. Eine scharfe geologische Linie trennt die **Highlands** von den **Lowlands**. Sie verläuft vom Südwesten (Mündung des Clyde) nach Nordosten bis Stonehaven. Nordwestlich dieser Linie liegen die Highlands, eine von Flüssen und vorzeitlichen Gletschern durchsetzte Hochebene. Massive Felsen, einsame Torfmoore und kahle Hügel kennzeichnen das Land. Durch den Einfluss des Golf-

Trennung Highlands und Lowlands

Entfernungen

Loch Lomond (Balloch) – Callander: 56 km
Campbeltown – Oban: 145 km
Oban – Fort William: 76 km
Callander – Crianlarich: 48 km
Fort William – Inverness: 107 km
Crianlarich – Inveraray: 63 km
Fort William – Mallaig: 71 km
Inveraray – Campbeltown: 156 km
Fort William – Kyle of Lochalsh
Inveraray – Oban: 55 km
 (via Fort Augustus): 145 km

stroms ist das Klima an der Westküste außergewöhnlich mild – noch hoch im Norden wachsen subtropische Pflanzen. Allerdings ist es meist sehr feucht und regenreich.

Der Osten ist kälter und trockener. Bereits vor Hunderten von Jahren begann die Abholzung der einst bewaldeten Highlands. Die alten Eichen und Pinien wurden als Brennmaterial oder für den Schiffbau verwendet. Mittels eines Langzeitprogramms (1950 in Angriff genommen) versucht man, die ursprüngliche Bewaldung wiederherzustellen.

Wandern

Der **West Highland Way** *(152 km), der wohl schönste der drei schottischen Langstrecken-Wanderwege, führt von Glasgow bis nach Fort William durch die einzigartige Highland-Landschaft. Informationen gibt es in den einzelnen Touristenbüros der Region sowie bei Visit Scotland. Der Weg ist in verschiedene Teilabschnitte eingeteilt, sodass man, je nach Kondition, seine Route zusammenstellen kann. Entlang der Strecke bestehen ausreichend Übernachtungsmöglichkeiten.*

Geschichtlicher Überblick: Die Highlander und das Clansystem

Clan = gälisch: Kinder, Sippe, Stamm, Stammes- oder Sippenverband. Laut Brockhaus bezeichnet Clan die auf keltischen Einrichtungen beruhenden Stammesverbände in Schottland, deren Angehörige sich nach einem gemeinsamen Stammvater nannten und ihrem Namen die Bezeichnung „Mac" (Sohn) voranstellten (z. B. MacLeod, MacDonald etc.).

Bereits im 12. Jh. nahm die Entwicklung zwischen Highlands und Lowlands hinsichtlich ihrer gesellschaftlichen Struktur einen unterschiedlichen Verlauf. In den Lowlands wurde das Feu-

Landschaft bei Loch Ness

Geschichtlicher Überblick: Die Highlander und das Clansystem

dalsystem eingeführt, d.h. das Land wurde vom König als Lehen vergeben. In den Highlands hingegen gehörte das Land den Clans, die sich in den Tälern („Glens") herausbildeten.

Das oberste Gebot war die Loyalität gegenüber dem Clan-Chef (Chief) und gegenüber dem eigenen Namen. Den Königen war solche Unabhängigkeit stets ein Dorn im Auge. Der Clan MacDonald erlangte z. B. auf den Hebriden eine solche Macht, dass seine Chiefs sich *Lord of the Isles* nennen konnten. Zwar akzeptierten die Clans ihren König, doch waren sie ihm nicht mit der gleichen Loyalität verbunden wie die Lowlander. Aber auch zwischen den einzelnen Clans herrschten ständig kriegerische Auseinandersetzungen. Halsstarrigkeit, Stolz und Unnachgiebigkeit führten bei oftmals geringen Anlässen zu blutigen Fehden. Bis zur *Union of the Crowns*, 1707, blieben die Highlander fast unbeeinflusst von den Entwicklungen von außen. Abgeschieden hinter den Bergen lebten sie in ihrer eigenen Welt.

Nach dem Verlust der schottischen Souveränität durch die Vereinigung Englands und Schottlands veranlasste der englische König – unter General Wade – ein großes topografisches Erfassungsprogramm. Genaueste Karten wurden gezeichnet, wodurch nun auch die entfernteren Gebiete leichter zu erreichen und militärisch besser zu kontrollieren waren. Außerdem wurden Pläne zum Bau von rund 400 Straßen und Brücken aufgestellt. Nach der Schlacht bei Culloden 1745 – dem letzten verzweifelten Versuch, die schottische Krone zurückzugewinnen – kam es zu brutalen Maßnahmen seitens der Engländer, mit dem Ziel, die Ordnung der Clans, ihre Identität und gewachsenen Traditionen sowie ihre Macht zu brechen. So wurde z. B. ein Gesetz erlassen, das das Tragen von Tracht, Clanabzeichen und selbst das Spielen des Dudelsacks verbot. Das Land der Highlander wurde an neue englische Besitzer verteilt.

Redaktionstipps

▶ Eine Teilstrecke des **West Highland Way** wandern (S. 232).
▶ **Loch Katrine** und die **Trossachs** kennenlernen (S. 238).
▶ Eine Fahrt auf dem **Loch Etive** unternehmen (S. 243).
▶ In den **Crarae Gardens**, südlich von Inveraray, spazieren gehen (S. 244).
▶ Auf der **Isle of Gigha** entspannen (S. 249).
▶ Sich im **Kilmartin House** (nördlich von Lochgilphead) über die prähistorischen Funde im Kilmartin Valley informieren (S. 251).
▶ Eine **Drei-Insel-Tour** von Oban aus machen: Mull, Iona, Staffa (S. 253).
▶ Die Landschaft des **Glen Coe** bewundern (S. 255).
▶ An den „**Singing Sands**" in der Kentra Bay (Ardnamurchan) die Seele baumeln lassen (S. 265).
▶ Eine Bahnfahrt mit der **historischen Dampflok** „The Jacobite" von Fort William nach Mallaig machen (S. 260).
▶ Den **Ben Nevis** erklimmen (S. 262).
▶ Eine Fahrradtour entlang des **Caledonian Canal** unternehmen (S. 261).
▶ Die A87 durch das Glen Shiel nehmen und bei Shiel Bridge nach Glenelg abbiegen. Von dort nach **Kylerhea** (Isle of Skye) übersetzen (S. 271).
▶ Sich vom Glen Garry Viewpoint aus von der Schönheit des **Loch Garry** verzaubern lassen (S. 269).

Zu einer versöhnlichen Haltung gegenüber der Highland-Kultur kam es, als 1822 König George IV. in Edinburgh erschien – gekleidet als Highland Chief im Royal Stewart Tartan. Sowohl die Begeisterung Königin Victorias für die Highlands als auch die romantisch-heroisierenden Romane eines Walter Scott führten zu einer europaweiten Schottlandmanie. Einst das individuelle Zeichen einzelner Clans, entwickelte sich das Karomuster zur Mode und wurde entsprechend kommerzialisiert.

Der Westen

Loch Lomond, Loch Katrine und die Trossachs

Loch Lomond und „**The Trossachs**" wurden 2001 zu Schottlands erstem Nationalpark erklärt. Obwohl der Loch Lomond, der Loch Katrine und die Trossachs verwaltungstechnisch zur Region Stirling gehören, werden sie in diesem Kapitel beschrieben, da Reisende dieses Gebiet zumeist auf ihrem Weg in den Westen passieren.

Loch Lomond

By yon bonnie banks and by yon bonnie braes,
where the sun shines bright on Loch Lomond
where me an' my true love were ever want to gae
on the bonnie, bonnie banks o' Loch Lomond.

O, ye'll tak the high road and I'll tak the low road,
and I'll be in Scotland afore ye,
But me and my true love will never meet again
On the bonnie, bonnie banks o' Loch Lomond.

Der Autor des Gedichtes wusste, dass er weder seine einzig wahre Liebe noch den Loch Lomond je wiedersehen würde. Das Gedicht handelt von Liebe und Abschied am Loch Lomond, wobei *high road* synonym für die normale, weltliche Route entlang des Loch Lomond steht und *low road* für den geistigen Weg, auf welchem sein Geist möglicherweise hierher zurückkehrt.

Der Loch Lomond zählt zum Naherholungsgebiet Glasgows und ist daher häufig recht überlaufen. Wer jedoch nicht gerade während der Hauptferienzeit hierher kommt, wird den Ruf Loch Lomonds als einen der romantischsten Lochs verstehen. Das Wechselspiel zwischen dem Wasser, den bewaldeten Inseln – im Süden gibt es 37 kleine Inseln – und

Herbststimmung am Loch Lomond

Loch Lomond, Loch Katrine und die Trossachs

Größter Binnensee Großbritanniens

dem dramatischen Kontrast zwischen den Ufern des Lowland und den spektakulären Ausblicken auf die Highlands ist beeindruckend. Der größte Binnensee Großbritanniens ist 33 km lang und an seiner breitesten Stelle 8 km breit. Im Süden eingefasst von bewaldeten Hügeln, wird er gen Norden schmaler und ist beidseitig von über 900 m hohen Bergen umrahmt, im Osten Ben Lomond, im Westen Ben Vorlich. Das Gebiet um den Loch Lomond ist besonders reich an verschiedenen Tier- und Vogelarten. Das National Nature Reservoir westlich von Drymen meldet über 220 verschiedene Tierarten. Im Loch Lomond gibt es über 20 verschiedene Fischarten, das sind mehr als in allen anderen Lochs.

Balloch

Balloch liegt am Südende des Loch Lomond und ist ein kleiner, lebendiger Ort mit einem Schloss, zahlreichen Hotels, B&Bs, Caravan Park und einer Vielzahl an Anbietern von Bootstouren auf dem Loch Lomond. **Lomond Shores** in Alexandria ist ein modernes Besucherzentrum mit angeschlossener Einkaufsmeile (*Alexandria, Old Luss Road,* ☎ *01389 721 500, www.lomondshores.com*). Von den Terrassen kann man die schöne Landschaft genießen.

An der Westseite, von Balloch bis nach Tarbert, erstrecken sich Bootsanlegestellen, Feriendörfer, Caravan Parks und Golfclubs. Im Sommer sind die Uferbänke oft überfüllt. **Luss**, vielfach als hübschestes Dorf an der Westküste gepriesen, ist eigentlich eher eine Anhäufung an Souvenirläden und „Tea Shops". Nördlich von Tarbert, am nördlichen Ende des Loch Lomond, wird es ruhiger und die Strecke bis Ardlui ist sehr schön. Das Ostufer des Loch Lomond ist weniger frequentiert und bietet wunderschöne Spazierwege. Der **West Highland Way** führt entlang des Ostufers von Drymen durch Balmaha, Rowardennan und Inversnaid.

Ein besonderes Erlebnis: Kajak fahren auf dem Loch Lomond

Reisepraktische Informationen Loch Lomond

Information
TIC, Balloch Road, Balloch G83 8LQ, ☎ 01389 753 533 www.loch-lomond.net, www.visitscottishheartlands.com, April–Okt.

Unterkunft
In den Ortschaften entlang dem Loch Lomond gibt es zahlreiche Unterkünfte sämtlicher Preisklassen: Hotels, B&Bs und Ferienparks.

Bootstouren
Sweeney's Cruises, Balloch, ☎ 01389 752 376, www.sweeney.co.uk. Das Unternehmen ist seit über 100 Jahren in Familienbesitz und bietet Bootstouren unterschiedlicher Länge an, darunter auch Abendtouren und Fahrten, bei denen man Aufenthalt in Luss hat.

Wandern
Es gibt verschiedene Wandermöglichkeiten, von einfachen Wegen bis zu Touren für geübte Wanderer. **Ben Lomond** (974 m) ist Schottlands südlichster „Munro". Die Ausblicke von hier oben sind atemberaubend schön. Es gibt verschiedene Routen: Die einfachere beginnt am Parkplatz am Ende der Straße hinter dem Rowardennan Hotel. Für den Hin- und Rückweg sollte man 5–6 Std. einplanen. Leicht zu erklimmen ist auch der **Conic Hill**. Der Aufstieg beginnt in Balmaha (Parkplatz). Um die Spitze zu erreichen, braucht man ungefähr 1,5 Std. und man wird mit herrlichen Blicken belohnt. (OS Landranger 56/57).

Zwischen Aberfoyle und Callander

Von Balloch führt die Route weiter auf der A811 und A81 nach **Aberfoyle**, einem beliebten Ferienort. Am Rande des Queen Elizabeth Park gelegen, bildet Aberfoyle zusammen mit Callander das wichtigste Besucherziel in den Trossachs.

Unterkunft/Einkehren
***Covenanters Inn €€**, Aberfoyle FK8 3XD, ☎ 01877 382 347. Ganzjährig, 52 Zimmer. Traditioneller Inn, Wanderer und Radfahrer willkommen.

Der riesige **Queen Elizabeth Forest Park** (ganzjährig) westlich Aberfoyles bietet gute Wandermöglichkeiten. Er erstreckt sich über die Berge von Loch Lomond bis ins Herz der Trossachs, zum Loch Lomond, Loch Ard, Loch Achray und Loch Lubnaig sowie Ben Venue, Ben A'an und Ben Ledi. Im **Forest Park Visitor Centre**, auch **David Marshall Lodge** genannt und auf dem spektakulären Duke's Pass gelegen, kann man sich über Wander- und Fahrradwege und die Arbeit der Rangers informieren.

Gute Wandermöglichkeiten

Forest Park Visitor Centre, 3 km nördlich von Aberfoyle an der A821, ☎ 01877 382 383, www.forestry.gov.uk, Ostern–Okt. 10–18, Nov./Dez. Do–Mo 11–16 Uhr.

Achray Forest liegt zwischen Loch Achray und den Trossachs im Norden und Aberfoyle im Süden. Der **Achray Forest Drive** beginnt an der Lodge und ist eine 10 km lange wunderschöne Waldstrecke entlang des Loch Drunkie und des Loch Achray. Man kann herrliche Ausblicke genießen und es gibt gute Picknickmöglichkeiten.

6 km östlich von Aberfoyle, liegen romantisch auf einer Insel im **Lake Menteith** die beeindruckenden Ruinen von **Inchmahome Priory**, einer 1238 gegründeten Augustinerabtei (10-minütige Überfahrt auf einem kleinen Boot von Port of Menteith). Maria Stuart soll sich hier im kindlichen Alter einige Zeit aufgehalten haben. Teile des Chors, des Turms und des Hauptschiffs sind erhalten.
Inchmahome Priory, ☏ 01877 385 294, www.historic-scotland.gov.uk, April–Sept. Mo–So, erste Bootsfahrt um 10 Uhr, letzte Fahrt zurück um 16.30 Uhr, Okt. letzte Rückfahrt um 15.30 Uhr, 5.50 £.

Loch Katrine und die „Trossachs"

Raues Land

Ein „Muss" bei einer Highland-Tour ist eine Fahrt auf dem Loch Katrine und in das wildromantische Trossachs-Gebiet *(www.lochlomond-trossachs.org)*. Trossachs – der Bedeutung nach ein hartes, raues, borstiges Land – heißt die Schlucht zwischen Loch Achray und Loch Katrine und den beiden Bergen Ben An und Ben Venue. Alle Merkmale der schottischen Highlands sind hier in dieser Schlucht vereint: Felsen und Hügel, Lochs und kleine Wäldchen. Besonders schön ist es im Herbst, wenn sich die Blätter verfärben. Obwohl streng genommen die Trossachs nur das schmale Tal zwischen Loch Katrine und Loch Achray sind, beschreibt der Name mittlerweile das gesamte Gebiet zwischen Callander und Aberfoyle.

„The Lady of the Lake"

Anfang des 19. Jh. war die Region noch völlig unzugänglich, wurde dann jedoch aufgrund ihrer Schönheit zu einer begehrten Attraktion aller Schottlandreisenden. Weltberühmt wurden die Trossachs schließlich durch Sir Walter Scotts Gedicht **„The Lady of the Lake"**. Diese heute kaum mehr bekannten Verse zählten im 19. Jh. zu einem der populärsten Lesestoffe. Den Zeitgeschmack der damaligen Zeit treffend, geht es um – Liebe. Die „Lady of the Lake" ist die schöne Ellen Douglas, die mit ihrem Vater William vor den Truppen König James' bei dem Clan-Chef der MacGregors auf Ellen's Island Zuflucht gefunden hat. Auf einem Jagdausflug verirrt sich der Herrscher, wird von Ellen beherbergt, schließlich von den MacGregor's gejagt. Nach heftigen Kämpfen kommt es schließlich zum Happy End. Der Roman erzielte Auflagenrekorde und Heerscharen pilgerten an den See, um den Schauplatz der beschriebenen Szene zu sehen.

„Mildly and soft the western breeze
Just kiss'd the Lake, just stirr'd the trees,
And the pleased lake, like maiden joy;
The mountain shadows on her breast
Were neither broken nor at rest;
In bright uncertainty they lie,
like future joys to Fancy's eye." (Sir Walter Scott, 1810)

Loch Katrine und die Trossachs

Das historische Dampfschiff „Sir Walter Scott" lädt zur Rundfahrt ein

Die Trossachs entwickelten sich zu Schottlands wichtigstem und beständigstem Urlaubsgebiet. Dass dies auch heute noch so ist, liegt sicherlich zum einen an der Tatsache, dass das Gebiet von den beiden Großstädten Glasgow und Edinburgh aus leicht zu erreichen ist und die Landschaft praktisch alles bietet, was man sich unter einer „typischen" Highland-Landschaft vorstellt. „Schottland in Miniaturausgabe" – ein Grund, warum die Region auch gerne von Reisebusveranstaltern angefahren wird. Der zauberhafte See Loch Katrine ist vor allem im Hochsommer recht überlaufen.

Schottland in Miniaturausgabe

Vielleicht mag man sogar Fontane zustimmen, der sagte: „... *Was diesen Trossachs fehlt, das ist der Stempel des Besonderen. Man sieht rechts und links, vor- und rückwärts, stimmt in die „Beautifuls", die mit der Regelmäßigkeit der Pendelschwingungen überall laut werden, nach bester Überzeugung ein, hat aber das Gefühl, sehr ähnliche landschaftliche Physiognomien schon oft gesehen zu haben.*"

Bei einer Dampferfahrt mit dem historischen **Dampfschiff** „Sir Walter Scott" oder mit der „Lady of the Lake" kann man die wunderschöne Landschaft genüsslich auf sich wirken lassen. Das Schiff fährt nach Stronachlachar am westlichen Ufer und zurück. Viele nehmen ein Fahrrad mit, steigen in Stronachlachar aus und radeln entlang des gepflasterten Uferwegs zurück (☏ 01877 332 000, im Sommer bis zu sechs Abfahrten tgl.).

Dampferfahrt

Callander, 10 km östlich von Loch Katrine, ist ein belebter Touristenort mit mehreren Hotels, Restaurants, Pubs und Souvenirläden, einem 18-Loch-Golfplatz sowie guten Angelmöglichkeiten. Von Callander aus sind schöne Wanderungen verschiedener Schwierigkeitsgrade möglich. Wanderkarten und Informationsmaterial gibt es im Touristenbüro.

Reisepraktische Informationen Callander

Information
TIC, Ancaster Square, Callander FK12 8ED, ☎ 01877 330 342.

Unterkunft für Selbstversorger
*******Leny House €€**, Callander FK17 8HA, ☎ 01877 331 078, www.leny estate.com. Unterkunft für Selbstversorger in Lodges und Cottages sowie im Nordflügel des Leny House, einem kleinen Schloss. Die Gebäude gehörten einst zum Leny Castle, einem Schloss aus dem 16. Jh., Mai–Sept.

Fahrrad fahren
Wheels Cycling Centre, Invertrossachs Road, Callander, ☎ 01877 331 100, www.scottish-cycling.co.uk. Für einen ganzen Tag kosten Fahrräder für Erwachsene 18 £, für Kinder ab 8 £, Tandem 36 £.

Von Callander nach Crianlarich

Brücke über den River Teith in Callander

Von Callander führt die A84 Richtung Norden durch schöne Highland-Landschaft. Entlang der Strecke ist linkerhand, kurz vor Lochearnhead, die **Grabstelle Rob Roys** zu besichtigen. Zusammen mit den Gräbern seiner Frau Mary und zweier ihrer vier Söhne liegt Rob Roys Grab auf dem kleinen Friedhof von Balquhidder, erkenntlich an der Tafel „MacGregor Despite Them". Rob Roy MacGregor (1671–1734), der schottische Robin Hood, wurde in Glengyle, nordwestlich des Loch Katrine, geboren und kämpfte mit ungebrochenem Mut gegen die Unterdrückung durch die Regierung. 1995 wurde seine Geschichte durch den gleichnamigen Film mit Liam Neeson und Tim Roth romantisiert.

30 km weiter, geht es links auf der A85 nach **Crianlarich**. Neben seiner Funktion als Verkehrsknotenpunkt sind Crianlarich und Umgebung ideal für Wanderungen in den Highlands. Verschiedene große Straßen treffen hier zusammen. Hier muss man sich entscheiden:
- die direkte Strecke A82 nach Norden (Fort William)
- die A85 gen Westen (Oban, Isle of Mull)
- die A85 nach Süden (entlang des nördlichen Endes des Loch Lomond und bei Arrochar auf die A83 nach Inveraray abbiegen)

Reisepraktische Informationen Crianlarich

Unterkunft
***Allt-Chaorain Country House €€**, *Crianlarich FK20 8RU*, ☎ *01838 300 283. April–Okt., 7 Zimmer. Wunderschön gelegenes Landhaushotel mit bezaubernder Aussicht auf Ben More. Gutes Restaurant.*
****–*****Portnellan Lodges €€**, *Crianlarich FK20 8QS*, ☎ *01838 300 284, www.portnellan.info. Ganzjährig, 16 Lodges, 3 Cottages für 2–8 Personen. Portnellan liegt 3 km östlich von Crianlarich am Fuße des Ben More. Die Hütten für Selbstversorger sind als Ausgangspunkt für Wanderungen durch die Highlands optimal geeignet. Mindestaufenthalt 3 Tage.*

Jugendherberge
***Crianlarich Y.H.**, *Station Road, Crianlarich FK20 8QN*, ☎ *01838 300 260 www.syha.org.uk. 72 Betten, Familienzimmer, Nov.–März.*

Die Region Argyll

Nördlich des Mull of Kintyre fast bis hinauf zum Glen Coe und im Osten bis an den Loch Lomond markiert die Region Argyll den Übergang von den Lowlands zu den Highlands. Argyll ist trotz seiner Nähe zu Glasgow relativ spärlich besiedelt. Die größte Stadt, **Oban**, hat 8.500 Einwohner. Oban ist auch der Haupthafenort für die Fährverbindungen zu den Hebriden.

Argyll ist ein Gebiet mit großer Vielfältigkeit und bietet alle „Zutaten" des klassischen Schottland-Bilds: mit Heidekraut übersäte Hügel, romantische Fischerdörfer, trutzige Burgen und wunderschöne Täler. Etliche frühgeschichtliche Zeugnisse, wie die prähistorischen Grab- und Kultstätten im Kilmartin-Valley, weisen auf eine dichte Besiedlung schon in der Steinzeit hin. Ein großer Teil des Gebiets war einst Teil des Königreichs von Dalriada, das hier von irischen Mönchen im 5. Jh. gegründet worden war. Seine Hauptstadt war Dunadd, in der Nähe von Lochgilphead. Von dort aus gelang es ihnen, die ansässigen Pikten zu schlagen. Später wurde die Region von den Norwegern beherrscht, dann vom mächtigen MacDonald-Clan, der seinerseits von den Campbells (unter Robert the Bruce) erobert wurde. Sie wurden schließlich die Dukes of Argyll, die noch heute riesige Landgüter besitzen.

Klassisches Schottland-Bild

Inveraray

Inveraray ist ein kleiner, netter Ort mit weißen Häuschen, die sich entlang des Ufers des Loch Fyne erstrecken. Seit Jahrhunderten ist das Städtchen Sitz der Chiefs des Campbell Clans, der Dukes of Argyll. Mitte des 18. Jh. entschloss sich der damalige Herzog zu einem kompletten Neubau seines Schlosses. Damit um das neue Anwesen herum ausreichend Parkfläche angelegt werden konnte, wurde das alte Dorf abgerissen und etwas weiter entfernt komplett neu aufgebaut.

Die Region Argyll

1746 wurde mit dem Neubau von **Inveraray Castle** begonnen. Es entstand ein gewaltiger Bau im Stil des *Gothic Revival*, der um die Mitte des 18. Jh. in Mode kam. Über einem quadratischen Haupttrakt mit von Zinnen bekrönten Ecktürmen erhebt sich ein gewaltiger Turm. Die Kegeldächer und das Attikageschoss wurden nach einem Brand (1877) hinzugefügt. In den für die Öffentlichkeit zugänglichen Räumen des heute vom 12. Duke of Argyll bewohnten Schlosses sind eine Waffensammlung, französische Tapisserien, schottische und europäische Möbel sowie ein beeindruckender Stammbaum des Campbell-Clans zu sehen.

Inveraray Castle, ☎ 01499 302 203, www.inveraray-castle.com, April–Okt. tgl. 10–17.45 Uhr, Eintritt Garten und Schloss Erw. 10 £, Kinder 6.50 £.

Einblick ins Gefängnis

1989, hundert Jahre nachdem der letzte Gefangene das Gefängnis verlassen hatte, wurde das moderne und interessant aufbereitete **Museum für die Geschichte des schottischen Strafvollzugs** eröffnet. In zwei Gebäuden, eines von 1820 und das andere von 1848 – für die damalige Zeit fast „modern" mit Höfen ausgestattet –, wird der Strafvollzug vergangener Zeiten dargestellt. Gerichtsprotokolle, Geräte zur Disziplinierung der Gefangenen, Biografien von einsitzenden Häftlingen illustrieren die Entwicklung des Strafvollzugs. Lebensgroße Puppen sowie als Wärter oder Gefangene verkleidete Museumsführer vertiefen den Realismus. Im Gerichtssaal sitzt ein Geschworenenkabinett aus Wachs, vom Tonband hört man Protokolle von tatsächlich stattgefundenen Mordfällen.

Inveraray Jail, Church Square, ☎ 01499 302 381, www.inverarayjail.co.uk, April–Okt. 9.30–18, Nov.–März 10–17 Uhr, Eintritt Erw. 8.95 £, Kinder 4.95 £.

Reisepraktische Informationen Inveraray

Information
TIC, Front Street, Inveraray, Argyll PA32 8UY, ☎ 01499 302 063, ganzjährig.

Unterkunft
****Rudha na Craige €–€€, ☎ 01499 302 668, www.rudha-na-craige.com. Schönes B&B mit 6 Zimmern neben dem Minigolfplatz.

***The First Hotel €–€€, Round by the Pier, Inveraray PA32 8UY, ☎ 01499 302 111, www.thefirsthouseinveraray.co.uk. März–Jan., 8 Zimmer, schönes Hotel im Zentrum, behagliches Ambiente, kinderfreundlich. Großer Garten, gutes Restaurant, auch für Vegetarier.

Wandern

Der **Argyll Forest Park** – westlich und nordwestlich von Loch Long – wurde 1935 im Rahmen eines gewaltigen Wiederaufforstungsprogramms angelegt. Inzwischen nimmt der Park mehr als 240.000 ha ein und bildet eines der schönsten Waldgebiete Schottlands. Wanderkarten und -vorschläge gibt es in den Touristenbüros.

Feste

Im Juli finden auf dem Gelände des Inveraray Castle die **Inveraray Highland Games** statt (www.inveraray-games.co.uk), 2014 sogar die Weltmeisterschaften in der Disziplin „Tossing the Caber" (s. S. 54).

Busse
Inveraray liegt an der Glasgow – (Oban & Glasgow) – Campbeltown-Buslinie. Von Glasgow dauert die Fahrt mit dem Bus 1 Std. und 45 Min.

Loch Awe und Loch Etive

Nördlich von Loch Fyne liegt **Loch Awe** *(www.loch-awe.com)* und weiter nördlich der wunderschöne **Loch Etive**. Hier kann man sich gut und gerne einige Tage aufhalten, insbesondere am wenig besuchten Westufer des Loch Awe. Bootstouren werden vom Loch Awe Pier aus veranstaltet (*☎ 01866 833 256, an der B840, 5 km südlich von Cladich*). Man kann auch Ruderboote ausleihen *(7.50 £)*.

Die A819 nördlich von Inveraray trifft auf die A85 am nordöstlichen Ende des Loch Awe, zwischen den Dörfern Dalmally und Lochawe. Westlich der Kreuzung liegen die romantischen Ruinen von **Kilchurn Castle**, ca. 1440 erbaut *(April–Sept.)*

Einige Kilometer westlich von Lochawe und gut 1 km in den Ben Cruachan hinein befindet sich die unterirdische **Cruachan Power Station**. Die 30-minütige Tour führt 1 km unter Tage in die Maschinenhalle. Man lernt, wie das Wasserkraftwerk funktioniert und genug Elektrizität erzeugen kann, um eine Stadt in der Größe Edinburghs zu versorgen. 120 Tonnen Wasser können pro Sekunde gepumpt werden. In der Ausstellung erfährt man alles, was man je über Energieerzeugung wissen wollte. *Tour durch ein Wasserwerk*

Cruachan Visitor Centre, *Dalmally, ☎ 01866 822 618, www.visitcruachan.co.uk, April–Okt. tgl. 9.30–16.45, Nov.–März Mo–Fr 10–15.45 Uhr, Jan. geschl., Führungen alle halbe Stunde, Besucher, die mit öffentlichen Verkehrsmitteln, zu Fuß oder mit dem Fahrrad kommen, brauchen kein Eintrittsgeld zu bezahlen.*

Den Loch Awe kann man wunderbar bei einer Bootstour erkunden

Weiter westlich (18 km östlich von Oban) liegt das winzige Dorf **Taynuilt**. Kurz vor dem Dorf, an der Bridge of Awe, geht es zum **Inverawe Fisheries, Smokery & Country Park**, wo man Unterricht im Fliegenfischen nehmen, sich über Räuchermethoden informieren, entlang der Naturlehrpfade wandern oder geräucherten Fisch kaufen kann.

Inverawe Fisheries, Smokery & Country Park, ☎ 01866 822 808 www.inverawe-fisheries.co.uk, www.smokedsalmon.co.uk.

Museum zur Industriegeschichte
Die Hauptattraktion ist jedoch die 1753 gegründete **Bonawe Iron Furnace**, eine aus industriegeschichtlichen Gründen geschützte Anlage, die nördlich des Dorfs am Ufer des Loch Etive liegt. Das überschüssige Holz aus Argyll wurde als Holzkohle verwendet, um damit die riesigen Öfen zu heizen. Auf dem Höhepunkt der Produktion wurden 600–700 Tonnen Eisen im Jahr hergestellt, das dann nach England und Wales verschickt wurde. 1876 wurde die Eisenproduktion eingestellt. Heute stellt die Anlage ein interessantes Museum zur Industriegeschichte dar.

Bonawe Iron Furnace, ☎ 01866 822 432, www.historic-scotland.gov.uk, April–Sept. tgl. 9.30–17.30 Uhr, Eintritt Erw. 4.50 £, Kinder 2.70 £.

Bootstouren

Hinter Bonawe Iron Furnace befindet sich der Anleger für die **Loch Etive Cruises**. Der Loch ist nur per Boot zugänglich und während der 3-stündigen Tour kann man die Berge von Glen Coe bestaunen und Seehunde auf den Felsen, Rotwild auf den Berghängen und vielleicht sogar einen Goldadler sehen. ☎ 01866 822 430, Ostern–Okt., So–Fr jeweils 12 Uhr (90 Min.) und 14 Uhr (3 Std.).

Wandern

Von Taynuilt verläuft eine einspurige Straße entlang des Westufers des Loch Awe durch den wunderschönen **Inverinan Forest** zu den winzigen Dörfern **Dalavich** und **Kilchrenan**, wo es eine Reihe von nicht anstrengenden Wanderwegen gibt (www.forestry.gov.uk).

Von Inveraray nach Knapdale und Kintyre

Verzichtet man auf Loch Awe und Loch Etive, nimmt man von Inveraray die landschaftlich reizvolle, jedoch recht stark befahrene A83 südlich entlang des Loch Fyne bis nach Lochgilphead.

Dorf als Freilichtmuseum
9 km weiter entlang der A83 lohnt ein Besuch in dem wunderschön zum Freilichtmuseum umgewandelten Ort **Auchindrain**. Das West-Highland-Dorf bietet einen interessanten Einblick in die Lebens- und Wirtschaftsweise in dieser Region während der vergangenen Jahrhunderte. Die Gebäude wurden restauriert und im originalen Stil wieder hergerichtet.

Auchindrain, ☎ 01499 500 235, www.auchindrain.org.uk, April–Okt. tgl. 10–17 Uhr, Eintritt Erw. 6.30 £, Kinder 3.60 £.

Die nächste Attraktion entlang der Strecke ist **Crarae Gardens**, einer der schönsten Gärten Schottlands. Er liegt herrlich inmitten eines bewaldeten Tals am

Ufer des Loch Fyne. Ausgeschilderte Wanderwege schlängeln sich durch Rhododendren, Azaleen und verschiedene exotische Pflanzen bis zum Wasserfall „Himalayan Gorge". Im Mai ist der Garten in voller Blüte, aber auch in allen anderen Monaten lohnt sich ein Besuch in den Crarae Gardens allemal.

Einer der schönsten Gärten Schottlands

Crarae Gardens, ☎ 01546 886 614, www.nts.org.uk, Besucherzentrum Ostern–Juli tgl. 10–17, Aug.–Okt. Do–Mo 10–17 Uhr, Garten ganzjährig tgl. 9.30 Uhr bis Sonnenuntergang, Eintritt 6.50 £.

Lochgilphead liegt am oberen Ende des Loch Gilp, einem Arm des Loch Fyne, und ist ein netter, freundlicher Ort. Er besitzt zwar keine nennenswerten Sehenswürdigkeiten, dafür aber wichtige Einrichtungen wie Supermarkt, Pubs und eine Bank.

Reisepraktische Informationen Lochgilphead

Information
TIC, Lochnell Street, Lochgilphead, Strathclyde PA30 8JN, ☎ 01546 602 344, April–Okt.

Unterkunft
***Cairnbaan Hotel €€€, Cairnbaan, Lochgilphead PA31 8SJ, ☎ 01546 603 668, www.cairnbaan.com. Zeitgleich mit dem Bau des Kanals wurde das Hotel eröffnet. Es gibt 12 behagliche Zimmer. Direkt am Crinan Canal gelegen.

Hinweis zur Route
In Lochgilphead muss man sich für eine Fahrt auf die Halbinseln Knapdale und Kintyre entscheiden oder direkt für die A816 in nördliche Richtung nach Oban (s. S. 250).

Die Halbinsel Knapdale

Die Landschaft der Halbinseln Knapdale und Kintyre ist hügelig und der größte Teil wird landwirtschaftlich genutzt. Unterhalb der Steilküste erstrecken sich lange Sandstrände. Für Ruhe- und Erholungssuchende ist die Gegend bestens geeignet.

Knapdale ist sehr waldig. Südlich des Crinan Canal beginnt der **Knapdale Forest**, der sich von Küste zu Küste hin erstreckt und schöne Wandermöglichkeiten bietet. Im **Barnluasgan Interpretation Centre** (von Lochgilphead die B841 nehmen) kann man sich über die Gegend und die Wandermöglichkeiten informieren *(www.forestry.gov.uk)*.

Von hier aus führt eine kleine Straße südlich entlang des Ostufers des Loch Sween, passiert dabei das Dorf Achnamara, zum **Castle Sween**. Castle Sween stammt aus dem 11.–12. Jh. (allerdings mit späteren Hinzufügungen) und ist somit die wohl

Älteste Steinburg Schottlands — älteste Steinburg Schottlands. Die Burg wurde Mitte des 17. Jh. zerstört. Südlich von Castle Sween soll der hl. Columba gelandet sein. In **St. Columba's Cave** sind über einem Felsaltar einige Kreuze in die Felswand geritzt. Ausgrabungen des 19. Jh. konnten menschliche Spuren schon aus der Steinzeit nachweisen.

5 km weiter südlich, von der B8025 ab, liegen die Ruinen der **Kilmory Knap Chapel** aus dem 13. Jh. Ein neues Glasdach beschützt die Grabsteine im Inneren. Das interessanteste ist das MacMillan's Cross aus dem 15. Jh., das die Kreuzigung auf der einen und auf der anderen Seite eine Jagdszene zeigt.

Tarbert

Geschützte Bucht — Von Lochgilphead auf der A83 geht es nach Tarbert. Das Fischerdorf liegt am Kopf des East Loch Tarbert in einer geschützten Bucht und ist von waldigen Hügeln umgeben. Zweifellos einer der attraktivsten Häfen an der Westküste, war Tarbert im 18. und 19. Jh. ein wichtiger Hafen für den Heringsfang. Heute werden hauptsächlich Krabben und Schellfisch gefischt. Die Fischerei spielt allerdings nur noch eine untergeordnete Rolle für die Wirtschaft des Ortes. Wesentliche Einnahmequellen bietet der Tourismus, vor allem durch die hier ankernden Jachten. Den Hafen überblickend liegen die Ruinen einer Festung aus dem 14. Jh. Von der **Harbour Gallery** in der Harbour Street (☏ *01880 821 170*) führen Stufen hinauf zu den Ruinen. Hinter der Burg gibt es einige ausgeschilderte Wanderwege mit herrlichen Blicken auf Loch Fyne und die Inseln.

Fährverbindungen
Von Kennacraig, südlich von Tarbert, bestehen Fährverbindungen zur Isle of Islay und nach Colonsay sowie von Claonaig zur Isle of Arran.

Blick von der Halbinsel Kintyre auf die Isle of Arran

Glenbarr Abbey, ein beeindruckendes Gebäude im neogotischen Stil, stammt aus dem 18. Jh. und wurde 1984 offiziell als Clan MacAlister Centre eröffnet. Bei einer Führung, die von Jeanne Macalister durchgeführt wird, erhält man einen Einblick in das Leben einer adligen Familie. Zu sehen sind wunderschöne Möbel, Porzellan, Familienschmuck und alte Handarbeiten. Daneben gibt es einen bezaubernden Garten und einen kleinen Souvenirshop mit Teestube.
Clan MacAlister Centre, Glenbarr, Tarbert, Argyll, ☎ 01583 421 247, www.glenbarrabbey.com, Ostern–Okt. Mi–So 11–16 Uhr.

Die Halbinsel Kintyre

Südlich an Knapdale schließt sich nun die Halbinsel Kintyre an. Die lang gestreckte Halbinsel ist als Inspiration für Paul McCartneys Hit „Mull of Kintyre" (1977) bekannt. Hier findet man eine großartige Landschaft, eine reiche Flora und Fauna, eine interessante Geschichte und nur wenige Menschen.

Inspiration für Paul McCartney

Campbeltown

Die A83 führt entlang der abwechselnd von Steilküste und Sandstränden begleiteten Westküste nach Campbeltown (60 km südlich von Tarbert). Obwohl er der größte Ort in diesem Teil von Argyll ist, hat man hier das Gefühl, am Ende der Welt zu sein. Am Anfang der Hauptstraße steht ein Marktkreuz aus dem 15. Jh. mit kunstvoll gearbeiteten Ornamenten. Im Hafen von Campbeltown legen nicht nur Fischerboote, sondern auch Kreuzfahrtschiffe, Segelboote und die Fähre nach Ballycastle in Nordirland an.

Einst gab es in Campbeltown angeblich so viele Whiskybrennereien, dass die Fischer ihren Weg nach Hause riechen konnten. Heute blieb von den einst 34 Brennereien nur noch die **Springbank Destillery** übrig, die man nach vorheriger Anmeldung besichtigen kann *(Well Close, ☎ 01586 552 009, Mo–Sa 10, 14 Uhr)*.

Weiterhin rühmt sich der Ort, das älteste Kino in Schottland zu besitzen. **The Picture House** in der Hall Street wurde 1913 eröffnet *(☎ 01586 553 899, www.weepictures.co.uk, wöchentlich wechselndes Programm)*.

Das **Campbeltown Heritage Centre** beherbergt liebevoll zusammengetragene lokalgeschichtliche Exponate. Besonders stolz ist das Museum auf ein funktionierendes Modell der ehemaligen Campbeltown-Machrihanish-Eisenbahn. Untergebracht ist das Heimatmuseum, zu dem auch ein nettes Café gehört, in der ehemaligen Lorne Street Church, die wegen ihrer Fassade aus alternierenden Steinen und roten Ziegeln auch *Tartan Church* genannt wird.
Campbeltown Heritage Centre Witchburn Road, ☎ 07733 485 387, www.campbeltownheritagecentre.co.uk, April–Sept. Mo–Sa 9–17 Uhr.

Wer sich für Eulen interessiert: das **Scottish Owl Centre** beherbergt eine imposante Zahl an Eulen. Jeden Tag finden Flugvorführungen statt.

Eulen

Scottish Owl Centre, ☎ 01501 228 184, www.scottishowlcentre.com, tgl. April–Sept. 10.30–17, Feb., März, Okt. 11.30–16 Uhr, Flugvorführungen April–Sept. 11.30, 13.30 und 15.30 Uhr, Feb., März, Okt. 12.30 und 14.30 Uhr, Eintritt Erw. 7.50 £, Kinder 5.50 £.

Wanderung zur Insel Schön ist ein Ausflug zur unbewohnten **Davaar-Insel**, zu der man bei Ebbe über einen Damm vom Kildalloig Point aus, einige Kilometer östlich der Stadt, laufen kann. Auf der Insel kann man eine Höhlenmalerei mit einer Kreuzigungsszene entdecken, die 1877 angefertigt wurde. 2–3 Std. sollte man für den Ausflug einplanen.

Reisepraktische Informationen Campbeltown

Information
TIC, MacKinnon House, Campbeltown, Strathclyde PA28 6EF, ☎ 01586 552 056, www.campbeltown.org.uk, ganzjährig.

Unterkunft
Redknowe Guest House €, Witchburn Road, ☎ 01586 550 374, www.redknowe.co.uk. Das Haus von 1876 ist am Rand der Stadt an der B842 gelegen, 5 Min. zu Fuß vom Ortszentrum. Sehr herzliche Gastgeber.
Ardshiel Hotel €–€€, Kilkerran Road, ☎ 01586 552 133, www.ardshiel.co.uk. Hotel nahe am Hafen mit wunderschönen Ausblicken über Campbeltown Loch.

Golf
Dunaverty Golf Club, Southend, Campbeltown PA28 6RW, ☎ 01586 830 677, www.dunavertygolfclub.com. 18-Loch-Golfplatz in wunderschöner Lage.

Feste
Ende August findet das **Mull of Kintyre Music Festival** mit traditioneller schottischer und irischer Folklore statt, gespielt wird aber auch Rockmusik, Ceilidhs und es gibt Veranstaltungen für Kinder und kostenlose Sessions im Pub. Auskunft erteilt: Mull of Kintyre Music Festival, www.mokfest.com

An der Westküste von Kintyre, liegt **Machrihanish** mit einem wunderschönen, 7 km langen, unberührten Sandstrand mit Dünen. Windsurfen und Surfen sind hier besonders beliebt. Den Strand kann man entweder zu Fuß nördlich des Dorfs oder südlich vom Parkplatz an der A83 nach Tayinloan und Tarbert aus erreichen. In Machrihanish befinden sich ein fantastischer 18-Loch-Golfplatz (☎ 01586 810 213, www.machgolf.com) sowie der Flugplatz von Campbeltown.

Von Campbeltown ist es nur eine kurze Strecke zur Spitze der Halbinsel, dem **Mull of Kintyre** (B842), berühmt geworden durch Paul McCartneys gleichnamigen Song, einer Ballade über die Landschaft an der äußersten Südspitze der Halbinsel. *Wind- und sturmumtost* Es gibt nicht viel zu sehen an dem wind- und sturmumtosten Mull, abgesehen von der Küste Irlands, die 18 km entfernt liegt. Die Straße führt zum Leuchtturm, der

1788 errichtet und von Robert Stevenson umgebaut wurde. Von hier aus kann man nach Machrihanish wandern (s. o.). Entlang der 15 km langen Strecke hat man herrliche Ausblicke über das Meer.

Die Ostküste Kintyres

Die einspurige B842 schlängelt sich entlang der Ostküste von Campbeltown nach Skipness und Claonaig, wo die Fähre zur Isle of Arran ablegt *(www.calmac.co.uk)*. 15 km die Küste hinauf liegen die idyllischen Ruinen von **Saddell Abbey**, einem 1160 gegründeten Zisterzienserkloster, das im frühen 16. Jh. verfiel. Unter den wenigen Überresten gibt es einige schöne Sargdeckel mit Abbildungen von Rittern, Mönchen, Schiffen und Tieren.

Weiter nördlich liegt das Dorf **Carradale** am Rande der Carradale Bay. Es wartet mit einem hübschen Hafen und einem schönen Sandstrand südlich vom Dorf auf. Im kleinen, aber nett präsentierten **Network Carradale Heritage Centre** (☎ *01583 431 233*) kann man sich über Fischfang, Landwirtschaft und Forstwesen informieren. Die B842 endet in Claonaig beim Anleger der Arran-Fähre. Die Ruinen in der winzigen Ortschaft **Skipness** sind die Überreste von Skipness Castle, einer Burg aus dem 13. Jh.

Reisepraktische Informationen Carradale/Skipness

Einkehren
Seafood Cabin, *Skipness,* ☎ *01880 760 207, www.skipnessseafoodcabin.co.uk. Hier bekommt man herrlichen Fisch (So–Fr Juni–Sept. 11–19 Uhr).*

Einkaufen
Hinter der Dorfhalle in Carradale liegt **Wallis Hunter Jewellery** *(*☎ *01583 431 683, www.wallishunter-jewellery.com, ganzjährig), eine kleine Schmuckwerkstatt mit Verkaufsraum. Besonders schön sind die Schmuckstücke mit keltischen Motiven.*

Isle of Gigha

Wer es noch ruhiger möchte, fahre auf die Insel Gigha (sprich: Gee-a), einem idealen Ort zum Entspannen. Aus dem Norwegischen stammend, kann Gigha mit „Gottes Insel" übersetzt werden. Es ist eine der am leichtesten zugänglichen Hebriden-Inseln und eine der schönsten und vielleicht romantischsten. Durch den Golfstrom bedingt, ist das Klima hier recht mild. Nur 10 km lang und 1 km breit, bietet sich Gigha auch für einen Tagesausflug an. Eine einspurige Straße verläuft von Nord nach Süd. Gigha ist mit einer reichen Flora und Fauna gesegnet, so gibt es hier 120 Vogelarten. Gute Angel- und Wandermöglichkeiten, bei denen man herrliche Ausblicke auf Kintyre und besonders bei Sonnenuntergang auf die Paps of Jura genießen kann, sowie weiße Sandstrände machen den Reiz der Insel aus.

Entspannung pur

Knapp 2 km vom Gigha Hotel und Fähranleger entfernt bieten die **Achamore Gardens** eine überwältigende Farbenpracht. Am schönsten ist es im Frühsommer, wenn die Rhododendren blühen. Der Garten wurde 1944 von Sir James Horlick angelegt, jetzt gehört er den Insulanern, die sich kollektiv um den Erhalt kümmern. (☎ 01583 505254, ganzjährig).

Im Jahr 2002 kauften die Einwohner von Gigha „ihre" Insel dem ehemaligen Besitzer ab. Der *Isle of Gigha Heritage Trust* kümmert sich jetzt um die Belange der Insel.

Reisepraktische Informationen Gigha

Information
www.gigha.org.uk

Unterkunft
***Gigha Hotel €€**, *Isle of Gigha PA41 7AD,* ☎ *01583 505 254. März–Okt. Das komfortable Hotel wurde bereits im späten 17. Jh. gegründet. Mit Restaurant und unweit des Fähranlegers. Weiterhin gibt es einige* **Unterkünfte für Selbstversorger**.

Fährverbindungen
Fährverbindungen von Tayinloan nach Gigha. Die Überfahrt dauert 20 Min. Auskunft: www.calmac.co.uk.

Von Lochgilphead nach Oban

Fährt man die A816 Richtung Norden, gelangt man zu den Überresten von **Dunadd Fort** (6 km nördlich von Lochgilphead). Die wenigen erhaltenen Mauerreste zeugen kaum von der einst wichtigen Bedeutung des Ortes. Die Skoten, ein keltischer Volksstamm aus dem Norden Irlands, hatten sich im 5. Jh. in Argyll angesiedelt und das Königreich Dalriada gegründet. **Dunadd** war die Hauptstadt dieses Königreichs (500–850), bevor es in das schottische Königreich integriert wurde. Mitte des 6. Jh. kamen die ersten irischen Missionare, unter ihnen der hl. Columba, der auf der Insel Iona sein Kloster gründete. In Dunadd soll die Krönung von König Aidam (574) durch den hl. Columba auf dem schottischen Schicksalsstein, dem **Stone of Destiny**, stattgefunden haben, den – so berichtet die Legende – die Skoten aus Irland mitgebracht hatten. Um 800 hatten die Skoten ihr Gebiet erheblich ausgedehnt. 843 besiegte ihr König Kenneth MacAlpine die Pikten und vereinte die beiden Königreiche.

Zeugnisse aus der Stein- und Bronzezeit Die landschaftlich wunderschöne Strecke von Dunadd nach Kilmartin wird von einer beeindruckenden und geradezu erstaunlichen Fülle an Zeugnissen aus der Stein- und Bronzezeit gesäumt. In einem Umkreis von 10 km rund um das Dorf **Kilmartin** gibt es über 150 prähistorische Stätten. Auf dem Friedhof der kleinen Kirche befinden sich mehrere recht gut erhaltene und wunderschön verzierte, meist mittelalterliche Grabsteine und Steinkreuze. Einige sind überdacht, andere unter freiem Himmel platziert. Sie können jederzeit besichtigt werden. Auf Tafeln werden Erläuterungen über die Entwicklung der Grabsteinkunst gegeben.

Rechts des Friedhofs lohnt sich ein Besuch im Museum, das im **Kilmartin House** untergebracht ist. Das sehr interessante archäologische Museum dokumentiert mittels modernster Technik die Geschichte in diesem Landstrich Schottlands und erläutert die Funde im Kilmartin Valley.
Kilmartin House, ☎ 01546 510 278, März–Okt. tgl. 10–17.30 Uhr, Eintritt 5 £.

In Kilmelford liegt der **Arduaine Garden**, eine wunderschöne Gartenanlage mit Pflanzen aus aller Welt. Besonders bekannt ist Arduaine aber für die Rhododendren, Azaleen und Magnolien.
Arduaine Garden, ☎ 01852 200 366, www.nts.org.uk, ganzjährig tgl. 9.30 Uhr bis Sonnenuntergang, Besucherzentrum tgl. April–Sept. 9.30–16.30 Uhr.

Oban

Oban ist ein ansprechendes, lebendiges Städtchen mit ca. 8.500 Einwohnern. Mit seinem Naturhafen am Firth of Lorn gilt Oban als „Gateway to the Isles". Regelmäßige Fährverbindungen bestehen zu den vorgelagerten Hebriden-Inseln. Allerdings beklagen die Einheimischen, dass nur wenige Urlauber tatsächlich in Oban bleiben, die meisten nutzen den Ort als Durchgangsstation zu den Inseln. Bereits zu viktorianischer Zeit hatte sich Oban durch die Eisenbahnverbindung und die Dampfschifffahrt zu einem wichtigen Ort an der schottischen Westküste entwickelt. Bedingt durch warme Strömungen, gibt es eine besonders reichhaltige Vegetation. Queen Victoria bezeichnete Oban als *„one of the finest spots we have ever seen"*.

„Gateway to the Isles"

Etwas kurios anmutend und für eine Hafenstadt an der Westküste Schottlands sehr ungewöhnlich ist der **MacCaig's Tower** (auch MacCaig's Folly genannt) – eine Nachbildung des römischen Kolosseums – hoch über dem Hafen. 1897 ließ sich der Bankier MacCaig auf dem Battery Hill das Denkmal errichten. Neben der Mehrung des eigenen Ruhms wollte der Philanthrop mit dieser Arbeitsbeschaffungsmaßnahme die Arbeitslosigkeit im Ort bekämpfen. Das Kolosseum blieb unvollendet, doch hat man einen schönen Ausblick von dort oben.

Die **Oban Distillery** in der Stafford Street wurde 1794 gegründet und rühmt sich, die älteste schottische Whiskyde-

MacCaig's Tower in Oban

stille in ständigem Betrieb zu sein. Ein Besucherzentrum erläutert die Produktionsweisen.
Oban Distillery, ☎ 01631 572 004, www.discovering-distilleries.com/oban/, Feb.–Dez. tgl. 9.30–17 Uhr, Tour 7.50 £.

Das **War & Peace Museum** beschäftigt sich mit der wichtigen Rolle, die Oban im Zweiten Weltkrieg spielte.
War & Peace Museum, Old Oban Times Building, ☎ 01631 570 007, www.obanmuseum.org.uk, März, April, Okt., Nov. tgl 10–16, Mai–Sept. Mo–Sa 10–18, So 10–16, Aug. Mi/Do 19–21 Uhr, Eintritt frei, Spende willkommen.

3 km östlich von Oban, von der A85 ab, liegt am Loch Etive **Dunstaffnage Castle & Chapel**. Das Castle ist eine malerische Ruine mit drei runden Türmen. Der Stammsitz der MacDougalls geht auf das 13. Jh. zurück, der Wohnturm stammt allerdings aus dem 17. Jh. Die Kapelle zeigt eine außergewöhnlich feine Architektur.
Dunstaffnage Castle & Chapel, ☎ 01631 5624 65, www.historic-scotland.gov.uk, April–Sept. tgl. 9.30–17.30, Okt. tgl. 9.30–16.30, Nov.–März Sa–Mi 9.30–16.30 Uhr.

Reisepraktische Informationen Oban

Information
TIC, Boswell House, Argyll Square, Oban, Argyll PA34, ☎ 01631 563 122, www.oban.org.uk.

Unterkunft
Als „Gateway to the Isles" bietet Oban zahlreiche Unterkünfte, Hotels, B&Bs, Gästehäuser, Hostels etc.
Kilchrenan House €–€€, Corran Esplanade, ☎ 01631 562 663, www.kilchrenanhouse.co.uk. Freundliches und helles B&B nahe der Kathedrale mit 15 Zimmern.
Dungallan House Hotel €€€, Gallanach Road, Oban PA34 4PD, ☎ 01631 563 799, www.dungallanhotel-oban.co.uk. Etabliertess Hotel und Restaurant, sehr ruhig, etwas erhöht gelegen. Wunderschöner Blick von den meisten Zimmern auf die Bucht. Gediegen, aber unkompliziert.

Jugendherberge/Hostel
*****Oban Y.H.**, Esplanade, Oban PA34 5AF, ☎ 01631 562 025 www.syha.org.uk. Ganzjährig, 88 Betten, Familienzimmer. Hinter dem Gebäude gibt es in der Lodge weitere Betten sowie eine Wohnung für 8 Pers. (900 £/Woche)
Oban Backpackers, Breadalbane Street, Oban PA34 5NZ, ☎ 01631 562 107, www.hostel-scotland.co.uk. Freundliches Hostel nahe Bahnhof und Busbahnhof. 45 Betten. März–Okt. sowie Weihnachten und Silvester.

Einkehren
Es gibt zahlreiche Einkehrmöglichkeiten in Oban. Empfehlenswert ist u. a. das **Waterfront Seafood Restaurant & Bar**, ☎ 01631 563 110, www.waterfrontoban.co.uk, tgl. 12–14, 17.30–21.30 Uhr, ausgezeichnete Fischspezialitäten, aber auch

köstliche Fleischgerichte. Im Sommer tgl. Lunch und Dinner, im Winter tgl. Lunch und Do–So auch Dinner. Hauptgerichte um 15 £, „Early Evening Menu" 17.30–18.30 Uhr.

Bootstouren
Von Oban aus bieten verschiedene Anbieter Tages- oder Halbtagestouren nach Mull, Staffa, Iona und zu den Treshnish Isles an (S. 296 ff.).
Gordon Grant Tours, ☎ 01681 700 338 www.fingals-cave-staffa.co.uk. Touren zur Fingal's Cave nach Staffa, Mull, Iona und zu den Treshnish Isles. Bei einer Tagestour (Abfahrt 9.50 Uhr von Oban, Rückkehr 19.45 Uhr) hat man 1 Std. Aufenthalt auf Staffa und 2,5 Std. auf Iona. Fahrpreis Erw. 60 £.

Bus und Bahn
Busverbindungen von und nach Glasgow und Inverness, Zugverbindungen von Mallaig über Fort William sowie von Glasgow über Crianlarich.

Fährverbindungen
Mit Calmac von Oban nach Mull (Craignure) (Überfahrt 45 Min.), nach Lismore (Überfahrt 50 Min.), nach Colonsay (Überfahrt 2 Std. 20 Min.), nach Coll und Tiree (Überfahrt 3 Std. nach Coll, 4 Std. nach Tiree) und nach Barra und South Uist, 5,5 Std. bzw. 7,5 Std.). Auskunft: www.calmac.co.uk.

Von Oban nach Fort William

Richtung Norden der A85 folgend, biegt man bei Connel auf die A828 Richtung Fort William ab. Am Nordufer des Loch Etive, 7 km östlich der imposanten Connel Bridge, lohnt der **Ardchattan Priory Garden** einen Besuch. Die ausgedehnte Gartenanlage mit ihren herrlichen Blumenarrangements erstreckt sich rund um die Ruinen eines Klosters aus dem 13. Jh. Die Aussicht über den Loch Etive hinüber nach Mull sowie auf den Ben Cruachan ist wunderschön.
Ardchattan Priory Garden, ☎ 01796 481 355, www.ardchattan.co.uk, April–Okt. 9.30–17.30 Uhr.

Unterkunft
Das **Loch Melfort Hotel & Restaurant €€–€€€** *(Arduaine, ☎ 01852 200 233 www.lochmelfort.co.uk) bietet wunderbar komfortable Unterkunft.*

Barcaldine Castle wurde vom Campbell-Clan im späten 16. Jh. errichtet und wird auch heute noch von der Familie Campbell bewohnt. Obwohl es keine herausragenden Kunstschätze zu bewundern gibt, ist das Gebäude voller Charakter.

Unterkunft
Im **Barcaldine Castle €€€** *kann man auch stilvoll in einem der fünf komfortablen Zimmer übernachten (☎ 01631 720 598, www.barcaldinecastle.co.uk).*

An der A828 am Ufer des Loch Creran liegt das **Sea Life Centre**. Hier kann man 100 Arten von Meerestieren in Aquarien bestaunen, den Seerobben während der

Aquarium

Fütterung zusehen und im Touch Pool Krebse und anderes Meeresgetier anfassen.
Sea Life Centre, ☎ *01631 720 386, www.sealsanctuary.co.uk, tgl. 10–17 Uhr, 8 £.*

Eine kleine Straße biegt in südwestlicher Richtung von der A828 ab und führt nach **Port Appin**, wo die Passagierfähre nach Lismore ablegt.

Beliebtes Fotomotiv Sehr malerisch auf einer kleinen Insel vor der Küste bei Port Appin an der A828, 25 km nördlich von Oban, liegt das viel fotografierte **Castle Stalker**, ein Turmhaus aus der Mitte des 16. Jh. Durch die Insellage beherrschte die Burg sowohl den Seeweg von Loch Linnhe als auch die Küstenstraße nördlich des Strath of Appin. Die Burg ist von einfacher, rechteckiger Konstruktion mit einem Dachgeschoss, das von einem gedeckten Wehrgang umgeben wird. Um 1540 von James V. für die Stewarts von Appin erbaut, geriet die Burg Anfang des 19. Jh. in Verfall und wurde schließlich von privater Hand renoviert. Vom „View Café" kann man die Aussicht genießen und an fünf Wochen im Jahr das Castle sogar besichtigen.
Castle Stalker, *Auskunft:* ☎ *01631 730 354, www.castlestalker.com.*

Isle of Lismore

Die Insel Lismore ist 16 km lang und 2,4 km breit und liegt nur wenige Kilometer vom Festland entfernt im Loch Linnhe, aber wenn man dort ist, erscheint es einem wie in einer anderen Welt. Hier kann man herrlich einen Tag mit Wandern oder Fahrradfahren verbringen und dabei schöne Ausblicke hinüber nach Mull und auf die Paps of Jura sowie auf den Ben Nevis im Norden genießen. Die kleine fruchtbare Insel (der gälische Name *Lios Mor* bedeutet so viel wie „großer Garten") hatte einst eine Bevölkerungszahl von 1.400, heute leben noch rund 150 Menschen hier.

Lismore hat eine interessante Geschichte. Einst das kirchliche Zentrum Argylls, wurde im 12. Jh. die **Cathedral of St. Moluag** gegründet, die an der Stelle einer von einem irischen Mönch gegründeten Kirche steht. Von der Kathedrale ist heute nur noch der Chor erhalten, der als Gemeindekirche genutzt wird. Nicht weit davon entfernt steht der 2.000 Jahre alte **Broch of Tirefour**, ein gut erhaltener Broch mit einer bis zu 4,8 m hohen Umgebungsmauer. Interessant ist auch **Castle Coeffin**, eine Festung aus dem 13. Jh. an der Westküste, sowie im Südwesten der Insel **Achadun Castle**, ebenfalls aus dem 13. Jh. Von hier aus ist es nur ein kurzer Weg zur **Bernera Island**, die man bei Ebbe zu Fuß erreichen kann.

Die Distel, schottisches Nationalsymbol, im Glen Coe

Reisepraktische Informationen Isle of Lismore

Information
www.isleoflismore.com

Unterkunft/Versorgung
Es gibt zahlreiche Unterkünfte für Selbstversorger und mehrere B&Bs auf Lismore. **Lismore Stores & Post Office** (der einzige Verkaufsladen der Insel, hier auch Internetanschluss) stellt Verpflegungskisten zusammen und liefert sie auch.
The Old Schoolhouse €, Baligarve, ☏ 01631 760 262. B&B mit 3 Zimmern, ab 30 £ pro Person, Dinner auf Wunsch.

Fährverbindung
Eine Autofähre (www.calmac.co.uk) fährt von Oban aus Mo–Sa (50 Min.), eine Passagierfähre von Port Appin aus tgl. alle 1–2 Std. (10 Min.). Tagesbesucher haben 6 Std. Aufenthalt auf Lismore.

Taxis
Mrs. Livingstone, ☏ 01631 760 220.

Fahrrad fahren
Mary MacDougall, ☏ 01631 760 213. Fahrradverleih.

Glen Coe

25 km südlich von Fort William passiert man den Schauplatz eines der grausamsten Ereignisse in der schottischen Geschichte: das ca. 12 km lange, karge und von hohen Bergen umgebene Glen Coe. Es ist atemberaubend schön und auch im Sommer ist die Gegend nicht überlaufen.

Grausamer Schauplatz

Es gibt viele spektakuläre Plätze in den Scottish Highlands, aber wenige kommen an die Schönheit des Glen Coe heran. Die Kulisse der aufragenden Berge, deren Spitzen oft in Nebel eingehüllt sind, ist fantastisch. Der größte Teil des Gebiets gehört dem NTS, ist unbewohnt und bietet hervorragende Wander- und Klettermöglichkeiten. Auf dem Coe und dem Etive kann man Kanu fahren und im Winter ist das Glen Coe Skigebiet. Das Glencoe Besucherzentrum (s. u.) am westlichen Ende des Glens (5 km südlich von Glencoe Village) bietet vielfältige Informationen über die Aktivitäten im Glen Coe sowie einen Film zur Geschichte des Tals.

Wandern
*Glen Coe bietet herausfordernde Wander- und Klettermöglichkeiten. Es gibt einige weniger anstrengende Wanderungen, doch sollte man sich bei jeder Tour genau nach der Wettervorhersage erkundigen und die üblichen Vorsichtsmaßnahmen treffen. Eine gute Karte (OS Landranger Nr. 41), Wanderstiefel, warme Kleidung und Verpflegung sind unerlässlich. Der **West Highland Way** verläuft durchs Dorf. Viele Wanderer verbringen hier die Nacht, bevor sie den letzten Abschnitt nach Fort William in Angriff nehmen.*

Wandern und Klettern

Glen Coe – im „Tal der Tränen"

Im „Tal der Tränen", wie es der britische Historiker Thomas Macaulay nannte, wurde im Jahr 1692 ein ganzer Clan auf grausamste Weise ermordet. Im Zuge der *Glorious Revolution* (1688) war James VII. vertrieben und William of Orange (gebürtiger Holländer) zum englischen und schottischen König gekrönt worden. 1677 hatte er Mary, die Tochter des schottischen Herrschers James II., geheiratet und regierte mit ihr zusammen im hohen Norden. Die stuarttreuen Highlander lehnten ihn von Anfang an ab. William, um seine Macht besorgt, befahl, dass alle Clanchefs ihm einen Treueeid schwören müssten, und zwar bis spätestens zum 1. Januar 1692. Die Highland Chiefs berieten sich zunächst mit „ihrem" im französischen Exil lebenden König und erklärten sich dann zum Schwur bereit. Nur der alte Chief des **MacDonald-Clans**, der 12. Chief of Glencoe, verpasste den Termin um fünf Tage.

König William kam diese Verspätung wohlgelegen – hier bot sich ihm die Gelegenheit, seine Macht zu beweisen. Unter dem Befehl von Captain Robert Campbell of Glen-lyon schickte er eine Truppe nach Glencoe mit dem Auftrag, die Freundschaft der MacDonalds zu suchen und in einem günstigen Augenblick alle Mitglieder des Clans unter 70 Jahren zu ermorden. Nachdem die MacDonalds die Campbells für zwei Wochen freundlich beherbergt hatten, überfielen die Soldaten am 13.2.1692 am frühen Morgen ein Haus nach dem anderen, zündeten es an und ermordeten die schlafenden Menschen. Die Campbells of Glenlyon waren schon immer auf Seiten des Königs gewesen und somit die Erzfeinde der MacDonalds of Glencoe.

Glencoe Village und Kinlochleven

Am westlichen Anfang des Tals, am Ufer des Loch Leven, 24 km südlich von Fort William, liegt **Glencoe Village** (von der A82 ab). Es gibt einige Übernachtungsmöglichkeiten sowie Lebensmittelgeschäfte, ein Postamt und das **Glencoe & North Lorn Folk Museum**, ein liebevoll eingerichtetes Heimatmuseum, in dem einige alte Kostüme und Exponate zur Militärgeschichte und zur Landwirtschaft ausgestellt sind (☎ *01855 811 664, Ostern, Mai–Sept. Mo–Sa 10–17.30 Uhr*).

Eisklettern

Die B863 führt rund um den Loch Leven herum. **Kinlochleven**, ein kleiner Ort am Kopf des Lochs, ist ein denkwürdiger Platz für eine Aluminiumfabrik, aber gerade diese hielt den Ort bis zum Jahr 2000 am Leben, bis sie geschlossen wurde. Als neues wirtschaftliches Standbein entwickelt Kinlochleven den Outdoor-Tourismus. In **The Ice Factor**, einer 850 m² großen Halle, kann man das Klettern auf Eis üben. Auch an einer 1.200 m² großen Felskletterwand kann man sich versuchen.
The Ice Factor, *Leven Road, Kinlochleven, Lochaber, ☎ 01855 831 100, www.ice-factor.co.uk, tgl. 9–18, für Kletterer bis 19, Di, Do bis 22 Uhr*).

Reisepraktische Informationen Glencoe und Kinlochleven

Information
Das **Glencoe Besucherzentrum** (☏ 0844 493 2222 www.nts.org.uk, Jan.–März Do–So, Nov.–Mitte Dez. 10–16, April–Nov. tgl. 9.30–17.30 Uhr) liegt am westlichen Ende des Glens, 5 km südlich von Glencoe Village. Mit Shop und Café.

Unterkunft/Einkehren
***MacDonald Hotel & Cabins €**, Fort William Road, Kinlochleven PA50 4QL, ☏ 01855 831 539, www.macdonaldhotel.co.uk. Ganzjährig. Das im Familienbetrieb geführte, moderne, aber im traditionellen Stil eingerichtete Hotel (10 Zimmer) ist idealer Ausgangspunkt für Wanderungen. Es liegt am West Highland Way, gegenüber vom Hotel befinden sich sieben „Munros". Es gibt ein **Restaurant** sowie **Unterkünfte für Selbstversorger** (Bunkhouse mit 4-Bett-Zimmern). Hinter dem Haus ist ein kleiner **Campingplatz**.
The Clachaig Inn €€, Glencoe, Argyll PH49 4HX, ☏ 01855 811 252, www.clachaig.com. Traditioneller, gemütlicher Inn mit 23 Zimmern, Restaurant und Bar. Gutes Ale. 5 km südlich von Glencoe Village von der A82 ab.

Jugendherberge/Hostel
***Glencoe Y.H.**, Glencoe, Ballachulish PA39 449, ☏ 01855 811 219, www.syha.org.uk. Die Jugendherberge ist ca. 3 km von der Bushaltestelle Glencoe entfernt. 62 Schlafplätze, ganzjährig.
****Blackwater Hostel & Riverside Campsite**, Lab Road, Kinlochleven PA50 4SG, ☏ 01855 831 253, 01855 831 402, www.blackwaterhostel.co.uk. Ganzjährig, 39 Betten, auch Familienzimmer. Kleiner **Campingplatz** mit 30 Zeltplätzen.

Camping
*****Invercoe Highland Holidays**, Glencoe, Argyll PH49 4HP, ☏ 01855 811 210, www.invercoe.co.uk. Am Ufer des Loch Leven, wenig außerhalb von Glencoe gelegener, Camping- und Caravanplatz. Es gibt auch Cottages und Lodges verschiedener Größen.

Ski fahren
15 km in Richtung Crianlarich liegt das **Glencoe Ski Centre** (☏ 01855 851 226, www.glencoemountain.com), Schottlands ältestes Skigebiet. Es gibt eine Skischule, Ausrüstungsverleih und ein Restaurant.

Das unbewohnte Tal Glen Coe lädt zu Aktivitäten ein

Von Glen Coe nach Fort William

Imbiss am Straßenrand

Onich, ein Straßendorf an der A82, 16 km südlich von Fort William, ist ein beliebter Ausgangspunkt für Wanderungen und Ausflüge. Entlang des Ufers des Loch Leven gibt es einige Hotels.

Unterkunft
Das **Onich Hotel €€** (☎ 01855 821 214 www.onich-fortwilliam.co.uk) hat direkten Zugang zum Loch Linnhe und bietet herrliche Ausblicke über den See nach Glencoe und Morvern.

Fähre
12 km südlich von Fort William befindet sich der Abzweig zur **Corran Ferry**, *mit der man alle halbe Stunde nach Ardgour (s. S. 263) übersetzen kann (*☎ *01855 841 243, www.lochabertransport.org.uk, die Überfahrt dauert 5 Min.).*

Fort William

Der Ort hat, wie der Name schon sagt, eine militärische Vergangenheit. Bis Ende des 19. Jh. gab es am Ende des Loch Linnhe eine Garnison, die den Zugang zum Great Glen kontrollierte. 1890 wurde sie abgerissen, um der Eisenbahntrasse zu weichen. Heute ist Fort William ein belebter, im Sommer recht hektischer Touristenort mit rund 10.000 Einwohnern, allerdings ohne nennenswerte Sehenswürdigkeiten. Entlang der High Street reihen sich viele Läden und Cafés aneinander.

Zauber-porträt

Im **West Highland Museum** sind Exponate der Volks- und Naturkunde zu sehen, eine Dokumentation über die Arbeiten am Caledonian Canal sowie einige Porträts von Bonnie Prince Charlie. Das „Secret Portrait" ist im Grunde ein schlichtes Brett mit einem Halbkreis von Farbflecken: Wenn man aber einen glänzenden Metallzylinder auf den Mittelpunkt legt, spiegeln sich die Farben wider und bilden eine Miniatur des romantischen Bonnie Prince Charlie in brauner Perücke und in einem Brokatmantel.
West Highland Museum, ☎ *01397 702 169, www.westhighlandmuseum.org.uk, März, Nov., Dez. Mo–Sa 10–16, April–Okt. Mo–Sa 10–17 Uhr, Eintritt frei.*

Ben Nevis Whisky wurde 1825 gegründet. Führungen werden in verschiedenen Sprachen angeboten und am Ende der Tour gibt es den üblichen Probeschluck.
Ben Nevis Whisky, *Lochy Bridge,* ☎ *01397 702 476, www.bennevisdistillery.com, Führungen Ostern–Sept. Sa 10–16, Juli/Aug. Mo–Fr 9–18, Sa 10–16, So 12–16 Uhr, Eintritt 4 £, die man aber beim Kauf einer Flasche Whisky wieder einlösen kann.*

Interessant ist es, in Banavie einen Blick auf **Neptune's Staircase** zu werfen, eine achtseitige Schleusentreppe, die im Zuge des Baus am Caledonian Canal errichtet wurde. Sie verbindet Loch Linnhe mit dem knapp 20 m höher gelegenen Kanal.

In Corpach, 6 km westlich, zeigt das Mineralienmuseum **Treasures of the Earth** eine beachtliche Sammlung an Mineralien, Kristallen und Fossilien.
Treasures of the Earth, ☎ 01397 772 283, www.treasuresoftheearth.co.uk, Juli–Aug. tgl. 9.30–18 Uhr, Eintritt 5 £.

Reisepraktische Informationen Fort William

Information
TIC, Cameron Square, Fort William, Inverness-shire PH33 6AJ, ☎ 01397 703 781, www.visithighlands.com, ganzjährig.

Unterkunft
***West End Hotel €**, Achintore Road, Fort William PH33 6ED, ☎ 01397 702 614, www.westend-hotel.co.uk. Feb.–Dez., 50 Zimmer. An der Hauptstraße gelegenes, freundliches Hotel im Familienbetrieb, zweckmäßig und günstig. Wunderbare Blicke auf den Loch Linnhe und die Ardgour Mountains.
***Innseagan House €**, Achintore Road, Fort William PH33 6RW, ☎ 01397 702 452, www.innseaganhousehotel.com. April–Okt., 22 Zimmer. Solides Hotel mit schönem Blick auf Loch Linnhe und die Berge.
****The Moorings Hotel €€**, Banavie, Fort William PH33 7LY, ☎ 01397 772 797, www.moorings-fortwilliam.co.uk. Ganzjährig, 27 Zimmer. Modernes und komfortables Hotel nahe Neptune's Staircase, 5 km nördlich von Fort William gelegen. Nettes Restaurant.
*****Inverlochy Castle Hotel €€€€**, Torlundy, Fort William PH33 6SN, ☎ 01397 702 177, www.inverlochycastlehotel.com. Das Herrenhaus im Baronial-Stil wurde 1863 gebaut und hat 17 individuell gestaltete Zimmer. Das Inverlochy Castle ist eines der zehn Top-Hotels im Land. Golf, Wandern, Fischen und Jagd.
***Strone Farm**, Mrs. Cameron, Muirshearlich, Banavie, Fort Williams PH33 7PB, ☎ 01397 712 773, www.stronefarm.co.uk. Wer es richtig ruhig möchte, der quartiere sich in der Strone Farm (an der B 8004, ca. 12 km nördlich von Fort William) in Banavie ein. Von der Farm hat man einen Blick auf den Caledonian Canal und auf Ben Nevis. Das Haus hat 3 Zimmer für 6 Pers. (350–730 £/Woche).

Jugendherberge/Hostel
***Glen Nevis Y.H.**, Fort William PH33 6SY, ☎ 01397 702 336, www.syha.org.uk. 12 km außerhalb von Fort William im Glen Nevis direkt am Fuß des Ben Nevis gelegene Jugendherberge mit 88 Betten. Im Sommer sehr „busy".
Fort Williams Backpackers, Alma Road, Fort William PH33 6HB, ☎ 01397 700 711, www.fortwilliambackpackers.com. Ganzjährig, 38 Betten, ab 17 £.
***Bank Street Lodge €**, Bank Street, Fort William PH33 6AY, ☎ 01397 700 070, www.bankstreetlodge.co.uk. Ganzjährig, 60 Betten in Einzel-, Doppel- und Familienzimmer. DZ 55 £.

Ben Nevis Inn & Bunkhouse, Achintee Farm, Glen Nevis, Fort William PH33 6TE, ☎ 01397 701 227, www.ben-nevis-inn.co.uk. Ganzjährig. Der Inn bietet tgl. 12–21 Uhr anständiges Pub-Food, gutes Ale und Di 21–23 Uhr Live-Musik. Bunkhouse mit 20 Betten. Ab 15.50 £.

Camping/Ferienpark
****–*******Linnhe Lochside Caravan & Chalet Park**, Corpach, Fort William PH33 7NL, ☎ 01397 772 376, www.linnhe-lochside-holidays.co.uk. Schön gelegener Ferienpark, auch Chalets und Caravans zu mieten. Ab 415 £ (4–5 Pers.)/Woche.

Einkehren
Crannog Seafood Restaurant, Town Pier, ☎ 01397 705 589, www.crannog.net. Tgl. 12–14.30, 18–21 Uhr. Beliebtes Fischrestaurant. 2-Gänge-Menü 13 £.

Pubs
Einem am Tourismus orientierten Ort entsprechend, gibt es eine Reihe von Pubs, vor allem in der High Street. Gemütlich geht es in der großen **Crofter Bar & Restaurant** (☎ 01397 704 899) zu, im alten **Ben Nevis Pub** (☎ 01397 702 295) und im **Maryburgh Inn** (☎ 01397 703 698), dem ältesten Pub in Fort William. In den beiden letztgenannten Kneipen gibt es regelmäßig Live-Musik.

Bus und Bahn
Busse von Inverness, Glasgow, Oban und Züge von Glasgow und Mallaig. Bahnhof und Busbahnhof liegen nahe beieinander am nördlichen Ende der High Street.

Wandern/Skifahren/Mountain Experience
Nevis Range, Torlundy, Fort William PH33 6SQ, ☎ 01397 705 825, www.nevisrange.co.uk. Nevis Range bietet nicht nur das höchste Skigebiet in Schottland (s. auch www.ski-scotland.com), sondern auch die einzige „Mountain Gondola" (tgl. 9.30–18 Uhr, 11.50 £) auf den Aonach Mor (1221 m), von wo aus man herrliche Ausblicke genießen kann. Auch bei Mountainbikern ist Nevis Range beliebt. Nevis Range ist ganzjährig geöffnet und bietet zu jeder Jahreszeit eine wunderschöne Bergwelt. Auch Paragliding und Hangliding kann man hier ausprobieren. Auskunft: www.bhpa.co.uk.

Ausflugstipp
Ein besonderes Highlight ist der **Steam Train The Jacobite** von Fort William nach Mallaig. Die Strecke verläuft durch atemberaubende Landschaft und überquert das Glenfinnan-Viadukt, wobei man großartige Blicke auf den Loch Shiel genießen kann. An den schönsten Stellen wird angehalten, um den Passagieren die Möglichkeit zu geben, die beeindruckende Landschaft mit der Kamera festzuhalten. Die Dampflok verkehrt Mitte Mai–Okt. Mo–Fr sowie Mitte Juni–Mitte Sept. auch Sa/So. Abfahrt von Fort William um 10.15, Ankunft Mallaig 12.25 Uhr. Nach 90-minütigem Aufenthalt geht es zurück nach Fort William, Ankunft 16 Uhr. Juni–Aug. gibt es zusätzlich eine Nachmittagsverbindung. Anfahrt 14.30, Rückkehr 20.24 Uhr. Eine Rückfahrkarte kostet 33 £ für Erw. und 19 £ für Kinder. Vorausbuchungen erforderlich unter ☎ 01524 732 100 oder in der Tourist Information in Fort William. Auskunft unter www.westcoastrailways.co.uk.

Caledonian Canal

„Würde man mich nach der romantischsten binnenländischen Fahrt in Europa fragen, würde ich für die Fahrt auf dem Caledonian Canal stimmen. Der Rhein kann da nicht mithalten. Die Gleichförmigkeit von Bergen, Schlössern und versprenkelten Weinbergen verliert auf Dauer ihre Reize und ermüdet ... Aber der Great Glen, durch den der Caledonian Canal führt, ist lustvolle Extravaganz. Die Landschaft ist ... so reich an Abwechslung und fast furchterregend in ihrer wilden Herrlichkeit", so äußerte sich der englische Reiseschriftsteller Morton, als er in den 1920er-Jahren den Caledonian Canal entlangfuhr.

Nicht zu Unrecht wird der Kanal auch heute noch als einer der schönsten Europas angesehen. Die hochaufragenden Berge und die engen Lochs geben beim Durchqueren des Kanals eine wunderbare Szenerie ab.

Der Caledonian Canal, ca. 100 km lang, führt von Inverness entlang des Great Glen und verbindet über drei lang gestreckte Lochs – Loch Ness, Loch Oich und Loch Lochy – die Nordsee mit dem Atlantik. Über zwei Drittel des Kanals beruhen auf natürlichem Wasserweg. Bereits seit urgeschichtlichen Zeiten durchzieht der Graben (Great Glen) die Highlands vom Moray Firth im Nordosten zur Meeresbucht Loch Linnhe im Südwesten. Wahrscheinlich war er einst ganz mit Wasser gefüllt, doch hatten sich gegen Ende der letzten Eiszeit stellenweise Landmassen gehoben, sodass der alte Einschnitt auf die drei Lochs reduziert war.

Um einen durchgehenden Wasserweg von der Nordsee zum Atlantik herzustellen, musste ein insgesamt 35 km langer Kanal gebaut werden. Bereits 1773 wurden die ersten Vermessungen von James Watt durchgeführt. Jedoch erst Ende des 18. Jh. und Anfang des 19. Jh. konnte unter Thomas Telford im Zuge des umfassenden infrastrukturellen Ausbaus des schottischen Hochlands der Kanal vollendet und 1847 eingeweiht werden. Die größte technische Schwierigkeit bestand darin, die Höhenunterschiede zu überwinden. Allein bei Banavie war auf einer Distanz von nur 500 m eine Differenz von gut 20 m auszugleichen. Acht Schleusen, bekannt als

Neptune's Staircase reguliert den Caledonian Canal

„**Neptune's Staircase**", wurden zu diesem Zweck errichtet. Die Arbeiten an der mit insgesamt 29 Schleusen bestückten, 6 m tiefen und bis zu 30 m breiten Wasserstraße schaffte für einige Jahre viele Arbeitsplätze, außerdem konnten die Fischer nun relativ ungefährlich vom Atlantik zur Nordsee gelangen und sich den gewaltigen und durch Strömungen bedingten gefährlichen Umweg über die schottische Nordküste sparen. Heute wird der Caledonian Canal ausschließlich von Freizeitkapitänen genutzt. An verschiedenen Stellen entlang des Kanals können Boote gemietet werden.

Glen Nevis

Ganz in der Nähe von Fort William liegt eines der großen schottischen Glens, das wildromantische Glen Nevis. Eine ca. 12 km lange Stichstraße führt von Fort William in südöstlicher Richtung in das Glen. Aufgrund seiner Schönheit ist Glen Nevis auch bei Filmdirektoren beliebt und so diente es als Kulisse sowohl in „Rob Roy" als auch in „Braveheart". In und rund um das Glen gibt es zahllose Wandermöglichkeiten, u.a. auf den Ben Nevis. Vom Busbahnhof in Fort William fahren Busse ins Glen Nevis bis zur Jugendherberge. Vom **Nevis Range** (s. S. 260) kann man mit einer Gondel bis auf eine Höhe von knapp 650 m fahren. Die Fahrzeit beträgt 12 Min. Von der Plattform hat man einen herrlichen Blick über die Berge. Von dort beginnen ebenfalls verschiedene Wanderwege.

Wandern

Tour auf den Ben Nevis

*Glen Nevis ist Ausgangspunkt für die Besteigung des **Ben Nevis**, mit 1.343 m der höchste Berg Großbritanniens. Die Tour beginnt an der Jugendherberge im Glen Nevis oder ca. 3 km vorher an einem Picknickplatz. Vom Gipfel hat man an schönen Tagen einen herrlichen Ausblick. Der Aufstieg ist relativ leicht zu bewältigen, sodass sich im Sommer jeden Tag bis zu tausend Wanderer den Berg hochbemühen. Trotzdem sollte man die Tour außerordentlich ernst nehmen, denn die Wetterumschwünge können dramatisch schnell gehen. Unverzichtbar sind eine gute Vorbereitung und Ausrüstung. Für den Auf- und Abstieg ist mit 6–8 Std. zu rechnen. Als Karte wird OS Landranger Nr. 41 empfohlen.*

Südwestlich von Fort William: Ardgour, Morvern und Ardnamurchan

Das Gebiet westlich von Fort William ist einer der abgeschiedensten Teile der Highlands. Es erstreckt sich vom Loch Ailort zur Morvern-Halbinsel und westlich bis zur wilden und wunderschönen Ardnamurchan-Halbinsel. Diese einsame Ecke bietet eine dramatische Landschaft mit wilden Bergen, einsamen Mooren und verlassenen Tälern und wird von einer Küste mit weißen Sandstränden gesäumt. Es ist eine der am wenigsten bevölkerten Gegenden Schottlands. Während der *clearances* wurden ganze Dörfer zerstört und ihre Bewohner vertrieben. Die Gegend bietet ausgezeichnete Wandermöglichkeiten.

Ardgour

Ardgour ist ein dünn besiedeltes Gebiet, das an den Loch Shiel, Loch Eil, Loch Linnhe und Loch Sunart angrenzt. Von Kinlocheil nimmt man die A861 oder von Onich die Corran Ferry nach Corran. **Strontian** ist ein nettes Dorf am Ufer des Loch Sunart und hat einige Geschäfte, eine Tankstelle, ein Postamt und eine Touristeninformation sowie Übernachtungsmöglichkeiten zu bieten.

Überfahrt mit der Corran Ferry

Unterkunft
The Inn at Ardgour
€–€€, Ardgour PH33 7AA, ☎ 01855 841 225, www.ardgour.biz. 12 Zimmer, direkt am Anleger der Corran-Fähre am Ufer des Loch Linnhe gelegen.

Morvern

Östlich von Strontian geht es durch die einsame Landschaft von Morvern nach Lochaline am Sound of Mull, dem Abfahrtpunkt der Fähre nach Fishnish auf der Isle of Mull. Ca. 5 km vor Lochaline zweigt eine kleine Straße links ab, die entlang des Loch Aline zu den Ruinen von **Ardtornish Castle** (14. Jh.) führt.

Fähre zur Isle of Mull

Unterkunft
Das **Ardtornish Estate** (www.ardtornish.co.uk) bietet Unterkünfte für Selbstversorger im Haupthaus und in Cottages auf dem Gelände.

Ardnamurchan

Die A861 verläuft westlich von Strontian entlang dem Nordufer von Loch Sunart nach Salen, wo die einspurige B8007 westlich abgeht und bis zur Spitze der Halbinsel führt. Die A861 hingegen verläuft weiter nordwärts nach Acharacle.

Kurz vor **Glenborrodale** sieht man linkerhand die Türme des wunderschön gelegene spätviktorianischen **Glenborrodale Castle**.

Unterkunft
In **Glenborrodale Castle** bestehen auch Übernachtungsmöglichkeiten (www.glenborrodalecastle.com, ☎ 01972 500 275, 01972 510 208). Es gibt 16 Zimmer sowie Unterkunft für Selbstversorger.

Westlich von Glenborrodale befindet sich das ausgezeichnete **Nadurra Visitor Centre**, wo man sich über Flora und Fauna der Gegend informieren und die wunderschönen Naturfotografien von Michael McGregors bewundern kann. In den 1990er-Jahren schuf Michael hier zusammen mit seiner Frau Karen das „Living Building", ein „lebendes Haus".
Nadurra Visitor Centre, ☎ *01972 500 209, www.ardnamurchannaturalhistory centre.co.uk, April–Okt. 10.30–17.30, So 12–17.30 Uhr.*

Adler, Otter und Seehunde 2 km östlich befindet sich ein RSPB-Naturschutzgebiet, wo mit etwas Glück Goldadler, Otter und Seehunde zu sehen sind. Zwischen Glenborrodale und Kilchoan führt eine Straße zur Nordküste der Halbinsel und zu den schönen Stränden in Fascadale, Kilmory und Ockle.

Bootstouren
Ardnamurchan Charters *in Glenborrodale (☎ 01972 500 208) bieten 2-stündige Touren zu den Seehundkolonien an. Im Angebot sind auch Tagestouren nach Staffa und den Treshnish Isles.*

Kilchoan ist der „Hauptort" der Ardnamurchan-Halbinsel mit einer Burgruine aus dem 13. Jh. und einer Touristeninformation. Die Auto- und Passagierfähre fährt von hier nach Tobermory auf der Isle of Mull. Die Überfahrt *(bis zu 7 x tgl.)* dauert 35 Min.

2 km nordwestlich von Kilchoan führt eine Straße zu dem wunderschönen weißen Sandstrand in **Sanna Bay**. Während eines Strandspaziergangs kann man mit Glück Wale und Delfine sehen.

Leuchtturm am Ardnamurchan Point, dem westlichsten Punkt des britischen Festlands

Reisepraktische Informationen Kilchoan

Information
TIC, Pier Road, Kilchoan, PH36 4LH, ☎ 01972 510 711, http://visit.kilchoan.org.

Einkehren/Unterkunft
Meall Mo Chridhe, Stella & David Cash, Kilchoan, Acharacle, Argyll PH36 4LH, ☎ 01972 510 238, www.meallmochridhe.com. Ganzjährig. „Meall Mo Chridhe" bedeutet „Kleiner Hügel meines Herzens" und ist ein reizendes Haus von 1790, wunderschön gelegen mit herrlicher Aussicht über Kilchoan und hinüber zur Isle of Mull. Hervorragende schottische Küche sowie gemütliche Unterkunft in 3 Zimmern (€€).

Hinter Kilchoan führt die Straße zum Leuchtturm am westlichsten Punkt des britischen Festlands, dem **Ardnamurchan Point**. Der **Leuchtturm** ist einer der vielen, die von der Stevenson-Familie konstruiert wurden. Dieser ist jedoch insofern einzigartig, als er im ägyptischen Stil erbaut wurde. Der Leuchtturm kann besichtigt werden und beherbergt eine Ausstellung über die Arbeit der Leuchtturmwärter, ein Café und eine Aussichtsterrasse (☎ 01972 510 210, April–Okt. tgl.). Nördlich von Salen an der A861 liegt am westlichen Ende des Loch Shiel das winzige, von Hügeln umgebene Dorf **Acharacle** und westlich davon die wunderschöne **Kentra Bay**.

Wandern
Ein herrlicher Weg (5 km) führt von Arivegaig entlang der Kentra Bay zu den berühmten „**Singing Sands**" (www.walking.visitscotland.com, Karte OS Explorer Nr. 390). Die „Musik" des Meeres und die Blicke hinüber zur Isle of Skye und den anderen kleinen Inseln ist ein Fest für Augen und Ohren.

Singing Sands

5 km nördlich von Acharacle liegt **Loch Moidart**, in dessen Mitte auf einem Felsen die Ruinen von **Castle Tioram** stehen. Castle Tioram wird oft als eine der romantischsten Burgruinen Schottlands beschrieben.

Von Fort William zur Isle of Skye
Die A830 nach Mallaig

Besucher, die möglichst rasch zur Insel Skye gelangen oder eine der anderen Hebridenfähren erreichen möchten, folgen in Fort William in westlicher Richtung der A830 nach Mallaig.

Achtung
Wenn man in Mallaig eine bestimmte Fähre erreichen möchte, sollte man für die Fahrt von Fort William nach Mallaig vorsichtshalber 1,5 Std. einplanen, denn es gibt streckenweise keine Überholmöglichkeiten.

Von Fort William zur Isle of Skye

Die A830 ist eine wunderschöne Strecke (insbesondere mit dem Zug!) durch eine geschichtsträchtige Landschaft. Dies hier ist Bonnie Prince Charlie-Land: Hier begann der Aufstand der Jakobiter und hier endete er mit der Flucht Bonnie Prince Charlies nach Frankreich.

Das **Glenfinnan Monument**, 30 km westlich von Fort William, erinnert an den Aufstand der Jakobiter. Charles Edward Stuart begann hier am 19. August 1745 mit einigen wenigen Gefolgsleuten seinen Feldzug, der zunächst erfolgreich begann und in der schrecklichen Niederlage bei Culloden (s. S. 282) sein Ende nahm. Die Gedenkstätte mit der Statue eines Highlanders wurde 1815 errichtet. Man kann auf die Spitze des Denkmals klettern und von dort einen schönen Blick auf den Loch Shiel genießen. Das nahe gelegene Viadukt wird Harry-Potter-Fans bekannt vorkommen. Auf der anderen Straßenseite informiert das **NTS Besucherzentrum** über den Beginn der Jakobiteraufstände bis zu ihrer Niederlage in Culloden.
Glenfinnan Visitor Centre, ☎ 01397 722 250, www.nts.org.uk, April–Okt. 10–17 Uhr, Eintritt 3.50 £.

Viadukt für Harry-Potter-Fans

In **Glenfinnan Village** ist im Bahnhofsgebäude das **Station Museum** untergebracht, wo es Erinnerungsstücke an die über 100-jährige Geschichte der berühmten Bahnstrecke zwischen Fort William und Mallaig zu bestaunen gibt. Ein Speisewagen aus den 1950er-Jahren wurde zum Restaurant umgebaut. Und in einem Schlafwagen von 1958 kann man sogar übernachten (bis zu 10 Personen).
Glenfinnan Station Museum, ☎ 01397 722 295, www.glenfinnanstationmuseum.co.uk, Juni–Okt. 9–17 Uhr.

Am westlichen Ende der **Morar Peninsula** liegt das winzige Dorf **Arisaig** rund um eine kleine Sandbucht. Auf der Rhue-Halbinsel, westlich davon, kann man gut Seehunde beobachten. Von hier aus werden auch Bootstouren zu den Inseln Rum, Eigg und Muck unternommen *(Auskunft: Murdo Grant, ☎ 01687 450 224, www.arisaig.co.uk)*.

Seehunde

Die Küstenlinie zwischen Arisaig und Morar ist mit ihren herrlichen Sandstränden und den fantastischen Ausblicken auf die Cuillins of Skye und hinüber nach Rum einer der schönsten Abschnitte der gesamten britischen Küste. Im Sommer ist der Küstenabschnitt recht belebt.

Die A830 endet in **Mallaig** *(www.road-to-the-isles.org.uk)*, einem belebten Fischerort mit 800 Einwohnern und Hauptabfahrtsort für die Fähren zu den Inseln. Mallaig ist zwar nicht sonderlich ansprechend, es ist jedoch stets voll mit Urlaubern oder Einheimischen, die auf die Fähren oder auf den Zug nach Fort William warten.

Im **Mallaig Heritage Centre** kann man sich über die Geschichte von Knoydart, Morar und Arisaig informieren.
Mallaig Heritage Centre, Station Road, ☎ 01687 462 085, www.mallaigheritage.org.uk, i.d.R. Mo–Fr 9.30–16.30, Sa/So 12–16 Uhr, im Winter kürzer, Eintritt 2 £.

Reisepraktische Informationen Mallaig

Unterkunft
In Mallaig gibt es zahlreiche B&Bs, Gästehauser und Hotels. Direkt neben dem Fähranleger liegt das **Marine Hotel €€**, Mallaig PH41 4PY, ☎ 01687 462 217, www.marinemallaig.co.uk, ein günstiges Hotel und Restaurant im Familienbetrieb mit 19 Zimmern.

Bus und Bahn
Bus- und Zugverbindungen nach Fort William und Glasgow.

Fährverbindungen
Fährverbindungen mit Calmac auf die Small Isles und nach Armadale, Isle of Skye (www.calmac.co.uk).

Die Knoydart-Halbinsel

Die Knoydart-Halbinsel *(Info: www.knoydart-foundation.com)* gilt als die unberührteste Gegend in ganz Großbritannien. Sie liegt sozusagen zwischen „Himmel und Hölle", im Norden durch den Loch Hourn (Loch of Hell) und im Süden durch den Loch Nevis (Loch of Heaven) begrenzt. Die Halbinsel kann nur zu Fuß oder per Boot erreicht werden und ist dementsprechend attraktiv für Wanderer, die gerne tagelang wandern, ohne dabei einer Menschenseele zu begegnen. Eine zweitägige Wanderung beginnt bei **Kinloch Hourn** (von der A87 zweigt eine Sackgasse ab, die sich 30 km entlang des Loch Garry und Loch Quoich bis nach Kinloch Hourn windet).

Unberührteste Gegend Großbritanniens

Von dort führt der Weg über **Barisdale** nach **Inverie**. Inverie ist der einzige Ort in Schottland, der nicht per Straße erreicht werden kann, sondern nur zu Fuß oder per Fähre von Mallaig. Trotzdem gibt es hier für die rund 70 Einwohner eine Post, einen Laden, einige Übernachtungsmöglichkeiten und einen Pub, The Old Forge (☎ 01687 462 267).

Eine andere Route über die Halbinsel beginnt am westlichen Ende vom Loch Arkaig und verläuft durch das Glen Dessarry. Beide Touren sind nur für geübte Wanderer zu empfehlen.

Bootstouren
Eine leichtere Methode, diesen Landstrich kennenzulernen, ist eine Bootsfahrt. **Bruce Watt Sea Cruises** fahren von Mallaig nach Inverie (☎ 01687 462 320, www.knoydart-ferry.co.uk). Außerdem setzt eine winzige **Fähre** von Arnsdale vom Nordufer des Loch Hourn nach Barisdale über (Auskunft: Murray Morrison, Arnsdale, ☎ 01599 522352, 522774, www.arnisdaleferryservice.com).

Von Fort William zur Isle of Skye

Die A82 und A87 (bzw. A887) nach Kyle of Lochalsh

Spean Bridge

Am Fuße der Lochaber Mountains liegt das Dorf Spean Bridge. Der Name stammt von Thomas Telfords Brücke über den Fluss Spean. Nur 12 km von Fort William entfernt, ist das Dorf im Sommer recht voll, aber dennoch noch eine gute Alternative zu Fort William, um die herrliche Landschaft der Umgebung zu erkunden oder als Ausgangspunkt für den wunderbaren **Grey Corries Ridge Walk** *(www.walking highlands.co.uk)*. Der Ort bietet viele Übernachtungsmöglichkeiten und eine Touristeninformation, sowie regelmäßigen Bus- und Bahnverbindungen von und nach Fort William.

Soldaten des Zweiten Weltkriegs

2 km nördlich von Spean Bridge erhebt sich das **Commando Memorial**. Das Denkmal wurde 1952 von dem Bildhauer Scott Sutherland errichtet. Die Skulptur stellt eine Gruppe von Infanteristen dar und erinnert an die gefallenen schottischen Soldaten des Zweiten Weltkriegs. In dieser Gegend wurden während des Zweiten Weltkriegs britische Soldaten auf ihre Himmelfahrtskommandos vorbereitet. Von dem Denkmal hat man an klaren Tagen einen wunderbaren Blick auf den Ben Nevis. Das **Clan Cameron Museum** informiert über die Geschichte des Clan Cameron.

Clan Cameron Museum, *Achnacarry, Spean Bridge,* ☎ *01397 712 090, www.clan-cameron.org, April–Mitte Oktober i.d.R. tgl. 13.30–17 Uhr, Eintritt 3.50 £.*

Reisepraktische Informationen Spean Bridge

Information
TIC, *Spean Bridge, Inverness-shire PH34 4EP,* ☎ *01397 712 576.*

Unterkunft/Einkehren
******Corriechoille Lodge** €€, *Spean Bridge PH34 4EY,* ☎ *01397 712 002, www.corriechoille.com. April–Okt. Di–Sa, 4 Zimmer.* Wunderschön gelegenes und behagliches Gästehaus im Familienbetrieb. Außerdem Lodges für Selbstversorger.
******Old Pine Hotel & Restaurant** €€, *Spean Bridge,* ☎ *01397 712 324, www.old pines.co.uk.* Behagliches, kinderfreundliches Hotel mit speziellen Familiensuiten. Frische Zutaten und schottische Produkte bilden die Grundlage der Kochkunst des Restaurants. Mittlere bis gehobene Preisklasse.

Von Spean Bridge biegt die B8004 westlich nach **Gairlochy** ab und von dort die B8005 nördlich zum **Loch Arkaig**. Loch Arkaig ist ein lang gestreckter und dunkler Loch, der sich westlich durch die Berge zieht. Hinter der Abzweigung nach **Achnacarry** führt eine einspurige Straße durch den **Clunes Forest** und entlang der „Dark Mile", einer Straße, die von derart hohen Buchen gesäumt wird, dass

Die A82 und A87 (bzw. A887) nach Kyle of Lochalsh

Landschaft des Glen Garry

kein Tageslicht durchdringen kann. Am Ostende des Loch Arkaig führt eine Steinbrücke über den **Caig Burn**. Neben der Brücke ist ein Parkplatz, von wo ein Pfad zu den spektakulären **Cia-Aig-Falls** führt.

In **Invergarry** hat man die Möglichkeit, auf die A87 abzubiegen, oder aber man nimmt wenige Kilometer hinter Fort Augustus die A887, welche später auch auf die A87 trifft. Beide Routen sind gleichermaßen beeindruckend. Im Dorf selber gibt es nicht viel zu sehen, aber die Umgebung lohnt sich, insbesondere die westliche Route durch das **Glen Garry**. Die Ruinen des Invergarry Castle sind Teil des Glengarry Castle Hotels.

Ca. 10 km westlich von Invergarry an der A87 gelangt man zum berühmten **Glen Garry Viewpoint**, von wo aus der Loch Garry wie eine Landkarte Schottlands aussieht. Der Glen Garry Viewpoint ist ein beliebter Fotostopp.

Reisepraktische Informationen Invergarry

Unterkunft
****Invergarry Hotel €€**, Invergarry PH35 4HJ, ☎ *01809 501 206, www.invergarryhotel.co.uk*. Ganzjährig, 12 gemütlich eingerichtete Zimmer. Wunderschönes viktorianisches Country Hotel. Mit Brasserie und Bar.
****Glengarry Castle Hotel €€–€€€**, Invergarry PH35 4HW, ☎ *01809 501 254, www.glengarry.net*. März–Nov., 26 Zimmer, sehr ruhig im Wald am Ufer des Loch Oich gelegenes, schlossähnliches Landhaushotel im Familienbetrieb. Hervorragender Ausgangspunkt für Touren in die Umgebung.

Die Schleusen von Fort Augustus verbinden Loch Ness mit dem Caledonian Canal

Fort Augustus (48 km nördlich von Fort William) ist ein am Südende des Loch Ness gelegener kleiner, freundlicher Ort. Im Ortszentrum befinden sich fünf Schleusen, mittels derer die Freizeitsegler vom Niveau des Loch Ness auf die Höhe des Caledonian Canal herabgesenkt werden. Im Zuge des großangelegten Erfassungsprogramms errichtete General Wade 1729 das Fort als sein Standquartier. Die Befestigungsanlage wurde mehrfach angegriffen und schließlich zerstört. 1876 wurden die Ruinen dem Benediktinerorden übergeben.

Reisepraktische Informationen Fort Augustus

Information
TIC, Car Park, Fort Augustus PH32 4DD, ☎ 01320 366 779, www.visithighlands.com.

Unterkunft
Zahlreiche Hotels, Gästehäuser, B&Bs, Unterkünfte für Selbstversorger und Hostels, u. a.: ****** Morag's Lodge €**, Bunnoich Brae, Fort Augustus PH32 4DG, ☎ 01320 366 289, www.moragslodge.com bzw. www.radicaltravel.com. Ganzjährig, 53 Betten in Doppel- und Mehrbettzimmern. Am Great Glen Way gelegen. Mit lizensierter Bar.

Einkehren
The Lock Inn & Gilliegorm, Canalside, ☎ 01320 366 302. Traditioneller Highland-Pub und nettes Restaurant. Günstig.
The Neuk, Bar, Restaurant & Internet-Café, Canalside, ☎ 01320 366 208. Im Sommer auch Bänke draußen. Kleine Snacks und Take-away. Günstig.

Reisepraktische Informationen Fort Augustus

Busse
Mehrmals tgl. Busse nach Fort William oder nach Inverness, die Fahrt in jede Richtung dauert 1 Std. Zudem tgl. Busverbindungen zwischen Fort Augustus und Invergarry.

Bootstouren auf dem Loch Ness
Cruise Loch Ness (☎ 01320 366 277, www.cruiselochness.com) bietet stündlich Fahrten (1 Std.) ab 10 Uhr zwischen April und Okt. Abfahrt vom Anleger auf dem Klostergelände.

Die A87, auch „Road to the Isles" genannt, ist eine der Haupttouristenstrecken in den Highlands. Sie verbindet den Great Glen mit der Westküste und der Isle of Skye. Sie verläuft westlich von Invergarry durch das **Glen Moriston** und **Glen Shiel** nach Shiel Bridge am Kopf des Loch Duich und weiter nach Kyle. Selbst im Hochsommer kann man hier schneebedeckte Berge bestaunen. Glen Shiel ist als Wandergegend beliebt. Im Norden sieht man die Bergkette **Five Sisters of Kintail**, im Süden das **South Glen Shiel Ridge**. Der **Falls of Glomach**, nördlich des Gebirges, ist einer der höchsten Wasserfälle Großbritanniens. Die Berge rund um Glen Shiel sind nur für geübte Wanderer zu empfehlen. In der kleinen Siedlung Shiel Bridge ist dann die tief ins Land reichende Meeresbucht **Loch Duich** erreicht.

„Road to the Isles"

In **Shiel Bridge** biegt eine unbezeichnete einspurige Straße nach **Glenelg** ab, von wo man nach Skye übersetzen kann. Diese Strecke ist sicherlich die schönste, um die Isle of Skye zu erreichen. Die Straße steigt steil hinauf zum Mam Ratagan Pass. Der Blick von hier zurück über den Loch Duich auf die Five Sisters of Kintail ist einfach atemberaubend. Von dort geht es hinunter durchs **Glen More** nach Glenelg.

Die Gegend rund um Glenelg ist für ihre reiche Fauna bekannt: Otter, eine Vielzahl an Seevögeln, Seehunde, und wenn man Glück hat, kann man Wildkatzen und Steinadler sowie die erst jüngst wieder eingeführten Seeadler sehen. Das Dorf selber besteht aus einigen weiß gekalkten Cottages und ein paar modernen Häusern, einem Laden, einer Schule sowie den Ruinen der Bernera Barracks aus dem 18. Jh. Die schönste Unterkunft ist das gemütliche Glenelg Inn, aber auch wenn man nicht übernachtet, lohnt es sich, hier zum (Fisch-) Essen einzukehren.

Reisepraktische Informationen Glenelg

Unterkunft
Glenelg Inn €€–€€€, Glenelg IV40 8JY, ☎ 01599 52227, www.glenelg-inn.com, April–Okt. Helle, frische Unterkunft mit 7 Zimmern, DZ ab 120 £.

Fähre
Die Überfahrt von Glenelg nach Kylerhea (Isle of Skye) dauert 5 Min. Die Fähre kann bis zu 6 Autos mitnehmen und fährt zwischen April und Okt. (alle 20 Min. zwischen 10 und 18 Uhr).

Von Fort William zur Isle of Skye

Eilean Donan Castle liegt auf einer Insel

Von Glenelg geht es südlich entlang Sandaig Bay und dem Nordufer von Loch Hourn nach **Arnsidale**. Eine Abzweigung nach 3 km führt links zu den **Glenelg Brochs**, zwei gut erhaltenen Gebäuden aus der Eisenzeit. Von Arnisdale setzt eine kleine Fähre nach Barisdale auf der Knoydart-Halbinsel über (s. S. 267).

Beein-druckende Kulisse

Zurück auf der A87, 15 km westlich von Shiel Bridge, beeindruckt **Eilean Donan Castle** (Eilean = gälisch für Insel). 1220 errichtet, liegt die Burg vor einer spektakulären Bergkulisse, am Schnittpunkt des Loch Duich und des Loch Alsh auf einer kleinen Insel. Im frühen 18. Jh. wurde Eilean Donan Castle von einem englischen Kriegsschiff aus fast völlig zerstört, zwischen 1912 und 1932 jedoch vollständig wieder aufgebaut. Mittlerweile ist die Burg durch eine mehrbogige Brücke erreichbar. Eilean Donan Castle ist die besterhaltene und einzig bewohnbare Burg in den Highlands und eines der beliebtesten Fotomotive in ganz Schottland.
Eilean Donan Castle, ☎ 01599 555 202, www.eileandonancastle.com, tgl. Feb.–Dez. 10–18, Juni–Sept. 9.30–18, Juli/Aug. 9–18 Uhr, Eintritt 6.50 £.

Kurz vor Kyle of Lochalsh kann man sich in den schönen **Lochalsh Woodland Gardens** mit seinen vielen prächtig blühenden Pflanzen nach der Autofahrt herrlich die Beine vertreten *(www.nts.org.uk, ganzjährig 9 Uhr bis Sonnenuntergang)*.

Kyle of Lochalsh hat 1.500 Einwohner und liegt an der Meerenge Kyle zur Insel Skye. Bevor die Brücke nach Skye gebaut wurde, war Kyle der Abfahrtsort für die Fähre zur Isle of Skye und dementsprechend heftig von Urlaubern frequentiert. Es gibt keinen Mangel an Übernachtungsmöglichkeiten und Lokalen. Ein kleines **Museum** am Bahnhof *(Mo–Sa 10–17 Uhr)* informiert über die Geschichte der herrlichen Eisenbahnstrecke zwischen Inverness und Kyle of Lochalsh; im angeschlossenen Shop kann man Kunsthandwerkliches erstehen.

Reisepraktische Infos Kyle of Lochalsh und Umgebung

Information
TIC, Car Park, Kyle of Lochalsh, IV40 8AQ, ☎ 01 471 822 716, tgl. 9.30–17, Sa/So ab 10 Uhr.

Unterkunft
*****Kyle Hotel €€**, Main Street, Kyle of Lochalsh, Ross-shire IV40 8AB, ☎ 01599 534 204, www.bespokehotels.com/kylehotel. Ganzjährig, 30 Zimmer. 10 Min. vom Bahnhof entfernt, gelegenes gediegenes Hotel mit Restaurant.
*****Conchra House €€**, Ardelve, Dornie, Ross-shire IV40 8DZ, ☎ 01599 555 233, www.conchrahouse.co.uk. Ganzjährig, 5 Zimmer. Das wunderschöne, ehemalige Jagdhaus, erbaut 1760, liegt 12 km von Kyle of Lochalsh entfernt und bietet herrlich komfortable Unterkunft. Kinderfreundlich.

Einkehren
The Waterside Seafood Restaurant, Railway Station, Station Road, ☎ 01599 534 813. Die Familie McCray unterhält das ausgezeichnete Restaurant, das fangfrischen Fisch serviert.

Bootstouren
Atlantis Glassbottom Boattrips bietet tgl. regelmäßige Fahrten (Touren 1–2 Std.) mit dem Glasbodenboot, ☎ 01471 822 716 www.seaprobeatlantis.com.

Busse
Scottish Citylink fährt mehrmals tgl. von Inverness nach Kyle (2 Std.), von Glasgow über Fort William (5 Std.) und von Edinburgh über Fort William (6 Std.). Diese Busse fahren weiter nach Portree und nach Uig zu den Fähren nach Harris und North Uist.

Züge
Obwohl nicht ganz so spektakulär wie die Fahrt von Fort William nach Mallaig, bietet jedoch auch die Fahrt von Inverness nach Kyle of Lochalsh wunderschöne Panoramen. Der Zug fährt 2 x tgl. zwischen Mai und Sept. und benötigt 2,5 Std. (www.scotlandrailways.com).

Plockton ist seit jeher eines der beliebtesten Dörfer in den Highlands. Malerisch schmiegen sich die niedlichen Cottages mit ihren schönen Vorgärten und Palmen rund um die Bucht. Im Hafen liegen kleine Boote und der Ausblick über den Loch Carron auf die Berge im Hintergrund ist traumhaft. Rund um das Dorf gibt es schöne Spaziermöglichkeiten, etwa auf den Frithard Hill oder am Strand entlang. Plockton ist bei Künstlern sehr beliebt, die von der herrlichen Lage und dem einmaligen Licht begeistert sind und ihre Werke in den ansässigen Galerien verkaufen.

Reisepraktische Informationen Plockton

Unterkunft
***Plockton Hotel €€**, Harbour Street, Plockton, Ross-shire IV52 8TN, ☎ 01599 544 274, www.plocktonhotel.co.uk. Kleines freundliches Hotel mit 11 Zimmern, herrlich direkt am Ufer des Loch Carron gelegen. Schöner Biergarten. Die Zimmer im Cottage-Anbau sind etwas günstiger.
Zudem gibt es zahlreiche **B&Bs** sowie **Unterkünfte für Selbstversorger**.

Hostel
Station Bunkhouse, ☎ 01599 544 235, www.plockton.com, 20 Betten, ganzjährig.

Bootstouren
Calum's Seal Trips, Bootstouren (1 Std.) mit „Geld-zurück-Garantie", ☎ 01599 544 306, www.calums-sealtrips.com, Ostern–Okt. tgl. ab 10 Uhr. Werden keine Seehunde gesichtet, gibt es das Geld zurück. Erw. 10 £, Kinder 6 £. Abfahrt i.d.R. 10.30, 12, 14 und 17.30 Uhr.

Züge
Es gibt keine Busverbindung nach Plockton, doch der Ort liegt an der Bahnstrecke Inverness – Kyle of Lochalsh.

Von Fort William entlang Loch Ness nach Inverness

Reisende, die auf einen Besuch der Hebrideninseln verzichten, fahren via Fort Augustus den Loch Ness entlang nach Inverness, wobei die B862/852 (weitgehend einspurig) an der Ostseite des Loch Ness viel schöner als die befahrene A82 ist. In dem kleinen Dorf Foyers lohnen die **Falls of Foyers**, ein über 30 m hoher Wasserfall, einen Blick. Am **Dores Inn Beach** (12 km südlich von Inverness) befindet sich ein guter Fotostopp.

Einkehren
Im **Dores Inn** (Dores Inn Beach, ☎ 01463 751 203) gibt es ein gutes Ale und anständiges Pub-Essen. Man kann auch draußen sitzen und die schöne Landschaft genießen.

Von Dores kann man entweder weiter nach Inverness fahren oder durch das Stratherrick Valley zurück nach Fort Augustus. Von Errogie am nördlichen Ende des **Loch Mhor** führt ein fantastischer Streckenabschnitt mit vielen Serpentinen hinunter zum Loch.

Unterkunft

Auch Whitebridge bietet eine angenehme Unterkunft im ****Whitebridge Hotel** (☏ 01456 486 226, DZ ab 80 £) am Fuße der Monadhliath Mountains. Die Gegend ist bestens zum Forellenangeln geeignet.

Entscheidet man sich allerdings für die A82, kommt man nach **Invermoriston**, einem niedlichen Dorf zwischen Drumnadrochit und Fort Augustus mit einer malerischen Steinbrücke und ausgeschilderten Wanderwegen. Von hier verläuft die A887 in westliche Richtung, durch das Glen Moriston, um auf die A87 zu treffen, die von Invergarry durch das Glen Shiel nach Kyle of Lochalsh verläuft.

Hostel

Im **Loch Ness Y.H.** in Glenmoriston (☏ 01320 351 274, www.syha.org.uk) kann man unkompliziert übernachten. Es gibt 50 Schlafplätze und auch Familienzimmer.

Loch Ness

Der wohl berühmteste Loch ist nur 1,5 km breit, 38 km lang und 220 m tief, umfasst allerdings das größte Wasservolumen aller britischen Seen. Der See ist Teil des Great Glen, jenes großen Grabens, der vor ca. 2 Mio. Jahren aufbrach und die Highlands vom Nordosten nach Südwesten durchschnitt. Aus dieser Entstehungsgeschichte erklärt sich das ungewöhnlich ebenmäßige und grabenförmige Profil. Von Inverness und Drumnadrochit werden täglich Ausflugsfahrten veranstaltet. An verschiedenen Stellen kann man auch selbst Boote chartern. Die Bootstouren werden meist mit der Besichtigung von **Castle Urquhart** verbunden, einer malerisch auf einer Landzunge über dem Loch gelegenen Burgruine, 3 km südlich von Drumnadrochit. Einst eines der größten Castles in Schottland, ist Castle Urquhart ein beliebtes Fotomotiv.
Castle Urquhart, ☏ 01456 450 551, www.historic-scotland.gov.uk, tgl. April–Sept. 9.30–18, Okt. 9.30–17, Nov.–März 9.30–16.30 Uhr, Eintritt Erw. 7.90 £, Kinder 4.80 £.

Nessiteras rhombopteryx – auch „Nessie" genannt

Durch das Ungeheuer „Nessie" erlangte Loch Ness Weltberühmtheit. Das Monster ist verantwortlich für die magische Anziehungskraft, die der See seit Jahrzehnten auf den Fremdenverkehr ausübt. Der Fotograf und Naturschützer Sir Peter Scott gab dem rhombenförmigen Ness-Wunder in den 1970er-Jahren den pseudowissenschaftlichen Namen „Nessiteras rhombopteryx". Die Theorien für die Erscheinung von Nessie reichen von wissenschaftlichen Erklärungen eines frühzeitlichen Lebewesens, das durch das Zurückweichen der Gletscher hierhin geriet und erst nach der letzten Eiszeit wieder auftauchte, bis hin zum einfachen Baumstamm, der auf dem Wasser treibt. Der Spuk um das seltsame Lebewesen dauert bereits jahrhundertlang an, denn bereits im Jahr 565 soll ein tobendes Ungeheuer einen Menschen am Ufer des Sees angegriffen haben.

Sagenumwoben: Loch Ness

1933 wurde die neue Straße (A82) entlang der Nordküste des Sees eröffnet, und in der Folgezeit waren die Zeitungen voll von Berichten über spektakuläre „Sichtungen" im Loch Ness. Einige Augenzeugen beharren sogar darauf, dass es sich nicht nur um ein Ungeheuer, sondern gleich um eine ganze Kolonie an Ungeheuern handele. Den Höhepunkt der Nessie-Manie brachte eine Fotoaufnahme von 1934 mit einem seepferdchenähnlichen Gebilde, dessen langer Hals aus dem Wasser ragt. Es konnte nachgewiesen werden, dass die Aufnahme nicht manipuliert war. Eine Erklärung musste her, und so versuchte man mit immer raffinierteren Methoden wissenschaftlicher und unwissenschaftlicher Art, Nessie auf die Schliche zu kommen. Ziel des in den 1960er-Jahren gegründeten „Loch Ness Investigation Bureau" war die systematische Untersuchung des gesamten Loch Ness. Renommierte Wissenschaftler versuchten unter Einsatz von Spitzentechnologie das Leben unter der Wasseroberfläche zu erforschen.

Die Ungewissheit bleibt, die Touristen kommen und hoffen auf eine Nessie-Sichtung und die Souvenirindustrie blüht! Die Website *www.nessie.co.uk* beschäftigt sich mit den Legenden rund um Nessie.

Drumnadrochit (32 km nördlich von Fort Augustus, 15 km südlich von Inverness) wird vollständig vom Ungeheuer von Loch Ness beherrscht. Im **Loch Ness Centre & Exhibition** gibt es eine Ausstellung mit „Beweisen" für die Existenz des lieben Ungeheuers. Und natürlich kann man im Souvenirshop Nessie in allen nur denkbaren Größen und Formen erwerben.
Loch Ness Centre & Exhibition, *www.lochness.com, tgl. 9.30–17, Juli/Aug. 9.30–18, im Winter 10–15.30 Uhr, Eintritt Erw. 6.95 £, Kinder 4.95 £.*

Reisepraktische Informationen Drumnadrochit

Information
TIC, *The Car Park, Drumnadrochit, Inverness-shire IV63 6TX,* ☎ *01456 459 086, ganzjährig.*

Unterkunft
*****Tigh na Bruach B&B €€, *Ian & Catherine Thomson, Invermoristo, Loch Ness IV63 7YE,* ☎ *01456 351 349, www.tighnabruach.com. Liegt sehr idyllisch 5 Min. von Drumnadrochit, drei hell und freundlich ausgestattete Zimmer und üppiges Frühstück.*

Einkaufen
The Loch Ness Centre & Exhibition, *Hotel, Restaurant, Bar, verschiedene Läden, u.a. Kiltmakers, Nessie Shop, Whiskey Shop und Kunsthandwerk, plus Ausstellung, Drumnadrochit, www.lochness.com.*

Boots- und Entdeckertouren
Jacobite Experience Loch Ness, ☎ *01463 233 999, www.jacobite.co.uk. Es gibt Touren mit unterschiedlichen Schwerpunkten, s. unter Inverness.*

Von Drumnadrochit führt die A831 westlich durch das Glen Urquhart zu dem 18 km entfernten **Cannich** am Kopf des **Glen Affric** (s. auch ab S. 283), einem traumhaften Wandergebiet.

Inverness

Mit 72.000 Einwohnern ist Inverness die größte Stadt der Highlands und das kulturelle, wirtschaftliche und administrative Zentrum im Norden. Als Verkehrsknotenpunkt mit Flughafen ist die Stadt zudem ein idealer Ausgangspunkt für die Weiterfahrt in den Norden, aber auch ein zentraler Standort für Ausflüge und Wanderungen in die Umgebung. An herausragenden Sehenswürdigkeiten ist Inverness zwar nicht reich gesegnet. Es besitzt jedoch eine nette Atmosphäre insbesondere am Ufer des Flusses Ness, der durch Inverness verläuft und den Loch Ness mit dem Moray Firth verbindet. Es gibt zahlreiche Unterkünfte sämtlicher Kategorien, Lokale und Einkaufsmöglichkeiten.

Standort für Ausflüge und Wanderungen

Geschichtlicher Überblick

Um das Jahr 1000 entstand die erste Befestigungsanlage auf dem Castle Hill. Im Laufe der nächsten Jahrhunderte wurde die Wehrfähigkeit der Stadt weiter verstärkt und es entwickelte sich ein prosperierender Handel, sogar bis hin zu den Mittelmeerländern. Man handelte mit Häuten, Pelzen und Wolle. Inverness wurde immer wieder angegriffen, da die Stadt – strategisch bedeutsam gelegen – das Great Glen und den Weg in die nördlichen Highlands kontrollierte.

Während der Jakobiteraufstände in der Mitte des 18. Jh. wurde Inverness völlig niedergebrannt und die alte Burg von Bonnie Prince Charlies Anhängern in die Luft gejagt. Das große rote Sandsteingebäude der **Inverness Castle (1)**, das jetzt hier steht, entstand zwischen 1834 und 1846. Vom Burghügel bietet sich eine schöne Aussicht über die Stadt. Mitte des 19. Jh. nahm die Stadt im Zuge des infrastrukturellen Ausbaus der Highlands, des Anschlusses an das Eisenbahnnetz sowie des Baus des Caledonian Canal einen gewaltigen Aufschwung.

Sehenswertes in Inverness und Umgebung

Heute findet sich nur noch wenig historische Bausubstanz in Inverness. Das **Town House (2)** in der High Street wurde Ende des 19. Jh. im neogotischen Stil errichtet. Zwei Wappentafeln zeigen das königliche Wappen und das Stadtwappen. **Abertarff House (3)** in der Church Street wurde 1593 erbaut und ist somit das älteste Haus der Stadt. Inmitten all der modernen Bauten wirkt das schöne alte Stadthaus etwas verloren. Fast gegenüber liegt das ehemalige **Dunbar's Hospital**, das 1688 als Armenhaus gebaut wurde. Am Ende der Church Street liegt die **Old High Church (4)**. Das Gotteshaus wurde im 12. Jh. gegründet und 1772 erneuert. Der Turm stammt aus dem 14. Jh. Die **St. Andrew's Cathedral (5)** in der Ardross Street wurde zwischen 1866 und 1869 im neogotischen Stil errichtet.

Weiter südlich entlang des Flussufers, am **Eden Court Theatre (6)** vorbei, kommt man zum **Bught Park**. Eine Fußgängerbrücke führt von beiden Uferseiten auf die kleinen Ness Islands. Im **Inverness Museum & Art Gallery (IMAG) (7)** werden im Museum Exponate aus den Bereichen Naturgeschichte, Geologie und Archäologie sowie zur Sozial- und Kulturgeschichte der Highlands gezeigt. In der Galerie finden Wechselausstellungen statt.
Inverness Museum & Art Gallery, ☎ *01463 237 114,* http://inverness.highland.museum, *April–Okt. Di–Sa 10–17, Nov.–März Do–Sa 10–17 Uhr, Eintritt frei.*

Wendepunkt in der Geschichte 8 km östlich von Inverness, an der B9006, liegt das **Culloden Battlefield**, Schauplatz eines der entscheidenden Wendepunkte in der schottischen Geschichte (s. S. 282). 1746 fand hier die endgültige Schlacht der Highlander unter Führung des jungen Charles Edward Stuart, Sohn des schottischen Königs James II. (der Jahre zuvor ins Exil getrieben wurde), gegen die Engländer unter Führung des Duke of Cumberland, Sohn König George II., statt. Das Schlachtfeld kann man begehen. Ein großes Mahnmal (1881) erinnert an die Gefallenen. Im Besucherzentrum werden die geschichtlichen Zusammenhänge in anschaulicher Weise dargeboten.
Culloden Battlefield, *Culloden Moor,* ☎ *01463 790 607, www.nts.org.uk/culloden/, Besucherzentrum, Restaurant und Shop: April–Okt. 9–17.30, Juni–Aug. 9–18, Nov.–März 10–16 Uhr, 24. Dez.–1. Feb. geschl., Eintritt 10.50 £. Das Schlachtfeld ist ganzjährig begehbar. Bus Nr. 3 fährt von Queensgate in Inverness jeweils 1 Min. vor der vollen Stunde, www.stagecoachbus.com.*

1,5 km südlich von Culloden, von der B851 ab, sind die **Clava Cairns** zu bestaunen. Es handelt sich um eine große Begräbnisanlage aus der Stein- und Bronzezeit, die um 2000–1500 v. Chr. entstand und inmitten einer Baumgruppe liegt.

Inverness

Fort George, 18 km nordöstlich von Inverness, wurde 1748 nach der Schlacht bei Culloden errichtet, um das Hochland ein für allemal in Schach zu halten. Eine Gefahr seitens der völlig niedergeschmetterten Highlander war kaum zu erwarten. Die gewaltige Festung George II. war eher eine Demonstration englischer Macht. Fort George gehört noch heute der Armee. Im Museum werden Zeugnisse über das Militärwesen im Wandel der Zeiten sowie das Regimentsmuseum der Queen Own Highlanders gezeigt. Vom Fort aus eröffnen sich schöne Blicke auf den Moray Firth.
Fort George, ☎ 01667 460 232, tgl. April–Sept. 9.30–18.30, sonst bis 16.30 Uhr.

Unterkunft
1 Crown Hotel Guesthouse
2 Moyness House
3 Ballifeary Guest House
4 Culloden House
5 Inverness Y.H.
6 Inverness Student Hostel

Einkehren
1 Café Nr. 1
2 The River Café & Restaurant
3 The Phoenix
4 The Gellion's

Reisepraktische Informationen Inverness

Information
TIC, Castle Wynd, Inverness IV2 3BJ, ☎ 01463 252 401, www.inverness-scotland.com, ganzjährig.

Unterkunft
**Crown Hotel Guesthouse €–€€ (1), 19 Ardconnel Street, Inverness IV2 3EU, ☎ 01463 231 135, www.inverness-guesthouse.info. Ganzjährig, günstiges Gästehaus im Stadtzentrum. Kinderfreundlich. 6 Zimmer.
*****Moyness House €€ (2), 6 Bruce Gardens, Inverness IV3 5EN, ☎ 01463 233 836, www.moyness.co.uk. Ganzjährig, 6 Zimmer. Schönes viktorianisches Gästehaus, 10 Min. Fußweg vom Stadtzentrum, großer Garten.
*****Ballifeary Guest House €€ (3), 10 Ballifeary Road, Inverness IV3 5PJ, ☎ 01463 235 572, www.ballifearyguesthouse.co.uk. April–Okt. Sehr nettes, kleines B&B in der Nähe des Eden Court Theatre. Nichtraucher. Kinder ab 15 Jahren erwünscht.
****Culloden House €€€€ (4), Culloden, Inverness IV1 2NZ 7BZ, ☎ 01463 790 461, www.cullodenhouse.co.uk. Ein Klassiker. Georgianisches Herrenhaus mit 26 Zimmern, 5 km außerhalb der Stadt. Vorzüglicher Service, elegant, traditionell, stilvoll. Großer Garten.

Jugendherberge/Hostel
**** Inverness Y.H. (5), Victoria Drive, Inverness IV2 3QB, ☎ 01463 231 771, www.syha.org.uk. Ganzjährig, 176 Betten, auch Familienzimmer. Hervorragend ausgestattet.
Inverness Student Hostel (6), 8 Culduthel Road, Inverness IV2 4AB, ☎ 01463 236 556, www.invernessstudenthotel.com. Im Stadtzentrum gelegen, 57 Betten. Ganzjährig.

Camping
*****Torvean Caravan Park, Glenurquhart Road, Inverness, ☎ 01463 220 582, www.torveancaravanpark.co.uk. Wunderschöner, kleinerer Platz an der A82 Richtung Loch Ness, ca. 1,5 km vom Stadtzentrum, mit Blick auf den Caledonian Canal gelegen. 50 Caravanplätze, 10 Holiday Homes, April–Okt.

Einkehren
Café Nr. 1 (1), 75 Castle Street, ☎ 01463 226 200, www.cafe1.net, Mo–Fr 12–21.30, Sa 12–14.30 und 18–21.30 Uhr. Nett eingerichtet, gute Auswahl an Tagesgerichten und à la carte, auch für Vegetarier. Mittlere Preisklasse.
The River Café & Restaurant (2), 10 Bank Street, ☎ 01463 714 884, www.rivercafeandrestaurant.com, Di–Sa 12–21.30 Uhr. Nettes Café-Restaurant am Fluss, viele schottische Gerichte. Günstig bis mittlere Preisklasse.

Pubs
In einer lebendigen Stadt wie Inverness, einer Stadt, die zudem An- oder Durchfahrtsort für fast jeden Schottlandreisenden ist, findet sich eine Fülle an gemütlichen Pubs, sodass man sich getrost treiben lassen kann. Traditionelle Pubs sind **The Phoenix (3)** (mit ungewöhnlicher Theke, einer sog. „Island Bar") in der Academy Street und **The

Gellion's (4) *in der Bridge Street (www.gellions.co.uk, Live-Musik jeden Abend, Ceilidhs Sa ab 17 Uhr).*

Theater, Konzerte
Eden Court Theatre (6), *Bishops Road,* ☏ *01463 234 234, www.eden-court.co.uk. Konzerte, Theater und Tanzveranstaltungen.*

Organisierte Ausflüge in und um Inverness
Jacobite Experience Loch Ness, *Tomnahurich Bridge, Glenquhart Road, Inverness IV3 5TD,* ☏ *01463 233 999, www.jacobite.co.uk, veranstaltet an 363 Tagen im Jahr 6 unterschiedlich lange Bootstouren auf dem Loch Ness und dem Caledonian Canal. Die Preise variieren je nach Länge der Tour. Eine 1-stündige Tour kostet z. B. 13 £, eine 6,5-stündige Tour 40 £. Abfahrt entweder vom Busbahnhof oder der Touristeninformation in Inverness oder vom Clansman Hotel Harbour (an der A82 Richtung Fort William).*

Einkaufsbummel in Inverness

Flughafen
Inverness Airport, ☏ *01667 464 000, www.hial.co.uk, liegt 13 km außerhalb der Stadt. Regelmäßige Busverbindungen in die Stadt (eingeschränkt am So), Taxi ca. 12 £. Flugverbindungen mehrfach tgl. von und nach London, Edinburgh und Glasgow sowie nach Stornoway.*

Bus und Bahn
Der **Bahnhof** *und der* **Busbahnhof** *befinden sich in der Academy Street. Regelmäßige Zugverbindungen nach Aviemore, Perth, Glasgow, Edinburgh und Kyle of Lochalsh. Am Bahnhof gibt es eine Gepäckaufbewahrung. Busverbindungen mit Citylink u. a. nach Fort William und Oban.*

Mietwagen
Thrifty Car Rentals, *33 Harbour Road,und am Flughafen* ☏ *01463 224 466, www.thrifty.co.uk.*
Arnold Clark, *Harbour Road und am Flughafen* ☏ *01463 649363, www.arnoldclark rental.com.*

Die Schlacht bei Culloden

1745 hatte Prinz Charles Edward Stuart bei den Clan Chiefs seinen Anspruch auf den Thron angemeldet. In kurzer Zeit gelang es ihm, weltgewandt wie er war, alle Clans zu versammeln und nach England zu ziehen. In einem Siegesmarsch drang das schottische Heer bis vor die Tore Londons vor, wo es jedoch, aus Angst, von den Nachschubtruppen abgeschnitten zu werden, wieder umkehrte, anstatt sich auch der Hauptstadt zu bemächtigen. Kaum hatte das schottische Heer wieder heimatlichen Boden unter den Füßen, machte sich der Duke of Cumberland auf und zog mit einem Heer gen Norden, um sich für den Angriff zu rächen.

Am 26.4.1746 erreichte der Duke of Cumberland mit einer Armee von rund 9.000 Mann das Moor von Culloden, wo sich „Bonnie Prince Charlie" mit einer Truppe von etwa 5.000 schlecht ausgestatteten und erschöpften Highlandern versammelt hatte. Dies sollte der letzte Aufstand der Jakobiter werden. Die Highlander waren dem englischen Heer nicht nur zahlenmäßig nicht gewachsen, sie waren schlecht organisiert, hatten keine vernünftigen Verteidigungsstrategien und vor allem keine Artillerie. In weniger als einer Stunde verloren über 1.000 Highlander ihr Leben. Cumberlands Truppen hatten hingegen nur 76 Tote und 300 Verletzte zu beklagen. Auf Veranlassung vom „Butcher Cumberland", wie er auch genannt wurde, töteten seine Truppen nicht nur alle verwundeten Highlander, sondern nach der Schlacht noch weitere 3.000 Männer, Frauen und Kinder.

Mit der Niederlage bei Culloden war die Hoffnung auf eine Restauration der Stuarts endgültig erloschen. Aber nicht nur das: Mit einer großangelegten Anglisierungskampagne versuchte man, der Kultur der Highlands und der Lebensweise der Clans ein endgültiges Ende zu setzen. „Bonnie Prince Charlie" gelang es, nach Frankreich zu fliehen. Er starb 1788 im römischen Exil. Der Duke of Cumberland kehrte nach London zurück und wurde wie ein Held gefeiert.

Westlich von Inverness

20 km westlich von Inverness liegt **Beauly**, eine kleine verschlafene Marktstadt an der Stelle, wo der Beauly River in den Firth fließt. **Beauly Priory** ist neben Ardchattan und Pluscarden das nördlichste der drei schottischen Valliscaulienserklöster. Die Valliscaulienser hatten strenge Ordensregeln. An Vermehrung ihrer Güter oder Entfaltung weltlicher Pracht waren sie nicht interessiert. 1230 gegründet, zeigt die Ruine aus rotem Stein einen einfachen kreuzförmigen Grundriss ohne Turm und Seitenschiffe. Ganz schmal und hoch, herrscht in dem alten Gemäuer eine eigentümlich ruhige Atmosphäre.

Beauly Priory, ☏ *01667 460 232, www.historic-scotland.gov.uk, April–Sept. tgl. 9–17, Okt.–März tgl. 9–16 Uhr.*

Reisepraktische Hinweise Beauly

Unterkunft
****The Priory Hotel €€, The Square, Beauly, Inverness-shire IV4 7BX, ☎ 01463 782 309, www.priory-hotel.com. Ganzjährig, 36 Zimmer. Im Stadtzentrum gelegenes Hotel, gute Küche.

Camping
****Lovat Bridge Caravan Park, Lovat Bridge, Beauly IV4, ☎ 01463 782 374, März–Okt., Zelte willkommen.

Südlich von Beauly führt die A831 zu zwei wunderschönen Tälern. Beide Täler können auch von Drumnadrochit (über Cannich) erreicht werden:

Glen Strathfarrar

Das Glen Strathfarrar ist weniger bekannt, aber wunderschön. Von Struy, 14 km südlich von Beauly, folgt man der Ausschilderung zum Tal. Der Zugang zum Glen ist beschränkt. Glen Strathfarrar bietet mit seinen alten, hohen schottischen Pinien eine unglaubliche Ruhe und es bestehen fantastische Wander- und Angelmöglichkeiten.

Glen Affric

Die A831 verläuft südlich von Struy nach **Cannich**, dem Tor zu dem großartigen Glen Affric. In Cannich stehen verschiedene Unterkunftsmöglichkeiten zur Verfügung. Die Schlucht, durch die sich der Fluss Affric schlängelt, bietet eine filmreife Kulisse. Auch im Glen Affric wächst noch die einheimische schottische Pinie. Das Tal ist ein herrliches Wandergebiet oder auch ein ideales Fleckchen für ein ausgedehntes Picknick an einem warmen Sonnentag *(Infos unter www.glenaffric.org)*.

Wandern
Von der Affric Lodge, 14 km westlich von Cannich, führt ein 30 km langer, traumhaft schöner Weg an die Westküste. Die Wanderung ist anstrengend, aber man kann auch auf halber Strecke im Glen Affric Youth Hostel in Allt Beithe pausieren (***Glen Affric Youth Hostel**, ☎ 0845 293 7373, www.syha.org.uk, April–Okt.).

7. INNERE UND ÄUSSERE HEBRIDEN

Allgemeiner Überblick

Die Hebriden – der nordische Name lautet *Havbredey*, was ungefähr gleichbedeutend mit „Inseln am Rande der See" ist – sind in zwei Reihen der Westküste Schottlands vorgelagert. Trotz moderner Kommunikationsmittel und unproblematischer Anreise per Fähre oder Flugzeug haben die hier lebenden Menschen eine in vielerlei Hinsicht traditionelle Lebensweise beibehalten, vor allem die der Äußeren Hebriden.

Die Inseln sind bereits seit der mittleren Steinzeit besiedelt, was eine erstaunliche Anzahl prähistorischer Zeugnisse beweist. Von hier aus begann in der zweiten Hälfte des 6. Jh. der **hl. Columba von Iona**, das Christentum in ganz Schottland zu verbreiten. Im 9. Jh. kamen die Hebriden, ebenso wie die Orkney- und die Shetland-Inseln, für fast 400 Jahre unter norwegische Herrschaft – einige Ortsnamen erinnern heute noch daran – und fielen erst im späten 13. Jh. Schottland zu. Durch Kampf und Heiratspolitik kam der MacDonald-Clan bald in den Besitz fast sämtlicher Inseln. Seine Oberhäupter – die Chiefs – nannten sich **Lord of the Isles**. Sie bildeten praktisch ein eigenes Königreich im Königreich und lagen daher im ständigen Streit mit den schottischen Königen. James IV. gelang es 1493, die Macht der MacDonalds zu brechen.

Die Hebriden gehörten schon immer zu den ärmsten Regionen Schottlands. Durch Machtkämpfe der einzelnen Clans wurden sie noch zusätzlich geschwächt. Die Reformation und vor allem die groß angelegte Kampagne des englischen Königs William III. zur Zerstörung der gälischen Kultur taten ihr Übriges.

Eine der ärmsten Regionen Schottlands

Mit Fischfang und Viehzucht konnten sich die Inselbewohner knapp über Wasser halten. Die *clearances* im 19. Jh. trafen die Hebriden härter als die Highlands. Ganze Dörfer wurden zur Emigration gezwungen. Die Insel Rum, heute ein fast menschenleeres Naturschutzgebiet, wurde 1826 vollständig „geleert". Die Macht der „Insellords" war unbegrenzt.

Der **Bevölkerungsrückgang** hält auch heute noch an. Um im Leben weiterzukommen und um eine Arbeitsstelle zu finden, wandern die Jungen auf das Festland ab. Die Regierung versucht, mit finanziellen Mitteln die Abwanderung einzudäm-

Touren zu den Inseln Mull, Iona und Staffa

Von Oban werden während der Saison (April–Okt.) Tagestouren zu den Inseln Mull, Iona und Staffa, sog. „Drei-Inseln-Touren", angeboten (s. auch unter Oban, S. 253).

Achtung Mücken!

Die kleinen „midges" können eine rechte Plage auf den Hebriden sein. Statten Sie sich vorsichtshalber mit Abwehrmitteln aus.

Die Inneren Hebriden

Isle of Islay

Islay (sprich: ei-la) hat ca. 4.000 Einwohner, umfasst 630 km² und ist die südlichste der Hebrideninseln. Die Bevölkerung ist weitgehend gälischsprachig, dementsprechend sind auch die Verkehrszeichen zweisprachig.

Bekannt ist die Insel vor allem durch den hervorragenden Whisky, den **Islay Single Malt**. Die meisten Besucher kommen nach Islay, um eine

---

men und Kleinunternehmer zu fördern. Allerdings kommen auch viele Abtrünnige auf ihre Heimatinsel zurück, für einen Sommerurlaub oder für den Ruhestand. Auch viele Festlandschotten überlegen sich, ihren Alterssitz auf eine der Inseln zu verlegen.

Isle of Islay

oder mehrere der acht Whisky-Brennereien zu besichtigen (s. S. 291).

Daneben gibt es aber auch andere Attraktionen auf der Insel: zwei kleine Museen, Gelegenheit zum Ponyreiten und Golfspielen, schöne Strände, herrliche Wandermöglichkeiten durch fruchtbare, wenn auch baumlose Landschaft, eine beeindruckende Fülle an frühgeschichtlichen Zeugnissen und darüber hinaus ist Islay ein Paradies für Ornithologen. Im Vergleich zu den Inseln Mull, Arran oder Skye, hat Islay weniger Besucher, was wohl auch an der Entfernung zum Festland und den dementsprechend teuren Fahrkosten für die zwistündige Fahrt liegt.

Port Ellen ist der größte Ort und der Haupthafen Islays. Er wurde 1821 von Laird Walter Frederick Campbell gegründet und nach seiner ersten Frau benannt. Es gibt einige Läden, einen Supermarkt, eine Tankstelle, verschiedene Unterkünfte, Lokale, eine Post sowie ein Internet-Café.

Redaktionstipps

➤ Eine (oder auch mehrere) **Whisky-Destillen auf der Isle of Islay** besichtigen (S. 291).
➤ Das **Kildalton Cross** auf Islay bestaunen (s. u.).
➤ Die **Iona Abbey** besichtigen (S. 302).
➤ Eine Fahrt zur **Staffa Island** und zu den **Treshnish Islands** unternehmen (S. 304).
➤ Eine **Wattwanderung** von Colonsay nach Oronsay (S. 309).
➤ An der **Kiloran Bay** auf Colonsay die Seele baumeln lassen (s. 308).
➤ **Wandern:** Auf die Paps of Jura (Isle of Jura, S. 295), auf den Ben More (Isle of Mull, S. 299), auf der Trotternish-Halbinsel (S. 311) oder in den Cuillins (Isle of Skye, S. 309).

Von Port Ellen aus führt eine wunderschöne Straße (Sackgasse) entlang der Küste östlich nach **Ardtalla**. Hier endet die Straße. Entlang der Strecke liegen die Destillerien Laphroaig, Lagavulin und Ardbeg (Adressen s. S. 291). Zwischen Lagavulin und Ardbeg kann man sich die Reste von **Dunyvaig Castle** anschauen, einst ein Fort und Sitz der Insellords. 1,5 km weiter kommt man zum **Kildalton Cross** (ständig zugänglich), das im Kirchhof einer kleinen, verwunschenen Kirche aus dem 13. Jh. steht. Das Hochkreuz ist fantastisch gut erhalten und das einzig vollständig erhaltene Hochkreuz in ganz Schottland. Es wurde um etwa 800 aus einheimischem Stein errichtet, vermutlich in Iona. Die biblischen Szenen vorne zeigen die Jungfrau mit dem Kind und David mit dem Löwen. Auf der Rückseite sind Tiere dargestellt.

In Ardtalla beginnt der Aufstieg zum **Beinn Bheigeir** (491 m), dem höchsten Berg der Insel. Vom Gipfel aus hat man wunderschöne Ausblicke auf Insel und Meer.

Südwestlich von Port Ellen verläuft eine Straße zur Halbinsel **The Oa**. Woher der Name stammt, ist nicht bekannt. Es handelt sich um den kürzesten Ortsnamen in Schottland. Vielleicht hat derjenige, der den schönen Flecken entdeckte, vor Begeisterung „Oha!" ausgerufen – der Erklärungen gibt es viele, und wie dem auch sei – es ist wunderschön hier.

Kürzester Ortsname

Am **Mull of Oa** befindet sich das **American Monument** in Form eines Leuchtturms. Das Denkmal erinnert an den Schiffbruch von zwei amerikanischen Schiffen, der „Tuscania" und der „Ontranto", die beide am Ende des Ersten Weltkriegs hier sanken. Es ehrt die 266 Besatzungsmitglieder, die dabei ums Leben kamen.

Die Inneren Hebriden

Bevor man nach „The Oa" abbiegt, führt die Straße weiter nach **Kintra**, das am südlichen Ende des langen Strands in der **Laggan Bay** liegt. Dort liegen ein 7 km spektakulärer Sandstrand und Dünen. Der Strand ist für Kinder ideal, man kann picknicken, einen langen Spaziergang machen oder einfach nur die Seele baumeln lassen. Von Kintra führt ein herrlicher Wanderweg zu „The Oa".

Von Port Ellen führt die Straße schnurgerade nach **Bowmore**, dem zweitgrößten Dorf der Insel. Es wurde 1768 von den Campbells gegründet. Bowmore ist ein

niedlicher Ort mit weiß gekalkten, schmucklosen Häusern, einer Touristeninformation, Fahrradverleih, einer Post, einem Supermarkt, mehreren Lokalen und Pubs sowie verschiedenen Unterkunftsmöglichkeiten. Eine Besonderheit des Ortes ist die runde **Kirche**. Die runde Form hat eine einfache Erklärung – es gibt keine Ecken und Kanten, sodass sich der Teufel nirgendwo verstecken kann! *(www.theroundchurch.org.uk, Gottesdienst So 10 Uhr.)*

Rundkirche

Weltberühmt ist Bowmore jedoch für seinen Whisky. Im Zuge einer einstündigen Führung durch die **Bowmore Destillery** (s. S. 291) lernt man die Produktionsweise kennen und natürlich gibt es auch hier einen kleinen Probeschluck zum Abschluss.

The Rhinns of Islay

In Bridgend, nördlich von Bowmore, führt eine Straße in westlicher Richtung zur Halbinsel *Rhinns of Islay*. Entlang der herrlichen Küstenstraße rund um *The Rhinns* liegen einige fantastische Strände, wie die **Saligo** und **Machir Bay** an der Westküste. Schwimmen ist jedoch wegen gefährlicher Unterströmungen dort verboten.

Relativ neu ist die **Kilchoman Distillery** (mit Besucherzentrum) auf der Rockside Farm in Bruichladdich. Die erste Whisky-Produktion fand im Jahr 2005 statt, und ganz besonders stolz ist die Destille, dass jeder einzelne Arbeitsschritt direkt auf der Farm stattfindet (s. S. 292).

In **Aoradh** (sprich: oorig) gibt es ein RSPB-Besucherzentrum, wo man sich über die Vogelwelt informieren und von einem Beobachtungsposten die Vögel beobachten kann. Das Vogelschutzgebiet am **Loch Gruinart** (sprich: grinjaat) bietet die

Stille Inselidylle: Isle of Islay

Winterheimat für riesige Schwärme an Gänsen, die hier im Oktober aus Grönland eintreffen. Insgesamt brüten rund 100 Vogelarten auf Islay.
Loch Gruinart, ☏ *01496 850 505, ganzjährig, Besucherzentrum tgl. 10–17, im Winter bis 16 Uhr.*

Port Charlotte ist ein reizender Ort mit einer Reihe gut erhaltener Cottages, die sich entlang der weiten Bucht erstrecken. Auch Port Charlotte wurde von den Campbells gegründet (1828). Hier gibt es gleich zwei Museen zu besichtigen.

Über die Flora und Fauna

Im **Wildlife Information Centre** kann man sich über Flora und Fauna der Insel informieren. Es gibt minutiös erstellte Listen über die heimischen Wildblumen, Schmetterlinge und Vögel. Auch kann man die auf der Insel ebenso populär wie ungeliebten „midges" unter Mikroskopen begutachten. Das Wildlife Information Centre bietet auch botanische Führungen an.
Wildlife Information Centre, ☏ *01496 850 288, Ostern–Okt. So–Fr 10–16 Uhr, Juni–Aug. tgl.*

Das **Museum of Island Life** hingegen bietet Lokalgeschichtliches. Das Museum ist in einer Kirche untergebracht, die 1843 als „Free Church" errichtet wurde, als sich die Freikirche von der Church of Scotland unabhängig machte. Bis 1929 wurden hier Gottesdienste abgehalten, dann stand sie leer. Erst 1976 begannen Überlegungen, hier ein Museum einzurichten. Die Exponate reichen von Fundstücken aus der Vor- und Frühgeschichte bis hin zu Haushaltsgegenständen des 20. Jh. Die Kustodin ist gerne bereit, die einzelnen Gegenstände zu erklären und hält fast zu jedem eine Anekdote bereit. Einige Exponate stammen aus der alten Käserei, die leider schließen musste, weil die Insel keine finanzielle Unterstützung von der Regierung bekam. Der hier einst hergestellte Käse war zu teuer, um auf dem Festland konkurrenzfähig zu sein.

Auf Islay gibt es einige bekannte Whisky-Brennereien, wie die Ardbeg Distillery

Museum of Island Life, ☏ *01496 850 358, Ostern–Okt. Mo–Sa 10–17, So 14–17 Uhr, im Winter eingeschränkte Öffnungszeiten, Eintritt 3 £.*

Am südlichen Ende des Rhinns liegt das malerische Fischerdorf **Portnahaven**. Die Cottages steigen steil von dem tief gelegenen Hafen auf. Lustig ist, dass die kleine Kirche in Portnahaven zwei Eingänge hat, eine für die Gemeinde von Portnahaven, die andere für die Gemeinde des 500 m südlich gelegenen **Port Wemyss**.

Islay Whisky

Obwohl der Herstellungsprozess in etwa überall gleich ist, übertreffen sich die Destillen in der Schönheit ihrer Lage. Alle Brennereien liegen atemberaubend schön und alle haben ihren ganz eigenen Charakter. Der hier gebrannte Whisky gilt als einer der besten überhaupt. Für eine Flasche echten Single Malt Whisky bezahlt man zwischen 25 und 35 £. Eine Führung durch die Brennerei kostet jeweils rund 5–7 £, inklusive einem kleinen Probeschluck.

Laphroaig (sprich: la froyg): Die Laphroaig Destillery liegt Port Ellen am nächsten. Die wunderschöne Lage der Brennerei wird vom Namen beschrieben. Auf Gälisch heißt Laphroaig nämlich so viel wie „das schöne Loch bei der weiten Bucht". Laphroaig hat einen sehr torfigen, schweren Geschmack, weshalb viele ihn nach dem Abendessen bevorzugen. ☏ *01496 302 418, www.laphroaig.com, Besucherzentrum März–Dez. tgl., Jan./Feb. Mo–Fr, Führungen Jan./Feb. 2 x tgl., März–Okt. 4 x tgl., Nov.–Dez. 2 x tgl.*

Lagavulin (sprich: laga-voolin): Lagavulin liegt in der Nähe von Dunyveg Castle an der Küste. Der 16 Jahre alte Lagavulin ist ein Klassiker. ☏ *01496 302 749, lagavulin.distillery@diageo.com, www.discovering-distilleries.com, Besichtigung nach Anmeldung.*

Ardbeg liegt 1,5 km weiter östlich. 1815 gegründet, musste die Brennerei für einige Zeit schließen, bevor sie von Glenmorangie aufgekauft wurde. Der hier hergestellte Whisky ist ebenfalls von robustem und kräftigem Charakter. Es gibt regelmäßige Führungen durch die Anlage, einen großen Souvenirladen, ein Restaurant und ein Café. ☏ *01496 302 244, www.ardbeg.com.*

Bowmore ist die älteste Brennerei auf der Insel. Kenner schätzen den kräftigen Bowmore ebenfalls nach dem Abendessen. Die hier ganzjährig veranstalteten Führungen sind sehr professionell. ☏ *01496 810 671, www.bowmore.co.uk.*

Caol Ila (sprich: coal eela): Die Brennerei wurde 1846 gegründet und liegt in der Nähe von Port Askaig. Von hier hat man herrliche Ausblicke auf den Sound of Jura. Dieser Whisky wird meist vor dem Dinner genossen. ☏ *01496 302 760, www.discovering-distilleries.com. Besucherzentrum April–Okt. Führung nach Anmeldung.*

Bunnahabhain (sprich: bun a havan): Die Brennerei liegt völlig abgeschieden in einer Bucht im Norden. Bunnahabhain wird gerne als Aperitif getrunken. Der zwölf Jahre alte Bunnahabhain ist leicht süßlich mit torfiger

Die Inneren Hebriden

Note. ☎ *01496 840 646, www.bunnahabhain.com, Touren März–Okt. Mo–Fr 3 x tgl.*

Bruichladdich: Drei Harvey-Brüder gründeten die Brennerei im Jahr 1881, die eigens als Destillerie gebaut wurde. Seit 2012 ist die Traditionsbrennerei, deren viktorianische Ausstattung zu einem großen Teil noch erhalten ist, im Besitz von Rémy Cointreau. ☎ *01496 850 190, www.bruichladdich.com. Besichtigungen im Sommer 4 x tgl., So 2 x tgl., im Winter 2 x tgl., So 1 x tgl.*

Kilchoman Distillery ist noch ganz neu. Die Produktion begann hier erstmalig im Jahr 2005. Jeder Arbeitsschritt findet auf der Rockside Farm statt, wie man bei der Führung erfährt. *Rockside Farm, Bruichladdich,* ☎ *01496 850 011, http://kilchomandistillery.com.*

Von Bridgend nach Port Askaig

Von Bridgend geht es östlich nach Port Askaig ab. 2 km hinter dem Dorf befindet sich die 1883 gegründete **Islay Woolen Mill Company**, wo man schöne Strickwaren sowie Decken und Hüte erwerben kann (☎ *01496 810 563, Mo–Sa.*

Künstliche Inseln

Die Straße führt entlang **Loch Finlaggan**. Die beiden (künstlichen) Inseln im Loch waren einst die Hauptquartiere der Insellords. Die MacDonalds regierten die Insel rund 350 Jahre lang. Am nordöstlichen Ende des Lochs befindet sich ein Besucherzentrum, wo man sich über die Geschichte der Insel informieren kann. Der Bohlenweg zur Insel **Eilean Mhor** (Vorsicht: nasse Füße) ist jederzeit zugänglich. Eine beträchtliche Sammlung an verzierten Grabplatten ist hier neben einer kleinen mittelalterlichen Kapelle gruppiert. Auf der kleineren Insel **Eilean na Comhaile** („Inselrat") trafen sich die Insellords, um die Politik zu besprechen.

Finlaggan Visitor Centre, ☎ *01496 850 273, www.finlaggan.com, Okt.–April Di, Do, So nachm., Mai–Sept. Mo–Sa nachm.*

Port Askaig ist der zweite Hafen der Insel. Von hier aus verkehren Fähren nach Jura und Colonsay. Der Ort besteht aus nicht mehr als einem Fähranleger (der allerdings eher an einen Badesteg erinnert), einem Parkplatz, einem Postamt (mit Laden) und dem Port Askaig Hotel, wo man schön im Garten sitzen kann. Nicht weit von Port Askaig liegt die Coal Ila-Destillerie und einige Kilometer weiter die wunderschön gelegene Bunnahabhain-Destillerie (s.o.).

Die Bunnahabain-Destillerie

Reisepraktische Informationen Isle of Islay

Information
TIC, Bowmore, The Square, Isle of Islay, ☎ 01496 810 254, www.islayinfo.com

Unterkunft
Die Unterkunftsmöglichkeiten auf Islay sind vielfältig. Es gibt einige Hotels, B&Bs, Ferienwohnungen und -cottages, Jugendherbergen sowie Camping- und Caravanplätze.
Kintra Farm €, Kintra Bay, Port Ellen PA42 7AF, ☎ 01496 302 051, www.kintrafarm.co.uk. Wunderbar 6 km westlich von Port Ellen gelegenes B&B mit 3 Zimmern sowie Feriencottage und Camping in den Dünen.
******Harbour Inn and Restaurant €€**, The Square, Bowmore, Isle of Islay PA43 7JR, ☎ 01496 810 330, www.harbour-inn.com. Ganzjährig, 7 Zimmer. Ein angenehmes Hotel in Familienbetrieb, großartige Blicke über die Bucht. Gemütliche Bar, hervorragende Küche.
****Port Charlotte Hotel €€**, Main Street, Port Charlotte, Isle of Islay PA48 7TU, ☎ 01496 850 360, www.portcharlottehotel.co.uk. Ganzjährig, 10 Zimmer. Gediegener, viktorianischer Inn mit Garten, gutem Restaurant und wunderschönen Ausblicken auf die Bucht.
*****Kilmeny Country Guest House €€–€€€**, Ballygrant, Isle of Islay PA45 7QW, ☎ 01496 840 668, www.kilmeny.co.uk. Ganzjährig außer Weihnachten und Neujahr, 4 Zimmer und eine Suite. Wunderschönes Farmhouse, herrlich gelegen.

Jugendherberge
***Port Charlotte Y.H.**, Port Charlotte, Isle of Islay PA48 7TX, ☎ 0870 004 1128, www.syha.org.uk. Tolle Ausblicke über Loch Indaal. 30 Betten, auch Doppelzimmer. April–Okt.

Einkehren
Einkehren kann man in den genannten Hotels (s. o.) sowie in **The Old Kiln Café**, Ardbeg Distillery, Mo–Fr 10–16 Uhr, im Sommer auch am Wochenende.

Einkaufen
Islay Woolen Mill Company, Bridgend, ☎ 01496 810 563, www.islaywoolenmill.co.uk

Whisky-Destillen (Besichtigung)
Führungen durch die Brennereien (inklusive einem Probeschluck) s. S. 291.

Golf
Machrie Golf Links, ☎ 01496 302 310. Schöner 18-Loch-Platz am Loch Indaal gelegen.

Vogelbeobachtung
Rund 100 verschiedene Vogelarten leben auf Islay, die in unterschiedlichen Habitaten – Moor, Hügel, Strand, Klippen – zu Hause sind. Jeremy Hastings veranstaltet seit etlichen Jahren Vogelbeobachtungstouren. http://islaybirds.blogspot.com.

Reisepraktische Informationen Isle of Islay

Flüge
Flugverbindungen bestehen von Glasgow 2 x tgl. mit Logan Air im 6-Sitzer (ab 30 £), ☎ 01496 302 096. Der Flughafen liegt wenige Kilometer nördlich von Port Ellen.

Fähre
Fährverbindungen nach Port Ellen oder Port Askaig von Kennacraig 2 x tgl. (So 1 x), Fahrzeit 2 Std. Die Fahrt von Edinburgh über Sterling, Balloch und Inveraray zum Fähranleger in Kennacraig dauert rund 3,5 Std., von Glasgow ca. 2,5 Std. Es gibt auch einen Bus von Glasgow nach Kennacraig, Auskunft: ☎ 01413 327 133, www.citylink.co.uk.

Busse
Es bestehen regelmäßige Busverbindungen auf Islay, allerdings werden nur die Hauptstrecken bedient.

Isle of Jura

Der Name „Jura" leitet sich vom nordischen „Dyr Öe" her, was so viel wie „Rotwild-Insel" bedeutet. Seit Hunderten von Jahren und auch heute noch ist die baumlose Insel **Jagdgebiet für Rotwild**. Jura gilt als die letzte Wildnis in Großbritannien. Rund 6.000 Stück Rotwild leben hier, im Vergleich zu 180 menschlichen Einwohnern ist das eine ganze Menge.

Das einzige Dorf auf Jura ist **Craighouse**, 12 km vom Fähranleger entfernt. Hier gibt es neben einem Hotel und dem Dorfladen die **Jura Distillery** (Craighouse, ☎ 01496 820 385, www.isleofjura.com, Besichtigung Mo–Fr 2 x tgl.).

7 km vom Bootsanleger, südlich von Craighouse, liegt **Ardfin** oder einfach **Jura House**. Der herrliche Park bietet zwei ausgeschilderte und mit Aussichtspunkten versehene Spaziermöglichkeiten. Eine Strecke ist rund 1,5 km lang und führt hinunter zum Strand, bevor es durch den Walled Garden wieder zum Parkplatz geht. Hier wächst z. B. die aus Chile stammende wilde *Fuchsia Magallanica* zu einer enormen Größe heran. Der

einer enormen Größe heran. Der andere Weg ist 6 km lang. An dieser Strecke befindet sich ein neolithisches Grab, einziges Beispiel dieser Art auf Jura. Das Haus selbst ist für die Öffentlichkeit nicht zugänglich, kann jedoch wochenweise an Selbstversorger (bis zu 15 Personen) vermietet werden.
Jura House Garden, ☎ 01496 820 198, Park ganzjährig Mo–Sa 9–17 Uhr, Teezelt Juni–Aug. (wetterabhängig).

Die „Hauptattraktion" Juras sind die **Paps of Jura**, drei brustähnlich geformte Berge, die man bei guter Sicht selbst vom schottischen Festland aus sehen kann. Die Paps bieten einige herausfordernde Wanderungen, die einen guten Orientierungssinn erfordern oder aber einen Führer, den man sich vom Hotel in Craighouse vermitteln lassen kann. Um alle drei Spitzen zu erklimmen, braucht man ca. 8 Std., aber während des **Paps of Jura Fell Race** schaffen es manche sogar in 3 Std. Ausgangspunkt ist die dreibogige Brücke über den Corran-Fluss, nördlich von Leargybreak. Die Westküste der Insel ist vollkommen unbewohnt und nur von den erfahrensten Wanderern erreichbar.

Wandern in den Paps of Jura

Die Fahrt entlang der einzigen Straße, die sich an der Ostküste der Insel hochzieht, kann einsamer nicht sein. Selbst die Kühe haben es mit der Ruhe und es erfordert schon einige Geduld, bis sie sich von der Straße entfernt haben.

Corryvreckan Whirlpool

Der Corryvreckan Whirlpool liegt ganz im Norden, zwischen Jura und der unbewohnten Insel von Scarba. Hier ereignen sich die heftigsten und gefährlichsten Gezeiten in Schottland. Am besten kann man die furchterregenden Geräusche eine Stunde nach Ebbe hören, noch bevor das Wasser wieder hereinkommt. Bevor Sie sich hierher aufmachen, fragen Sie im Hotel nach den Tidezeiten.

Ebenfalls im Norden der Insel liegt **Barnhill**, ein völlig einsam gelegenes Cottage, wo sich **George Orwell** zwischen 1946 und 1948 aufhielt, um den Roman „1984" zu schreiben. Das Haus kann wochenweise gemietet werden.

Reisepraktische Informationen Isle of Jura

Information
www.jurainfo.com

Unterkunft
**Jura Hotel €€, Isle of Jura PA60 7XV, ☎ 01496 820 243, www.jurahotel.co.uk. Das einzige Hotel auf Jura bietet herrliche Blicke auf die Bucht. Das Hotel besitzt 17 Zimmer, auch Familienzimmer, und einen schönen Garten. Im Hotel erhält man Informationen über die Insel und über Aktivitäten wie Lachsfischen, Ponyreiten, Jagd und Wandern. Die Bar ist bei Einheimischen und Urlaubern beliebt und der eigentliche Treffpunkt der Insel.

„George Orwell" House für Selbstversorger, 8 km von der nächsten gepflasterten Straße entfernt liegt das Haus, in dem sich George Orwell 1946–1948 aufhielt. Es hat 5 Zimmer und 7 Betten und kann wochenweise gemietet werden (ab 550 £/Woche), Kontakt: ☎ 01786 850 274, lennieston@aol.com.

Fähre
Von Port Askaig (Islay) verkehr eine kleine Auto- und Passagierfähre regelmäßig nach Feolin. Die Überfahrt dauert 5 Min. April–Okt. tgl. etwa halbstündlich bis stündlich zwischen 7.30 und 18.30 Uhr, im Winter weniger. ☎ 01496 840 681. 16 £ Auto und Fahrer hin und zurück.

Busse
Es gibt einen **Minibus** auf Jura, der zwischen Feolin Ferry und Craighouse Mo–Sa mehrmals am Tag verkehrt. Auskunft: ☎ 01496 820 314.

Isle of Mull

Intakte Natur
Mull ist die zweitgrößte Hebrideninsel und leicht zu erreichen. Zwar relativ arm an kulturellen Sehenswürdigkeiten, verfügt Mull jedoch über eine großartige, weitgehend intakte Natur. Mull bietet für jeden Geschmack etwas: eine grandiose Berglandschaft, 300 km Küstenlinie, wunderbare Angelmöglichkeiten und hübsche Dörfer. Besonders die Bucht an der Südküste mit den großen Bögen, die das Meer aus dem Felsen herausgespült hat, ist beeindruckend. Man sollte einige Tage auf Mull zubringen und die Schönheit der Insel auf sich wirken lassen. Die Geschichte Mulls ist vergleichbar mit jener anderer Hebrideninseln. Während der *clearances* wurden die Einwohner vertrieben, um Platz für Schafe zu schaffen. Durch Hungersnöte wurde die dadurch dezimierte Bevölkerung noch weiter verringert. 1820 hatte die Insel 10.600 Einwohner, heute ungefähr 2.600. Davon sind viele *white settlers*, d. h. entweder stadtflüchtige Engländer oder Schotten vom Festland. Tourismus ist eine wichtige Einnahmequelle neben den traditionellen Erwerbsmöglichkeiten wie Fischfang, Landwirtschaft und Whiskyherstellung. Trotz eines regen Besucheraufkommens erscheint Mull jedoch selten überlaufen.

Torosay Castle ist ein hübsch anzuschauendes Schloss im Baronialstil, das 1858 fertiggestellt wurde. Der Architekt war David Bryce (1803–1876), ein bekannter Baumeister der viktorianischen Zeit. Torosay wurde 2012 für Besucher geschlossen und derzeit ist die weitere Nutzung nicht geklärt. Die Gartenanlagen sind jedoch weiterhin öffentlich zugänglich.

Nicht weit von Torosay Castle liegt **Duart Castle**. Die Stammburg der MacLeans, die in spektakulärer Lage den Sound of Mull beherrscht, verfiel im ausgehenden 17. Jh. zur Ruine und wurde erst 1912 restauriert. Die Ringmauer stammt noch aus dem 13. Jh., der Wohnturm, dessen Wände 3–4 m dick sind, aus dem 14. Jh., Im Inneren ist eine Sammlung mit Erinnerungsstücken an die MacLeans zu sehen. Von hier aus bieten sich fantastische Blicke über den Loch Linnhe und den Sound of Mull. Im netten „Tearoom" gibt es leckere Kleinigkeiten.

Duart Castle, Argyll, ☎ 01680 812 319, www.duartcastle.com, Mai–Okt. tgl. 10.30–17 Uhr, Osterferien tgl., Eintritt 6 £.

Unweit Torosay Castle geht es auch zu **Wings over Mull**, einem Schutzzentrum für Greifvögel. Die Ausstellung bietet detaillierte Informationen über das Schutzprogramm für Falken und Adler.
Wings over Mull, Auchnacroish House, Torosay, Craignure, www.wingsovermull.com, Ostern–Okt. 10.30–17.30 Uhr, sonst nach Vereinbarung, 4.50 £, Flugvorführungen jeweils um 14 und 16 Uhr.

Tobermory ist der Hauptort der Insel und gilt als der hübscheste Fährhafen im Westen Schottlands. Der Ort wurde im späten 18. Jh. in dieser geschützten Bucht durch die British Fisheries Society als Heringshafen gegründet. Die bunt gestrichenen Häuser reihen sich am Hafen entlang. Ein richtiger Fischerhafen wurde Tobermory allerdings nie. Entlang der Main Street ziehen sich Restaurants, eine Bank, Pubs, verschiedene Geschäfte und die Touristeninformation. Das **Mull Museum** ist in einer alten Bäckerei untergebracht und zeigt Lokalgeschichtliches.

Hauptort von Mull

Mull Museum, Columba Buildings, Main Street, Tobermory, ☎ 01688 301 100, Ostern–Okt. Mo–Fr 10–16 Uhr, Eintritt frei.

Tobermory, im 18. Jh. als Heringshafen gegründet

Am Ende der Hauptstraße liegt die **Tobermory-Destillerie**. Es gibt Führungen auf Anfrage und den obligatorischen Probierschluck (☎ *01688 302 647, Mo–Fr 10–17 Uhr*).

Kunsthandwerkszentrum **An Tobar** ist ein Kunst(handwerks-) zentrum in der Argyll Terrace mit Ausstellungen, Musikveranstaltungen, Café und Workshops (☎ *01688 302 211, www.antobar.co.uk, i.d.R. Mo–Sa 10–17, Juli/Aug. auch So 13–16 Uhr*).

Von Tobermory windet sich eine kleine Straße in engen Kurven entlang der Küste nach **Dervaig**. Romantisch am Loch Cuin gelegen, ist Dervaig ein niedlicher Ort mit weiß gekalkten Häusern. 1,5 km hinter Dervaig, im Glen Bellart, lädt das **Old Byre Heritage Centre** zum Besuch ein. Eine Ausstellung und eine Videovorführung erläutern die Geschichte sowie Flora und Fauna der Insel. Es gibt eine lizenzierte Teestube und einen Souvenirshop.
Old Byre Heritage Centre, ☎ *01688 400 229, www.old-byre.co.uk, April–Mitte Okt. Mi–So 10.30–18.30 Uhr*.

Eine Besonderheit des Ortes ist das **Mull Theatre**. Zwischen Mai und September wird in dem nur 43 Plätze fassenden Theater ein reichhaltiges Programm geboten. Das Theater liegt 1 km außerhalb von Dervaig *(www.mulltheatre.com)*.

Die **Calgary Bay**, 8 km westlich von Dervaig, besitzt den schönsten Strand der Insel und einen fantastischen Platz zum wilden Campen. Von hier aus kann man wunderschöne Blicke auf Coll und Tiree genießen. Das **Calgary Farmhouse** bietet eine hervorragende Unterkunft für Selbstversorger und ein schönes Café *(www. calgary.co.uk).* Ein Skulpturenpfad windet sich durch das Waldstück hinter dem Haus. Von Calgary Bay schlängelt sich die Straße in abenteuerlichen Windungen entlang der Westküste. Beim Wasserfall **Eas Fors** kann man auch ein erfrischendes Bad nehmen.

Skulpturenpfad

Die **Isle of Ulva** ist von Ulva Ferry mit einer kleinen Fähre erreichbar. Der Name Ulva kommt aus dem Norwegischen und bedeutet „Wolfsinsel". Wölfe gibt es hier zwar keine mehr, dafür aber Goldadler, Rotwild, Bussarde und Seehunde. Verschiedene Wanderwege führen kreuz und quer über die unberührte Insel. Die Basaltsäulen im Süden ähneln denen von Staffa. Früher lebten hier 850 Menschen, bis sie während der *clearances* vertrieben wurden. Heute beträgt die Bevölkerungszahl 16 Personen. Am Fähranleger kann man im **Boathouse Tea Room** einkehren, wo eine Ausstellung über die Geschichte der Insel zu sehen ist.
The Boathouse, ☎ 01688 500 241, www.theboathouseulva.co.uk.

Von Ulva Ferry führt die Straße wieder ostwärts und teilt sich dann: Richtung Osten geht es zurück nach Salen, Richtung Westen führt die B8035 entlang der Südküste vom Loch na Keal. Dieser Teil der Insel wird vom höchsten Berg der Insel, dem **Ben More** (966 m) – „The Big Mountain" – dominiert. Die Bergkulisse ist fast filmreif. Die Straße passiert Dishig, den besten Ausgangspunkt für den steilen Aufstieg zum Gipfel des Ben More. Schließlich stößt sie auf die A849 und führt durch das wunderschöne **Glen More** nach Craignure.

The Big Mountain

Der Ross of Mull

Die südliche Halbinsel erstreckt sich 30 km vom Loch Scridain bis nach Iona. Die meisten Besucher benutzen die Straße nur, um zum Fähranleger Fionnphort für die Fähre nach Iona zu kommen, aber wenn das Wetter gut ist und man genügend Zeit hat, kann man hier durchaus einige Zeit verbringen. Wunderschön ist die **Uisken Bay** mit herrlichem Strand.

Fionnphort ist der Fähranleger (für Fahrräder und Passagiere) nach Iona. Der Ort besteht lediglich aus einer Reihe von Häusern, einem Pub und einem kleinen Laden. Die Straße führt noch ein Stückchen weiter südlich zu einem Campingplatz bei Fidden Farm. **Erraid Island** kann bei Ebbe zu Fuß erreicht werden. Angeblich soll hier Robert Louis Stevenson sein bekanntes Buch „Kidnapped" geschrieben haben. Balfour Bay ist nach dem Held des Romans benannt, der hier Schiffbruch erlitt. Das **Columba Centre** *(Ostern–Sept. tgl. 10–13, 14–17.30 Uhr, Eintritt frei)* bietet eine kleine, aber interessante Ausstellung über die Geschichte Ionas.

Wandern

Mull bietet wunderschöne und vielfältige Wandermöglichkeiten: Küstenwanderungen, Waldwege und für die erfahreneren Wanderer handfeste Bergtouren. Die Touristeninformation hält vielfältiges Kartenmaterial und Wanderbeschreibungen bereit. Die Tour auf den Ben More beginnt bei Dishig und ist gut ausgeschildert.

Reisepraktische Informationen Isle of Mull

Information
TIC, Craignure, The Pier, ☏ 01680 812 556, www.holidaymull.co.uk
TIC, Tobermory, ☏ 01680 812 556. Am Hafen beim Büro von Caledonian MacBrayne.

Unterkunft
***The Western Isles Hotel €–€€, Tobermory, ☏ 01688 302 012, www.westernisleshotel.co.uk. Wunderbar gelegenes und liebevoll geführtes Hotel mit spektakulären Ausblicken über die Tobermory Bay. Mit Brasserie und À-la-carte-Restaurant. Es werden weitgehend lokale Produkte verwendet.
Mishnish Hotel €–€€, Main Street, Tobermory, Isle of Mull PA75 6NU, ☏ 01680 302009, www.mishnish.co.uk. Ganzjährig, 10 Zimmer, seit Generationen im Familienbetrieb. Auch gibt es solides Essen. Live-Musik, s. auch unter Feste und Festivals.
Glen Forsa Hotel €€, Salen, Isle of Mull PA72 6JW, ☏ 01680 300 377, www.glenforsa.co.uk. Ostern–Okt., 14 behagliche Zimmer. Sehr ruhig gelegen, obwohl hier auch der Mini-Flughafen ist. Guter Ausgangspunkt für Wanderungen.
****Druimard Country House & Restaurant €€–€€€, Dervaig, Isle of Mull, ☏ 01688 400 345, www.druimard.co.uk. April–Okt. 4 Zimmer. Das viktorianische Country-Haus bietet vor allem herrliche Ausblicken auf die Landschaft. B&B ab 90 £ pro Zimmer.
****Tiroran House €€–€€€, Isle of Mull PA69 6ES, ☏ 01681 705 232, www.tiroran.com. März–Nov., 10 Zimmer, abgelegen und romantisch am Nordufer des Loch Scridain. Wunderschöner Garten. Komfortabel, ungezwungene Atmosphäre. 160–210 £ pro Zimmer. Auch Cottages für Selbstversorger.
Gruline Courtyard Cottage €€€, Gruline, Isle of Mull, Argyll PA71 6HR, ☏ 01680 30597, www.gruline-mull.co.uk. Ganzjährig. Vom Cottage (2 Pers.) kann man einen unvergesslichen Blick auf die Berge genießen. Kinder ab 13 Jahren willkommen.

Jugendherberge
***Tobermory Y.H., Main Street, Tobermory, Isle of Mull PA75 6NU, ☏ 01688 302 481, www.syha.org.uk. März–Okt., 33 Betten, auch Familienzimmer. Mitten im Ortszentrum gelegen und mit seinem roten Anstrich nicht zu übersehen.

Einkehren
In den Hotels und Gästehäusern der Insel, außerdem gibt es zahlreiche Cafés und Take-aways. Behaglich ist es im Café des kleinen Kunst- und Veranstaltungszentrum **An Tobar** (www.antobar.co.uk, März–Dez. Mo-Sa 10–17, Mai–Sept. auch So 13–16 Uhr) in Tobermory.

Einkaufen
Tobermory Chocolate Company, ☏ 01688 302 526, www.tobermorychocolate.co.uk. Hier gibt es Köstlichkeiten aus Schokolade für kleine und große Naschkatzen, z. B. Schokolade mit Whisky.
Am Ende des Ortes an der Sgriob-Ruadh Farm kann man bei **Isle of Mull Cheese** hervorragenden Käse kosten und sich ein Stückchen fürs Picknick mitnehmen. ☏ 01688 302 235, www.isleofmullcheese.co.uk.

Golf
Tobermory Golf Club, Isle of Mull. 9-Loch-Platz auf den Klippen mit fantastischen Blicken über den Sound of Mull. Auskunft: ☎ 01688 302 741.

Fahrrad fahren
Mountainbikes verleiht **Archibald Brown & Son**, 21 Main Street, Tobermory, ☎ 01688 302020. www.browns-tobermory.co.uk, bereits in der fünften Generation. Außer Fahrradverleih gibt es in diesem reizenden Laden auch Schrauben und andere Eisenwaren, einen Schlüsseldienst, Angellizenzen und natürlich Malt Whisky.

Feste und Festivals
Ende April findet auf Mull ein **Musikfestival mit gälischer Folklore** statt. Das Mishnish Hotel (s. o.) in Tobermory ist der Hauptveranstaltungsort (☎ 01680 302 009, www.mishnish.co.uk). Das Mishnish ist zu einer Institution für Live-Musik geworden. Eine Woche lang Anfang Juli wird mit dem **Mendelssohn Festival** der Besuch Mendelssohns (1829) auf der Insel gefeiert. Ebenfalls im Juli finden die **Tobermory Highland Games** statt. Im Oktober gibt es die Tour of Mull Rallye.

Naturkundliche Touren
Island Encounter Wildlife and Birdwatch Safaris in Aros, nördlich von Salen, sind naturkundliche Touren, bei denen Goldadler, Seeadler, Falken, aber auch Seehunde beobachtet werden können. Ferngläser werden gestellt. Für kleine Kinder sind die Fahrten ungeeignet. Die Touren sind auf die Ankunfts- bzw. Abfahrtszeiten der Fähren abgestimmt und man kann vom Fähraleger abgeholt werden. Auskunft: Richard Atkinson, www.mullwildlife.co.uk. 39 £ inkl. Lunch.

Bootstouren nach Staffa und zu den Treshnish-Inseln
Turus Mara Wildlife and Seabird Cruises, Dervaig, ☎ 01688 400 242, www.turusmara.com, Ostern–Okt. tgl. (wetterabhängig) nach Iona, Staffa und Treshnish. Die Touren dauern 4–6 Std. und kosten rund 50 £.

Fähre
Mull ist gut von Oban nach Craignure (Fahrtzeit 40 Min.) sowie von Kilchoan nach Tobermory (in 35 Min.) und von Lochaline nach Fishnish (Fahrtzeit 15 Min.) zu erreichen. **Fähre zur Isle of Ulva:** Die kleine Passagier- und Fahrradfähre fährt nach Bedarf Mo–Fr 9–17 Uhr, Juni–Aug. auch So, Auskunft Fährmann ☎ 01688 500 226, mobil 079 1990 2407, www.isleofulva.com. Die Überfahrt dauert 2 Minuten.

Hinweis
Von Craignure nach Fionnphort (Fähre zur Isle of Iona) fährt man eine gute Stunde, allerdings sollte man früh aufbrechen, bevor die Fähre von Oban anlegt, weil man sonst in einer Schlange von Touristenbussen steht, die alle nach Fionnphort wollen.

Auto fahren
Die gut 200 Straßenkilometer sind fast alle einspurige „single road tracks". Kalkulieren Sie extra Zeit ein, um von A nach B zu kommen. Dies ist z. B. wichtig, wenn Sie eine bestimmte Fähre erreichen müssen. Es gibt nicht sehr viele Tankstellen, am besten füllt man Benzin also in Oban oder am Fährhafen in Tobermory oder in Craignure auf.

Isle of Iona

Die meisten Besucher kommen nach Iona, um das Kloster zu besichtigen und die Ruhe und das „Nichtstun" zu genießen. Es gibt viele Wanderwege, man kann wilde Blumen anschauen oder am Strand faulenzen. Da es keine Autos gibt, ist Iona auch für Kinder ideal. Wenn möglich, sollte man mindestens eine Nacht hier bleiben und auch die Nord- und Westküste erkundschaften. Auf der 100 Einwohner zählenden Insel (5 km lang, 3 km breit) soll das schottische Christentum begründet worden sein. Im Jahr 563 kam der irische Mönch **hl. Columba** nach Iona und gründete ein Kloster, von dem jedoch keine Überreste mehr vorhanden sind. Von hier aus unternahm er seine Missionarsreisen, die das Christentum über ganz Schottland, einschließlich den Orkney- und Shetland-Inseln, verbreiteten. Der hl. Columba starb 597 und in der Folgezeit entwickelte sich Iona zu einem Wallfahrtsort sowie zur Begräbnisstätte schottischer Könige.

Ursprung des schottischen Christentums

Iona Abbey ist ein kreuzförmiger Bau mit auffallend gedrungenem Mittelturm. Die Abtei wurde 1203 von den „Lord of the Isles" errichtet, verfiel jedoch nach der Reformation. Unter dem Duke of Argyll, dem die Ruine gehörte, wurden im ausgehenden 19. Jh. erste Restaurierungsarbeiten unternommen. Vollständig hergestellt wurde sie jedoch erst durch den *Iona Cathedral Trust* und die *Iona Community* (s. u.), die auch auf der Insel lebt. Im Inneren der Kirche sind besonders die mit Dämonen, Menschen- und Tierdarstellungen verzierten Säulenkapitelle der Stützpfeiler im Chor beeindruckend

Iona Abbey, ☎ 01681 700 512, www.historic-scotland.gov.uk, April–Sept. tgl. 9.30–17.30, Okt.–März tgl. 9.30–16.30 Uhr, Eintritt Erw. 5.50 £, Kinder 3.30 £.

Gegenüber der Kathedrale steht das fast vollständig erhaltene, über 4 m hohe keltische **St. Martin's Cross** aus dem 10. Jh. Es ist das älteste Kreuz auf der Insel. Es ist dem hl. Martin von Tours gewidmet und mit Darstellungen von Tieren, Menschen und keltischen Mustern, die das ewige Leben symbolisieren, verziert. Auf der Westseite erkennt man die von vier Engeln umgebene Jungfrau mit dem Kind. Interessant an dem Kreuz ist, dass die Arme Öffnungen haben, um dort Verzierungen aus Bronze oder Holz aufzunehmen. Weitere Kreuze und verzierte Grabsteine sind im Museum hinter der Abtei zu sehen. Das **MacLean's Cross**, ein hohes, freistehendes Kreuz, stammt vermutlich aus dem 15. Jh. Das **St. John's Cross** ist eine Replik. Das Original ist mehrfach in sich zusammengebrochen.

Der **St. Oran's Cemetry** gilt als ältester Friedhof Schottlands. Die Toten aus 13 Jahrhunderten – u.a. Kenneth MacAlpine (860), Duncan I. und Macbeth – fanden hier ihre letzte Ruhestätte. Die meisten der wertvollen Grabsteine, die ältesten stammen aus dem

Auf Iona fahren keine Autos

7. Jh., befinden sich im Museum. Das **Iona Heritage Centre** dokumentiert das Leben der Insulaner in der Vergangenheit sowie die Flora und Fauna Ionas (☎ 01681 700 576, Mo–Sa 10.30–16.30 Uhr).

Iona Community

Die Iona Community ist eine ökumenische Gemeinschaft von Männern und Frauen, die nach neuen Wegen suchen, um im Wort Gottes zu leben. 1938 wurde die Gemeinschaft auf Iona gegründet. Die Mitglieder kommen überwiegend aus Großbritannien, aber auch aus Afrika, Australien, Asien und Amerika. Sie setzen sich für Frieden und Gerechtigkeit in der Welt ein, sind aber auch in der Jugendarbeit tätig. Besucher erhalten die Möglichkeit, die christliche Gemeinschaft zu teilen. So kann man als freiwilliger Helfer für die Gemeinschaft arbeiten oder hier auch Meditationstage einlegen.
Weitere Auskunft: **Iona Abbey**, Isle of Iona, Argyll, PA76 6SN, ☎ 01681 700 404, www.iona.org.uk.

Reisepraktische Informationen Isle of Iona

Information
www.welcometoiona.com

Unterkunft
Es gibt verschiedene Unterkünfte auf Iona: 2 Hotels, Gästehäuser, B&Bs, Unterkünfte für Selbstversorger, „Retreats" und ein Hostel.
******Iona Hostel €**, Lagandorain, Isle of Iona PA76 6SW, ☎ 01681 700 781, www.ionahostel.co.uk. Wunderbar gelegen, 22 Betten, auch Doppelzimmer.
******St. Columba Hotel €€**, Isle of Iona PA76 6SL, ☎ 01681 700 304, www.stcolumba-hotel.co.uk. 45 Betten, direkt neben der Abtei gelegen. Das Hotel gehört einer Gruppe von Inselbewohnern. Restaurant: 8–20 Uhr mit vollwertiger Kost.

Bootstouren
Von Iona werden Bootstouren zur Insel Staffa unternommen. Wenn die Wetterlage es zulässt, hat man dort eine Stunde Aufenthalt. Auskunft: D. Kirkpatrick, Tigh-na Traigh, Iona, ☎ 01681 700 358, www.staffatrips.co.uk. Preis: Erw. 25 £, Kinder 10 £. Abfahrtszeiten: Iona 9.45 und 13.45 Uhr, Fionnphort 10 und 14 Uhr.

Fähre
Ganztägig und regelmäßig von Fionnphort / Isle of Mull oder Rundfahrt von Oban. Autos dürfen nicht mitgebracht werden, aber man kann **Fahrräder** ausleihen.

Taxi/Touren
Joyce und Lindsay McIntyre, ☎ 01681 700 776. Neben Taxiservice bieten die McIntyres auch halbstündige bzw. einstündige Besichtigungstouren sowie B&B.

Staffa und Treshnish Isles

Staffa, ein 8 km westlich von Mull gelegener, unbewohnter Basaltfelsen, gehört dem NTS (National Trust for Scotland) und steht unter Naturschutz. Die Höhle **Fingal's Cave** ist eines der eindrucksvollsten Naturwunder der Welt. Sie wurde 1772 durch den Naturforscher Sir Joseph Banks, der mit James Cook die Welt umsegelt hatte, entdeckt.

Basaltsäulen prägen die Insel Staffa

Ein Vulkanausbruch im Tertiär ist verantwortlich für die Entstehung der „Insel der Säulen". Große Mengen an Lava wurden aus dem Meer geschleudert. Das gleiche Phänomen schuf auch den Giant's Causeway in Nordirland. Der Legende nach beschmissen sich die beiden Rivalen, der Ire Fionn Mac Cumhail und der Schotte Fingal, mit Felsbrocken über die Irische See. Beim Abkühlen formten diese riesige, symmetrisch und gleichmäßig strukturierte Basaltsteinsäulen. Im Laufe der Jahrtausende hat das Meer gewaltige Höhlen aus der Stabinsel herausgespült. Der riesige Innenraum wurde aufgrund seiner fast architektonisch entwickelten Formationen häufig mit einer gotischen Kathedrale verglichen.

Inspiration für Künstler — Generationen von Künstlern ließen sich von den Basaltsteinformationen inspirieren, insbesondere nachdem man der Inselhöhle den Namen „Fingal's Cave" gegeben hatte – in Anlehnung an den „Ossian" des Dichters James MacPherson. Zu Hunderten strömten die Schaulustigen herbei, unter ihnen Queen Victoria, Walter Scott, William Turner, William Wordsworth und Felix Mendelssohn-Bartholdy. Letztgenannter besuchte Staffa 1829 und war so beeindruckt, dass er dem Naturereignis in seiner romantischen Hebriden-Ouvertüre (1832) ein musikalisches Denkmal setzte. Mendelssohn wusste wohl, dass der Name der Höhle auf Gälisch „die melodische Höhle" bedeutet.

Die meisten Touren zur Staffa Island werden in Verbindung mit einer Fahrt zu den Treshnish Islands gemacht. Es handelt sich um eine kleine unbewohnte Inselgruppe, die Heimat von Seevögeln und Kegelrobben ist.

Hinweis

Es gibt verschiedene Veranstalter, die Ausflugsfahrten nach Staffa (oft in Kombination mit den Treshnish-Inseln) anbieten. Abfahrtsorte sind Oban, Dervaig, Ulva Ferry (Westküste Mulls), Iona und Fionnphort. Wenn das Wetter es zulässt, kann man ausstei-

gen und in die beeindruckende Höhle gehen. Informationen in allen Touristenämtern und in den Unterkünften.

> **Buchtipp**
> **Alastair de Watteville: The Isle of Staffa**, 1993. Der ehemalige Besitzer der Isle of Staffa, de Watteville, ist bester Kenner der faszinierenden Insel.

Isle of Coll

Coll ist eine flache, baumlose und windzerfurchte Insel, die dem Besucher „die einfachen Freuden des Lebens" bietet. Es ist so still und friedlich hier, dass die anderen Inseln im Vergleich dazu fast überbevölkert erscheinen. Im Sommer leben rund 170 Menschen hier, im Winter vielleicht 100. „Zu tun" gibt es nur wenig hier, abgesehen von herrlichen Wanderungen an den menschenleeren Stränden. Tourismus spielt keine große Rolle auf Coll, und die wenigen Besucher, die es hierher verschlägt, bevorzugen es auch so. Es gibt verschiedene Unterkünfte: B&Bs, Cottages für Selbstversorger und ein Hotel. Der Hauptort heißt **Arinagour**, wo es Einkaufsmöglichkeiten und ein Café gibt.

Friedvolle Stille

Die schönsten Strände sind an der Westküste zu finden: **Killunaig**, **Hogh Bay** und **Feall Bay**. Die Feall Bay ist durch die Crossapool Bay durch riesige Sanddünen abgetrennt. Sie gehören zu einem Naturschutzgebiet des RSPB (Vogelschutzbund). In der Nähe, am Kopf des Loch Breachacha, steht das restaurierte **Breachacha Castle**. Das nahe gelegene Herrenhaus stammt aus dem 18. Jh. Von der Spitze des **Ben Hogh**, dem höchsten Punkt der Insel (114 m), hat man einen guten Blick über die Inselwelt. Die Ostküste von Coll, nördlich von Arinagour bis nach Soridale, ist unbewohnt.

Reisepraktische Informationen Isle of Coll

Information
www.visitcoll.co.uk

Unterkunft
Auf der Insel gibt es neben dem Coll Hotel (s. u.) Unterkünfte für Selbstversorger, Campingmöglichkeiten und ein Hostel (www.collbunkhouse.co.uk). Weitere Infos unter www.visitcoll.co.uk.
*****Coll Hotel €€**, Arinagour, Isle of Coll PA78 6SZ, 01879 230334, www.collhotel.com. Herrlich gelegenes Hotel mit 6 Zimmern (4 davon mit Blick über die Bucht), großem Garten, Restaurant und Bar.*

 Fähre
Tgl. von Oban. Die Überfahrt dauert 2 Std. 30 Min. Im Sommer von Oban Tagestouren mit 8 Std. Aufenthalt auf Coll (jeweils Do) oder kürzere Touren mit 2 Std. Aufenthalt (Sommer: Sa, So, Mo; Winter: Di, Do, Sa)

Isle of Tiree

Tiree ist das sonnigste Fleckchen in ganz Schottland, denn durchschnittlich fällt hier weniger Regen als andernorts. Dafür ist es aber fast immer windig. So windig, dass die Insel mittlerweile zu einem Mekka für Windsurfer geworden ist – deshalb auch der Spitzname: „Hawaii des Nordens". Windsurfer aus aller Welt kommen nach Tiree, um die riesigen Wellen, die der Atlantik an die zahlreichen, langen und sauberen Strände presst, zu erobern.

„Hawaii des Nordens"

Im Vergleich zu Coll ist Tiree mit immerhin 800 Einwohnern geradezu dicht besiedelt. 1831 lebten hier über 4.000 Menschen, doch durch die *clearances* reduzierte sich die Bevölkerung bis 1881 auf die Hälfte. Tiree ist grüner und fruchtbarer als die Nachbarinseln. Einst als „Brotkorb" der Hebriden bekannt (der gälische Name „tir-iodh" bedeutet so viel wie „Land des Korns") kann sich Tiree eines relativen Wohlstands erfreuen. Kleine Farmbetriebe (Schafe und Rinder) bilden die Haupterwerbsquelle. Auch der Tourismus spielt eine Rolle, und die Palette an Unterkünften reicht vom Hostel bis zum Hotel.

Tiree ist 16 km lang und 9 km an ihrer breitesten Stelle. Abgesehen von den beiden Erhebungen, **Ben Hynish** (141 m) und **Beinn Hough** (129 m) an der Westküste, ist die Insel flach. Auf der Spitze des Ben Hynish befindet sich eine Radarstation, die wie ein riesiger Golfball aussieht. Von oben hat man einen schönen Blick über die Insel und an einem klaren Tag sogar bis auf die Äußeren Hebriden. Unterhalb des Ben Hynish liegt das Dorf Hynish.

Schöner Warteraum

Der Hafen **Gott Bay** liegt in der Nähe von **Scarinish**, dem Hauptdorf der Insel, wo es einen kleinen Supermarkt, eine Post und eine Bank gibt. Eine „Attraktion" ist hier der Warteraum für die Calmac-Fähre von Oban, genannt **An Turas**, was mit „die Reise" übersetzt werden kann. Das Gebäude wurde 2003 als „Scottish Building of the Year" ausgezeichnet und gilt als eines der schönsten modernen Bauwerke, nicht nur in Schottland, sondern in Großbritannien insgesamt. Die Auszeichnung erfolgte vor allem aufgrund der hervorragenden Integration der Architektur in die umgebene Landschaft, in diesem Falle dem Meer. 6 km von Scarinish entfernt kann man die gut erhaltenen Überreste von **Dun Mor**, einen piktischen Broch sehen, der im 1. Jh. n. Chr. gebaut wurde.

Die Hauptstraße verläuft nordwestlich von Scarinish, entlang der Balephetrish Bay – mit einem wunderschöner Strand – nach Balevullin. In Sandaig kann man das **Sandaig Museum** besichtigen, in dem Heimatkundliches ausgestellt ist *(Di–Sa nachmittags)*. Im Südwesten der Insel liegt **Kenavara**. Die beeindruckenden Klippen sind Heimat für Tausende von Seevögeln und am steinigen Ufer aalen sich die Seehunde.

The Signal Tower & Historic Lighthouse Shorestation in Hynish erläutert die interessante Geschichte des Skerryvore Lighthouse, das 1840–1844 von Alan Stevenson, dem Onkel von Robert Louis Stevenson, erbaut wurde (☎ *01879 220 726, tgl. 9–17 Uhr*). Die Leuchtsignale waren der einzige Kontakt zwischen dem Leuchtturmwärter und der Zivilisation.

Reisepraktische Informationen Isle of Tiree

Information
Discover Tiree, Balemartine, Isle of Tiree PA77 6UA, ☎ 01879 220 510, www.isleoftiree.com
Information Rural Centre, Crossapol, ☎ 01879 220 677, Mo–Sa 10–16 Uhr.

Unterkunft und Einkehren
Es gibt zahlreiche Unterkünfte auf Tiree: 2 Hotels, etliche Cottages für Selbstversorger, B&Bs und Gästehäuser sowie ein Hostel (s. u.). In den beiden Hotels kann man auch essen.
******Millhouse Hostel**, ☎ 01879 220 435, www.tireemillhouse.co.uk, ab 17 £. Unterkunft in umgebauter Scheune und altem Farmhaus.

Surfen
Isle of Tiree ist das Mekka der Surfer schlechthin. Alljährlicher Wettbewerb im Oktober, http://tireewaveclassic.co.uk.

Flüge
Flugverbindungen Mo–Sa tgl. von und nach Glasgow.

Fähre
Regelmäßige Fährverbindungen von Oban nach Tiree. Im Winter lediglich 3 x pro Woche mit Halt in Coll.

Isle of Colonsay

Die rund 200 Einwohner zählende Insel misst zwölf Straßenkilometer. Landwirtschaft und Fischerei waren und sind auch heute noch die Haupterwerbsquelle auf der kleinen Insel, ebenso der Fremdenverkehr. Es gibt herrliche Sandstrände, die zum Spazierengehen einladen, einen 18-Loch-Golfplatz, Angelmöglichkeiten sowie mehrere „McPhies" zum Erklimmen (McPhies sind niedriger als Munros, und das

Goldener Sandstrand: die Kiloran Bay auf Colonsay

Ziel ist, sie alle in einer Tour „abzuklappern"). Die Anzahl von Ferienhäusern und Unterkünften für Selbstversorger bezeugt, dass die sechs Stunden, die man während eines Tagesausflugs hier hat, nicht ausreichen, um die Schönheit der Insel zu genießen.

Colonsay erscheint vielen wie ein Paradies auf Erden, so abgeschieden und ruhig ist es hier. **Scalasaig** ist der Hafen. Hier sind auch das einzige Hotel der Insel, ein Restaurant, ein Einkaufsladen mit Postamt, eine Tankstelle und ein kleines heimatgeschichtliches Museum. Nördlich des Fährenlegers liegt **Colonsay House**. Es wurde 1722 errichtet und 1904 (zusammen mit der Insel) an Lord Strathcona, der in Kanada ein Vermögen mit der Hudson Bay Company gemacht hat, verkauft. Das Haus ist für die Öffentlichkeit nicht zugänglich, wohl aber der Park mit seinen herrlichen Rhododendren und der private Garten. Die kleinen Cottages auf dem Anwesen werden als Ferienhäuser für Selbstversorger genutzt *(Colonsay Estate, ☎ 01951 200 316, www.colonsayestate.co.uk).*

Zeugnisse aus der Frühzeit Die Insel verfügt über viele Zeugnisse aus der Frühzeit. Es gibt einige „Stehende Steine", etwa die **Fingal's Limpet Hammers** in Kilchattan, südwestlich von Colonsay House. Das **Dun Eibhinn** in Scalasaig ist ein Fort aus der Eisenzeit.

Nicht nur für Menschen, auch für Tiere und Pflanzen ist Colonsay ein Paradies. Botaniker können über 500 Pflanzenarten entdecken. Neben rund 150 Vogelarten leben Otter, Seehunde und wilde Ziegen auf Colonsay. Das Juwel der Insel ist der Strand an der **Kiloran Bay**. Der Sandstrand ist ca. 1 km lang, von goldener Farbe und wird von Dünen gesäumt. Einer der schönsten Strände der Hebriden!

Reisepraktische Informationen Isle of Colonsay

Information
www.colonsayestate.co.uk

Unterkunft
***The Colonsay Hotel €€€**, ☎ 01951 200316, www.colonsayestate.co.uk. Ganzjährig, wunderschön gelegenes, gemütliches Hotel, das bereits 1750 gegründet wurde. 9 Zimmer. Mit Bar und Restaurant.
Daneben gibt es zahlreiche **B&B-Unterkünfte** sowie ein **Hostel** *(www.colonsayestate.co.uk).*

Golf
Der **Colonsay Golf Club** ist ein 18-Loch-Platz. Nur für Mitglieder, aber eine jährliche Mitgliedschaft kann im Hotel für 20 £ erworben werden.

Fähre
3–5 x pro Woche verkehrt die Fähre von Oban. Die Überfahrt dauert 2 Std. 15 Min. Im Sommer auch Tagesausflüge von Kennacraig über Islay nach Colonsay. Man hat 5–6 Std. Aufenthalt auf Colonsay. ☎ 08705 650 000, www.calmac.co.uk.

Isle of Oronsay

Oronsay befindet sich südlich von Colonsay und zwischen den beiden Inseln liegt „The Strand" *(www.colonsay.org.uk/oronsay)*. Die Insel ist 3 km² groß, hat fünf Einwohner und wird als große Farm betrieben. Der Name stammt aus dem Nordischen und bedeutet so viel wie „Ebbe-Insel", was sehr treffend ist, da die Insel zu Fuß bei Ebbe erreicht werden kann. Nur bei Flut handelt es sich tatsächlich um eine Insel. Von der Südspitze Colonsays läuft man ungefähr eine Stunde hierher.

Fünf Einwohner

 Achtung
Bevor Sie loswandern, erkundigen Sie sich im Hotel oder im Geschäft nach den Tidezeiten.

Die **Augustinerabtei** (14. Jh.), heute eine Ruine, war einst die Heimat mittelalterlicher Kunsthandwerker. Das beeindruckende Oronsay Cross und die verzierten Grabsteine, die im **Prior's House** ausgestellt sind, beweisen ihre hohe Kunstfertigkeit.

Isle of Skye

„Geflügelte Insel" – so der gälische Name für Skye. Die zweitgrößte Hebrideninsel ist 80 km lang und zwischen 5 und 35 km breit. Lediglich eine Meerenge trennt sie vom Festland. Rund 9.000 Menschen leben hier. Seit viktorianischer Zeit ist Skye bei Urlaubern äußerst beliebt und die wichtigste Erwerbsquelle der Inselbewohner ist daher der Fremdenverkehr. Trotzdem wird die gälische Kultur auf Skye intensiv gepflegt und rund ein Drittel der Bevölkerung spricht Gälisch.

„Geflügelte Insel"

Mit ihrer einzigartigen Natur, der imposanten Küste und mit den kahlen Bergen ist die Insel ein landschaftliches Paradies. Die **Cuillins** im Süden der Insel bieten hervorragende Wandermöglichkeiten. Durch die Nähe zum Golfstrom regnet es allerdings recht viel auf Skye. Zwar ist es mild, aber oft wird die Insel in eine dunstige Feuchtigkeit eingewickelt.

Hinweis
Wenn man nur eine begrenzte Anzahl von Urlaubstagen zur Verfügung hat, sollte man für eine Rundfahrt auf der Isle of Skye mindestens einen ganzen Tag einplanen und früh aufbrechen. Schöner und intensiver ist es natürlich, einige Tage hier zu verbringen. Die beschriebene Route beginnt in Kyleakin, verläuft entlang der Ostküste gen Norden und führt an der Westküste mit Abstecher auf die Halbinsel Sleat zurück. Insgesamt umfasst die Tour ca. 275 km.

Kyleakin und Kylerhea

Durch die Skye Bridge, die die Insel mit Kyle of Lochalsh verbindet, geriet der ehemalige „Fährhafen" Kyleakin ins Abseits. 6 km von Kyleakin biegt eine Straße links von der A87 ab und führt südöstlich nach Kylerhea (sprich: Kile-ray). Zwar mag die

Die Inneren Hebriden

Brücke der schnellste Weg sein, um nach Skye zu gelangen, aber die schönste Art ist die kleine Autofähre von Glenelg nach Kylerhea. Unweit des Anlegers liegt der Otter Haven. Von einem Beobachtungsposten aus lassen sich die Tiere gut beobachten (☏ *01320 366 322, tgl. 9–17 Uhr*).

Broadford

12 km westlich von Kyleakin liegt Broadford. Das Dorf besteht hauptsächlich aus einer langen Straße entlang einer weiten Bucht. Es gibt hier viele Unterkunftsmöglichkeiten und Lokale, eine Touristeninformation, einen Supermarkt und eine Bank.

Im **Skye Serpentarium** kann man alle möglichen Arten von Schlangen, Eidechsen und anderen Reptilien sehen und anfassen (!) kann. Die sehr engagierten Besitzer betreiben auch ein Aufzuchtprogramm für vernachlässigte Reptilien.
Skye Serpentarium, *The Old Mill, Broadford,* ☎ *01471 822 209, www.skyeserpentarium.org.uk, Ostern–Okt. Mo–Sa, Fei 10–17 Uhr, So im Juli/Aug., Eintritt Erw. 4.50 £, Kinder 3.50 £.*

Von Broadford werden **Bootstouren** unterschiedlicher Länge angeboten. Broadford ca. 4 km vorgelagert ist die **Isle of Pabay** *(www.pabay.org).* Die kleine, unbewohnte Insel ist in philatelistischen Kreisen ein Begriff, da hier eigene Briefmarken hergestellt werden. Anlässlich der Royal Wedding, 2011, gab es beispielsweise eine neue Marke. Die Straße nördlich nach Portree passiert **Sconser**, den Abfahrtsort für die Autofähre zur Isle of Raasay.

Eigene Briefmarken

Isle of Raasay

Die wunderschöne und mit reicher Vegetation gesegnete Isle of Raasay *(www.raasay.com)* liegt nur wenige Kilometer von der Ostküste von Skye entfernt und ist dennoch „off the beaten track". Rund 200 Menschen leben hier, die meisten davon Mitglieder der Free Presbyterian Church. Die Überfahrt dauert 15 Min. Die Insel bietet zahlreiche Wandermöglichkeiten. Und die Ausblicke vom höchsten Punkt, dem Dun Caan (457 m), sind unvergleichlich schön. Der Weg zum Gipfel ist relativ problemlos zu bewältigen. Es gibt verschiedene Unterkunftsmöglichkeiten: B&Bs, ein Hostel und das Raasey Outdoor Centre *(www.raasay-house.co.uk),* wo man ebenfalls übernachten kann.

Portree

Die „Hauptstadt" der Isle of Skye hat rund 2.400 Einwohner und bietet sich als Ausgangspunkt für Ausflüge in alle Teile der Insel an. Es ist ein touristisch vollständig ausgebauter ansprechender Ort mit mehreren Hotels und Restaurants, Pubs und Souvenirshops. In dem hübschen, kleinen Naturhafen liegen Fischerboote.

Die Trotternish-Halbinsel

Von Portree aus führen die A855 und die A87, der Küstenlinie folgend, rund um die Trotternish-Halbinsel. Trotternish ist die größte Halbinsel Skyes. Dort gibt es interessante geologische Formationen, wie etwa **The Old Man of Storr**. Der „Old Man", zu Füßen des Berges The Storr (719 m), ist ein schwarzer Obelisk, der von kleineren Steinsäulen umringt wird. Rundherum kann man herrlich wandern. Die A855 führt entlang hoher Klippen, bis eine Ausschilderung zum Aussichtspunkt **Kilt Rock View Point** führt. Hier gibt es gleich zwei Sehenswürdigkeiten: Zum einen der Wasserfall, der aus einer Höhe von 100 m in die See rauscht, zum anderen der sog. Kilt Rock, der hier ins Meer stakt und in Gestalt und Farbe einem gewaltigem Kilt ähnelt.

Felsformationen

Hinter dem kleinen Dorf **Staffin** (hier gibt es einen schönen Strand sowie gute Angelmöglichkeiten im Fluss und in den umliegenden Lochs) führt die Straße zum nördlichsten Punkt der Halbinsel. Alternativ kann man sich in Brogaig, am nördlichen Ende der Staffa Bay, für die Abkürzung über Bealach nach Uig entscheiden. Die spektakuläre **Bealach Route** wird von den wunderschönsten Ausblicken auf die **Quirang** begleitet. Selbst wenn man nicht vorhat zu wandern, lohnt sich die Strecke mit ihren herrlichen Panoramen allemal. Das Flodigarry House passierend, gelangt man zur Nordspitze von Skye. Hier kann man die Ruinen des romantisch gelegenen **Duntulm Castle** sehen. Weiter geht es zum unmittelbar neben der Straße gelegenen Museumsdorf **Skye Museum of Island Life**. In sieben Cottages geben Gegenstände des bäuerlichen Lebens und alte Fotografien einen eindrucksvollen Einblick in die damalige Lebensweise.

Skye Museum of Island Life, *bei Kilmuir,* ☎ *01470 552 206, Mitte April–Okt., Mo–Sa 9.30–17 Uhr, Eintritt Erw. 2.50 £.*

Auf dem Friedhof von **Kilmuir**, etwas landeinwärts, liegt die letzte Ruhestätte von Flora MacDonald.

info

Flora MacDonald und Bonnie Prince Charlie

„Flora MacDonalds Name wird in der Geschichte immer genannt werden, und wenn Mut und Treue noch als Tugenden gelten, dann mit Hochachtung". Nach der Niederlage von Culloden war auf Prinz Charles Edward Stuart ein hohes Kopfgeld ausgesetzt worden. Er war vor den englischen Truppen bis auf die Äußeren Hebriden geflohen, wo ihn stuarttreue Highlander versteckt hielten. Eine Flucht schien bereits ausgeschlossen. Mit Hilfe der jungen Flora MacDonald (1725–1790) gelang sie schließlich doch. Sie schmuggelte den Prinzen, als Zofe Betty Burke verkleidet, erfolgreich nach Skye. Von Portree konnte er auf einem Schiff nach Frankreich entkommen. Flora allerdings wurde gefasst und zunächst nach Edinburgh, dann nach London gebracht. Von den adligen Damen mit großer Hochachtung empfangen, sammelte man sogar Geld für sie. Ein Jahr später wurde die im ganzen Inselreich berühmte Heldin wieder freigelassen, kehrte nach Skye zurück, heiratete und wurde Mutter von mehreren Kindern. 1774 wanderte die Familie nach North Carolina aus, kam jedoch 1779 wieder zurück.

Bonnie Prince Charlie starb 1788 im römischen Exil. Seit seiner Flucht war er weder in seiner Heimat gewesen, noch hatte er Flora je wiedergesehen. Dem romantisch-heroischen Zeitalter entsprechend, wurden Flora und Bonnie zum tragisch-rührenden Liebespaar. Floras Tod, 1790, wurde fast zu einem Staatsereignis. Trotz der beschwerlichen Anreise nahmen Tausende auf dem Friedhof von ihr Abschied. Der Trauerzug hinter ihrem Sarg soll über 2 km lang gewesen sein. 1880 errichtete man über ihrem Grab ein Hochkreuz, in dem die anfangs zitierten Worte von Dr. Johnson – er hatte Flora ein Jahr vor ihrer Auswanderung aufgesucht – eingemeißelt sind.

Dunvegan, Waternish und Duirinish

Die A850 verläuft weiter westlich und, bei Fairy Bridge abbiegend, lohnt sich ein kleiner Umweg zu dem malerischen Dorf **Stein** auf der **Waternish-Halbinsel** allemal. Bei schönem Wetter ist hier der beste Platz, um den Sonnenuntergang zu beobachten. Falls es keinen Sonnenuntergang gibt, kann man immer noch den Tag mit einem Abendessen im Stein Inn oder im Lochbay Seafood Restaurant beenden.

Dunvegan ist ein kleiner Ort mit einigen Hotels und Geschäften, einer Tankstelle und Post. Kinder statten sicherlich gerne dem **Giant Angus MacAskill Museum** einen Besuch ab. Das kleine Museum würdigt den 2,36 m großen Angus McAskill, der auf der Insel Berneray, südlich Harris (1825) geboren wurde und 1863 in Kanada gestorben ist. Das Guinness-Buch der Rekorde listet ihn 1981 als größten „natürlichen Riesen" der Welt, der normale Proportionen und keine körperlichen Deformationen aufwies. Im Museum steht eine lebensgroße Wachsfigur von ihm.   *Natürlicher Riese*
Giant Angus MacAskill Museum, Main Street, ☎ 01470 521 296, tgl. 9.30–18 Uhr.

Etwas nördlich des Ortes thront **Dunvegan Castle**, seit 700 Jahren Stammsitz des MacLeod-Clans, auf einem Felsen. Hugh MacLeod of MacLeod, 30. Chief des Clan MacLeod, und seine Familie wohnen nach wie vor in einem Teil der Burg. Außer Teilen der Ringmauer (13. Jh.) ist von der ursprünglichen Burg nicht mehr viel übrig. Der Bau wurde im Laufe der Zeit mehrfach erweitert und verändert. Ursprünglich gelangt man zur Burg von der

Dunvegan Castle ist im Besitz der MacLeods

Meerseite aus. Mittlerweile ist der Burggraben trockengelegt und man kann sie über eine Brücke erreichen. Im Inneren sind Porträts (u. a. von Allan Ramsey und Henry Raeburn), eine Sammlung von Erinnerungsstücken an die MacLeods sowie die berühmte „Fairy Flag", die Feen-Fahne, zu bewundern. Das Stück Stoff aus syrischer Seide, angeblich aus dem 7. Jh., soll den Clan der MacLeods dreimal aus großer Gefahr gerettet haben
Dunvegan Castle, ☎ 01470 521 205, www.dunvegancastle.com, Mitte März–Mitte Okt. tgl. 10–17.30 Uhr, Eintritt: Burg und Garten Erw. 9.50 £, Kinder 5 £, nur Garten Erw. 7.50 £, Kinder 4 £.

Bootstouren

Von Dunvegan Castle aus werden Mitte April–Sept. (10–17 Uhr) Bootstouren veranstaltet, bei denen Seehunde beobachtet werden können. Falls man keine Seehunde zu sehen bekommen sollte, gibt es das Geld zurück. ☎ 01470 521 500. Tickets Häuschen am Parkplatz: Erw. 6 £, Kinder 4 £ (nur gültig mit Eintrittskarte für Burg oder Garten).

Der Dudelsack

Wie der Kilt, so ist auch der Dudelsack fester Bestandteil der schottischen Kultur. So wurden etwa mit Dudelsack-Musik in den schottischen Schlachten die Soldaten angefeuert. Der Dudelsack ist keinesfalls eine schottische Erfindung, obwohl das Instrument heute fast ausschließlich mit Schottland in Verbindung gebracht wird. Vermutlich soll die Sackpfeife auf indische Windkapselinstrumente zurückgehen und in Asien entwickelt worden sein. Auch zu Neros Zeiten war in Rom dieses Instrument bekannt. In Osteuropa, auf dem Balkan, in der Türkei und in Irland sind noch ähnliche Instrumente in Gebrauch. Hinweise, seit wann die Sackpfeife in Schottland geblasen wird, geben die aus dem 15. Jh. stammenden Ornamente mit Dudelsack spielenden Figuren in Melrose Abbey und Rosslyn Chapel.

Der kompliziert aussehende Dudelsack funktioniert nach einem recht einfachen Prinzip: Der Sack, ein aufblasbarer Ziegen- oder Schafsbalg, wird unter den Arm geklemmt. Durch Druck des Armes wird Luft in die vier Pfeifen gebracht. Wie bei einer Klarinette oder Oboe, wird der Ton durch die Vibration eines Plättchens in den Pfeifen erzeugt. Durch ein Mundrohr wird also Luft in den Sack geblasen. Gleichzeitig wird der Sack vom Arm zusammengedrückt. Der Pfeifer spielt auf der flötenähnlichen Spiel- oder Melodiepfeife aus Hartholz, dem sog. „chanter". Nur dieses Rohr hat Grifflöcher – ihr Tonumfang umfasst neun Töne. Die anderen drei Rohre (Stimmer oder Brummer) geben monotone Töne von sich, wobei die beiden Tenorpfeifen eine Oktave unter dem tiefen a des „chanter" liegen. Die Basspfeife erzeugt Töne, die eine Oktave unter denen der Tenorpfeifen liegen.

In der Nähe des Dorfs **Borreraig**, am Ende der Halbinsel, befand sich vom 16. bis 18. Jh. die Piping School der MacCrimmons – für Generationen die offiziellen Dudelsackpfeifer des Clans MacLeod und weit über die Grenzen von Skye bekannt. 300 Melodien gehörten zum Standardrepertoire der siebenjährigen Ausbildung. Dieser Pfeiferfamilie ist es zu verdanken, dass das Spektrum der bis dato aus einfachen Weisen und Liedern bestehenden Dudelsackmusik bedeutend erweitert und in kunstvolle Formen erhoben wurde. Das spielbare Repertoire reicht von Tänzen über kriegerische Marschmusik bis hin zu würdevollen Elegien.

Westlich von Dunvegan liegt die **Duirinish-Halbinsel**. 2 km hinter Dunvegan biegt man rechts in die B884 ein, die nordwärts zum **Dunvegan Head** führt. Die nördliche Hälfte der Halbinsel ist am Westufer des Loch Dunvegan und in dem kleinen Dorf Glendale besiedelt, wo es auch verschiedene Unterkünfte gibt.

Die B884 verläuft weiter westlich, dann biegt eine Straße links nach Waterstein ab. Am Ende dieser Straße (ca. 3 km) befindet sich ein Parkplatz, von wo aus der wunderschöne Wanderweg zum **Neist Point** beginnt, dem westlichsten Punkt von Skye. Der Leuchtturm (1909 erbaut) ist heute unbemannt. Dieser Küstenabschnitt und ein eigens dafür angelegter Friedhof dienten 1997 als Filmkulisse des Films „Breaking the Waves" von Lars van Trier.

„Breaking the Waves"

6 km von Dunvegan, direkt neben dem noblen Three Chimneys Restaurant (s. S. 318), liegt das **Colbost Folk Museum**, ein typisches Black House (s. S. 331), dessen Einrichtung die ländliche Lebens- und Arbeitsweise auf der Insel zeigt.
Colbost Folk Museum, ☎ 01470 521 296, 10.30–18 Uhr.

Der Westküste nach Süden folgend, geht es mit großartigen Ausblicken auf die Bucht nach **Uig**. Von hier aus bestehen Fährverbindungen nach North Uist (Lochmaddy) und Harris (Tarbert). Alles im Ort dreht sich um die Abfahrtszeiten der Fähre und der regelmäßige Busverkehr von Portree ist dabei auf Ankunft und Abfahrt der Fähre abgestimmt. Das Touristenamt befindet sich direkt im Calmac-Gebäude.

Abgesehen von der Fähre kann Uig auch mit einer Brauerei aufwarten, der **Isle of Skye Brewery**, die 1995 gegründet wurde. Im kleinen Laden kann man Souvenirs und verschiedene Flaschenbiere erwerben.
Isle of Skye Brewery, The Pier, Uig, ☎ 01470 542477, www.skyebrewery.co.uk.

Die Cuillins und Minginish

Minginish ist der wildeste und der am wenigsten bevölkerte Teil der Insel, für viele jedoch der schönste, denn hier befinden sich die **Cuillins**, wo Adler und Rotwild leben. Die beeindruckende Bergkette mit den an die 1.000 m hohen Bergen, die oft in Regenwolken eingehüllt sind, bildet das Herz der Insel. An einem klaren Tag kann man sie von jedem Teil der Insel aus sehen. Die großartige Kulisse und die zahlreichen Wandermöglichkeiten, die sich hier bieten, haben bereits seit Jahrhunderten Wanderer angezogen.

Drei Wege führen in die Cuillins: Vom traditionsreichen **Sligachan Hotel** aus, vom Glen Brittle und von Elgol. Es gibt über 20 **Munros** (s. S. 37) in den Cuillins, von denen der höchste der Sgurr Alasdair (993 m) ist. Viele Wanderungen sollten nur von erfahrenen Wanderern unternommen werden. Jahrhundertelang befanden sich die Black Cuillins im Besitz der MacLeods. Sie wurden mittlerweile dem Staat übergeben, der als Gegenleistung den Familiensitz der MacLeods, Dunvegan Castle, restaurierte. Sowohl die Black Cuillins als auch Dunvegan Castle gelten als schottisches Kulturgut.

Wanderungen auf die Munros

Morgenstimmung auf Skye

Die Halbinsel verlassend, geht es auf der A863 nach Süden. In Drynoch kann man sich rechts für die B8009 entscheiden und in der Nähe von **Carbost** die **Talisker Destillery** besichtigen. Der hier hergestellte Whisky ist sehr rauchig und riecht nach Torf.
Talisker Destillery, Carbost, ☎ 01478 614 308, April/Mai, Sept./Okt. Mo–Sa, Juli/Aug. tgl., Nov.–März Mo–Fr, 6 £.

Am südlichen Zipfel von Mininish liegt die kleine Siedlung **Elgol** und die einspurige Straße von Broadford dorthin (20 km) ist wunderschön. Von Elgol bieten sich herrliche Blicke auf die Cuillins und auf die Small Isles. Ein besonderes Highlight ist eine Bootstour zum **Loch Coruisk** (s. S. 320), der im Herzen der Black Cuillins liegt. Der Loch, von Sir Walter Scott und Turner romantisch verklärt, wird von den hohen Bergen eingefasst. Er ist über 3 km lang, aber nur einige hundert Meter breit. Elgol ist auch der Ausgangspunkt für die fantastische Wanderung nach Camasunary Bay (14 km).

Die Sleat Peninsula

Garten von Skye

Bleibt genügend Zeit, oder beabsichtigt man, die Fähre von Armadale nach Mallaig zu nehmen, zweigt man auf die A851 zur Sleat-Halbinsel ab. Sleat wird auch als „**Garten Skyes**" bezeichnet. Wald und grüne Weiden, die mit den Bergen im Hintergrund kontrastieren, bestimmen das Bild. Vom Point of Sleat im Süden hat man wunderbare Ausblicke auf die kleinen vorgelagerten Inseln. Während der Rest der Insel in den Händen der MacLeods war, ist Sleat MacDonald-Land. Die MacDonalds of Sleat sind heute einer der aktivsten Zweige des einstmals so mächtigen Clans. Sie haben das Recht, sich Lord MacDonald zu nennen.

Kurz vor dem Fähranleger in Armadale liegt **Armadale Castle Gardens and Museum of the Isles**. Das Castle wurde 1815–1819 für Lord MacDonald errichtet. Das **Clan MacDonald Centre** informiert über die „Lords of the Isle" und über die Inselgeschichte (☏ 01599 534 454, www.clandonald.com).

Unterkunft
Für Selbstversorger stehen sechs Lodges zur Verfügung (******Clan Donald Lodges**, ☏ 01471 844 305).

Etwa 8 km nach dem Fähranleger, am Ende der Straße, liegt die Siedlung Aird of Sleat. Von hier führt ein 7 km langer Fußweg zum Leuchtturm am **Point of Sleat**.

Reisepraktische Informationen Isle of Skye

Information
Isle of Skye: www.skye.co.uk
TIC, Bayfield House, Bayfield Road, Portree, Isle of Skye IV51 9EL, ☏ 01478 612 137. Ganzjährig.
TIC, The Car Park, Broadford, Isle of Skye IV49 9AB, ☏ 01471 822 361.

Unterkunft
Skye bietet fast alle Arten an Übernachtungsmöglichkeiten: B&Bs, Gästehäuser, Hotels, Hostels und Campingplätze. Während der Sommermonate sollte man im Voraus buchen – entweder direkt beim Vermieter oder in einer der Touristeninformationen.
An Cairidh €, Mrs Edda Beaton, Caroy, Struan, Isle of Skye IV56 8FH, ☏ 01470 572 300, www.theisleofskye.com. Ostern–Okt. Mrs. Beaton vermietet zwei Zimmer in ihrem wunderbar ruhig gelegenen, modernen Haus mit herrlichem Ausblick über die Bucht. Die Vermieterin und ihr Ehemann haben fast ihr gesamtes Leben auf Skye verbracht, sprechen Gälisch als Muttersprache und sind eine unerschöpfliche Quelle an Informationen über die Insel. Liebevolle Betreuung und reichhaltiges Frühstück.
****Rosedale Hotel & Restaurant €–€€**, The Harbour, Portree, ☏ 01478 613 131, www.rosedalehotelskye.co.uk. Direkt am Hafen gelegen, 20 behagliche Zimmer.
*****Stein Inn €€**, s. unter Einkehren.
****Ardvasar Hotel €€**, Ardvasar, Isle of Skye IV45 8RS, ☏ 0147 844 223, www.ardvasarhotel.com. Ganzjährig, 10 Zimmer, 1,5 km vom Fähranleger Armadale entfernt. Großartige Aussicht auf den Sound of Sleat, kinderfreundlich. Gut besuchte Bar.
****The Royal Hotel and Restaurant €€**, Bank Street, Portree, Isle of Skye IV51 9BU, ☏ 01478 612 525, www.royal-hotel-skye.com. Ganzjährig, 25 Zimmer. Altes, zentral gelegenes Hotel mit Blick auf den Hafen.
**The Tables Hotel €€, Dunvegan, Isle of Skye IV55 8WA, ☏ 01470 521 404, www.the-tables.co.uk. Kleines Hotel mit 5 Zimmern und herrlichem Blick auf die Berge und die Bucht. Nahe Dunvegan Castle.
Sligachan Hotel €€, Sligachan, Isle of Skye IV47 8SW, ☏ 01478 650 204, www.sligachan.co.uk. 1830 als Inn erbaut, bietet das Hotel seit jeher Unterkunft für Wanderer in den Black Cuillins. 21 Zimmer, auch Familienzimmer. In den beliebten Bar kann man sich durch 300 Whiskey-Sorten sowie Ales aus der Cuillin Brewery durchprobieren.

******Flodigarry Country House Hotel** €€€, Staffin, Isle of Skye IV51 9HZ, ☎ 01470 552 203, www.flodigarry.co.uk. Ganzjährig, 18 Zimmer. Wunderschönes Country House Hotel im Familienbetrieb mit herrlichem Blick auf die Bucht und hervorragendem Restaurant.

Jugendherbergen/Hostels

***Broadford Y.H.**, Broadford, Isle of Skye IV49 9AA, ☎ 01471 822 442, www.syha.org.uk. März–Okt., 55 Betten, Familienzimmer.
***Uig Y.H.**, Uig, Isle of Skye IV51 9YD, ☎ 01470 542746, www.syha.org.uk. März–Okt., 42 Betten, Familienzimmer.
Dun Flodigarry Hostel, Staffin, Isle of Skye IV51 9HZ, ☎ 01470 552 212, 📠 01470 552 212, www.hostel-scotland.co.uk. Ganzjährig. 40 Betten.
Skye Backpackers, Kyleakin, Isle of Skye IV41 8PH, ☎ 01599 534 510, http://skye backpackers.com. Ganzjährig, 8 Zimmer, 32 Betten, auch Doppelzimmer.
Portree Independent Hostel, The Old Post Office, The Green, Portree IV51 9BT, ☎ 01478 613737, www.hostel-scotland.co.uk. Ganzjährig, 60 Betten. Mitten im Ortszentrum gelegen, mit dem gelben Anstrich nicht zu übersehen.
****Bayfield Backpackers**, Portree IV51 9EW, ☎ 01478 612 231, www.skyehostel. co.uk. 24 Betten, hell, freundlich. Im Ortszentrum gelegen. 4- und 8-Bett-Zimmer.
Flora MacDonald Hostel, Kilmore, Teanque, Sleat, Isle of Skye IV44 8RG, ☎ 01471 844 440, www.skye-hostel.co.uk. Ganzjährig geöffnet, 24 Betten, auch Familienzimmer, Abholservice von Armadale Pier.

Camping

***Torvaig Caravan & Camping Site**, Torvaig, Portree, Isle of Skye IV51 9HU, ☎ 01478 611 849, www.portreecampsite.co.uk. April–Okt. Ruhiger, kleiner Platz.
Kinloch Campsite, Dunvegan, Isle of Skye IV55 8GU, ☎ 01470 521 210, www.kin loch-campsite.co.uk. April–Okt. Familienbetrieb. Informell.

Einkehren

*****Three Chimneys Restaurant and Rooms**, Colbost, Dunvegan, Isle of Skye IV55 8ZT, ☎ 01470 511 258, www.threechimneys.co.uk. März–Okt. Lunch Mo–Sa 12.15–13.45 Uhr, im Winter tel. erfragen. Dinner tgl. 18.30 Uhr, Anmeldung für das Dinner notwendig. Mehrfach preisgekröntes Feinschmeckerlokal, die besondere Spezialität ist der fangfrische Fisch: Hummer, Langusten, Austern, Muscheln, Lachs. Es gibt aber auch Lamm und vegetarische Gerichte. Einen schöneren – und einsameren – Platz kann man sich für ein ausgezeichnetes Essen kaum vorstellen. Teuer. 6 Zimmer, alle mit wunderschönen Blicken auf die Bucht. Preis für eine Übernachtung B&B für 2 Pers. inkl. Dinner 385 £.
Loch Bay Seafood Restaurant, Stein, Waternish Isle of Skye IV55 8GA, ☎ 01470 592 235, www.lochbay-seafood-restaurant.co.uk. Wundervoll gelegenes, charaktervolles Restaurant, klein, aber ausgezeichnete Küche. Ostern–Mitte Okt. Mi und Do Lunch, Dinner Di–Sa, Ruhetage So und Mo. Mittlere Preisklasse. Neben dem Restaurant gibt es zwei ****Cottages** für Selbstversorger.
***Stein Inn**, Stein, Waternish Isle of Skye IV55 8GA, ☎ 01470 592 362, www.stein inn.co.uk. Ostern–Okt. Lunch Mo–Sa 12–16, So 12.30–16 Uhr, Dinner Mo–Sa 18–21.30, So 18.30–21 Uhr. Außerhalb der Saison eingeschränkte Öffnungszeiten. Im Familienbetrieb geführter Inn, der älteste auf der Isle of Skye, mit Restaurant (hauptsächlich

Fisch), Bar und Gästezimmern (4 DZ, 1 EZ) mit herrlichen Blicken auf die Bucht. Daneben gibt es ein ***Apartment für Selbstversorger (für 2 Pers.). Mittlere Preisklasse.

Einkaufen

In der Nähe von Dunvegan (B884 nach Glendale) kann man bei dem traditionsreichen Schmuckhersteller **Skye Silver** schönen Silberschmuck in typisch keltischen Designs kaufen (The Old School, Colbost, ☎ 01470 511 263, www.skyesilver.com).

Portree Independent Hostel im alten Postamt

Bei **Skyeskyns** (17 Loch Bay, Waternish, ☎ 01470 592 237, www.skyeskyns.co.uk) auf der Waternish-Halbinsel gibt es wunderbar weiche Schaffelle zu erstehen. In den Produktionsräumen kann man bei der Herstellung zu sehen.

Anfahrt

Die schnellste Anfahrtsmöglichkeit ist die Brücke von Kyle of Lochalsh nach Kyleakin. Es gibt Busverbindungen von Glasgow und Inverness sowie einen Zug von Inverness nach Kyle of Lochalsh. Schöner ist die Auto- und Passagierfähre von Mallaig nach Armadale. Mehrmals tgl. Züge von Glasgow und Fort William nach Mallaig. Am schönsten ist die Fahrt von Glenelg nach Kylerhea. Die kleine Autofähre braucht 5 Min. und verkehrt von Ostern–Okt.

Fähre

Fährverbindungen von Skye auf die Äußeren Hebriden: Von Uig nach Tarbert auf Harris (1 Std. 45 Min., 1–2 x tgl.) und nach Lochmaddy auf North Uist (1 Std. 50 Min, 1–2 x tgl.), Auskunft ☎ 08705 650 000, www.calmac.co.uk. Zudem gibt es eine Passagierfähre zwischen Gairloch und Portree (April–Okt., Fahrtzeit 2 Std.).
Fährverbindung zur Isle of Raasay: Autofähre (20 Min.) von Sconser zur Isle of Raasay: www.calmac.co.uk, Mo–Sa 9 x tgl., So 2x tgl., im Winter 6 x tgl.

Busverbindungen auf Skye

Zwischen Portree und Uig bestehen regelmäßige Busverbindungen, die mit den Abfahrtszeiten der Fähren zu den Äußeren Hebriden abgestimmt sind. Es besteht auch die Möglichkeit, mit dem Bus nach Uig zu fahren, den Tag dort zu verbringen und am Nachmittag bzw. Abend nach Portree zurückzukehren. Weiterhin Busse zwischen Elgol und Broadford und Busse von Armadale nach Portree und nach Kyleakin.

Fahrrad fahren

Island Cycles, The Green, Portree, ☎ 01478 613 121, www.islandcycles-skye.co.uk, Fahrradverleih- und Reparatur.

Sprache/Sprachkurse

Heutzutage spricht jeder auf Skye Englisch, obwohl das Gälische in den letzten Jahrzehnten eine große Wiederbelebung erfahren hat. In vielen Haushalten wird wieder oder immer noch Gälisch gesprochen. Abgesehen von den Äußeren Hebriden, ist die Isle of Skye das wichtigste Zentrum der gälischen Kultur und Sprache. Das wieder belebte Interesse an der gälischen Kultur wird durch das gälische College, durch gälische Schriftsteller, eine gälischsprachige Lokalzeitung, durch wirtschaftliche Unterstützung sowie durch die Freikirche, die auf Skye eine große Rolle spielt, gefördert. Gälisch wird an Schulen unterrichtet und kann im Fernsehen gehört werden. Bei den regelmäßig im Sommer abgehaltenen Ceilidhs hat man die Gelegenheit, gälische Lieder zu hören. *Sabhal Mòr Ostaig, An Teanga, Isle of Skye IV44 8RQ, ☎ 01471 888 0000, www.smo.uhi.ac.uk*, Schottlands einziges gälisches College bietet Vollzeit-Studiengänge und Fernstudien.

Bootstouren (Auswahl)

Mit der **„Bella Jane"** *geht es von der Hafenmole Elgol zu dem berühmten Loch Coruisk inmitten der Black Cuillins. Auch die Seehundkolonie kann man während der Fahrt sehen. Das Unternehmen bietet Touren verschiedener Länge, z. B. eine 3-stündige Fahrt (1,5 Std. Aufenthalt) oder 6,5-stündige Fahrt mit 4,5 Std. Aufenthalt. Wanderer können auch entweder nur hin oder nur zurück mit dem Boot fahren. März–Okt.,* **Bella Jane Boat Trips***, ☎ 0800 7313 089 oder 01471 866 244, www.bellajane.co.uk. Daneben bietet das gleiche Unternehmen auch sog.* **„AquaXplore-Touren"** *an. Ziel der Touren sind die der Isle of Skye vorgelagerten Small Isles. Auch hier gibt es unterschiedlich lange Touren, Infos unter www.aquaxplore.co.uk.*

Warnung an Autofahrer

Die meisten Straßen sind sog. „Single Track Roads", einspurige Straßen, die in regelmäßigen Abständen Ausweichstellen („Passing Places") haben. Autofahrer sollten besonders vorsichtig fahren. Schafe und anderes Vieh sind vor allem nachts schwer zu erkennen. Falls unglücklicherweise ein Tier überfahren wurde, sollte man es an die Seite legen, und falls es noch lebt, Hilfe suchen. Auf jeden Fall das Geschehen der Polizei (auch über Notruf: ☎ 999) melden.

Auf Skye bieten sich tolle Gelegenheiten zum Picknick

The Small Isles

„Small Isles" ist ein Sammelbegriff für die vier Inseln **Eigg**, **Muck**, **Rum** und **Canna**, die südlich von Skye liegen. Vom Festland aus sehen sie sehr verlockend aus, allerdings ist es etwas umständlich, dorthin zu gelangen. Der Fährtransport ist lediglich auf die Bedürfnisse der Inselbewohner ausgerichtet und nicht auf die der Touristen, die „Island Hopping" betreiben möchten. Auch sind die Unterbringungsmöglichkeiten auf den „Small Isles" begrenzt. Wenn man allerdings über ausreichend Zeit verfügt, lohnt sich ein Besuch allemal, vor allem auf der bergigen Insel Rum, wo es herrliche Wandermöglichkeiten gibt.

Die kleinen Inseln

Fähre
Fährverbindungen bestehen von Mallaig Mo–Sa mit allen vier Inseln. Auskunft bei Calmac, ☏ 01475 650 100, www.calmac.co.uk.
*Ebenso bietet die „***Sheerwater***" (☏ 01687 450 224, www.arisaig.co.uk) von Ende April–Sept. Überfahrten von Arrisaig nach Rum, Eigg und Mugg.*

Eigg

Eigg ist heute die lebhafteste der „Small Isles" mit einem starken Sinn für Gemeinschaft. Besucher sind auf Eigg gerne gesehen. Rund 60 Menschen leben auf der 9 x 5 km großen Insel.

Ein düsteres Kapitel der Inselgeschichte ereignete sich im 16. Jh. Im Jahr 1577 wurden 395 MacDonalds, das war damals fast die gesamte Bevölkerung der Insel, in einer Höhle durch die MacLeods aus Skye gefangen gehalten. Durch das entzündete Feuer am Eingang der Höhle kamen alle MacDonalds ums Leben.

In jüngerer Zeit gab es heftige Streitigkeiten darum, wem die Insel eigentlich gehöre. 1997 hat die Inselbevölkerung schließlich, in Zusammenarbeit mit dem Scottish Wildlife Trust, die Insel gekauft und alljährlich wird das Ereignis mit einem großen Fest gefeiert. Diese Entwicklung hat bereits Kreise gezogen. Auch andere Gemeinden schließen sich zusammen und erwerben von den meist abwesenden Landeigentümern „ihre" Insel oder ihr Gebiet. Diese Rufe nach Selbstbestimmung zeugen von einem starken Selbstbewusstsein, was auch typisch für Schottland insgesamt ist. Vorbildlich produziert Eigg 98 % der benötigten Energie durch Sonne, Wind und Wasserkraft.

Selbstbestimmung

Eigg wird vom **An Sgurr** beherrscht (394 m), der leicht von der westlichen Seite der Insel aus bestiegen werden kann. Von oben öffnet sich ein fantastischer Blick auf die Inselwelt der Hebriden. Im Südosten liegt die größte Siedlung der Insel, **Galmisdale**. Hier legt das Boot an, es gibt ein Postamt, einen Laden, eine lizensierte Teestube und Davie's Minibus-/Taxi-Service.

Im Norden liegt die kleine Ortschaft Cleadale in der **Bay of Laig**. Der Strand ist als „singing sands" bekannt, denn – im trockenen Zustand – knirscht er, wenn man darauf tritt.

Reisepraktische Informationen Isle of Eigg

Information
www.isleofeigg.net

Unterkunft
Es gibt mehrere Unterkünfte für Selbstversorger, einige B&Bs sowie ein Hostel:
******The Glebe Barn**, Cleadale, Isle of Eigg PH42 4RL, ☎ 01687 482 417, www.glebebarn.co.uk. Ganzjährig, 24 Betten.

Buchtipp
Alastair McIntosh, **Soil and Soul: People versus Corporate Power**, Aurum Press, London 2001 (www.alastairmcintosh.com).

Rum

Rum (oder auch Rhum) ist die größte der vier Inseln mit einer wildromantischen und bergigen Landschaft mit 22 Einwohnern. Einst lebten hier rund 300 Menschen, von denen die meisten in der Mitte des 19. Jh. nach Kanada verschifft wurden. Sie ließen eine unbewohnte Insel zurück, die als Jagdgrund für Millionäre diente. Einer von diesen, John Bullough, kaufte die Insel 1888 und vererbte sie an seinen Sohn, Sir George Bullough, der das extravagante **Kinloch Castle** erbauen ließ. Kein Cent wurde an diesem riesigen „Schinken" aus rotem Sandstein gespart, der eine bizarre Kombination verschiedener Stile aufweist. Hier wurden wilde Partys gefeiert, aber irgendwann hatten die Besitzer von ihrem glamourösen Leben genug und verließen das Anwesen. Sie ließen alles stehen und liegen, wie es war. Jahrzehntelang stand das Haus leer, diente dann bis in die 1990er-Jahre als Luxushotel, wobei die originale Inneneinrichtung unsachgemäß behandelt wurde. Durch die jahrelange Vernachlässigung ist die Bausubstanz des edwardianischen Prachtstücks heute in einem verheerend maroden Zustand. Der Isle of Rum Community Trust, dem die Insel jetzt gehört, kümmert sich um das Haus und versucht, es vor dem Verfall zu retten. Teile der Bibliothek sowie die ehemaligen Quartiere der Angestellten werden als Selbstversorger-Apartments genutzt. Auch wenn man

Kinloch Castle auf Rum

dort nicht übernachten möchte, kann das Schloss im Zuge einer Führung besichtigt werden.
Kinloch Castle, ☏ 01687 462 037, www.isleofrum.com, März–Okt. Die Besichtigungszeiten (Erw. 9 £, Kinder 4.50 £) sind auf das Eintreffen der Fähre abgestimmt.

Das Castle steht am Kopf des schmalen **Loch Scresort** bei der Ansiedlung **Kinloch**, die mit einem Einkaufsladen, Postamt, Café und einem Besucherzentrum aufwarten kann.

Scottish Natural Heritage nutzt die Insel als Forschungsstation und bietet Arbeit für die Einwohner. Die Insel hat eine außerordentlich reiche Tier- und Pflanzenwelt. In den 1980er-Jahren wurde der Seeadler erfolgreich wieder eingeführt. Eine der wichtigsten Aufgaben von Scottish Natural Heritage ist die Erforschung von Rotwild, weshalb Teile der Insel auch nicht für die Öffentlichkeit zugänglich sind. Es gibt allerdings einige ausgeschilderte Wanderwege und Naturlehrpfade. Eine weitere Attraktion der Insel ist ihre Bergkette. Die höchste Erhebung ist der **Askival** (812 m), den man allerdings nur als geübter Wanderer in Angriff nehmen sollte.

Forschungsstation

Reisepraktische Informationen Isle of Rum

Information
Isle of Rum: www.isleofrum.com
Auskunft Reserve Officer: ☏ 01687 462 026

Unterkunft
Die meisten Besucher kommen als Tagesausflügler. Falls man beabsichtigt, länger hier zu bleiben, sollte man frühzeitig buchen, da die Unterkunftsmöglichkeiten begrenzt sind. Es gibt ein B&B (**Ivy Cottage Guest House**, ☏ 01687 462 744), **Cabins für Selbstversorger** (☏ 01687 460 328) sowie einen schlichten **Campingplatz** am Ufer des Loch Scresort.
Selbstversorger-Apartments stehen im Kinloch Castle zur Verfügung (☏ 01687 462 037, s.o.).

Hinweis
Tagesgäste können keine Hunde mitbringen.

Muck

Muck ist die kleinste der vier Inseln. Sie ist flach und fruchtbar und hat einen wunderschönen Muschelstrand. Seit 1879 ist sie im Besitz der MacEwen-Familie. Die rund 35 Bewohner leben vorwiegend am Hafen Port Mor und betreiben die Insel als Farmbetrieb. Der unglückliche Name (*muc* ist die gälische Bezeichnung für Schwein) stammt von den Tümmlern (auch See-Schweine genannt), die sich vor den Ufern tummeln.

Reisepraktische Informationen Isle of Muck

 Information
Isle of Muck Farm, ☎ 01687 462 362, www.isleofmuck.com

Unterkunft
Man kann bei den MacEwens im Port Mor House übernachten (☎ 01687 460 089), aber es gibt auch ein paar B&Bs sowie eine Jurte, die man mieten kann (☎ 01687 462 362).

Canna

Canna liegt am weitesten westlich und gehört dem National Trust for Scotland. Die Insel funktioniert in wirtschaftlicher Hinsicht als eine einzige Farm und ist daneben ein inoffizielles Vogelreservat mit 157 verschiedenen Vogelarten. Knapp 20 Menschen leben hier. Canna ist 7 km lang und 1,5 km breit und wird von Klippen eingefasst. Die Attraktion für Besucher liegt in der Ruhe und Abgeschiedenheit des Eilands und in den schönen Wandermöglichkeiten. Auch für Archäologen ist Canna interessant, denn es gibt Spuren aus neolithischer und Überbleibles aus der Wikinger-Zeit.

Von der Anlegestelle der Fähre sind es ungefähr 1,5 km zur Spitze des Compass Hill. Der höchste Punkt der Insel ist der **Carn's Ghaill** (211 m).

Reisepraktische Informationen Isle of Canna

Information
www.theisleofcanna.co.uk

Tagesausflug/Unterkunft
Im Sommer geht es morgens von Mallaig nach Canna (2,5 Std.) und nach 8–9 Std. Aufenthalt abends wieder zurück.
Wer übernachten möchte: Es gibt das **Tighard B&B** (☎ 01687 462 474, www.tighard.co.uk) und **Cottages** für Selbstversorger (☎ 0131 243 9300, www.ntsholidays.com). Wildes **Campen** ist mit Erlaubnis des NTS möglich.

 Buchtipp
John Lorne Campbell: „**Canna. The Story of a Hebridean Island**" und Margaret Fay Shaw (Campbell): „**From the Alleghenies to the Hebrides. Autobiography**". Der Historiker und Autor Dr. John Lorne Campbell, 1938–1981 Besitzer Cannas, archivierte gemeinsam mit seiner Frau Margaret in systematischer Kleinstarbeit jegliche Aspekte der gälischen Kultur. Ihre gemeinsame Arbeit ist ein einzigartiges Zeugnis der Vergangenheit der schottischen Hebriden.

Die Äußeren Hebriden

Allgemeiner Überblick

Die Äußeren Hebriden, auch *Western Isles* genannt, liegen zwischen 45 und 90 km nordwestlich Schottlands, ungefähr auf einer Höhe mit Göteborg in Schweden. Die 195 km lange Inselkette wirkt wie ein Saum am Atlantischen Ozean. Rund 26.000 Menschen leben auf den zwölf bevölkerten Inseln. Es gibt mehrere Naturschutzgebiete, kilometerlange saubere Sandstrände, eine reiche Vogelwelt sowie seltene Wildpflanzen, vor allem in den an der Westküste gelegenen Dünenregionen.

Redaktionstipps

➤ Besichtigungen: das **Black House** in Arnol (S. 331), den **Dun Carloway Broch** (S. 333) und die **Callanish Standing Stones** (S. 333) bewundern.
➤ An den **Uig Sands**, dem allerschönsten Strand auf Lewis mit kilometerlangen Sanddünen, spazieren gehen (S. 335).
➤ Die rund 70 km lange **Rundtour um South Harris** unternehmen (S. 339).

Erbarmungslos von heftigen atlantischen Stürmen heimgesucht, wirken die Inseln einsam und feindlich. Trotz regelmäßiger Fährverbindungen und moderner Kommunikationsmittel sind die Äußeren Hebriden abgeschieden. Der Tourismus steht hier nicht an erster Stelle, wie auf den Inneren Hebriden. In vielerlei Hinsicht stellen die Äußeren Hebriden die letzte Bastion der **gälischen Lebensweise** dar. Die traditionellen Erwerbsquellen sind Landwirtschaft, Fischen und Weben, wobei fast jeder Inselbewohner mehr als nur einer Beschäftigung nachgeht. Die Gastwirtin produziert nebenbei Harris Tweed, der Wirt fährt den Postbus etc. Diese Situation schafft ein Netzwerk an Beziehungen, in dem jeder jeden kennt.

Fahrradtour auf North Uist

Die Äußeren Hebriden

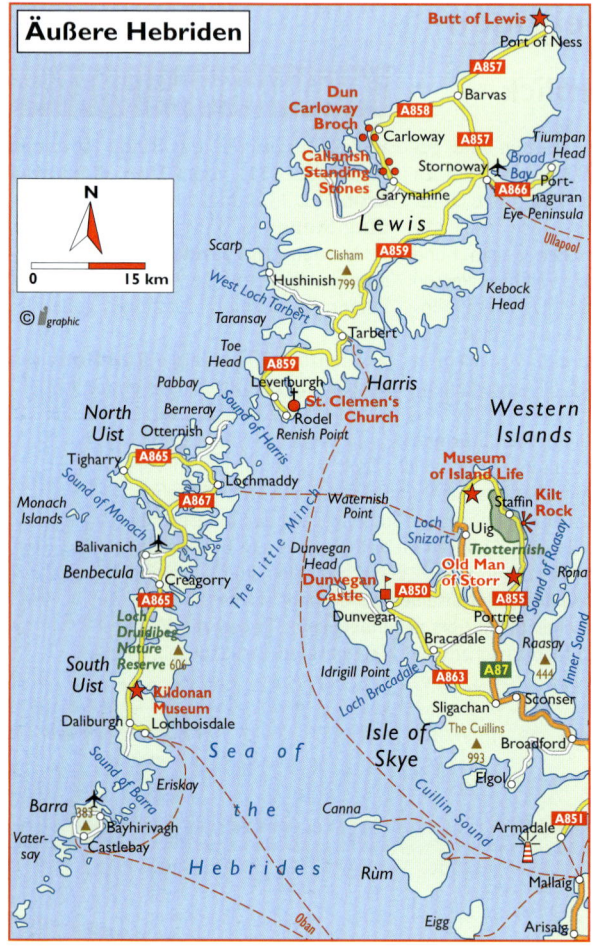

Die **Bevölkerung** ist z. T. zweisprachig, Englisch und Gälisch. Für die meisten ist Gälisch die erste Sprache, aber durch den Einfluss der Medien (kein Haushalt ohne Fernseher) ist die Sprache in Gefahr. Gottesdienste werden jedoch normalerweise in Gälisch abgehalten. Die Verwaltung der Western Isles (Comhairle nan Eilean) setzt sich in verstärktem Maße für eine bilinguale Politik ein. Kinder sollen sowohl Gälisch als auch Englisch lernen. Ein anderer Einfluss, der skandinavische nämlich, wird in den Straßennamen deutlich. Vor allem im Norden sind fast alle Ortsnamen norwegischen Ursprungs. Die Wikinger eroberten die Inseln seit dem 9. Jh. Erst im späten 13. Jh. wurden sie dem schottischen Königreich eingegliedert.

Die **Religion** spielt eine wichtige Rolle im insularen Leben. Benbecula, South Uist und Barra sind katholisch, North Uist, Harris und Lewis folgen der Free Church oder den noch konservativeren Free Presbyterian. Harris wird auch die letzte Bastion des Calvinismus in Großbritannien genannt. Die „Free Church" ist die wichtigste Kirche. Die Teilnehmerzahl der Gottesdienste übertrifft bei Weitem die auf dem Festland. Bei den Gottesdiensten der „Free Church" ist Musik nicht erlaubt. Sonntags scheint das Leben stillzustehen und in vielen Haushalten darf dann nicht gearbeitet werden.

Bei den Besuchern der Äußeren Hebriden (ähnlich denen der Shetland-Inseln) handelt es sich nicht – wie man annehmen möchte – ausschließlich um Archäologen oder Ornithologen, sondern vielmehr um Menschen, die Ruhe suchen und eine unverbrauchte Natur. Von beidem gibt es hier genügend und mitten in der Einsamkeit finden sich schöne Unterkunftsmöglichkeiten.

Begegnung auf North Uist

„Crofting"

„Crofting" ist eine für die Highlands und Islands typische Lebensweise. Ein Crofter bearbeitet ein Stückchen Land auf der Basis einer jährlichen Pacht. Traditionsgemäß werden Gerste, Hafer, Kartoffeln und Steckrüben angebaut. Jedes Haus hat seine Kuh, Schafe und Hühner. Der Pächter hat das Recht, das Grundstück seinem Sohn oder wem auch immer zu vererben. Seit 1976 ist es rechtlich möglich, das Stück Land zu erwerben.

Trotz vielfältiger Unterstützung seitens der Regierung ist es heutzutage schwer, lediglich vom Ertrag des Pachtgrundstücks zu leben. Auf Lewis gibt es 3.500 crofts. Sie sind die kleinsten in den Highlands und auf den Inseln. Heutzutage gibt es kaum jemanden, der nur als Kleinbauer von seinem Grund und Boden leben kann. Viele haben nach wie vor Hühner und Schafe, müssen jedoch zusätzlich Geld verdienen, sei es durch Weben, einen Arbeitsplatz in der Stadt oder als selbstständiger Kleinunternehmer, etwa als Kaufmann oder Elektriker.

Obwohl sich das Gemeinschaftsleben innerhalb der Familie stark verändert hat, z. B. durch das Fernsehen, findet man auch heute noch ein ausgesprochen starkes familiäres Zusammengehörigkeitsgefühl und einen Gemeinschaftsgeist wie in früheren Zeiten. Das alljährlich wiederkehrende Ereignis des Torfmachens, das eine weitere Aufgabe der Kleinbauern ist, gehört dazu.

Reisepraktische Informationen Äußere Hebriden

siehe auch Reisepraktische Informationen zu Isle of Lewis (S. 337), Isle of Harris (S. 340), Isle of North Uist/Berneray/Benbecula (S. 344), Isle of South Uist (S. 347), Isle of Barra (S. 349).

Information
Alle Touristeninformationen sind während der Saison bis zur Ankunft der letzten Fähre geöffnet, z. T. bis Mitternacht.
Im Internet: www.visithebrides.com.
Isle of Lewis: 26 Cromwell Street, Stornoway, Isle of Lewis HS1 2DD, ☏ 01851 703 088, ganzjährig.
Isle of Harris: Pier Road, Tarbert, ☏ 01859 502 011, April–Dez.
Isle of North Uist, Pier Road, Lochmaddy, ☏ 01876 500 321, April–Okt.
Isle of South Uist, Pier Road, Lochboisdale, ☏ 01878 700 286, April–Okt.
Isle of Barra, Main Street, Castlebay, ☏ 01871 810 336, April–Dez.

Unterkunft
Die Auswahl an Übernachtungsmöglichkeiten reicht von der einfachen Herberge bzw. Jugendherberge über B&Bs und Ferienwohnungen sowie Farmen bis hin zum Fünf-Sterne-Hotel.

Übernachtungs-Tipp Hostels
Auf den Äußeren Hebriden besteht die Möglichkeit, in einfachen Herbergen zu übernachten. Die auf freiwilliger Basis arbeitende Organisation „**The Gatliff Hebridean Hostels Trust**" hat diese Hostels ins Leben gerufen, um Reisenden die Möglichkeit zu geben, die hier lebenden Menschen, ihre Sprache und ihre Kultur kennenzulernen und um die schöne Landschaft zu genießen. Die Hostels haben zwar einen ähnlichen Status wie die SYHA, sind aber sehr viel einfacher. Es gibt Decken, Gas, Ofen, Geschirr, fließend kaltes Wasser und WC. Buchungen im Voraus sind nicht erforderlich, ein Bett wird immer bereitstehen. Jedes Hostel wird von einem Warden betreut. In den Hostels herrscht strengstes Rauchverbot. Hunde sind nicht erlaubt. Begrenzter Platz für Camper. Man kann auch Mitglied bei den Hebridean Hostellers werden. Nähere Auskunft: The Gatliff Hebridean Hostels Trust, www.gatliff.org.uk. Gatliff Hostels gibt es in Howmore, South Uist (13 Betten), Berneray, North Uist (20 Betten), Rhenigidale, Harris (13 Betten). Ein Bett kostet für Erw. 12 £, für Jugendliche unter 18 Jahren 7 £, Camping 7 £.

Bushaltestelle auf Harris

Fährverbindungen

Die Äußeren Hebriden werden ausschließlich von **Caledonian MacBrayne** angefahren (☎ 01475 650 100, www.calmac.co.uk. Wer vorhat, mehr als nur eine Hebrideninsel zu besuchen, sich aber nicht festlegen möchte, welche, kann sich ein flexibles Ticket von Calmac anschaffen, den sog. „**Island Rover**". Fahrräder werden kostenlos befördert. Alternativ dazu gibt es den „**Island Hopscotch**". Bei diesem Ticket muss man sich vorher auf eine bestimmte Inselkombination festlegen (s. dazu S. 71).

Flugverbindungen

Flughäfen gibt es in Stornoway, Benbecula und Barra (s. unter www.cne-siar.gov.uk/travel).

Hinweis

Eingeschränkter Fähr- und Flugbetrieb am Sonntag! Da die Fährpassage für Autos recht teuer ist, könnte man überlegen, das Auto in Uig oder Ullapool stehenzulassen und auf den Inseln ein Auto zu mieten.

Busse

Die Busverbindungen auf den Western Isles sind recht gut. Die Busse fahren regelmäßig und sind auch auf die Fahrzeiten der Sound of Harris-Fähre und der Sound of Barra-Fähre abgestimmt. Kein Busverkehr am Sonntag.

Wetter/Klima

Das Wetter ändert sich von Tag zu Tag – manchmal sogar stündlich. Zwar regnet es nicht viel, jedoch oft ganz unvermittelt und hört dann ebenso plötzlich wieder auf. Im Mai gibt es mit 210 Stunden den meisten Sonnenschein. Die Temperaturen sind normalerweise um 1–2 °C niedriger als auf dem Festland.

Hinweis

Entfernungen sind – wie überall in Schottland – nicht zu unterschätzen.

Lewis und Harris

Zur Verwirrung mancher spricht man von den Inseln Harris und Lewis, obwohl die beiden Hauptinseln der Inselkette geografisch nur eine Insel bilden. Harris nimmt dabei das südliche Drittel ein. Eine breite Hügelkette mit dem 800 m hohen **Clisham-Berg** bildet die Grenze zwischen der flachen, manchmal grünen, von Wind und Einsamkeit geprägten Moorlandschaft auf Lewis (abgeleitet von *Leogach*, gälisch = Marsch) und dem gebirgigen, kargen und noch einsameren Harris. Lewis und Harris sind mit 20.000 Einwohnern der bevölkerungsreichste Teil der Äußeren Hebriden.

Achtung

Die Sonntagsruhe wird auf Harris und Lewis weitgehend eingehalten. Die meisten Geschäfte und Tankstellen sind am Sonntag geschlossen. Es gibt einen eingeschränkten Fähr- und Flugverkehr am Sonntag.

Lewis

Die Westküste von Lewis ist am interessantesten. Hier befinden sich der Carloway Broch, die Callanish Standing Stones, das Arnol Black House und das restaurierte „Blackhouse"-Dorf Garenin. Alle diese Stätten kann man innerhalb eines Tagesausflugs aufsuchen, entweder mit eigenem Auto, bei einer organisierten Tour oder mit dem „West Side Circular"-Bus. Während die nördliche Hälfte von Lewis durch flaches, eintöniges Marschland gekennzeichnet wird, ist die Landschaft im Süden mit ihren felsigen Hügeln und Fjorden, die sich tief in die Küste einschneiden, und den herrlichen Stränden beeindruckender.

Erkundung mit dem Bus

Stornoway, mit 9.000 Einwohnern der größte Ort und Hauptstadt der Äußeren Hebriden, ist eine unspektakuläre Kleinstadt. Das Verwaltungs- und Handelszentrum ist zugleich ein Zentrum der Tweed-Industrie und Fischereihafen. Über besondere Sehenswürdigkeiten verfügt Stornoway nicht. Sobald man den Besuch in der Touristeninformation und den Einkauf im Supermarkt hinter sich gebracht hat, gibt es hier nicht mehr allzu viel zu erleben.

Lewis Castle wurde in den 1860er-Jahren von Sir James Matheson, dem einstigen Besitzer der Insel, errichtet. Es wird derzeit restauriert und soll ab 2014 ein Luxushotel und ein Museum beherbergen. Das Schloss wird von einem schönen Rhododendronpark umgeben, in dem die einzigen Bäume der Insel wachsen. Tausende Tonnen Erde wurden dafür damals vom Festland hierher geschafft. Im **Woodland Centre** informiert eine kleine Ausstellung über die Geschichte des Castle *(Mo–Sa 10–17 Uhr, Eintritt frei)*.

Das **Museum nan Eilean** beschäftigt sich mit sozialgeschichtlichen Themen und zeigt alte Fotografien, die das Leben auf den Inseln dokumentieren.
Museum nan Eilean, *Francis Street*, ☎ *01851 709 266, im Sommer Mo–Sa 10–17.30 Uhr, im Winter Di–Fr 10–17, Sa 10–13 Uhr.*

Tweedherstellung

Im **Lewis Loom Centre** kann man sich während einer 40-minütigen Führung über die traditionelle Herstellungsweise des Harris Tweed informieren. Auch einen schönen Kunsthandwerksladen gibt es hier
Lewis Loom Centre, *The Old Grainstore, 3 Bayhead Street*, ☎ *01851 704 500, Mo–Sa 9–18 Uhr.*

In dem mitten im Ortszentrum gelegenen **An Lanntair Arts Centre** findet ein wechselndes Programm an Ausstellungen, Workshops und kulturellen Veranstaltungen (Theater, Konzerte etc.) statt. Eine Bar, ein Café und ein Restaurant laden zur Einkehr ein.
An Lanntair Arts Centre, *South Beach Street*, ☎ *01851 703 307, www.lanntair.com, Ausstellungen Mo–Sa 10–20.30 Uhr.*

Einkaufen

Lewis ist bekannt für **Black Pudding**, wobei der beste nach einem alten – wohl gehüteten – Familienrezept von Charles MacLeod hergestellt wird. **MacLeod**, *Ropework Park*, ☎ *01851 702 445, www.charlesmacleod.co.uk.*

Die Westküste

In Barvas teilt sich die Straße. Die A857 führt nach Norden bis hoch nach Ness (s. u.), die A858 nach Westen. Das **Black House** in **Arnol** ist ein gut erhaltenes und vollständig eingerichtetes „Black House", das einen interessanten Einblick in die ehemalige Lebens- und Wirtschaftsweise in diesem Teil der Welt gibt. Neben dem Black House gibt es ein Croft House aus den 1920er-Jahren.

Lewis Black House, ☎ 01851 710 395, www.historic-scotland.gov.uk, April–Sept. Mo–Sa 9.30–17.30, Okt.–März bis 16.30 Uhr, 18 km westlich von Stornoway, Eintritt 4 £.

Black Houses

Unter Black Houses versteht man strohgedeckte, kaminlose Häuser mit Wänden aus geschichteten Natursteinen. Vor allem in den Highlands und auf den Inseln war diese Hausform üblich. Die Bezeichnung „Black House" (gälisch: *tigh dubh*) ist jünger als der Haustyp selber, denn die ersten Häuser dieses Typus wurden bereits vor der Wikingerzeit gebaut.

Der Name existiert erst seit etwa 1850 in Abgrenzung zu einem neuen Haustyp, der sich vom Festland kommend durchsetzte. Bei diesem neuen Typus, „white House" (gälisch: *tigh gael*) genannt, bestanden die Wände nicht mehr aus Doppelreihen geschichteter Steine, sondern wurden mit Kalkmörtel gemauert. Über die Jahrhunderte hinweg hat sich der Baustil der Black Houses erheblich verändert und es gibt auch regionale Unterschiede. Als im 19. Jh. neue Gesetze erlassen wurden, hat sich z. B. der Grundriss der Häuser verändert.

Blackhouse Village Garenin auf Lewis

Die Äußeren Hebriden

Einblick in ein Black House im Dorf Garenin

Die typische Bauweise eines Black House auf Lewis sah folgendermaßen aus: Die Wände bestanden aus einer Doppelreihe von geschichteten Natursteinen, dazwischen eine Erdfüllung. Die Häuser waren zwischen 1,50 m und 1,80 m hoch und mindestens 1,50 m dick. Mensch und Tier benutzten denselben Eingang. Dieser führte in einen Vorraum, in dem üblicherweise der Mahlstein aufbewahrt wurde. Von hier gelangte man zu einem zentralen Hauptraum, der zu zwei Dritteln als Kuhstall diente. Im verbleibenden Drittel lebten die Menschen. Vom Kuhstall hatte man Zugang zur Scheune, in der das Getreide gedroschen und gelagert wurde. Der Hauptraum war nicht unterteilt. Menschen und Tiere waren lediglich durch eine Steinmarkierung im Boden getrennt. Ursprünglich wurden die Betten um die Feuerstelle herum in die Wand eingelassen. Um 1850 kamen Schrankbetten in Mode.

Die Häuser hatten weder Schornstein noch Feuerloch, auch gab es nur selten Fenster. Das Dach, auf einem inneren Teil der Wand ruhend, bestand aus je einer Lage von Grasroden und Stroh. Das Stroh wurde durch Seile zusammengehalten, die Seile wiederum durch eingebundene Steine beschwert. Einmal im Jahr wurde das Stroh ausgewechselt.

Nach den Gesetzgebungen im späten 19. Jh. blieb zwar die Grundstruktur ähnlich, obwohl man den Vorraum wegließ. Der Eingang führte aber nun direkt in den Hauptraum. Türen trennten jetzt die Stallungen vom Wohnraum. Stall und Scheune erhielten einen zusätzlichen direkten Eingang. Der Wohnraum selbst wurde in Schlafraum und Küche unterteilt. Das Mobiliar allerdings änderte sich kaum. Der Giebel erhielt einen Kamin oder eine Rauchabzugsöffnung, wodurch das Stroh auf dem Dach nicht jährlich erneuert werden musste.

Die letzten Black Houses waren auf Lewis bis Anfang der 1980er-Jahre bewohnt. Bedingt durch die Einführung von Elektrizität und fließendem Wasser in den 1950er-Jahren, kam es zu erheblichen Veränderungen. Viele Menschen verließen die traditionellen Wohnstätten zugunsten moderner, schnell errichteter Häuser.

Einige Kilometer weiter südlich liegt Shawbost. Das **Shawbost Folk Museum** ist ein kleines Heimatmuseum, das in einer leer stehenden Kirche eingerichtet wurde. Ursprünglich handelte es sich um ein Schülerprojekt (☎ 01851 710 212, unbewacht). Die **Shawbost Norse Mill and Kiln** (jederzeit zugänglich) hingegen zeigt den herkömmlichen Prozess wie Gerste gemahlen wird. In **Dalbeg**, südlich von Shawbost, gibt es einen herrlichen Strand.

Piktischer Rundturm: Dun Carloway Broch

In **Carloway**, von Lord Leverhume als Fischerort geplant, biegt eine Straße zum restaurierten „Blackhouse"-Dorf **Garenin** (Gearrannan) ab, wo man auch übernachten kann (5a Gearannan, ☎ 01851 643 416, www.gearrannan.com). Im „Dorf" kann man das Museum, ein Café und einen Souvenir-Shop besuchen. Auch wenn man dort nicht die Nacht verbringen möchte, lohnt sich der Abstecher wegen des fantastischen Strands und der tollen Blicke aufs Meer. Besonders schön ist der Spazierweg von Gearrannan zu den herrlichen Stränden in Dalmore (6 km, besonders bei Surfern beliebt) oder nach Dalbeg.

Etwas weiter liegt abseits der Hauptstraße der **Dun Carloway Broch**. Der piktische Rundturm in beeindruckender Lage über dem Meer ist der am besten erhaltene Broch von den immerhin rund 300 Brochs auf den Western Isles und nach Mousa (s. S. 513) der besterhaltene in ganz Schottland. Erbaut im 4. Jh. ist er einer der jüngsten seiner Art. Der höchste Teil der Mauer ist 10 m hoch. Der Durchmesser beträgt 15 m, die Wände sind zwischen 3 und 4 m dick. Der Eingang – eindeutig für Verteidigungszwecke angelegt – ist nur 75 cm breit und 1 m hoch. Zwischen den Doppelmauern sind vier Kammern und mehrere Treppen eingelassen, die zu den höher gelegenen Laufgängen und zur Spitze des Turms führten. Im Innenhof sieht man in ca. 2 m Höhe einen Sims entlang der inneren Mauer. Wahrscheinlich diente dieser als Auflage für einen hölzernen Laufgang. Es gibt nur wenig belegte Fakten über den Carloway Broch. Bei Ausgrabungen wurden Feuerstellen, Tonscherben sowie ein zerbrochener Mühlstein gefunden. Beweisstücke über die Ursprünge gibt es nicht. Im **Doune Broch Visitor Centre** kann man sich informieren, wie das Leben um 50 n. Chr. gewesen sein mag (☎ 01851 643 338, April–Sept. 10–17 Uhr; der Broch ist ganzjährig begehbar, Eintritt frei).

Gut erhaltener Broch

Callanish (Calanais) Standing Stones
Die A858 führt weiter zu der großartigsten Sehenswürdigkeit der Äußeren Hebriden, den **Callanish (Calanais) Standing Stones**. In ihrer Bedeutung als prähis-

Prähistorische Kultstätte

torische Kultstätte stehen die Stones of Callanish den Steinen von Stonehenge in Südengland in nichts nach. Die Steine sind in der Form eines keltischen Kreuzes angelegt und dadurch, im Vergleich mit allen anderen megalithischen Monumenten, einzigartig. Die Steine bestehen – ungleich Stonehenge, wo kein örtliches Material verwendet wurde – aus Lewis-Gneis, einer für die Insel typischen Gesteinsart.

Die Stehenden Steine in Callanish wurden zwischen dem 3. und 2. Jahrtausend v. Chr. in verschiedenen Etappen errichtet. Im Laufe der Zeit wurde manches beschädigt, einige Steine fielen um, andere wurden ganz entfernt. Schließlich überwuchs die ganze Gegend mit Torf – stellenweise bis auf eine Höhe von 1,5 m –, sodass schließlich ein großer Teil der Steine verdeckt war. Dass die Steine erhalten sind, ist in erster Linie Sir James Matheson zu verdanken. Der ehemalige Besitzer von Lewis veranlasste 1857/58, dass der Torf um die Steine herum abgeräumt wurde.

Die Hauptanlage besteht heute aus 54 Steinen. Besonders auffälliges Merkmal der Anlage ist die sog. Nordavenue, bestehend aus zwei fast parallelen Steinreihen, die bei einem Durchschnittsabstand von 8,20 m eine Länge von 82 m hat. Die 19 Steine dieser doppelten Steinreihe haben eine Durchschnittshöhe von 3,60 m. Der Ostausleger besteht aus fünf Steinen und erstreckt sich über eine Länge von 23 m. Der Westausleger hat vier Steine und ist 13 m lang. Nach Süden hin befindet sich eine Reihe von fünf Steinen, die 27,80 m lang ist.

Ein Kreis aus 13 Steinen (Durchmesser 11–13 m) steht im Zentrum. Hervorstehend ist ein großer Zentralstein mit einer Höhe von 4,45 m und einem Gewicht von etwa 5 Tonnen. Dieser Stein bildet die westliche Begrenzung einer kleinen Kammer, die ein neolithisches Gemeinschaftsgrab barg. Als das Grab im 19. Jh. freigelegt wurde, hat man dort, nach Augenzeugenberichten, Überreste von menschlichen Knochen und eine ölige schwarze Masse, wahrscheinlich Öl und Tiersubs-

Die Standing Stones von Callanish

tanz, gefunden. In den Jahren 1980/81 stieß man bei einer erneuten Ausgrabung auf einige Tonscherben.

Direkt neben den Steinen informiert das **Callanish Visitor Centre** mit einer Ausstellung und einer Videopräsentation über die Steine. In der Teestube kann man sich nach einer Besichtigung bei Wind und Regen wunderbar aufwärmen. Es gibt Suppe, Tee, Brote und selbst gebackene Kuchen. Im Laden wird eine hübsche Auswahl an Kunstgewerbe angeboten. *Besucherzentrum*
Callanish Visitor Centre, ☎ *01851 621 422, www.calanaisvisitorcentre.co.uk, Juni–Aug. Mo–Sa 9.30–20, April/Mai und Sept./Okt. Mo–Sa 10–18, Nov.–März Di–Sa 10–16 Uhr.*

Etwa 2 km weiter südlich bei **Garynahine** befinden sich weitere Steinkreise: **Callanish 2** und **Callanish 3**, ein Steinring mit acht ringförmig angeordneten Steinen außen und vier in der Mitte.

> **Hinweis**
> *Von Stornoway fährt die Buslinie* **West Side Circular** *zu den Steinen. Es gibt auch verschiedene organisierte Tagesausflüge. Auskunft in der Touristeninformation in Stornoway.*

Uig
Die B8011 führt zu der westlich liegenden Halbinsel **Uig** *(www.uigandbernera.com)*. Nach ungefähr 6 km kommt der Abzweig auf die B8059, die zur Insel **Great Bernera** führt. Sie ist mittlerweile durch eine Brücke mit dem Festland verbunden ist. Der „Hauptort" heißt **Braeclete**.

Abgesehen davon kann Uig mit einigen Siedlungen, den Überresten zweier Brochs und einigen „Stehende Steinen" aufwarten. An der Nordküste bei Bosta gibt es eine niedliche Sandbucht, von wo aus sich schöne Blicke auf **Little Bernera** eröffnen. Die B8011 verläuft durch tristes Moorgebiet und biegt dann nördlich nach West Loch Road ab (schöne Sandstrände!). **Uig Sands** ist der allerschönste Strand auf Lewis mit kilometerlangen Sanddünen. Den besten Zugang hat man vom Parkplatz in der Nähe des Friedhofs in Eadar Dha Fhadhail. Es gibt einige hervorragende Unterkünfte und verschiedene Anbieter organisieren Bootstouren *(www.seatrek.co.uk, www.island-cruising.com)*.

Berühmt geworden sind die Uig Sands durch die **Lewis Chessmen**, 93 wunderbare Schachfiguren aus Walross-Elfenbein, die vermutlich im 12. Jh. in Skandinavien angefertigt wurden. Wie die Figuren nach Uist gekommen sind, ist ungeklärt. Sie wurden vor 1831 in einer Sanddüne gefunden. Elf Teile liegen heute im National Museum of Scotland in Edinburgh, 82 Teile im British Museum in London. Im **Uig Museum** in Timsgarry kann man Repliken sehen *(www.ceuig.com, Mo–Fr 12–17 Uhr, Eintritt 1 £)* . *Schachfiguren aus dem 12. Jh.*

Nördlich von Stornoway nach Ness
Die A857 verläuft in nördliche Richtung durch karges, baumloses und tristes Moorland bis nach **Barvas**. Die Siedlungen mit ihren schmucklosen Kirchen und schlich-

ten Häusern sind unattraktiv und haben nichts von dem pittoresken Charme mancher Dörfer auf den Inneren Hebriden. Das Land ist durch den Torfstich aufgerissen, die Luft riecht nach verbranntem Gras, Whisky oder Kaffee. Torf ist die wichtigste Heizquelle auf den Inseln und vor fast jedem Haus sieht man große Haufen aufgestapelten Torfs.

Torfstechen

Torf ist der Bodenschatz der Inseln, z.T. geht er bis 1,5 m tief. Torf ergibt ein hervorragendes Heizmaterial. Zwar ist es nicht ganz so heiß wie Kohle, jedoch angenehm und sauber im Verbrauch.

„Going to the peats" wird von den Inselbewohnern noch immer praktiziert. Das Stechen und Trocknen des Torfs wird wie in alten Tagen durchgeführt. Jedes Haus auf der Insel hat sein eigenes Torfstück in der Nähe. Statistisch gesehen benötigt ein Vier-Personen-Haushalt etwa 15.000 Stück Torf im Jahr, wenn ausschließlich damit geheizt und gekocht wird. Die Arbeit des Torfstechens erfordert einen Zeitaufwand von etwa einem Monat.

Hinter Barvas verläuft die Straße durch eine Reihe von Siedlungen, die alle gleich aussehen und ineinander übergehen, wobei die modernen, charakterlosen Häuser mit dem unvermeidlichen Stapel Torf vor der Tür den deprimierenden Charakter dieses Landstrichs verstärken. Kurz hinter Barvas sind in der **Morven Gallery** zeitgenössische Kunst, Kunsthandwerk und Textilien ausgestellt. Dazu gehört ein kleines Café *(☎ 01851 840 216, www.morvengallery.com, April–Sept. Mo–Sa 10.30–17 Uhr).*

Einige Kilometer weiter nördlich kommt man zum **Clach an Truiseil**, einem 6 m hohen Monolithen, dem größten in Schottland. Zwischen dem Clach an Truiseil und **Shader** befindet sich eine ganze Reihe an prähistorischen Zeugnissen. Wer Spaß an Kunsthandwerk hat, sollte in der **Borgh Pottery** vorbeischauen, wo es schöne und originale Töpferwaren gibt *(Fivepenny House, Borve, ☎ 01851 850 345, www.borgh-pottery.com, Mo–Sa 9.30–18 Uhr).*

Die Straße verläuft weiter nach Ness, einer Gruppe von kleinen Siedlungen, bis sie schließlich in dem Fischerdorf **Port of Ness** endet. 75 % der Bevölkerung spricht hier Gälisch; das ist der höchste Anteil im ganzen Land. Port of Ness hat einen kleinen Hafen und einen schönen goldenen Strand.

Nordwestlich liegt **Eoropie** (sprich: Yor-erpie), wo in der kleinen **St. Moluag's Church** die Gottesdienste der Episcopal Church stattfinden. Die Ursprünge der Kirche gehen auf das 12. Jh. zurück, 1912 wurde sie restauriert. Von Eoropie führt eine Straße zum Leuchtturm am **Butt of Lewis**, dem nördlichsten Punkt der Äußeren Hebriden. Wem der starke Wind nichts ausmacht, hat hier einen fantastischen Standpunkt, um Seevögel, Wale und Delfine zu beobachten.

Reisepraktische Informationen Isle of Lewis

Information
TIC Stornoway, 26 Cromwell Street, Isle of Lewis, ☎ 01851 703 088, www.visithebrides.com

Unterkunft
****Eshcol Guest House €€, Breasclete, Callanish, Isle of Lewis HS2 9ED, ☎ 01851 621 771, www.eshcol.com. Ganzjährig, 3 Zimmer. Nahe den Callanish Stones gelegenes Gästehaus mit wunderbarem Ausblick auf die Berge. Liebevolle Betreuung.
****Galson Farm Guest House €€, South Galson, Isles of Lewis HS2 0SH, ☎ 01851 850 492, www.galsonfarm.freeserve.co.uk. Ganz im Norden von Lewis gelegenes Farmhaus mit Blick auf den Atlantik. Ganzjährig, 3 DZ. Nach Voranmeldung auch Dinner. Ab 43 £ p.P. Auf dem Grundstück gibt es auch ein Bunkhouse für Selbstversorger (bis 8 Pers.).
***Caberfeith Hotel €€, Manor Park, Stornoway HS1 2EU, ☎ 01851 702 604, www.cabarfeidh-hotel.co.uk. Ganzjährig, 46 Zimmer, modernes, funktionales Hotel am Stadtrand.
**Baile-Na-Cille Guest House €€, Timsgarry, Isle of Lewis, ☎ 01851 672 242, www.bailenacille.com, Ostern–Okt., max. 16 Gäste, atemberaubend in Uig gelegen. Leckere Küche, auch für Nicht-Übernachtungsgäste. 30 £ p.P.

Es gibt zahlreiche **Unterkünfte für Selbstversorger**.
*–****Gearrannan Blackhouse Village, Isle of Lewis HS2 9AL, ☎ 01851 643 416, www.gearrannan.com. Die einzigartige Ferienunterkunft liegt in der Nähe von Carloway am Atlantik. Der Gearrannan (Garenin) Trust hat verfallene Black Houses in Kleinstarbeit wieder hergestellt und zu Unterkünften für 2–16 Personen hergerichtet. Auch ein Restaurant und ein Café gibt es im „Dorf" (So geschl.)

Jugendherberge/Hostel
Stornoway Backpackers Hostel, 47 Keith Street, Stornoway, ☎ 01851 703 628.
Heb Hostel, 25 Kenneth Street, Stornoway, ☎ 01851 709 889, www.hebhostel.com. Auch Familienzimmer.

Einkehren
In den Hotels und Gästehäusern der Insel können auch Nicht-Übernachtungsgäste zum Essen einkehren. In Stornoway gibt es verschiedene Lokale, u. a. auch indische und chinesische Take-aways.

Fähre
Fährverbindungen von Ullapool nach Stornoway (2–3 x tgl. Mo–Sa, Fahrzeit 2 Std. 45 Min.).

Mietwagen
Mackinnon Self Drive, 18 Inaclete Road, Stornoway, Isle of Lewis HS1 2RB, ☎ 01851 702 984.

Tankstellen

Alle Tankstellen sind sonntags geschlossen, außer **Engebret's Garage** in Stornoway: Zur Tankstelle gehören auch ein lizensierter Laden und ein Geldautomat. ☏ 01851 702 303, www.engebret.co.uk, Mo–Sa 6–23, So 10–16 Uhr.

Hinweis

Von Stornoway fährt die Buslinie **West Side Circular** zu den Standing Stones. Es werden auch verschiedene organisierte Tagesausflüge angeboten. Auskunft in der Touristeninformation in Stornoway.

Harris

Im Norden von Harris befinden sich, umgeben von herrlicher, unberührter Natur, die höchsten Erhebungen der Äußeren Hebriden. Im Süden liegen herrliche Sandstrände, während die Ostküste an eine „Mondlandschaft" erinnert. Wenn man mit dem Auto unterwegs ist, kann man Harris gut an einem Tag umrunden. Ist das Wetter gut, lohnt es sich durchaus, einige Tage zu verweilen, um die einzigartige Landschaft auf sich wirken zu lassen. North Harris sowie das Seaforth Estate werden direkt von der Kommune als *North Harris Trust* verwaltet, der das Gebiet 2003 erwarb. Ziel ist es, Arbeitsmöglichkeiten für junge Leute zu schaffen, um die Abwanderung einzudämmen sowie die einzigartige Landschaft und das kulturelle Erbe dieses Landstrichs zu schützen.

Harris Tweed

Auf den Äußeren Hebriden wird der weltberühmte Harris Tweed hergestellt. Rund 120 Weber fertigen noch das robuste Material an, fast 70 % werden exportiert. Ursprünglich produzierten die Bewohner den Stoff für sich selbst. Ab der Mitte des 19. Jh. entwickelte sich die Alltagskleidung der Inselbauern zur Freizeitmode viktorianischer Gentlemen bei ihren Jagdausflügen. 1909 schlossen sich die Weber in der „Harris Tweed Association" zusammen und ließen sich später ihr Produkt patentieren.

Nur der echte Harris Tweed ist mit der „Orb Mark" ausgezeichnet, dem patentierten Qualitätssiegel, das eine Erdkugel mit Malteserkreuz zeigt. Der Stoff muss folgende Bedingungen erfüllen: Reine Schafwolle, gefärbt und gesponnen auf den Äußeren Hebriden und von den Bewohnern von Lewis, Harris, Uist und Barra in ihren Häusern gewebt. Das Färben mit Pflanzenfarben, die die Weberinnen aus gesammelten Moosen gewinnen, ist nicht mehr üblich. Chemische Farben haben die Pflanzenfarben ersetzt. Gewebt wird aber auf den Hebriden noch immer, wie vor Jahrhunderten, in Heimarbeit. Überwacht wird die Marke heute von der staatlichen Harris Tweed Authority *(www.harristweed.org)*.

Harris wird durch eine schmale Landenge in fast zwei Inseln geteilt: **North Harris** ist sehr gebirgig, einsam und kahl und bietet zahlreiche Wandermöglichkeiten. **South Harris** hat ein milderes Klima, ist lieblicher und grüner. Die rund 70 km lange Rundtour um South Harris ist ein absolutes Muss für Liebhaber einsamer Landschaften. Die Westküste wird von einmaligen kilometerlangen und menschenleeren Sandstränden gesäumt. Das kristallklare, türkisblaue Meer am **Horgobost Beach** und **Nisabost Beach** lädt zum Baden ein – wenn es nur nicht so kalt wäre! Die Ostküste von South Harris wird von einer hügeligen, kargen und einsamen Landschaft geprägt und ist von nachhaltiger und tief beeindruckender Schönheit.

Sportlich unterwegs auf Harris

Entlang der Küste sieht man vereinzelt winzige Fischerhäuschen. Interessant ist, dass die meisten Menschen an der unwirtlichen Ostküste wohnen, während die fruchtbarere Westküste fast unbewohnt ist. Im Zuge der *clearances* wurden die Bewohner von der Westküste vertrieben, um dort Platz für Schafe zu schaffen.

Der Südwestküste vorgelagert ist die Insel **Scarp**, die auf eine tragisch-komische Anekdote zurückblicken kann. 1934 startete hier der deutsche Ingenieur Gerhard Zucker ein Experiment. Er wollte mit einer eigens dafür konstruierten Rakete Post nach Harris befördern. Dazu hatte er selbst eine Briefmarke entworfen. Beim Aufprall jedoch explodierte die Rakete – mitsamt der Post. Basierend auf dieser Geschichte, angereichert mit einer Liebesgeschichte, drehte Regisseur Stephen Whittaker 2001 den Film „The Rocket Post". *Postrakete*

Tarbert ist mit 450 Einwohnern der größte Ort von Harris, Fischereihafen und Anlegestelle der Fähren von Uig und Lochmaddy. Auf der kleinen Insel **Scalpay** *(www.scalpay.com)*, die durch eine Straßenbrücke mit Harris verbunden ist, führt ein schöner Spaziergang 5 km quer über die Insel zum Eilean Glas Lighthouse, einem der vier ältesten Leuchttürme in Schottland. Er wurde 1787 erbaut.

Leverburgh (ehemals An t-Ob) wurde nach *Lord Leverhulme* (um-)benannt, der 1918 die Inseln Lewis und Harris kaufte und An t-Ob in einen Hafenort verwandeln wollte. Leverhumes Tod 1925 brachte die Pläne zum Erliegen und „Leverburgh" blieb ein verschlafenes Nest. Der Ort hat rund 200 Einwohner, ein wenig Fischindustrie und Fischfarmen. Das einzige öffentliche Gebäude, die Leverhulme Me-

Seenlandschaft auf Harris

morial School, ursprünglich für gemeinnützige Zwecke errichtet, ist heute eine Grundschule mit rund 30 Schülern. Von Leverburgh verkehrt eine Passagierfähre nach Otternish auf North Uist.

Am südlichsten Zipfel von Harris steht in **Rodel** eine entzückende kleine Kirche, die **St. Clement's Church**. Sie wurde auf kreuzförmigem Grundriss um 1520 erbaut und im 18./19. Jh. restauriert. 20 Jahre vor seinem Tod (1528) ließ sich hier Alasdair Crotach MacLeod, der 7. Chief des MacLeods-Clans, ein prachtvolles Grabmal unter einem Giebelbaldachin mit einer Fülle an Reliefszenen errichten. Auf der Grabplatte ist ein bewaffneter Ritter zu sehen.

Von Rodel nördlich die Ostküste hinauf führt die sog. „Golden Road", die die Einheimischen wegen der enormen Kosten, die die Straße verschlungen hat, so nennen. Die einspurige Straße windet sich durch die bizarre karge Mondlandschaft und passiert einige kleine Ortschaften, die Ende des 19. Jh. von den Menschen, die von der Westküste vertrieben worden waren, errichtet wurden. Kartoffelanbau, Weberei und Fischfang sind die wesentlichen Einnahmequellen.

Reisepraktische Informationen Isle of Harris

Information
TIC, Pier Road, Tarbert, Isle of Harris HS3, ☎ 01859 502 011, www.visithebrides.com.

Unterkunft
****Scarista House €€€–€€€€, Scarista, Isle of Harris HS3 3HX, ☎ 01859 550 238, www.scaristahouse.com. Ganzjährig. Kleines Gästehaus mit 6 Zimmern (3 im Haupthaus und 3 Suiten im Nebengebäude) und Restaurant, behaglich und exklusiv. Außerdem steht ein Cottage für Selbstversorger (bis zu 7 Pers.) zur Verfügung.
**Harris Hotel €€, Tarbert, Isle of Harris HS3 3DL, ☎ 01859 502 154, www.harrishotel.com. Ganzjährig, 23 Zimmer, nahe dem Fähranleger gelegenes, traditionelles Hotel im Familienbetrieb.
Daneben haben Besucher die Auswahl unter zahlreichen **B&Bs** und **Unterkünften für Selbstversorger**.

Jugendherberge/Hostel
***Rhenigidale Y.H.**, Rhenigidale, Isle of Harris HS3 3BD, www.gatliff.org.uk. Ganzjährig, 13 Betten.
*****Am Bothan Bunkhouse**, Ferry Road, Leverburgh, Isle of Harris HS5 3UA, ☎ 01859 520251, www.ambothan.com. Ganzjährig. 18 Betten.

Fähre
Fährverbindung von Uig (Isle of Skye) nach Tarbert (1–2 x tgl.) sowie von Berneray nach Leverburgh (2–4 x tgl.). Auskunft: ☎ 0800 0665000, www.calmac.co.uk.

Einkaufen
Harris Tweed ist ein eingetragenes Markenzeichen und kann per Gesetz nur von den Inselbewohnern hergestellt werden. Harris Tweed ist weltweit der einzige handgewebte Tweed. In Grosbebay, 10 km südlich von Tarbert, kann man die zeitlosen Jacken oder Westen erstehen oder individuell anfertigen lassen. ☎ 01859 511 108, www.theharristweedcompanygrosebay.co.uk, Mo–Sa 9.30–18 Uhr.

St. Kilda

St. Kilda ist weltweit eine der wenigen Stätten, die sowohl aufgrund naturgeschichtlicher Besonderheiten als auch kultureller Wichtigkeit als Welterbe ausgewiesen wurden. Die kleine Inselgruppe ist Harris 60 km westlich vorgelagert. Die letzten verbliebenen 36 Einwohner wurden 1930 von dort evakuiert und seither sind die Inseln nicht mehr bewohnt. Die größte der Inseln heißt **Hirta**. 1957 wurde St. Kilda dem National Trust übergeben, der sie dem Naturschutz in Obhut gab, und 1986 wurden sie zum Weltkulturerbe erklärt (damals dem ersten in Schottland). Auf den Inseln gibt es bizarre Felsformationen, beeindruckende Klippen sowie die größten Seevögelbrutkolonien in Nordwest-Europa. Für die Inselbewohner waren die Seevögel lebensnotwendig. Federn und Öl wurden exportiert, die Knochen für Werkzeug verarbeitet, alles andere gegessen. Heute wird St. Kilda vom NTS, Scottish Natural Heritage und vom Ministry of Defence (Verteidigungsministerium) betreut.

Evakuierung der Inselbewohner

Fährverbindungen
Es gibt verschiedene Möglichkeiten, St. Kilda zu besuchen, allerdings ist diese Unternehmung aufwendig und teuer. Die **Überfahrt von Mallaig** dauert ca. 14 Std., von den Western Isles ca. 8 Std., detaillierte Informationen s. unter www.kilda.org.uk.
Kilda Cruises fährt von Leverburgh in rund 2 Std. nach St. Kilda. Auskunft: ☎ 01859 502 060, www.kildacruises.co.uk. Abfahrt Leverburgh 8 Uhr, Rückkehr 19.30 Uhr. Keine Hunde erlaubt.

North Uist und South Uist

Die Inseln North Uist, South Uist, Benbecula und Eriskay sind durch Dämme und Brücken miteinander verbunden.

North Uist

Ein Drittel Wasserfläche

North Uist erstreckt sich über 20 km von Nord nach Süd und an ihrer breitesten Stelle über 27 km von Ost nach West. Ein Drittel der Insel ist von Wasser bedeckt. Die Ostküste rund um Lochmaddy sieht wie ein großes Sieb aus und bietet dementsprechend fantastische Angelmöglichkeiten. Erstaunlich bei den Lochs auf North Uist ist das Verhältnis von Küstenlänge zur Wasserfläche. Beispielsweise ist Loch Maddy 8 km lang und zu Beginn 1,5 km breit. Durch die vielen Ein- und Ausbuchtungen ergibt sich jedoch insgesamt eine Küstenlänge von über 550 km. Das schönste an North Uist sind die fantastischen Strände im Norden und Westen, z. B. die **Clachan Sands** (von der B893 ab).

Lochmaddy

Lochmaddy ist der Hauptort von North Uist mit Fähranleger, Hotel, einigen Häusern, Pub, Touristeninformation, Post, einem kleinen Laden und Tankstelle. Im sehr engagierten **Taigh Chearsabhagh Museum & Arts Centre** sind Kunst, Kunsthandwerk und Fotografien zu sehen. Neben wechselnden Ausstellungen werden Vorträge und Filmvorführungen organisiert. Ein kleiner Laden mit Kunstgewerbe (und dem Postamt) sowie ein Café sind angeschlossen.
Taigh Chearsabhagh Museum & Arts Centre, *Lochmaddy, ☎ 01870 603 970, http://taigh-chearsabhagh.org, Mo–Sa 10–17, im Winter Di–Sa 10–16 Uhr.*

Spaziergang

Beim Lochmaddy Hotel beginnt ein schöner Spaziergang rund um den alten Hafen von North Uist. Für die 6,5 km lange Strecke sollte man 1,5 Std. einplanen. Ein Faltblatt mit der Wegbeschreibung ist in der Touristeninformation erhältlich.

Von Lochmaddy verläuft die A865 entgegen dem Uhrzeigersinn nordwestlich. Es geht durch **Solas** und entlang dem **Vallay Strand**. In der Nähe des nordwestlichsten Zipfels steht auf einer kleinen Erhebung im Loch Scolpaig der **Scolpaig Tower** (1830). 5 km weiter südlich beginnt das **Balranald-Vogelschutzreservat**, ein Gebiet aus steiniger Küste, Sandstränden, Dünen und Lochs. Man kann das bescheidene Besucherzentrum aufsuchen *(April–Aug. 9–18 Uhr, www.rspb.org.uk/reserves/guide/b/balranald/)* und im Sommer an einer ornithologischen Führung teilnehmen.

Seehundkolonie

Weitere 7 km draußen liegen die fünf kleinen **Monach Islands**, die bis in die 1930er-Jahre besiedelt waren. Heute werden sie von der größten Seehundkolonie Europas bevölkert. Südlich von Clachan verläuft die Straße zur kaum besuchten Insel **Grimsay**, die ebenfalls durch eine Brücke mit North Uist verbunden ist.

Archäologische Stätten

North Uist ist reich an prähistorischen Zeugnissen aus verschiedenen Epochen. 11 km südlich von Lochmaddy liegt **Barpa Langass** (von der A867 ab), eine große Begräbnisstätte, die auf 3000 v. Chr. datiert wird. Sie ist 5 m hoch und 25 m im Durchmesser. Nicht weit davon entfernt, am Ufer des Loch Langass, befindet sich ein kleiner Steinkreis, der als **Pobull Fhinn** bekannt ist. 5 km nordwestlich von Lochmaddy an der A 865 gibt es drei „Standing Stones" aus der Bronzezeit, die sog.

„**False Men**". Angeblich handelt es sich dabei um die Gräber von drei Spionen, die hier lebendig begraben wurden.

Berneray

Südlich von Harris und nördlich von North Uist gelegen, ist Berneray *(www.isleof berneray.com)* die einzige bewohnte Insel im „Sound of Harris". 130 Menschen leben auf der 3 x 5 km umfassenden Insel. Es gibt zwei Geschäfte, eine Post, ein tolles Hostel direkt am Strand *(www.gatliff.org.uk)*, ein B&B, Cottages für Selbstversorger, eine Kirche und im Nurse's Cottage ein Internetcafé. Die flache Insel ist durch eine Brücke mit North Uist verbunden. Die wichtigste Attraktion ist der 5 km lange Sandstrand an der Nord- und Westküste.

Benbecula

Benbecula (1.800 Einwohner) verbindet das protestantische North Uist und das katholische South Uist durch Brücken miteinander. Die A865 verläuft durch die Mitte von Benbecula. Wie North Uist ist auch die Ostküste von Benbecula mit Lochs durchzogen, sodass die meisten Menschen an der Westküste leben. Ein großer Teil der Bevölkerung gehörte zur Royal Artillery, die 30 Jahre lang in **Balivanich** stationiert war. In sprachlicher Hinsicht hatte die Anwesenheit der vielen Engländer keinen guten Einfluss auf die gälische Kultur. In wirtschaftlicher Hinsicht profitierte Benbecula zweifelsohne von der Armee. So gibt es hier einen eigenen Flughafen mit Direktflügen nach Inverness, Glasgow, Barra und Stornoway *(www. hial.co.uk)*. Die Schließung der Militärstation 1998 hatte eine verheerende Auswirkung auf die Wirtschaft der Insel.

Durch Brücken verbunden

Von Balivanich verläuft die B892 südlich an der Westküste entlang, bis sie am südlichen Ende der Insel auf die A865 trifft. In **Nunton Steadings**, einem alten drei-

Hafen von Lochmaddy auf North Uist

Rast auf North Uist

flügligen Farmgebäude mit kleinem Glockenturm, gibt es eine Touristeninformation, ein kleines Café mit kostenlosem WLAN und bisweilen Kunstausstellungen und Konzerte *(Mo–Sa 10–17 Uhr, www.nuntonsteadings.co.uk).*

Poll-na-Crann wird auch als „stinky bay" bezeichnet, wegen der Berge an Seetang, die hier von den harschen Atlantikstürmen angetrieben werden. Ab Mitte des 18. Jh. wurde Seetang zur Herstellung von Glas verwendet und ermöglichte den Inselbewohnern durch den Export eine zusätzliche Einnahmequelle.

Die A892 endet in **Liniclate**. Die dortige Grund- und Sekundarschule dient sowohl für Schüler der beiden Uists als auch für Benbecula.

Reisepraktische Infos North Uist/Berneray/Benbecula

Information
TIC, Lochmaddy, Isle of North Uist HS6 5AA, ☎ 01876 500 321.

Unterkunft
***Langass Lodge €€, Isle of North Uist, HS6 5HA, ☎ 01876 580 285, www.langasslodge.co.uk. März–Okt. Eine wunderschön gelegene Unterkunft, 12 Zimmer (B&B), gute Angelmöglichkeiten, gemütlich. Feine Küche (2-Gänge-Dinner 30 £).
**Lochmaddy Hotel €€, Lochmaddy, Isle of North Uist HS6 5AA, ☎ 01876 500 331, www.lochmaddyhotel.co.uk. Ganzjährig, 15 Zimmer. Das traditionelle Lochmaddy Hotel liegt unmittelbar am Fähranleger. Hier treffen sich „locals" und Urlauber. In der gemütlichen Bar gibt es gutes Essen und eine große Auswahl an Malt Whisky, gutes Bar Food. Wunderschöne Ausblicke auf die Bucht. B&B, Familienzimmer und DZ, 98 £.

Jugendherberge/Hostel
*Berneray Y.H., Gatliff Hebridean Hostels Trust, Isle of Berneray, North Uist HS6 5BQ, www.gatliff.org.uk, www.isleofberneray.com. Ganzjährig, 20 Betten, wunderschön und außerordentlich idyllisch gelegen. Kein Telefon.

Fähre

Fähre von Uig (Isle of Skye) nach Lochmaddy (1–2 x tgl.), www.calmac.co.uk.

North Uist ist zu einem Drittel mit Wasser bedeckt

South Uist

2006 erwarben die Bewohner South Uists die Kontrolle über ihre Insel. Der ehemalige Besitzer, ein Sportsyndikat, verkaufte 372.31 km² der Insel für 4,5 Mio. Pfund an die Insulaner. Der größte Teil von South Uist, Benbecula und Eriskay gehören nun der Inselgemeinschaft.

Verkauf an die Insulaner

In historischer Hinsicht ist South Uist für die Verbindung mit Bonnie Prince Charlie und Flora MacDonald bekannt. Hier soll der Prinz auf seiner Flucht 1746 gelandet sein und sich in der „Prince's Cave" versteckt haben. Er wurde von einem Inselbewohner betreut, und zwar von dem Cousin jener Flora, die, als sie ihren Verwandten von Skye aus besuchte, auf ihrer Rückkehr den als Zofe verkleideten Prinzen mitnahm und ihn so vor den Engländern rettete.

South Uist (1.800 Einwohner) ist die landschaftlich attraktivste Insel der südlichen Äußeren Hebriden, doch muss man von der A865, die die ganze Insel durchzieht, nach links oder rechts abbiegen, um die Vielfältigkeit zu erleben. Die 30 km lange Westküste ist ein einziger langer Strand, der von Dünen gesäumt wird. Östlich der Hauptstraße erhebt sich eine Bergkette, die immer wieder von Lochs durchbrochen wird. Man braucht eine gute Karte im Maßstab von 1:25.000, um sich zurechtzufinden.

Im Norden der Insel führt eine Brücke über den Loch Bi zur modernen Statue „Our Lady of the Isles" (immerhin sind 90 % der South Uister katholisch) am Fuße des **Rueval Hill**, auf dem sich eine Station der Royal Artillery befindet. Von den Einheimischen wird die Station wegen der vielen Antennen und der Radarstation in

Naturreservat Form eines großen weißen „Golfballs" auch „Space City" genannt. Südlich davon liegt das 1677 ha umfassende **Loch Druidibeg Nature Reserve**, eine Brutstätte für Gänse und Schwäne. Hier wachsen über 200 verschiedene Wildblumen. Ein ausgeschilderter Wanderweg führt durch das Schutzgebiet. Ein Faltblatt mit Wegbeschreibung ist im Touristenbüro erhältlich. Guten Zugang zum Strand hat man von Howmore aus, einer kleinen Siedlung mit einigen restaurierten Steinhäusern mit Reetdach. In einem von diesen, in der Nähe der Kirche, ist ein GHHT Hostel untergebracht (www.gatliff.org.uk).

Wenige Kilometer südlich von **Bornish** lohnt das **Kildonan Museum**, ein kleines heimatgeschichtliches Museum mit Teestube, einen Besuch. Im Verkaufsraum kann man Kunsthandwerkliches und Strickwaren erstehen.
Kildonan Museum, Kildonan, ☎ 01878 710 343, www.kildonanmuseum.co.uk, Ostern–Okt. tgl. 10–17 Uhr.

In **Daliburgh**, einem kleinen Ort mit Post, Pub-Restaurant und Tankstelle, biegt die A865 östlich nach Lochboisdale ab.

Lochboisdale

Lochboisdale ist die größte Siedlung auf South Uist. Der Hafen wird von der vorgelagerten Island of Calvay bewacht, wo eine Burgruine aus dem 13. Jh. steht. Im Ort findet man eine Touristeninformation, ein Hotel, einen Fahrradverleih und ein Postamt. Von Lochboisdale verkehren die Fähren nach Oban und nach Castlebay auf Barra.

15 km südlich von Lochboisdale, an der Südküste der Insel, ist **Ludag** erreicht. Vom Polachar Inn eröffnen sich herrliche Blicke auf den Sound of Barra. In **West Kilbride** bietet „Hebridean Croft Original" eine schöne Auswahl an dort hergestelltem Kunsthandwerk, eine Fotoausstellung und eine Teestube.

Eriskay

Erst 2001 wurde die **Autobrücke** zwischen South Uist und Eriskay eröffnet. Die Fahrt dauert knapp 10 Minuten. Vorher konnte die Insel nur mit einer Fähre erreicht werden. Eine Fähre verkehrt nach wie vor von Eriskay hinüber nach Barra. Die winzige Insel hat 140 Einwohner und ist Namensgeberin für das gleichnamige **Pony**. In den 1970er-Jahren bereits fast ausgestorben, konnte die Art durch einen einzigen Hengst gerettet werden.

„Our Lady of the Isles" auf South Uist

Zwischen Eriskay und South Uist liegen bis heute die Überreste der „**SS Politician**" auf dem Meeresgrund. Im Jahr 1941 war das Schiff mit seiner schweren Fracht, darunter 20.000 Kisten Whisky, gesunken. Diese feuchte Fracht sollte die Inselbewohner für einige Jahre versorgen. Der Schiffbruch diente als Vorlage für Compton Mackenzies Roman „Whisky Galore", der später verfilmt wurde. Teile des Schiffs kann man bei Ebbe sehen. Im einzigen Inselpub **Am Politician** in Balla hängen Zeitungsausschnitte über das Unglück. Hin und wieder tauchen sogar auch heute noch Flaschen der damaligen Fracht zum Verkauf auf.

Mit flüssigem Gold beladen

Wandern
Eriskay lässt sich in gut 3 Std. umrunden, Wanderbeschreibungen sind in der Touristeninformation erhältlich. Vom höchsten Punkt der Insel, dem **Ben Scrien** (vom Dorf 2 Std. hin und zurück) kann man an einem klaren Tag die ganze Insel sowie Barra, South Uist und sogar die Inneren Hebriden sehen.

Buchtipp
Roman zum Schmökern: Mackenzie, Compton: „**Whisky Galore**", Penguin, London 1947.

Reisepraktische Informationen South Uist

Information
TIC, Pier Road, Lochboisdale, South Uist HS8 5TH, ☎ 01878 700 286, Ostern–Mitte Okt., Mo–Sa 9–17 Uhr sowie jeweils 1 Std. für die Abendfähre.

Unterkunft
***Polochar Inn €€**, nr Ludag, South Uist HS8 5TT, ☎ 01878 700 215, www.polocharinn.com. 11 Zimmer, ganzjährig. Idyllisch gelegen mit Blick auf den Sound of Barra, auf Eriskey und Barra. Familienbetrieb. Mit Restaurant, Bar und einer Halle für Ceilidhs und andere Veranstaltungen. Im Sommer gibt es jeweils samstags Live-Musik. Am Ende der B888.
***Lochboisdale Hotel €€**, Loch Baghasdail, South Uist HS8 5TH, ☎ 01878 700 332, www.lochboisdale.com. Ganzjährig, 15 Zimmer, am Fähranleger gelegenes, traditionelles Hotel mit Pub und Restaurant. Kinderfreundlich.

Jugendherberge
**Howmore Y.H., Gatliff Hebridean Hostel Trust, South Uist HS8 5SH, www.gatliff.org.uk, Ganzjährig, 13 Betten. Kein Telefon.

Golf
Askernish Golf Course, Daliburgh, South Uist HS8 5SS, ☎ 07900 387 167, www.askernishgolfclub.com. 18-Loch-Platz.

Mietwagen
Laing Motors, Lochboisdale, South Uist HS8 5TH, ☎ 01878 700 267, www.laingmotors.co.uk.

Barra und Vatersay

Barra

Blumenpracht

Der sog. „Garten der Hebriden" weist eine geradezu erstaunliche Blumenpracht in einer ansonsten baumlosen Gegend auf. Man kann das 1.000 Einwohner zählende Barra auf der 20 km langen Ringstraße A888 rasch umfahren oder aber mit Muße das 12 km lange und 8 km breite Eiland gemächlich durchwandern. Der Hauptort **Castlebay**, einst ein lebhafter Hafenort, liegt an der Südseite der Insel in einer weiten geschützten Bucht und wird vom **Sheabhal** (384 m) überblickt. Auf der Spitze des Hügels erhebt sich eine Marmorstatue der Heiligen Jungfrau mit dem Kind. Der Aufstieg zum Gipfel ist leicht und von oben hat man einen schönen Blick. Castlebay wird von der katholischen Kirche „Our Lady, Star of the Sea" dominiert. Das Touristenamt befindet sich neben dem Fähranleger.

Kisimul Castle, der einstige Stammplatz der MacNeils, ist nicht eindeutig zu datieren, gilt jedoch als die einzige wichtige mittelalterliche Burg in den Äußeren Hebriden. Sie geht auf eine vorgeschichtliche Steinfestung, ein „Dun", zurück. Robert the Bruce übergab die Burg (und die Insel) 1314 dem MacNeil-Clan als Geschenk. Gegen Ende des 18. Jh. ausgebrannt und im 19. Jh. verkauft, wurde sie 1937 von Robert Lister MacNeil, dem 45. Chief der MacNeils, zurückerworben und restauriert. Die auf einer kleinen Insel gelegene Burg, mittlerweile unter der Ägide von Historic Scotland, kann besichtigt werden.

Kisimul Castle, ☎ 01871 810 313, www.historic-scotland.gov.uk, April–Sept. tgl. 9.30–17.30 Uhr, im Winter geschl. Die fünfminütige Überfahrt per Boot ist wetterabhängig, Eintritt Erw. 5.50 £, Kinder 3.30 £.

Wer sich für die Geschichte der Insel interessiert, sollte das **Barra Heritage Centre** besuchen. Hier werden auch Ceilidhs, kulturelle Veranstaltungen und Erzählstunden für Kinder abgehalten

Barra Heritage Centre, Castlebay, ☎ 01871 810 413, www.barraheritage.com, April–Sept. Mo–Sa 10.30–16.30 Uhr.

Muschelputz

An der Westküste liegen die schönsten Strände, z. B. in der Halaman Bay. Vom Barra Hotel, insbesondere vom Restaurant mit den großen Panoramafenstern, hat man fantastische Blicke auf die Bucht. Im **Thatched Cottage Museum** in Craigston ist Heimatkundliches ausgestellt *(Ostern–Okt., Mo–Fr 11–17 Uhr)*. Allasdale ist ein weiterer herrlicher Strand. In der Nähe liegen die Ruinen von Dun Cuier, das vom 1. Jahrtausend v. Chr. bis zum 8. Jh. n. Chr. bewohnt war. Die Straße nach Eoligarry kommt am Inselflughafen „Cockle Strand" vorbei *(www.hial.co.uk)*. Flugzeuge können hier nur bei Ebbe landen, d. h. der Flugplan ändert sich mit den Gezeiten! Die Muscheln werden zum „harling" verwendet, einer speziellen Art, um Häuser zu verputzen.

In **Cille Bhara** liegen Compton Mackenzie sowie einige MacLeans begraben. Im 12. Jh. befand sich hier ein wichtiges religiöses Zentrum der Äußeren Hebriden. Eine der beiden kleinen Kapellen, St. Mary's, wurde neu gedeckt und beherbergt einige mittelalterliche Grabsteine und die Kopie eines Runensteins. Das Original wurd im Museum of Scotland in Edinburgh aufbewahrt. Dieser interessante Stein wurde 1865 gefunden. Auf der einen Seite zeigt er ein keltisches Kreuz, auf der anderen Seite Runenschrift.

Vatersay

Von Castlebay kann man einen schönen Ausflug (auch per Bus) zur Insel Vatersay unternehmen. Die Insel, auf der heute 70 Menschen leben, ist durch eine Brücke mit Barra verbunden. Zwei wunderschöne Muschelstrände hat Vatersay zu bieten. Am westlichen Strand befindet sich das **Annie Jane Monument**, das an das schreckliche Ereignis erinnert, als das Emigrantenschiff „Annie Jane" 1853 vor der Küste Vatersays sank und dabei 333 Menschen ums Leben kamen. An einem klaren Tag kann man von Vatersay die kleineren Inseln **Sandray, Pappay** und **Mingulay** sehen. Letztere war noch bis 1912 bewohnt und kann als Tagesausflug von Barra aus besucht werden. Zwischen Juni und September, wenn die Insel von unzähligen Puffins (Papageientaucher) bevölkert wird, ist das besonders schön.

Schiffs-unglück

Reisepraktische Informationen Isle of Barra

Information
TIC, Castlebay, Isle of Barra, ☎ 01871 810 316.

Unterkunft
***Castlebay Hotel €**, Castlebay, Isle of Barra HS9 5XD, ☎ 01871 810 223, www.castlebay-hotel.co.uk. Ganzjährig, 12 behagliche Zimmer, traditionelles Hotel im Familienbetrieb mit Blick auf Kisimul Castle, die Bucht und den Fähranleger.

Fähre
Von Oban nach Castlebay (im Sommer tgl., im Winter 3 x pro Woche, die Überfahrt dauert 5 Std. 20 Min.) sowie von Eriskay nach Castlebay bis zu 5 x tgl. (Überfahrt 40 Min.), ☎ 08705 650 000, www.calmac.co.uk.

Mietwagen
Barra Car Hire, Taigh a 'Dot, Castlebay, Isle of Barra HS9 5XD, ☎ 01871 890 313.

Feste
Am letzten Wochenende im Juli findet das **Barrafest** mit viel traditioneller und moderner Musik statt.

8. DER NORDEN

Allgemeiner Überblick

Nördlich des Great Glen, so denken viele Schottland-Reisende, gibt es kaum noch Neues zu entdecken. In der Tat nimmt im Norden die Anzahl der Schlösser ab, es gibt keine großen Städte mehr und daher wenig an „Unterhaltung". Das Straßennetz wird weitmaschiger, meist handelt es sich bei den kurvenreichen Straßen um einspurige „Single Road Tracks".

Die Landschaft jedoch ist großartig, besonders beeindruckend sind die zerklüftete Westküste und im äußersten Norden die Strände mit einer grandiosen Berglandschaft im Rücken. Nördlich des Caledonian Canal wird Schottland immer ruhiger, karger, gleichsam jedoch auch unermesslich weit und wild. Sutherland hat bei 5.698 km² z. B. nur eine Einwohnerzahl von 13.000. Die Gegend ist damit die am wenigsten bevölkerte in ganz Europa.

 Hinweis
Die in diesem Kapitel beschriebene Route führt von Kyle of Lochalsh an der Westküste über Ullapool zum Cape Wrath und dann entlang der Nordküste über Tongue nach Thurso. Schließlich verläuft die Strecke entlang der Ostküste über Dornoch nach Inverness. Die Tour umfasst rund 660 km, man sollte mindestens drei Tage dafür einplanen.

 Öffentliche Verkehrsmittel
Busse: *Citylink-Busverbindung (www.citylink.co.uk) von Süden über Inverness nach Wick und Thurso und nach Ullapool.* **Eisenbahn:** *„North-Highland-Line" über Inverness nach Thurso und Wick mit Haltestellen entlang der Strecke (www.eastcoast.co.uk, www.scotrail.co.uk). Eine gute Informationsquelle über die öffentlichen Verkehrsmittel im hohen Nor-*

Redaktionstipps

▶ Über den **„Pass of the Cattle"** nach Applecross fahren (S. 353).
▶ Den Sonnenuntergang am **Red Point Beach** erleben (S. 356).
▶ In den **Inverewe Gardens** flanieren (S. 357).
▶ Eine Bootstour auf dem Loch Glencoul zum **Eas Coul Aulin**, Großbritanniens höchstem Wasserfall, unternehmen (S. 364).
▶ Hinter Ullapool die **West Sutherland Coastal Route** nehmen (S. 361).
▶ An der **Sandwood Bay** den Sonnenuntergang beobachten (S. 365).
▶ **Smoo Cave** bei Durness aufsuchen (S. 367).
▶ Von Scrabster oder John O'Groats einen Ausflug auf die **Orkney-Inseln** machen (S. 370/372).
▶ **Dunrobin Castle** besichtigen (S. 376).
▶ Die Schafauktion in **Lairg** miterleben (S. 379).

den ist die Public Transport Map vom Highland Council sowie www.hanszell.co.uk/timetables.shtml.

Die Nordwestküste: Von Kyle of Lochalsh zum Cape Wrath

Nördlich des Loch Carron bis hoch nach Ullapool liegt die Region **Western Ross**, eine der spektakulärsten Landschaften Europas mit dramatischen Bergmassiven, fjordähnlichen Lochs und abgeschiedenen Küstenorten. Die mächtigen Bergspitzen in **Torridon** stellen hervorragende Klettermöglichkeiten dar. Ebenso beeindruckend sind die **Inverewe Gardens** und die wunderschönen Strände entlang der Küste. Die Nordwestküste wird vom Golfstrom beeinflusst. Zwischen Kyle of Lochalsh und Ullapool wachsen daher subtropische Pflanzen.

Von Kyle of Lochalsh nimmt man zunächst die A87 und biegt dann Richtung Norden auf die A890 ab. Aus Plockton kommend, trifft man in Stromferry auf die A890.

Die Applecross-Halbinsel

Westlich von Lochcarron, einem Straßenort am Loch Kishorn, biegt eine Nebenstraße von der A896 ab und führt nach Applecross. Es gibt viele Straßen in Schottland, die als die „schönste" beschrieben werden könnten, diese Strecke gehört ganz sicherlich dazu. Der **Pass of the Cattle** ist die höchstgelegene Straße in Schottland und im Winter wegen Schneefalls häufig geschlossen. Die Straße steigt auf 320 m an. Es ist kalt und einsam hier, aber die Ausblicke auf die Ardnamurchan-Halbinsel, den Loch Torridon und hinüber nach Eigg, Rum, die Cuillins of Skye, den Old Man of Storr und die Quirang sind atemberaubend. Applecross besteht aus einer Reihe weiß gewaschener Fischercottages und bietet Unterkünfte und einige Einkehrmöglichkeiten. **Shieldaig** ist ein hübscher kleiner Fischerort. Es gibt eine Post sowie Einkaufs- und Unterkunftsmöglichkeiten, sodass sich Shieldaig als Standquartier für Wanderungen in die Torridon Mountains eignet.

 Entfernungen

Kyle of Lochalsh – Ullapool: 200 km
Ullapool – Durness: 112 km
Ullapool – Inverness: 80 km
Durness – Tongue: 50 km
Tongue – Thurso: 71 km
John O'Groats – Thurso: 32 km
Lairg – Tongue: 69 km
Wick – Edinburgh: 395 km
Wick – Inverness: 174 km

Reisepraktische Informationen Applecross und Shieldaig

Unterkunft

Applecross Inn €–€€, Applecross IV54 8LT, Wester Ross, ☎ 01520 744 262, www.applecross.uk.com. Ein traditionsreiches und gemütliches Hotel, das zudem gutes Essen bietet. Es ist wunderschön am Wasser gelegen, besitzt 7 Zimmer, Bar, einen Biergarten und eine gute Küche. B&B pro Person 50–60 £.

****Tigh an Eilean Hotel €€–€€€, Shieldaig, Strathcarron, Rossshire IV54 8XN, ☎ 01520 755 251, www.tighaneilean.co.uk. Sehr persönlich geführtes, kinderfreundliches Hotel mit privaten Angelmöglichkeiten im River Balgy und Loch Damh. Von den meisten der 11 Zimmer bieten sich Ausblicke auf die „Isle of Pines". Im Sommer wird freitags Live-Musik gespielt.

Im hübschen Fischerort Shieldaig

Feste

Jeweils am ersten Wochenende im August findet die **Shieldaig Fete** statt mit viel Musik und Tanz und Unterhaltung für Groß und Klein.

Am Loch Torridon

Hinter Shieldaig steigt die Straße an, verläuft oberhalb des Upper Loch Torridon und führt nach wenigen Kilometern zum winzigen Ort **Torridon**, der inmitten der gleichnamigen spektakulären Bergregion liegt. Wer die Einsamkeit liebt, dem bieten sich hier ideale Wandermöglichkeiten. Der größte Teil des Torridon-Massivs steht unter der Verwaltung des NTS. Kurz vor Torridon halten das **NTS Countryside Centre & Deer Museum** interessante Informationen über die Region bereit.

NTS Countryside Centre & Deer Museum, *Torridon, Mains,* ☎ *0844 4932 229, April–Sept. So–Fr 10–17 Uhr, Eintritt 3.50 £.*

Wandern in den Torridon Mountains

Wandern in den Bergen …

Die Berge von Torridon bieten die eindrucksvollsten Panoramen in den schottischen Highlands und die zahlreichen Gipfel des Beinn Alligin (985 m), Liathach (sprich: Lee-ahakh, 1.054 m) und Beinn Eighe (sprich: Ben-eay) herausfordernde Wandermöglichkeiten. Um die Gipfel der Torridon Mountains in Angriff nehmen zu wollen, muss man über eine gute Kondition und Ausrüstung (Kompass und Karten) verfügen und sollte ein erfahrener Wanderer sein. Für unerfahrene Wanderer gibt es einen Ranger Service und im Sommer werden geführte Wanderungen angeboten. Auskunft beim Countryside Centre (s. o.).

Abstecher und Küstenwanderweg

… und an der Küste

In Torridon biegt eine kleine Straße ab und windet sich entlang des Nordufers des Loch, bis sie nach 15 km zu dem reizenden Ort **Diabaig** (sprich: Jee-a-beg) führt. Der Abstecher lohnt sich wegen der atemberaubenden Blicke auf die Applecross-Halbinsel und hinüber nach Raasay. Es gibt auch einen fantastischen **Küstenwanderweg** (11 km, ca. 4,5 Std.) von Diabaig nach Red Point. Entweder muss man den gleichen Weg zurückgehen oder einen Abholdienst organisieren (Karte OS Explorer 433).

Reisepraktische Informationen Torridon/Loch Maree

Unterkunft
****Loch Torridon Hotel €€€–€€€€**, Torridon, Achnasheen IV22 2EV, ☎ 01445 700 300, www.thetorridon.com. Country House Hotel mit Türmchen und Erkern in wunderbarer Lage am Loch Torridon. 18 Zimmer ab 230 £ sowie romantische Cottages. Zahlreiche Aktivitäten werden angeboten.
Auf Wanderer und Radfahrer ausgerichtet ist der **Torridon Inn** (www.thetorridon.com/inn, März–Okt.) mit moderaten Preisen für Unterkunft (DZ ab 104 £) und Bistro.

Jugendherberge
****Torridon Y.H.**, Torridon IV22 2EZ, ☎ 01445 791 284 www.syha.org.uk. März–Okt., 49 Betten, Familienzimmer. Die Jugendherberge bietet einen ausgezeichneten Ausgangspunkt für Wanderungen in den Torridon Hills.

Loch Maree

Unterkunft
****The Old Mill Highland Lodge €€–€€€**, Talladale, Loch Maree IV22 2HL, ☎ 01445 760 271, www.theoldmillhighlandlodge.co.uk. Mitte März–Mitte Okt., 6 Zimmer. Hervorragende Unterkunft und wunderbares Dinner, herrlich zwischen Gairloch und Kinlochew gelegen.

Loch Maree und Beinn Eighe NNR

Loch Maree liegt auf der nördlichen Seite der Torridon Mountains und ist mit kleinen Inselchen durchsetzt. In **Kinlochewe** gibt es ein Postamt, einen Einkaufsladen, eine Reparaturwerkstatt und einige Unterkunftsmöglichkeiten, sodass sich der Ort als Standquartier für Wanderungen in der Gegend anbietet.

Im Norden wird der Loch vom **Slioch** (1.066 m) begrenzt, im Süden von uraltem Pinienwald. Nördlich des Slioch liegt das abgeschiedene **Letterewe Estate**, eines der großen Rotwildgebiete Schottlands und im Besitz eines holländischen Multimillionärs. Letterewe ist ein hervorragendes, wenn auch anspruchsvolles Wandergebiet. Es können auch zwei noble Lodges für Selbstversorger gemietet werden (www.letterewe-estate.com).

Großes Rotwildgebiet

Die **Victoria Falls** (an der A832) erhielten nach dem Besuch Queen Victorias 1877 ihren Namen. Während der größte Teil des Torridon-Massivs unter der Obhut des NTS steht, gehört der **Beinn Eighe** (höchster Gipfel 1.010 m) zu den *Scotland's National Nature Reserves* (NNR). Das älteste Naturschutzgebiet in Großbritannien (gegründet 1951) schützt den Pinienbestand westlich von Kinlochewe. Das 48 km² große Gebiet wurde mittlerweile zum „International Biosphere Reserve" erklärt und bietet Heimat für eine Vielzahl an Spezies: Marder, Wildkatzen, Bussarde, Steinadler sowie seltene Wildblumen. 3 km hinter Kinlochewe an der A832 liegt das **Beinn Eighe Visitor Centre** (www.nnr-scotland.org.uk), wo man sich über Flora und Fauna der Region informieren kann. Es gibt auch kürzere Wanderungen, falls man nicht gleich einen Gipfel erstürmen möchte, z. B. den *Woodland Trail* (ca. 1 Std.) und den *Mountain Trail* (ca. 3–4 Std.).

Gairloch ist ein kleiner Ferienort mit 320 Einwohnern, Unterkunftsmöglichkeiten, Restaurants, einem schönen Sandstrand, herrlichen Wandermöglichkeiten und dem **Gairloch Heritage Museum**. Gezeigt werden verschiedene Bereiche des Lebens in den Highlands von prähistorischer Zeit bis heute sowie Exponate der Lokalgeschichte des 19. Jh., etwa einen Krämerladen und eine alte Schule.
Gairloch Heritage Museum, *Achtercairn*, ☎ *01445 712 287, www.gairlochheritagemuseum.org, Ostern–Okt. Mo–Fr 10–17, Sa 11–15 Uhr, Eintritt Erw. 4 £, Kinder 1 £.*

Der (Stein-)Strand in Gairloch ist schön, aber noch schöner und ruhiger ist der **Big Sand**, einige Kilometer nordwestlich in **Strath**. Weiter nördlich liegt **Melvaig**, von wo aus man zum **Rua Reidh-Leuchtturm** (sprich: ruu-a-ray) wandern und dort auch übernachten kann (*s.u., Visitor Centre 10–17 Uhr, Eintritt 1 £*).

Abstecher

In Kerrysdale, 5 km südlich von Gairloch, führt die B8056 westlich nach Red Point. Besonders schön ist es am Abend, um den Sonnenuntergang

Abstecher zum Badachro Inn

in **Red Point Beach** zu genießen. Der 15 km entfernte Strand ist fantastisch, mit Dünen versehen und bietet herrliche Blicke auf die Trotternish-Halbinsel von Skye. An der Strecke nach Red Point liegt die Siedlung **Badachro**, wo man im tollen, direkt am Wasser gelegenen **Badachro Inn** einkehren kann (☎ *01445 741 255, www.badachroinn.com*).

Reisepraktische Informationen Gairloch

Information
TIC, *Achtercairn, Gairloch IV22 2DN,* ☎ *01445 712 130, www.gairloch.com.*

Unterkunft
****Rua Reidh Lighthouse B&B €, *Melvaig, Gairloch IV21 2EA,* ☎ *01445 771 263, www.ruareidh.co.uk. Ganzjährig, Doppel- und Mehrbettzimmer. Wunderbar romantisch gelegen, 18 km von Gairloch. DZ ab 42 £, Bett im Mehrbettzimmer ab 13.50 £. Rua Reidh bietet auch geführte Wanderungen und Klettertouren an.*
***The Old Inn €€, *Gairloch IV21 2BD,* ☎ *01445 712 006, www.theoldinn.net. Ganzjährig, 14 Zimmer. Das Hotel befindet sich in der alten Kutschenstation aus dem*

18. Jh. DZ/Twin mit Frühstück 79–104 £ pro Zimmer. Restaurant und lebhafter Pub. Im Sommer jeden Freitag Live-Musik.
***Myrtle Bank Hotel €€, Low Road, Gairloch IV21 2BS, ☎ 01445 712 004, www.themyrtlegairloch.co.uk. Ganzjährig, 12 Zimmer, freundliches Hotel mit Restaurant im Familienbetrieb, direkt am Wasser gelegen.

Jugendherberge
***Gairloch Carn Dearg Y.H., Carn Dearg, Gairloch IV21 2DJ, ☎ 01445 712 219, 0870 004 1110, www.syha.org.uk, März–Sept. Wunderbar etwas außerhalb von Gairloch gelegen, 38 Zimmer.

Bootstouren
Das **Gairloch Marine Life Centre** am Pier (☎ 01445 712 636, www.porpoise-gairloch.co.uk) veranstaltet interessante 1- bis 2-stündige Fahrten, bei denen man die reiche Unterwasserwelt kennenlernen kann.
Hebridean Whale Cruisers, ☎ 01445 712 458, www.hebridean-whale-cruises.co.uk. Von Gairloch geht die Fahrt zur Shiant Island, dabei kann man Tausende Papageientaucher bewundern. Die Fahrten dauern rund 3 Std., ein Landgang ist allerdings nicht möglich.

10 km nordöstlich von Gairloch, bei **Poolewe**, lohnt ein Besuch in den **Inverewe Gardens**, einer 20 ha großen Parkanlage, die 1862 von Osgood Hanbury Mackenzie angelegt wurde. Dank des milden Klimas, bedingt durch den Golfstrom, wachsen hier Azaleen, Rhododendren und Pflanzen aus aller Herren Länder. Mit ihrer Pflanzenvielfalt, der wunderschönen Lage über dem Loch Ewe und dem spektakulären Bergpanorama im Hintergrund stehen die Gärten hinsichtlich ihrer Popularität an erster Stelle aller schottischen Parks. Für den Besuch sollte man mind. 2 Std. einplanen.

Pflanzenidyll und Bergpanoramen

Inverewe Gardens & Estate, 2 km nördlich von Poolewe an der A832, ☎ 0844 493 2225, www.nts.org.uk, April–Aug. tgl. 9.30–17.30/18, Sept. 9.30–17, Okt. 10–16, Nov.–März 10–15 Uhr, geführte Spaziergänge tgl. um 13.30 Uhr. Eintritt 10 £.

Von der Gruinard Bay zum Loch Broom

Nördlich von Poolewe führt die A832 entlang des Ufers der **Gruinard Bay** mit dem rosafarbenen Sand. Gruinard Bay ist sehr schön, wird aber immer mit **Gruinard Island** in Verbindung gebracht, die in der Mitte der Bucht liegt. Die Insel wurde während des Zweiten Weltkriegs als Testgebiet für biologische Kriegsführung genutzt. Das Verteidigungsministerium hat die Insel nach Bürgerprotesten ab 1986 entseuchen lassen, mittlerweile wurde sie als „sicher" erklärt.

Die Küstenstraße (A832) von Gairloch und Poolewe trifft in **Braemore Junction** auf die A835, 18 km südlich von Ullapool. Kurz vor der Abbiegung in die A 835 nach Norden führt ein kurzer Fußmarsch zu einer Aussichtsplattform, von wo aus man einen Blick auf die **Falls of Measach**, einem 46 m hohen Wasserfall, und in die

Hängebrücke über der Schlucht von Corrieshalloch

Schlucht von Corrieshalloch werfen kann. Eine Hängebrücke führt über die schmale 1,5 km lange und 60 m tief in den Felsen eingeschnittene Schlucht. Die A835 vom Kopf des Loch Brooms bis nach Ullapool ist eine sog. *Destitution Road*. Straßenbau war eine Art Arbeitsbeschaffungsmaßnahme während der Hungersnot im 19. Jh.

Ullapool

Wichtiger Fährhafen

Der Fischereihafen Ullapool ist der größte Ort in Western Ross. Er wurde 1788 von der „British Fisheries Society" schachbrettartig als Hafenstadt für die Heringsfischerei gegründet. Heute ist das 1.100 Einwohner zählende Ullapool aber nicht nur Fischereihafen, sondern auch der wichtigste Fährhafen zu den Western Isles und gewissermaßen ein „Umschlagplatz" für Urlauber auf dem Weg nach Lewis, südlich nach Inverness oder weiter nach Norden. An der Seeseite reihen sich einstöckige Fischerhäuser malerisch aneinander, die heute Lokale und Geschäfte beherbergen. Ullapool hat eine gut ausgebaute touristische Infrastruktur sowie relativ gute Verkehrsverbindungen, sodass sich der Ort als Ausgangspunkt oder als Zwischenstation anbietet.

Das **Ullapool Museum & Visitor Centre** ist in der nach Plänen von Thomas Telford gestalteten Parliamentary Church von 1829 untergebracht. Dort werden neben natur- und volkskundlichen Exponaten vor allem Dokumente zu den Massenauswanderungen als Folge der *clearances* gezeigt. Von Ullapool lief 1773 die „Hector" aus, das erste Schiff, das Emigranten von den Highlands nach Nova Scotia in Kanada beförderte. Mit Kopfhörern versehen, kann man sich auf eine Audio-Tour durch die Ausstellung begeben.
Ullapool Museum & Visitor Centre, 7–8 West Argyle Street, ☎ 01854 612 987, www.ullapoolmuseum.co.uk, Ostern–Okt. Mo-Sa 10–17 Uhr, wegen Renovierungsarbeiten zzt. eingeschränkte Öffnungszeiten.

Der Maler Oskar Kokoschka, der 1938–1953 in London lebte, besuchte häufiger Ullapool, um in der Gegend vorwiegend Aquarelle zu zeichnen. Bei Interesse an zeitgenössischer Kunst sollte man der **RhueArt Gallery** einen Besuch abstatten. Der 1954 geborene englische Landschaftsmaler James Hawkins machte Ullapool zu seiner Wahlheimat. Seine Werke zeigen eine intensive Auseinandersetzung mit der Natur.
RhueArt Gallery, ☎ 01854 612 460, www.rhueart.co.uk, Mo-Sa 10–18 Uhr.

Ullapools Attraktionen liegen weitgehend außerhalb des Ortes: die **Falls of Measach** (s. o.), das Dorf **Achiltibuie** (s. u.) und der Berg **Stac Pollaidh** (s. u.). Es gibt einige gute Wander- und Spaziermöglichkeiten rund um Ullapool sowie Bootstouren zu den Summer Isles.

Wandern
Die Umgebung von Ullapool bietet sowohl leichtere Wege, z. B. auf den **Ullapool Hill** (ca. 1–2 Std.), entlang der Küste zum **Rhue Lighthouse** (9 km), als auch sehr anspruchsvolle Wanderungen, die gute Kondition und Bergsteigererfahrung erfordern. Die beliebte Tour auf den **Stac Pollaidh** dauert ca. 3,5 Std. (hin und zurück, Karte OS Explorer 439). Dazu von Ullapool die A835 nehmen, dann die Straße nach Achiltibuie. Nach 8 km gelangt man zu einem Parkplatz direkt unterhalb des Stac Pollaidh.

Reisepraktische Informationen Ullapool

Information
TIC, Argyle Street, Ullapool IV26 2UB, ☎ 01854 612 135, www.ullapool.co.uk, ganzjährig.

Unterkunft
******Ardvreck Guest House** €€, North Road, Morefield Brae, Ullapool IV26 2TH, ☎ 01854 612 028, www.ardvreckhouse.com. 10 Zimmer, 4 km nördlich von Ullapool. Komfortables Gästehaus mit wunderbaren Ausblicken über den Loch Broom.
**Caledonian Hotel €€, Quay Street, Ullapool IV26 2UG, ☎ 0843 178 7107, 0844 815 9833, www.bespokehotels.com/caledonianhotel. 83 Zimmer, alteingesessenes Hotel mit Blick auf den Hafen. Mit Bar und Restaurant.
Tanglewood House €€, Anne Holloway, Ullapool IV26 2TB, ☎ 01854 612 059, www.tanglewoodhouse.co.uk. 3 Zimmer, Kinder ab 8 Jahren. Über dem Loch Broom gelegen mit fantastischen Ausblicken von allen Zimmern, gemütlich und von einem großen Grundstück umgeben. Um 100 £ pro Zimmer B&B, auf Vorbestellung Dinner 34 £.

Am Hafen von Ullapool

The Ceilidh Place €€, West Argyle Street, ☏ 01854 612 103, www.theceilidhplace.com. In der ganzen Gegend bekannter Treffpunkt mit lebhaften Ceilidhs, gemütlicher Café-Bar und Buchladen. Sehr beliebt, immer was los. Es gibt auch 11 Gästezimmer.

***The Ferryboat Inn €€, Shore Street, Ullapool IV26 2UJ, ☏ 01854 612366, www.ferryboat-inn.com. Das Haus liegt direkt am Hafen und beherbergt 9 Gästezimmer, ein Restaurant (tgl. 12.30–15, 17–21.30 Uhr) und einen traditionellen, gemütlichen Pub, wo Do Live-Musik geboten wird. Familienbetrieb. Am besten nach einem Zimmer mit Seeblick fragen.

Jugendherberge

Ullapool Y.H., 22 Shore Street, Ullapool IV26 2UJ, ☏ 01854 612 254, www.syha.org.uk. März–Okt., direkt an der Uferpromenade gelegen, 49 Betten, auch DZ und Familienzimmer.

Camping

****Ardmair Point Caravan & Camping Site, Ullapool IV26 2TN, ☏ 01854 612 054, www.ardmair.com, Mai–Sept. Schöner Caravan- und Campingplatz sowie Chalets für Selbstversorger (4–6 Pers.).

Einkehren

The Ferryboat Inn, Shore Street, s. unter Unterkunft.
The Ceilidh Place, West Argyle Street, s. unter Unterkunft

Fähre

Verbindungen mit Calmac von Ullapool nach Stornoway, www.calmac.co.uk. Im Sommer Mo–Fr 2–3 x, Sa 2 x, So 1x tgl., Fahrtzeit 2 Std. 45 Min.

Nördlich von Ullapool: Knockan Crag

Nördlich von Ullapool beginnt eine „andere" Welt – eine der ältesten Landschaften in Europa. Die Gegend wirkt beinahe unwirklich – riesige Flächen Moorland, dazwischen aufragende Berge und Lochs. Eine enge und gewundene Straße schlängelt sich entlang einsamer Sandstrände die Küste hoch. Sobald man von der Hauptstraße abgebogen ist, meint man, die Welt für sich alleine zu haben.

Die Region unmittelbar hinter Ullapool heißt **Assynt** und ist ein Bergsteigerparadies. Für schottische Verhältnisse nicht übermäßig schwierig, können sich dort jedoch unberechenbare Wetterbedingungen entwickeln, selbst im Hochsommer. Die spektakulärsten Gipfel sind der Ben More Assynt (998 m), Quinag (803 m) und Canisp (839 m). Der größte Teil von Assynt liegt innerhalb des großen **Inverpolly National Nature Reserve**.

Erster Geopark Schottlands Etwa 21 km nördlich von Ullapool an der A835 befindet sich ein SNH-Besucherzentrum in **Knockan Crag**. Der „European Geopark" ist der erste Geopark in Schottland. Er erstreckt sich über 2.000 km² von Achiltibuie und Knockan im Süden bis nach Cape Wrath und Loch Eriboll im Norden. Die Landschaft vereint wunderbare Berg- und Küstenlandschaft, ist aber vor allem geologisch von höchstem Interesse. Ästhetische sowie wissenschaftliche Aspekte spielen eine Rolle bei der Wahl zum Geopark. Am Besucherzentrum beginnen verschiedene Spaziergänge *(ganzjährig, ☎ 01854 666 234, www.northwest-highlands-geopark.org.uk, www.knockan-crag.co.uk).*

Hinweis

Hinter Ullapool muss man sich entscheiden. Entweder bleibt man auf der direkten Strecke gen Norden (A835, A837, A894, A838) oder nimmt die **West Sutherland Coastal Route**, die sich entlang der Küstenlinie schlängelt. Letztgenannte Strecke ist landschaftlich einmalig, allerdings nicht für große Wohnmobile geeignet.

Landschaftlich einmalige Strecke

Die West Sutherland Coastal Road

16 km nordwestlich von Ullapool biegt eine unbezeichnete Straße von der A835 ab und führt nach **Achiltibuie** (sprich: ach-ill-tee-boo-ee). Hier gibt es verschiedene B&B-Unterkünfte, ein Hotel sowie Cottages für Selbstversorger *(www.achiltibuie.com).* Attraktion des Ortes ist der in den 1980er-Jahren angelegte **Achiltibuie Garden**, ein durch Sonnenenergie betriebenes Gewächshaus, in dem das ganze Jahr hindurch Erdbeeren, Weintrauben, Feigen, Zitrusfrüchte sowie eine Vielzahl an Blumen gedeihen. Hydroponics ist eine Hydrokultur-Methode, bei der Wasser statt Erde den Pflanzen die notwendigen Nährstoffe liefert.
Achiltibuie Garden, ☎ *01854 622 202, www.thehydroponicum.com, Mo–Fr 10–15 Uhr kann man hier Produkte aus der Gärtnerei, u. a. Obst und Gemüse kaufen.*

Außer zu genussvollem Nichtstun bietet sich Achiltibuie für eine Bootstour zu den vorgelagerten **Summer Isles** an *(www.summer-isles.com).* Während der Überfahrt

Beeindruckende Landschaft nördlich von Ullapool

können neben einer Vielzahl an Seevögeln auch Seehunde beobachtet werden. Auf **Tanera Mhor**, der einzig bewohnten Insel der Summer Isles, gibt es eine Post *(Mai–Sept. Mo–Fr)*, die eigene Briefmarken herausgibt, ein kleines Café und Cottages für Selbstversorger. Die jetzigen Besitzer der Insel, Lizzie and Richard Williams, bemühen sich um den Verkauf der Insel.

Reisepraktische Informationen Summer Isles

Unterkunft
****Summer Isles Hotel €€€, *Achiltibuie IV26 2YG, ☎ 01854 622 282, www.summerisleshotel.co.uk. Ostern–Okt., wunderbar luxuriöse Unterkunft mit 3 Zimmern im Haupthaus und weiteren Zimmern und Suiten in den Nebengebäuden sowie Unterkünfte für Selbstversorger. Traumhafte Ausblicke auf die Summer Isles. 5-Gänge-Menü 58 £. DZ mit Frühstück ab 155 £.*

Jugendherberge
** Achininver Y.H., *Achiltibuie, Ullapool IV26 2YL, ☎ 01854 622 482, www.syha.org.uk. Wenige Minuten vom Strand entfernt, 20 Betten, Mai–Sept.*

Lochinver

Nördlich Achiltibuie geht es entlang der kleinen Küstenstraße nach Lochinver. Die schmale Straße führt unmittelbar am Meer entlang und sollte mit Vorsicht befahren werden. Die Landschaft ist jedoch überwältigend schön. **Lochinver** war schon seit jeher ein Fischereihafen, entwickelte sich vor allem aber im 19. Jh. zu einem wichtigen Hafenort und ist mittlerweile der zweitgrößte Fischereihafen in Schottland. Es gibt eine Touristeninformation, ausreichend Unterkunftsmöglichkeiten, eine

Ardveck Castle am Loch Assynt

Die West Sutherland Coastal Road

Bank, ein Postamt sowie eine Tankstelle. Das informative **Assynt Visitor Centre** bietet neben der Touristeninformation eine Ausstellung zur Geologie, Geschichte und Naturkunde der Region sowie einen Ranger Service für geführte Wanderungen im Sommer.
Assynt Visitor Centre, *Main Street,* ☎ *01571 844 654, www.discoverassynt.co.uk.*

Wandern
Einige Kilometer südlich von Lochinver, hinter Inverkirkaig, geht es zu den Kirkaig Falls. Der wunderschöne Weg zum Wasserfall ist hin und zurück 8 km lang.

Buchladen mit Café
Versteckt unter Bäumen liegt **Achins Bookshop** *(Inverkirkaig,* ☎ *01571 844 262) mit einer hervorragenden Auswahl an Lokalgeschichtlichem und Klassikern. Im Café kann man sich mit Selbstgebackenem und Suppen verwöhnen.*

Reisepraktische Informationen Lochinver

Unterkunft
****The Albannach €€€, *Baddidarroch, Lochinver, IV27 4LP,* ☎ *01571 844 407, www.thealbannach.co.uk. Mai–Dez., 2 DZ, 3 Suiten. Charaktervolles Gebäude aus dem 19. Jh. mit wunderbarem Blick über die Bucht. 1,5 km von Lochinver. Keine Haustiere, Kinder über 12 Jahre willkommen. Das* **Restaurant** *ist mit einem Michelin-Stern ausgezeichnet. DZ mit Frühstück und Dinner 290 £, Dinner für Nichthotelgäste 65 £.*
****Lochinver Holiday Lodges, *Mrs. Stewart, 30 Main Street, Lochinver IV27 4JY,* ☎ *01571 844 318, www.lochsidehomes.com. Jan.–Okt. sowie Weihnachten. Luxuriös ausgestattete Lodges und Cottages für Selbstversorger, traumhafte Lage, für 2–6 Pers.*

Von Lochinver hat man wiederum zwei Möglichkeiten zur Weiterfahrt: Entweder man biegt auf die größere A837 ab, die bei Unapool auf die A894 trifft, oder man bleibt auf der Küstenstraße (B869), die schließlich auch nach Unapool führt. Verzichtet man auf die Küstenstraße, nimmt man die A837, die am Nordufer des **Loch Assynt** entlangführt. Malerisch am See liegen die Ruinen von **Ardvreck Castle**, einer 1597 erbauten Burg.

Burgruine am See

Östlich davon erstreckt sich das **Inchnadamph National Nature Reserve**, das mit seinen alten Felsformationen und Kalksteinhöhlen insbesondere für Geologen interessant ist *(s. unter www.knockan-crag.co.uk)*. Offensichtlich waren diese Höhlen am Ende der letzten Eiszeit bewohnt. Inchnadamph ist ein guter Ausgangspunkt für Wanderungen. Südlich führt an der Fischfarm ein gut ausgeschilderter Fußweg zu den **Bone Caves**. In den Höhlen wurden die Knochen von Menschen und Tieren gefunden. Das Alter der Funde wird auf etwa 8.000 Jahre geschätzt.

Nimmt man von Lochinver die Küstenstraße (B869), passiert man in **Achmelvich** und **Clashnessie** wunderschöne Sandstrände. Es gibt eine rustikale Jugendherberge und einen Campingplatz hier.

Jugendherberge

*****Achmelvich Beach Y.H.**, Recharn, Lairg IV27 4JB, ☎ 01571 844 480, www.syha.org.uk. April–Sept., 36 Betten, 300 m vom Strand.

Camping

******Shore Caravan Site**, 106 Achmelvich, Lochinver IV27 4JB, ☎ 01571 844 393, http://shorecaravansite.yolasite.com. April–Sept., 60 Zeltplätze, Caravan und Campervans. Wunderbar 6 km von Lochinver gelegen. Keine Hunde erlaubt.

Eine kleine Straße führt zum **RhuStoer Lighthouse**, einem herrlichen Aussichtspunkt an der Küste. Der Leuchtturm wurde 1870 erbaut und 1976 automatisiert. Von dort aus sind es weitere 3 km bis zum Point of Stoer, benannt nach der riesigen Felsnadel im Wasser, dem **Old Man of Stoer**, und bevölkert von Tausenden von Seevögeln.

In der reizenden Eddrachillis Bay liegt der kleine Ort **Drumbeg**. Überraschend gut ausgestattet ist der Drumbeg Store, mit lokalen Spezialitäten, Delikatessen und Wein. Die Straße verläuft ostwärts von Drumbeg zu Füßen des Quinag, um dann auf die A894 zu treffen. In Kylesku führt eine schöne moderne Brücke (1984 erbaut) über den Loch Glencoul. Von hier aus kann man eine Tour zu Großbritanniens höchstem Wasserfall, dem 200 m hohen **Eas Coul Aulin**, unweit des oberen Endes des Loch Glencoul, unternehmen.

Bootstour

Ein beeindruckendes Erlebnis ist eine Bootstour auf dem von hohen Bergen eingeschlossenen **Loch Glencoul** zum Eas Coul Aulin. Mit einigem Glück kann man während der Fahrt (2 x tgl. im Sommer, Dauer ca. 2 Std.) Rotwild, Robben, manchmal auch Adler sehen. Die Boote fahren vom Anleger beim Kylesku Hotel ab.

Esther Brauer vor ihrem Postamt in Kylesku

Unterkunft

******Kylesku Hotel €€**, Kylesku bei Lairg IV27 4HW, ☎ 01971 502 231, www.kyleskuhotel.co.uk. März–Mitte Okt. Das Hotel ist heute eine ehemalige Kutschenstation (1680 erbaut) mit Restaurant, Bar und 8 Zimmern. Hauptgericht ab 9 £, Seafood Platter ab 25 £. Wunderbar gelegen.

Scourie und Handa Island

Scourie liegt 15 km nördlich von Kylesku und ist ein malerisches 250-Seelen-Dorf. Bootstouren führen zum vorgelagerten unbewohnten **Handa Island**, einem Vogelreservat, das vom Scottish Wildlife Trust verwaltet wird. Die Insel ist einer der wichtigsten Vogelbrutplätze der Britischen Inseln. Hier brüten Papageientaucher, Basstölpel, die Sturmschwalbe und viele andere Vogelarten. Auf den Klippen aalen sich Seehunde. Die beste Zeit, um Papageientaucher zu beobachten, ist Mitte Mai bis Ende Juli. Brütende Seevögel sieht man am besten zwischen April und Juli. Ein 4 km und ein 6 km langer Fußweg führen um die Insel. Die meisten Besucher verbringen etwa 2–3 Stunden auf Handa Island.

Wichtiger Brutplatz für Vögel

Fähre
Eine kleine Fähre setzt von Tarbert aus, 3 km nördlich von Scourie, zur Insel über (☏ 077 8096 7800, April–Sept. Mo–Sa 9–17.30 Uhr, wetterabhängig; letzte Überfahrt nach Handa 14 Uhr, letzte Fahrt zurück ca. 16.30 Uhr; Hunde dürfen nicht mitgenommen werden).

Einkehren
*In Tarbert bietet das **Shorehouse Restaurant** am Fähranleger köstlichen frischen Fisch (☏ 01971 502 251, Ostern–Sept. Mo–Sa).*

Die Stichstraße B801 entlang Loch Inchard führt nach **Kinlochbervie**, einem kleinen Ort, in dem die gepflasterte Straße endet. Erst in den 1950er-Jahren erhielten die Bewohner hier fließendes Wasser und Elektrizität. Die Bevölkerung lebt von der Fischerei, denn Kinlochbervie ist der größte Fischereihafen an der Westküste. Riesige Container-Lastwagen quälen sich entlang der einspurigen Straße, um gefrorenen Fisch in alle Teile Europas zu transportieren.

Reisepraktische Infos Kinlochbervie und Scourie

Unterkunft
***Old School Restaurant & Rooms** €–€€, Inshegra, Kinlochbervie IV27 4RH, ☏ 01971 521 383, www.oldschoolhotel.co.uk. Das alte Schulhaus, 1879–1970 in Betrieb, beherbergt heute ein wunderschön gelegenes, gemütliches Hotel mit 6 Zimmern, ganzjährig. Ab 30 £ pro Person mit Frühstück.
****Eddrachilles Hotel** €€, Badcall Bay, Scourie IV27 4TH, ☏ 01971 502 080, www.eddrachilles.com. Im Familienbetrieb geführtes Hotel mit 11 Zimmern (März–Okt.). Vom Haus eröffnet sich ein weiter Blick über die Badcall Bay. Hier kann man auch gut zum Lunch einkehren. Das Eddrachilles Hotel ist idealer Ausgangspunkt für Wanderungen und Angeltouren. Etwas außerhalb in südlicher Richtung von Scourie gelegen. B&B ab 52 £ pro Person, Dinner 25 £.

Nördlich von Kinlochbervie erstrecken sich lange Sandstrände, auf denen man kilometerweit spazieren gehen kann. **Oldshoremore** ist ein winziges Dorf mit einem atemberaubend schönen Strand. Am Ende der Straße liegt Blairmore. Von dort aus führt ein Fußweg nach **Sandwood Bay**, für viele Besucher der beeindruckendste Strand an der gesamten Westküste. Es ist ein 6 km langer Weg, aber es lohnt sich, und vermutlich haben Sie den gesamten Strand für sich alleine. Noch schöner ist es natürlich, ein Zelt und Proviant mitzunehmen und am Strand den

Warten auf die Fähre am Cape Wrath

Sonnenuntergang zu genießen. Wegen gefährlicher Unterwasserströmungen ist das Schwimmen allerdings nicht gestattet.

Cape Wrath

Cape Wrath markiert den nordwestlichsten Punkt von Schottland und kann per Minibus besucht werden. Von hier aus bietet sich ein weiter Blick zu den Hebrideninseln Harris und Lewis im Westen und zu den Orkney-Inseln im Osten. Der Leuchtturm wurde 1828 von Robert Stevenson errichtet. Die steil neben dem Leuchtturm abfallenden Klippen aus Gneis, die **Clo Mor Cliffs**, sind die höchsten Klippen in ganz Großbritannien.

Fähre/Minibus

Von Keoldale, 5 km südlich von Durness, kann man mit einer **Fähre** über den Kyle of Durness übersetzen. Die Überfahrt dauert ca. 15 Min., Fahrräder dürfen mitgenommen werden. ☎ 01971 511376, Mai 2 x tgl., Juni–Sept., stündlich 9.30–16 Uhr.
Am Fähranleger gibt es einen **Minibus**, der in ca. 30 Min. die 16 km bis zum Kap fährt (Cape Wrath Minibus Service, tgl. Mai–Sept., www.capewrath.org.uk, ☎ 01971 511 284). Der Trip dauert insgesamt rund 2,5 Std.

Die Nordküste: Von Durness nach John O'Groats

Von Westen nach Osten ändert sich das Landschaftsbild: Im westlichen **Sutherland** prägen die hohen Berge die Landschaft. Gen Osten nimmt das torfige Moorland zu, das in der Region **Caithness** von fruchtbaren Wiesen abgelöst wird. Der Wechsel der Landschaft von West nach Ost wird auch in der Besiedlungsstruktur deutlich. Während im Westen isolierte kleine Siedlungen vorherrschen, gibt es im sanfteren Osten größere Dörfer und Farmen.

Wechsel der Landschaft

Entlang der gesamten Strecke sieht man immer wieder verfallene graue Steinhäuser. Dies sind ehemalige Gehöfte, die im Zuge der *clearances* verlassen wurden. In der ehemaligen Grafschaft Sutherland, einst ein landwirtschaftlich intensiv genutztes Gebiet, wurden rund 10.000 Bauern vertrieben und ihre Häuser niedergebrannt, um dadurch Weideflächen für Schafe zu schaffen. Etliche Menschen starben oder flohen in die Emigration.

Die Clearances

Nach der Schlacht von Culloden 1745/46 bemühten sich die Engländer, die Kultur der Highlander auszulöschen. Für sie waren die Jakobiten eine Horde Wilder. Tausende von Menschen wurden getötet oder in die Emigration getrieben. Schafzüchter aus den Lowlands oder auch Engländer übernahmen die verlassenen Gehöfte. Die neuen Eigentümer brachten Schafe mit. Schafhaltung braucht weniger Arbeitskräfte, ist daher billiger als Rinderhaltung, erfordert jedoch mehr Platz. Dieser musste geschaffen werden, d.h., die lästigen Pächter mussten verschwinden – notfalls mit Gewalt.

Die Landarbeiter waren kaum in der Lage, sich den Räumungen in den Highlands und auf den Inseln zu widersetzen. Die Folge war Massenemigrationen nach Australien oder Amerika. Teilweise zahlte der Staat auch Prämien an die Auswanderer.

Der Norden Schottlands war am schlimmsten betroffen: Hier wurden ganze Dörfer gewaltsam entvölkert, sodass sich die Highlands in eine einsame, menschenleere Region verwandelten. Vor der Schlacht bei Culloden hatte die Bevölkerung in den Highlands noch drei Fünftel der schottischen Gesamtbevölkerung ausgemacht. Um 1860 war die Region nahezu menschenleer.

Durness und Umgebung

Das von einer Bucht eingefasste **Durness** ist das am nordwestlichsten gelegene Dorf auf dem britischen Festland. Es ist die einzige größere Häuseransammlung zwischen Ullapool und Thurso und man kann sich hier durchaus einige Tage aufhalten. Das Touristenamt bietet geführte Wanderungen an und zeigt eine Ausstellung zu Lokalgeschichte, Flora, Fauna und Geologie der Region. Das **Balnakeil Craft Village** bietet schönes Kunsthandwerk: Töpferwaren, Drucke, Emaille-Arbeiten, Schmuck und Webarbeiten. In den 1960er-Jahren wurden die alten Militärgebäude des Verteidigungsministeriums von Kunsthandwerkern erworben, die mit wechselnder Besatzung in einer Art dörflichen Gemeinschaft leben *(www.durness.org)*. *Kunsthandwerksdorf*

Balnakeil ist auch bei Golfern beliebt. Der 9-Loch-Golfplatz ist der nördlichste auf dem britischen Festland. Das berühmte 9. Loch beinhaltet einen Abschlag über den Atlantischen Ozean hinweg. Wunderschön ist auch der 8 km lange Rundweg von der Kirche in Balnakeil zur kleinen Landzunge **Faraid Head**. Der Strand hier ist großartig und die Blicke hinüber zum Cape Wrath im Westen und Loch Eriboll im Osten sind atemberaubend.

Smoo Cave, 4 km westlich von Durness, ist eine riesige Höhle mit drei Kammern und einem Wasserfall. Untersuchungen haben ergeben, dass die Höhlen schon vor rund 6.000 Jahren besiedelt waren. Ein Weg führt hinunter zu der schmalen, tief ein-

Die tief eingeschnittene Bucht an der Smoo Cave

geschnittenen Bucht, an deren Ende sich der riesige, von einem Bogen überwölbte Eingang zur ersten Grotte (60 m lang, 40 m hoch) befindet. In der zweiten Kammer (21 x 9 m) kann man von einer Plattform aus einen Wasserfall bestaunen. Die dritte Kammer ist nur mit einem Boot zu erreichen. Der Führer Colin (www.smoocave.org, „Colin the caveman", ☎ 01971 511 704) erläutert bei der Bootsfahrt die geologischen Besonderheiten und bringt auch seine Deutschkenntnisse zum Einsatz.

Reisepraktische Informationen Durness und Umgebung

Information
TIC, Durine, Durness, Sutherland IV27 4PN, ☎ 01971 511 259, www.durness.org

Unterkunft
*****Croft 103**, Port na Con, Laid, Durness, Sutherland IV27 4UN, ☎ 01971 511 202, http://www.croft103.com. Zwei Cottages für Selbstversorger, das Hill Cottage und das Shore Cottage. Die Cottages aus Natursteinen, schmiegen sich in die herrliche Landschaft am Wasser. 9 km von Durness entfernt am Loch Eriboll.

Mackay's Rooms and Restaurant €€€, Durness, Sutherland IV27 4PN, ☎ 01971 511 202, , www.visitdurness.com. Robbie und Fiona Mackay führen dieses angenehme Boutique Hotel mit 7 geschmackvoll eingerichteten Zimmern in Durness. Für das Restaurant wird eine Reservierung erbeten.

Jugendherberge
*****Durness Y.H.**, Smoo, Lairg IV27 4QA, ☎ 01971 511 264, www.syha.org.uk. April–Sept., 33 Betten, unweit von Smoo Cave gelegen.

Tongue

Die Strecke von Durness nach Tongue ist landschaftlich außerordentlich schön. Immer wieder eröffnen sich fantastische Blicke auf die Berge und das Meer. Die Straße schlängelt sich entlang der weit ins Land reichenden Meeresbucht **Loch Eriboll**. Eine Brücke führt über den wunderschönen **Kyle of Tongue**, aber noch schöner ist die einspurige Straße entlang der Südseite des Kyle mit tollen Ausblicken auf den Ben Hope.

Tief eingeschnittene Bucht

Der winzige Ort **Tongue** liegt an der Kreuzung der A838 (Durness) und der A836 (Thurso und Lairg). Im Westen sieht man **Ben Hope** (927 m), **Ben Loyal** (764 m) im Süden und im Norden das Meer. Der Ort selbst besitzt ein Lebensmittelgeschäft, eine Post, eine Bank und eine Tankstelle. Für die Unterbringung stehen zwei Hotels, eine Jugendherberge und mehrere B&B-Unterkünfte zur Verfügung. Zur Ruine des **Castle Varrich** aus dem 16. Jh. kann man vom Ortszentrum aus in einer Stunde spazieren.

Reisepraktische Informationen Tongue und Umgebung

Unterkunft

Cloisters B&B €, Talmine, Sutherland Scotland IV27 4YP, ☎ 01847 601 286, www.cloistertal.demon.co.uk. Beliebte Unterkunft in umgebauter Kirche.

****Tongue Hotel €€, Tongue IV27 4XD, ☎ 01847 611 206, www.tonguehotel.co.uk. April–Nov., 19 Zimmer. Ehemalige Jagdstation des Duke of Sutherland mit wunderbarem Blick auf den Kyle of Tongue. Behaglich elegant eingerichtete Zimmer und gute Küche. Ab 55 £ pro Person.

***Ben Loyal Hotel €€, Tongue IV27 4XE, ☎ 01847 611216, www.benloyal.co.uk. März–Nov. Solides Hotel im Familienbetrieb mit 11 Zimmern, inkl. ein Familienzimmer. Von den meisten Räumen und vom Speiseraum aus hat man einen herrlichen Blick auf den Kyle of Tongue und auf die Bergkulisse. Ab 35 £ pro Person, mit Bergkulisse ab 45 £.

**Melvich Hotel €–€€, Melvich, Sutherland KW14 7YJ, ☎ 01641 531206, www.melvichhotel.co.uk. Ganzjährig, 14 Zimmer, auf halber Strecke zwischen Tongue und Thurso. Die ehemalige Kutschenstation beherbergt heute ein freundliches und gemütliches Hotel. Über 100 Malt Whiskys locken in der Bar und im Restaurant eine gute Küche. Ab 95 £ pro Zimmer B&B.

Tongue Hotel

Jugendherberge/Hostel

*Tongue Y.H., Tongue IV27 4XH, ☎ 01847 611 789, www.syha.org.uk. Mai–Sept., 36 Betten. Direkt am Kyle of Tongue gelegen.

Weiterfahrt nach Thurso

Südlich von Tongue verläuft die A836 durch Altnaharra nach Lairg (s. u.). Nach Osten führt sie durch den Ort **Bettyhill**. Es gibt einige Übernachtungsmöglichkeiten und in der Umgebung tolle Strände, z. B. in der **Torrisdale Bay**.

Das kleine **Museum** in der ehemaligen St. Columba Kirche (1700 erbaut) in **Strathnaver** in der Nähe von Bettyhill ist ein liebevoll eingerichtetes Heimatmuseum, in dem man sich ausführlich über die *clearances* sowie über die zahlreichen prähistorischen Stätten im **Strathnaver Valley** informieren kann.
Strathnaver Museum, *Clachan, Bettyhill KW14 7SS,* ☏ *01641 521418, www.strathnavermuseum.org.uk, April–Okt. Mo–Sa 10–17 Uhr, Erw. 2 £, Kinder 50 Pence.*

Vogelschutz-gebiet

Östlich von Bettyhill wird die Landschaft flacher und geht in die Felder von Caithness über. Südlich von Melvich biegt die A897 nach Helmsdale ab und führt durch riesige Moorgebiete, die ökologisch von großer Bedeutung sind. In **Forsinard**, 22 km südlich von Melvich, bietet das **RSPB-Besucherzentrum** u. a. Führungen durch das Vogelschutzgebiet an (☏ *01641 571 225, www.rspb.org.uk, Ostern–Okt. tgl. 9–17.30 Uhr, Eintritt frei*). Im Sommer hat man die besten Chancen, Wanderregenpfeifer und Kornweihen zu sehen.

Bleibt man jedoch auf der A836, wird man bald das ehemalige Kernkraftwerk von **Dounreay** (14 km westlich von Thurso) passieren. Als erster „Schneller Brüter" der Welt Ende der 1950er-Jahre errichtet, speiste dieser Reaktor Strom ins öffentliche Netz. 1977 wurde die Versuchsanlage stillgelegt und durch ein wesentlich größeres Kraftwerk ersetzt. Jegliche Proteste blieben weitgehend unbeachtet, da das Kraftwerk der Region viele Arbeitsplätze brachte. Durch die Erschöpfung der Heringsbestände und die Verbreitung von Beton (der Heringsfang und die Steinbrüche waren vordem die wichtigsten Erwerbszweige dieser Region) kam es zu einem drastischen Rückgang des Lebensstandards sowie der Einwohnerzahlen. Die wirtschaftliche Depression änderte sich Mitte der 1950er-Jahre, als die Arbeiten in Dounreay begannen. 1994 wurden die Reaktoren des Schnellen Brüters geschlossen. Für die Stilllegung und Entsorgung verantwortlich ist die *Nuclear Decommissioning Authority*. Die Arbeiten sollen bis 2022 abgeschlossen sein.

3 km nordwestlich von Thurso liegt der kleine Fähr- und Fischereihafen **Scrabster**. Während der Saison verkehrt von hier aus die Autofähre nach Stromness, Orkney (s. S. 503).

Landschaft bei Bettyhill

Thurso

Thurso zählt 9.000 Einwohner und ist die nordöstlichste Stadt Schottlands. Um das Jahr 1000 von den Wikingern gegründet, stellte Thurso im Mittelalter einen der wichtigsten Handelshäfen zwischen Schottland und Skandinavien dar. Thurso ist ein sympathischer Ort mit einer langen Uferfront und einem schönen Strand. In der Nähe des Hafens befinden sich die Ruinen der **Old St. Peter's Church** aus dem 17. Jh., die an der Stelle einer Kirche aus dem 13. Jh. steht. Im Sommer wird Thurso durch viele Urlauber belebt, die die Fähre nach Stromness nehmen wollen. Ebenso beliebt ist der Ort bei Surfern, denn die Surfmöglichkeiten in der **Dunnett Bay**, in **Brims Ness** und in **Strathy Bay** sind geradezu unschlagbar. **Caithness Horizons**, untergebracht in der alten Town Hall in der High Street, ist Heimatmuseum, Touristeninformation und Café in einem.

Reisepraktische Informationen Thurso

Information
TIC, Riverside Road, Thurso KW14 8BU, ☎ 01847 893 155.

Unterkunft
***Pentland Hotel €€**, Princes Street, Thurso KW14 7AA, ☎ 01847 893 202, www.pentlandhotel.co.uk. Ganzjährig. Traditionshotel mit 41 Zimmern und Restaurant im Stadtzentrum. DZ/Twin ab 39 pro Person B&B.

Hostel
Sandras Backpackers Hostel, 24/26 Princes Street, Thurso KW14 7BQ, ☎ 01847 894 575, www.sandras-backpackers.co.uk. Ganzjährig, 26 Betten. Im Ortszentrum. Bett im Mehrbettzimmer ab 16 £, DZ/Twin ab 38 £, Familienzimmer ab 60 £.

Bus und Bahn
Tgl. Zug- und Busverbindungen nach Inverness (3 Std. 30 Min.). Busverbindungen auch zum Fähranleger in Scrabster, nach Bettyhill, nach Wick oder Castletown und nach John O'Groats.

Nach John O'Groats

Auf der Fahrt nach John O'Groats passiert man das **Castle & Gardens of Mey**, die Caithness-Residenz der verstorbenen Königinmutter. Das Schloss wurde zwischen 1566 und 1572 errichtet und ist im Sommer für die Öffentlichkeit zugänglich. Moderne Bilder und Aquarelle von Prince Charles zieren die Wände. Der herrliche Garten ist eine wahre Pracht, besonders wenn die Rosen und Dahlien blühen. Eine hohe Mauer schützt vor den starken Seewinden.
Castle & Gardens of Mey, ☎ 01847 851 473, www.castleofmey.org.uk, Mai–Sept. tgl. 10.20–16 Uhr (letzter Einlass), i. d. R. 2 Wochen im Aug. geschl., Eintritt 10 £.

Die Nordküste: Von Durness nach John O'Groats

In Dunnet lohnt ein Blick in das **Mary-Ann's Cottage**. Ihr ganzes Leben wohnte Mary-Ann Calder in diesem Haus, bis sie 93-jährig dort verstarb. Ihr Großvater hatte das Cottage 1850 gebaut und drei Generationen der Familie haben im Mary-Ann's Cottage gelebt und gearbeitet *(Juni–Sept. 14–16.30 Uhr)*.

Nördlichster Punkt des schottischen Festlands Der nördlichste Punkt des schottischen Festlands ist **Dunnet Head**. Der Leuchtturm wurde 1831 von Robert Stevenson, dem Großvater des berühmten Autors, erbaut. Von der steilen Sandsteinklippe hat man einen wunderbaren Blick auf die Orkney-Inseln und die Berge in Sutherland. Am östlichen Ende der Dunnet Bay erstreckt sich ein 5 km langer Sandstrand, ein beliebter Platz für Surfer, die hier die gigantischen Wellen des **Pentland Firth** in Angriff nehmen.

Einige Kilometer weiter ist **John O'Groats** erreicht. Zwischen Land's End (in Cornwall) und John O'Groats liegen knapp 1.400 km. Der Name stammt von einem gewissen Jan de Groot, einem von drei Brüdern, die im Auftrag von König James IV. 1496 eine Fähre zwischen hier und den Orkney-Inseln betreiben sollten. John O'Groats ist eine relativ langweilige Siedlung. Im „Last House in Scotland" gibt es ein kleines lokalgeschichtliches Museum und einen Souvenir- und Geschenkeladen (℡ 01955 611 250). Imposant ist **Duncansby Head**, 3 km östlich von John O'Groats. Ein Weg führt zu den spektakulären Duncansby Stacks. Die bizarren Felsformationen sind Heimat für Tausende von Seevögeln.

Reisepraktische Informationen John O'Groats

Information
TIC, *County Road, John O'Groats*, ℡ *01955 611 373, www.visitjohnogroats.com*

Jugendherberge/Hostel
***John O'Groats Y.H.**, *Canisbay KW1 4YH*, ℡ *0870 0041 129, www.syha.org.uk. Die Jugendherberge liegt sozusagen am nördlichsten Ende des britischen Festlands. April–Okt., 23 Betten, auch Familienzimmer.*

Fähre
John O'Groats Ferries, ℡ *01955 611 353, www.jogferry.co.uk. Passagier-(Fahrrad-) Fähre von John O'Groats zu den Orkney-Inseln nach Burwick, South Ronaldsay.*

Die Nordostküste: Von John O'Groats nach Inverness

Von Thurso führt die A882 recht zügig nach Wick. Schöner ist jedoch die von John O'Groats südwärts entlang der Sinclair Bay verlaufende A836. Dabei passiert man, 5 km nördlich von Wick, die Burgruine des **Castle Sinclair Girnigoe**, die direkt

am Meer liegt. Der Sinclair Girnigoe Clan kümmert sich um die Restaurierung der mittelalterlichen Festung.
Castle Sinclair Girnigoe, *www.castlesinclairgirnigoe.org*, Mai–Sept.

Wick

Wick (*vik* = nordisch Bucht) wurde 1806 als Hafen gegründet und war im 19. Jh. das Zentrum der Heringsfischerei. 1818 gab es 822 Heringsboote und Sommer für Sommer kamen über 6.000 Fischer und Beschäftigte in der Fischverarbeitung in die Stadt. Der richtige Heringsboom begann in den 1860er-Jahren. Um die Wende zum 20. Jh. gab es 47 Lokale in der Stadt und da der Fisch nach Deutschland, Polen, Russland und in die skandinavischen Ostseehäfen exportiert wurde, Matrosen aus aller Herren Länder.

Einst Zentrum des Heringsfangs

Im Grunde handelt es sich um zwei Städte: auf der einen Seite das „eigentliche" Wick und auf der anderen Seite der 1807 eröffneten Brücke die Planstadt **Pultneytown**, die von Thomas Telford für die *British Fisheries Society* 1806 angelegt wurde. Ziel war es, die einheimischen Kleinbauern („crofters") zum Aufgeben ihrer Landwirtschaft und stattdessen zum Fischfang zu bewegen.

Im **Wick Heritage Centre** wird die Geschichte Wicks zur Zeit des Heringsbooms – etwa zwischen 1800 und 1950 – anschaulich erläutert. Fantastisch ist die Johnston Collection: Die Aufnahmen aus der Zeit zwischen 1863 und 1977 von der Fotografenfamilie Johnston *(www.johnstoncollection.net)* sind sehr kostbare Zeitzeugnisse.
Wick Heritage Centre, *19 Bank Row, ☎ 01955 605 393, www.wickheritage.org, Ostern–Okt. Mo–Sa 10–15.45 Uhr, Eintritt 3 £.*

Felsnadeln am Duncansby Head

Reisepraktische Informationen Wick

Unterkunft
***Nethercliffe Hotel €**, Louisburgh Street, Wick KW1 4NS, ☎ 01955 602 044, www.nethercliffehotel.co.uk. Ganzjährig, 6 Zimmer. Im Stadtzentrum gelegenes, kleines Hotel im Familienbetrieb.

Flughafen
Der **Flughafen**, der nördlichste auf dem Festland Großbritanniens, liegt einige Kilometer nördlich der Stadt. ☎ 01955 602 215, www.hial.co.uk. Tgl. Flugverbindungen von und nach Kirkwall (Orkney), Aberdeen und Edinburgh.

Bus und Bahn
Bahnhof und **Busbahnhof** liegen beieinander hinter dem Krankenhaus. Zugverbindungen nach Inverness über Thurso, Helmsdale, Golspie, Lairg und Dingwall. Busse nach Inverness und Thurso. Lokalbusse nach Thurso über Halkirk oder Castletown und Busse nach Helmsdale und John O'Groats.

Prähistorische Zeugnisse

Grey Cairns of Camster

Südlich von Wick trifft man auf eine große Anzahl von Zeugnissen aus prähistorischer Zeit. Bei **Ulbster**, wenige Kilometer südlich von Wick, befindet sich das **Garrywhin Chambered Cairn**, ein Kammergrab mit einer Länge von 24 m und einer Breite von 14 m. Besonders eindrucksvoll sind die **Grey Cairns of Camster**, 3 km östlich von Lybster (von der A 9 ab). Es handelt sich um zwei Gemeinschaftsgräber der frühen Bauerngemeinschaften, die um 3000–2000 v.Chr. entstanden sind. Mittlerweile restauriert, geben sie einen guten Eindruck von der megalithischen Begräbniskultur. Die beiden Beispiele bei Camster sind typisch für Caithness. Die Grabkammern sind klein und in den langen Hügeln versteckt. Die niedrigen Wände oder „Hörner" an den Enden der beiden Grabhügel umschließen Vorhöfe, in denen vermutlich die Beerdigungszeremonien stattfanden (☎ 01667 460 232, www.historic-scotland.gov.uk, Eintritt frei).

Nicht weit davon sind in **Achavanish** „Stehende Steine" zu bestaunen. Die Kultstätte ist ovalförmig angelegt.

In **Mid Clyth** befindet sich die Steinsetzung „**Hill o'Many Stanes**". Sie besteht aus etwa 200 kleinen (max. 1 m großen), in 22 Reihen fächerförmig gesetzten Steinen. Die Anlage wird auf etwa 1800 v.Chr. datiert. Sinn und Zweck der Anordnung sind bislang noch nicht vollständig erforscht. Sie könnte etwa für zeremonielle Zusammenkünfte oder aber auch als ein prähistorisches Observatorium gedient haben.

Steinsetzung

Das **Clan Gunn Heritage Centre** ist in der alten Gemeindekirche aus dem 18. Jh. eingerichtet. Es beherbergt eine farbenprächtige Darbietung der Geschichte des Gunn-Clans von seinen Anfängen bis heute. Es werden sogar Beweise erbracht, dass es ein Schotte war und nicht Kolumbus, der Amerika vor 500 Jahren entdeckte
Clan Gunn Heritage Centre, *Latheron, unweit der Kreuzung A9 und A895, www.clangunnsociety.org, Juni–Sept. Mo–Sa 11–13, 14–16 Uhr.*

Dunbeath

Dunbeath ist ein freundlicher kleiner Ort sowie der Geburtsort des schottischen Schriftstellers **Neil M. Gunn** (1891–1973). Seine Werke behandeln die Geschichte der Hochlandbewohner, vor allem die Zeit der *clearances* und ihre Folgejahre. Das **Dunbeath Heritage Centre** zeigt natur- und lokalgeschichtliche Exponate sowie ausführliche Informationen zu Neil M. Gunn.
Dunbeath Heritage Centre, *The Old School, Dunbeath KW6 6ED, ☎ 01593 731 233, www.dunbeath-heritage.org.uk, April–Sept. So–Fr 10–17, Okt.–März Mo–Fr 11–15 Uhr, um eine kleine Spende wird gebeten.*

Neil M. Gunn

info

Neil M. Gunn (1891–1973) gilt als einer der großen Romanschreiber des 20. Jh. In einzigartiger Weise ist es ihm gelungen, die Landschaft und die Menschen der Highlands zu beschreiben, wobei er mit großer Vorstellungskraft eine Verbindung zwischen Mythos und Realität herstellt. „**The Morning Tide**" von 1930 ist sein erster Roman. Anhand seiner Kindheitserfahrungen als Fischerjunge beschreibt Gunn in diesem Roman das Verhältnis zwischen Mensch und Meer. „**Sun Circle**" (1933) handelt von der Geschichte der Wikinger in Schottland, wobei die Zeit der Pikten als das Goldene Zeitalter in Schottland dargestellt wird.

Buchtipps
*Neil M. Gunns „**Butcher's Broom**" (1934) beschreibt exemplarisch die Erfahrungen einer Hochlandgemeinde, die von ihrem Clan Chief im wahrsten Sinne des Wortes verraten und verkauft wird. Sein Buch „**Silver Darling**" (1941), 1947 verfilmt, spielt in der Gegend zur Zeit des Heringsbooms am Ende des 19. Jh.*

Helmsdale

Helmsdale ist ein weiterer ehemaliger Heringsort. Im modernen **Timespan Museum and Artcentre** kann man sich über die Lokalgeschichte informieren: die Pikten und Wikinger, die letzte Hexenverbrennung, die Räumungen der Highlands, den kurzfristigen Goldrausch im 19. Jh. und über den Heringsboom. Lebensgroße Gestalten, Klangeffekte und Tonbandaufnahmen sorgen für den nötigen Realismus. Daneben zeigt eine Kunstausstellung zeitgenössische Kunst. Vom Kräutergarten aus eröffnet sich ein schöner Blick auf Thomas Telfords zweibogige Brücke (1811) über den Fluss Helmsdale.
Timespan Museum and Artcentre, Dunrobin Road, ☏ 01431 821 327, http://www.timespan.org.uk, Mo–Sa 10–17, So 12–17 Uhr, im Winter kürzere Öffnungszeiten, Eintritt 4 £.

Reisepraktische Informationen Helmsdale

Unterkunft
***Navidale House Hotel €€, Helmsdale KW8 6JS, ☏ 01431 821 258, www.navidalehousehotel.co.uk. In schöner Umgebung mit Blick über den Moray Firth gelegenes Hotel, 10 Zimmer. DZ ab 65 B&B.

Bus und Bahn
Bahn- und Busverbindungen an der Strecke Inverness–Thurso.

Golspie

Bald ist **Golspie** erreicht – wo man eines der stattlichsten Schlösser Schottlands und das nördlichste der großen Häuser Schottlands besichtigen kann.

Dunrobin Castle wurde 1275 direkt an der Nordseeküste erbaut und ist seit dieser Zeit Sitz der Dukes of Sutherland. Es wurde bereits im 16. und 17. Jh. erweitert und erhielt 1845–1850 durch Umbauten im Neobaronialstil sein heutiges Aussehen. Die spitzen Kegeldächer und kleinen Türmchen bestimmen das Erscheinungsbild. Der geometrisch gegliederte Terrassengarten orientiert sich an Versailles und wurde ebenfalls um 1850 angelegt. Eine halbe Million Hektar Land gehören zum Besitz der Sutherlands, das ist allerdings nur ein Zehntel von dem, was die Familie im 19. Jh. als größter Landbesitzer Europas besaß. Im Inneren des stattlichen Schlosses sind prachtvolles Mobiliar und erlesene Gemälde sowie zahlreiche Erinnerungsstücke zu bewundern. Von den 189 Räumen können 17 besichtigt werden. Das Museum im ehemaligen Sommerhaus enthält eine kuriose Sammlung von Jagdtrophäen der Familie, vor allem aus Afrika.

Sitz der Dukes of Sutherland

Dunrobin Castle, ☏ 01408 633 177, www.dunrobincastle.co.uk, April/Mai, Sept./Okt. Mo–Sa 10.30–16.30, So 12–16.30, Juni-Aug. tgl. 10.30–17.30 Uhr. 30-minütige Falkenvorführung um 11.30 und 14 Uhr, Eintritt 9.50 £.

Golspie selbst ist eine unscheinbare kleine Stadt mit einem schönen Strand und Golfplatz. Das Stadtbild wird von der Statue des **1. Duke of Sutherland** auf einer kleinen Anhöhe geprägt. Ein steiler Fußweg führt hinauf. Die gewaltige Statue soll die Verdienste des Herzogs ehren. Der 1. Duke of Sutherland – George Granville, Marquess of Stafford (1758–1833), der in die Familie der Sutherlands eingeheiratet hatte – förderte den Fischfang und ließ Häfen sowie Straßen, Brücken und neue Siedlungen bauen. Die

Die Dukes of Sutherland residieren in Dunrobin Castle

Kehrseite der Medaille stellt sich weniger glorreich dar: Abertausende Pächter wurden an die Küste, wo es nur mageren Küstenboden gab, umgesiedelt, da er das Land für die großangelegte Schafzucht benötigte. König William IV. war beeindruckt und ernannte 1833 den Marquess zum 1. Duke of Sutherland.

Unterkunft
***Golf Links Hotel €€, *Church Street, Golspie, Sutherland KW10 6TT, ☎ 01408 633 408, www.golflinkshotel.co.uk. Nettes Hotel im Familienbetrieb mit 9 komfortabel eingerichteten Zimmern direkt am Strand neben dem Golspie-Golfplatz gelegen. In der Hotelbar kann man 200 Malt-Whiskys probieren. Ganzjährig, DZ ab 72 £.*

Dornoch

Dornoch ist ein ruhiger, kleiner Ort mit 850 Einwohnern, eine gute Autostunde nördlich von Inverness. Die **Kathedrale** wurde 1224 vom Bischof von Caithness gegründet, im Laufe der Zeit jedoch verändert und restauriert. Aus Anlass der 700-Jahr-Feier wurden die originalen Steinmetzarbeiten des 13. Jh. freigelegt. Gegenüber der Kathedrale befindet sich der Bishop's Palace, heute ein Hotel.

Der **Witch's Stone** zeigt die Stelle, an der 1727 die letzte „Hexe" in Schottland *Janet Horne* verbrannt wurde (auf dem Stein steht 1722). Janet Horne wurde beschuldigt, sie habe ihre Tochter in ein Pony verwandelt. Auf diesem sei sie zu einem „Hexentreffen" geritten, um es dort vom Teufel beschlagen zu lassen. Die brutalen „Hexenjagden" begannen nach der Reformation und Tausende von Frauen wurden hingerichtet. Aberglaube war fester Bestandteil der gälischen Kultur in den Highlands, doch erst durch die Reformation, die den Glauben an übernatürliche Kräfte als gottlos ansah, begannen die Verfolgungen. Berühmt ist Dornoch für seinen **18-Loch-Golfplatz**, der mit seinen Ausblicken auf kilometerlange Dünen und Sandstrände als einer der schönsten weltweit gilt.

Reisepraktische Informationen Dornoch

Information
TIC, The Court House, Dornoch IV25 3SD, ☎ 0845 2255 121, www.visitdornoch.com, ganzjährig.

Unterkunft
**Burghfield House Hotel €€, Dornoch IV25 3HN, ☎ 01862 810 212, www.burghfieldhouse.co.uk. Das Trainingshotel für angehende Hotelfachleute hat 6 Zimmer. DZ ab 80 £. Im Haus ist das Stokehole Restaurant.
**Dornoch Castle Hotel €€, Castle Street, Dornoch IV25 3SD, ☎ 01862 810 216, www.dornochcastlehotel.com, 24 Zimmer. Das teilweise noch aus dem 16. Jh. stammende Gebäude (ehemaliger Bischofssitz) liegt direkt am Marktplatz. DZ ab 96 £ B&B.

Busse
Busse von und nach Inverness und nach Thurso.

Golf
Royal Dornoch, Golf Road, ☎ 01862 810 219, www.royaldornoch.com. Weltberühmter 18-Loch-Linksplatz.

Hat man genügend Zeit, empfiehlt es sich, anstelle der A9, der direkten Verbindung nach Inverness, die ausgeschilderte *Scenic Route* (A949) entlang dem Dornoch Firth nach **Bonar Bridge** zu nehmen, dann die A836 und B9176, die später wieder auf die A9 trifft. Die Strecke führt durch wunderschöne, hügelige Heide- und Waldlandschaft. In der Nähe von Bonar Bridge lohnt ein Abstecher zu den **Falls of**

Schafauktion in Lairg

Shin, einem Wasserfall im Achany Glen. Von Mai bis September kann man hier Lachse beobachten, wenn sie versuchen, flussaufwärts die Kaskaden zu überspringen. Das **Falls of Shin Visitor Centre** mit Restaurant und Souvenirladen wurde bei einem Feuer im Mai 2013 zerstört, ein Wiederaufbau ist geplant. In der Umgebung gibt es ausgeschilderte Waldspazierwege *(Achany Glen, Lairg, ☎ 01549 402 231, www.fallsofshin.co.uk).*

Ist man zufälligerweise gerade Ende August in dieser Gegend, sollte man sich einen Besuch der **Schafauktion** in **Lairg** (16 km nördlich von Bonar Bridge an der A836) nicht entgehen lassen. Seit 1894 werden hier Schafauktionen abgehalten und mit 30.000 Schafen ist es heute der größte Schafmarkt in Schottland. In der Umgebung von Lairg locken schöne Spaziermöglichkeiten.

Größter Schafmarkt

Reisepraktische Informationen Bonar Bridge/Lairg

Unterkunft
****Carbisdale Castle Y.H., *Culrain IV24 3DP, ☎ 01549 421 232, www.syha.org.uk. Eine „hochherrschaftliche" Unterkunft findet man in diesem Jugendherbergsschloss mit Blick auf den Kyle of Sutherland. März–Okt. 140 Betten, Familienzimmer. Laufentfernung zum Bahnhof. 8 km von Bonar Bridge.*
Rogart Railway Carriages, *Kate Roach, Rogart IV28 3XA, ☎ 01408 641 343, www.sleeperzzz.com. März–Sept., günstige Hostel-Unterkunft in 3 ausgebauten Eisenbahnwaggons sowie einem alten Bus. Insgesamt 26 Betten, 8 Betten pro Wagen, 15 £ pro Person. 15 km östlich von Lairg gelegen.*
Alladale Lodge, *☎ 01863 755 338, www.alladale.co.uk. Eine Lodge und zwei luxuriöse „Bothies" stehen den Gästen inmitten eines riesigen Jagdgebiets zur Verfügung. Ausgezeichnete Ranger-Touren erklären, wie das Land bearbeitet wird, damit es wieder in seinen ursprünglichen Zustand zurückversetzt wird. Man sollte lange im Voraus buchen, denn Tagesbesucher sind nicht willkommen.*

Bus und Bahn
Lairg ist ein Verkehrsknotenpunkt mit Zug- und Busverbindungen nach Inverness und Thurso sowie Busverbindungen nach Ullapool.

Tain

Die Tain-Halbinsel liegt zwischen dem Cromarty Firth im Süden und dem Dornoch Firth im Norden. Die größte Stadt ist Tain, Geburtsort des hl. Duthac (11. Jh.), später eine Pilgerstätte und danach ein lebhafter Handelsort. In der Ausstellung **Tain through Time** neben der aus dem 14./15. Jh. stammenden **Collegiate Church** kann man sich über die reiche Geschichte des Ortes informieren. „Tain through Time" umfasst drei Ausstellungsorte: die Kirche, das Museum und ein Besucherzentrum im alten Schulhaus.
Tain through Time, *☎ 01862 894 089, www.tainmuseum.org.uk, April–Ende Okt. Mo–Fr 10–17 Uhr, Juni–Aug. auch Sa, Eintritt 3.50 £.*

Eine weitere Attraktion des Ortes ist die **Glenmorangie Whisky Distillery**. Im Anschluss an die Führung durch die Produktionsräume wird ein kleiner Probeschluck des weltweit beliebten Whiskys gereicht.
Glenmorangie, *Coy, Tain,* ☎ *01862 892 477, www.glenmorangie.com. Mo–Fr 9–17 Uhr, Führungen ab 10.30 Uhr, Juni–Aug. auch Sa 10–16, So 12–16 Uhr, Eintritt 3 £.*

Unterkunft
Glenmorangie House €€€€, ☎ *01862 871 671, www.theglenmorangiehouse.com. Das kleine Hotel mit nur 6 Zimmern bietet exklusive Unterkunft.*

Dingwall und der Cromarty Firth

Kurz vor Dingwall, einer funktionalen Stadt ohne herausragende Sehenswürdigkeiten, steht in der Landschaft ein merkwürdiges Denkmal, das **Fyrish Monument** (von der B9176 Richtung Broath abfahren). Es handelt sich dabei um die Replik eines indischen Tores, das 1782 auf Veranlassung von Sir Hector Munro errichtet wurde, um an die Eroberung einer indischen Stadt zu erinnern.

Viktorianische Bäderarchitektur
Strathpeffer ist ein idyllisch gelegener Ort mit einigen hübschen Beispielen viktorianischer Bäderarchitektur. Nachdem das Dorf 1862 Anschluss an die Bahnlinie erhielt (mittlerweile eingestellt), entwickelte es sich während der viktorianischen Zeit zu einem beliebten Heilbad. Heute erinnert der **Water Sampling Pavilion** an die gesunde Vergangenheit des Ortes. Im Upper Pumb Room, neben dem Pavillon, werden gesunde Wässerchen angeboten. Hier befindet sich auch die Touristeninformation. Im Sommer geht es in Strathpeffer recht betriebsam zu. Die Hügel in der Umgebung bieten schöne Spaziermöglichkeiten. Im restaurierten Bahnhof mag das **Highland Museum of Childhood** besonders die jungen Reisenden erfreuen. Die Museumssammlung gibt Einblick in die Kindheit vergangener Tage in den Highlands. Im Café kann man sich bei Kaffee und herrlichen Kuchen erfrischen
The Old Station, *Strathpeffer IV14 9DM,* ☎ *01997 421 031, www.highlandmuseumofchildhood.org.uk, April–Okt. Mo–Sa 10–17, So 14–17 Uhr.*

Black Isle

Bei der Black Isle handelt es sich weder um eine Insel, noch ist die Gegend schwarz. Wie die gesamte Moray-Küste ist die Black Isle mit viel Sonnenschein und wenig Regen gesegnet. Landwirtschaft sowie Eichen- und Buchenwälder bestimmen das Bild. Das sanfte Klima, eine reiche Vegetation und schöne Architektur machen die Black Isle zu einem beliebten Ausflugsziel. Cromarty ist der Hauptort der Black Isle. Am **Chanonry Point** im Süden kann man hervorragend Delfine beobachten. Die Kessock Bridge, 1982 eröffnet, verbindet Inverness mit der Black Isle.

Lumpenquelle
Die Gegend ist für ihre vielen Quellen bekannt – das Wasser des sagenumwitterten **Clootie Well** (sog. „Lumpenquelle", zwischen Tore und dem Munlochy Nature Reserve) soll Krankheiten heilen können. Die Stoffstücke, („cloots" bedeutet „pieces of cloths"), mit denen Heilsuchende ihre kranken Körperteile waschen,

werden anschließend hier aufgehängt. Auf diese Weise soll die Krankheit verschwinden. Auch bei Stress und Ärger soll dies funktionieren.

Im hübschen Ort **Fortrose** an der Ostküste stand einst eine große Kathedrale. Die Ruinen aus rotem Sandstein geben ein gutes Zeugnis ihrer einstigen Pracht. In dem winzigen Dorf **Rosemarkie** beherbergt das **Groam Museum** eine ausgezeichnete Sammlung piktischer Steine aus der Gegend, von denen einige aus dem 8. Jh. stammen. Die Steine sind fantasievoll neben Werken von George Bain (1881– 1968), der das moderne keltische Design erschuf, gruppiert. Eine ganzjährige Vortragsreihe beschäftigt sich mit der Zeit der Pikten
Groam Museum, ☎ 01381 811 883, www.groamhouse.org.uk, April–Okt. Mo–Fr 11–16.30, Sa 14–16.30, Nov. Sa 14–16 Uhr, Eintritt frei.

An der nordöstlichen Spitze der Black Isle an der Mündung des Cromarty Firth liegt der Ort **Cromarty**. Die gepflegten weiß gekalkten Häuser stammen aus dem 18. Jh., als Cromarty ein lebhafter Hafenort war, von dem aus Handel mit Russland, dem Baltikum und mit Amerika getrieben wurde. Hauptattraktion Cromartys sind die Delfine, die man vom Ufer aus oder bei einer Bootstour beobachten kann. Für einen Einblick in die faszinierende Geschichte des Ortes lohnt ein Besuch im **Cromarty Courthouse** aus dem 18. Jh., in dem das Ortsmuseum untergebracht ist.
Cromarty Courthouse Museum, Church Street, ☎ 01381 600 418, www.cromarty-courthouse.org.uk, So–Do 12–16 Uhr, Eintritt frei.

Delfine bei Cromarty

Neben dem Gerichtsgebäude befindet sich das reetgedeckte **Hugh Miller's Cottage**, das Geburtshaus des Geologen, Schriftstellers und Gründers der *Free Church of Scotland* Hugh Miller (1802–1856). Seine Fossiliensammlung bildete den Grundstock für das Royal Scottish Museum in Edinburgh.
Hugh Miller's Cottage, Church Street, ☎ 01381 600 245, www.nts.org.uk, www.hughmiller.org, April–Sept. tgl. 12–17, Okt. Di, Do, Fr 12–17 Uhr, Eintritt 5.50 £.

Reisepraktische Informationen Cromarty

Unterkunft
****Beechfield House €**, 4 Urquhart Court, Cromarty IV11 8YD, ☎ 01381 600 308. Ganzjährig, außer Weihnachten, 3 Zimmer. Freundlich und gemütlich.

Fähre
Eine kleine Autofähre legt nach Nigg April–Okt. 9–18 Uhr alle halbe Stunde, Ende Mai–Sept. tgl. 8–18.15 (Juli/Aug. bis 19.15), So ab 9 Uhr. Abfahrt von Cromarty um halb und voll, von Nigg jeweils Viertel vor und Viertel nach (www.cromarty-ferry.co.uk).

Bootstouren
Ecoventures, Harbour Workshop, Victoria Place, Cromarty IV11 8YE, ☎ 01381 600 323, www.ecoventures.co.uk. Etwa zweistündige Tour, 3 x tgl. Abfahrt vom Cromarty Harbour. Unterwegs können Große Tümmler (Bottlenose Dolphins) und Seehunde beobachtet werden. Erw. 24 £, Kinder 18 £.

9. DER OSTEN

Allgemeiner Überblick

Der Osten ist überwiegend von fruchtbaren Weiden, Feldern und bewaldeten Hügeln sowie langen Sandstränden und Klippenlandschaft geprägt. Im Westen beherrschen die hohen Gipfel der Grampian Mountains das Bild. Im sanften Tal des Flusses Spey sind die Whisky-Brennereien versteckt. Inmitten fruchtbaren Ackerlands stehen zahlreiche Märchenburgen – eine davon sogar mit einem rosa Farbanstrich.

Das Touristenamt hat verschiedene Touren („Trails") für die Besichtigung des Ostens zusammengestellt, die Besucher nach verschiedenen Themen durch die Gegend führen, z. B. den „Victorian Trail", den „Coastal Trail" und den „Castle Trail". Alle Routen sind ausgeschildert und auf den Karten der Touristenämter verzeichnet.

☞ Routenvorschläge

In diesem Kapitel werden verschiedene Routen vorgestellt, die alle in Inverness (s. S. 277) ihren Ausgangspunkt nehmen.
• Die schnellste Strecke von Inverness nach Süden ist die A9 über Pitlochry und Perth nach Edinburgh. Die Schnellstraße führt durch die Grampian Mountains und durch die landschaftlich besonders reizvolle Gegend um Pitlochry, den Loch Tay und Loch Earn (s. S. 384).
• Von Inverness entlang der Nordküste über Elgin, Fraserburgh und Peterhead nach Aberdeen (s. S. 401)
• Speyside und das Don Valley: Whisky und Castles (s. S. 414)
• Aberdeen ist ab S. 423 beschrieben
• Von Aberdeen entlang der Ostküste über Montrose, Arbroath (bzw. Kirriemuir) nach Dundee (s. S. 431)
• Von Aberdeen durch das Dee-Tal über Banchory und Braemar nach Perth (s. S. 447)
Empfehlung: Haben Sie genügend Zeit (mind. 5–6 Tage), empfiehlt sich eine Kombination der genannten Routen, weil man so relativ viel von der Landschaft sieht und für diese Gegend typische Sehenswürdigkeiten aufsuchen kann: Inverness – Elgin – verschiedene Stationen entlang des Whisky Trails und des Castle Trails – die Cairngorms – das Dee-Tal – Blairgowrie – Kirriemuir – Arbroath – Dundee – Perth.

Entlang der A 9:
Aviemore, Pitlochry, Perth

Strathspey und die Cairngorms

Strathspey ist eine beliebte Feriengegend in Schottland. Das breite Tal des Spey, des zweitlängsten Flusses in Schottland, beginnt am Loch Laggan und mündet in den Moray Firth. Während der untere Flussverlauf für das Lachsangeln und seine zahlreichen Whisky-Destillen berühmt ist (s. S. 414), ist der obere Flussverlauf ein Mekka für Wanderer und Wintersportler. Die Gegend zwischen den Monadhliath Mountains im Norden und den majestätischen Cairngorms im Süden, dem zweithöchsten Berggebiet in Großbritannien, bietet ausgezeichnete Möglichkeiten zum Wandern, um Wassersport zu betreiben und zum Skifahren. Der Hauptort der Region, Aviemore, ist von Bergen, Lochs, Flüssen und Wäldern umgeben. Der über-

Entfernungen

Inverness – Edinburgh: 254 km
Inverness – Aberdeen: 169 km
Inverness – Perth: 183 km
Aberdeen – Edinburgh: 201 km
Aberdeen – Glasgow: 233 km
Aberdeen – Perth: 140 km

wiegende Teil des Upper Strathspey gehört zum Glen More Forest Park und zum Rothiemurchus Estate.

30 km südlich von Inverness und 11 km nördlich von Aviemore, lädt in **Carrbridge** der **Landmark Forest Heritage Park** zu einem Besuch ein. Der „Waldthemenpark" wendet sich unterhaltsam-lehrreich vor allem an Kinder. Es gibt ein Besucherzentrum mit Restaurant, einen Waldlehrpfad, einen „Eichhörnchenweg" und eine Wasserrutschbahn. Der 400 m hohe **Forest Tower** bietet einen wunderschönen Blick auf die Berge.
Landmark Forest Heritage Park, ☎ 0800 731 3446, www.landmarkpark.co.uk, Eintritt Nov.–März Erw. 4.40 £, Kinder 3.20 £, April–Okt. Erw. 13 £, Kinder 10.80 £.

Ski fahren
Das Skigebiet in den **Cairngorms**, 14 km südöstlich von Aviemore, ist sehr beliebt. Die Saison dauert normalerweise von Januar bis in den April hinein. Es gibt auch eine Seilbahn dort. Zahlreiche Skischulen und Verleih von Ausrüstung stehen zur Verfügung (http://ski.visitscotland.com). Wenn es genügend Schnee gibt, ist die Gegend um den Loch Morlich und im Rothiemurchus Estate für Langlauf geeignet. Die beiden anderen Skigebiete in der Gegend sind „The Lecht" (www.lecht.co.uk), das besonders bei Snowboardfahrern beliebt ist, und das für Anfänger geeignete „Glenshee" (www.ski-glenshee.co.uk).

Wandern
Die Cairngorms (seit 2003 als Nationalpark ausgewiesen) bieten mit ihren 49 Munros und vier Bergen über 1.200 m herausfordernde Wandermöglichkeiten (http://cairngorms.co.uk, www.visitscotland.com). Allerdings sind dazu Erfahrung und eine gute Kondition Voraussetzung. Es sind auch zahlreiche weniger anstrengende Wanderungen möglich. Das **Rothiemurchus Estate Visitor Centre** (☎ 01479 812 345, www.rothiemurchus.net, 1,5 km von Aviemore an der B970), hält vielfältiges Kartenmaterial bereit. Hier gibt es auch ein Restaurant. Im Rothiemurchus Estate werden Aktivitäten angeboten wie geführte Wanderungen, Reiten, Fischen und Tontaubenschießen.
Auch im bereits 1948 gegründeten **Glen More Forest Park** (www.forestry.gov.uk, Besucherzentrum tgl. 9–17 Uhr) kann man wunderbar wandern, Rad fahren, Reiten sowie Wassersport betreiben. Loch Morlich, auf dem Wassersport betrieben wird, liegt inmitten des Forest Parks.

Karten
Die Ordnance Survey Exlorer Maps Nr. 402, 403 oder OS Outdoor Leisure Map Nr 3 decken das Gebiet gut ab.

Redaktionstipps

▶ **Elgin Cathedral** – das „Licht des Nordens" – besichtigen (S. 405).
▶ Die Gemäldesammlung im **Duff House** bestaunen (S. 409).
▶ Eine Wanderung in den **Cairngorm Mountains**, am **Loch Rannoch**, **Loch Tay** oder in den **Angus Glens** machen (s. u., S. 391, 437).
▶ Im Don Valley eines der vielen **Märchenschlösser** besichtigen (S. 420).
▶ In **Speyside** den „besten" Whisky herausfinden (S. 414).
▶ „**Arbroath Smokies**", eine geräucherte Fischdelikatesse, probieren (S. 440).
▶ Die **Highland Games** in Crieff (S. 400), in Strathdon (Lonach Highland Gathering) (S. 419) oder an den **Royal Highland Games** in Braemar erleben (S. 451).
▶ **Dunnottar Castle** bestaunen (S. 432).
▶ Einen Ausflug zum **Linn of Dee** unternehmen (S. 451).

Angeln

Der Fluss Spey ist ein Mekka für Angler auf Forellen und Lachs. Zahlreiche Hotels haben sich auf Angelferien spezialisiert. Infos unter www.fishing-scotland.net, www.fishing-scotland.co.uk.

Reiten

In verschiedenen Orten in den Cairngorms und in Strathspey kann man reiten, u.a.: Alvie Stables in Alvie (Nähe Kincraig), ☏ 07831 495 397, www.alvie-estate.co.uk und Carrbridge Trekking Centre in Carrbridge, ☏ 01479 841 602, www.carrbridge.com.

Aviemore

Aviemore liegt knapp 50 km südlich von Inverness an der A9. Mit wenig Einfühlungsvermögen wurden hier in den 1960er-Jahren mehrere Hotels, Restaurants, Einkaufszentren, eine große Touristeninformation und andere touristische Annehmlichkeiten in die Landschaft gestellt. Im Winter bildet Aviemore das Zentrum des Wintersports. Im Sommer lockt die 10 km lange Fahrt mit der **Strathspey Railway** von Aviemore nach Boat of Garden. Die liebevoll restaurierte Dampflok und Waggons stammen aus den 1950er-/1960er-Jahren. Im 19. Jh. entwickelte sich Aviemore zum Eisenbahnknotenpunkt und erlangte als Wintersportort touristische Bedeutung.

Reisepraktische Informationen Aviemore

Information

TIC, Grampian Road, Aviemore PH22 1PP, ☏ 01479 810 363, http://visitcairngorms.com/, ganzjährig.

Unterkunft

***Cairngorm Guest House €**, Main Road, Aviemore PH22 1RP, ☏ 01479 810 630, www.cairngormguesthouse.com. Ganzjährig, 12 Zimmer. Traditionelles Hotel im Ortszentrum.
***Ravenscraig Guest House €**, Grampian Road, Aviemore PH22 1RP, ☏ 01479 810 278, www.aviemoreonline.com. Ganzjährig, 12 Zimmer, ruhiges Gästehaus, Ortsrand.
****Corrour House Hotel €€**, Rothiemurchus, Aviemore PH22 1QH, ☏ 01479 810 220, www.corrourhousehotel.co.uk. Dez.–Okt., 8 Zimmer, freundliches Landhaus mit Blick auf die Rothiemurchus und Cairngorm Mountains. Elegant-gediegen.
****The Boat Hotel €€€**, Boat of Garten, Highland PH24 3BH, ☏ 01479 831 258, www.boathotel.co.uk. Ganzjährig, 1.–15. Jan. geschl., 32 Zimmer. Alteingesessenes, kinderfreundliches Hotel im Familienbetrieb. Nettes Restaurant, in der gemütlichen Bar manchmal Live-Musik. Das kleine Dorf Boat of Garten ist 12 km von Aviemore entfernt.

Jugendherberge/Hostel

****Aviemore Y.H**, 25 Grampian Road, Aviemore PH22 1PF, ☏ 01479 810 345, www.syha.org.uk. 96 Betten, auch DZ und Familienzimmer, ganzjährig.

***Cairngorm Lodge (Loch Morlich) Y.H.**, *Glenmore, Aviemore PH22 1QY, ☎ 0870 004 1137, www.syha.org.uk. 11 km von Aviemore, ganzjährig, 75 Betten, einschl. DZ und Familienzimmer. Altes Gebäude, wunderschön gelegen.*
Aviemore Bunkhouse, *Dalfaber Road, Aviemore PH22 1PX, ☎ 01479 811 181, www.aviemore-bunkhouse.com. Ganzjährig, 44 Betten. In Laufweite zum Bahnhof.*

Busse
Regelmäßige Busverbindungen zwischen Aviemore und Inverness (45 Min.), Kingussie (20 Min.), Pitlochry (1 Std. 15 Min.), Perth (2 Std.), Glasgow (3 Std. 30 Min.) und Edinburgh (3 Std. 30 Min.). Direkte Zugverbindungen von Glasgow, Edinburgh und Inverness. Zudem Busverbindung zwischen Aviemore und dem Cairngorm Ski Centre.

Dampflok
Strathspey Railway, *Aviemore Station, Dalfaber Road, ☎ 01479 810 725, www.strathspeyrailway.co.uk. Die Dampflok verkehrt zwischen Aviemore, Boat of Garden und Broomhill, in der Regel Mitte März–Mitte Okt., hin und zurück Erw. 13 £ (Kinder 6.50 £). Die vergnügliche Rundfahrt von 30 km dauert 1 ¾ Std. und findet 3 x tgl. statt.*

Bergbahn
Um zur **CairnGorm Mountain Railway** zu gelangen (www.cairngormmountain.org/mountain-railways), nimmt man von Aviemore die B970 nach Inverdruie und Loch Morlich. In Glenmore parken (hier hält auch der Bus, www.travelinescotland.com) und zur Base Station der Bergbahn laufen (ca. 50 Min). Die Fahrt führt von 635 m hinauf auf 1.097 m Höhe, unterhalb des Cairngorms (1245 m). Natürlich kann man auch nur eine Strecke mit der Bahn fahren und entweder hoch- oder runterlaufen (1–2 Std. pro Strecke). In den Northern Corries der Cairn Gorms gibt es zwischen Mai und Okt. jeweils am Mi geführte Wanderungen (ca. 10.30–15.30 Uhr), Auskunft ☎ 01479 861341. Bergbahn: Erw. hin und zurück 10.30 £, Kinder 6.60 £.

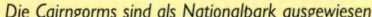

Die Cairngorms sind als Nationalpark ausgewiesen

Entlang der A 9: Aviemore, Pitlochry, Perth

Kingussie und Umgebung

Kingussie (sprich: King-yoosie), 18 km südlich von Aviemore, ist ein freundlicher Ort mit 1.000 Einwohnern und bietet mit einigen soliden Unterkünften eine gute Alternative zu Aviemore. Das **Highland Folk Museum** im 4 km entfernten **Newtonmore** ist ein interessantes Freilichtmuseum mit einem rekonstruiertes Dorf von 1700 und einem Bauernhof von 1940. Im Sommer werden dort zahlreiche Aktivitäten und Workshops, wie Spinnen und Weben, angeboten *(April–Aug. tgl. 10.30–17.30, Sept./Okt. tgl. 11–16.30 Uhr, Eintritt frei)*.

Reisepraktische Informationen Kingussie und Umgebung

Unterkunft
****Glenquoich House €**, *Glen Road, Newtonmore PH20 1EB, ☎ 01540 673 461. Freundliches, kleines Hotel mit 5 Zimmern, ganzjährig.*
***The Osprey Hotel €–€€**, *Ruthven Road, Kingussie PH21 1EN, ☎ 01540 661 510, www.ospreyhotel.co.uk. 8 Zimmer, ganzjährig. Kleines, behagliches Hotel im Ortszentrum, 2 Minuten zum Bahnhof. Hunde willkommen.*

Hostel
***Strathspey Mountain Hostel**, *Main Street, Newtonmore, Inverness-shire PH20 1DR, ☎ 01540 673 694, www.newtonmore.com. 4 Zimmer, 18 Betten, ganzjährig.*

Bus und Bahn
Kingussie liegt an der Verbindung Inverness – Perth – Glasgow – Edinburgh. Alle Züge sowie die meisten Busse halten hier. Daneben verkehrt ein Bus zwischen Kingussie, Aviemore, Newtonmore und Dalwhinnie.

Blair Atholl

Von Kingussie geht es weiter, entlang mehrerer fast 1.000 m hoher Berge, nach **Blair Atholl** (11 km nördlich von Pitlochry), wo man das beeindruckende **Blair Castle** besichtigen kann. Das Schloss wurde im 13. Jh. errichtet. Aus dieser frühen Bauphase stammen noch die beiden unteren Stockwerke von Cumming's Tower. Blair Castle wurde im 18. Jh. zu einem Landhaus im georgianischen Stil verändert und erhielt im 19. Jh. sein heutiges Aussehen. 1869 ließ der damalige Duke of Atholl die oberen Stock-

Blair Castle geht auf das 13. Jh. zurück

werke des Gebäudes in den damals beliebten Baronialstil des 16. Jh. zurückverwandeln und mit Zinnen, Erkern und Stufengiebeln versehen. 30 Räume mit kostbarer Ausstattung können besichtigt werden. Besonders eindrucksvoll ist die Gemäldetreppe, an der Familienporträts aus über drei Jahrhunderten hängen, darunter Werke von Allan Ramsay, Henry Raeburn sowie ein lebensgroßes Porträt des ersten Marquess of Atholl als Julius Cäsar von Jakob de Wet (1640–1797).

Was Blair Castle von allen anderen Schlössern unterscheidet, ist die Tatsache, dass der Herzog von Atholl das Recht hat, eine eigene Armee zu unterhalten, die **Atholl Highlanders**. Sie ist die einzige Privatarmee in Europa. 1845 wurde dieses Recht von der schottlandbegeisterten Königin Victoria verliehen. Blair Castle ist von einem wunderbaren Garten und großem Park umgeben. Ganzjährig gibt es zahlreiche Veranstaltungen auf dem Gelände. Sogar eine Übernachtung in luxuriös ausgestatteten Lodges oder Caravans ist möglich.

Privatarmee

Blair Castle, ☎ 01796 481 207, www.blair-castle.co.uk, April–Okt. tgl. 9.30–17.30, Nov.–März Sa/So 10–16 Uhr, letzter Einlass 1 Std. vorher, Eintritt Erw. 9.80 £, Kinder 5.70 £, nur Garten: 5.80 £; im Winter ist der Eintritt niedriger. Das Treasure Ticket (Erw. 26 £, Kinder 16 £) bietet Einlass für Blair Castle, Glamis Castle und Scone Palace.

Alljährlich am letzten Wochenende im Mai marschiert während der **Atholl Highlanders Annual Parade** die 80 Mann starke Privatarmee vor dem Schloss auf und ehrt ihren militärischen Führer, den Duke of Atholl. Einen Tag danach finden traditionsgemäß die **Blair Atholl Highland Games** statt (☎ 01796 481 207).

Unterkunft
***The Firs €, St. Andrews Crescent, Blair Atholl PH18 5TA, ☎ 01796 481 256, www.firs-blairatholl.co.uk. Ganzjährig, 4 Zimmer, freundliches, unkompliziertes Gästehaus in ruhiger Lage. Zudem gibt es zwei Ferienhäuser für jeweils vier Personen.

Pitlochry

Wenige Kilometer vor Pitlochry gelangt man zu einem weiteren geschichtsträchtigen Ort, an dem 1689 die Schotten um die Unabhängigkeit von England kämpften, den **Pass of Killiecrankie**. Die Jakobiten gewannen, doch ihr Anführer, Viscount Dundee, starb in letzter Minute durch eine Kugel. Im **NTS-Besucherzentrum** kann man sich über die historischen Ereignisse und über Flora und Fauna der Region informieren (☎ 0844 493 2192, April–Okt. tgl. 10–17.30 Uhr, Eintritt frei).

Pitlochry ist ein beliebter Urlaubsort mit 2.500 Einwohnern. Die besonders reizvolle Umgebung bewirkte, dass schon zu Königin Victorias Zeiten nahezu alle Einwohner des Ortes vom Tourismus lebten. Entlang der Main Street reihen sich Hotels, Restaurants, Pubs und Souvenirläden aneinander. Hat man noch keine Destille von innen gesehen – in Pitlochry gibt es gleich zwei: Die größere ist **Bell's Blair Atholl Distillery** am südlichen Ende des Ortes.

Reizvolle Umgebung

Bell's Blair Atholl Distillery, Perth Road, Pitlochry, ☎ 01796 482 003, www.bells.co.uk, Jan.–Ostern und Nov./Dez. Touren Mo–Fr 11, 13 und 15 Uhr, Ostern–Juni Mo–Sa 9.30–17, Juni–Okt. 9.30–17, So 12–17 Uhr, Touren 7,50 £.

4 km östlich von der Stadt, an der A924, liegt die „smallest distillery in Scotland", **The Edradour**, 1825 gegründet. Der Drei-Mann-Betrieb stellt hervorragenden Whisky her, wobei alle – traditionellen – Arbeitsschritte in der Distille stattfinden. **The Edradour**, ☏ 01796 472 095, www.edradour.com, Dez.–Feb. Mo–Sa 10–16, März/April auch So 12–16, Mai–Okt. Mo–Sa 10–17, So 12–17, Nov. Mo–Sa 10–16, So 12–16 Uhr, Touren 7,50 £.

Lachswanderung Interessant ist ein Besuch der **Pitlochry Power Station**, einem Wasserkraftwerk. Neben dem ca. 20 m hohen Damm, der den Fluss Tummel zum Loch Faskally staut, wurde eine **Lachsleiter** eingerichtet. Über einige Bassins kämpfen sich die Lachse zwischen Mai und September flussaufwärts zu ihren Laichgründen. Pro Saison schwimmen rund 5.400 Lachse den Fluss Tummel hinauf, wie ein elektronisches Zählwerk feststellen kann. Man kann dieses Naturschauspiel an einem der Becken durch eine Glasscheibe beobachten. Das Besucherzentrum gibt weitere Informationen über das Leben der Lachse sowie über die Elektrizitätsgewinnung durch Wasserkraft.
Pitlochry Power Station, Visitor Centre, ☏ 01796 473 152, April–Okt. Mo–Fr 10–17.30 Uhr, Juli/Aug. auch am Wochenende.

Reisepraktische Informationen Pitlochry

Information
TIC, 22 Atholl Street, Pitlochry PH16 5BX, ☏ 01769 472 215, ganzjährig.

Unterkunft
****Craigroyston House & Lodge €, 2 Lower Oakfield, Pitlochry PH16 5HQ, ☏ 01796 472 053, www.craigroyston.co.uk. Ganzjährig, 8 Zimmer, im Laura-Ashley-Stil eingerichtet. Bewährtes, gemütliches B&B im Ortszentrum, gutes Frühstück.
****Torrdarach Hotel €–€€, Golf Course Road, Pitlochry PH16 5AA, ☏ 01796 472 136, http://www.torrdarach.co.uk. März–Okt., charaktervolles Haus aus edwardianischer Zeit mit 7 Zimmern. Mit viel Liebe zum Detail elegant-luxuriös ausgestattet.
****Pine Trees Hotel & Garden Restaurant €€–€€€, Strathview Terrace, Pitlochry PH16 5QR, ☏ 01796 472 121, www.pinetreeshotel.co.uk. Ganzjährig, 20 Zimmer, viktorianisches Country House, von großem Grundstück umgeben.

Jugendherberge/Hostel
***Pitlochry Y. H., Knockard Road, Pitlochry PH16 5HJ, ☏ 01796 472 308, www.syha.org.uk. März–Okt., 62 Betten, Familienzimmer und DZ, im Ortszentrum.
Pitlochry Backpackers Hotel, 134 Atholl Road, Pitlochry PH16 5AB, ☏ 01796 470 044, www.pitlochrybackpackershotel.com. Nettes Hostel in einem ehemaligen viktorianischen Hotel, direkt im Ortszentrum von Pitlochry. DZ, Ende März–Okt.

Bus und Bahn
Der **Bahnhof** und der **Busbahnhof** befinden sich in der Station Road. Busse stündlich von und nach Glasgow (2 Std. 15 Min.), Edinburgh (2 Std. 45 Min.) und Inverness (2 Std.). Weiterhin Mo–Sa Busverbindungen nach Aberfeldy, Dunkeld und Perth. Pit-

lochry liegt zudem an der Bahnlinie Perth – Inverness, und es gibt mehrmals täglich Verbindungen in beide Richtungen.

Fahrrad fahren
Escape Route, 3 Atholl Road, ☏ 01796 473 859, www.escape-route.co.uk, Mo–Sa 9–17.30, So 10–16 Uhr. Fahrradverleih und -reparatur.

Theater
Pitlochry Festival Theatre, Port-Na-Craig, Pitlochry PH16 5DR, ☏ 01796 484 626, www.pitlochry.org.uk. In der Saison werden allabendlich Musicals, Comedy, Ceilidhs, Talks, Konzerte gegeben.

Feste
Alljährlich finden in Pitlochry **Highland Games** statt. In einem rein vom Tourismus lebenden Ort sind die Spiele hier jedoch entsprechend kommerzialisiert.

Wandern
Pitlochry eignet sich hervorragend als Ausgangspunkt für Wanderungen und Ausflüge in die Umgebung. Informationen über Wanderrouten unterschiedlicher Schwierigkeitsgrade sowie reichhaltiges Kartenmaterial (OS Landranger Nr. 43 und 52, OS Explorer Nr. 21) gibt es im Informationszentrum. Besonders schön sind die Wanderungen durch das Rannoch Moor, zum Pass of Killiecrankie, am Ufer des Loch Tay und natürlich auf den Gipfel des Ben Lawers (1.214 m).

Loch Tummel und Loch Rannoch

Die B8019 zweigt von der B8079 ab und verläuft westlich entlang des wunderschönen Ufers des Loch Tummel und Loch Rannoch. Am schönsten ist es hier im Herbst, wenn sich das Laub verfärbt. Am Ostufer des Loch Tummel liegt **Queen's View**. Von hier aus eröffnet sich ein wunderbarer Blick über den Loch Tummel bis zum 1.081 m hohen Schiehallion (Fairy Mountain) und nach Glencoe in der Ferne. Der Aussichtspunkt wurde 1866 von Queen Victoria in den höchsten Tönen gelobt und deshalb nach ihr benannt. Das Besucherzentrum bietet eine Ausstellung sowie eine Filmvorführung mit Informationen über den Queen's View und ein kleines Café (April–Okt. tgl. 10–18 Uhr).

Königinnenblick

Hinter dem Loch Tummel liegt das kleine Dorf **Kinloch Rannoch**, in dem Wanderer sich mit Vorräten eindecken, bevor es in die Berge geht.

Unterkunft
Es gibt einige Übernachtungsmöglichkeiten im Dorf, z. B. das **Dunalastair Hotel €** (☏ 01882 632 323, www.dunalastair.co.uk) und das **Bunrannoch House** (☏ 01882 632 407, www.bunrannoch.co.uk).

24 km westlich von Kinloch Rannoch endet die Straße bei **Rannoch Station**, wo man Anschluss an die Zugverbindung nördlich nach Fort William und südlich nach Glasgow hat. Hinter dem westlichen Ende des Loch Rannoch verläuft das dunkle

Rannoch Moor bis hoch zum Glen Coe mit herausragenden und anspruchsvollen Wanderungen „off the beaten track". Es gibt einen Taxi- und Busservice von Pitlochry zur Rannoch Station *(Broons Buses and Taxi, ☎ 01882 632 331, www.broons busesandtaxis.co.uk).*

Aberfeldy und Loch Tay

Aberfeldy (an der A827) ist eine unspektakuläre, jedoch freundliche kleine Stadt am Tay und vor allem beim älteren Publikum beliebt. Die Touristeninformation ist in der alten Kirche im Ortszentrum untergebracht. Die **General Wade's Bridge** über den Tay, eine grazile, fünfbogige Brücke, wurde 1738 von William Adam entworfen. Das Ziel von Wades großangelegtem Straßen- und Brückenbauprogramm war es, die Highlands für englische Truppen besser zugänglich und somit kontrollierbarer zu machen. Das **Black Watch Monument** erinnert an die Anfänge des berühmten Regiments (1725 gegründet), das hier in Aberfeldy zum ersten Mal gemustert wurde. Die **Water Mill** aus dem Jahr 1825 beherbergt heute einen Buchladen, eine Kunstausstellung, einen Laden mit hübschen Einrichtungsaccessoires und Haushaltswaren sowie ein Café.
Water Mill, *Mill Street, ☎ 01887 822 896, www.aberfeldywatermill.com, ganzjährig Mo–Sa 10–17, So 11–17 Uhr.*

Eine weitere Attraktion des Ortes ist **Dewar's World of Whisky**: In der „Welt des Whisky" kann man die Produktionsanlagen der Destille besichtigen und im Brand Centre lernen, wie Whiskymischungen entstehen.
Aberfeldy Distillery, *☎ 01887 822 010, Nov.–März Mo–Sa 10–16, April–Okt. Mo–Sa 10–18, So 12–16 Uhr, Eintritt 6.50 £.*

Gut 1 km westlich, bei Weem an der B846, liegt **Castle Menzies**, ein beeindruckendes Tower House aus dem 16. Jh. auf Z-förmigem Grundriss. Castle Menzie stellt ein gutes Beispiel für den Übergang zwischen Festung und Herrenhaus dar. Das Anwesen ist der ehemalige Sitz des Menzies-Clans.
Castle Menzies, *Weem, ☎ 01887 820 982, www.castlemenzies.org, April–Okt. Mo–Sa 10.30–17, So 14–17 Uhr.*

Ein besonderer Augenschmaus bietet sich, etwas westlich von Aberfeldy, am **Loch Tay**, an dessen Ostseite

Blick auf Kenmore und den Loch Tay

der **River Tay** entspringt. Wunderschön ist der 20 km lange Loch Tay zu beiden Seiten von teils kahlen, teils bewaldeten Bergen umgeben. Am nordöstlichen Ende liegt **Kenmore**, ein gepflegtes Dorf mit weiß gekalkten Cottages und einem schönen Golfplatz beim Taymouth Castle. Nicht weit vom Dorf entfernt liegt das **Living History Centre**, wo man eine Rekonstruktion eines „Crannog" sehen kann. Ein Crannog ist ein Inselhaus aus der Bronzezeit, das für Verteidigungszwecke angelegt wurde

Gepflegtes Dorf

The Scottish Crannog Centre, Kenmore, Loch Tay, ☏ 01887 830 583, www.crannog.co.uk, April–Okt. tgl. 10–17.30 Uhr, Winterweek Festival 1 Woche im Feb., Eintritt Erw. 8 £, Kinder 6 £.

Abstecher
Von Kenmore lohnt eine Fahrt durch die Berge südlich nach **Amulree**. *Die spektakuläre Straße ist im Winter oft geschlossen. Von dort geht es dann weiter nach Crieff.*

Reisepraktische Informationen Aberfeldy

Information
TIC, The Square, Aberfeldy, Perthshire PH15 2DD, ☏ 01887 820 276, ganzjährig geöffnet.

Unterkunft
***Moness Resort €€, Crieff Road, Aberfeldy PH15 2DY, ☏ 0845 330 2838, www.moness.com. Ganzjährig, 11 Zimmer, schönes Landhaushotel aus dem 18. Jh. Auch Cottages für Selbstversorger.
Kenmore Hotel €€, The Square, ☏ 01887 830 205 www.kenmorehotel.com. Das Gasthaus von 1572 mit Bar und Restaurant ist angeblich Schottlands ältester Inn. Korrekt geführt.

Golf
Aberfeldy Golf Club, Taybridge Road, Aberfeldy PH15 2BH, ☏ 01887 820 535, www.aberfeldy-golfclub.co.uk. Der 18-Loch-Golfplatz verläuft zu beiden Seiten des Tay.

Fortingall

Einige Kilometer hinter Kenmore zweigt eine unbezifferte Straße von der A827 ab, die zu dem winzigen Dorf Fortingall führt. Fortingall kann sich einer besonderen Attraktion rühmen: einer 3.000 Jahre alten Eibe im Kirchhof. Sie ist angeblich die älteste in Europa.

Altehrwürdige Eibe

Fortingall liegt fast am Anfang des besonders bei Anglern beliebten, rund 50 km langen **Glen Lyon**, über dessen Schönheit sich schon Wordworth und Tennyson ausgelassen haben.

Die Eibe im Kirchhof in Fortingall soll über 3.000 Jahre alt sein

Unterkunft/Einkehren
Fortingall Hotel, 01887 830 367, www.fortingall.com. *Hotel mit 11 Zimmern und einem sehr guten Restaurant, elegant.*

Ben Lawers ist mit 1.214 m der höchste Berg der Region. Sechs Munros gehören zu dem Bergmassiv, die in einer Wanderung verbunden werden können. Das **Mountain Visitor Centre and Shop** gibt Auskunft über die Tier- und Pflanzenwelt sowie über die geologischen Besonderheiten der Region (01567 820 397, April–Sept. 10.30–17 Uhr).

Hinweis zur Route
*Entweder fahren Sie einmal rund um den Loch Tay über Killin, Lochearnhead und Crieff. **Killin** ist ein kleiner Ort am Fluss Dochart mit vielen Unterkünften und guter Ausgangspunkt für Wanderungen. Oder aber Sie fahren von Aberfeldy über die A826 und A822 nach Crieff. Andererseits können Sie auch auf die A9 zurückfahren und so Ihre Reise nach Süden fortsetzen.*

Dunkeld

Dunkeld ist ein malerisch am River Tay gelegener Ort mit 1.000 Einwohnern und hervorragenden Wandermöglichkeiten in der Umgebung. Der Dorfplatz wird von einer Reihe restaurierter, weiß gekalkter Häuser aus dem 17. Jh. gesäumt. In einem von diesen ist die Touristeninformation untergebracht. Am Ufer des Tay liegt die **Dunkeld Cathedral**. Die erste Kathedrale von Dunkeld, dem hl. Columba geweiht, geht auf das 12. Jh. zurück. An dieser Stelle war bereits von keltischen Missionaren im Jahr 570 ein Kloster (aus Flechtwerk) errichtet worden, das Kenneth MacAlpine 848 in Stein umbaute. Aus dieser Zeit stammen die roten Mauersteine rechts und links des großen Fensters im Chor. Die heutige Kirche – eine Mischung aus normannischer und gotischer Architektur – geht hauptsächlich auf die fast 200-jährige Bauphase (1318–1501) zurück. Der älteste Teil ist eine Blendarkade im Chor. Der Chor dient heute als Pfarrkirche. Während der Reformation wurde die Kathedrale stark beschädigt, das Hauptschiff blieb ohne Dach und wurde nicht wiederaufgebaut.

Kloster aus Flechtwerk

Von der Kirche aus hat man einen schönen Blick auf die imposante, den Fluss Tay überspannende Brücke, die 1809 unter Leitung von Thomas Telford erbaut wurde. Beliebt ist der rund 3 km lange **Spazierweg** von Birnam nach „The Heritage", auch „Ossian's Hall of Mirrors" genannt. Dieses Gebäude war einst bespiegelt, um darin die Schönheit des Flusses zu spiegeln.

Perth

Bis 1452 war Perth die Hauptstadt Schottlands und wurde, aufgrund ihrer Lage, auch „Tor zum Hochland" genannt. Heute bietet die verkehrsreiche, 44.800 Einwohner zählende Stadt ein modernes Einkaufszentrum, eine Reihe netter Einzelhandelsgeschäfte sowie abendliche Unterhaltung. Perth ist ein geeigneter Ausgangspunkt, um die schöne Umgebung zu erforschen.

Tor zum Hochland

St. John's Kirk (High Street/South Street) geht auf eine frühe Kirche des 12. Jh. zurück, die im 15. Jh. erneuert und schließlich in den 1920er-Jahren restauriert wurde. St. John's Kirk ist Namensgeberin für den ursprünglichen Namen der Stadt, *St. John's Town*. Hübsch sind die kopfsteingepflasterten Straßen rund um die Kirche.

Das **Fair Maid's House** in der Charlotte Street stammt aus dem Mittelalter. Mit dem Haus ist ein Roman von Sir Walter Scott verbunden, „Das schöne Mädchen von Perth", welcher auch als Inspiration für Georges Bizets Oper „La jolie fille de Perth" diente. Die Royal Scottish Geographical Society (RSGS) hat in dem schönen Haus ein Besucher- und Informationszentrum zu interessanten erdkundlichen Themen eingerichtet.
RSGS, *Charlotte Street, www.rsgs.org/projects/fmh.html, April–Okt. Di–Sa 12.30–16 Uhr, Eintritt frei, Spende willkommen.*

Das **Perth Museum & Art Gallery** zeigt neben einer naturgeschichtlichen Sammlung Exponate zur Lokalgeschichte, Kunstgewerbliches sowie Gemälde schottischer Maler.
Perth Museum & Art Gallery, *78 George Street, ☎ 01738 632 488, www.pkc.gov.uk/museums, Mo–Sa 10–17, Mai–Aug. auch So 13–16.30 Uhr.*

Das **Regimental Museum of the Black Watch** ist im **Balhousie Castle** untergebracht, einem Tower House aus dem 15. Jh. Es beherbergt Exponate zur Militärgeschichte des im 18. Jh. weltberühmten „Black Watch"-Regiments.
Black Watch Castle & Museum, *Hay Street, ☎ 01738 638 152, www.theblackwatch.co.uk, Mo–Sa 9.30–17, So 10–16 Uhr, Eintritt Erw. 7,50 £, Kinder 3.50 £.*

An der Ecke Tay Street/Marshall Place beherbergt ein alter Wasserturm die **Fergusson Gallery**. Die lohnende Ausstellung zeigt Gemälde, Zeichnungen und Skulpturen des schottischen Künstlers John Duncan Fergusson (1874–1961). Fergusson war der wichtigste Künstler der schottischen Koloristen. Er lebte lange in Frankreich, wo er von den Impressionisten und Post-Impressionisten beeinflusst wurde.

Schottischer Kolorist

Fergusson Gallery, *Marshall Place, ☎ 01738 783 425, Mo–Sa 10–17 Uhr, Eintritt frei.*

Branklyn Garden ist eine Oase an Ruhe und Farbenpracht. Der kleine, aber wunderschöne Garten bietet eine beeindruckende Sammlung von seltenen und ungewöhnlichen Pflanzen sowie einen prächtigen Steingarten.
Branklyn Garden, *116 Dundee Road, ☎ 01738 625 535, www.nts.org.uk, April–Okt. tgl.10–17 Uhr, Eintritt Erw. 6.50 £, Kinder 5 £.*

Entlang der A 9: Aviemore, Pitlochry, Perth

Wanderwege

Der **Kinncull Hill Woodland Park** liegt am Stadtrand. Vier Wanderwege führen durch den Park, der fünf Hügel einfasst: der Nature Walk, der Tower Walk, der Jubilee Walk und der Squirrel Walk, von denen keiner sonderlich anstrengend ist. Vom Gipfel des Kinnoull Hill hat man einen herrlichen Blick über Perth bis hinüber zu den Lomond Hills in der Grafschaft Fife. Gen Norden kann man bis Ben More und Lochnagar schauen.

Huntingtower Castle war in seinen Anfängen im 15. Jh. ein einzelner freistehender Turm. An diesen wurde, etwas später, ein zweiter gestellt. Im 17. Jh. kam ein Mitteltrakt hinzu. Im Inneren verdient die Balkendecke in der alten Halle besondere Beachtung. Sie stammt von ca. 1540 und zeigt auf weißem Untergrund schwarze geometrische und ineinander verschlungene Muster. Diese Balkendecke gilt als die früheste in Schottland.
Huntingtower Castle, *5 km westlich von Perth an der A85,* ☎ *01738 627 231, www.historic-scotland.gov.uk, April–Sept. tgl. 9.30–17.30, Okt. tgl. 9.30–16.30, Nov.–März Sa–Mi 9.30–16.30 Uhr, Eintritt 4.50 £.*

info

Krönungsstein: Stone of Scone oder Stone of Destiny

Im 9. Jh. wurde der schottische Krönungsstein, Stone of Scone, von Kenneth MacAlpine, dem Begründer des schottischen Königsreichs, hierhergebracht. Scone wurde Sitz der Regierung und damit Zentrum des Landes. Der Stein stand auf dem sog. Moot Hill, einem künstlich angelegten Hügel, der im wahrsten Sinne des Wortes aus Erde aus ganz Schottland bestand. Die Clan Chiefs konnten nur dann ihrem König den Treueid schwören, wenn sie dabei auf eigenem Grund und Boden standen. Vor der Reise nach Scone füllten sie deshalb ihren Stiefel *(boot)* mit heimatlicher Erde und standen somit bei der Krönung auf eigenem Boden. Nach vollzogener Krönung leerten die Clan Chiefs ihre Stiefel dann aus.

Der Stone of Scone wurde wie eine Reliquie verehrt und war für die Krönungszeremonie unerlässlich. Jahrhundertelang nahmen die schottischen Könige bei der Inthronisation ihren Platz auf dem Stein ein. 1296 raubte der englische König Edward I. den sagenumwobenen Stein und brachte ihn nach London, wo er im Krönungsstuhl von Westminster Abbey seinen Platz fand. In Scone mussten fortan die schottischen Herrscher auch ohne Stein gekrönt werden.

Elizabeth II. war vorerst die letzte Herrscherin, die (1952) auf diesem Stein die Herrscherwürde erhielt. Ein Jahr zuvor hatten schottische Nationalisten den Stein entführt und nach Schottland gebracht, natürlich holten sich ihn die Engländer zurück. 1996 wurde der Stone of Destiny, begleitet von einer gewaltigen Zeremonie, zurück nach Schottland gebracht. Zum Ärgernis von Perth und Scone Palace wurde er aber nicht dort, sondern im Edinburgher Castle platziert.

Scone Palace, heute Landsitz der Earls of Mansfield, ist die ursprüngliche Heimat des „Stone of Destiny" (s. u.). Old Scone war einst Hauptstadt des Königreichs der Pikten, Zentrum der alten keltischen Kirche und über Jahrhunderte hinweg Krönungsort der schottischen Könige. Der jetzige Palast im neogotischen Stil wurde Anfang des 19. Jh. erbaut. Er ersetzte einen Vorgängerbau von 1580, der anstelle des im Zuge der Reformation zerstörten Gebäudes errichtet wurde. Eine Besichtigung von Scone Palace lohnt vor allem wegen der wertvollen Kunstsammlungen. Bezaubernd ist der mit feinen Einlegearbeiten verzierte Schreibtisch, der 1770 für Marie Antoinette angefertigt wurde. Die Porzellansammlung beinhaltet seltene Stücke aus den Manufakturen Meißen, Ludwigsburg, Sèvres und Chelsea.

Scone Palace bei Perth

In der Long Gallery ist neben den Ahnengemälden, einer Uhren- und einer Elfenbeinkollektion, vor allem die einzigartige Sammlung von Vernis-Martin-Objekten von besonderem Interesse. Es handelt sich um Kunstwerke, die der Pariser Lackmaler Martin im 18. Jh. aus Papiermaché hergestellt hat. Im schönen Garten (mit Labyrinth) und in dem riesigen Park kann man gut ein paar Stunden verbringen. Es gibt einen Picknickplatz, einen tollen Spielplatz für Kinder und ein Café, wo leckere Kuchen zum Kaffee besonders gut schmecken

Garten und riesiger Park

Scone Palace, 3 km nördlich von Perth an der A93, ☎ 01738 552 300, www.scone-palace.co.uk, April–Okt. tgl. 9.30–17.30, Sa 9.30–16, Nov.–März Fr 10–16 Uhr – nur Parkgelände, Eintritt Erw. 10 £, Kinder 7.30 £, nur Park Erw. 6 £, Kinder 4.20 £.

Reisepraktische Informationen Perth

Information
Lower City Mills, West Mill Street, Perth PH1 5QP, ☎ 01738 450 600, www.perthshire.co.uk, ganzjährig.

Unterkunft
Perth bietet zahlreiche Unterkunftsmöglichkeiten sämtlicher Preisklassen.
******Parklands €€€**, 2 St. Leonard's Bank, Perth PH2 8ER, ☎ 01738 622 451, www.theparklandshotel.com. Ganzjährig, sehr nett gelegenes, georgianisches Stadthaus mit 15 Zimmern, Bistro und Restaurant. Modern, klar gestaltet. In Gehentfernung zum Bahnhof gelegen.

Einkehren

In Perth gibt es eine gute Auswahl an Einkehrmöglichkeiten.
Eine wahre Institution ist **Kerachar's**, 168 South Street, ☎ 01738 449 777, www.kerachers-restaurant.co.uk. Das Restaurant ist in einer alten Methodistenkirche untergebracht. Der Familienbetrieb hat sich auf Fisch- und Wildgerichte spezialisiert. Mittlere bis gehobene Preisklasse. Di–Sa ab 18 Uhr, 2- und 3-Gänge-Menüs, Lunch Fr und Sa ab 12.30 Uhr.

Wochenmarkt

Perth ist ein wichtiges Landwirtschaftszentrum. Jeweils am 1. Samstag im Monat findet ein toller **Farmer's Market** in der King Edward Street statt (www.perthfarmersmarket.co.uk, 9–14 Uhr).

Bus und Bahn

Perth ist leicht von fast allen Landesteilen aus zu erreichen: 1,5 Std. von Edinburgh oder Glasgow, 30 Min. von Dundee. Der Bahnhof und der Busbahnhof liegen am westlichen Ende der Stadt (Leonard Street/Kings Place).

Auchterarder

Auchterarder ist ein kleiner, von fruchtbarem Farmland umgebener Ort mit einer erstaunlich langen Hauptstraße. Im Süden erheben sich die **Ohil Hills**, die herrliche Wandermöglichkeiten bieten. In der Touristeninformation gibt es eine kleine Ausstellung über die seit Jahrhunderten hier ansässige Textilindustrie. Die meisten Besucher kommen jedoch nach Auchterarder, um entweder in dem weltberühmten Gleneagle Hotel abzusteigen oder auf dessen Golfplatz zu spielen.

„Dupplin Cross"

In **Dunning**, 7 km östlich von Auchterarder an der B8062, beherbergt die kleine **St. Serf's Church** das beeindruckende „Dupplin Cross", der wohl besterhaltene verzierte piktische Stein überhaupt. Er stammt aus dem frühen 9. Jh. und war zu Ehren des ersten Königs der Pikten, Konstantin, errichtet worden. Die Kombination von christlichen und piktischen Elementen zeigt die sich langsam entwickelnde Verbindung zwischen König und Kirche.
St. Serf's Church, Dunning, www.historic-scotland.org.uk, April–Sept. tgl., Eintritt frei.

Reisepraktische Informationen Auchterarder

Information
Tourist Information, 90 High Street, Auchterarder, ☎ 01764 663 450.

Unterkunft

*****The Gleneagles Hotel €€€€, Auchterarder PH3 1NF, ☎ 01764 662 231, www.gleneagles.com. Ganzjährig, 269 Zimmer und Suiten, weltberühmtes Golfhotel und eines der besten und vornehmsten Hotels in GB, atemberaubende Umgebung, Luxus pur …

Crieff

Strathearn, das Tal des River Earn, zieht sich westlich von Perth rund 60 km lang nach Loch Earn, einem bei Wassersportlern beliebten Ort nördlich der Trossachs. Der Hauptort ist **Crieff**, eine hübsche, wohlhabende Stadt. An der Grenze zwischen den Lowlands und den Highlands gelegen, war Crieff vor allem im 18. Jh. ein wichtiger Viehmarkt und seit dem 19. Jh. bereits Ferienort.

Die Glasmanufaktur **Caithness Glass** ist stolz auf die Verbindung von innovativem Design und hoher Handwerkskunst. Die Produktion von originellen Briefbeschwerern und Geschenkartikeln hat eine lange Tradition. Besucher können im **Caithness Glass Visitor Centre** bei der Glasherstellung zusehen und sich auch selbst in der Glasmalerei versuchen. Vielleicht finden Sie auch ein schönes Souvenir im Verkaufsladen.
The Crieff Visitor Centre, *Muthill Road, Crieff,* ☎ *01764 654 014, www.caithness glass.co.uk, Besucherzentrum und Verkaufsladen tgl. 9–17 Uhr, Glasdemonstration/Glasmalerei Mo–Fr 9–16.15 Uhr, ganzjährig außer in den Betriebsferien (jeweils 1 Woche im April und Okt). Anmeldung zur Glasmalerei telefonisch oder unter glass@crieff.co.uk.*

Glasmanufaktur

1,5 km von Crieff, von der A85 ab, liegt die **Glenturret Distillery**, Schottlands älteste Brennerei. Sie wurde 1775 gegründet. In der „Famous Grouse Experience" erfährt man auf unterhaltsame Weise alles über Whisky und dessen Herstellung.
Glenturret Distillery, *The Famous Grouse Experience, The Hosh,* ☎ *01764 656 565, www.whisky.com/distilleries/glenturret, tgl. 9–18, Jan./Feb. 10–16.30 Uhr, Führungen 30–90 Min. ab 6 £.*

3 km südlich von Crieff liegt **Drummond Castle**, eine aus dem 15. Jh. stammende Burg, die aber im Laufe der Jahrhunderte oft verändert und im 19. Jh. modernisiert und erweitert wurde. Das Schloss selber ist für die Öffentlichkeit nicht zugänglich. Der herrliche Terrassengarten wurde um 1630 angelegt. Ein besonderes Kleinod ist die aus dieser Zeit stammende Sonnenuhr. Der Garten von Drummond Castle gilt als einer der schönsten formalen Gärten in Europa. Im 19. Jh. wurde er, der damaligen Vorliebe für italienische Gartenbaukunst entsprechend, verändert.
Drummond Castle, *Muthill,* ☎ *01764 681 433, www.drummondcastlegardens. co.uk, Garten: Ostern, Mai–Okt. tgl. 13–18 Uhr, Eintritt Erw. 5 £, Kinder 2 £.*

Für Freunde alter Bücher lohnt ein Besuch in der **Innerpeffray Library**, 8 km südöstlich von Crieff (von der B8062 ab). Schottlands erste öffentliche Bibliothek, gegründet 1680, beherbergt eine riesige Sammlung an seltenen und alten Büchern. Der Bibliothekar ist gerne bereit, einzelne Bücher zu erläutern.
Innerpeffray Library, ☎ *01764 652 819, Feb.–Nov. Mi–So tgl. 10–12.45, 14–16.45, So 14–16 Uhr, Nov.–Feb. nach Anmeldung.*

Muthill, 6 km südlich von Crieff an der A822, ist ein denkmalgeschütztes Dorf mit weitgehend erhaltener Bausubstanz aus dem 18. und 19. Jh. Die Dorfkirche ist ein typisches Beispiel für die schlichte normannische Bauweise. Der quadratische Turm stammt aus dem 12. Jh., Schiff und Altarraum aus dem 15. Jh. In einem Cottage ist ein heimatgeschichtliches Museum *(The Cross, Sa/So, Mi 12.30–15 Uhr).*

Denkmalgeschütztes Dorf

Reisepraktische Informationen Crieff und Umgebung

ℹ️ Information
Tourist information, High Street, Crieff PH7 3HU, ☎ 01764 652 578, ganzjährig.

Galvelmore House B&B

🛏️ Unterkunft
Galvelmore House €, 5 Galvelmore Street, Crieff PH7 4BY, ☎ 01764 655 721, www.galvelmore.co.uk. Kate und David bieten eine ruhig gelegene, ungezwungene und behagliche Unterkunft. Großzügige Zimmer und gemütliches Wohnzimmer für Gäste. Kate fertigt Mosaiken und erklärt gerne ihre Arbeit.

***Four Seasons Hotel €€, St. Fillans PH6 2NF, ☎ 01764 685 333, www.thefourseasonshotel.co.uk. In St. Fillans bei Crieff stehen 12 Zimmer und Chalets für Selbstversorger bereit. Wunderschön gelegen mit Blicken über den Loch Earn.

****Crieff Hydro Hotel €€–€€€, Crieff PH7 3LQ, ☎ 01764 651 670, www.criefhydro.com. Ganzjährig, riesiges Anwesen mit 213 Zimmern, Fitnesseinrichtungen, Restaurants und einem großen Unterhaltungsangebot für Kinder. Auch Unterkünfte für Selbstversorger.

⚠️ Camping
****Braidhaugh Park Ltd, South Bridgend, Crieff PH7 4HP, ☎ 01764 652 951, www.largoleisure.co.uk. Schön am Fluss Earn gelegener, familienfreundlicher Park, wo man Lodges und Caravans mieten kann.

🕺 Feste
Am vorletzten Sonntag im August wird seit dem Jahr 1870 – mit nur wenigen Ausnahmen fast ohne Unterbrechung – das **Crieff Highland Gathering** abgehalten, Infos und Programm unter www.crieffhighlandgathering.com.

🚌 Busse
Stagecoach Busse (www.stagecoachbus.com, Traveline, ☎ 0870 608 2608) bieten regelmäßige Busanbindungen zu den verschiedenen Orten im Gebiet von Perthshire.

Entlang der Küste: Von Nairn nach Aberdeen

Der Moray Firth

An der Küste des Moray Firth wechseln Klippen mit schönen Stränden ab, daneben gibt es eine Reihe an netten Kleinstädten sowie zahlreiche historische Stätten. Die belebte A96 verläuft parallel zur Küste und die Region hat ein gut ausgebautes Busnetz. Der Moray Firth ist vor allem für seinen Reichtum an Delfinen (Große Tümmler) bekannt, zwischen Juni und August kann man sie überall sehen. Die Delfine sind mittlerweile zu einer Touristenattraktion geworden und verschiedene Unternehmen bieten Beobachtungstouren an.

Touren zu den Delfinen

Cawdor Castle

Cawdor Castle ist seit über 600 Jahren im Familienbesitz. Der älteste Teil der heutigen Burg ist der zentrale Turm von 1372. Trotz verschiedener späterer Anbauten ist der wehrhafte Charakter bis heute erhalten geblieben. Die Zugbrücke von Cawdor Castle ist die älteste in ganz Schottland. Im Inneren sind vor allem schöne Möbel, Gemälde und Wandteppiche zu bestaunen. Besonders beeindruckend ist der Tower Room, die alte Eingangshalle aus dem 15. Jh. Eine steile Wendeltreppe führt in das Gewölbe. Hier steht der Stamm eines Weißdorns, um den – so die Legende – der Bau herum gebaut wurde. Eine demochronologische Untersuchung hat ergeben, dass der Baum auf ca. 1370 zurückdatiert werden kann. Im Traum – so sagt es die Legende – wurde dem damaligen Herrn befohlen, sich von einem Esel durch das Gelände, wo er seine Burg bauen wollte, führen zu lassen. Dort, wo der Esel sich ausruhen würde, solle die Burg gebaut werden, dann sei sie für immer geschützt. Der Esel legte sich offensichtlich unter den Weißdornbusch und so musste das Haus drumherum gebaut werden. Schön ist es, in dem wunderschönen Park von Cawdor Castle zu lustwandeln, dessen Blumengarten 1720 angelegt wurde.

Legende vom Esel und dem Weißdorn

Cawdor Castle, *Nairn, ☎ 01667 404 401, www.cawdorcastle.co.uk, Mai–Sept. tgl. 10–17.30 Uhr, Eintritt Erw. 9.75 £, Kinder 5–15 Jahre 6 £. Mit Snackbar, Café und Picknickmöglichkeiten.*

Reisepraktische Informationen Cawdor

Unterkunft

Kilravock Castle €€, *Croy, Inverness IV2 7PJ, ☎ 01667 493 258, www.kilravockcastle.com. Westlich von Cawdor liegt Kilravock Castle (sprich: Kilrock), ein schönes Anwesen aus dem 15. Jh. Das Schloss ist im Familienbesitz der Familie Rose, die hier ein Gästehaus nach strengen christlichen Regeln führt. Kilravock Castle kann auch von Nichtgästen besichtigt werden (Führungen Mi 9.30–14.30 Uhr), ebenso die herrlichen Gärten (Mo–Sa 10–16 Uhr).*

Einkehren

Im Dorf Cawdor, nicht weit vom Schloss, kann man sich nach der Besichtigung in der **Cawdor Tavern** stärken (☎ 01667 404777, Küche Fr–So 12–14, 17.30–21, So 12.30–18.30 Uhr, günstig bis mittlere Preislage).

Nairn

Nairn ist ein netter Küstenort mit 12.000 Einwohnern, einem 5 km langen Sandstrand, guten Unterkunftsmöglichkeiten und einem fantastischen Meisterschaftsgolfplatz. Der Hafen wurde 1820 von Thomas Telford gebaut. Ab dem 12. Jh. war Nairn ein bedeutendes Handelszentrum und vor allem im 19. Jh. ein wichtiger Fischereihafen. Die kleinen Fischerhäuser in Old Fishertown schmiegen sich rund um den Hafen. Das Stadtzentrum ist als New Fishertown bekannt. Bereits seit Viktorianischer Zeit ist Nairn ein beliebter Urlaubsort. Seit 1867 finden in Nairn die Highland Games jeweils Mitte August statt *(www.nairnhighlandgames.co.uk)*.

Old Fishertown

Das **Nairn Museum** in Old Fishertown erläutert anschaulich das Leben in der alten Fischerstadt Nairn *(Viewfield Drive, ☎ 01667 456 791, Mo–Fr 10–16.30, Sa 10–13 Uhr, Eintritt Erw. 3 £)*.

Zwischen Nairn und Forres liegt, friedlich in die schöne Landschaft eingebettet, **Brodie Castle**. Das Grundstück, auf dem das Castle steht, ist seit 1160 ohne Unterbrechung im Besitz der Familie Brodie. Das Tower House selbst stammt aus dem 16. Jh. und wurde im 19. Jh. mit weiteren Anbauten versehen. Das Haus beherbergt eine beeindruckende Sammlung französischer Möbel, englisches, französisches und chinesisches Porzellan und wertvolle Gemälde. Im Gelände von Brodie Castle, gleich nach dem Osttor, steht ein fast 2 m hoher piktischer Stein, der sog.

Brodie Castle bei Forres

Rodney Stone. Auf dem mit Inschriften versehenen Monolithen sind u. a. Schlangen mit Delfinköpfen und ein Elefant zu erkennen.
Brodie Castle, *6 km westlich von Forres (von der A96 ab)*, ☏ *01309 641 371, www.nts.org.uk, Schloss: April tgl. 10.30–16.30, Mai/Juni, Sept./Okt. So–Do 10.30–16.30, Juli/Aug. tgl. 10.30–17 Uhr. Grundstück: ganzjährig tgl. 9.30 Uhr bis Sonnenuntergang, Eintritt 10 £.*

Reisepraktische Informationen Nairn

Information
Tourist Information, *62 King Street, Nairn IV12 4DN*, ☏ *01667 452 753, www.visitnairn.com.*

Unterkunft
******Sunny Brae Hotel and Restaurant €€**, *Marine Road, Nairn IV12 4EA*, ☏ *01667 452 309, www.sunnybraehotel.com.* Behagliches, kleineres Hotel im Familienbetrieb mit 8 Zimmern. Wunderbare Blicke auf den Moray Firth.

Golf
In Nairn gibt es zwei berühmte Plätze: Der **Nairn Golf Club** *(☏ 01667 453 208, www.nairngolfclub.co.uk) wurde 1887 gegründet. Der* **Nairn Dunbar Golf Club** *(☏ 01667 452 741, www.nairndunbar.com) geht auf das Jahr 1899 zurück. Beide sind 18-Loch-Plätze.*

Bus und Bahn
Regelmäßig verkehren Busse von und nach Inverness. Auch liegt Nairn an der Eisenbahnstrecke Inverness – Aberdeen, es gibt mehrmals tgl. Verbindungen in beide Richtungen.

Die Nordostküste von hier nach Fraserburgh bietet wunderschöne Panoramablicke: kleine, malerische Fischerorte und kilometerlange menschenleere Sandstrände, wie z. B. in Cullen, Lossiemouth, Rosehearty und Sunnyside. Andere Highlights der Region sind die Abtei in Pluscarden, die Lebensgemeinschaft Findhorn sowie Duff House.

Forres

Forres, 18 km westlich von Elgin, hat rund 9.000 Einwohner und ist für seine herrlichen Blumen- und Grünanlagen bekannt. Das **Falconer Museum** in der Tolbooth Street zeigt lokalgeschichtliche Exponate, insbesondere zur Sozialgeschichte und Geologie der Region.

Blumengeschmückt

Falconer Museum, *Talbooth Street*, ☏ *01309 696 261, www.falconermuseum.co.uk, April–Okt. Mo–Sa 10–17, Juli/Aug. Mo–Sa 10–17, So 13–16, Nov.–März Mo–Do 11–12.30, 13–15.30 Uhr.*

Entlang der Küste: Von Nairn nach Aberdeen

Der **Nelson Tower** (Cluny Hill) wurde 1806 zur Erinnerung an Nelsons Sieg in Trafalgar errichtet. Von hier hat man einen schönen Ausblick über Forres, die Findhorn Bay und den Moray Firth. Am Ortsausgang Richtung Elgin (Findhorn Road) steht der beeindruckendste piktische Stein in ganz Schottland, **Sueno's Stone**, der auf das 9.–11. Jh. datiert wird. Der schlanke Monolith, durch Plexiglas geschützt, ist über 6 m hoch, fantastisch gut erhalten und reichlich verziert. Dargestellt sind auf der einen Seite ein großes keltisches Kreuz, auf der anderen Seite über 100 Personen in einer Schlachtenszene: Reiter, Frauen, Krieger, ein Radkreuz sowie ein piktischer Broch. Möglicherweise handelt es sich um einen Gedenkstein eines Siegs der Pikten über die Wikinger. An dieser Stelle fand nämlich eine Schlacht gegen die Wikinger statt. Sueno's Stone wird auch in Shakespeares „Macbeth" erwähnt – an der Stelle, wo Macbeth die drei Hexen zum ersten Mal traf.

Berühmter piktischer Stein

1,5 km südlich von Forres, ein wenig abseits der A940, befindet sich die 1898 erbaute **Dallas Dhu Distillery**. Hier wird kein Whisky mehr hergestellt, aber es handelt sich um ein schön erhaltenes viktorianisches Gebäude unter dem Schutz von Historic Scotland, das man ohne Führung besichtigen kann.

Dallas Dhu Historic Distillery, *Mannachie Road, ☎ 01309 676 548, www.historic-scotland.gov.uk, April–Sept. tgl. 9.30–17.30, Okt.–März Sa–Mi 9.30–16.30 Uhr, Eintritt Erw. 5.50 £, Kind 3.30 £.*

Reisepraktische Informationen Forres und Umgebung

Information
Tourist Information, *116 High Street, Forres, Moray IV36, ☎ 01309 672 938, Ostern–Okt.*

Unterkunft
****Ramnee Hotel & Restaurant** €€, *Victoria Road, Forres IV36 0BN, ☎ 01309 672 410, www.ramneehotel.com. Ganzjährig. Komfortables Hotel mit 20 Zimmern, gediegenes viktorianisches Gebäude, nahe beim Fluss Findhorn gelegen.*

Findhorn Bay

Findhorn Bay wird von langen Sandstränden und einer schönen Dünenlandschaft gesäumt. Bekannt wurde der Ort durch die **Findhorn Foundation**, eine 1962 gegründete Gemeinschaft, deren Mitglieder in der Einheit mit dem Göttlichen und der Natur zu leben versuchen. Mittlerweile hat sich die 300 Personen zählende Gemeinschaft als feste Institution etabliert. Rund 8.000 Besucher kommen jährlich aus der ganzen Welt, um das „Dorf" zu besichtigen und an Kursen verschiedener Art teilzunehmen. Die Findhorn Foundation bietet ein reichhaltiges Kursangebot, an dem man als „Gast" der Gemeinschaft teilnehmen kann. In der Umgebung haben sich mittlerweile rund 30 verschiedene ökologisch orientierte Unternehmen, Heilpraktiker und eine Rudolf-Steiner-Schule etabliert.

Findhorn Foundation, *The Park, Findhorn, Forres IV36 3TZ, www.findhorn.org.*

Das **Moray Art Centre** *(www.morayartcentre.org)* zeigt interessante zeitgenössische Kunst.

> **Einkehren**
> *Im Dorf Findhorn bietet der beliebte **Kimberley Inn** (☎ 01309 690 492, an der B9011) hervorragenden Fisch, bei warmem Wetter auch auf der Terrasse.*

Burghead, Duffus, Lossiemouth, Gordonstoun

Zwischen **Lossiemouth** (zwei schöne Sandstrände und Golfplatz, aber leider stark vom Lärm der nahe gelegenen RAF-Basis beeinträchtigt) und **Burghead** liegt das kleine Dorf **Duffus**. Die Ruine von **Duffus Castle** (von der B9012 ab, 6 km nordwestlich von Elgin) ist in der flachen Landschaft schon von Weitem her sichtbar. Die groß angelegte „motte-and-bailey"-Anlage (Burg der Normannen) stammt aus dem 12. Jh. Anfang des 14. Jh. wurde sie durch einen Wohnturm aus Stein mit einer massiven Ringmauer ersetzt. Die Steinmasse des Turms übte jedoch einen solchen Druck auf den künstlich aufgeschütteten Erdhügel (der ja für eine Bebauung aus Holz vorgesehen war) aus, sodass ein Teil des Turms abgerutscht ist.

Unweit liegt **Gordonstoun**: Das Internat von Gordonstoun ist die elitärste Schule Schottlands. Sie wurde 1934 von dem deutschen Pädagogen Kurt Hahn gegründet, der auch die Eliteschule Salem in Baden gegründet hatte. Hahns pädagogische Vorstellung liegt in der Heranbildung eines auf Selbstdisziplin beruhenden humanistischen Verantwortungsbewusstseins als Individuum und als „homo socius". In Gordonstoun wurden Prinz Philip und seine beiden Söhne Prinz Charles und Prinz Andrew erzogen. *Elitäre Schule*

Elgin und Umgebung

Elgin erhielt 1236 Stadtrecht und war im Mittelalter als Bistum eines der wichtigsten Zentren in Schottland. Die mittelalterliche Stadtanlage ist weitgehend erhalten sowie in der High Street einige Häuser des 17. und 18. Jh., so das **Duff o'Bracco's House** von 1694. Elgin ist eine lebendige Stadt mit 20.000 Einwohnern. Es gibt einen Golfplatz und auch ausreichend Übernachtungsmöglichkeiten.

Elgin Cathedral – einst das „Licht des Nordens" genannt – zählte mit seiner Gesamtlänge von 96 m zu den stattlichsten der schottischen Kathedralen. Das Gebiet rund um Elgin ist sehr fruchtbar, weshalb die Stadt jahrhundertelang immer wieder angegriffen wurde. Der Grundstein für die Kirche wurde 1224 gelegt, doch bereits 1270 wurde der Bau durch eine Feuersbrunst beschädigt. 1390 wurde sie von Alexander Stewart, Sohn Richards II. – bekannt als „Wolf von Badenoch" –, erneut in Brand gesetzt. Die Brandstiftung war ein Racheakt gegen die Exkommunikation, die aufgrund seines brutalen und unmoralischen Verhaltens gegen ihn eingeleitet worden war. Beim Wiederaufbau wurde u. a. ein zentraler Turm hinzugefügt. Die größten Zerstörungen brachte die Reformation mit sich, die Kathedrale verfiel da- *Stattliche Kathedrale*

Die Ruinen von Elgin Cathedral – einst das „Licht des Nordens"

Beein-
druckende
Ruine

nach zusehends. Die Ruinen lassen nur noch vage eine Vorstellung von der einstigen Pracht des Gotteshauses zu. Einen schönen Anblick bietet die Nordwestfront mit den feinen, leider nur noch als Stümpfe stehenden Zwillingstürmen. Beeindruckend sind vor allem auch das achteckige Kapitelhaus (15. Jh.) mit interessanter Fenster- und Deckengestaltung und der rätselhaft, mitten in den Ruinen stehende piktische Stein.

Elgin Cathedral, ☏ 01343 547171, www.historic-scotland.gov.uk, April–Sept. 9.30–17.30, Okt.–März Sa–Mi 9.30–16.30 Uhr, Eintritt Erw. 5.50 £, Kinder 3.30 £, Kombiticket mit Spynie Palace Erw. 7.20 £, Kinder 4.40 £.

Gegenüber der Kathedrale lohnt der **Biblical Garden** einen Blick, in dem alle 110 Pflanzen, die in der Bibel erwähnt werden, gedeihen.

Das kleine, aber feine **Elgin Museum** in der High Street, unweit der Kathedrale, zeigt Exponate zur Lokalgeschichte sowie eine interessante Fossiliensammlung. Das Museum wurde bereits 1843 gegründet.

Elgin Museum, ☏ 01343 543 675, www.elginmuseum.org.uk, April–Okt. Mo–Fr 10–17, Sa 11–16 Uhr, Eintritt frei, Spende willkommen.

Im **Moray Motor Museum** in Elgin können Motorrad- und Automobilfans eine recht umfangreiche Ausstellung von Oldtimern und seltenen Motorrädern bewundern.

Moray Motor Museum, Bridge Street, Bishopmill, ☏ 01343 544 933, www.moraymotormuseum.org, April–Okt. tgl. 11–17 Uhr, Eintritt Erw. 5 £, Kinder 2.50 £.

Reisepraktische Informationen Elgin

Information
TIC, 17 High Street, Elgin, Morayshire IV30 IEG, ☎ 01343 542 666, www.elginscotland.org, ganzjährig.

Unterkunft
***The Lodge Guest House €**, 20 Duff Avenue, Elgin IV30 1QS, ☎ 01343 549 981, www.thelodge-elgin.com. Ganzjährig, 8 Zimmer. Freundliches Gästehaus in einer denkmalgeschützten Villa in angenehm ruhiger Lage, aber noch in Gehentfernung zum Bahnhof.

Einkaufen

Johnstons Cashmere Visitor Centre, Newmill, Elgin IV30, ☎ 01343 554 099, www.johnstonscashmere.com, Mo–Sa 9–17.30, So 11–17 Uhr. Seit über 200 Jahren stellen Johnstons of Elgin aus den Rohfasern wunderbare Kashmirprodukte her. Im Besucherzentrum erhält man Informationen über die Geschichte des Betriebs und die Herstellungsweisen. Angeboten werden Führungen durch die Produktionsräume (i.d.R. Mo–Do 9.30–15.30 Uhr und Fr vormittags). Natürlich sind die schönen Stücke auch zu erwerben.

Golf
Elgin Golf Club, ☎ 01343 542 338, www.elgingolfclub.com

Bus und Bahn
Elgin liegt an der Bahnlinie Inverness – Aberdeen, außerdem gibt es regelmäßige Busverbindungen von Inverness und Aberdeen sowie Dufftown.

In der Umgebung von Elgin

Spynie Palace, 3 km nördlich von Elgin (von der A941 ab), stammt in seinen Anfängen aus dem 13. Jh. und war bis 1686 die Residenz der Bischöfe von Moray. Als Gesandte und Berater des schottischen Königs hatten sie nicht nur Einfluss auf die Kirchen-, sondern auch auf die Landespolitik. Nach 1686 verfiel der Palast, doch sind selbst die Ruinen noch beeindruckend. Vom Turm eröffnen sich herrliche Blicke über den Loch Spynie.

Einst Residenz der Bischöfe von Moray

Spynie Palace, ☎ 01343 546 358, www.historic-scotland.gov.uk, April–Sept. tgl. 9.30–17.30, Okt.–März Sa/So 9.30–16.30 Uhr, Eintritt Erw. 4.50 £, Kinder 2.70 £, Kombiticket mit Elgin Cathedral Erw. 7.20 £, Kinder 4.40 £.

5 km südlich von Elgin liegt die kleine **Birnie Church** (www.moraypresbytery.org.uk). Um 500 stand an dieser Stelle bereits eine keltische Kirche. Das heutige Gotteshaus stammt von ca. 1140. Ursprünglich befand sich hier der Bischofssitz von Moray, der später nach Elgin verlegt wurde. Der schlichte Bau – bestehend aus Hauptschiff und Chor – soll angeblich die älteste, fortlaufend genutzte Kirche in Schottland sein. Auf jeden Fall ist sie eine der wenigen normannischen Kirchen, in denen noch Gottesdienste abgehalten werden. 1891 wurde die Kirche umfassend

renoviert. Der ursprüngliche Charakter ist dennoch gut erhalten. Typisch für die normannische Kirchenarchitektur ist der breite Triumphbogen zwischen Schiff und Altarraum.

Pluscarden Abbey, 10 km südwestlich von Elgin, ist neben Ardchattan und Beauly die dritte der drei Niederlassungen des Valliscaulienserordens in Schottland. In etwa zeitgleich wie die Kathedrale in Elgin gegründet (1230), wurde auch Pluscarden Abbey als Racheakt des „Wolf von Badenoch" niedergebrannt (1390). 1454 wurde die Abtei von den Benediktinern übernommen, die bis zur Reformation hier blieben. Nach der Reformation wurde das Kloster aufgelöst und verfiel. 1948 übernahmen erneut Benediktinermönche die Abtei und stellten die Gebäude wieder her. Heute ist es das einzige mittelalterliche Kloster, das noch von Mönchen bewohnt wird. Seit den Zeiten der Valliscaulienser blieb die Abtei unvollendet. Zu sehen sind der Mittelturm, die Chormauern und die Querschiffe. In der Lady Chapel mit dem Hauptaltar ist noch ursprüngliches Mauerwerk aus dem 13. Jh. erhalten. Unter dem Verputz wurden Fresken aus dem 13. Jh. gefunden. Das nördliche Querschiff gehört ebenfalls mit zu den ältesten Teilen der Kirche. Die großen Glasfenster wurden 1960 eingesetzt.

Noch von Mönchen bewohnt

Für Besucher werden Führungen veranstaltet und die Gottesdienste sind auch für die Öffentlichkeit zugänglich. Es ist ebenso möglich, für einige Zeit im Kloster zu leben. Die Mönche sind sehr aktiv: Es gibt verschiedene Kurse für Kunsthandwerk, sie unterhalten Bienenstöcke und nehmen ihre gregorianischen Gesänge auf.
Pluscarden Abbey, ☎ 01343 890 258, www.pluscardenabbey.org, tgl. 4.30–20.30 Uhr, Eintritt frei (eine Taxifahrt von Elgin kostet ca. 12 £).

Hinweis zur Route

Die A96 bildet die direkte Strecke von Inverness nach Aberdeen. Sie biegt in Fochabers nach Süden ab und führt via Keith, Huntly und Inverurie nach Aberdeen. Alternativ geht es weiter entlang der Küste, wie im Folgenden beschrieben.

Zwischen Buckie und Fraserburgh

Zwischen dem Hafenort Buckie und Fraserburgh gibt es einige malerische Fischerdörfer. Sie bestehen meist nur aus wenigen Häuserzeilen mit einfachen weißen oder grauen Häuschen und vielen bunten Fischerbooten am Hafen. Diese Dörfer haben sehr von der Nordseefischerei profitiert und sind deshalb meist bessergestellt als die im Landesinneren nur von der Landwirtschaft lebenden Orte. An der Küstenstrecke gibt es eine Reihe von Burgruinen, die Zeugnis von der historischen Notwendigkeit einer Küstenbefestigung ablegen.

Malerische Fischerdörfer

Portsoy und Cullen

Portsoy und **Cullen** sind besonders niedliche Küstenorte. Cullen hat rund 1.400 Einwohner, eine Kirche aus dem 14. Jh. und einen Golfplatz. Östlich des Hafens liegt der herrlich einsame Strand Sunnyside. Ein anderer schöner Strand ist in Sandend zwischen Portsoy und Cullen. Das hübsche Portsoy hat einen Hafen aus dem 17. Jh. und restaurierte Kaufmannshäuser, die sich entlang der engen Straßen ziehen. Anfang Juli findet in Portsoy das „Scottish Traditional Boat Festival" *(www.stbf.bizland.com)* statt.

Mitten durch Cullen verläuft ein vielbogiges Viadukt, das gebaut wurde, da der Earl von Seafield sich weigerte, die Eisenbahn durch das Grund-

Cullen und sein Viadukt

stück von Cullen House verlaufen zu lassen. Der Ort besteht aus zwei Teilen: die Neustadt auf dem Hügel und Seatown beim Hafen. Es gibt auch einen schönen geschützten Sand. Die Hausnummern der bunten Häuser wurden kurioserweise in der Reihenfolge vergeben, wie die Häuser gebaut wurden. Eine lokale Spezialität ist *Cullen Shink*: eine Suppe aus Milch (oder Sahne) Kartoffeln und Haddock.

Lokale Suppe

Unterkunft

Das kleine ****Bayview Hotel €€** *(Seafield Street, Cullen AB56 2SU, ☎ 01542 841031, www.bayview-cullen.com)* bietet herrliche Blicke über die Bucht.

Banff und Macduff

Der hübsche Hafenort **Banff** hat eine weitgehend erhaltene Bausubstanz aus dem 18. Jh. Der Ort wird lediglich durch eine Brücke von seinem Nachbarort, **Macduff**, getrennt. Vom Hafen aus bieten verschiedene Unternehmen Bootstouren entlang der Küste an. Das **Aquarium** veranschaulicht die Unterwasserwelt an der schottischen Nordseeküste und speziell im Moray Firth.
Macduff Marine Aquarium, *11 High Shore, ☎ 01261 833 369, www.macduff-aquarium.org.uk, April–Okt. Mo–Fr 10–17, Sa/So 11–17, Nov.–März Sa–Mi 11–16 Uhr, Erw. 6.20 £, Kinder 3.15 £.*

Duff House

Die größte Attraktion in der Umgebung ist Duff House. Die **Duff House Country Gallery** liegt etwas südlich von Banff und wurde 1725–1740 von William Adam für William Duff, den ersten Earl of Fife, erbaut. Das prunkvolle Schloss, ein zweigeschossiger Haupttrakt mit vier Ecktürmen und einer aufwendigen Hauptfront, wird als ein Meisterwerk William Adams bezeichnet. Ursprünglich war geplant, an den Haupttrakt halbkreisförmige Kolonnaden wie bei Hopetoun House (s. S. 189) anzuschließen. Nach 13 Jahren Bauzeit, die bereits Unsummen verschlungen hat-

Meisterwerk von William Adam

ten, wurde der ursprüngliche Plan fallengelassen. Die Familie gab das Haus 1906 auf. Danach diente es zeitweilig als Hotel und Sanatorium und im Zweiten Weltkrieg als deutsches Kriegsgefangenenlager. Nach langwierigen und kostspieligen Restaurationsarbeiten wurde Duff House als Dependance der National Gallery of Scotland eröffnet. Die kostbare Gemäldesammlung umfasst schottische Künstler wie Ramsay und Raeburn sowie Werke von El Greco. Das Haus ist von einem wundervollen Park umgeben. Ein herrlicher Weg führt entlang des Flusses Deveron zur **Bridge of Alvah** (6 km hin und zurück). Auf dem Gelände ist ein toller Spielplatz.
Duff House Country Gallery, ☎ 01261 818 181, www.duffhouse.org.uk, April–Okt. tgl. 11–17, Nov.–März Do–So 11–16 Uhr, Eintritt Erw. 7.10 £, Kinder 4.30 £.

Wertvolle Gemäldesammlung

Delgatie Castle
Delgatie Castle ist ein mächtiger Wehrturm, der seine Ursprünge im 11. Jh. haben soll. Im Laufe der Jahrhunderte folgten vielfache Veränderungen und Erweiterungen. Delgatie Castle ist seit über 700 Jahren im Besitz der Familie Hay.
Delgatie Castle, *von der A947 ab, 3 km östlich von Turiff,* ☎ *01888 563 479, www.delgatiecastle.com, tgl. 10–17 Uhr, Eintritt Erw. 8 £, Kinder 5 £.*

Unterkunft/Einkehren
Delgatie Castle *bietet verschiedene *****-Unterkünfte für Selbstversorger in Cottages auf dem Gelände sowie in Suiten im Haupthaus (s.o.). In* **Laird's Kitchen** *kann man sich beim Lunch oder Afternoon Tea stärken (Café April–Okt. tgl. 10–17 Uhr).*

Pennan, Gardenstown und Crovie

Zwischen Banff und Fraserburgh liegen die drei niedlichen Orte Pennan, Gardenstown und Crovie, deren Häuser sich eng an die Klippen schmiegen und unbedingt einen Zwischenstopp lohnen. Es gibt tolle Einkehr- und Unterkunftsmöglichkeiten und herrliche Spaziergänge sind möglich *(www.discovergardenstown.co.uk).* **Pennan** ist ein winziges Fischerdorf mit einer Straße an weiß gekalkten Steincottages zwischen Kiliff und der See. 1982 wurde hier der Film „Local Hero" gedreht. Im Pennan Inn kann man einkehren und auch übernachten *(www.thepennaninn.co.uk).* Ebenso hübsch ist **Crovie**. Das Dorf ist so schmal, dass die Bewohner ihre Autos am Dorfeingang stehen lassen müssen.

Fraserburgh

Fraserburgh, 27 km nördlich von Peterhead, ist ein bodenständiger Fischereihafen mit 13.000 Einwohnern und einem langen Sandstrand. Am nörd-

Kinnaird Head Castle & Lighthouse

lichen Ende der Stadt liegt **Kinnaird Head Castle & Lighthouse**, wo das **Lighthouse Museum** untergebracht ist. Die ungewöhnliche Gebäudeform ist darauf zurückzuführen, dass es sich um ein Castle des 16. Jh. handelt. 1787 wurde es von der Northern Lighthouse Company in einen Leuchtturm verwandelt. Die hervorragende Ausstellung dokumentiert die Arbeit im Leuchtturm und stellt die Stevenson-Familie vor, die etliche schottische Leuchttürme baute.
Kinnaird Head Castle & Lighthouse, ☎ *01346 511022, http://lighthousemuseum.org.uk, April–Okt. Mi–Mo 10–17, Di 12–17, Juli/Aug. bis 18 Uhr, Nov.–März geschl., 45-min. Führungen um 11, 13, 14 und 15 Uhr, Eintritt Erw. 6 £, Kinder 3 £.*

Peterhead

Peterhead, 45 km nördlich von Aberdeen, ist mit 18.500 Einwohnern nach Aberdeen die zweitgrößte Stadt des Nordostens und ein großer Fischereihafen. Die Stadt mit Hochsicherheitsgefängnis, Hochseehafen und Kraftwerk war einst der wichtigste Fischereihafen in Europa für Weißfisch, doch spürt auch Peterhead heute die Konsequenzen des Überfischens in der Nordsee. Am Nordende der Stadt, an der Golf Road, lockt das **Ugie Fish House**, Schottlands ältestes Fischhaus. Seit 1585 wird hier Lachs geräuchert. Es ist kein Museum, aber bei einem Besuch lernt man die alten Räuchermethoden kennen und kann natürlich auch geräucherten Fisch kaufen. Es gibt auch einen weltweiten Versandservice. *Fischhaus mit langer Tradition*
Ugie Fish House, *Golf Road,* ☎ *01779 476 209, www.ugie-salmon.co.uk, Mo–Fr 9–17, Sa 9–12 Uhr.*

Mintlaw und Old Deer

In **Mintlaw**, 13 km westlich von Peterhead, liegt der **Aden Country Park**, der sich besonders für Familien mit Kindern für einen netten Ausflug anbietet. Man kann die Natur bei Spaziergängen kennenlernen, an organisierten Aktivitäten teilnehmen oder dabei zusehen, wie es auf einem Bauernhof zugeht und die Tiere auch streicheln. Das Farming Museum informiert über die Geschichte der Landwirtschaft im Nordosten Schottlands und die traditionellen Wirtschaftsweisen.
Aden Country Park, ☎ *01771 622 906, www.adencountrypark.co.uk, Park ganzjährig 7–22 Uhr, Museum April–Sept., Mitte–Ende Okt. Di–So 10–16 Uhr.*

15 km westlich von Peterhead, an der A950, liegt das kleine Dorf **Old Deer**. Hier befand sich einst ein keltisches Kloster, von dem jedoch heute nichts mehr erhalten ist, außer einer der kostbarsten literarischen Reliquien der keltischen Kirche, das berühmte **Book of Deer** *(www.bookofdeer.co.uk).* Das lateinische Manuskript stammt aus dem 9. Jh. und beinhaltet Teile des Neuen Testaments. Die Randbemerkungen sind die frühesten bekannten schriftlichen Zeugnisse im schottischen Gälisch. Sie wurden im 11. oder 12. Jh. hinzugefügt. Das Book of Deer wird heute in der Universitätsbibliothek in Cambridge verwahrt. Im Aden Country Park (s. o.) befindet sich auch das **Book of Deer Visitor Centre** *mit einer interessanten Ausstellung über das Manuskript (April/Mai, Sept. So, Juni Sa/So, Juli/Aug. Mi, Sa, So 13.30–16 Uhr, bookofdeer@yahoo.co.uk).* *Kostbare Reliquie*

Cruden Bay und Forvie NNR

Südlich von Peterhead liegt am nördlichen Ende einer weiten Bucht der kleine Ort **Cruden Bay**. Hier gibt es einen schönen Sandstrand und einen fantastischen Golfplatz, der als einer der besten in Großbritannien und zu den 50 besten weltweit gilt (☎ 01779 812285, www.crudenbaygolfclub.co.uk). Nach 15 Minuten zu Fuß von Cruden Bay erreicht man die Überreste von **Slains Castle**, das 1597 auf der Klippe gebaut wurde. Angeblich veranlasste die schaurige Ruine Bram Stoker dazu, „Dracula" zu schreiben.

Inspiration für „Dracula"

Südlich von Cruden Bay erstreckt sich am Ythan Estuary das **Forvie National Nature Reserve**, ein riesiges Dünengebiet und Heimat für eine Vielfalt an Seevögeln. Die Sands of Forvie sind eines der größten und unberührtesten Dünengebiete in Großbritannien und u. a. Brutstätte der Eiderente.

Abstecher ins Landesinnere

Von Newburgh aus lohnt ein Abstecher ins Landesinnere in Richtung Ellon. Drei Schlösser sowie ein schöner Garten können hier besichtigt werden.

Pitmedden Garden

Pitmedden Garden wurde 1675 von Sir Alexander Seton (vgl. Fyvie Castle) entworfen. Der prachtvolle Barockgarten zeigt vier formale Schemata. Drei sind nach dem Vorbild des Parks von Holyrood Palace in Edinburgh angelegt, das vierte zeigt das heraldische Emblem von Sir Seton. In einem der beiden kleinen Pavillons (1675) erläutert eine Ausstellung die Entwicklung der Gartenbaukunst. Am letzten Sonntag im September kann man anlässlich des Erntefests rund 50 verschiedene Apfelsorten probieren. Das **Museum of Farming Life** auf dem Gelände schildert ein lebhaftes Bild von den Zeiten, als mit Pferd und Wagen gearbeitet wurde. In der netten Teestube gibt es köstliche Scones.
Pitmedden Garden, *Ellon, an der A920,* ☎ *01651 842 352, www.nts.org.uk, Grundstück ganzjährig, Park und Museum Mai–Sept. tgl. 10–17.30 Uhr, Eintritt Erw. 6.50 £, erm. 5 £, Veranstaltungen/Konzerte im Sommer.*

Erntefest

Tolquhon Castle

1,5 km nördlich von Pitmedden zweigt eine kleine Straße von der B999 zum Tolquhon **Castle** ab. Tolquhon Castle ist ein Tower House aus dem 14. Jh., das am Ende des 16. Jh. zu einem wehrhaften Bau erweitert wurde. Rechts neben dem schön ornamentierten Torhaus erläutert eine Inschrift in der Mauer die Umgestaltung der Burg durch William Forbes (15.4.1584–20.10.1589). Die Burg wurde kaum zerstört. Erst als sie ab Mitte des 19. Jh. leer stand, verfiel sie.
Tolquhon Castle, *11 km östlich von Oldmedrum,* ☎ *01651 851 286, www.historic-scotland.gov.uk, April–Sept. tgl. 9.30–17.30, Okt.–März Sa/So 9.30–16.30 Uhr, Eintritt Erw. 4.50 £, Kinder 2.70 £.*

Haddo House

6 km nördlich von Pitmedden liegt das elegante Haddo House. Das aus der ersten Hälfte des 18. Jh. stammende Gebäude wurde in den 1880er-Jahren umfassend renoviert und mit einer neuen Innenausstattung versehen. Dies war die Zeit des sog. „Adam-Revival" und so verwendete man bei der eleganten Neugestaltung von Haddo House vorwiegend zarte Pastelltöne und viel Stuck, so wie es ein Robert Adam getan hätte. Auch wenn die Innenausstattung gut 150 Jahre jünger als der gesamte Bau ist, bilden nun Innen- und Außengestaltung eine harmonische architektonische Einheit. Die Hauskapelle (1880) ist mit einem Fenster von Edward Burne-Jones versehen. Nach dem Zweiten Weltkrieg wurde die „Haddo House Choral Society" gegründet, die alljährlich Opernvorführungen und Konzerte darbietet.

Adam-Rival-Stil

Haddo House, ☎ 01651 851 440, www.nts.org.uk, www.hhcos.org.uk, Besichtigung nur mit Führung, April–Juni, Sept./Okt. Fr–Mo, Juli–Aug. tgl. 11.30, 13.30 und 15.30 Uhr, Eintritt 10 £, erm. 7 £. Haddo House Choral Society: www.haddohouse.org.uk.

Fyvie Castle

11 km westlich von Haddo House (von der A947 zwischen Oldmeldrum und Turriff ab) liegt ein anderes Juwel: Fyvie Castle ist ein Musterbeispiel des schottischen Baronialstils. Ursprünglich stand auch hier eine hölzerne Burg, die im 14. Jh. durch eine Steinburg ersetzt wurde. Im späten 16. Jh. wurde sie erweitert und erhielt ihr heutiges baroniales Aussehen mit unterschiedlichen Dachhöhen und hervortretenden runden Ecktürmchen, die mit konischen Dächern versehen sind. Als im 18. Jh. erneut der Besitzer wechselte, wurde der Gordon Tower hinzugefügt und ein Landschaftspark angelegt. Im Inneren ist besonders die 3 m breite und vier Stockwerke hohe steinerne Wendeltreppe von Sir Alexander Seton eindrucksvoll. Seton hat auch die Fassade des Schlosses gestaltet. Aus dem 18. Jh. stammen hauptsächlich Möbel und Gemälde. Interessant ist das Porträt von William Gordon, das er sich während seiner „Grand Tour" durch Italien von Pompeo Batoni (1708–1787) anfertigen ließ. Es zeigt ihn im schottischen Kilt vor den Ruinen des Kolosseums. Bemerkenswert ist das Gemälde insbesondere aufgrund seiner Entstehungszeit, 1766, nur 20 Jahre nach Culloden und dem Verbot jeglicher schottischer Tradition. Weiterhin beherbergt Fyvie House eine der größten Raeburn-Sammlungen weltweit. Fyvie Castle wurde von fünf verschiedenen Familien bewohnt und hat fünf nach diesen Familien benannte Türme. Der Name „Fyvie" stammt jedoch nicht vom englischen *Five* = fünf ab, sondern ist aus dem Gälischen „Hügel der Hirsche" abgeleitet.

Musterbeispiel des Baronialstils

Fyvie Castle, ☎ 01651 891 266, www.nts.org.uk, Ostern–Juni, Sept./Okt. Sa–Mi 12–17, Juli/Aug. tgl. 11–17 Uhr, Eintritt 12 £, erm. 8.50 £.

Fyvie Castle im Baronialstil

Speyside und das Don Valley: Malt Whisky und Castles

Speyside

Der Nordosten Schottlands ist vor allem für Whisky bekannt, insbesondere in der Gegend des Flusses Spey gibt es etliche Destillen, einschließlich der berühmten Marken wie Glenlivet und Glenfiddich. Der Spey ist der zweitlängste Fluss in Schottland. Er beginnt in den Bergen über Loch Laggan und führt zur Spey Bay an der Küste von Moray. Sein sauberes, klares und schnell fließendes Wasser spielt eine entscheidende Rolle in der Whisky-Herstellung. In der Gegend kann man eine Destille nach der anderen besichtigen. Da es allerdings insgesamt über 100 Destillerien in Schottland gibt, braucht man keinen Anspruch auf Vollständigkeit zu legen. Im Grunde ähneln sich die Destillen auch. Grundsätzlich sind die Whiskysorten aus Speyside im Vergleich zum torfigen Islay-Whisky wesentlich milder und sanfter.

Liebliches und fruchtbares Land

Abgesehen vom idealen Wasser für Whisky, ist der Spey auch für seinen Lachsreichtum berühmt und die Gegend ein hervorragendes Angelrevier. Das Land ist sehr fruchtbar und im Vergleich mit anderen Teilen der Highlands geradezu lieblich. Angenehmerweise ordnet sich der Tourismus der einheimischen Wirtschaft unter und bestimmt keinesfalls das Leben.

Der öffentliche Nahverkehr in Speyside ist sehr wenig ausgebaut, die Busse fahren unregelmäßig. Von Grantown fährt nur ein Bus am Tag nach über Tomintoul nach Ballater. Züge halten in Keith.

info

Whisky und Whiskyherstellung

Der Begriff Whisky stammt aus dem Gälischen „uisge beatha" und bedeutet so viel wie „Wasser des Lebens". Im 16. Jh. wurde Whisky immer populärer und 1725 eine erste Malzsteuer eingeführt. Das Resultat war, dass gerade in den abgeschiedenen Highlands Schwarzbrennereien aufblühten. Anfang des 19. Jh. existierten allein um Glenlivet mehr als 200 Schwarzbrennereien. 1823 kam es zu einer Gesetzesänderung. Kosten und Steuern wurden gesenkt, sodass es für die Destillen eher möglich war, Lizenzen zu erhalten.

Um 1870 nahm die Whisky-Produktion industrielle Züge an. Im Norden schloss man sich zur „North of Scotland Malt Distillers Association" zusammen, im Süden zur „Distillers Company Limited" (DLC). Das Geschäft boomte. Während Gin das Getränk der armen Leute war, wurde Whisky salonfähig. 1909 legte eine Kommission fest, was „Scotch Whisky" sei und auch, dass kein anderes Land den edlen Tropfen herstellen durfte, ohne gegen internationales Recht zu verstoßen. Das Geschäft blühte fortan noch besser. Während des Zweiten Weltkriegs kam es zu einigen Schwierigkeiten, die jedoch bereits 1953 überwunden waren, als das Überseegeschäft im großen Stil einsetzte. Bald erzielte Schottland ein Viertel seiner gesamten Exporteinnahmen durch den Verkauf von Whisky. Heute gibt es über 2.000 verschiedene Sorten Scotch, davon 116 Malts, die von Kennern bevorzugt werden.

Herstellung
Man unterscheidet **zwei Arten** von Whisky: **Malt Whisky** (aus gemalzter Gerste hergestellt) und **Blended Whisky** (eine Mischung aus Malz- und Kornwhisky, to blend = mischen).

Blended Whisky gibt es erst seit ca. 1850. Mit neuen Herstellungsmethoden war es gelungen, Kornwhisky mit kleinen Mengen des teuren Malt Whisky zu versetzen. Der billige Kornwhisky verlor dadurch an Schärfe und erhielt das „gewisse" Aroma. Der industriell hergestellte Blended Whisky wurde rasch zum weltweiten Exportartikel. Malt Whisky herzustellen ist hingegen ein langer Prozess. Für einen gelungenen Malt sind drei Aspekte ausschlaggebend: die Gerste, das möglichst klare, kalte und weiche Wasser und der Torf, der ihm das unvergleichbare Aroma gibt.

Der **Herstellungsvorgang** des Malt Whisky ist sehr zeitaufwendig und kompliziert:
- **Malzen**: Die Gerste wird in einen großen Bottich gegeben, wo sie sich mit Wasser vollsaugt. Hier beginnt der Keimungsvorgang. Das Wasser bewirkt im Samenkorn die Produktion von Enzymen, die die Stärke des Gerstenkorns in Zucker (Maltose) umwandelt. Nach einigen Tagen wird die Gerste auf einen Zementboden gestreut. Dort keimt sie weiter und wird dann im Malzofen *(kiln)* auf großen Metallsieben über einem Feuer aus Torf getrocknet. Dieser Torfrauch verleiht dem Whisky seinen charakteristischen Geschmack. Der Rauchabzug, das pagodenähnliche Dach des Kiln, prägt das äußere Erscheinungsbild der Brennerei.
- **Maischen**: Nach dem Trocknen wird das Produkt zu Malzschrot gemahlen, dann in einem Maischbottich gewässert.
- **Gärung**: Zu dieser so gewonnenen zuckerhaltigen Lösung gibt man Hefe und lässt sie gären, anschließend werden in gewaltigen Destillationskolben Wasseranteile herausgetrennt.
- **Destillation**: Für die Destillation sind zwei Durchgänge notwendig. Der zweite ist entscheidend für die Qualität und den Geschmack, denn es gilt, Unreinheiten herauszufiltern und zugleich das Aroma zu wahren.
- **Reifung**: Der frisch gebrannte Spiritus wird in Ei-

Glenfiddich (= *valley of the deer*) wurde 1887 gegründet und wird immer noch von der Gründerfamilie Grant geführt. Die professionellen Führungen sowie eine audiovisuelle Vorführung bieten einen Einblick in die Welt der Whiskyherstellung. Der hier hergestellte Whisky gilt als der beliebteste Single Malt weltweit.
The Glenfiddich Distillery, ☏ *01340 820 373, www.glenfiddich.co.uk, Mo–Sa 9.30–16.30, So 12–16.30 Uhr, im Winter nur Sa/So, Eintritt frei.*

Frühchristliche Kirche

1 km südlich von Dufftown lohnt die **Mortlach Parish Church** einen Blick. Die im 12. Jh. errichtete Kirche geht auf ein frühchristliches Gotteshaus aus dem 6./7. Jh. zurück. Schön sind die Lanzettfenster im Chor, die aus dem 13. Jh. stammen. Auf dem Friedhof steht ein kleines Wachhäuschen, in dem einstmals Wachen gegen die sog. „Body Snatchers", Leichenräuber, stationiert waren.

Entlang der B9009 führt die Route nach **Glenlivet**, wo man die 1824 gegründete **Glenlivet Distillery** besuchen kann. Sie ist einsam, aber wunderschön gelegen. Glenlivet ist die berühmteste Distille in Speyside.
Glenlivet Distillery, ☏ *01340 821 720, www.theglenlivet.com, April–Okt. Mo–Sa 9.30–16 Uhr, Eintritt frei.*

Unterkunft

Man kann im Haus des Gründers, Georg Smith, direkt neben der Distille wohnen: **Minmore House**, ☏ *01807 590 378, www.minmorehousehotel.com, liebevoll im Familienbetrieb geführt (wird zzt. renoviert).*

15 km südlich von Glenlivet kommt man nach **Tomintoul**, dem höchsten Punkt der Highlands, dem Endpunkt des Speyside Ways und südlichsten Punkt des Whisky-Trails. Auch dieser Ort ist, wie Dufftown, kein gewachsenes Städtchen, sondern wurde 1779 angelegt.

Highland Cattle in einer Flussniederung

ten, die jedoch bereits 1953 überwunden waren, als das Überseegeschäft im großen Stil einsetzte. Bald erzielte Schottland ein Viertel seiner gesamten Exporteinnahmen durch den Verkauf von Whisky. Heute gibt es über 2.000 verschiedene Sorten Scotch, davon 116 Malts, die von Kennern bevorzugt werden.

Herstellung

Man unterscheidet **zwei Arten** von Whisky: **Malt Whisky** (aus gemalzter Gerste hergestellt) und **Blended Whisky** (eine Mischung aus Malz- und Kornwhisky, to blend = mischen).

Blended Whisky gibt es erst seit ca. 1850. Mit neuen Herstellungsmethoden war es gelungen, Kornwhisky mit kleinen Mengen des teuren Malt Whisky zu versetzen. Der billige Kornwhisky verlor dadurch an Schärfe und erhielt das „gewisse" Aroma. Der industriell hergestellte Blended Whisky wurde rasch zum weltweiten Exportartikel. Malt Whisky herzustellen ist hingegen ein langer Prozess. Für einen gelungenen Malt sind drei Aspekte ausschlaggebend: die Gerste, das möglichst klare, kalte und weiche Wasser und der Torf, der ihm das unvergleichbare Aroma gibt.

Der **Herstellungsvorgang** des Malt Whisky ist sehr zeitaufwendig und kompliziert:
- **Malzen**: Die Gerste wird in einen großen Bottich gegeben, wo sie sich mit Wasser vollsaugt. Hier beginnt der Keimungsvorgang. Das Wasser bewirkt im Samenkorn die Produktion von Enzymen, die die Stärke des Gerstenkorns in Zucker (Maltose) umwandelt. Nach einigen Tagen wird die Gerste auf einen Zementboden gestreut. Dort keimt sie weiter und wird dann im Malzofen *(kiln)* auf großen Metallsieben über einem Feuer aus Torf getrocknet. Dieser Torfrauch verleiht dem Whisky seinen charakteristischen Geschmack. Der Rauchabzug, das pagodenähnliche Dach des Kiln, prägt das äußere Erscheinungsbild der Brennerei.
- **Maischen**: Nach dem Trocknen wird das Produkt zu Malzschrot gemahlen, dann in einem Maischbottich gewässert.
- **Gärung**: Zu dieser so gewonnenen zuckerhaltigen Lösung gibt man Hefe und lässt sie gären, anschließend werden in gewaltigen Destillationskolben Wasseranteile herausgetrennt.
- **Destillation**: Für die Destillation sind zwei Durchgänge notwendig. Der zweite ist entscheidend für die Qualität und den Geschmack, denn es gilt, Unreinheiten herauszufiltern und zugleich das Aroma zu wahren.
- **Reifung**: Der frisch gebrannte Spiritus wird in Ei-

chenfässer abgefüllt und in Lagerhäuser gebracht, wo er (laut Gesetz) mindestens drei Jahre reifen muss. Die guten Malts sind hingegen zehn oder zwölf Jahre alt. Während der Reifung verliert der Whisky seine Schärfe und erhält den typischen weichen, reifen Geschmack des vollen reinen Malzwhiskys. Jetzt nimmt der Whisky auch erst seine Farbe an.

- **Abfüllen**: Nach der Reifung wird der Whisky durch Zugabe von Quellwasser auf 40–43 % Alkoholgehalt abgemildert, danach sorgfältig gefiltert und maschinell in Glasflaschen abgefüllt, versiegelt, etikettiert und zum Versand verpackt. Nachdem der Whisky in Flaschen abgefüllt wurde, ist der Reifungsprozess beendet. Durch zusätzliche Lagerzeit kann er nicht mehr an Güte gewinnen.

Den echten Malt Whisky trinkt man pur *(neat)* oder mit etwas Wasser aus einem extra Glas.

Keith ist eine kleine Marktstadt mit 4.900 Einwohnern und Heimat der **Strathisla Destillery**. Die Destille wurde 1786 gegründet und ist somit die älteste in den Highlands. Wunderschön am Fluss Isla gelegen, wird hier ein feiner Malt produziert. Die malerische **Auld Bridge** stammt von 1609.

Fassmacher

In **Craigellachie**, 6 km nördlich von Dufftown, führt die Craigellachie Bridge über den Spey. Die anmutige Brücke besteht aus einem einzelnen eisernen Bogen mit zwei steinernen Türmchen an den Enden. Sie wurde 1814 von Thomas Telford erbaut. Bis 1973 führte die Hauptverkehrsstraße über die Brücke. Craigellachie ist Sitz der **Speyside Cooperage**, einer Küferei im Familienbetrieb mit Besucherzentrum und interessanten, lohnenden Führungen. Pro Jahr werden rund 100.000 Eichenfässer repariert, die zur Reifung des Whiskys verwendet werden. Das durchschnittliche „Lebensalter" eines Fasses beträgt 50 Jahre.
Speyside Cooperage Visitor Centre, ☎ *01340 871 108, www.speysidecooperage.co.uk, Mo–Fr 9–16 Uhr, Eintritt 3.50 £.*

Reisepraktische Informationen Craigellachie

Unterkunft
****Craigellachie Hotel €€€, *Victoria Street, Craigellachie AB38 9SR, ☎ 0843 178 7114, www.bespokehotels.com/craigellachiehotel. Freundliches Hotel mit 26 eleganten Zimmern, Restaurant und einer Bar, in der man an die 700 verschiedene Whisky-Sorten probieren kann. The Ben Aigan Restaurant bietet schottische Feinschmeckerküche.*

Einkehren
Der kleine **Fiddichside Inn** *an der A95 außerhalb Craigellachie ist ein herrlich lebhafter Pub mit Garten am Fluss. Seit 1970 im Familienbetrieb, wird der Fiddichside Inn von Mutter und Tochter geführt.*

Von Craigellachie lohnt ein Abstecher zum idyllisch gelegenen **Ballindalloch Castle**. Die „Perle des Nordens", 12 km südwestlich von Craigellachie an der A95 nach Grantown-on-Spey, gilt als eines der schönsten Schlösser im Nordosten und ist seit 1546 von der Macpherson-Grant-Familie bewohnt. Eine schöne Sammlung spanischer Gemälde aus dem 17. Jh. kann man hier bestaunen und in den ausgedehnten Parkanlagen spazieren gehen. Das Castle zeigt den Übergang vom befestigten Tower House zu einem komfortableren Herrenhaus.
Ballindalloch Castle, ☎ 01807 500 205, www.ballindallochcastle.co.uk, Ostern–Sept. So–Fr 10.30–17.30 Uhr, Eintritt Erw. 10 £, Kinder 5 £, nur Park 5/2.50 £.

Die älteste Destille in den Highlands: die Strathisla Destillery

Aberlour liegt 3 km südwestlich von Craigellachie und ist – neben Whisky – für **Shortbread** (Mürbeteiggebäck) bekannt. Die für ihre karierte Verpackung weltberühmte Marke „Joseph Walker" wurde hier zu Beginn des 20. Jh. gegründet.

Ballindalloch ist die Heimat der **Glenfarclas Distillery**. 1836 gegründet, konnte Glenfarclas bislang seine Unabhängigkeit bewahren. Nach einer Besichtigung der Produktionsanlage wird der übliche Probeschluck gereicht.
Glenfarclas Distillery, ☎ 01807 500 345, www.glenfarclas.co.uk, April–Sept. 10–17, Juli–Sept. auch Sa 10–16, Okt.–März Mo–Fr 10–16 Uhr, Eintritt 5 £.

Dufftown wurde 1817 von James Duff, dem vierten Earl of Fife, gegründet. Heute gilt das Städtchen als Zentrum der Whisky-Produktion mit nicht weniger als sieben Destillen in der Umgebung. Eine davon ist die berühmte Glenfiddich Distillery am Ortsausgang. Dufftown nennt sich „Malt Whisky Capital of the World". Angeblich erwirtschaftet Dufftown mehr Geld pro Kopf als die übrigen Landesteile. Im alten Uhrturm am Dorfplatz sind die Touristeninformation und ein Heimatmuseum untergebracht (☎ 01340 820 501, www.dufftown.co.uk).

Zentrum der Whisky-Produktion

Der alte Bahnhof wurde von Eisenbahnfans restauriert und ist nun Abfahrtsort für die **Keith-Dufftown Railway** (www.keith-dufftown-railway.co.uk). Am Bahnsteig kann man sich im „Speisewagen" mit Kleinigkeiten stärken.

Die Ruine von **Balvenie Castle** liegt im Norden von Dufftown hinter Glenfiddich. Die von einem Graben umgebene Ringmauerburg stammt aus dem 13. Jh. und wurde im 15./16. Jh. zum Tower House umgebaut.
Balvenie Castle, ☎ 01340 820 121, www.historic-scotland.gov.uk, April–Sept. 9.30–17.30 Uhr, Erw. 4.50, Kinder 2.70 £.

Glenfiddich (= *valley of the deer*) wurde 1887 gegründet und wird immer noch von der Gründerfamilie Grant geführt. Die professionellen Führungen sowie eine audiovisuelle Vorführung bieten einen Einblick in die Welt der Whiskyherstellung. Der hier hergestellte Whisky gilt als der beliebteste Single Malt weltweit.
The Glenfiddich Distillery, ☏ *01340 820 373, www.glenfiddich.co.uk, Mo–Sa 9.30–16.30, So 12–16.30 Uhr, im Winter nur Sa/So, Eintritt frei.*

Frühchristliche Kirche

1 km südlich von Dufftown lohnt die **Mortlach Parish Church** einen Blick. Die im 12. Jh. errichtete Kirche geht auf ein frühchristliches Gotteshaus aus dem 6./7. Jh. zurück. Schön sind die Lanzettfenster im Chor, die aus dem 13. Jh. stammen. Auf dem Friedhof steht ein kleines Wachhäuschen, in dem einstmals Wachen gegen die sog. „Body Snatchers", Leichenräuber, stationiert waren.

Entlang der B9009 führt die Route nach **Glenlivet**, wo man die 1824 gegründete **Glenlivet Distillery** besuchen kann. Sie ist einsam, aber wunderschön gelegen. Glenlivet ist die berühmteste Distille in Speyside.
Glenlivet Distillery, ☏ *01340 821 720, www.theglenlivet.com, April–Okt. Mo–Sa 9.30–16 Uhr, Eintritt frei.*

Unterkunft
Man kann im Haus des Gründers, Georg Smith, direkt neben der Distille wohnen: **Minmore House**, ☏ *01807 590 378, www.minmorehousehotel.com, liebevoll im Familienbetrieb geführt (wird zzt. renoviert).*

15 km südlich von Glenlivet kommt man nach **Tomintoul**, dem höchsten Punkt der Highlands, dem Endpunkt des Speyside Ways und südlichsten Punkt des Whisky-Trails. Auch dieser Ort ist, wie Dufftown, kein gewachsenes Städtchen, sondern wurde 1779 angelegt.

Highland Cattle in einer Flussniederung

Im **Tomintoul Museum & Visitor Centre** am Marktplatz kann man sich über die Lokalgeschichte sowie über Flora und Fauna der Region informieren *(The Square, ☎ 01309 673 701, Ende Juli–Okt. Mo–Sa 9.30–16 Uhr).*

15 km nördlich von Tomintoul liegt das **Glenlivet Crown Estate** mit einem ausgedehnten Netz an Wander- und Fahrradwegen *(Ranger Office, Tomintoul, ☎ 01807 580 283, www.thecrownestate.co.uk).*

Feste

Der kleine Ort Strathdon, ca. 28 km nordöstlich von Tomintoul, ist für sein beeindruckendes **Lonach Highland Gathering** berühmt, das in der Regel am 3. Sa im August stattfindet. „The Men of Lonach" marschieren dabei in vollem Ornat um das Veranstaltungsgelände. Falls Sie gerade in der Gegend sind, lassen Sie sich das Spektakel nicht entgehen. *(Auskunft unter ☎ 019756 51772, www.lonach.org).* Berühmtheiten, wie Steve Martin und Robin Williams gaben sich auch schon die Ehre, angelockt von Billy Connolly, der den Whisky ausschenkt.

Sehenswerte Spiele

6 km nördlich von Strathdon kann man im Glen Nochty die **Lost Gallery** mit Werken zeitgenössischer schottischen Künstler besuchen *(Peter & Jean Goodfellow, Strathdon, ☎ 019756 51287, www.lostgallery.co.uk, Mi–Mo 11–17 Uhr).*

Wandern

Speyside steht nicht nur für Whisky. Der beliebte **Speyside Way** umfasst 135 km. Er beginnt in Tugnet an der Mündung des Spey, verläuft in zwei Routen entlang des Flusses und führt dann durch hohes Moorland nach Tomintoul. Unterkunftsmöglichkeiten bestehen in den kleinen Ortschaften entlang der Strecke. Die Karten OS Landranger Nr. 28 und 36 decken den gesamten Weg ab. Infos unter www.speysideway.org.

Reisepraktische Informationen Tomintoul

Information
TIC, *The Square, Tomintoul, Banffshire AB37 9ET, ☎ 01807 580 285.*

Übernachtungstipp für Wanderer
Kurz vor dem Corgarff Castle (s. u.) führt eine Straße ca. 2 km zu **Jenny's Bothy Crofthouse** *(Corgarff, by Strathdon AB36 8YP, ☎ 01975 651449, ganzjährig), einer schlichten, aber herrlich gelegenen Unterkunft mit 10 Betten. Schlafsäcke etc. müssen mitgebracht werden.*

Jugendherberge
****Tomintoul Y.H., *Main Street, Tomintoul, Ballindalloch AB37 9EX, ☎ 01807 580 364, www.syha.org.uk, April–Sept., 20 Betten.*

Busse
Busse nach Tomintoul von Keith über Dufftown und nach Elgin via Aberlour. Auskunft: Roberts of Rothiemay, ☎ 01466 711 213, www.moray.gov.uk.

Speyside und das Don Valley: Malt Whisky und Castles

Von Tomintoul führt die A939 nach Ballater, wo sie auf die A93 trifft. Die Straße ist sehr schön und führt durch die großartige Landschaft der **Cairngorm Mountains**.

Weiterhin liegt auf der Strecke das einsam gelegene **Corgarff Castle**, ein Tower House des 16. Jh. Das Schloss wurde 1745 mit einer sternförmigen Befestigungsmauer umgeben und diente der Stationierung von Truppen, die die Straße von Perth nach Fort George kontrollieren sollten. Im 19. Jh. waren hier die „Redcoats" stationiert, um den Whiskyschmuggel zu verhindern.
Corgarff Castle, ☎ *01975 651 460, www.historic-scotland.gov.uk, April–Sept. tgl. 9.30–17.30, Okt.–März Sa/So 9.30–16.30 Uhr, Eintritt Erw. 5.50 £, Kinder 3.30 £.*

Das Don Valley

Paradies für Archäologen und Kunsthistoriker

Das Don Valley ist nicht so bekannt wie das südlich gelegene Royal Deeside. Die relativ wenig besuchte Ecke im Nordosten ist jedoch ein Traum für Archäologen und Kunsthistoriker, denn sie ist geradezu übersät mit mittelalterlichen Schlössern, piktischen Steinkreisen und Forts aus der Eisenzeit. Ein Viertel sämtlicher Steinkreise in Großbritannien liegt im Don Valley.

Huntly und Huntly Castle

Huntly, 15 km östlich von Dufftown, ist ein angenehmer Ort. An der Bahnlinie Aberdeen – Inverness gelegen, ist der Ort eine gute Basis für Besichtigungen in der Umgebung. Am idyllischen Fluss Deveron bieten sich ideale Bedingungen zum Fliegenfischen.

Der große Teil der heute hübsch anzusehenden Ruinen des **Huntly Castle** (10 Min. vom Ortszentrum) stammt aus dem 16. und 17. Jh., wobei die Grundmauern und Gewölbe auf einen Vorgängerbau zurückgehen. Die erste Burg an dieser Stelle war eine normannische „motte-and-bailey"-Anlage, die dann allmählich durch Steingebäude ersetzt wurde. Diese jedoch wurden im Laufe der Jahrhunderte mehrfach zerstört und beim Wiederaufbau immer wieder mit neuen An- oder Umbauten versehen.
Huntly Castle, ☎ *01466 793 191, www.historicscotland.gov.uk, April–Sept. tgl. 9.30–17.30, Okt. tgl. 9.30–16.30, Nov.–März Sa–Mi 9.30–16.30 Uhr, Eintritt Erw. 5.50 £, Kinder 3.30 £.*

Castle Fraser

9 km südwestlich von Inverurie, von der B993 ab, liegt **Castle Fraser, Garden & Estate**. Das Castle im Stil des Scottish Baronial entstand zwischen 1575 und 1636, in etwa zeitgleich mit **Craigievar** und **Crathes Castle**. Alle drei Burgen weisen die gleichen architektonischen Details auf, z. B. Erkertürmchen, Kegeldächer und Konsolenfriese. Castle Fraser ist jedoch nicht nur wesentlich größer als die beiden

vorher genannten, sondern, im Gegensatz zum verspielten Charakter von Craigievar, wesentlich wehrhafter. Der ursprüngliche Wohnturm aus dem 15. Jh. wurde im 16. Jh. erheblich erweitert und erhielt einen fünfstöckigen Haupttrakt, der im Nordwesten von einem quadratischen Turm, im Südosten von einem siebenstöckigen Rundturm mit flachem Dach und umlaufender Brüstung flankiert wird.

Castle Fraser wurde 1454–1921 von der Familie Fraser bewohnt. Leider hat man das Innere im 19. Jh. recht unschön verbaut. 1976 übernahm der NTS die Burg und bemühte sich erfolgreich, den ursprünglichen Zustand wiederherzustellen.
Laird's Lug ist eine geschickt in der Mauer versteckte Spionagekammer. Dem Lauscher, der selbst nicht gesehen werden kann, ist es möglich, Gespräche aus der Halle zu hören, selbst wenn geflüstert wird.
Castle Fraser, Garden & Estate, ☎ 0844 4932 164, www.nts.org.uk, Garten ganzjährig, Castle: April–Juni Mi–So 12–17, Juli/Aug. tgl. 11–17, Sept./Okt. Mi–So 12–17 Uhr, Erw. 10 £, erm. 7 £.

Ganz in der Nähe von Castle Fraser befindet sich der **Easter Aquhorthies Stone Circle**. Der aus elf Steinen bestehende Kreis wird auf 2000 v.Chr. datiert und misst knapp 20 m im Durchmesser.

Steinkreis

Wandern

Vom Gipfel des 528 m hohen Bennachie, zu dem man in 2 Std. hinaufwandern kann, eröffnen sich fantastische Ausblicke auf die Umgebung. Verschiedene Wege führen nach oben, der gängigste beginnt am **Bennachie Centre** *(☎ 01467 681 470, www.forestry.gov.uk, März Mo–Fr 10–16, April–Okt. Di–So 11–17, Schulferien Ostern–Okt. tgl. 11–17, Sommerferien ab 10, Nov./Dez. Sa/So 10–16 Uhr). Nicht weit entfernt steht der 3 m hohe* **Maiden Stone**, *ein Grabstein aus piktischer Zeit, der mit einem Tier verziert ist, das wie ein Elefant aussieht. Auch einen Spiegel und einen zweiseitigen Kamm kann man erkennen.*

Craigievar Castle

11 km südlich von Alford (von der A980 ab) liegt Craigievar Castle, zwischen 1610 und 1626 erbaut. Das romantische, rosa gestrichene Märchenschloss ist ein typisches Beispiel des schottischen Baronialstils. Mit seiner kleinen Grundfläche, den sieben Stockwerken und kleinen Fenstern zeigt Craigievar Castle noch weitgehend eine Orientierung an den Bauprinzipien der alten, vorrangig defensiven Bauweise der Tower Houses, auch wenn diese gar nicht mehr zeitgemäß war. Das Obergeschoss hingegen wirkt geradezu überladen: ein umlaufender mehrfach gestufter Konsolenfries, runde Erkertürmchen mit Kegeldächern,

Märchenschloss in Rosa: Craigievar Castle

Staffelgiebel und verschiedenartig gestaltete Dächer. Im Inneren ist besonders das Gewölbe in der Halle eindrucksvoll, das mit reichen Stuckornamenten verziert ist. Besonders bemerkenswert an Craigievar ist das verwinkelte Treppensystem. Niemals wurde hier elektrisches Licht installiert.

Wie im Castle Fraser gibt es auch hier eine Geheimtreppe, die zu einem kleinen Raum über der Halle führt, wo ein unbeachteter Lauscher Gespräche mithören konnte. Das Schloss diente Walt Disney als Modell für seine Märchenschlösser.
Craigievar Castle, ☏ 0844 493 2174, www.nts.org.uk, April–Juni, Sept. Fr–Di 11–17.30 Uhr, Juli/Aug. tgl. Eintritt Erw. 12 £, erm. 8.50 £. Besichtigungen nur mit Führung.

Stil des Scottish Baronial

Im Nordosten Schottlands hat sich im späten 16. und 17. Jh. ein ganz eigener Baustil des Tower House entwickelt, der sog. **Scottish Baronial**. Es entstand eine Reihe von Burgen, die nicht mehr nur zur Verteidigung, d. h. nicht nur nach rein funktionalen Zwecken gebaut wurden. Bauelemente, die eigentlich defensiven Charakter haben, wurden nun rein ornamental eingesetzt. Typisch sind die vielen verspielten Türmchen und Erker.

Alford

Alford (sprich: Ah-ford) ist der Hauptfremdenverkehrsort im Don Valley. Der Ort verdankt seine Existenz der Tatsache, dass er 1859 als Endstation der *Great North Scotland Railway* ausgewählt wurde. Lohnend ist ein Besuch des **Grampian Transport Museum**, das eine umfassende Ausstellung zur Geschichte des öffentlichen Transportwesens beherbergt. Alte Busse und ein Straßenbahnwaggon demonstrieren, wie man früher gereist ist. Die Sammlung von Zwei-, Drei- und Vierrädern besteht aus Modellen und Originalstücken oder wird durch Fotografien dokumentiert.
Grampian Transport Museum, ☏ 01975 562 292, www.gtm.org.uk, April–Okt. tgl. 10–17, Okt. bis 16 Uhr, Eintritt Erw. 9.50 £, Kinder unter 16 Jahren frei.

Schmalspureisenbahn

Neben dem Museum befindet sich der „Bahnhof" für die kleine **Alford Valley Railway**, eine Schmalspureisenbahn, die 1,5 km in den Haughton Country Park und zurück fährt. Hier ist auch die Touristeninformation untergebracht.
Alford Valley Railway, Main Street, ☏ 07879 293 934, Abfahrten: April, Juni, Sept. Sa/So 12.30–16 Uhr, Juli/Aug. tgl., auch vormittags, Ticket 4 £, Kinder 3 £ (hin/zurück).

Kildrummy Castle

9 km westlich von Alford ist schon das nächste Castle erreicht: Kildrummy Castle ist eine mächtige Verteidigungsanlage aus dem frühen 13. Jh. Im Laufe der Jahrhunderte wechselte sie ständig ihren Besitzer, bis sie 1715 schließlich geschleift und da-

nach nicht mehr aufgebaut wurde. Die Ruinen sind dennoch imposant, insbesondere die Ringmauer mit den vier Rundtürmen sowie der mächtige Torbau mit Doppeltürmen (um 1300). Die Anlage ist von einem breiten Burggraben umgeben. In den spektakulären Kildrummy Castle Gardens ist eine überwältigende Vielzahl verschiedener Bäume und Pflanzen zu bewundern.

Kildrummy Castle, ☎ 01975 571 331, www.historic-scotland.gov.uk, www.kildrummy-castle-gardens.co.uk, tgl. April–Sept. 9.30–17.30 Uhr, Erw. 4.50 £, Kinder 2.70 £.

Aberdeen

Allgemeiner Überblick

Aberdeen liegt an der Nordsee. Die Stadt ist mit 217.000 Einwohnern die drittgrößte Stadt Schottlands. Da fast alle Gebäude aus Granit errichtet sind, die in der Sommersonne silbern funkeln, wurde ihr der Beiname **The Silver City by the Sea** gegeben. Bei Regenwetter wirkt die Stadt allerdings eher kalt und grau. Aberdeen hat den höchsten täglichen Durchschnitt an Sonnenstunden in Schottland. Die Bewohner Aberdeens gelten als stolz, unbeirrbar und fleißig. Mit einigen interessanten Museen, einem lebhaften kulturellen Leben und schönen Parks lohnt Aberdeen durchaus einen Besuch. Für viele ist die Stadt jedoch nur Abfahrtsort: nämlich für die rund 15.000 Ölarbeiter auf den Ölriffs in der Nordsee.

Blick über Aberdeen auf den Hafen

Geschichtlicher Überblick

1179 erhielt Aberdeen Stadtrecht und wurde **Royal Burgh**. Ende des 14. Jh. fast völlig zerstört, wurde die Stadt beim Wiederaufbau in Old Aberdeen und New Aberdeen unterteilt. Erst 1890 legte man die beiden Ortsteile wieder zusammen. Anfang des 19. Jh. erfolgte ein enormer wirtschaftlicher Aufschwung, insbesondere durch Schiffbau und Fischerei und durch den Export von Granit, der in der Umgebung abgebaut wurde. In jener Zeit entstand, als sichtbares Zeichen für den Wohlstand der Stadt, die von neoklassizistischen Gebäuden gesäumte Hauptstraße, die **Union Street**.

Zeichen für den Wohlstand

Öl- und Nebenindustrien Als in den frühen 1970er-Jahren die Ölfelder in der Nordsee entdeckt wurden, kamen die Bewohner Aberdeens zu Wohlstand. Viele Nebenindustrien siedelten sich an, und Investitionen in Millionenhöhe wurden in die Infrastruktur gesteckt. Der Hafen und der Flughafen wurden ausgebaut, die Bevölkerungszahl nahm zu, die Arbeitslosigkeit verringerte sich, das Durchschnittsgehalt stieg und neue, teure Geschäfte und Restaurants wurden eröffnet.

Als Mitte der 1980er-Jahre die Ölpreise sanken, war auch Aberdeen empfindlich getroffen. Heute präsentiert sich Aberdeen lebendig und geschäftstüchtig. Neben Zulieferungsbetrieben für die Petro-Industrie gibt es Schiff- und Maschinenbau sowie chemische und lebensmittelverarbeitende Industrie. Außerdem ist Aberdeen ein Zentrum des Viehhandels – die berühmte Rasse der Aberdeen Angus-Rinder stammt von hier – und natürlich Hafenstadt.

Aberdeen ist von solidem Wohlstand geprägt, ein Eindruck, den viele andere Städte in Großbritannien nicht vermitteln. Dass die Bewohner stolz auf ihre Stadt sind, erkennt man an den vielen Parks, Grünanlagen mit schönen Blumenarrangements und an dem gepflegten Stadtbild.

Stadtbesichtigung

Für Aberdeen sollte man sich gut einen Tag Zeit nehmen. Von der **Union Street**, der 1,5 km langen Hauptstraße aus, können die Hauptsehenswürdigkeiten der Stadt leicht zu Fuß besichtigt werden. In der Hauptgeschäftsstraße wurde durch die einheitliche Verwendung von hellgrauem, glattem Granit eine architektonische Einheit geschaffen, in die sich auch die neuere Glas- und Betonarchitektur harmonisch einfügt.

Das **Market Cross (1)** wurde 1686 erbaut und zeigt an der sechseckigen Basis Medaillons mit den Wappen und Köpfen schottischer Könige. Bekrönt wird das Kreuz von dem schottischen Einhorn.

Ganz in der Nähe liegt **Peacock Visual Arts**, das Zentrum für die zeitgenössische Kunstszene mit wechselnden Ausstellungen. Zu den Veranstaltungen des Zentrums zählen auch Konzerte.
Peacock Visual Arts, 21 Castle Street, ☎ 01224 639 539, Di–Sa 9.30–17.30 Uhr, Eintritt frei.

Sandstein statt Granit Die **St. Andrew's Episcopal Cathedral (2)** in King Street, eröffnet 1817, ist aus Sandstein errichtet und bietet dadurch eine nette Abwechslung zu dem in der Stadt vorherrschenden Granit. Das Innere ist spartanisch weiß gehalten. Bemerkenswert ist die goldene Decke, deren Bossen 48 Staaten Amerikas (der erste Bischof der Episcopal Church in Amerika, Samuel Seabury, erhielt hier 1784 seine Weihe) sowie 48 Familien repräsentieren, die im 18. Jh. der Kirche treu blieben. Wunderschön ist auch das Seabury-Fenster in der Suther Chapel.
St. Andrew's Episcopal Cathedral, ☎ 01224 640 119, Mai–Mitte Sept. Di–Fr 11–16, ganzjährig Sa 10.30–13 Uhr und zu den Gottesdiensten.

Das **Old Town House (3)**, Ecke Union/King Street, wurde 1886 errichtet, wobei der Turm des früheren Tolbooth (Anfang 17. Jh.) mit in das Gebäude eingebaut wurde. Heute ist hier das **Tolbooth Museum** untergebracht, das sich mit Verbrechen und Bestrafung befasst. Mittels moderner Technologie sowie lebensecht wirkenden Figuren wird das Ambiente eines Gefängnisses aus dem 17. Jh. nachempfunden.

Tolbooth Museum, *Castle Street (Ecke Union/King Street)*, ☎ *01224 621 167, www.aagm.co.uk, Mo–Sa 10–17 Uhr, Führungen möglich, Infos unter* ☎ *1224 337 706.*

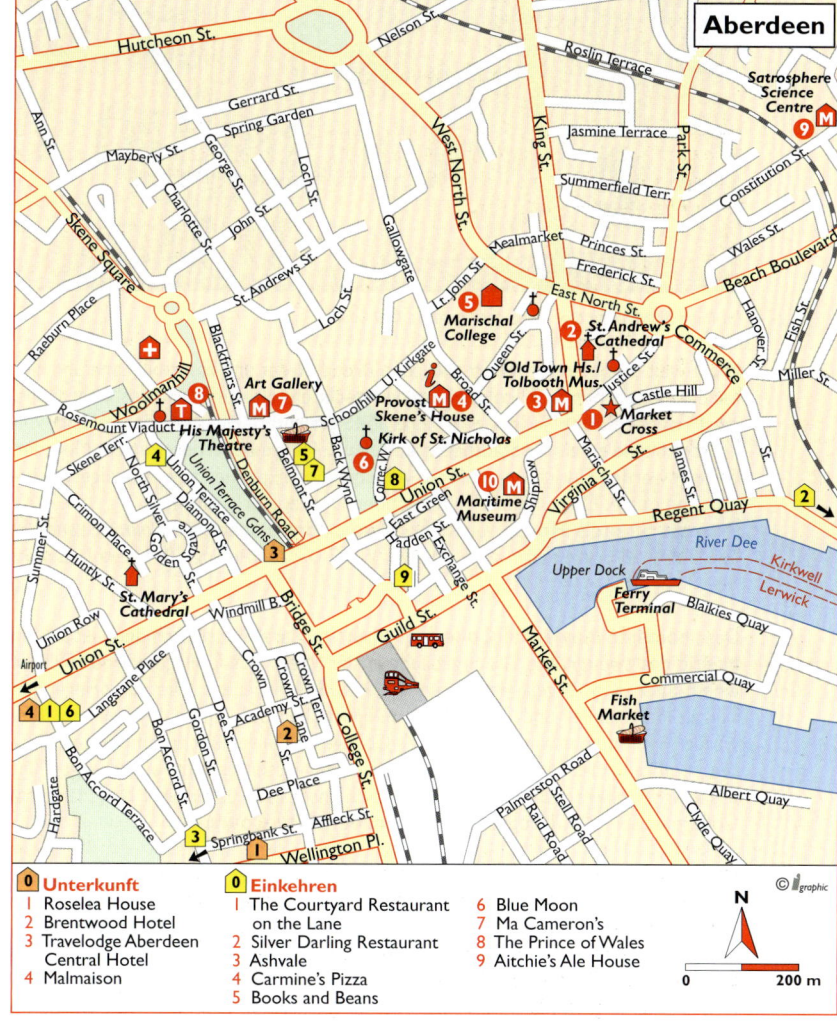

Unterkunft
1 Roselea House
2 Brentwood Hotel
3 Travelodge Aberdeen Central Hotel
4 Malmaison

Einkehren
1 The Courtyard Restaurant on the Lane
2 Silver Darling Restaurant
3 Ashvale
4 Carmine's Pizza
5 Books and Beans
6 Blue Moon
7 Ma Cameron's
8 The Prince of Wales
9 Aitchie's Ale House

Im Marischal College tagt heute der Aberdeen City Council

Nicht weit davon entfernt liegt zwischen Broad Street und Flourmill Lane und hinter dem modernen St. Nicolas House versteckt das älteste Privathaus Aberdeens, das **Provost Skene's House (4)**. Das 1545 errichtete Haus wurde im 17. Jh. von Provost Skene zu einem Stadtpalast umgebaut. Heute beherbergt es ein Museum. Gezeigt werden Einrichtungsstile aus verschiedenen Epochen sowie lokalgeschichtliche Exponate. Einige Räume haben schöne Deckenstuckaturen.
Provost Skene's House, *Guestrow, zwischen Broad Street und Flourmill Lane,* ☎ *01224 641 086, www.aagm.co.uk, Mo–Sa 10–17 Uhr (bis Anfang 2014 geschl.), Eintritt frei.*

Imposante Größe
Das imposante **Marischal College (5)** (sprich: Marshall) ist nach dem Escorial in Madrid das zweitgrößte Granitgebäude in der Welt. Das College wurde 1593 auf einem alten Klostergelände gegründet und 1844 erneuert. Die vorspringenden Türme, Stützpfeiler und Säulchen im neogotischen Stil kamen 1906 hinzu. 1860 wurde es mit dem etwas älteren King's College als Universität zusammengeschlossen. Während das Marischal College die Naturwissenschaften beherbergte, hat das King's College seit jeher die Geisteswissenschaften unter sich. Das Marischal College ist seit 2011 Hauptsitz des **Aberdeen City Council**.

Die **Kirk of St. Nicolas (6)** wurde 1150 gegründet, aber möglicherweise bestand bereits vorher an dieser Stelle eine Kirche. Aus dem 12. Jh. ist ein Querschiff, der sog. Collison's Aisle, erhalten. In den folgenden Jahrhunderten wurde die Kirche erweitert und Mitte des 16. Jh. war sie die größte Gemeindekirche Schottlands. Die Reformationswirren überstand St. Nicolas relativ unbeschadet, allerdings, und das ist sehr ungewöhnlich, als zwei getrennte Kirchen. Die New Kirk wurde im

19. Jh. durch die **East Kirk** ersetzt. Derzeit erfährt die East Kirk im Zuge des *Mither Kirk Project* umfangreiche Umstrukturierungsmaßnahmen. Sie soll als kreative Begegnungsstätte neues Leben in die Gemeinde und die ganze Stadtmitte bringen. Die Auld Kirk war bereits im 18. Jh. durch die **West Kirk** ersetzt worden. West St. Nicolas geht auf Pläne des bekannten Architekten und gebürtigen Aberdeeners James Gibbs (1682–1754) zurück, der auch die Kirche St. Martin in the Field in London baute. West St. Nicolas wurde erst nach dem Tod des Architekten vollendet (1752–1755). 1990 machte es der plötzliche Wohlstand der Stadt möglich, im Collison's Aisle eine Kapelle zu bauen, als Danksagung an die Erfolge der Ölindustrie und im Gedenken an all jene, die dabei ihr Leben ließen. Die moderne Kapelle ist sehr eindrucksvoll und ganz in Holz gestaltet. Die Kirk of St. Nicolas ist in ökumenischer Partnerschaft mit der Church of Scotland und der United Reformed Church eine sehr lebhafte Gemeinde mit zahlreichen Aktivitäten.

Zeitweise getrennte Kirche

Kirk of St. Nicolas, *Union Street,* ☎ *01224 643 494, www.kirk-of-st-nicholas.org.uk, tgl. geöffnet.*

Belmont und Little Belmont ist eine nette, kopfsteingepflasterte Gegend mit kleinen Läden und Cafés. Die **Art Gallery (7)** am Schoolhill bietet eine hervorragende reiche Sammlung an Textilien, Kunstgewerbe, Sozialgeschichtliches sowie eine stattliche Gemäldesammlung, vor allem mit britischen Werken des 20. Jh. Im Erdgeschoss werden Wechselausstellungen gezeigt.

Art Gallery, *Schoolhill,* ☎ *01224 523 700, www.aagm.co.uk, Di–Sa 10–17, So 14–17 Uhr, Eintritt frei.*

Nicht weit, westlich der Art Gallery, liegen die **Union Terrace Gardens**, die eine angenehme Pause von dem Verkehr der Union Street bieten. Am Ende der Union Terrace befinden sich die **Central Library**, das **His Majesty's Theatre (8)** und die **St. Mark's Church**. Dieses Dreigespann wird auch „Education, Damnation und Salvation" genannt. Die große Statue zeigt William Wallace, der im 13. Jh. gegen die Engländer kämpfte.

Satrosphere Science Centre (9) ist ein modernes Technologiemuseum für große und kleine Kinder. Im „Do-it-Yourself-Verfahren" können physikalische Prozesse nachvollzogen und verschiedene Maschinen zum Laufen gebracht werden.

Satrosphere Science Centre, *179 Constitution Street,* ☎ *01224 640340, www.satrosphere.net, tgl. 10–17 Uhr, Eintritt Erw. 5.75 £, Kinder 4.50 £.*

Von Castlegate führt die kopfsteingepflasterte Shiprow hinunter zum **Hafen** und passiert das **Maritime Museum (10)**. Das moderne Gebäude bezieht das 1593 erbaute **Provost Ross' House**, das mit den Arkaden im Erdgeschoss und dem vorspringenden Turm typisch für die städtische Architektur des späten Mittelalters ist, mit ein. Das didaktisch gut aufbereitete Maritime Museum befasst sich mit der langen Seefahrertradition der Stadt von den Anfängen bis heute. Am Eingang kann man eine täglich erneuerte Liste sehen, die sämtliche im Hafen liegenden Schiffe anzeigt. Auf einer Tafel im oberen Geschoss sind alle in Aberdeen gebauten Schiffe verzeichnet. Die Ausstellung erläutert die Arbeit eines Leuchtturmwärters, während man Meeresrauschen und Seevögel hören kann, es gibt ein großes Modell einer Ölplattform und Erklärungen über die Förderung von Öl und Gas.

Seefahrertradition

Maritime Museum, Shiprow, ☎ 01224 337 700, www.aagm.co.uk, Di–Sa 10–17, So 12–15 Uhr, Eintritt frei.

Fischereihafen Am Fuße der Shiprow Lane liegt die Market Street, ein belebter Platz, an dem seit dem 13. Jh. ein **Fischmarkt** *(zwischen Albert Basin und Commerical Quay, Mo–Fr ab 7.30 Uhr)* abgehalten wird. In dem größten Fischereihafen Schottlands werden täglich Hunderte von Tonnen Fisch umgeschlagen.

Der **Duthie Park** ist der Stolz der „Blumenstadt" Aberdeen. Auf dem Rosenhügel sind mehr als 10.0000 Rosenbüsche angepflanzt. Die „Winter Gardens" beherbergen die größte Kakteensammlung Europas.
Duthie Park, Polmuir Road, ☎ 01224 585 310, 10 Min. mit dem Bus Nr. 6 von Market Street oder 16 oder 17 von Union Street.

Old Aberdeen

Studentisches Leben 2,5 km nördlich des jetzigen Stadtzentrums *(20 Min. mit Bus Nr. 20 vom Marischal College)* und westlich der stadtauswärts führenden King Street erstreckt sich das schöne, kopfsteingepflasterte Old Aberdeen am Ufer des Don. Bis ins späte 19. Jh. eine eigene Gemeinde, hat sich das Viertel bis heute dörflichen Charakter bewahrt, wird aber vor allem durch die Universität und studentisches Leben geprägt.

Die **St. Machar's Cathedral** steht an der Stelle einer keltischen Kirche (6. Jh.). Die jetzige Kathedrale wurde 1157 gegründet, wobei die heute erhaltenen Teile aus dem 14. und 15. Jh. stammen. Bemerkenswert ist im Inneren die eichene Kassettendecke des Hauptschiffs von 1520, die sog. „Heraldische Decke". 48 Schilde zeigen in drei Reihen die Standeszeichen aller geistlichen Führer und weltlichen Herrscher des 16. Jh.
St. Machar's Cathedral, ☎ 01224 485 988, www.stmachar.com, April–Okt. tgl. 10–17, Nov.–März 10–16 Uhr.

Das **King's College**, 1495 gegründet und benannt nach James IV., ist Aberdeens ältestes College. Von dem ursprünglichen Bau ist nur noch die spätgotische Kapelle (1500–1506) original erhalten. Die mächtige Steinkrone über dem gedrungenen quadratischen Turm erinnert an die Steinkrone von St. Giles in Edinburgh (s. S. 169). Das **Old Town House**, ein wunderbar restauriertes Haus von 1789, beherbergt eine kleine Ausstellung über die Geschichte des Universitätsviertels und der Kathedrale.
Old Town House, University of Aberdeen, High Street, ☎ 01224 273 650, www.abdn.ac.uk/oldtownhouse, Mo–Sa 9–17 Uhr.

Nördlich der Kathedrale liegt am Ufer des Don der **Seaton Park**, eine weitere öffentliche Grünanlage der Stadt. Nördlich des Parks spannt sich die **Brig o'Balgownie** über den Don. Sie wurde um 1320 fertiggestellt und ist auch als Auld Brig o'Don bekannt. Eine weitere schöne Brücke, wenn auch längst nicht so alt, liegt am anderen Ende der Stadt in Richtung Stonehaven, die **Brig o'Dee**. Die siebenbogige Brücke mit Inschriften und Wappen stammt aus dem früheren 16. Jh.

Strand
Zwischen den Mündungen der Flüsse Don und Dee liegt ein 3 km langer goldener Sandstrand (Bus Nr. 14 von Union Street). Obwohl der Nordosten den meisten Sonnenschein in Schottland verzeichnen kann, erwarten Sie nicht, dass Sie hier sonnenbaden können, denn meist weht ein recht starker Wind.

Reisepraktische Informationen Aberdeen

Information
Aberdeen City and Shire, 23 Union Street, Aberdeen AB11 6PH, ☏ 01224 288828, www.aberdeen-grampian.com.

Unterkunft
Roselea House €–€€ (1), 12 Springbank Terrace, Aberdeen AB11 6LS, ☏ 01224 583 060, www.roseleahouse.co.uk. Freundliches Gästehaus nahe Busbahnhof.
***Brentwood Hotel €€–€€€ (2), 101 Crown Street, Aberdeen AB1 2HH, ☏ 01224 595440, www.brentwood-hotel.co.uk. Ganzjährig, außer Weihnachten und Neujahr, 64 Zimmer, zentral gelegenes, modernes Hotel mit Restaurant und Bar.
Travelodge Aberdeen Central Hotel €€€ (3), 9 Bridge Street, Aberdeen AB11 6JL, ☏ 01224 273 650, www.travelodge.co.uk. Gesichtslose Hotelkette, aber unschlagbare Lage nahe Union Street und (Bus-)Bahnhof.
Malmaison €€€ (4), 49–53 Queens Road, Aberdeen AB15 4YP, ☏ 01224 327 370, www.malmaison.com. Die supermodernen Hotels von Malmaison bieten schicken Komfort und alle erdenklichen Hightech-Annehmlichkeiten.
B&Bs: Die meisten B&Bs finden sich an der Bon Accord Street und Crown Street und entlang der Great Western Road.
Unterkunft in Studentenwohnheimen: University of Aberdeen, Kings College, Aberdeen AB24 3FX, ☏ 01224 273 444, www.abdn.ac.uk/hospitality. Unterkunft für Selbstversorger, Mitte Juni–Mitte Sept.

Jugendherberge
****Aberdeen Y.H., 8 Queens Road, Aberdeen AB1 6YT, ☏ 01224 646988, www.syha.org.uk. 1,5 km westlich des Stadtzentrums, Bus 14 od. 15 von Union Street, ganzjährig, 107 Betten, Familienzimmer.

Camping
Hazlehead Caravan Park & Campsite, Groats Road, ☏ 01224 321 268, 6 km westlich vom Stadtzentrum an der A944, April–Sept.

Einkehren
The Courtyard Restaurant on the Lane (1), 1 Alford Lane, Aberdeen AB1 1YD, ☏ 01224 589 109, www.thecourtyardaberdeen.co.uk. Schottische Küche mit Mittelmeer-Einschlag im Zentrum. Mittlere Preisklasse. Di–Sa 12–14.30 und ab 17 Uhr.
Faraday's Restaurant, 2–4 Kirk Brae, Cults (ca. 7 km nördlich des Stadtzentrums), ☏ 01224 869 666, Di, Mi, Fr, Sa 12–14, 18.30–21.30 Uhr. Ausgezeichnete moderne internationale Küche. Gehobene Preisklasse.

Silver Darling Restaurant (2), *Pocra Quay, North Pier, ☏ 01224 576 229, www.thesilverdarling.co.uk. Lunch Mo–Fr 12–13.45, So 12–14.30, Mo–Sa 18.30–21.30 Uhr. In dem einstigen Fischerdorf Footdee gelegenes nobles Restaurant mit schottischer und französischer Küche, Fisch und Schalentiere. Gehobene Preisklasse. Gehentfernung oder Bus 14/15 von Union Street.*

Ashvale (3), *46 Great Western Road, ☏ 01224 596 981, www.theashvale.co.uk, tgl. 11.45–23 Uhr. Das Fish & Chips Restaurant Ashvale, eine Institution in Aberdeen, hat schon mehrfach den begehrten Preis für die „besten Fish & Chips" gewonnen. Günstig. Mehrere Zweigstellen in der Umgebung.*

Carmine's Pizza (4), *32 Union Terrace, ☏ 01224 624 145, Mo–Sa 12–17.30 Uhr. Super Pizza und dreigängige Lunch-Menüs. Günstig.*

Books and Beans (5), *22 Belmont Street, ☏ 01224 646 438. Secondhandbücher, frischer Kaffee und leckere Kleinigkeiten zu essen.*

Blue Moon (6), *11 Holburn Street, ☏ 01224 589 977, Mo–Do 12–14, 17–1, Fr–So 12–1 Uhr, www.bluemoon-aberdeen.com. Beliebtes Indian Restaurant, auch Take-away-Service.*

Pubs/Nightlife

Wie in den meisten Hafenstädten, gibt es auch in Aberdeen eine stattliche Anzahl an Bars und Pubs. Hier eine Auswahl:

Ma Cameron's (7), *6 Little Belmont Street, ☏ 01224 644 487, www.macamerons-aberdeen.co.uk, So–Do 11–24, Fr/Sa 10–1 Uhr. Ältester Pub in Aberdeen, in dem auch gutes Lunch gereicht wird (Haggis!). Beliebte Dachterrasse und regelmäßig Live-Musik.*

The Prince of Wales (8), *7 Nicholas Lane (von der Union Street ab). Bekannter, alteingesessener Pub mit großer Auswahl an Ales, wird manchmal recht voll. Es wird gutes Lunch serviert.*

Aitchie's Ale House (9), *10 Trinity Street. Traditioneller Pub in Bahnhofsnähe mit viel Lokalkolorit.*

Theater, Konzerte, Kino

His Majesty's Theatre, *Rosemount Viaduct, ☏ 01224 641 122, www.boxofficeaberdeen.com. Oper, Ballett, Musical, klassisches und zeitgenössisches Theater.*

Music Hall, *Union Street, ☏ 01224 632 080, www.boxofficeaberdeen.com. Klassische Konzerte.*

The Lemon Tree, *5 West North Street, ☏ 01224 642 230, www.boxofficeaberdeen.com. Breitgefächertes Programm, Live-Musik, Komödie, zeitgenössisches Theater. Hier ist immer etwas los und in der Café-Bar gibt es leckere Kleinigkeiten.*

Aberdeen Arts Centre, *33 Kings Street, ☏ 01224 635 208, www.aberdeenartscentre.org.uk. Verschiedene Veranstaltungen, Drama, Komödie, Tanz und Musical.*

Belmont Picture House, *49 Belmont Street, ☏ 0871 902 5721, www.picturehouses.co.uk. Kino: Klassiker, Kultfilme und ausländische Filme.*

The Blue Lamp, *121 Gallowgate. Bar mit viel Live-Musik: schottische Folklore, Jazz und Blues.*

The Globe Inn, *13 North Silver Street, ☏ 01224 624 258, www.theglobeinn-aberdeen.co.uk, So–Do 12–24, Fr/Sa 12–1 Uhr. Beliebter Treff mit Konzertbühne, 3 x in der Woche Live-Musik, Biergarten, Restaurant und tolle Atmosphäre.*

The Tunnels, *Carnegies Brae, 01224 619930, www.thetunnels.co.uk. Beliebte Konzertbühne für neue und (noch) unbekannte Bands aller Richtungen.*

Sportliche Aktivitäten
Beach Leisure Centre, Codona's Amusement Park und **Transition Extreme** (www.transition-extreme.com) sorgen mit ihrem Sport- und Freizeitangebot für Unterhaltung zu Lande und zu Wasser.

Flughafen
Der **Aberdeen International Airport** liegt 11 km vom Stadtzentrum entfernt. ☎ 0870 040 0006, www.aberdeenairport.com.
Regelmäßige Busverbindungen bestehen ins Zentrum und zum **Bahnhof Dyce** (ca. 3,5 km). Von dort aus Schnellzug ins Stadtzentrum von Aberdeen oder nach Inverness. Eine **Taxifahrt** zum Bahnhof Dyce kostet ca. 7 £, ins Stadtzentrum ca. 15 £.

Fährverbindungen
Northlink Orkney & Shetland Ferries Ltd., ☎ 0845 600 0449, www.northlinkferries.co.uk, betreibt Fähren zwischen Aberdeen und Lerwick, Shetland und Kirkwall, Orkney. Northlink bietet auch Kreuzfahrten von unterschiedlicher Länge zu den Orkney- und Shetland-Inseln an.

Bus und Bahn
Gute Bahn- und Busanbindungen in alle Landesteile. Die Bahnfahrt London – Aberdeen dauert ca. 7 Std.

Mietwagen
Arnold Clark, Girdleness Road, ☎ 01224 249 159, Lang Stracht, ☎ 01224 426 453, www.arnoldclark.com. Auch One-Way-Mieten.

Entlang der Küste: Von Aberdeen nach Dundee

Die Eisenbahnlinie von Aberdeen nach Dundee mit Halt in Arbroath und Montrose führt malerisch an der Küste entlang, wobei sich lange Strände und Klippen abwechseln.

Stonehaven

Der bodenständige Fischerort Stonehaven (22 km südlich von Aberdeen) hat 11.000 Einwohner und ist im Sommer ein beliebtes Urlaubsziel. Eine Attraktion ist das beheizte Freibad **Stonehaven Lido**. Es wurde 1934 erbaut und steht unter Denkmalschutz (www.stonehavenopenairpool.co.uk, Juni–Sept. tgl. 10–19.30 Uhr). Am Hafen liegt der um 1600 erbaute **Tolbooth**, das ehemalige Gefängnis und Gerichtshaus sowie das älteste Gebäude des Ortes. Heute ist im unteren Stock ein **Heimatmuseum** (April–Sept. Mi–Mo 13.30–16.30 Uhr) untergebracht. Die obere Etage beherbergt das **Tolbooth Restaurant** (s. u.).

Prädestiniert als Filmkulisse: Dunnottar Castle

Größte Attraktion ist jedoch das etwas südlich des Ortes gelegene **Dunnottar Castle**, eine der romantischsten und beeindruckendsten Burgruinen in ganz Schottland. Franco Zeffirelli nutzte Dunnottar Castle als Filmkulisse für seinen Hamlet-Film mit Mel Gibson und Glenn Close in den Hauptrollen. In äußerst spektakulärer Lage über dem Meer ist die Burg durch einen tiefen Spalt von den Klippen getrennt. Der Turm und die Kapelle aus dem 14. Jh. sind die ältesten Teile der Burg, doch deutet die Vorsilbe „Dun" darauf hin, dass bereits in piktischer Zeit Befestigungsanlagen an dieser Stelle gestanden haben. Der mächtige Torbau stammt von 1575 und machte Dunnottar fast uneinnehmbar, sodass hier z. B. während der Cromwellschen Schlachten die schottischen Kronjuwelen untergebracht wurden. **Dunnottar Castle**, ☏ 01330 860 223, www.dunnottarcastle.co.uk, Ostern–Okt. tgl. 9–18, Nov.–Ostern 10–17 Uhr, Eintritt Erw. 6 £, Kinder 2 £.

Reisepraktische Informationen Stonehaven

Information
TIC, 66 Allardice Street, Stonehaven, Aberdeenshire AB39 2AA, ☏ 01569 762 806, Ostern–Okt.

Unterkunft
***Heugh Hotel €€, Westfield Road, Stonehaven AB3 2EE, ☏ 01569 762 379, www.heughhotel.com. Ganzjährig, außer Weihnachten und Neujahr, 6 Zimmer. Das stattliche Herrenhaus im Baronialstil bietet freundliche Unterkunft im Familienbetrieb und sehr gutes Essen. Gehentfernung zur Ortsmitte.

Einkehren
The Tolbooth Seafood Restaurant, Old Pier, ☏ 01569 762 287, www.tolbooth-restaurant.co.uk, Di–Sa 12–14, 18–21.30 Uhr (Mai–Sept. auch So 12–15, 18–21 Uhr). Im ältesten Gebäude der Stadt mit schönem Blick auf den Hafen. Neben köstlichen Fischgerichten auch Fleisch und eine vegetarische Auswahl. Gehobene Preisklasse.

Feste
Jeweils Anfang/Mitte Juli findet 3 Tage lang das Stonehaven Folk Festival statt, aktuelle Termine und Programm unter www.stonehavenfolkfestival.co.uk.

Bus und Bahn

Stonehaven liegt an der Eisenbahnlinie Aberdeen – Dundee und es bestehen regelmäßige Verbindungen in beide Richtungen. Außerdem regelmäßige Busverbindungen von und nach Aberdeen.

Hinweis zur Route

Von Stonehaven kann man direkt über die A957 nach Deeside gelangen (Crathes). Fährt man jedoch weiter nach Süden, muss man sich entscheiden: entweder für die A90 über Brechin und Forfar oder für die Küstenstraße A92 über Montrose und Arbroath. Im Folgenden werden die Sehenswürdigkeiten entlang beider Strecken beschrieben.

Arbuthnott

Arbuthnott liegt 8 km landeinwärts, zwischen der A92 und der A90, und ist der Geburtsort des Schriftstellers **Lewis Grassic Gibbon** (1901–1935). Zwischen 1928 und seinem Tod, 1934, schrieb er 17 Bücher. Sein bekanntestes Werk ist „Sunset Song" (1932), das erste der Trilogie „A Scots Quair" (dt. Ein schottisches Buch, Bd. 1: Der lange Weg durchs Ginstermoor). Der Klassiker der schottischen Literatur wurde verfilmt, vertont und auf die Bühne gebracht. Das **Grassic Gibbon Centre** am östlichen Ende des Ortes beschäftigt sich mit dem Leben und Schaffen des Autors.
Grassic Gibbon Centre, ☎ 01561 361 668, www.grassicgibbon.com, März–Okt. tgl. 10–16.30 Uhr, Café und Shop Eintritt frei, Ausstellung Erw. 3 £, erm. 2.25 £.

Grassic Gibbon ist auf dem Friedhof in Arbuthnott beerdigt, und zwar unter seinem richtigem Namen: James Leslie Mitchell. Die Kirche ist eine der wenigen in Schottland, die die Reformationswirren unbeschadet überstanden hat. Sie besitzt eine schöne Kanzel aus dem 13. Jh.

Fettercairn und Edzell Castle

Wer noch keine Destille von innen gesehen hat, kann dies in Fettercairn nachholen. Die **Fettercairn Distillery** wurde 1824 gegründet und bietet Besuchern heute eine informative Audiovisionsshow und den üblichen Probeschluck.
Fettercairn Distillery, ☎ 01561 340 205, www.fettercairndistillery.co.uk, Ostern–Sept. Mo–Sa 10–14.30 Uhr.

Etwas weiter südlich lohnt ein Besuch in dem reizenden Park von **Edzell Castle**. „The Pleasance" lautet der Name des Renaissance-Gartens. In der Tat stellt der Garten ein besonderes Schmuckstück der Gartenarchitektur dar. Der 1604 von Sir David Lindsay angelegte Garten ist von einer mit Reliefs verzierten Backsteinmauer umgeben. Besonders hübsch ist es im Sommer, wenn die quadratischen Öffnungen mit Blumen in den Wappenfarben der Lindsays gefüllt werden. Um einen kleinen Hügel in der Mitte sind Beete und Hecken in geometrischen Mustern angeordnet. Das Schloss selber stammt aus dem frühen 16. Jh. und besitzt spätere Anbauten.

Edzell Castle, 9 km nördlich von Brechin an der B966, ☏ 01356 648 631, www.historic-scotland.gov.uk, April–Sept. tgl. 9.30–17.30 Uhr, Erw. 5.50 £, Kinder 3.30 £.

Ruhiges, einsames Tal

Nördlich von Edzell verläuft die Straße 20 km bis zum Anfang des schönen **Glen Esk**, dem östlichsten der Angus Glens, das wie auch die anderen Täler ruhig und einsam liegt. Das Tal ist bewohnt und hat eine kleine, aber aktive und gut funktionierende Gemeinschaft, immerhin drei Kirchen, eine Schule und einen Frauenclub.

11 km nördlich von Edzell liegt das **Glenesk Retreat & Folk Museum**, das in einer Jagdhütte, bekannt als „The Retreat", untergebracht ist. Das Museum vermittelt einen interessanten Einblick in die Lokalgeschichte und das Leben der Talbewohner in damaliger Zeit. Die gemütliche Teestube, in der es leckere, hausgemachte Kuchen gibt, lädt zum Verweilen ein.
Glenesk Retreat, Tarfside, Glenesk, ☏ 01356 648 070, www.glenesk.dreamhosters.com, April–Mitte Mai Sa/So, Mitte Mai–Okt. tgl. 10–18 Uhr.

Brechin

Brechin, 13 km westlich von Montrose, liegt am Ufer des Flusses South Esk. Hauptattraktion ist die **Kathedrale** aus dem 14. Jh, die auch heute noch eine sehr aktive Kirchengemeinde zusammenführt. Die Kathedrale erhielt ihr heutiges Gesicht im Zuge zweier durchgreifender Restaurierungen im 19. Jh. Nur noch der Turm (1360), das frühgotische Westportal und Teile des Hauptschiffs (13. Jh.) stammen vom ursprünglichen Kirchenbau.
Brechin Cathedral, ☏ 01356 629 360, www.brechincathedral.org.uk, tgl. 9–17 Uhr.

Nebenbei steht der berühmte **Brechin Round Tower**, ein 26 m hoher, schlanker Rundturm, der auf etwa 1000 datiert wird. Das Kegeldach stammt allerdings aus dem 15. Jh. Der Eingang liegt 2 m über dem Boden und ist nur mit einer Leiter zu erreichen. Die Erhöhung des Eingangs macht die Funktion des Turms als Zufluchtsort in Belagerungszeiten deutlich. Der Eingang wird von zwei Skulpturen flankiert, im Bogen darüber Christus am Kreuz. Einen weiteren Rundturm dieser Art – die in Irland noch weit verbreitet sind – findet man in Schottland nur noch in dem Ort Abernethy (s. S. 454). Das **Brechin Town House Museum** beherbergt eine Ausstellung zur Lokalgeschichte. Die örtliche Touristeninformation ist im gleichen Gebäude untergebracht.
Brechin Town House Museum, 28 High St., ☏ 01356 625 536, Mo–Sa 10–17 Uhr.

Eisenbahnstrecke

Am St. Ninian's Square liegt der hübsche Bahnhof für die **Caledonian Railway**, eine kleine Eisenbahn, die die 6 km lange Strecke zwischen Brechin und Bridge of Dun (1,5 km vom House of Dun) zurücklegt – als Dampflok (So) oder Diesellok (Sa).
Caledonian Railway, ☏ 01561 377 760 oder 01356 622 992, http://caledonianrailway.com, Ostern, 1.So Mai–1.So im Sept., Juni–Aug. Fahrten jeden Sa/So.

5 km östlich von Brechin (an der A935) steht das **House of Dun**. Es wurde ab 1730 von William Adam errichtet und ist ein wunderschönes Beispiel schottischer Landhausarchitektur. Im Inneren des schlichten, zweistöckigen Gebäudes sind

wunderschöne allegorische Stuckarbeiten von Joseph Enzer zu sehen sowie wertvolle Möbel, Porzellan und Gemälde.
House of Dun, ☏ 01674 810 264, www.nts.org.uk, Ostern–Juni, Sept. Mi–So 12–17.30, Juli/Aug. tgl. 11–17 Uhr, Eintritt Erw. 10 £, Kinder 7 £.

Einkaufstipp
Die **Angus Handloom Weavers**, im Hof des House of Dun, sind Schottlands letzte Leinenweber. Man kann Leinen am Meter und die fertigen Produkte erwerben oder einfach nur den Webern bei der Arbeit zusehen. Sie verwenden Materialien aus der ganzen Welt und fertigen auch Auftragsarbeiten an, z. B. alte Muster für das Victoria & Albert Museum in London. Die Produkte sind nicht ganz billig, dafür aber handgewebt. Auskunft gibt Ian Dale, ☏ 01674 810 255.

Leinenweber

Forfar, Aberlemno und Glamis Castle

Forfar, 21 km nördlich von Dundee von der A90 ab, ist für eine kulinarische Spezialität bekannt: **Forfar Bridies** sind Pasteten in Hufeisenform, die mit Hackfleisch und Zwiebeln gefüllt werden. Probieren Sie die Bridies bei der Traditionsbäckerei McLaren, sie sind köstlich *(22–26 Market Street und 8 The Cross, www.mclarenbakers.co.uk).*

Pasteten

In **Aberlemno**, 8 km nordöstlich von Forfar an der B9134, können einige gut erhaltene piktische Steine aus dem 7./8. Jh. bewundert werden. Zwei Steine stehen an der Straße von Brechin nach Forfar und zeigen Symbole wie Schlange, Kamm und Spiegel. Der schönste Stein, der Kirkyard Stone aus dem 8.Jh., steht auf dem Friedhof. Er zeigt auf der einen Seite ebenfalls ein keltisches Kreuz mit verschlungenen Tierdarstellungen und Ornamenten. Auf der anderen Seite sind Schlachtenszenen dargestellt. *(Hinweis: Im Winter werden die Steine zugedeckt.)*

12 km südwestlich von Forfar an der A928 erwartet den Besucher ein Märchenschloss. **Glamis Castle**, wie manch anderes Schloss auch, rühmt sich, der historische Schauplatz der Ermordung König Duncans durch Macbeth gewesen zu sein. Die Besucherattraktivität beruht weiterhin auf der Verbindung mit der königlichen Familie. Königinmutter Elizabeth verbrachte hier ihre Kindheit, und Prinzessin Margaret wurde in Glamis Castle geboren. Das heutige romantische Erscheinungsbild mit kleinen Türmchen, Erkern und Zinnen im Baronialstil geht auf Umbauten im späten 17. Jh. zurück. Die ältesten Gebäudeteile stammen allerdings schon aus dem 11. Jh. Im Inneren beeindruckt eine reichhaltige Kunstsammlung. Es können u. a. die Räume der Königinmutter besichtigt werden sowie die Schlosskapelle mit den bemalten Wandvertäfelungen von Jakob de Wet (1640–1697). In und um Glamis Castle ist immer etwas los, so die „Glamis Proms" im August, Highland Games und „Victorian Xmas".
Glamis Castle, ☏ 01307 840 393, www.glamis-castle.co.uk, tgl. Ende März–Anfang Nov. 10–18 Uhr, Eintritt Erw. 10.75 £, Kinder 7.25 £.

Schauplatz von Macbeth

Im Örtchen **Glamis** sollte man einen Besuch im **Angus Folk Museum** nicht versäumen. In sechs Cottages wird das bäuerliche Leben des 18. und 19. Jh. in dieser

Region veranschaulicht. Zu sehen sind u.a. eine Schule, eine Wohneinrichtung eines Farmhauses sowie die alten landwirtschaftlichen Geräte.
Angus Folk Museum, ☏ 0844 493 2141 www.nts.org.uk, April–Juni, Sept./Okt. Sa, Mo 12.30–16.30, Juli/Aug. Do–Mo 10.30–16.30 Uhr (2013 vorübergehend geschl.), Eintritt Erw. 6.50 £, erm. 5 £.

Kirriemuir und die Angus Glens

Erfinder von Peter Pan

Der hübsche, kleine Ort **Kirriemuir** ist als Geburtsort von **J.M. Barrie** (1860–1937) berühmt geworden, dem Erfinder von **Peter Pan**, dem kleinen Jungen, der niemals groß werden wollte. Barries Erzählung „Peter Pan and the Lost Boys" (1904) ist wohl von der Erinnerung an seinen älteren Bruder beeinflusst, der jung gestorben ist. J.M. Barrie war eines von zehn Kindern. **Barries Geburtshaus** ist ein kleines Cottage, das vom NTS zeitgemäß eingerichtet wurde. Im Nebenhaus Nr. 11 gibt es ergänzend eine Ausstellung über Barries Leben und Werk.
JM Barrie's Birthplace, 9 Brechin Road, ☏ 0844 493 2142, www.nts.org.uk, April–Juni, Sept./Okt. Sa–Mi 12–17, Juli/Aug. Mo–Sa 11–17 Uhr, Eintritt 6.50 £, Kinder 5 £.

Das **Kirriemuir Gateway to the Glens Museum** ist in dem ältesten Haus der Stadt untergebracht und beschäftigt sich mit der Geschichte, dem kulturellen Erbe, der Kultur und der landschaftlichen Schönheit Kirriemuirs und der westlichen Angus Glens.
Kirriemuir Gateway to the Glens Museum, 32 High Street, ☏ 01575 575 479, www.angus.gov.uk, Mo–Sa 10–17 Uh, Eintritt frei.

Auf dem Kirrie Hill befindet sich eine **Camera Obscura**. Sie bietet ein großartiges Panorama von Strathmore und von den Glens im Norden.
Camera Obscura, ab High Street ausgeschildert, ☏ 0844 493 2142, www.nts.org.uk, April–Juni Sa 12–17, So 13–17, Juli–Sept. Mo–Sa 12–17, So 13–17 Uhr, Eintritt Erw. 3.50 £, Kinder 2.50 £.

Reisepraktische Informationen Kirriemuir & Angus Glens

Information
TIC, Cumberland Close, Kirriemuir DD8, ☏ 01575 574 097, www.angusglens.co.uk.

Unterkunft/Einkehren
Glenisla Hotel & Restaurant €, Kirkton of Glenisla, nahe Blairgowrie, PH11 8PH, ☏ 01575 582 223, www.glenisla-hotel.com. Gemütlicher Inn aus dem 17. Jh. mit 6 Zimmern. 9 km nördlich von Kirriemuir bei Kirkton of Glenisla an der B951.
***Airlie Arms Hotel €€, 4 St. Malcolm's Wynd, Kirriemuir DD8 4HB, ☏ 01575 572 847, www.theairliearms.co.uk. Ganzjährig, 10 Zimmer. Alteingesessenes, freundliches Hotel im Familienbetrieb mit Restaurant und Bar im Zentrum. Mittlere Preisklasse.
***Glen Clova Hotel & Restaurant €€, Kirriemuir DD8 4QS, ☏ 01575 550 350, www.clova.com. Schottisches Traditionshotel, wunderschön gelegen und idealer Ausgangs-

punkt für Wanderungen im traumhaften Glen Clova. Angeboten werden auch luxuriöse Lodges sowie bescheidene Bunkhouses für Wanderer mit schmalem Budget.

Feste
Am ersten Wochenende im September findet in Kirriemuir ein Folkfestival statt.

Wandern
Cateran Trail ist ein 103 km langer ausgeschilderter Wanderweg durch herrliche Landschaft. Es gibt ausreichend Unterkünfte und sogar einen Gepäckdienst (www.caterantrail.org).

Busse
Regelmäßige Busverbindungen mit **Stagecoach Strathtay** (☎ 01463 256 200, 01307 463 144) nach und von Dundee. Daneben gibt es Busse nach Forfar, nach Glamis und Postbusse zum Glen Prosen, Glen Clova und Glen Isla.

Peter Pan in Kirriemuir

Die Angus Glens

Kirriemuir ist der ideale Ausgangspunkt, um drei der wundervollen Angus Glens zu erforschen: Glen Isla, Glen Prosen und das beliebte Glen Clova. Die anderen beiden Glens, Glen Lethnot und Esk, sind von Brechin aus zu erreichen.

Schöne Täler

Glen Isla verläuft parallel zum Glen Shee und ist das westlichste der Angus Glens. 9 km nördlich von Kirriemuir bei Kirkton of Glenisla an der B951 liegt das Glenisla Hotel (s. o.), ein gemütlicher Inn. Von Auchavan (Bus von Blairgowrie) verlaufen mehrere Wanderwege in den Caenlochan Forest.

In Meigle (10 km westlich von Forfar an der A 94), am Anfang des Glens, kann man im **Meigle Sculptured Stone Museum** 26 teilweise sehr gut erhaltene Steine des 8.–10. Jh. begutachten, eine der wichtigsten Sammlungen frühmittelalterlicher Steine überhaupt. Die unterschiedlichen Ornamente sind äußerst lebhaft dargestellt und geben einen ausgezeichneten Überblick über die hochentwickelte keltische Kultur. Warum gerade bei Meigle so viele dieser Steine gefunden wurden, ist unklar.
Meigle Sculptured Stone Museum, Meigle, ☎ 01828 640 612, www.historic-scotland.gov.uk, April–Sept. tgl. 9.30–17.30 Uhr, Eintritt Erw. 4.50, Kinder 2.70 £.

In Dykehead, 8 km nördlich von Kirriemuir, teilt sich die Straße: Nordwestlich geht es zum **Glen Prosen**. Die kleine Straße führt in das Glen hinein, aber schöner ist es natürlich zu Fuß. Herrlich ist der 6 km lange Minister's Path, der Glen Prosen mit

Glen Clova verbindet. Dieser alte Weg wurde, wie der Name schon sagt, von Geistlichen benutzt, die die Gemeinden beider Täler zu versorgen hatten.

Alter Schmugglerpfad Das wunderschöne **Glen Clova** führt nördlich zum Glen Doll, von wo man der alten „drove road" nach Ballater oder Braemar folgen kann (s. dazu Karten Ordnance Survey Explorer Maps Nr. 388 & 387). Dieser alte Weg wurde früher von Schmugglern, Rebellen oder Regierungstruppen benutzt.

Die B955 von Dykehead teilt sich kurz vor der Brücke über den South Esk. Traditionell nehmen die westliche Seite jene, die das Glen hinauffahren, und die Ostseite jene, die wieder zurückkommen. Die Straßen treffen sich nach 9 km in der kleinen Siedlung Clova, das mehr oder weniger aus dem bei Wanderern beliebten Glen Clova Hotel (s. o.) besteht. Der Postbus von Kirriemuir fährt ins Glen Clova.

Glenshee und Blairgowrie

An der A93, zwischen Braemar und Perth passiert man das **Glenshee Ski Centre**. **Glenshee** liegt auf dem Cairnwell Pass an der Grenze zwischen Aberdeenshire und Perthshire. Lustig ist die Skulptur „Tommy and Wife" des Bildhauers Malcolm Robertson gegenüber Glenshee. Von **Blairgowrie** ist rasch Perth (s. S. 395) erreicht.

Unterkunft/Einkehren
Spittal of Glenshee €–€€, *Spittal of Glenshee PH10 7QF,* ☎ *01250 885 215, www.spittalofglenshee.co.uk. Angeblich der älteste Inn in ganz Großbritannien.*

Glen Isla ist einer der drei herrlichen Angus Glens

Schon im Jahr 961 soll sich an dieser strategisch wichtigen Stelle, in der Mitte von vier Tälern zwischen den Central und den Eastern Highlands, ein Gasthof befunden haben. 56 Zimmer (plus Bunkhouses für 20 Pers.), Restaurant, Bar, Solarium, Spielzimmer, riesiger Souvenirladen. Das Spittal of Glenshee ist besonders bei Reisegruppen beliebt.
*****Kinloch House Hotel €€€, *bei Blairgowrie PH10 6SG, ☏ 01250 884 237, www.kinlochhouse.com. Ganzjährig außer Weihnachten, 15 Zimmer, Gebäude von 1840, schönes schottisches Landhaus mit eleganter Inneneinrichtung und offenen Kaminen. Vom riesigen Park aus hat man einen herrlichen Blick über Loch Marlee und auf die Sidlaw Hills. Nichtraucher. Relais & Chateaux. Feinschmeckerrestaurant.*

Montrose

Montrose (60 km südlich von Aberdeen) ist eine freundliche und ansehnliche Hafenstadt. Früher wurde von hier aus reger Handel mit vielen europäischen Ländern betrieben. Die High Street (die breiteste Straße in Schottland!) wird von Kaufmannshäusern des 18. und 19. Jh. gesäumt, die wie giebelständig zur Straße stehen. Am Südende der High Street erhebt sich eine Statue von Sir Robert Peel, dem britischen Premierminister und Begründer der Polizei. *Handels- und Hafenstadt*

Am Panmure Place zeigt das interessante **Montrose Museum & Art Gallery** Lokalgeschichtliches und eine Ausstellung zur Schifffahrt. Das 1842 eröffnete Museum ist eines der ältesten Schottlands.
Montrose Museum & Art Gallery, *Panmure Place, ☏ 01674 673 232, www.angus.gov.uk, Mo–Sa 10–17 Uhr, Eintritt frei.*

Vor dem Museum steht eine lebensgroße Skulptur eines Jungen. Sie wurde von dem örtlichen Bildhauer William Lamb (1893–1951) geschaffen. Seine Werke kann man im **William Lamb Sculpture Studio** bewundern. Das Studio hat der Künstler der Stadt hinterlassen.
William Lamb Sculpture Studio, *Market Street, ☏ 01674 673 232, www.angus.gov.uk, Juli–Mitte Sept. tgl. 14–17 Uhr, Eintritt frei.*

Montrose liegt an der Mündung eines großen Gezeitenbeckens, über 25 km von Straßen umgeben. Dieses Bassin ist die Heimat für viele Vogelarten wie z. B. Enten, Gänse und Schwäne und wichtiges Vogelschutzgebiet. Das **Montrose Basin Nature Reserve & Wildlife Centre** bietet ausgezeichnete Beobachtungsmöglichkeiten mit Ferngläsern und starken Teleskopen. Es werden auch Führungen durch das Gelände angeboten. *Vogelschutzgebiet*
Montrose Basin Nature Reserve & Wildlife Centre, *Rossie Braes, ☏ 01674 676 336, www.montrosebasin.org.uk, www.scottishwildlifetrust.org.uk, Besucherzentrum: März–Okt. tgl. 10.30–17, Nov.–Feb. Fr–So 10.30–16 Uhr, Schutzgebiet: im Sommer 8–20 Uhr, im Winter Sonnenaufgang bis -untergang.*

Strände

Im Norden führt ein fantastischer Strand bis nach St. Cyrus und 6 km weiter südlich liegt die Lunan Bay, deren einsamer Strand einst bei Schmugglern beliebt war. Wie an vielen Stränden der Nordostküste gibt es Unterwasserströmungen.

Reisepraktische Informationen Montrose

Information
TIC, Bridge Street, Montrose, Angus, DD10 8AB, ☏ 01674 672 000, April–Sept.

Unterkunft
***The Limes Guesthouse** €, 15 King Street, Montrose DD10 8NL, ☏ 01674 677236, www.thelimesmontrose.co.uk. Freundliches Gästehaus mit 12 Zimmern, Kinder und Haustiere willkommen. Günstig.
****Links Hotel** €€, Mid Links, Montrose DD10 8EW, ☏ 01674 671 000, www.linkshotel.com. Ganzjährig, 25 Zimmer. Das Hotel liegt in Gehentfernung zum Strand und in der Nähe der schönen Golfplätze des „Carnoustie Country".

Einkaufen
Allmonatlich kommen Menschen von nah und fern nach Montrose, um in den **Taylor's Auction Rooms** Schmuck und Kunstgegenstände zu ersteigern. Falls Sie gerade in der Gegend sind – vielleicht können Sie ein schönes Stück als Erinnerung erwerben? (Panmure Row, Montrose, ☏ 01674 672 775, Termine: www.taylors-auctions.com).

Golf
Royal Montrose Golf Club, Dorward Road, Montrose, ☏ 01674 672 376, www.royalmontrosegolf.com. Der 1810 gegründete Golfclub ist der neuntälteste der Welt.

Arbroath

Arbroath ist ein Küstenort, der vom Tourismus und der Fischerei lebt. Delikat sind die „**Arbroath Smokies**", goldgelb geräucherte Haddock-Filets (Schellfisch). Butter, Pfeffer und Zitronensaft machen aus dem Fisch eine Delikatesse. Das Besondere ist, dass der Fisch über Eichenholz geräuchert wird.

„Declaration of Arbroath"

Die Hauptattraktion des Ortes ist die **Arbroath Abbey** an der Abbey Street. Die Ruinen der einstigen Cluniazenser-Abtei bieten einen schönen Anblick. Die Kirche wurde 1178 gegründet, 1285 zur Abtei erhoben und dem hl. Thomas Beckett gewidmet, der 1170 auf Geheiß von Henry II. in Canterbury ermordet worden war. 1320 unterzeichnete hier der Adel die schottische Unabhängigkeitserklärung, in der Robert the Bruce zum König erklärt wurde. In der „Declaration of Arbroath" baten die Barone den Papst darum, die Exkommunizierung von Robert the Bruce rückgängig zu machen und ihn als König von Schottland, unabhängig von England, anzuerkennen. Eine Kopie dieses Briefs, der an Papst Johannes XXII. gesandt wurde, befindet sich im Abteimuseum. Arbroath Abbey war einst eine stattliche Kirche auf kreuzförmigen Grundriss mit zwei Westtürmen und einem zentralen Mittelturm. Doch während der Reformation wurde sie niedergebrannt und von der Stadt als Steinbruch benutzt. Die Ruine aus rotem Sandstein enthält heute noch Teile des Westportals, des südlichen Seitenschiffs, der Ostfront sowie die Sakristei mit einem Originalgewölbe. Von den Klostergebäuden ist nur noch das Abthaus erhalten. Die Fresken und Bodenkacheln stammen noch aus dem 13. Jh.

Arbroath Abbey, ☎ 01241 878 756, www.historic-scotland.gov.uk, April–Sept. tgl. 9.30–17.30, Okt.–März bis 16.30 Uhr, Eintritt Erw. 5.50 £, Kinder 3.30 £.

Neben dem Hafen ist das **Signal Tower Museum** in dem ehemaligen Haus des Leuchtturmwärters untergebracht. Die interessante Ausstellung dokumentiert die Geschichte des Leuchtturms und Lokalgeschichtliches.
Signal Tower Museum, Ladyloan, ☎ 01241 435 329, Mo–Sa 10–17, Juli/Aug. auch So 14–17 Uhr, Eintritt frei.

Reisepraktische Informationen Arbroath

Information
Tourist Information, Fishmarket Quay, ☎ 01241 872 609.

Einkehren
The Old Brewhouse B&B & Restaurant, ☎ 01241 879 945, www.oldbrewhousearbroath.co.uk. Pub und Restaurant mit reichhaltiger Speisekarte, u. a. „Haggis" und „Smokies", aber auch vegetarische Gerichte, direkt am Hafen. Mittlere Preisklasse. Es werden auch 3 Zimmer (€–€€) vermietet (B&B).
But'n'Ben, Auchmithie, ☎ 01241 877223, www.butnbenauchmithie.co.uk, tgl. außer Di 12–14 und ab 18 Uhr, High Tea und Dinner, So High Tea um 16 und 17.30 Uhr. Schottisches Traditionsrestaurant am Hafen in Auchmithie. Ausgezeichnete Fischgerichte. Mittlere Preisklasse. Von Arbroath kann man zu Fuß entlang der Klippen wandern (4,5 km).
M&M Spink's, 10 Marketgate, ☎ 01241 877 5287, www.arbroathsmokies.co.uk. Mr. Bill Spink ist Inhaber des beliebten Fischladens, in dem man köstlichen Smokies und viele andere Herrlichkeiten erstehen kann.

Am Hafen von Arbroath

Dundee

Dundee ist mit 150.000 Einwohnern Schottlands viertgrößte Stadt und war die Hochburg der Stahlindustrie und des Schiffbaus. Leider sind in der Innenstadt in den 1960er- und 1970er-Jahren alle alten Häuser durch moderne Bauten ersetzt worden. Dundee verteilt sich zwischen zwei Hügeln, dem Balgay und dem Law, die den Fluss Tay überblicken. Obwohl der erste Eindruck alles andere als einladend ist und die nicht enden wollende Baustellen recht nervenaufreibend sind, lohnt Dundee mit einem regen kulturellen Leben, guten Einkaufsmöglichkeiten, Restaurants und Bars durchaus einen Zwischenstopp. Die Innenstadt ist relativ übersichtlich und die meisten Sehenswürdigkeiten sind leicht zu erreichen.

Geschichte

Der Name „Dundee" stammt von dem gälischen Word „Dun", was mit Fort übersetzt werden kann. Seit prähistorischer Zeit gibt es hier eine Siedlung. Im 12. Jh. war Dundee ein bedeutender Handelsort.

Dundee und die drei „J"

Dundee wurde insbesondere für die drei „J" – **Jute, Jam und Journalism** – berühmt. Diese drei Industriezweige haben den wirtschaftlichen Erfolg der Stadt begründet, insbesondere die Jute-Mühlen ab dem frühen 19. Jh. Zusammen mit Edinburgh wurde Dundee ein Zentrum der Investment Trusts, die weltweit Geld in Unternehmen investieren. Der Jute-Fabrikant Robert Fleming benutzte den Scottish Investment Trust für Investitionen in amerikanische Farmen, Minen und Eisenbahnen. Die Herstellung von „Jam" (= Marmelade) begann mit einem Unfall, als nämlich ein Schiff voller Südfrüchte im Hafen von Dundee festsaß. Ein einheimischer Gemüsehändler kaufte das Obst auf und seine Frau machte Marmelade daraus.

Das dritte „J", „Journalism", wird immer noch betrieben. DC Thomson, Verleger verschiedener Magazine und Zeitungen (u. a. „Evening Telegraph"), ist einer der größten Unternehmer in der Stadt.

Längste Eisenbahnbrücke

Die als technisches Meisterwerk gefeierte Eisenbahnbrücke über den Tay, 1878 erbaut, brach 1879, nur wenige Monate später, durch einen starken Sturm zusammen. Keiner konnte den ankommenden Zug alarmieren, sodass er in die Tiefen des Flusses stürzte. Die Besatzung und 75 Passagiere kamen ums Leben. 1887 wurde die Brücke ausgebessert und steht noch immer. Sie ist über 3 km lang und die längste Eisenbahnbrücke in Europa.

Obwohl Theodor Fontane während seiner Schottland-Reise 1858 Dundee nicht besuchte, widmete er der Stadt sein Gedicht „Die Brücke am Tay". „*Tand / Tand / ist das Gebild von Menschenhand*" so lautet die letzte Zeile des Gedichts. 1 km stromabwärts führt die moderne Tay Road Bridge ebenfalls über den Tay nach Fife.

Heutzutage versucht Dundee sich neu zu erfinden und es haben sich neue Industriezweige in der Biotechnologie, Computerindustrie und Krebsforschung angesiedelt.

Stadtbesichtigung

In Dundee liegen zwei berühmte Schiffe vor Anker, die „RRS Discovery" und die „HM Frigate Unicorn". Das königliche Forschungsschiff **„RRS Discovery" (1)** wurde im Jahr 1901 in Dundee gebaut. Mit ihr machte sich Captain Scott in die Antarktis auf. Im Discovery Point erfährt man allerlei Interessantes über die wissenschaftliche Arbeit des berühmten Kapitän Scott und seiner Besatzung sowie über die Rettung der „Discovery" aus dem Packeis. Das Schiff wurde sorgfältig restauriert und sieht jetzt wieder wie im Jahr 1929 aus. Es war das erste Schiff, das seinerzeit für rein wissenschaftliche Zwecke gebaut wurde.

„RRS Discovery", Discovery Quay, ☎ 01382 309 060, www.rrsdiscovery.com, April–Okt. tgl. 10–18, Nov.–März 10–17 Uhr, So jeweils ab 11 Uhr, Eintritt Erw. 8.50 £, Kinder 5 £.

Die „RRS Discovery" liegt in Dundee vor Anker

Weiter westlich, auf der anderen Seite der Straßenbrücke, liegt das andere berühmte Schiff, die **„HM Frigate Unicorn" (2)** – eines der ältesten sechs erhaltenen Schiffe in der Welt. 1824 als Kriegsschiff gebaut, wurde es jedoch lediglich als Munitionslager und Trainingsschiff genutzt. Die Fregatte „Unicorn" ist das älteste in Großbritannien hergestellte, noch schwimmende Schiff und insofern einzigartig, dass es den Übergang zwischen einem traditionellen Segelschiff aus Holz und einem „modernen" Dampfschiff zeigt. Die Fregatte verfügt über 46 Kanonen. Bei einem Besuch an Bord erhält man einen guten Eindruck von dem Leben der Marinesoldaten im 19. Jh.

Einzigartiges Schiff

„HM Frigate Unicorn", Victoria Dock, ☎ 01382 200 900, www.frigateunicorn.org, April–Okt. tgl. 10–17, Nov.–März, Mi–Fr 12–16, Sa/So 10–16 Uhr, Eintritt Erw. 5.25 £, Kinder 3.25 £.

Der attraktive **City Square** ist von Geschäften und Lokalen umgeben. Das einzig erhaltene Stadttor, Wishart Arch in der Cowgate, stammt aus dem 16. Jh. Westlich des City Square liegt der **Old Steeple** (Nethergate), das älteste Gebäude der Stadt und mit 48,8 m (232 Stufen) der höchste mittelalterliche Turm in ganz Schottland. Der eigentliche Name lautet St. Mary's Parish Church. Old Steeple ist ein wunderbares Beispiel gotischer Bauweise des späten 15. Jh. in Schottland. Er wurde als Uhrturm, als Wachturm sowie als Gefängnis genutzt.

St. Mary's Tower ist Teil der **City Churches**. Hierbei handelt es sich um drei Kirchen unter einem Dach. Die erste Kirche an dieser Stelle wurde gegen Ende des 12. Jh. gegründet. Später entstanden hier vier Kirchen – St. Mary, St. Paul, St. Clement und St. John. Nach einer verheerenden Feuersbrunst in der Mitte des 19. Jh., die den Bau fast völlig zerstörte, wurden nur noch drei Kirchen wieder aufgebaut.

Modernes Kunstzentrum
In der Nethergate – auch „Cultural Quarter" genannt – befindet sich **DCA, Dundee Contemporary Arts (3)**, ein modernes Kunstzentrum mit Wechselausstellungen, Kino, einem netten Café und zahlreichen kulturellen Veranstaltungen. **DCA**, 152 Nethergate, ☎ 01382 909 900, www.dca.org.uk, Gebäude: tgl. 10.30–24 (So ab 12 Uhr), Galerien: Di–Sa 11–18, Do bis 20, So 12–18 Uhr, freier Eintritt zu den Galerien.

Die verkehrsberuhigte Reform Street führt zum Albert Square und zu **The McManus: Dundee's Art Gallery & Museum (4)**, untergebracht in einem stattlichen viktorianischen Gebäude. Das lohnende Museum und die beeindruckende Kunstgalerie beherbergen europäische Gemälde und zeitgenössische Kunst sowie Exponate zur Archäologie und Lokalgeschichte.
The McManus: Dundee's Art Gallery & Museum, Albert Square, Meadow Side, ☎ 01382 307 200, www.mcmanus.co.uk, Mo–Sa 10–17, So 12.30–16.30 Uhr.

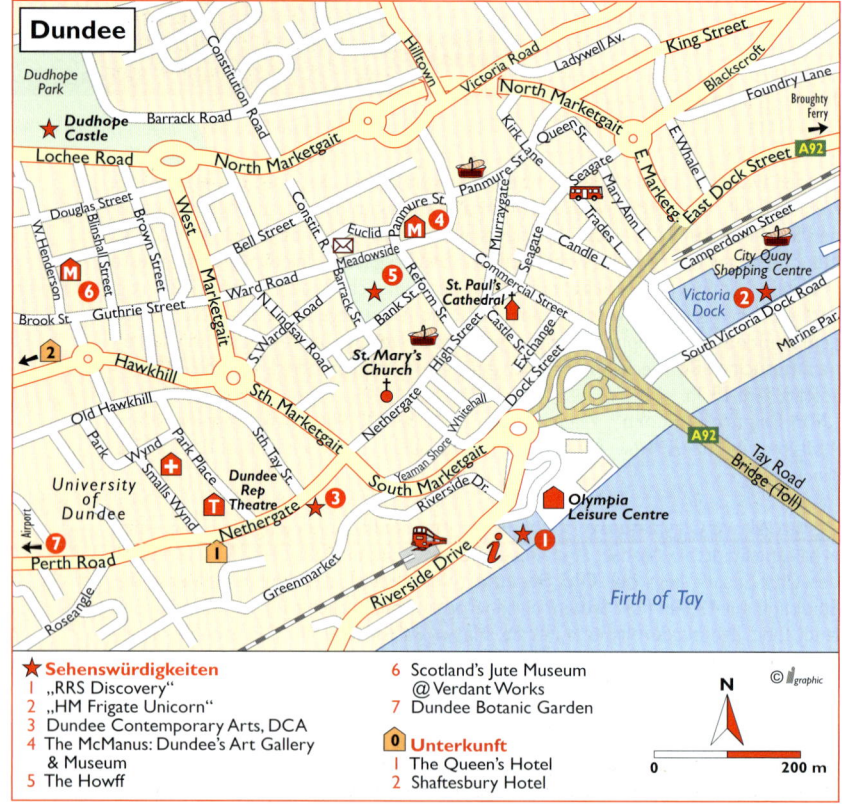

★ **Sehenswürdigkeiten**
1 „RRS Discovery"
2 „HM Frigate Unicorn"
3 Dundee Contemporary Arts, DCA
4 The McManus: Dundee's Art Gallery & Museum
5 The Howff
6 Scotland's Jute Museum @ Verdant Works
7 Dundee Botanic Garden

⓿ **Unterkunft**
1 The Queen's Hotel
2 Shaftesbury Hotel

Gegenüber dem Albert Square liegt der mittelalterliche Friedhof **The Howff (5)**, ursprünglich der Garten eines Franziskanerklosters aus dem 13. Jh. Nach der Zerstörung des Klosters wurde der Garten 1548 der Stadt als Friedhof übergeben. Heute kann man hier schöne Grabsteine aus dem 16.–19. Jh. entdecken, von denen einige die Symbole der Handwerkergilden tragen. „The Howff" war der Versammlungsplatz der Gilden, daher auch der Name: *howff* bedeutet Treffpunkt.

In wenigen Minuten gelangen Sie von hier, entlang Meadowside und Ward Road und die Guthrie Street hoch, zum **Scotland's Jute Museum @ Verdant Works (6)** im West Henderson's Wynd. Sehr auf Kinder ausgerichtet, erhält man bei einer Besichtigung der alten Jute-Mühle einen Einblick in die harten Arbeits- und Lebensbedingungen der hier beschäftigten Frauen und erfährt einiges über die Geschichte der Jute. Ausgehend vom Handel in Indien bis zum Endprodukt wird die Juteherstellung in allen Aspekten beschrieben.

Alles über die Juteherstellung

Scotland's Jute Museum @ Verdant Works, *West Henderson's Wynd, ☎ 01382 309 060, www.rrsdiscovery.com, April–Okt. tgl. 10–18, Nov.–März Mi–Sa 10.30–16.30, So jeweils ab 11 Uhr, Eintritt Erw. 8.50 £, Kinder 5 £.*

Law Hill ist ein 173 m hoher Vulkanhügel. Von hier oben hat man fantastische Ausblicke über die Stadt, über den Tay hinüber nach Fife und auf die beiden Brücken. Falls kein Auto zur Verfügung haben, nehmen Sie am besten einen Bus vom Albert Square.

Im Westen der Stadt, am Riverside Drive, bietet der **Botanische Garten (7)** der Universität mit seinen großen Gewächshäusern und einem ausgezeichnetem Besucherzentrum herrliche Natur und Entspannung.
Dundee Botanic Garden, *☎ 01382 381190, www.dundee.ac.uk/botanic, März–Okt. tgl. 10–16.30, Nov.–Feb. 10–15.30 Uhr, Eintritt Erw. 3.90 £, Kinder 2.90 £.*

Für Architekturfreunde
Maggie's Cancer Caring Centre (Ninewells Hospital) wurde von Frank Gehry, dem Architekten des Guggenheim Museums in Bilbao erbaut. Das interessante Gebäude kann am Wochenende besichtigt werden, allerdings nur von außen.
Maggie's Dundee Ninewells Hospital, *Tom McDonald Avenue, Dundee DD2 1NH, www.maggiescentres.org/dundee/building.html.*

Der attraktive Vorort **Broughty Ferry** liegt 6 km östlich von Dundee, ist aber mittlerweile mit Dundee zusammengewachsen. „The Ferry" war einst eine Siedlung mit Fischerhäuschen am Meer und den großen Villen der reichen Jutekönige. Broughty Ferry kann mit einem langen Sandstrand und einigen traditionellen Pubs aufwarten. Das aus dem 15. Jh. stammende Broughty Castle beherbergt ein interessantes und gut aufbereitetes Museum zur Lokalgeschichte.

Einst eine Fischersiedlung

Broughty Castle Museum, *Castle Approach, Broughty Ferry, ☎ 01382 436 916, www.leisureandculturedundee.com/broughty-castle, April–Sept. Mo–Sa 10–16, So 12.30–16 Uhr, Okt.–März Mo geschl., Eintritt frei.*

Nördlich von Broughty Ferry liegt **Claypotts Castle**. Das Tower House aus dem späten 16. Jh. ist ein interessantes Beispiel der bereits etwas komfortableren

Tower-House-Architektur und weist eine ungewöhnliche Bauweise auf. Zwei große Rundtürme, in deren einspringenden Winkeln sich jeweils ein kleinerer Rundturm befindet, flankieren den rechteckigen Mittelbau und werden durch asymmetrisch angelegte, rechteckige „Turmzimmer" abgeschlossen.
Claypotts Castle, *nördlich von Broughty Ferry, an der Kreuzung A92 und B978,* ☎ *01786 431 324, www.historic-scotland.gov.uk, jederzeit, jedoch nur von außen zu besichtigen.*

Reisepraktische Informationen Dundee

Information
Visit Scotland Angus & Dundee, *Discovery Point, Discovery Quay, Dundee DD1 4XA,* ☎ *01382 527 527, www.angusanddundee.co.uk, ganzjährig.*

Unterkunft
***The Queen's Hotel €€ (1), *160 Nethergate, Dundee DD1 4DU,* ☎ *01382 322 515, www.queenshotel-dundee.com. Ganzjährig, 53 Zimmer, alteingesessenes Stadthotel, mittlerweile Teil der Best-Western-Gruppe.*
***Shaftesbury Hotel €€ (2), *1 Hynford Street, Dundee DD1 4DE,* ☎ *01382 669 216, www.shaftesbury-hotel.co.uk. Ganzjährig, 12 Zimmer. Viktorianisches Haus in ruhiger Lage, nahe der Universität. Bar und Restaurant.*

Unterkunft im Studentenwohnheim
University of Dundee, ☎ *01382 647 171, www.dundee.ac.uk. Unterkunft zwischen Juni und August möglich. Buchung über: Sanctuary Management Services, Heathfield Office, 75 Old Hawkhill, Dundee DD1 5EN ,* ☎ *01382 383 111,* 🖷 *01382 383 057, enquiries-dundee@sanctuary-housing.co.uk.*

Hotels/Restaurants in Broughty Ferry
*The Fisherman's Tavern Hotel €, *10–16 Fort Street, Broughty Ferry, DD5 2AD,* ☎ *01382 775 941, www.fishermanstavern-broughtyferry.co.uk. Ganzjährig, 13 Zimmer. Über der Fisherman's Tavern gelegenes gemütliches, kleines Hotel direkt am Wasser. Gutes Pub-Essen und „real Ale".*
***Beach House Hotel €€, *22 Esplanade, Broughty Ferry, Dundee DD5 2EN,* ☎ *01382 776 614. Ganzjährig, 8 Zimmer, kleines, freundliches Hotel mit Blick auf den Tay.*
The Glass Pavillion, *The Esplanade, Broughty Ferry,* ☎ *01382 732 738, www.theglasspavilion.co.uk, tgl. 9–22 Uhr. Direkt am Tay gelegenes, gläsernes Pavillonrestaurant mit tollen Ausblicken mit leckerem Hausgemachten und High Teas.*

Unterhaltung/Theater
Dundee Rep Theatre, *Tay Quay,* ☎ *01382 223 530, www.dundeerepthea tre.co.uk.*

Flughafen
Dundee Airport, *3 km vom Stadtzentrum entfernt,* ☎ *01382 662 200, www.dundeecity.gov.uk. Ein* **Taxi** *ins Stadtzentrum kostet etwa 5 £.*

Von Aberdeen durch das Dee-Tal über Banchory, Braemar und Blairgowrie nach Perth

Der Dee entspringt in den Cairngorms und fließt durch die Hügel nach Aberdeen, wo er in die Nordsee mündet. Das Tal ist als Deeside bekannt oder, wegen der Verbindung mit der englischen Königsfamilie, die seit 1848 in Balmoral Urlaub macht, als „Royal Deeside". Deeside bietet vielerlei Sportmöglichkeiten wie Wandern, Fahrrad- und Kanufahren und Skilaufen und ist daher eine beliebte Feriengegend. Die kleinen Ortschaften entlang der A93 sind gepflegt und gut betucht.

Royal Deeside

Drum Castle Garden & Estate

Drum Castle Garden & Estate entstand Ende des 13., Anfang des 14. Jh. und ist nicht nur einer der ältesten, sondern auch einer der am besten erhaltenen Wohntürme in Schottland. Die Mauern haben eine Stärke von 4 m und verjüngen sich nach oben auf 3 m. Der Haupteingang im ersten Stock ist über eine Außentreppe zu erreichen. Über eine Wendeltreppe gelangt man in die obere Halle, die, von einem hohen Steingewölbe überdacht, früher als Wohnraum diente. 1619 wurde an den Turm, der selbst nur wenig verändert wurde, ein Wohnhaus angebaut. Dieses ist im Inneren weitgehend unverändert erhalten. Im Jahr 1323 schenkte Robert the Bruce seinem treuen Untertan William de Irvine den Turm für seine Dienste in der Schlacht bei Bannockburn und 24 Generationen lang blieb das Anwesen im Familienbesitz der de Irvines, bevor es 1976 dem NTS übergeben wurde.

Versäumen Sie nicht, den wunderschönen „Garden of Historic Roses" anzuschauen mit Rosen aus aller Welt, eine wahre Augenfreude. Auch der Royal Forest und der Park of Drum mit altem Eichenbestand und vielen Waldbewohnern, wie Spechte und Eichhörnchen, lohnen einen Erkundungsstreifzug. Einst bedeckten Pinien und Eichen das gesamte Gebiet, bevor die Schiffbauindustrie zum massenhaften Abholzen des Baumbestands führte.

Rosen aus aller Welt

Drum Castle Garden & Estate, *12 km östlich von Banchory, an der A93, ☎ 01330 811 204, www.nts.org.uk, Ostern–Juni, Sept. Do–Mo 11–16 Uhr, Juli/Aug. tgl., Garten: Ostern–Sept. tgl. 11–16.15 Uhr, Eintritt 6 £, erm. 5 £.*

Crathes Castle, Garden & Estate

Crathes Castle, Garden & Estate ist ein aus dem 16. Jh. stammendes Tower House, im reinsten schottischen Baronialstil errichtet. Architektonische Elemente, die einst der besseren Verteidigung dienten, also rein funktionaler Art waren, wurden in dieser Zeit nur noch als dekoratives Stilelement verwendet. Das obere Stockwerk ist mit seinen scheinbar willkürlich angeordneten Fenstern und den vorspringenden Erkern und Türmchen besonders lebhaft gestaltet. An den Türmchen

Von Aberdeen durch das Dee-Tal über Banchory, Braemar und Blairgowrie nach Perth

und der zentralen Brustwehr über der Uhr sind Wasserspeier in Form von kleinen Kanonen angebracht. Auch der Turm ist reich an architektonischem Detail. Der schlichte Seitenflügel ist eine Ergänzung des 18. Jh. 1966 brannte er ab, wurde jedoch genauso wieder aufgebaut. Der große Garten wurde 1702 angelegt und im 20. Jh. erweitert. Mittlerweile handelt es sich um acht verschiedene Gärten.

Drei bedeutende Holzdecken

Crathes Castle ist vor allem wegen seiner drei bedeutenden bemalten Holzdecken berühmt, die um 1600 entstanden. Die Decke im Raum der „Nine Nobles" zeigt Hektor, Alexander, Julius Cäsar als antike Helden, Jesaia, David und Judas Makkabäus aus dem Alten Testament sowie Artus, Karl den Großen und Godfrey de Bouillon als Helden der Zeit der Troubadoure. Die Darstellung der „Nine Nobles" war ein in der Renaissance in ganz Europa häufig verwendetes Motiv. Die zweite Decke befindet sich im Zimmer der Grünen Dame, dem „Green Lady's Room", einem angeblich verhexten Raum, und die dritte im „Raum der Musen", dem ehemaligen Musikzimmer. Die Musen – singend und spielend – sind zusammen mit den fünf großen Tugenden dargestellt. Am Eingang von Crathes haben in den alten restaurierten Steincottages verschiedene Kunsthandwerker und Galerien ein schönes Zuhause gefunden.

Crathes Castle, Garden & Estate, *5 km östlich von Banchory, an der Kreuzung A93/A957, ☏ 01330 844 525, www.nts.org.uk, Castle und Besucherzentrum April–Sept. tgl. 10.30–17.30, Okt. tgl. 10.30–16.30, Nov.–März Do–So (Führungen) 10.30–15.45 Uhr, Eintritt 12 £, erm. 8.50 £.*

Banchory und Aboyne

Banchory und das 21 km weiter westlich gelegene **Aboyne** sind freundliche Kleinstädte. Abgesehen von den Schlössern in der Umgebung gibt es keine herausragenden Sehenswürdigkeiten. In Banchory ist das Angeln auf Lachs besonders beliebt. An der Bridge of Feugh kann man die Lachse springen sehen. Banchory ist ein guter Ausgangspunkt für Erkundungen des Dee-Tals. Von Aboyne startet man ins Glen Tanar in den Grampian Hills, ideal zum Reiten, Wandern und Mountainbiking *(Auskunft: www.glentanar.co.uk).*

Reisepraktische Informationen Banchory und Aboyne

Information
TIC, *Bridge Street, Banchory, Aberdeenshire AB31 5SX, ☏ 01330 822 000.*

Unterkunft
****Tor-Na-Coille Hotel €€, *Inchmarlo Road, Banchory AB31 4AB, ☏ 01330 822 242, www.tornacoille.com. Jan.–Dez. außer Weihnachten, 25 Zimmer, schönes Haus im Familienbesitz mit gutem Restaurant.*
Potarch Hotel €€, *Potarch, Banchory AB31 4BD, ☏ 01339 884 339, www.potarchhotel.co.uk. Ein sehr gemütliches Hotel mit 6 Zimmern. Das Restaurant (12–21/22 Uhr) bietet eine moderne schottische Küche aus frischen regionalen Zutaten. Am Abend kann*

man sich schließlich in der Bar durch eine stattliche Auswahl an Malt Whiskies probieren.
Dinnet House €€, Marcus & Sabrina Humphrey, Aboyne AB34 5LN, ☎ *01339 885 332*. Wunderschönes viktorianisches Schlösschen mit fantastischer Aussicht über den Dee. Drei behagliche Zimmer und ausgezeichnete Küche.

Camping
****Haughton Caravan Park, Montgarrie Road, Alford AB33 8NA, ☎ *01975 562 107*. 71 Caravan-Stellplätze und 70 Zeltplätze, auch Vermietung von Holiday Homes, April–Okt.

Einkaufen
George Strachan Ltd., Main Street, Aboyne, ☎ *01339 886 121/2, www.georgestrachanltd.com*, bietet in seinem General Store z.a. Feinkost und eine beeindruckende Auswahl an Malt Whiskies sowie freundliche und geduldige Beratung.

Ballater und Balmoral Castle

Ballater ist ein freundlicher, gepflegter Luftkurort mit rund 1.200 Einwohnern und stolz auf die königliche Verbindung. 1848 kam Queen Victoria hier erstmalig mit dem Zug aus Aberdeen an. 80.000 Schotten bejubelten ihre Ankunft. Ballater ist ein guter Ausgangspunkt für Wanderungen in der Umgebung.

Luftkurort

Die **Royal Lochnager Distillery**, knapp 2 km von Balmoral Castle auf der anderen Flussseite gelegen, wurde 1845 gegründet. Nach der Besichtigung wird ein Probeschluck gereicht.
Royal Lochnager Distillery, Crathie, ☎ *01339 742 700, www.discovering-distilleries.com/royallochnagar/, Nov.–März Mo–Fr 10–16, April–Okt. Mo–Fr 10–17, Mai–Sept. Mo–Sa 10–17, So 12–17 Uhr, Eintritt 7 £.*

Balmoral Castle

1855 bezogen Königin Victoria und Prinzgemahl Albert das aus weißem Granit gebaute, mit Türmchen und Zinnen verzierte Schloss. Angeblich fühlte sich Albert hier an sein heimatliches Thüringen erinnert. Seitdem dient Balmoral Castle als königliche Hochlandresidenz, jedoch nicht zu repräsentativen Zwecken, sondern als privates Heim der königlichen Familie. Hierhin zog sich Queen Victoria zurück, wanderte und malte Aquarelle. Nachdem ihr Mann 1861 verstarb, kehrte die Königin noch jedes Jahr bis zu ihrem Tod wieder. Königin Elizabeth verbringt hier

Balmoral Castle: Sommerresidenz der Königsfamilie

samt Familie alljährlich den Spätsommer. Wenn die Windsors dort nicht verweilen, können die ausgedehnten Parkanlagen durchstreift werden. Außerdem gibt es eine kleine Ausstellung im Ballsaal.
Balmoral Castle, www.balmoralcastle.com, April–Juli tgl. 10–17 Uhr. Zu besichtigen sind die Gärten, der Ballraum sowie eine audiovisuelle Ausstellung, Eintritt Erw. 10 £, Kinder 5 £.

Unterkunft
Auf dem Grundstück können auch *****Cottages für Selbstversorger *(5–12 Pers.) gemietet werden (☎ 01339 742 534, www.balmoralcastle.com/cottages.htm).*

Weilt die Queen in Balmoral, besucht sie allsonntäglich die Messe in der kleinen, schlichten **Kirche von Crathie**, unweit des Schlosses. Queen Victoria legte 1893 den Grundstein. Es ist die fünfte Kirche an dieser Stelle, der früheste Vorgängerbau stammte aus dem 5. Jh.

Wandern
Eine 12 km lange Stichstraße führt durch das Glen Muik zum Loch Muik, den man auf guten Uferwegen umrunden kann. (Landkarte OS Explorer Nr. 388)

Reisepraktische Informationen Ballater

Information
TIC, *Old Royal Station, Station Square, Ballater AB25 5RB,* ☎ *01339 755 306.*

Unterkunft
****Balgonie Country House €€**, *Braemar Place, Ballater AB35 5NQ,* ☎ *01339 755 482, www.balgonie-hotel.co.uk. 9 Zimmer. Vom Country House hat man einen schönen Blick auf den Golfplatz.*
****Darroch Learg Hotel €€**, *Braemar Road, Ballater AB35 5UX,* ☎ *01339 755 443, www.darrochlearg.co.uk. 19 Zimmer, traditionelles Country Hotel, wunderschön gelegen und mit schönem Blick über das Dee-Tal. Ausgezeichnetes Restaurant.*
****Auld Kirk Hotel €€**, *Braemar Road, Ballater AB35 5RQ,* ☎ *01339 755 762, www.theauldkirk.co.uk. Ganzjährig, 6 Zimmer. Das Hotel wurde in einer alten Kirche eingerichtet. Die Zimmer sind individuell und geschmackvoll gestaltet.*

Einkehren
The Green Inn, *Victoria Road,* ☎ *01339 755 701, tgl. 19–21 Uhr. Spezialität sind indische Gerichte. Mittlere Preisklasse.*

Braemar

Braemar, 11 km westlich von Balmoral, ist ein kleiner, beliebter Ferienort. Die herrliche Umgebung zieht vor allem Wanderer, Jäger und Naturfreunde und im Winter Skifahrer an. Im Gebäude des Touristenamts, gegenüber dem großen Fife

Arms Hotels, informiert das **Highland Heritage Centre** über die Region *(The Mews, Mar Road, ☎ 01339 741 944).*

Am ersten Samstag im September findet in Braemar das berühmte **Royal Highland Gathering** statt, und natürlich nimmt auch die königliche Familie als Zuschauer daran teil. In Braemar soll es schon seit dem 11. Jh. Highland Games geben. In der Umgebung von Braemar sollen die Highland Games ihren Ursprung haben.

Royal Highland Gathering

Ausflug zum Linn of Dee

Eine 9 km lange Stichstraße führt von Braemar in westlicher Richtung zum Linn of Dee. Bilderbuchmäßig fließt der Fluss durch die enge Schlucht. Vom Linn bestehen zahlreiche Wandermöglichkeiten, z. B. der berühmte Lairig Ghru, der durch die Cairngorms nach Aviemore verläuft. Zwischen dem Linn of Dee und der kleinen Siedlung Inverey, 1,5 km O, gibt es eine bescheidene Jugendherberge *(Inverey Y.H., Aberdeenshire AB35 5YB, ☎ 0870 004 1126, www.syha.org.uk, 14 Betten, Mai–Okt.).* Von Braemar fährt ein Bus zum Linn of Dee, der an der Jugendherberge hält.

Reisepraktische Informationen Braemar

Information
Visitor Information Centre, *The Mews, Mar Road, Braemar AB35 5YC, ☎ 01339 741 600, www.braemarscotland.co.uk.*

Unterkunft
***Cranford Guest House** €, *15 Glenshee Road, Braemar AB35 5YQ, ☎ 01339 741 675, www.cranfordbraemar.co.uk. Ganzjährig außer Weihnachten, 5 Zimmer, freundliches und günstiges Gästehaus.*
****Braemar Lodge Hotel** €€, *Glenshee Road, Braemar AB35 5YQ, ☎ 01339 741 627, www.braemarlodge.co.uk. Ganzjährig, 7 Zimmer. Gemütliches Hotel in einer ehemaligen viktorianischen Jagdlodge mit viel Charakter und guter Küche.*
Fife Arms Hotel €€, *Mar Road, Braemar AB35 5YL, ☎ 01339 741 644, www.fifearmsbraemar.com. Ganzjährig, 84 Zimmer. Großes, alteingesessenes Hotel im Ortszentrum in einem imposanten Gebäude.*

Jugendherberge
****Braemar Y.H.**, *Corrie Feragie, 21 Glenshee Road, Braemar AB35 5YQ, ☎ 0870 004 1105, www.syh.org.uk, Dez.–Okt., 49 Zimmer.*

Feste
Royal Highland Gathering, *1. Sa im Sept., www.braemergathering.org*

Hinweis zur Route
Von Braemar führt die A93 in südlicher Richtung nach Perth.

10. IM HERZEN SCHOTTLANDS

Allgemeiner Überblick

Das „**Herz von Schottland**" mit den Regionen Tayside, Fife und Central bleibt in der Besucherskala weit hinter dem Westen und Norden Schottlands zurück. Als Golfliebhaber kennt man natürlich St. Andrews an der Ostküste von Fife, aber die vielen anderen Sehenswürdigkeiten, geschichtsträchtigen Plätze und die malerische Landschaft sind weitaus weniger bekannt als die Highlands.

Vor allem die fast 200 km lange Küste von Fife ist mit ihren kleinen Fischerorten reizvoll. Die **Halbinsel Fife**, bereits im 5. Jh. von den Pikten als Königreich gegründet, war stets eine relativ reiche und selbstständige Region. Weniger als andere Gebiete wurde sie von kriegerischen Verwüstungen betroffen. Im Mittelalter betrieben ihre Bewohner Handel mit den Friesen, Normannen und Flamen. Der holländische Einfluss ist vielfach in der Architektur der kleinen Fischerorte erkennbar, typisch sind die mit Treppengiebeln verzierten Häuser und die roten Ziegelpfannen ihrer Dächer.

 Hinweis

Die in diesem Kapitel beschriebene Route führt von Perth über die Halbinsel Fife nach St. Andrews. Entlang der Küste geht es nach Dunfermline und weiter nach Stirling. Alternativ können Sie von Dundee über die Tay-Brücke fahren und sind so schneller in St. Andrews. Insgesamt umfasst die Stecke rund 300 km. Um diese Region kennenzulernen, sollte man 2–3 Tage einplanen. Die A92 durchschneidet die Grafschaft Fife und verbindet die Forth Road Bridge mit der Tay Road Bridge.

 Golf

Wer sich für Golf interessiert, ist im Kingdom of Fife genau richtig. Neben den traditionellen Golfplätzen in St. Andrews gibt es allein in Fife über 40 weitere Plätze. Mit dem „First in Fife Golfpass" (www.firstinfifegolf.com) kann man unkompliziert die meisten dieser Plätze kennenlernen.

Redaktionstipps

➤ Die Pfarrkirche in **Leuchars** anschauen (S. 456).
➤ An den **Highland Games** in Ceres (S. 456) oder in Burntisland teilnehmen (S. 468).
➤ Stadtbesichtigung von **St. Andrews** (S. 456) und **Stirling** (S. 473).
➤ Durch die kleinen **Fischerorte** an der Südküste von Fife schlendern (S. 463).
➤ Das Scottish Fisheries Museum in **Anstruther** besuchen (S. 464).
➤ Den denkmalgeschützten Ort **Culross** anschauen (S. 472).
➤ **Doune Castle**, Drehort von Monty Pythons „Ritter der Kokosnuss", besichtigen (S. 479).

Von Perth nach St. Andrews

Fahrrad fahren

Fife ist ideal zum Radeln. Die „Kingdom of Fife Cycle Ways" umfassen ein 500 km großes, gut ausgebautes Radfahrnetz auf ruhigen Landstraßen, entlang alter Eisenbahnlinien oder auf Waldwegen (www.fife-cycleways.co.uk).

Wandern

Der „**Fife Coastal Path**" (www.fifecoastalpath.co.uk), insgesamt 225 km lang, umfasst zahlreiche Wege (auch viele Rundwege) verschiedener Längen und Schwierigkeitsgrade, wobei die meisten flach und auch für Urlauber mit Kindern geeignet sind.

Von Perth nach St. Andrews

Abernethy

Irischer Einfluss

Der kleine Ort Abernethy kann mit einer Besonderheit aufwarten: Der **Round Tower** *(nur von außen zu besichtigen)* ist neben dem in Brechin (s. S. 434) der zweite der beiden noch existierenden Rundtürme Schottlands, deren Bauweise auf irischen Einfluss zurückzuführen ist. Der irische Mönch Columba brachte nämlich neben dem Christentum auch die irische Bauweise mit nach Schottland. Während der untere Teil aus dem 9. Jh. stammt, werden die oberen Gebäudeteile auf das 11. oder 12. Jh. datiert. Der schlanke Turm verjüngt sich nach oben und misst eine Höhe von ca. 16 m. In Gefahrenzeiten dienten Rundtürme den Mönchen als Zufluchtsstätte.

Falkland Palace & Gardens

In südlicher Richtung ist rasch **Falkland** (16 km nördlich von Kirkcaldy) erreicht. Mitten im Ort steht Falkland Palace, eine der beliebtesten Residenzen der Stuart-Könige. Das stattliche Jagdschloss der Stuarts erhielt zwischen 1501 und 1541 sein heutiges Aussehen. Bereits um 1160 stand hier eine Burg, die 1425 in königlichen Besitz überging. In Falkland Palace starb 1542 James V., wenige Tage nach der Geburt seiner Tochter Mary Stuart. 1654 wurde Falkland Palace durch Cromwells Truppen zerstört und als Ruine hinterlassen. Im ausgehenden 19. Jh. ließ der neue Besitzer, der dritte Marquess of Bute, den Südflügel im Stil der Frührenaissance restaurieren. Die Königliche Kapelle im Inneren des Palastes ist der besterhaltene Raum im ganzen Schloss. Die Deckenbemalung aus dem 17. Jh. zeigt die Embleme Schottlands, Englands und Frankreichs – Distel, Rose und Lilie. Auch gibt es schöne flämische Tapisserien aus dem 17. Jh. In dem wunderschönen kleinen Park verdient der Tennisplatz Beachtung. Er wurde 1539 für James V. gebaut und ist somit der älteste in Großbritannien.

Residenz der Stuarts

Falkland Palace & Gardens, ☎ 01337 857 397, 0844 493 2186, www.nts.org.uk, März–Okt. Mo–Sa 11–17, So 13–17 Uhr, Eintritt 12 £.

Wandern

Falkland ist ein guter Ausgangspunkt für Wanderungen in den Lomond Hills. Eine schöne Tour führt vom Craigmead Parkplatz in rund 2 Std. auf den Gipfel des West Lomond (416 m). Von oben hat man an einem klaren Tag herrliche Ausblicke auf die Umgebung.

Rund um Cupar

3 km südlich des kleinen Ortes **Cupar** liegt **Hill of Tarvit Mansion House & Garden**. Das Herrenhaus aus edwardianischer Zeit wurde 1906 von dem Architekten Robert Lorimer umgestaltet, um der feinen Sammlung an flämischen Tapisserien, Porzellan, holländischen Gemälden, Werken von Ramsay und Raeburn sowie Möbeln aus dem 18. Jh. einen angemessenen Rahmen zu geben. Der Garten ist im französischen Stil gestaltet.

Hill of Tarvit Mansion House & Garden, Cupar, ☎ 01334 653 127, www.nts.org.uk, Garten: ganzjährig 9.30–18 Uhr, spätestens bis zur Dämmerung, Haus: April–Okt. Do–Mo 13–17, letzter Einlass 16.15 Uhr, Eintritt 10 £.

Das niedliche Cottage (für 4 Pers.) am Fuß des fünfstöckigen **Scotstarvit Tower**, einem typischen schottischen Tower House aus dem späten 16. Jh., kann beim NTS gemietet werden *(www.nts.org.uk)*.

3 km westlich von Cupar an der A91 lässt sich im **Scottish Deer Centre** aus nächster Nähe Rotwild beobachten. Der Park ist mit seinem „Streichelzoo" und einem Abenteuerspielplatz besonders für Kinder ein willkommenes Ziel. Neben Luchs und schottischer Wildkatze leben europäische Wölfe auf dem Gelände.

Rotwild aus der Nähe

Scottish Deer Centre, ☎ 01337 810 391, www.tsdc.co.uk, Juli/Aug. tgl. 10–17.30, Sept.–Juni tgl. 10–16.30 Uhr, Eintritt Erw. 7.45 £, Kinder 4.95 £.

Ceres, 5 km südöstlich von Cupar, ist ein hübsches Dorf mit niedlichen kleinen Cottages rund um einen Dorfplatz. Jedes Jahr am letzten Samstag im Juni werden die Ceres Highland Games veranstaltet, angeblich bereits seit der Schlacht bei Bannockburn im Jahr 1314, als die Männer von Ceres ihren Sieg feierten *(www.ceresgames.co.uk)*. Das **Fife Folk Museum** ist in der ehemaligen Dorfwaage (17. Jh.) und in zwei Seitengebäuden untergebracht und zeigt eine reichhaltige Sammlung an volkskundlichen Exponaten (☎ 01334 828 180, April–Sept. 11.30–16.30 Uhr).

Ceres Highland Games

> **Tipp**
> In der **Griselda Hill Pottery** wird nach altem Geheimrezept die sog. Wemyss Ware® hergestellt und von Hand bunt bemalt. Dieser dekorative Stil wurde in den 1880er-Jahren in dieser Gegend entwickelt und ist heute recht wertvoll (Kirkbrae, ☎ 01334 828 273, www.wemyss-ware.co.uk, Mo–Fr 10–16.30, Sa/So 12.30–16.30 Uhr).

Leuchars

Bevor man nach St. Andrews kommt, lohnt sich kleiner Umweg nach Leuchars (von der A91 ab). Leuchars ist vor allem wegen seiner Basis der Royal Air Force (RAF) bekannt, weshalb man hier aber nicht hinfährt. Berühmt ist die **Pfarrkirche** des Ortes – ein wunderbares Beispiel normannischer Kirchenarchitektur und, neben der Kirche in Dalmeny (s. S. 188), die besterhaltene normannische Kirche in ganz Schottland. Der Baubeginn war im frühen 13. Jh. 1244 wurde die Kirche geweiht. Aus dieser Zeit stammen die Apsis und der Chor. Zwei Blendarkaden mit Doppelsäulen verlaufen außen um die Apsis. Den Abschluss bildet ein Fries mit Grotesken. Der Chor weist eine ähnliche Struktur auf, wobei die untere Arkadenreihe anstelle von Blendarkaden Kreuzbögen hat. Das Hauptschiff sowie der Turm der kleinen Apsis stammen aus dem 17. Jh., passen sich jedoch gut in den normannischen Stil ein.

Am besten erhaltene normannische Kirche

St. Andrews

St. Andrews nimmt in der schottischen Geschichte einen besonderen Platz ein. Einer der Apostel Christi, dessen Gebeine laut einer Legende an diesen Ort gebracht wurden, verlieh der Stadt ihren Namen. St. Andrews ist Schottlands Schutzpatron und die Stadt St. Andrews das kirchliche Zentrum des Landes.

Für das 8. Jh. ist die Gründung einer frühchristlichen keltischen Niederlassung an diesem Ort belegbar. Ab dem 11. Jh. ist St. Andrews der wichtigste Bischofssitz in Schottland, im 14. Jh. zum Erzbistum erhoben. Als Bischofssitz erhielt St. Andrews im 10. Jh. das Primat in Schottland, 1140 wurde ihr das Stadtrecht verliehen. 1160 begann der Baubeginn der Kathedrale durch Augustinermönche und 1200 entstand die Burg als Sitz des Bischofs. Im 15. Jh. war St. Andrews ein Zentrum des geistigen und religiösen Lebens. Die **Universität** wurde 1413 gegründet und 1472 das Bistum zum Erzbistum erhoben. Das 16. Jh. brachte die Wirren der Reformation. Das Straßensystem von St. Andrews hat sich seit dem Mittelalter wenig verändert. Es

Wichtigster Bischofssitz

bestand damals hauptsächlich aus drei Straßen: North Street, Market Street und South Street, die auf die Kathedrale zulaufen. Das historische Zentrum, die romantische Kirchenruine sowie die schöne Landschaft und zwei herrliche Sandstrände locken jährlich viele Touristen hierher. In aller Welt bekannt ist St. Andrews als Mekka des Golfsports.

Kathedrale (1)

Stolz den Hafen überblickend, thront die **Kathedrale** am Ostende der Stadt. Vor ihrer Zerstörung während der Reformation war sie mit 102 m Länge und 49 m Breite das größte Gotteshaus in Schottland. Der Bau wurde 1160 begonnen, aber erst 1318 fertiggestellt. Auch heute noch geben die Ruinen – ein Teil der Westfront sowie ein Stück der Ostfront – eine Vorstellung von der einst fantastischen Größe. Auch dieser Kirchenbau war der Reformation zum Opfer gefallen. Im Südosten der Kathedrale stehen die Ruinen der kleinen Kirche **St. Rule**, die zwischen 1127 und 1144 erbaut wurde. Das Hauptschiff ist zerstört, geblieben sind der Chor und der 33 m hohe, schlanke Turm, der sog. **St. Rule's Tower**. Der normannische Turm kann über eine enge, steile Wendeltreppe – 157 Stufen – bestiegen werden.

Die Ruine von **St. Mary of the Rock** über dem Hafen ist alles, was von der frühen keltischen Siedlung übriggeblieben ist. Nach dem Bau von St. Rule und der Kathedrale wurde St. Mary of the Rock nicht mehr benötigt und verfiel. Im Museum der Kathedrale gibt es eine schöne Sammlung frühchristlicher Bildhauerkunst aus der Kirche St. Mary on the Rock.

Rest der keltischen Siedlung

St. Andrews Cathedral, ☏ 01334 472 563, www.historic-scotland.gov.uk, April–Sept. tgl. 9.30–17.30, Okt. tgl. 9.30–16.30 Uhr, Eintritt Erw. 4.50 £, Kinder 2.70 £; Kombi-Jahresticket mit Castle Erw. 7.20 £, Kinder 4.40 £. St. Rule's Tower & Museum tgl. 12.30–13.30 Uhr geschl., St. Rule's Tower schließt Dez./Jan. bereits um 15 Uhr.

Die Ruinen der St. Andrews Cathedral überblicken den Hafen

„The Castle" (2)

Beim „Castle" handelt es sich um die Ruinen der einst befestigten Bischofsresidenz, die etwas abseits auf einem kleinen Felsvorsprung über dem Meer liegen. Die erhaltenen Teile stammen aus dem 14.–16. Jh. Die kleine Burganlage spielte während der Reformation eine wichtige Rolle. 1546 wurde hier der Reformator Georg Wishart auf Veranlassung des Kardinal Beaton umgebracht. Wisharts Männer erschlugen daraufhin Beaton und beschlagnahmten die Burg. Fast ein Jahr lang gelang es den Protestanten, sich in den Burgmauern vor den Angriffen der königstreuen katholischen Truppen zu verschanzen. Bei der Besichtigung sieht man im „Sea Tower" das sog. „Bottle Dungeon": In dem tief in den Felsen gehauenen, flaschenförmigen Verlies, in dem zunächst Beaton Protestanten gefangen gehalten hatte, fand man nach der Eroberung der Burg Beatons Leiche in einer Salzwasserlösung.

Mord und Totschlag

Zu besichtigen sind außerdem die beiden unterirdischen Stollen unterhalb des Torturms: Den einen gruben die Belagerer, den anderen die Verteidiger, um dem Gegner zuvorzukommen. Im Besucherzentrum mit einem großen Souvenirladen informiert eine Ausstellung über die Geschichte der Residenz.

The Castle, ☎ 01334 477 196, www.historic-scotland.gov.uk, April–Sept. tgl. 9.30–17.30, Okt. tgl. 9.30–16.30 Uhr. Eintritt Erw. 5.50 £, Kinder 3.30 £, Kombi-Jahresticket mit Kathedrale Erw. 7.20 £, Kinder 4.40 £

Universität

Dass St. Andrews seit 600 Jahren Universitätsstadt ist, spiegelt sich in der Atmosphäre der Stadt wider. Die Stadt hat ein reges Studentenleben, wobei der berühmteste Student in neuerer Zeit natürlich Prinz William war, der immerhin vier Jahre hier verbachte. Fast alle alten Universitätsgebäude stehen in der North und South Street.

Quirliges Studentenleben

1413 gegründet, besteht die drittälteste Universität Großbritanniens aus drei Colleges: St. Salvator College, St. Leonard College und St. Mary College. Die Kirche St. Salvator (das einzige erhaltene frühe Universitätsgebäude) an der Ecke North Street und College Street wird als Universitätskapelle genutzt. Das hübsche **Queen Mary's House (3)** (South Street) stammt aus dem 16. Jh. und beherbergt heute die Bibliothek der St. Leonard's School. Die aus dem 16. Jh. stammende **St. Leonard's Chapel (4)** ist die Universitätskapelle des St. Leonard's College. Im 18. und 19. Jh. verfallen, wurde sie 1948–1952 restauriert. Im Inneren befinden sich einige schöne Grabmale aus dem 16. und 17. Jh.

Weitere Sehenswürdigkeiten

St. Andrews ist reich an historischen Gebäuden. Das **West Port (5)** am westlichen Ende der South Street stammt von 1580 und bildete den Haupteingang zur alten Stadt. Es ist eines der wenigen erhaltenen Stadttore in Schottland.

Einen guten Überblick über die Geschichte der Stadt von den Anfängen bis heute vermittelt das **St. Andrews Museum (6)**. Ein Schwerpunkt liegt auf dem Mittelalter, als St. Andrews eines der großen religiösen Zentren Europas war.
St. Andrews Museum, Kinburn House, Doubledykes Road, ☎ 01334 659 380, April–Sept. tgl. 10–17, Okt.–März Mo–Fr tgl. 10.30–16, Sa/So 12.30–17 Uhr.

Stadtgeschichte

Der herrliche **Botanische Garten (7)** lädt zu erholsamen Spaziergängen ein. Er liegt nur 10 Minuten südlich der South Street.
St. Andrews Botanic Garden, Canongate, ☎ 01334 476 452, www.st-andrews-botanic.org, April–Sept. tgl. 10–19, Okt.–März tgl. 10–16 Uhr, Eintritt 2 £, Führungen Di und Mi 14 Uhr.

Das **St. Andrews Preservation Trust Museum (8)** ist in einem hübschen Haus aus dem 17. Jh. im alten Fischerviertel der Stadt untergebracht. Zu sehen ist eine stattliche Sammlung an lokalgeschichtlichen Exponaten, u.a. Ladeneinrichtungen aus dem 19. Jh. In dem wunderschönen Garten lässt es sich herrlich entspannen.
The St. Andrews Preservation Trust Museum, 12 North Street, ☎ 01334 477 629, www.sapt.demon.co.uk/museum.html, tgl. 14–17 Uhr, Eintritt frei.

Meeres-aquarium Neben den historischen Gebäuden und Museen gibt es aber noch andere Attraktionen in St. Andrews. Die beiden Strände, East und West Sands, und das **St. Andrews Aquarium (9)** sind für Kinder sicherlich interessanter als Universität und Golf. Im Aquarium leben Meeresbewohner aus aller Welt. Neben den Haien bilden die Seehunde und die Humboldt-Pinguine besondere Anziehungspunkte. Auch Reptilien, Frösche, Spinnen und Erdmännchen gehören zu den ständigen Bewohnern.

St. Andrews Aquarium, *The Scores, ☏ 01334 474 786, www.standrewsaquarium.co.uk, Sommer tgl. 10–18, Winter Mo–Fr 10–17, Sa/So 10–18 Uhr, Eintritt 10 £, Kinder 7 £. Seehundfütterung tgl. 12 und 15 Uhr.*

Am Ende der North Street liegen die Golfplätze. Anfänger können beim Ticket Office des New Course Schläger und Bälle ausleihen und auf einem kleinen Übungsareal das Putten üben. Im **British Golf Museum (10)** in der Nähe des *Royal and Ancient Golf Club* werden die großen Profis des Golfsports, die Geschichte des Sports, die Mode und die technischen Entwicklungen vorgestellt.

British Golf Museum, *Bruce Embankment, ☏ 01334 460 046, www.britishgolfmuseum.co.uk, Sommer Mo–Sa 9.30–17, So 10–17, Winter tgl. 10–16 Uhr, Eintritt 6 £.*

St. Andrews – Heimat des Golfsports

info

Es ist nicht bekannt, wo Golf zum ersten Mal gespielt wurde und wie lange es diesen Sport bereits gibt. Im Mittelalter entwickelten sich in Schottland, wie auch anderenorts, viele Ball- und Stockspiele. Es war das Golfspiel, das sich von der Ostküste Schottlands aus in die ganze Welt verbreitete. James II. verbot das Spiel im Jahr 1457, da er befürchtete, dass die Männer Golf spielten anstatt das Bogenschießen zu üben und nicht in der Lage sein würden, sein Königreich zu verteidigen.

Sein Verbot war offensichtlich nicht sehr erfolgreich. Für St. Andrews ist eine Beteiligung mindestens seit dem 16. Jh. zu belegen. Die „Society of St. Andrews Golfer", eine Vereinigung von 22 Aristokraten, wurde 1754 gegründet, um jährliche Wettbewerbe zu organisieren. 1834 wurde der Club von König William IV. mit dem Titel „Royal and Ancient Golf Club" versehen. Nur durch die Einladung eines Fürsprechers, die ein Sekundant unterstützen muss, sowie die Billigung eines Teils der Clubmitglieder kann jemand Mitglied werden.

Old Course von St. Andrews

Weltweit hat der Club 2.400 Mitglieder. Der Club legt weltweit die Regeln fest, abgesehen vom Golf in Amerika und Mexiko, dessen regelnde Organisation die „United States Golf Association" (gegründet 1894) ist. Schottland veranstaltete die ersten professionellen Golfmeisterschaften, die „Open Championship", erstmalig 1860 auf dem Prestwick Links an der Westküste.

Seit 1857 führt dieser Golfplatz Amateurmeisterschaften durch, woraus sich dann die Profi-Meisterschaften entwickelten. 1999 gewann Paul Lawrie (nach Willie Auchterlonie, 1893) als erster Schotte die Open. Seit 1919 ist der R&A mit der Organisation der „Open" und der Amateurmeisterschaften betraut. Alle sechs Jahre werden in St. Andrews die „Open" ausgetragen und jährlich im Herbst ein Länderturnier, der „Dunhill-Cup". Seit 2004 sind die Funktionen als Golfclub (Royal and Ancient Golf Club of St Andrews) einerseits sowie die Aufgaben als internationale Autorität des Golfsports und die Austragung der Turniere andererseits getrennt (The R&A und R&A Rules Limited).

Wo kann man spielen
Als Golfstadt verfügt St. Andrews über mehrere Golfplätze und Übungszentren. Die **Scotland for Golf** bietet Kurse für Anfänger und Fortgeschrittene unterschiedlicher Dauer, mit oder ohne Unterkunft. *Scotland for Golf, 4 West Acres, St Andrews KY16 9 UD, ☎ 01334 460 762, www.scotlandforgolf.co.uk*; sämtliche Informationen rund ums Golfen in St. Andrews.
Der **St. Andrews Links Trust** (*www.standrews.org.uk*) informiert über Spielmöglichkeiten für Besucher und bietet auch geführte Spaziergänge rund um das Thema Golf. Am allerbesten – und kostengünstig – spielt es sich auf dem „Himalaya", einem herrlich gelegenen 18-Loch-Übungsplatz direkt neben dem Old Course.

Reisepraktische Informationen St. Andrews

Information
TIC, *70 Market Street, St. Andrews KY16 9NU, ☎ 01334 472 021, www.visitstandrews.com, ganzjährig.*

Unterkunft
***Hazelbank Hotel €€ (1), *28 The Scores, St. Andrews KY16 9AS, ☎ 01334 472 466, www.hazelbank.com. Ganzjährig, 10 Zimmer. An der See und 5 Min. zur Universität gelegenes Hotel, dass seit über 100 Jahren im Familienbetrieb geführt wird.*
****St. Andrews Golf Hotel €€€ (2), *40 The Scores, St. Andrews KY16 9AS, ☎ 01334 472 611, www.standrews-golf.co.uk. Ganzjährig, 22 Zimmer. Beim „Old Course" gelegen, viktorianisches Hotel im Familienbesitz. Sehr gutes Restaurant.*
*****Old Course Hotel Golf Resort & Spa €€€€ (3), *Old Station Road, St. Andrews KY16 9SP, ☎ 01334 474 371, www.oldcoursehotel.co.uk. Das erste Haus am Platz hat 109 elegante Zimmer und 35 Suiten. Luxus pur.*

Universitätsunterkünfte
Zwischen Juni und September kann man gut und günstig in den Studentenunterkünften wohnen, Auskunft: **Holidays University of St. Andrews**, ☏ 01334 463 000, www.visitstandrews.com/stay/university/ bzw. www.st-andrews.ac.uk/alumni/relations/services/unibenefits/holidayaccom/

Camping
*******Craigtoun Meadows Holiday Park**, Mount Melville, St. Andrews KY16 8PQ, ☏ 01334 475 959, http://craigtounmeadows.co.uk, März–Okt. Hervorragend ausgestatteter Ferienpark für Caravans, Motorhomes und Zelte.

Einkehren
Es gibt zahlreiche Restaurants in St. Andrews. Zu den beliebtesten zählen:
The Grange Inn (3), Grange Road, ☏ 01334 472 670, http://thegrangeinn.com. Nach der Neueröffnung 2012 kreiert Küchenchef John Kelly schmackhafte Gerichte aus frischen regionalen Zutaten. Lunch 12–14 Uhr, zum Dinner 18–22 Uhr.
The Seafood Restaurant (1), Bruce Embankment, ☏ 01334 479 475, www.theseafoodrestaurant.com. Hervorragendes Fischrestaurant; dank der Panoramafenster hat man einen wunderbaren Blick auf die Bucht zwischen Aquarium und Old Course. Offene Küche. Tgl. 12.30–14.30 (So 12.30–15) und 18.30–21 Uhr.
Tailend Fish Bar (2), 130 Market Street, ☏ 01334 474 070, www.tailendfishbar.co.uk. Sehr beliebtes Take-away mit frischem, leckerem Fisch.
Peat Inn Restaurant and Rooms, Cupar KY15 5LH, ☏ 01334 840 206, www.thepeatinn.co.uk. Wunderbares Restaurant, eines der besten im ganzen Land. Moderne Küche. Di–Sa 12.30–13.30, 19–21 Uhr. 11 km außerhalb von St. Andrews. Gehobene Preisklasse bis teuer. Das Peat Inn verfügt über 8 **Gästezimmer (€€€€)**, DZ mit Frühstück ab 195 £ pro Nacht.

Bus und Bahn
Der nächste **Bahnhof** liegt 8 km entfernt in **Leuchars**. Von dort verkehren Züge nach Glasgow, Edinburgh und Aberdeen. Man kann von St. Andrews nach Leuchars und zur Weiterfahrt auch gleich ein Kombiticket für Bahn und Bus, das sog. „**RailBus Ticket**" kaufen (www.scotrail.co.uk, natürlich auch bei Anreise möglich).
Es bestehen regelmäßige **Busverbindungen** zum Bahnhof, Fahrzeit 15 Min. Der Busbahnhof befindet sich in der City Road am westlichen Stadtende. Von dort auch bestehen auch regelmäßige Busverbindungen nach Dundee, Cupar, Stirling und Edinburgh (über Kirkcaldy).

Unterhaltung/Theater
Byre Theatre of St. Andrews, Abbey Street, St. Andrews KY16 9LA, ☏ 01334 475 000, www.byretheatre.com. Zeitgenössische und klassische Aufführungen, Musicals und Konzerte. Nette Café-Bar.

Golf
s. Infos über Golfen in St. Andrews S. 460
Scotland for Golf, 4 West Acres, St Andrews KY16 9 UD, ☏ 01334 460 762, www.scotlandforgolf.co.uk
St. Andrews Links Trust, www.standrews.org.uk

Entlang der Küste: Von St. Andrews nach North Queensferry

An der Küste südlich von St. Andrews (A917), *East Neuk* genannt, reiht sich ein malerischer Ort an den nächsten: Crail, Anstruther, Pittenweem, St. Monance und Elie. Feiner Sandstrand wechselt mit Klippen ab und kleine alte Häuser säumen die Uferstraßen.

Malerische Küstenorte

Crail

Crail, 5 km nordöstlich von Anstruther, ist die älteste Ortschaft an der Küste von Fife und mit ihren kleinen, sorgfältig restaurierten Häuschen mit Ziegeldächern und Treppengiebeln besonders typisch für diese Region. Seit dem 12. Jh. war Crail ein bedeutender Fischmarkt Europas und es legten über Jahrhunderte die Schiffe aus den Niederlanden und Skandinavien hier an. Heute sieht man eher Touristen als Fischer, aber nach wie vor kann man am Hafen frischen Hummer und Schellfisch kaufen. Berühmt ist der Golfplatz in Crail, denn er wurde 1786 gegründet und ist somit der siebtälteste der Welt. Die Hauptattraktion Crails ist der wunderschöne Hafen, der von weiß gekalkten Cottages gesäumt wird.

Frischer Fisch und Hummer

Das **Zollhaus** am Ende der Shoregate stammt aus dem 19. Jh. Die reichen Kaufleute bauten ihre schönen Häuser rund um den Marktplatz. Am Ende der Marketgate steht die **Collegiate Church of St. Mary**, deren Ursprünge auf das 12. Jh. zurückgehen. An der anderen Seite der Marketgate liegt der **Tolbooth** (frühes 16. Jh.), der heute als Rathaus dient. Im **Crail Museum and Heritage Centre**,

Am Hafen von Crail

ebenso in der Marketgate, ist Lokalgeschichtliches ausgestellt. Auch die Touristeninformation ist hier zu finden.
Crail Museum and Heritage Centre, ☎ 01333 450 869, www.crailmuseum.org.uk, Juni–Sept. Mo–Sa 11–16, So 13–16 Uhr, sonst nur Sa/So und Fei.

Reisepraktische Informationen Crail

Information
TIC, Crail Museum and Heritage Centre, 62–64 Marketgate, Crail KY10 3TL, ☎ 01333 450 869, nur saisonal geöffnet (Mai–Sept.).

Unterkunft
***Golf Hotel €–€€**, 4 High Street, Crail KY10 3TD, ☎ 01333 450 206, www.thegolfhotelcrail.com. Ganzjährig, 5 Zimmer, einer der ältesten lizensierten Gasthöfe in Schottland. Das jetzige Gebäude datiert aus dem frühen 18. Jh., doch soll an gleicher Stelle seit dem frühen 13. Jh. ein Lokal bestanden haben. In der historischen Bar kann man sich ganztägig mit solidem Pub Food stärken.
***Marine Hotel €–€€**, 54 Nethergate South, Crail KY10 3TZ, ☎ 01333 450 207, www.marinecrail.co.uk. Ganzjährig, komfortables Hotel mit 7 Zimmern, einige mit Meerblick. Der schöne Garten erstreckt sich bis hinunter ans Wasser.

Camping
*****Sauchope Links Caravan Park**, Crail KY10 3XJ, ☎ 01333 450 460, www.largoleisure.co.uk. Wunderbar direkt am Wasser gelegen, auch Holiday Homes zu mieten, März–Okt.

Golf
Crail Golfing Society, ☎ 01333 450 686, www.crailgolfingsociety.co.uk. 1786 gegründeter Golfclub. Fees: Besucher wochentags 60 £, am Wochenende pro Runde.

Anstruther

Anstruther war im 19. Jh. der wichtigste Hafen an dieser Küste mit einer Flotte von 1.000 Booten. Heute ist es mit 3.500 Einwohnern der größte Ort an der Küste. Wie die Nachbarorte auch pflegte Anstruther Handelsbeziehungen mit den Niederlanden und mit Skandinavien, bevor sich der Ort zum Heringshafen entwickelte.

Fischereimuseum

Das 1969 eingerichtete **Scottish Fisheries Museum** zeigt anhand zahlreicher Exponate interessante Aspekte der Fischerei auf und veranschaulicht das harte Leben der schottischen Fischer. Das ausgezeichnete Museum lohnt einen Besuch, auch wenn man sich nicht übermäßig für Fischerei interessiert, denn es bietet viel Lokalgeschichtliches. Neben dem Museum befindet sich die Touristeninformation.
Scottish Fisheries Museum, St. Ayles, Harbourhead, ☎ 01333 310 628, www.scotfishmuseum.org, April–Sept. Mo–Sa 10–17.30, So 11–17, Okt.–März Mo–Sa 10–16.30, So 12–16.30 Uhr, Eintritt 7 £, Kinder bis 16 Jahren frei.

Ausflug zur Isle of May

Von Anstruther aus werden zwischen April und September Bootstouren zur Isle of May veranstaltet *(www.isleofmayferry.com)*. Die kleine baumlose Insel liegt 7 km von der Küste entfernt, hat imposante Klippen und wird von zahlreichen Seevögeln und Seehunden bevölkert. Auf der Insel wurde im Jahr 875 der christliche Missionar St. Adrian ermordet. In seinem Gedenken kamen später Benediktinermönche hierher. Die Ruine ihrer Kapelle aus dem 12. Jh. kann man noch sehen. Auf der Isle of May wurde 1636 Schottlands erster Leuchtturm gebaut. Der derzeitige Turm stammt von 1816. Seit 1956 ist die Insel Naturschutzgebiet. Die beste Zeit, um Seevögel zu beobachten, ist zwischen April und Juli und die beste Zeit zur Delfin- und Walbeobachtung im Juli und August.

Scotland's Secret Bunker

5 km nördlich von Anstruther, von der B9131 ab, wartet eine ungewöhnliche Attraktion – „Scotland's Secret Bunker". Der „secret bunker" war als offizieller Regierungsbunker für Schottland im Falle eines Nuklearangriffs gedacht. 1994 wurde er für die Öffentlichkeit zugänglich gemacht. Der Zugang erfolgt durch ein unscheinbar aussehendes Farmhaus. Über eine Rampe geht es in den Bunker, der mit 3 m dicken Betonwänden eingefasst ist. Der Bunker war für 300 Menschen geplant und ist mit Luftfiltern, Generatoren und eigener Wasserversorgung ausgestattet. Abgesehen von dem Souvenirladen und dem Café wurde der Bunker genauso belassen, wie er in den 1950er-Jahren eingerichtet worden war.
Scotland's Secret Bunker, *Crown Buildings, Troywood, ☎ 01333 310 301, www.secretbunker.co.uk, April–Okt. tgl. 10–17 Uhr.*

Offizieller Regierungsbunker

Reisepraktische Informationen Anstruther

Information
TIC, *Scottish Fisheries Museum, Harbourhead, Anstruther, KY10 3AB, ☎ 01333 311 073, nur in der Saison geöffnet.*

Unterkunft
***Smugglers Inn €, *High Street, Anstruther, Fife KY10 3DQ, ☎ 01333 310 506. Ganzjährig, 9 Zimmer. Der Gasthof aus dem 17. Jh. steht unter Denkmalschutz. Familiengeführter Betrieb und gute Küche, insbesondere Fisch. Gemütliche Bar.*
****The Spindrift €–€€, *Pittenweem Road, Anstruther KY10 3DT, ☎ 01333 310 573, www.thespindrift.co.uk. Ganzjährig, 8 Zimmer, gemütliches Gästehaus im ehemaligen Kapitänshaus.*

Einkehren
The Cellar, *24 East Green, ☎ 01333 310 378, www.cellaranstruther.co.uk. Hinter dem Scotish Fisheries Museum gelegenes Restaurant mit hervorragenden Fischspezialitäten. Gehobene Preisklasse. Ein Drei-Gänge-Menü kostet rund 40 £. Di–Sa ab*

Am Hafen von Anstruther

18.30 Uhr sowie Fr und Sa zum Lunch.

Busse
Bus verkehren zwischen Dundee und Leven über St. Andrews, Crail, Anstruther, Pittenweem, St. Monans und Elie.

Bootstouren zur Isle of May
Anstruther Pleasure Cruises, *21 St Adrians Place, mobil 07957 585 200, www.isleofmayferry.com. April–Sept., Abfahrtzeit abhängig von den Gezeiten. Die Bootsfahrt zur Isle of May dauert 1 Std., insgesamt sollte man für den Ausflug 4–5 Std. einplanen. Abfahrt Anstruther Harbour.*

Pittenweem

Pittenweem besitzt einen besonders malerischen Hafen, der auch heute noch, als einziger entlang dieser Küste, als Fischereihafen genutzt wird. „**The Gyles**", am östlichen Ende des Hafens, ist eine Gruppe von liebevoll restaurierten Häusern aus dem 16. und 17. Jh. mit schöner holländischer Giebelarchitektur. Das älteste Haus in Pittenweem liegt im **Cove Wynd**, einer kleinen Gasse, die sich steil zur High Street hinaufzieht. Im 7. Jh. lebte hier der hl. Fillan in einer Höhle, die tief in den Felsen gebaut war. Während des gesamten Mittelalters kamen Pilger, um die Höhle zu besichtigen. Auch heute noch kann man einen Blick in die schlichte Behausung werfen. Sie ist auch Namensgeberin des Ortes, denn auf Piktisch bedeutet Pittenweem „Platz der Höhle". Einige kleine Kunstgalerien haben sich in Pittenweem angesiedelt. Alljährlich Anfang August findet sogar ein Kunstfestival statt *(www.pittenweemartsfestival.co.uk)*.

Höhle des hl. Fillan

Kellie Castle

5 km nördlich von Pittenweem an der B9171 lädt Kellie Castle zur Besichtigung ein. Die Ursprünge der Burg gehen auf das 14. Jh. zurück. Im Inneren sind wunderbare Stuckarbeiten zu sehen. Der riesige Landschaftspark wurde von Robert Lorimer gestaltet. Die Werke seines Enkels, des Bildhauers Huw Lorimer, sind in einer restaurierten Scheune ausgestellt.

Kellie Castle, *0844 493 2184, www.nts.org.uk, Schloss: Juni–Aug. tgl. 12.30–17, Ende März–Mai, Sept.–Okt. Sa–Mi 12.30–17 Uhr. Garten: 9.30–18 Uhr, spätestens bis Einbruch der Dunkelheit, Eintritt 10 £.*

St. Monans, Elie und Earlsferry

St. Monans war einst ein lebhafter Hafenort. Im Süden von St. Monans liegt, romantisch direkt über dem Meer, die Kirche St. Monan. Die kleine, in ihren Ursprüngen auf das 12. Jh. zurückgehende Kirche liegt so dicht am Meer, dass die Gischt während der heftigen Winterstürme bis über die Friedhofsmauern zischt.

Einkehren
Im hervorragenden Restaurant **Craig Millar@16 West End** am Ende des Hafens kann man köstliche Gerichte und herrliche Ausblicke über die See genießen (☎ 1333 730 327, www.16westend.com, Lunch Mi–So 12.30–14 Uhr, Dinner 18.30–21 Uhr).

Elie und das sehr viel ältere **Earlsferry**, westlich von Elie, sind beliebte Ferienorte mit wunderschönen Sandstränden. Auch Segler und Windsurfer kommen gerne hierher. In Elie gibt es außerdem gleich zwei Golfplätze, einen 9-Loch- und einen 18-Loch-Platz. Wie in den Nachbarorten auch ist die Architektur holländisch beeinflusst. Der **Lady's Tower** in Elie, einige Schritte vom Hafen entfernt gelegen, wurde im 18. Jh. als Badehaus für Lady Janet Anstruther, der Ortsschönheit, eingerichtet. Im „Ship Inn" beim Hafen gibt es gutes Bar Food und einen tollen Biergarten.

Holländisch inspiriert

Kirkcaldy

Kirkcaldy (sprich: Kircaudei) zieht sich 7 km am Wasser entlang und ist daher als „Long Town of Fife" bekannt. Der Ort entwickelte sich im 19. Jh. zur Industriestadt, insbesondere für die Herstellung von Linoleum. Heute ist Kirkcaldy eine wichtige Einkaufsstadt mit rund 47.000 Einwohnern und keinen besonderen Attraktionen. Schön ist es allerdings, die kleinen Straßen und Gassen gegenüber dem Hafen zu erkundschaften, z. B. die steile Kirk Wynd und den Sailor's Walk, die hervorragend durch den NTS restauriert wurden.

In den **War Memorial Gardens**, unweit des Bahnhofs, lohnen die **Kirkcaldy Galleries** den Besuch. Das frisch renovierte Museum widmet sich neben einer archäologischen und einer naturkundlicher Ausstellung u. a. der Sozial- und Industriegeschichte des Ortes. In der Gemäldegalerie überrascht eine sehr feine Sammlung schottischer Gemälde des 18. und 19. Jh. Eine moderne Bibliothek, eine Touristeninformation, ein Museumsshop sowie ein Café bereichern das erweiterte Museum. **Kirkcaldy Galleries**, Abbotshall Road, ☎ 01592 583 206, www.kirkcaldygalleries.org.uk, Mo 12–19, Di, Do 9.30–19, Mi, Fr 9.30–17, Sa 9.30–16, So 12–16 Uhr, Eintritt frei.

Es ist sehr auffällig, dass viele bekannte Schotten in Kirkcaldy geboren wurden oder gelebt haben, so etwa der Nationalökonom **Adam Smith** (1723). Eine Erinnerungsplakette weist auf sein Geburtshaus in der High Street Nr. 220 hin. Hier schrieb er zwischen 1767 und 1776 das Werk, das die moderne Volkswirtschaft begründete: „Wohlstand der Nationen".

Geburtsort bekannter Schotten

Der Vorort **Dysart**, östlich von Kirkcaldy, war einst ein lebhafter Hafenort, der regen Handel mit den Niederlanden pflegte. Der kleine Hafen ist noch erhalten. Wunderschön ist **Pan Ha'**, ein Areal kleiner Gässchen, Innenhöfe und alter Häuschen aus dem 17. Jh., das liebevoll restauriert wurde. Dysart ist der Geburtsort von **McDougall Stuart**, der erste Mann, der Australien von Nord nach Süd durchquerte (1866).

> **Jahrmarkt**
> Alljährlich im April wird fünf Tage lang die Esplanade während des **Links Market** für den angeblich größten Straßen- und Jahrmarkt in Großbritannien reserviert.

Burntisland und Aberdour

Fährt man von Kirkcaldy weiter entlang der Küste, gelangt man zu den Ferienorten Kinghorn, Burntisland und Aberdour. In **Burntisland**, das einst für seinen Schiffbau berühmt war, finden alljährlich Mitte Juli Highland Games statt. Die St. Columba Church von 1594 ist die erste Kirche, die nach der Reformation in Schottland gebaut wurde.

Fife Riviera

Aberdour, nur 7 km von den Forth-Brücken (s. u.) entfernt, hat einen silbernen Sandstrand und einen Golfplatz und wird – recht optimistisch – auch als *Fife Riviera* bezeichnet. Schön ist auch die St. Fillan's Church, teils normannisch, teils aus dem 16. Jh. **Aberdour Castle** wurde 1325 gebaut. Aus dieser Zeit ist noch der Turm erhalten, die anderen Gebäudeteile stammen aus dem 16. und 17. Jh. Herrlich ist der Park der das Schloss umgibt.
Aberdour Castle and Garden, ☏ *01383 860 519, www.historic-scotland.gov.uk, April–Sept. Mo–So 9.30–17.30, Okt. tgl. 9.30–16.30, Nov.–März Sa–Mi 9.30–16.30 Uhr, Eintritt 5,50 £.*

North Queensferry

Auf der A921 geht es weiter entlang der Küste nach North Queensferry. Am Fuße der Forth-Eisenbahnbrücke gelegen, diente North Queensferry als Anleger für die Fähre, die bereits im 13. Jh. eingerichtet wurde, um Pilger nach Dunfermline zu bringen. Bis zum Bau der Straßenbrücke 1964 blieb der Ort ein wichtiger Fährhafen. Heute gibt es hier einen kleinen Jachthafen.

Im Tunnel durch die Unterwasserwelt

Berühmt ist das Aquarium von North Queensferry, die **Deep Sea World**. Das riesige Aquarium ist sicherlich nicht nur für Kinder interessant. Besondere Attraktion ist die „Underwater Safari": Dabei werden die Besucher auf einem Rollband durch einen 112 m langen, gläsernen Tunnel durch ein Safaribecken geführt, das in sechs Zonen unterteilt ist. Die vielfältige Unterwasserwelt ist so aus ungewohnter Perspektive hautnah zu bestaunen. Beeindruckend ist natürlich auch die Fütterung der Haifische.
Deep Sea World, ☏ *01383 411 880, www.deepseaworld.com, Mo–Fr 10–17, Sa/So 10–18 Uhr, Eintritt Erw. 13 £, Kinder 3–12 Jahre 9 £, ermäßigt bei Online-Kauf.*

Die Forth Bridges

Der Firth of Forth ist die wirtschaftlich wichtigste Bucht der schottischen Ostküste. Nach der Enge von Queensferry (1,5 km) wird die Innenbucht nach Westen hin bis zu 3-4 km breit und bis zu 61 m tief. Der etwa 75 km ins Land hineingreifende Firth trägt Seeschiffe daher bis zum Endpunkt des Forth- und Clyde-Kanals, nach Grangemouth.

Die Eisenbahnbrücke wurde 1890, nach acht Jahren Bauzeit, eröffnet. Sie ist ein Meisterwerk viktorianischer Brückenbaukunst und gehört zu den größten Brücken der Welt. Die Brücke hat eine Länge von 2,5 km und eine Höhe von 110 m und ist aus 50.958 Tonnen Stahl und 8 Mio. Nieten zusammengefügt. Die Straßenbrücke wurde 1964 eröffnet und galt mit einer Länge von 1.822 m als Wunderwerk der Technik. Sie war damals die längste Hängebrücke Europas. Im ersten Jahr querten 900.000 Fahrzeuge mit über 2 Mio. Passagieren die Brücke. Bis dahin hatte man mit der Fähre den Wasserweg überqueren müssen. Selbst wer nicht von Edinburgh mit dem Auto oder Zug gen Norden zu reisen beabsichtigt, sollte einen Abstecher zu den Forth-Brücken machen. Der Anblick, gerade abends, ist beeindruckend.

Blick auf den Firth of Forth von North Queensferry aus

Von Kirkcaldy über Dunfermline nach Stirling

Das kleine Städtchen **Kinross** liegt am Westufer des Loch Leven. **Kinross House** wurde im ausgehenden 17. Jh. im Stil palladianischer Villen errichtet und ist von prachtvollen Gartenanlagen umgeben. Das aufwendig renovierte Gebäude ist nicht zu besichtigen. Historisch bedeutsamer als das Herrenhaus ist das auf einer Insel im **Loch Leven** gelegene **Loch Leven Castle**. Der massive quadratische Turm aus dem späten 14. Jh. ist von einer Mauer umgeben. In der Burg war Maria Stuart ein Jahr lang (1567/68) eingesperrt und musste hier am 23. Juli 1567 ihre Abdankung unterschreiben. Mit Hilfe eines ihrer Bediensteten gelang ihr im Mai 1568 schließlich die Flucht. Wenig später musste sie dennoch nach England fliehen.

Abdankung Maria Stuarts

Loch Leven Castle, ☎ 07778 040 483, 01577 862 670, www.historic-scotland.gov.uk, April–Sept. tgl. 9.30–17.30, Okt. tgl. bis 16.30 Uhr, Eintritt 5.50 £. Kurze Bootsfahrt von Kinross, nicht rollstuhlgerecht.

> **Buchtipp**
> Die romantische Flucht Mary Stuarts diente Sir Walter Scott als literarische Vorlage für seinen Roman „**The Abbot**", 1820. Bereits ein Jahr später, 1821, erschien die deutsche Ausgabe unter dem Titel „Der Abt. Ein romantisches Gemählde".

Dunfermline

Einst Hauptstadt Schottlands

Von Kinross verläuft die Route wieder südlich und führt nach Dunfermline, das mit einer großen Vergangenheit aufweisen kann. Zwischen dem 11. Jh. bis zur *Union of the Crowns*, 1603, war Dunfermline die Hauptstadt Schottlands. Seit Anfang des 12. Jh. diente der Ort als letzte Ruhestätte der schottischen Könige. Sieben Herrscher wurden in der Abteikirche begraben, darunter auch Robert the Bruce, dessen Grab als einziges von allen Königsgräbern erhalten ist. Die meisten anderen Gräber wurden während der Reformation zerstört. Das Grab von Robert the Bruce wurde aus purem Zufall entdeckt. Als man 1818 seinen Sarg öffnete, fand man die Rippen zersägt. Dieses wurde als Zeichen gewertet, dass jene Legende wahr sei, die besagt, dass das Herz des großen Königs herausgenommen und ins Heilige Land gebracht worden war. Beigesetzt wurde das Herz dann in Melrose Abbey (s. S. 139).

Dunfermline Abbey wurde um 1071 gegründet, womit der normannische Baustil in Schottland eingeführt wurde. Das jetzige Schiff stammt von 1128, als die Abtei die kleinere Kirche ersetzte. Verwüstungen unter dem englischen König Edward II. (1303) und während der Reformation haben die Kirche stark in Mitleidenschaft gezogen, der Chor wurde allerdings 1817–1822 im neogotischen Stil wieder aufgebaut. Über dem Chor erhebt sich ein quadratischer Turm, dessen Balustrade

Eindrucksvoller Innenraum

die Worte „King Robert the Bruce" trägt. Das Kircheninnere ist beeindruckend und stellt zweifellos einen der schönsten normannischen Sakralräume Schottlands dar. Imponierend sind die kräftigen Pfeiler, die teils mit schlichten Spiralen oder mit Zickzackmustern verziert sind. In den Seitenschiffen sind noch die originalen Steingewölbe vorhanden.

Dunfermline Abbey, ☎ 01383 739 026, www.dunfermlineabbey.co.uk, www.historic-scotland.co.uk, April–Sept. tgl. 9.30–17.30, Okt. tgl. 9.30–16.30, Nov.–März Sa–Mi 9.30–16.30 Uhr, Eintritt 4.50 £, Kinder 2.70 £.

Von den Klostergebäuden südlich der Kirche sind fast alle zerstört. Auch von dem alten Königspalast, der anlässlich der Heirat zwischen Margaret und Malcolm 1067 gebaut wurde, ist nichts mehr erhalten. Jahrhundertelang war der **Dunfermline Palace** die beliebteste Residenz aller schottischen Könige. David II., James I. und Charles I. wurden hier geboren.

Nicht zu übersehen ist das **Abbot House** (ca. 1450) mit seinem kräftigen rosafarbenen Anstrich. Das Abbot House Heritage Centre führt in die tausendjährige Geschichte des Ortes ein. In dem kleinen Café gibt es Kaffee, Tee und Kuchen, aber auch Snacks und kleine Gerichte.

Abbot House, Maygate, ☎ 01383 733 266, www.abbothouse.co.uk, tgl. 9.30–16.30 Uhr, Eintritt 4 £.

Bis ins späte 19. Jh. war Dunfermline ein wichtiger Ort der Leinenherstellung und besaß darüber hinaus auch ertragreiche Kohleminen. Diese Wirtschaftszweige sind längst Vergangenheit. Dunfermline ist der Geburtsort von **Andrew Carnegie** (1835–1919). Die Familie Carnegie wanderte 1848 nach Amerika aus. Der Webersohn Andrew konnte den amerikanischen Traum verwirklichen und sich vom einfachen Fabrikhelfer zum erfolgreichen Unternehmer hocharbeiten. Mit seinen Stahlhütten verdiente er schließlich ein milliardenschweres Vermögen. Als einer der reichsten Männer seiner Zeit und frühkapitalistischer Philanthrop („the man of steel with the heart of gold") ließ er sein Geld gemeinnützigen Stiftungen zukommen, finanzierte unzählige Universitäten, stiftete die Carnegie Hall in New York, 2.811 Bibliotheken und beschenkte vor allem seine Heimatstadt. In seinem Geburtshaus in der Moodie Street ist in Gedenken an Carnegie das supermoderne **Andrew Carnegie Birthplace Museum** eingerichtet worden

Frühkapitalistischer Philanthrop

Andrew Carnegie Birthplace Museum, ☎ *01383 724 302, www.carnegiebirthplace.com, März–Nov. Mo–Sa 10–17, So 14–17 Uhr, Eintritt frei.*

Der schöne **Pittencrieff Park**, auch als „The Glen" bekannt, liegt westlich der Abtei und ist ein Geschenk Carnegies an die Bewohner Dunfermlines. Das **Pittencrieff House Museum** zeigt prähistorische Funde wie Fossilien, Lokalgeschichtliches und eine Kunstausstellung. Im Gewächshaus gedeihen tropische Pflanzen und Blumen und im Pavillon kann man sich im Restaurant stärken.
Pittencrieff House Museum, ☎ *01383 722 935, tgl. April–Sept. 11–17, Okt.–März 11–16 Uhr, Eintritt frei.*

In Bau ist ein neues Museumsgebäude, das die beiden Gebäude der Carnegie Library und der alten Bank mit neuem Eingangsbereich, drei Ausstellungssälen und Café verbinden wird. 2016 soll das supermoderne Heimat- und Lokalmuseum fertiggestellt sein.

Reisepraktische Informationen Dunfermline

Information
TIC, *High St., Dunfermline KY12,* ☎ *01383 720 999, www.visitdunfermline.com.*

Unterkunft
****Garvock House Hotel €€€, *St. John's Drive, Dunfermline KY12 7TU,* ☎ *01383 621 067, www.garvock.co.uk. Ganzjährig, 26 Zimmer. Elegantes und behagliches Hotel, ruhig gelegen. DZ ab 94 £ mit Frühstück.*

Züge
Stündlich Züge von und nach Edinburgh (30 Min.). Der Bahnhof ist 15 Min. vom Stadtzentrum entfernt.

Busse
Regelmäßige Busverbindungen von und nach Edinburgh, Glasgow, Stirling, Perth und Dundee. Der Busbahnhof befindet sich im Kingsgate Centre, nördlich des Zentrums.

Schloss erst unter James IV. und James V. im 16. Jh. sein heutiges Aussehen. Stirling Castle gilt als bestes und schönstes Beispiel der schottischen Frührenaissance, die vielfach von französischer Architektur beeinflusst wurde. Das **North Gate** (1381) ist der älteste noch erhaltene Teil der Burganlage. Der Palast, die Parlamentsgebäude, die Kapelle und die „King's Old Buildings" gruppieren sich um den oberen Hof. Der **Palast** wurde 1496–1540 für James IV. und V. erbaut. Er ist um einen Innenhof herum angelegt, was typisch für die Renaissancearchitektur ist. Aufwendiger Fassadenschmuck gliedert und ziert die Front. Zum Glück konnten die meisten holzgeschnitzten Medaillons der alten Kassettendecke, die 35 sog. „Stirling Heads", gerettet werden. Sie sind in einer Galerie im Palast ausgestellt.

Stirling Heads

Die prachtvolle **Great Hall**, die Parlamentshalle, wurde 1475–1503 für James III. und James IV. gebaut. Im 18. Jh. als Kaserne genutzt, nahm die wertvolle Inneneinrichtung großen Schaden. Dabei blieben nur die riesigen Kamine unversehrt. Die wunderbar renovierte große Halle ist nun das schönste mittelalterliche weltliche Gebäude in ganz Schottland. Die **Schlosskapelle** ist ein schöner Renaissancebau von 1594, der eigens für die Taufe des Thronerben Henry, den Sohn James VI., gebaut wurde. Die „King's Old Buildings" beherbergen das Militärmuseum der Argyll und Sutherland Highlanders.
Stirling Castle, ☎ 01786 450 000, www.stirlingcastle.gov.uk, www.historic-scotland. gov.uk, April–Sept. tgl. 9.30–18, Okt.–März tgl. 9.30–17 Uhr, Eintritt Erw. 14 £, Kinder (5–15 Jahre) 7.50 £. Kostenlose Führungen sowie Audioguides in verschiedenen Sprachen.

Weitere Sehenswürdigkeiten in der Innenstadt

Die **Altstadt** zieht sich vom Schloss hinunter bis zum Forth. An ihren mittelalterlichen kopfsteingepflasterten Straßen liegen die meisten Sehenswürdigkeiten der Stadt. Mitte des 16. Jh. wurden die mächtigen **Stadtwälle** errichtet, um Stirling vor den ständigen Angriffen Henrys VIII. zu schützen. Dessen Absicht war es, seinen Sohn Edward mit der schottischen Königin Maria Stuart zu verheiraten. Die Stadtmauer ist gut erhalten. Folgt man dem **Black Walk** (der Ausgangspunkt ist in der Nähe der Touristeninformation), passiert man den **Gowan Hill**, die Stelle des „Beheading Stone", an dem im 15. Jh. zahlreiche Hinrichtungen stattfanden.

Mächtige Schutzmauer

Fünf Minuten vom Schloss liegt **Argyll's Lodging**. Das romantische Renaissancegebäude, 1632 als Stadthaus gebaut und 1674 erweitert, ist mit reichem ornamentalem Dekor verziert. Im 18. Jh. wurde das Haus als Militärkrankenhaus und in den 1960er-Jahren als Jugendherberge genutzt. Nach umfassender Restaurierung erstrahlt Argyll's Lodging heute wieder in altem Glanz und die Räume sind im Stil des 17. Jh. eingerichtet.
Argyll's Lodging, ☎ 01786 431 319, www.historic-scotland.gov.uk, ganzjährig nur im Rahmen von Führung zu besichtigen, Ticket (2 £) nur in Verbindung mit Eintritt zum Stirling Castle (gleiche Öffnungszeiten, s. o.).

Über die **Castle Wynd** geht es weiter hinunter in die Broad Street. Neben den Ruinen eines unvollendeten Stadthauses (1570–1572) steht die **Church of the Holy Rude** (Holy Cross), die als eine der schönsten mittelalterlichen Gemeindekirchen in Schottland gilt. Der Ursprungsbau geht auf das 12. Jh. zurück. Die heutige Kirche entstand zwischen dem 15. Jh. und Mitte des 16. Jh. Die ältesten Teile sind Kirchenschiff und Turm (Mitte 15. Jh.) (www.holyrude.org).

Hinter der Kirche liegt das **Cowane's Hospital**, 1637–1649 von dem reichen Kaufmann John Cowane als Armenhaus errichtet. Mitte des 19. Jh. wurde das Gebäude zum Gildehaus mit Galerie und großen Fenstern umgebaut. Heute wird das Gebäude für kulturelle Veranstaltungen und Ausstellungen genutzt. Öffentlich zugänglich ist die Halle, bei Führungen auch weitere Bereiche und die Gartenanlage. Es gibt auch ein Café.

Stirling Castle – einst mächtigste Residenz der Stuarts

Cowane's Hospital, *St. Mary's Wynd,* ☎ *01786 472 247, www.cowanes.org.uk, Mai–Okt. 10–16.30, Nov.–April Di–So 10.30–17 Uhr, Führungen auf Anfrage.*

Die Broad Street bildete das Zentrum der mittelalterlichen Stadt. Das **Mercat Cross** wird von einem Einhorn bekrönt, das allgemein als „Puggy" bekannt ist. Der **Tolbooth** stammt von 1705 und wurde im 19. Jh. als Gericht und Gefängnis genutzt. Die moderne Umgestaltung 2000/2001 wurde vielfach gepriesen. Heute befindet sich hier ein Musik-, Kunst- und Kulturzentrum, eine Café-Bar und ein Restaurant. Es gibt Jazz, Folk und experimentelle Musikkonzerte, Musikworkshops und Ceilidhs im Sommer. Im Tolbooth ist auch „The Changing Room", ein Ausstellungsforum für zeitgenössische Kunst untergebracht.
Tolbooth, *Jail Wynd, http://tolbooth.stirling.gov.uk, Tickets* ☎ *01786 274 000.*

Am Ende der Broad Street liegt das **Darnley House**; hier soll angeblich der zweite Ehemann von Maria Stuart gelebt haben. Heute kann man sich hier im Darnley Coffee House stärken. In der St. John Street liegt das restaurierte **Old Town Jail**. Die **Touristeninformation** (☎ *01786 475 019, www.visitstirling.org*) ist hier im Eingangsbereich zu finden. Ein gläserner Aufzug führt die Besucher hinauf aufs Dach, wo man eine schöne Aussicht über die Stadt und das Forth Valley genießen kann.

In der schlicht als „Smith" bekannten **Smith Art Gallery & Museum** gibt es eine interessante Ausstellung über die Geschichte der Stadt, Natur- und Sozialgeschichtliches sowie eine kleine Gemäldesammlung mit Werken ab 1670 bis heute, u.a. auch die Werke des schottischen Künstlers Thomas Stuart Smith (1815–1869), der die Galerie der Stadt vermacht hatte. Unter den Ausstellungsstücken ist auch der weltweit älteste Fußball, der angeblich auf das Jahr 1540 zurückgehen soll. Snacks, Kaffee und Kuchen können Besucher im Gallery Café bestellen. Zu einem Spaziergang lädt die Gartenanlage **Ailie's Garden** ein.

Ältester Fußball

Smith Art Gallery & Museum, *Dumbarton Road,* ☎ *01786 471 917, www. smithartgalleryandmuseum.co.uk, Di–Sa 10.30–17, So 14–17 Uhr, Eintritt frei.*

Außerhalb des Stadtzentrums

National Wallace Monument

Am Nordende Stirlings, ungefähr 20 Minuten vom Stadtzentrum, führt die – mehr oder weniger – vergessene **Old Bridge** (erbaut im 15. oder frühen 16. Jh.) über den Forth. Sie war nicht nur eine der wichtigsten Brücken in Schottland, sondern für Jahrhunderte auch die einzige Brücke über den Forth, bis 1831 die Stirling New Bridge gebaut wurde. Die Old Bridge ersetzte die berühmte hölzerne Brücke, Schauplatz der Schlacht von 1297, als William Wallace hier die Engländer besiegte.

3 km nordöstlich der Stadt, in der Nähe von Universität und Bridge of Allan, erhebt sich das **National Wallace Monument**. Das beeindruckende viktorianische Denkmal im neogotischen Stil ist ein über 70 m hoher Turm, der 1861–1869 zum Gedenken an William Wallace errichtet wurde. Wallace, der Held des erfolgreichen, aber historisch nicht korrekten Films „Braveheart", wurde für seinen Sieg an der Stirling Bridge 1297 von Robert the Bruce zum Ritter erhoben, musste jedoch später eine bittere Niederlage in Falkirk erfahren. In Europa Unterstützung für den schottischen Freiheitskampf suchend, wurde er während seiner Abwesenheit von den schottischen Adligen betrogen und bei seiner Rückkehr des Verrats angeklagt. *Aussichtsplattform* Wenn einem die 246 Stufen zur Aussichtsplattform auf dem Denkmal nichts ausmachen, wird man oben angekommen mit einer wunderschönen Aussicht belohnt. Im Besucherzentrum informiert eine multimediale Ausstellung über die historischen Ereignisse und die Kontroversen, die bei der Eröffnung des Denkmals entstanden.

National Wallace Monument, *Abbey Craig, Hillfoots Road, Causewayhead, ☎ 01786 472 140, www.nationalwallacemonument.com, Jan.–März, Nov./Dez. 10.30–16, April–Juni, Sept./Okt. 10–17, Juli/Aug. 10–18 Uhr, Eintritt Erw. 8.50 £, Kinder 5.30 £. Shuttle-Bus vom Parkplatz.*

Knapp 1,5 km nördlich des Wallace Monument befinden sich die Ruinen der **Cambuskenneth Abbey**, die David I. 1147 für den Augustinerorden gründete und die einst eine der reichsten Abteien des Landes war. James III. (1451–1488) und seine Frau, Margarethe von Dänemark, Königin von Schottland, sind hier beerdigt. Erhalten ist lediglich der Glockenturm aus dem 14. Jh.

Cambuskenneth Abbey, *www.historic-scotland.gov.uk, April–Sept. tgl. 9.30–18 Uhr, nur von außen zu besichtigen.*

3 km südlich von Stirling liegt **Bannockburn** – der wichtigste Schauplatz der schottischen Geschichte. An dieser Stelle erkämpfte Robert the Bruce 1314 die

schottische Unabhängigkeit von den Engländern unter Führung von Edward II. Der Sieg führte zur Unabhängigkeitserklärung in Arbroath, 1320. Das Schlachtfeld kann begangen werden. Dass Bannockburn auch heute noch im Nationalbewusstsein der Schotten eine Rolle spielt, wird an den jährlich am dritten Wochenende im September stattfindenden Aufführungen deutlich, bei denen die historische Schlacht nachgespielt wird. Ein brandneues Besucherzentrum, das über die historischen Zusammenhänge informiert, wird 2014 anlässlich der 700-Jahresfeier eingeweiht.

Historische Schlacht

Bannockburn, *Glasgow Road, ☎ 01786 812 664, 0844 493 2139, www.nts.org.uk, tgl. 10–17.30 Uhr, spätestens bis zum Einbruch der Dunkelheit.*

Reisepraktische Informationen Stirling

Information

VisitScotland Information Centre, *Old Town Jail, St. John Street Stirling F8 1EA, ☎ 01786 475 019, www.visitstirling.org, www.visitscottishheartlands.com, ganzjährig.*

Unterkunft

★★★★Forth Guest House €, *23 Forth Place, Riverside, Stirling FK8 1UD, ☎ 01786 471 020, www.forthguesthouse.co.uk. Ganzjährig außer Weihnachten und Neujahr, Doppel- und Familienzimmer. Etabliertes Haus in Bahnhofsnähe und Stadtzentrum. B&B ab 20 £ pro Person.*
★★★★Castlecroft €–€€, *Ballengeigh Road, Stirling FK8 1TN, ☎ 01786 474 933, www.castlecroft-uk.com. Ganzjährig außer Weihnachten und Neujahr. Modernes, freundliches Gästehaus mit großem Garten, Doppel- und Familienzimmern, kinderfreundlich. Am Burgberg gelegen, wunderbare Blicke nach Norden und Westen. 10 Min. ins Stadtzentrum. DZ mit Frühstück ab 60 £.*
★★★Portcullis €€, *Castle Wynd, ☎ 01786 472 290, www.theportcullishotel.com. Imposantes Gebäude beim Castle, Zimmer im 2. Stock. Mittlere Preisklasse, DZ mit Frühstück in der Hauptsaison 99 £. Neben einem Restaurant gibt es eine gemütliche Bar und einen Biergarten.*

Jugendherberge

★★★★Stirling Y.H., *St. John Street, Stirling FK8 1EA, ☎ 01786 473 442, www.syha.org.uk. Ganzjährig, 122 Betten, Familienzimmer. In einer umgebauten Kirche auf einem Hügel gelegen, was den Weg mit einem schweren Rucksack etwas beschwerlich macht.*

Einkehren

Hermann's, *Mar Place House, ☎ 01786 450 632, www.hermanns-restaurant.co.uk, Mo–So 12–14.30, 18–21.30 Uhr. Traditionelle, bodenständige schottisch-österreichische Küche, da der Gründer des Restaurants aus Österreich stammt. Leckere Jägerschnitzel zu moderaten Preisen.*
Darnley Coffee House, *18 Bow Street, ☎ 01786 474 468. Altmodisches Café mit leckeren Kleinigkeiten.*

Pubs
Stirling hat viele einladende Pubs. Im uralten **Settle Inn** in 91 St. Mary's Wynd herrscht eine sehr nette Atmosphäre.

Unterhaltung/Theater
The Tolbooth, Jail Wynd, ☎ 01786 274 000, http://tolbooth.stirling.gov.uk. Kunst- und Kulturzentrum, Café-Bar und Restaurant im alten Gefängnis in der Altstadt: Folklore, Weltmusik, Theater etc.

Das **MacRobert Art Centre Theatre**, University of Stirling, Stirling FK9 4LA, ☎ 01786 466666, www.macrobert.org, bietet ein reiches Programm an Film, Theater, Konzert- und Tanzaufführungen und organisiert Ausstellungen. Bar tgl. ab 10 Uhr. Es gibt Frühstück, Lunch und Dinner.

Bus und Bahn
Stirling ist einfach von Edinburgh, Glasgow, Perth und allen anderen Städten mit Bus oder Bahn erreichbar. Der Bahnhof befindet sich in der Station Road (nahe dem Stadtzentrum) und der Busbahnhof ist in der Goosecroft Road, hinter dem Thistle Shopping Centre.

Die Umgebung von Stirling

In dem hübschen Ort **Bridge of Allan**, 6 km nördlich von Stirling, ist die 1875/76 errichtete Holy Trinity Church mit einer Innenausstattung von Charles Rennie Mackintosh und schönen Glasfenstern zu besichtigen.
Holy Trinity Church, www.bridgeofallanparishchurch.org.uk, Juni–Aug. Sa 10–16 Uhr, Gottesdienst So 11 Uhr, Eintritt frei.

Dunblane

Wandern in den Ochil Hills

Die angenehme Kleinstadt Dunblane liegt knapp 10 km nördlich von Stirling. Seit ihrer Gründung im 7. Jh. durch St. Blane war die Stadt ein kirchliches Zentrum. St. Blane lebte in dem nahe gelegenen „Dun" (= Fort), daher der Name. In den westlichen gelegenen Ochil Hills gibt es herrliche Wandermöglichkeiten.

Die schöne **Dunblane Cathedral** wurde im 12. Jh. gegründet. Es ist jedoch nur noch der untere Teil des normannischen Turms erhalten. Der obere Teil stammt aus dem 15. Jh. Ursprünglich war der Turm freistehend. Hauptschiff und Chor entstanden im 13. Jh. Während der Reformation bereits beschädigt, verfiel der Bau, als im 16. Jh. das Dach einstürzte. Im ausgehenden 19. und zu Beginn des 20. Jh. wurde die Kirche restauriert. Im Inneren erinnert ein Denkmal an das tragische Ereignis von 1996, als 16 Schulkinder samt Lehrer von einem Einheimischen erschossen wurden.
Dunblane Cathedral, ☎ 01786 825 388, www.dunblanecathedral.org.uk, www.historic-scotland.gov.uk, April–Sept. Mo–Sa 9.30–12.30, 13.30–17, So 14–17, Okt.–März Mo–Sa 9.30–16, So 14–16 Uhr, Eintritt frei.

Das winzige **Dunblane Museum** im 1624 erbauten Dean's House beherbergt Exponate zur Lokalgeschichte.
Dunblane Museum, ☏ 01786 825 691, www.dunblanemuseum.org.uk, Mai–Sept. Mo–Sa 10.30–16.30 Uhr, Eintritt frei.

Die **Leighton Library**, nicht weit von der Kathedrale, ist die älteste private Bibliothek in Schottland, die aber mittlerweile der Öffentlichkeit zugänglich gemacht wurde. Sie wurde zwischen 1684 und 1688 eingerichtet, wobei als Grundstock die 1.500 Bücher des Robert Leighton, Bischof von Dunblane, dienten. Heute umfasst die sich über zwei Stockwerke ziehende Bibliothek rund 4.500 kostbare Bücher in 89 Sprachen. *Kostbarer Bücherbestand*
Leighton Library, 61 High Street, ☏ 01786 822 296, www.leightonlibrary.co.uk, Mai–Sept. Mo–Sa 11–13 Uhr.

Unterkunft
Old Kippenross €€, Dunblane FK15 0LQ, ☏ 01786 824 048, www.wolseylodges.co.uk, ganzjährig. Wunderschönes, historisches Haus, das von einem riesigen Park umgeben ist, mit 3 Gästezimmern. Persönliche Betreuung. DZ oder Twin 50 £ pro Person, Dinner 30 £.

Doune

Doune ist ein ruhiger Ort 11 km nordwestlich von Stirling. Sehenswert ist das **Doune Castle**, das den Fluss Teith überblickt, denn die Architektur des ausgehenden 14. Jh. ist noch fast perfekt erhalten. Die Anlage besteht aus einer dreiseitigen Schutzmauer, einem viereckigen befestigten Turm im Nordosten und einem Westturm. Zwischen den beiden Türmen erstreckt sich der Haupttrakt. Durch den fast 30 m hohen Torhausturm gelangt man unter einer langen Passage in den Hof und von dort ins Innere der Burg, das durch seine karge Inneneinrichtung besonders beeindruckend wirkt. Monty Pythons Film „Die Ritter der Kokosnuss" *(Monty Python and the Holy Grail)* wurde in Doune Castle gedreht und Fans pilgern zum Doune Castle, auf der Suche nach dem Heiligen Gral. Es gibt sogar einen Monty Python Tag im September.
Doune Castle, ☏ 01786 841742, www.historic-scotland.gov.uk, April–Sept. tgl. 9.30–17.30, Okt. tgl. 9.30–16.30, Nov.–März Sa–Mi 9.30–16.30 Uhr, Eintritt 5,50 £.

Südlich von Doune, an der A84 nach Stirling, liegt der **Blair Drummond Safari Park & Adventure Park**, der einzige Wildlife Park in Schottland. Hier können Besucher Löwen, Tiger, Elefanten, Affen, Rhinos, Giraffen und Zebras aus nächster Nähe sehen. Wer nicht mit dem eigenen Auto unterwegs ist, kann den Safari-Bus benutzen. Für Kinder gibt es ein spezielles Aktivitäten- und Unterhaltungsprogramm, wie etwa die Seelöwen-Show, einen Abenteuerspielplatz und die Schimpanseninsel. *Safaripark*
Blair Drummond Safari Park & Adventure Park, ☏ 01786 841 456, www.blairdrummond.com, www.safari-park.co.uk, Mitte März–Okt. tgl. 10–17.30 Uhr, letzter Einlass 16.30 Uhr, Eintritt Erw. 13.50 £, Kinder 10.50 £. Nächster Bahnhof ist Stirling (ca. 8,5 km entfernt), Busservice ab Stirling (www.firstgroup.com).

II. DIE NÖRDLICHE INSELWELT

Die Orkney-Inseln

Allgemeiner Überblick

Die Orkney-Inseln bestehen aus insgesamt 70 Inseln, von denen 17 bewohnt sind. Die größte Insel ist **Mainland** mit der Hauptstadt Kirkwall und der schönen Hafenstadt Stromness. Auf Mainland findet man die meisten archäologischen Schätze: Maes Howe, den Broch of Gurness, das neolithische Dorf in Skara Brae, Unstan Cairn und die Stones of Stenness. Die Südspitze der Orkneys ist nur 15 km von Nordschottland entfernt. Obwohl sich die Inselgruppe auf demselben Breitengrad wie Sibirien befindet, friert es hier aufgrund der Auswirkungen des Golfstroms fast nie. Im Sommer werden aber auch selten mehr als 16 °C erreicht und es ist meist windig. Die Orkney-Inseln sind hügelig, grün und fruchtbar. Das Fehlen von Bäumen lässt das Landschaftsbild karg erscheinen.

Etwa 20.000 Menschen leben auf den Orkney-Inseln. Die traditionelle Erwerbsquelle sind seit jeher die Viehzucht, daneben Fischfang und Fischzucht, Nordseeöl-Förderung sowie Tourismus, Kunsthandwerk in jeglicher Form, Arbeiten für die Medien sowie Computertechnik.

Die senkrechten Felsenküsten, besonders an der Atlantikküste, sind ideale Nist- und Brutplätze für Tausende von Seevögeln. Auf den Archipelen leben 300 verschiedene Vogelarten: Papageientaucher, Tölpel, Seeschwalben, Sturmvögel, um nur einige zu nennen. Im Sommer sind die Steilküsten dicht an dicht mit Vögeln bevölkert. Die RSPB ist besonders stolz, dass der weißschwänzige Seeadler wieder auf Orkney eingeführt werden konnte. Im Meer tummeln sich die Seehunde, und wenn man Glück hat, kann man sogar Delfine sehen.

Geschichtlicher Überblick

Vor ca. 6.000 Jahren kamen die ersten Siedler nach Orkney. Die Zeugnisse früher menschlicher Besiedlung, wie Steinkreise, Häuser und Gräber, sind in einem besseren Zustand als im übrigen Schottland und erstaunlich zahl-

Redaktionstipps

▶ Die Ruhe und Abgeschiedenheit genießen.
▶ Besichtigung der Städte **Kirkwall** (S. 483) und **Stromness** (S. 491) sowie die **Standing Stones of Stenness** (S. 488), den **Ring of Brodgar** (S. 489), die neue Ausgrabungsstätte **Ness of Brodgar** (S. 489), **Maes Howe** (S. 489), **Skara Brae** (S. 487) und das **Isbister Kammergrab** auf South Ronaldsay (S. 493).
▶ Eine Fahrt über die Insel **South Ronaldsay** (S. 492) unternehmen und im Creel Restaurant einkehren (S. 502).
▶ Die Insel **Westray** (S. 499) besuchen, eine Küstenwanderung machen und im Bis Geos Hostel übernachten (S. 502).
▶ Bei Ebbe zur Insel **Brough of Birsay** (West Mainland, S. 486) oder zum **Old Man of Hoy** (Hoy) wandern (S. 494).

Die Orkney-Inseln

Welterbe reich vorhanden. Die wichtigsten Ausgrabungsorte (u.a. Skara Brae, Maes Howe, Ring of Brodgar) sind unter der Bezeichnung **Neolithic Orkney** als Welterbe ausgewiesen. Von den Pikten sind einige Brochs erhalten. Vom 8. bis 15. Jh. standen die Orkney-Inseln unter norwegischer Herrschaft. Die meisten Ortsnamen auf den Inseln gehen auf skandinavischen Einfluss zurück, ebenso viele Wörter im Dialekt der Inselbewohner.

Eine wichtige literarische Quelle über das Leben auf den Orkney-Inseln zur Zeit der Wikinger ist die anonym verfasste Orkneyinga Saga, die um 1200, ungefähr zur gleichen Zeit wie das Nibelungenlied, entstanden ist. Das altnordische Versepos schildert in einem etwa 300 Jahre umfassenden Zeitraum (ca. 874–1171) die abenteuerlichen Geschichten und kriegerischen Auseinandersetzungen der norwegi-

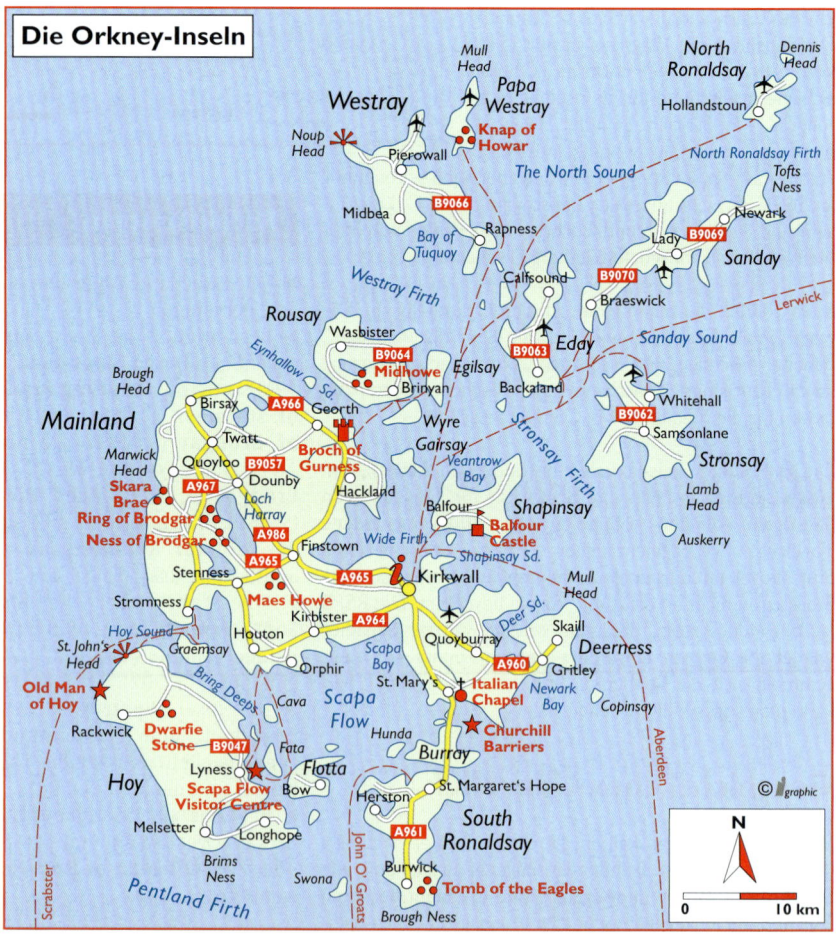

schen Earls. Gestalten wie Thorfinn, der Schädelspalter, und Einer Schiefmaul finden hier Erwähnung.

Bis 1468 gehörten die Orkney- und die Shetland-Inseln zu Norwegen. König Christian I. von Dänemark verheiratete seine einzige Tochter Margaret mit James III. von Schottland. Weil der „König leerer Beutel" die vereinbarte Mitgift von 60.000 Gulden nicht aufbringen konnte, verpfändete er die Inseln an seinen schottischen Schwiegersohn. Der von den Skandinaviern geplante Rücktausch kam nie zustande. Noch heute halten manche Historiker die Frage nach dem Status der Inseln für ungeklärt. Trotz der Nähe zum schottischen Festland fühlen sich die Orkney-Bewohner nicht besonders zu Schottland hingezogen. Sie bezeichnen sich als „Orcadians" und unter „Mainland" verstehen sie die größte Insel des Archipels und nicht das schottische Festland.

Inseln als Pfand

Nach der Herrschaft der Norweger wurden die Inseln von schottischen Grafen regiert, die die Bewohner ausbeuteten und ausnutzten. Ein steter Anstieg im Seehandel brachte gewisse Verbesserungen und später rekrutierte die Hudson's Bay Company Hunderte von Inselbewohnern für ihren kanadischen Pelzhandel. Die Inseln waren auch ein wichtiger Posten für den Wal- und Heringsfang. Die Marinebasis der Royal Navy bei Scape Flow brachte Geld und Arbeit. Die Meeresgrund ist voller Wracks und bietet ideale Tauchmöglichkeiten für Freizeittaucher. Der Ölterminal auf der Insel Flotta und europäische Entwicklungsgelder halfen, die Abwanderung junger Insulaner in Grenzen zu halten. Mittlerweile sind die Orkney-Inseln sogar ein beliebter Ort für Ruheständler vom Festland.

Mainland

Auf Mainland befinden sich die Hauptstadt Kirkwall mit 6.200 und der Fährhafen Stromness mit 2.100 Einwohnern. Typisch für beide Städte, deren historische Stadtzentren unter Denkmalschutz stehen, sind die mit Steinplatten gedeckten, giebelständig zur Straße stehenden Häuser.

Kirkwall

Kirkwall ist der größte Ort der Orkney-Inseln. Der Name leitet sich vom altnordischen „Kirkjuvagr" ab, was „Kirche in der Bucht" bedeutet. Erstmalig urkundlich erwähnt wird Kirkwall in der Orkneyinga Saga, als Earl Rognvald für König Olaf von Norwegen in Kirkwall eine Kirche baute.

Im Stadtzentrum sind noch vielfach die Strukturen des 16. und 17. Jh. erkennbar. Die lange und winkelige Hauptstraße weitet sich auf halber Strecke zum Marktplatz. Viele Häuser, zwischen denen enge Gässchen hindurchführen, besitzen die typisch nordische, zur Straße gewandte schmale Giebelfront. Mit seiner weitgehend erhaltenen Stadtstruktur stellt Kirkwall ein gutes Beispiel einer altnordischen Stadt dar. Die Stadtstruktur ist übersichtlich, alles kann zu Fuß erreicht werden.

Beispiel einer altnordischen Stadt

Die Orkney-Inseln

St. Magnus Cathedral in Kirkwall

St. Magnus Cathedral

Die 75 m lange Kirche wurde zwischen 1913 und 1930 umfassend restauriert und erhielt dabei ihr jetziges Aussehen. An der Außenfassade wechseln gelber und roter Sandstein und graue Steinplatten einander ab. Besonders schön ist dies an den drei Säulenportalen der Westseite, dem frühesten Teil der Kirche, gestaltet. Die Kathedrale wurde 1137 von Earl Rognvald für seinen Onkel Magnus gegründet. Magnus, später heilig gesprochen, war von seinem Vetter erschlagen worden. Earl Rognvald ließ die Gebeine seines Onkels vom Brough of Birsay hierher bringen. Auch er selbst fand in der Kathedrale seine letzte Ruhestätte. Weiterhin gibt es in der Kirche ein Denkmal für John Rae, einen Arktisforscher des 19. Jh., sowie ein Denkmal zu Ehren der 833 Besatzungsmitglieder der „HMS Royal Oak", die 1939 in Scapa Flow ums Leben kamen. Die Bauzeit der Kathedrale erstreckte sich vom 12. bis zum 15. Jh. Zu den ältesten Teilen gehören die Querschiffe. Im 14. Jh. wurde der zentrale Turm hinzugefügt, die moderne Turmspitze ist eine Zutat des 20. Jh. Interessant ist im Inneren vor allem die Verbindung des wuchtigen normannischen Stils mit späteren frühgotischen Elementen sowie eine Sammlung alter Grabsteine, von denen der älteste um das Jahr 1300 entstanden ist. Das Mort Bröd (Totenbord) ist ein gut erhaltenes Brett, das im westlichen Seitenschiff der Kathedrale hängt. Früher hing diese Art von Brettern als Zeichen des Respekts außen an den Häusern verstorbener wohlhabender Bürger.

St. Magnus Cathedral, *April–Sept. Mo–Sa 9–18, So 13–18, Okt.–März Mo–Sa 9–13, 14–17 Uhr. Der Gottesdienst findet So um 11.15 Uhr statt. Eintritt frei.*

Bishop's & Earl's Palaces

Im Stadtzentrum von Kirkwall gibt es zwei große Ruinen. Es handelt sich um den **Earl Patrick's Palace** und den **Bishop's Palace**. Der Bischofspalast ist weitgehend eine Rekonstruktion aus dem 16. Jh. Von dem ursprünglichen Gebäude aus dem 12. Jh. sind lediglich Teile des lang gestreckten Erdgeschosses erhalten. Im 16. Jh. entstand auch Moosie Toor, der heute noch stehende Rundturm am Nordende des Palastes.

Tyrannei

Earl's Palace, gegenüber, wurde auf Veranlassung des berüchtigten und gefürchteten Earl Patrick Stewart errichtet (1600–1607). Im späten 16., frühen 17. Jh. tyrannisierten die Stewarts die Inselbewohner mit äußerster Brutalität. Die erhaltenen Gebäudeteile stellen ein besonders schönes Beispiel der Übergangsarchitektur

von der befestigten Burg des Mittelalters zum Schloss der Renaissance dar: Die runden Eck-Erkertürmchen und die verzierten Erkerfenster sind charakteristisch für diesen Stil. Die große Bankettalle im ersten Stock mit einem monumentalen Kamin und die riesigen Küchen- und Lagerräume zeugen von dem Reichtum, den der „Schwarze Patrick" hier verbreitet hat. Die Bäume zwischen beiden Palästen sind einige der wenigen und die höchsten auf ganz Orkney.
Bishop's and Earl's Palaces, ☏ 01856 871 918, www.historic-scotland.gov.uk, April–Okt. tgl. 9.30–17.30 Uhr. Eintritt Erw. 4.50 £, Kinder 2.70 £.

Das Museum für die Geschichte der Orkneys ist im **Tankerness House**, einem 1574 erbauten Kaufmannshaus, untergebracht. Das Heimatmuseum zeigt neben Exponaten zur Lokalgeschichte zahlreiche wertvolle Funde, die bei Ausgrabungen auf den Inseln gemacht wurden. Ein Besuch im hervorragend aufbereiteten Museum gegenüber der Kathedrale empfiehlt sich, um sich mit den archäologischen Schätzen der Insel vertraut zu machen.
Tankerness House, Broad Street, ☏ 01856 873 535, ganzjährig.

Radiofans sollten dem **Orkney Wireless Museum** einen Besuch abstatten, wo es ein Sammelsurium verschiedenartigster Radios (u. a. aus Kriegszeiten) zu bestaunen gibt.
Orkney Wireless Museum, Kiln Corner, Junction Road, ☏ 01856 871400, www.orkneywirelessmuseum.org.uk, April–Okt. Mo–Sa 10–16.30, So 14.30–16.30 Uhr, Eintritt frei, um eine kleine Spende wird gebeten.

Die **Highland Park Whisky Distillery** ist die nördlichste aller Whisky-Brennereien in Schottland. Sie wurde 1798 gegründet. In der Highland Park Distillery findet, im Gegensatz zu anderen Brennereien, noch der komplette Aufbereitungsvorgang der Gerste statt. Zum Abschluss der Tour gibt es den üblichen Probeschluck **Highland Park Whisky Distillery**, ☏ 01856 874 619, www.highlandpark.co.uk, ganzjährig Mo–Fr, Mai–Aug. auch Sa/So 10–17, So ab 12 Uhr. Eintritt 6 £, stündl. Führungen.

Nördlichste Whisky-Brennerei

Ganz in der Nahe liegt die **Scapa Distillery**, die den ehrenvollen Titel der nördlichsten Destille in Großbritannien nur knapp verpasst. Besichtigungen sind hier nicht möglich.

West Mainland

Alles, was westlich von Kirkwall liegt, wird West Mainland genannt – ein Gebiet mit Hügeln und Moorland, das von den spektakulären Klippen an der Atlantikküste eingefasst wird. Hier findet der Besucher die größte Konzentration prähistorischer Monumente in ganz Großbritannien.

Cuween Hill (1 km südlich von Finstown, an der A965) beherbergt ein steinzeitliches Kammergrab, welches – vergleichbar mit Maes Howe – aus einem sehr niedrigen Gang mit einer Hauptkammer und vier Seitenkammern besteht. Im Inneren ist es dunkel und ein wenig unheimlich. Das Grab wurde 1901 geöffnet. Man fand

Kammergrab

die Überreste von acht Menschen sowie Knochen von Ochsen, Vögeln und 24 Hunden. In **Wideford Hill** liegt ein weiteres steinzeitliches Kammergrab. Beide werden auf ca. 3000 v. Chr. datiert.

14 km nordwestlich von Kirkwall liegt das kleine Dorf **Evie**. Ein Fußweg führt zum spektakulär am Eynhallow Sound gelegenen **Broch of Gurness**. Der gut erhaltene Broch wurde zwischen 200–100 v. Chr. gebaut (ev. an der Stelle einer früheren Siedlung) und im 9. Jh. von den Wikingern zerstört. Der Broch hat einen Durchmesser von 20 m und zwischen den beiden Doppelmauern sind einzelne Kammern durch Steinwände abgeteilt. Über Treppen gelangte man in die oberen Stockwerke. In der Mitte des Brochs ist der Brunnen erhalten. Die zahlreichen umliegenden piktischen Hütten weisen darauf hin, dass der Broch einst Zentrum einer dörflichen Siedlung war. Sie geben dem Besucher eine gute Vorstellung davon, wie dörfliches Leben vor 2.000 Jahren ausgesehen haben muss.
Broch of Gurness, ☎ *01856 751 414, www.historicscotland.co.uk, April–Okt. tgl. 9.30–17.30 Uhr, Eintritt Erw. 5.50 £, Kinder 3.30 £.*

Wanderung bei Ebbe Bei Ebbe kann man die der Küste von Birsay vorgelagerte Insel **Brough of Birsay** an der Nordspitze des Mainland zu Fuß erreichen, wo es die Reste einer Siedlung aus piktischer Zeit zu bestaunen gibt *(Juni–Sept., Eintritt 4 £)*. Am schönsten ist dies am Ende des Tages bei Sonnenuntergang. Erkundigen Sie sich aber vorher nach den Tidezeiten im Touristenbüro. Ein schöner Spaziergang führt zum 1925 erbauten Leuchtturm, der mit Sonnenenergie betrieben wird.

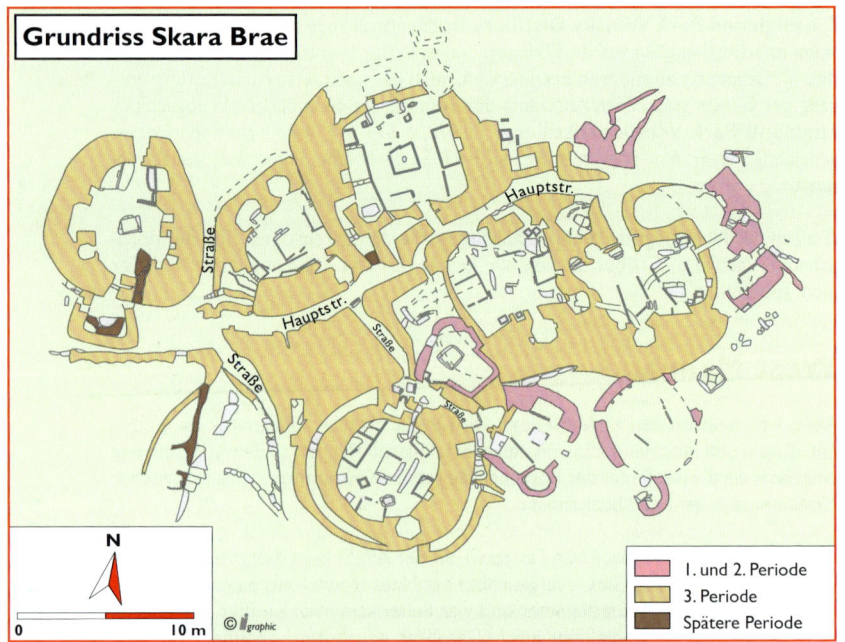

Am Südende der Birsay Bay liegen die beeindruckenden, über 90 m hohen Klippen von **Marwick Head**. Das **Kitchener Memorial** wurde nach dem Ersten Weltkrieg errichtet und erinnert an den berühmt-berüchtigten Lord Kitchener und an die Besatzung der „HMS Hampshire", die 1916 von einer deutschen Mine versenkt wurde.

Zwischen Boarhouse Loch und Hundland Loch liegt das **Kirbuster Farm Museum**, das in dem letzten Black House auf den Orkney-Inseln eingerichtet wurde. Es wurde noch bis 1960 bewohnt. Darin kann man sich eine Vorstellung davon machen, wie ländliches Leben in früheren Zeiten auf der Insel ausgesehen haben muss. **Kirbuster Farm Museum**, Birsay, ☎ 01856 873535, ganzjährig.

Skara Brae und Skaill House

Mit Hilfe der Radiokarbondatierung konnte die Besiedlung des Dorfs **Skara Brae** auf die Mitte des 3. Jahrtausends v. Chr. datiert werden. Es wurde Opfer eines Sandsturms. Erst 1850 wurde das Dorf – erneut durch einen Sandsturm – wieder aufgedeckt. Bei späteren Ausgrabungen fand man ein vollständiges Dorf unter den Sandhügeln vor. Aus den Hinterlassenschaften gelang es, die Lebensweisen der Steinzeitmenschen zu untersuchen. Da die Insel früher wie auch heute baumlos war, gab es kein Holz. „Möbel" wur-

Skara Brae – ein steinzeitliches Dorf

den daher aus Stein angefertigt. Im Inneren der acht Häuser fand man steinerne Bettstellen, Vorratsbehälter und Nischen, die wohl als Schränke dienten.

Die Mauern der Häuser sind bis zu 2,5 m hoch und über 1 m dick. Man nimmt an, dass die flachen Steinplatten, die ohne Mörtel aufeinandergeschichtet wurden, wohl von außen mit Lehm verputzt waren. Rechteckig im Grundriss, bestehen die Häuser aus einem einzigen 17–40 m² großen Raum. Für die Dächer wurde ein Gerüst aus Walknochen angefertigt, welches mit Tierfellen und mit Grassoden bedeckt war. In der Mitte befand sich eine Öffnung als Rauchabzug. Vermutlich wohnten in diesem Dorf nicht mehr als 30 Leute gleichzeitig. Hinweise, dass das Dorf Handel mit anderen Gemeinschaften geführt hat, gibt es keine, woraus man schließt, dass das Dorf sich selbst versorgen konnte. Die Menschen besaßen Rinder, Schafe und Pferde und gingen zur Jagd. Anzeichen für Fischerei gibt es keine. Kleidung wurde aus Häuten angefertigt und es gab einfache Stein- und Knochenwerkzeuge. Die meisten Fundstücke – Schmuck, Tonscherben und Werkzeuge – sind im Royal Museum in Edinburgh ausgestellt.

Dorf für 30 Bewohner

Es lohnt sich, vor der Besichtigung das **Besucherzentrum** aufzusuchen, in dem ein Film und eine Ausstellung über die Ausgrabungsstätte informieren und etliche originale Fundstücke zu sehen sind. Neben dem Besucherzentrum verdeutlicht die Replik eines typischen neolithischen Hauses die damalige Lebensweise. Von dort führt ein Weg zur Ausgrabungsstätte. Steinplatten im Fußboden erinnern an die wichtigsten Ereignisse der letzten 5.000 Jahre.

Skara Brae, 11 km nördlich von Stromness, ☎ 01856 841815, www.historic-scotland. gov.uk, April–Sept. tgl. 9.30–17.30, Okt.–März Sa/So 9.30–16.30 Uhr. Eintritt Skara Brae und Skaill House: 7.10 £, Kinder 4.30 £, Eintritt nur Skara Brae (Nov.–März) 6.10 £, Kinder 3.70 £.

Im nahe gelegenen **Skaill House**, einem vornehmen Haus aus dem 17. Jh., gibt es schöne Kunstgegenstände und allerhand Kurioses zu sehen.

Einzige Brauerei Orkneys

Nicht weit von Skara Brae, in **Sandwick**, befindet sich Orkneys einzige Brauerei, 1988 als Orkney Brewery gegründet und nach verschiedenen Übernahmen heute als Sinclair Breweries bekannt. Hier wird u. a. das Skull Splitter (8,5 vol.-%!) gebraut, das nach dem Wikinger **Thorfinn Einarsson** benannt ist *(www.sinclairbreweries.co.uk).*

Unstan Cairn

Nordöstlich von Stromness liegt Unstan Cairn. Auf den Orkney-Inseln gibt es zwei Bauformen von Kammergräbern. Die erste Bauweise (z. B. Maes Howe) hat eine zentrale Kammer, von der kleinere Kammern in verschiedene Richtungen abgehen. In diesen wurden die Toten bestattet. Die andere Bauweise (z. B. Midhowe) hat eine einzige lange Kammer, wobei große Steinplatten für die Unterteilung in Grabnischen sorgen. Bei der Grabkammer Unstan handelt es sich um eine Mischform. Sie besitzt eine zentrale Kammer (8,4 m lang), die durch verschiedene Steinplatten in fünf Nischen unterteilt ist, von der aber auch – wie in Maes Howe – kleinere Zellen abgehen. Bei Ausgrabungen Ende des 19. Jh. wurden zwei sitzende Skelette sowie eine enorme Sammlung steinzeitlicher Töpferwaren gefunden. Diese Sammlung, nach dem Namen des Grabes „Unstan-Ware" genannt, ist die größte Sammlung, die je in Schottland gefunden wurde. Durch das moderne Dach kann Tageslicht in das Grab dringen, sodass es nicht ganz so unheimlich ist.

Steinzeitliche Tonwaren

Stenness

Der Straße folgend, kommt man zu dem kleinen Dorf Stenness in der Nähe einer der interessantesten archäologischen Sehenswürdigkeiten auf den Orkney-Inseln: die **Standing Stones of Stenness**. Von dem ursprünglich aus zwölf Monolithen gebildeten Steinkreis (vermutlich 3100 v. Chr.) stehen heute nur noch vier. Der größte von diesen ist über 5 m hoch. Die Steine sind unregelmäßig verteilt. Ein Pfad führt von hier zum nördlich gelegenen **Barnhouse Settlement**, ein 1984 freigelegtes neolithisches Dorf am Südufer des Harray Lochs. Im Vergleich zu Skara Brae weitaus weniger imposant, wurden hier jedoch 15 kleine Behausungen freigelegt.

Barnhouse Settlement, *Juni–Aug. kostenlose Führungen, jeweils Mo, Mi und Fr 10 Uhr. Treffpunkt am Eingang, weitere Auskunft ☎ 01856 841 732.*

Ring und Ness of Brodgar

1,5 km von hier liegt der **Ring of Brodgar**, ein weiterer völlig runder Steinkreis mit einem Durchmesser von fast 104 m. Er wurde zwischen 2500 und 2000 v. Chr. errichtet und ist somit jünger als der Steinkreis von Stenness. Von den ursprünglich 60 Steinen stehen noch 27 aufrecht. Sie sind zwischen 2 und 4,5 m hoch und oben schräg abgespitzt. Um den Kreis herum verläuft ein über 3 m tiefer und 10 m breiter Graben. Auch Stenness hat einen solchen Graben. Diese Form wird „henge monument" genannt. In der

Spannende Ausgrabungen am Ness of Brodgar

Nähe des Kreises stehen ein merkwürdig isolierter einzelner Menhir, der 1,75 m hohe **Comat Stone**, sowie weitere kleine Steine. In der Umgebung kann man viele kleine Grabhügel sehen, woraus man schließt, dass der Steinkreis dem Totenkult diente. Andere Theorien sprechen von einer rituellen astronomischen Funktion.

Spektakulär sind die Funde am **Ness of Brodgar**, ein Areal von rund 2,5 ha zwischen dem Ring of Brodgar und den Stehenden Steinen von Stenness. Die Ausgrabungen begannen 2003 und brachten Zeugnisse von Behausungen, verzierten Steinen, eine Steinmauer und ein großes Gebäude zutage, das als „Palast" bezeichnet wird. Die Stätte wurde seit 3500 v. Chr. besiedelt. Die Funde gelten als einzigartig in Großbritannien und könnten sogar noch wichtiger als Stonehenge sein. Mitarbeiter von Historic Scotland bieten im Sommer Führungen an.

Neueste Ausgrabungen

Maes Howe

Nicht weit von den Stones of Stenness liegt Maes Howe. Maes Howe ist ein konischer, fast 8 m hoher Hügel, der mit Gras bewachsen ist. In seinem Inneren verbirgt sich eines der ältesten Kammergräber der Megalithkultur, das als das schönste in ganz Westeuropa gilt. Maes Howe gehört zu den frühen großen Leistungen der Steinarchitektur in Europa. Durch einen niedrigen, 11 m langen Gang gelangt man in eine große zentrale Kammer (ca. 4 m hoch), von der kleinere Zellen abzweigen. Die mittlere Kammer beweist die technische Geschicklichkeit ihrer Erbauer: Die Schichtung der Steine ohne Mörtel ist so kunstvoll, dass keine Messerklinge mehr durch die Ritzen passt. Es handelt sich um eine Konstruktion mit Strebepfeilern und Kragsteingewölbe. Nach oben hin verjüngen sich die Mauern und werden von einem (neueren) Kuppeldach abgeschlossen. Ebenso faszinierend ist die Platzierung der tonnenschweren, bis zu 5,5 m langen Seiten- und Deckenplatten der Eingangsstollen und die gewaltigen Monolithe, die als Türrahmen dienen.

Als man 1861 den Hügel untersuchte, waren die Kammern leer, allerdings beweisen Inschriften die Anwesenheit der Wikinger im 12. Jh. Die Runen an den Wänden sprechen von einem großen Schatz („Glücklich, wer den großen Schatz findet"), dass Kreuzritter um 1150 hier eingebrochen seien und dass zwei Mann ihren Verstand verloren haben. Weiterhin wird vom Leben und Träumen der Menschen berichtet („Ingiborg ist die schönste Frau"). Es gibt einfache Namensinschriften und Bilder (Drache, Schlange und Walross), aber einige der Inschriften sind in Versform verfasst. Die in Stein geritzten Runeninschriften von Maes Howe gelten als die beste und reichste Sammlung dieser Art in der ganzen Welt. Radiokarbonanalysen haben neue Erkenntnisse über die Datierung der Kammergräber erbracht. Die ältesten vom Typ Maes Howe müssen schon zwischen 3500 und 3700 v. Chr. entstanden sein, demnach fast 1.000 Jahre früher als die ersten Pyramiden. Die Erforschung der orkadianischen Kammergräber beweise – so die Wissenschaftler – die Existenz einer eigenständigen Megalithkultur im äußersten Norden Europas. Ein beeindruckendes Naturschauspiel findet bei Sonnenuntergang zur Wintersonnenwende statt. Für 20 Minuten scheint dann die Sonne direkt in den Gang, wobei sie die hintere Wand einer der Zellen beleuchtet. Dieses Phänomen findet auch im Kammergrab Newgrange in Irland statt.

Führung am Maes Howe

Maes Howe, *9 km westlich von Kirkwall,* ☎ *01856 761 606, www.historic-scotland. gov.uk, April–Sept. tgl. 9.30–17, Okt.–März tgl. 9.30–16.30 Uhr, Besichtigung mit Führung, Eintrittskarten mit Zeitfenster (timed ticketing, Buchung im Voraus erforderlich) im Besucherzentrum Tormiston Mill, Eintritt Erw. 5.50 £, Kinder 3.30 £.*

Orphir

Am Südufer von West Mainland, mit Blick auf Scapa Flow, liegt die Streusiedlung Orphir, wo es das **Orkneyinga Saga Centre** zu besichtigen gibt. Die kleine Ausstellung und ein Film geben eine gute Einführung zur Orkneyinga Saga (s. S. 482), die um 1200, möglicherweise von einem Isländer, geschrieben wurde. Sie erzählt die Geschichte der Wikinger auf den Orkney-Inseln. Die Anlage beinhaltet die Reste einer Festhalle der Wikinger sowie die Ruinen von Schottlands einziger mittelalterlicher Rundkirche (spätes 11. oder frühes 12. Jh.)

Geschichte der Wikinger

Orkneyinga Saga Centre, *Orphir*, ☏ *01856 873 535, ganzjährig 9–17 Uhr geöffnet, Eintritt frei.*

Von Orphir aus ist es nicht weit bis nach **Houton**, von wo aus die Fähren nach Hoy fahren.

Stromness

Stromness wurde im 17. Jh. gegründet und war durch seinen Naturhafen ein wichtiger Knotenpunkt der großen Handels-, Entdecker- und Walfängerschiffe. Die vor allem mit den Indianern in Nordkanada Handel treibende *Hudson's Bay Company*, 1670 gegründet, wählte Stromness zu ihrer Basis. Hier wurden Seeleute angeheuert und im Login's Well Frischwasser aufgetankt. Viele berühmte Schiffe lagen einst im Hafen von Stromness, so die „Bounty" und Captain Cooks „Discovery". Im 19. Jh. hatte der Heringsboom auch Stromness erreicht und über 400 Fischerboote benutzten den Hafen. Der Heringsfang dauerte jedoch lediglich 20 Jahre an, denn dann waren die Gewässer leer gefischt.

Berühmte Schiffe

Aber auch heute noch ist Stromness Fischereihafen sowie der Haupthafen für die Orkney-Inseln. Mit seinen engen, kopfsteingepflasterten Straßen und den alten grauen Häusern ist Stromness attraktiver als Kirkwall. Besonders schön ist die malerische Hafenfront, wenn man mit dem Schiff ankommt. Der Ort besteht hauptsächlich aus einer engen, gewundenen Hauptstraße, von der verschiedene kleine Gassen abgehen. Die Häuser an der Meerseite haben alle ihren eigenen Bootsanleger. Die lange Hauptstraße hat mehrere Namen: Victoria Street, Graham Palace, Dundas Street, Alfred Street und South End.

Die **Touristeninformation** befindet sich im neuen Fährterminal. Von hier aus werden (kostenlose) Rundgänge durch die Stadt angeboten. Das **Stromness Museum** zeigt Exponate zur Lokalgeschichte, u.a. Erinnerungsstücke an Scapa Flow und an die Zeit der *Hudson's Bay Company*.
Stromness Museum, *Alfred Street*, ☏ *01856 850 025, Mai–Sept. Mo–Sa 10–17, Okt.–April tgl. 10.30–12.30, 13.30–17 Uhr, Eintritt 3.50 £.*

Gegenüber dem Museum befindet sich das Haus, wo **George Mackay Brown** (1921–1996), der berühmte Schriftsteller der Orkney-Inseln, zwei Jahrzehnte lang gelebt hat. Das ausgezeichnete **Pier Art Centre** zeigt eine ständige Ausstellung u.a. Werke der Künstler der St. Ives School, u.a. Barbara Hepworth, Ben Nicholson und Naum Gabo, sowie Wechselausstellungen.
Pier Art Centre, ☏ *01856 850 209, www.pierartscentre.com, Di–Sa 10.30–17 Uhr.*

East Mainland

East Mainland wartet mit einigen netten Fischerorten und Gelegenheit zu fantastischen Küstenwanderungen auf. Wunderschön ist die **Deerness-Halbinsel**, deren Sandstrände zum Spazierengehen und Picknicken einladen.

Schöne Halbinsel

Künstliche Deiche

Die künstlich aufgeschütteten Deiche, die **Churchills Barriers**, verbinden die Inseln Lamb Holm, Glimps Holm, Burray und South Ronaldsay mit dem Mainland. Nach dem Überfall auf die „Royal Oak" ließ Churchill diese vier Dämme anlegen. Scapa Flow sollte damit von Osten her geschützt werden. Tausende von tonnenschweren Zementblöcken wurden von den hier internierten italienischen Kriegsgefangenen gegossen. 1.300 Italiener, die in Nordafrika in Gefangenschaft gekommen waren, wurden zu diesem Zweck nach Orkney gebracht. An das italienische Gefangenenlager erinnert die Italienische Kapelle auf **Lamb Holm**, die die Gefangenen aus Wellblech bauten. Die Kapelle kann besichtigt werden *(ganzjährig am Tag bis zur Dämmerung, Eintritt frei)*. Rechts und links der Dämme sieht man Schiffswracks aus dem Wasser ragen. Um Scapa Flow zusätzlich zu schützen, wurden sie hier versenkt.

Eine gute Idee für einen Regentag ist ein Besuch des **Fossil & Vintage Centre** an der A961. Hier ist eine bizarre Sammlung an alten Möbeln sowie über 350 Millionen Jahre alten Fossilien von Fischen untergebracht. Im Archiv kann man in alten Büchern und Fotografien stöbern. Im Café lockt Selbstgebackenes.
Fossil & Vintage Centre, *Viewforth, Burray, ☎ 01856 731 255, www.orkneyfossil centre.co.uk, April–Sept tgl. 10–17 Uhr, Eintritt 3.50 £.*

Mine Howe in der Nähe von Tangerness ist ein unterirdisches Kammergrab aus der Eisenzeit. Das Grab wurde 1999 wiederentdeckt, nachdem es bereits 1946 einmal geöffnet, jedoch sofort wieder geschlossen worden war. Es handelt sich um eine zweigeschossige Anlage. Vom Eingangsloch führen 29 Stufen zu einer Plattform. Von dort gehen zwei Galerien ab, wo sich Eingänge zu zwei Schächten befinden. Weitere Stufen führen in die untere Kammer
Mine Howe, *3 km südlich des Kirkwall Airport, ☎ 01856 861 209, 01856 861 234, www.orkneyjar.com/history/minehowe/, tel. nach Öffnungszeiten erkundigen.*

South Ronaldsay

South Ronaldsay ist die südlichste Insel des Archipels. Sie liegt nur 9 km vom schottischen Festland entfernt.

Fährverbindung
Eine kleine Passagierfähre verbindet Burwick an der Südspitze South Ronaldsay mit John O'Groats (John O'Groats Ferry, Mai–Sept., ☎ 01955 611 353, www.jogferry.co.uk).

St. Margaret's Hope

Dorffest

In dem kleinen Städtchen St. Margaret's Hope (*hope* abgeleitet vom norwegischen *hjop* für *bay* = Bucht) an der Nordküste beherbergt das Smiddy Museum eine stattliche Sammlung an Gegenständen des Dorfschmieds sowie eine Ausstellung über das jährlich stattfindende Boys' Ploughing Match. Das beliebte Dorfereignis wird seit dem frühen 19. Jh., oder bereits schon früher, durchgeführt. An einem Sonntag im

St. Margaret's Hope auf South Ronaldsay

August verkleiden sich die Jungs als Pflüger, die Mädchen als Pferde und halten auf dem Dorfplatz eine Parade ab. Anschließend geht es zu den Sand of Wright, einige Kilometer weiter westlich, wo ein Wettbewerb im Pflügen stattfindet.
Smiddy Museum, St. Margaret's Hope, ☏ 01856 831 567, Mai–Okt., unregelmäßig geöffnet.

Isbister Kammergrab – Tomb of the Eagles

An der Südspitze von South Ronaldsay liegt das Isbister Kammergrab, auch **Tomb of the Eagles** genannt, das auf ca. 3000 v. Chr. datiert wird. Den Beinamen *Tomb of the Eagles* erhielt es wegen der hier gefundenen Seeadlerknochen. Möglicherweise war der Adler der Totenvogel dieser Menschen. Der Hobby-Archäologe und Bauer Ronald Simpson entdeckte das Grab 1958. Seine Familie betreut die Ausgrabungsstätte und betreibt das kleine Besucherzentrum sowie die interessanten und lehrreichen Führungen zum Kammergrab. Auf dem 1,5 km langen Weg über das Feld kommt man an einer Siedlung aus der Bronzezeit vorbei. Um schließlich das Grab zu besichtigen, kann man sich auf einen kleinen Wagen legen und sich dann an einem Seil hineinziehen. Der Eingang ist 70 cm breit, 85 cm hoch und 3 m lang. Von den Geräuschen der Nordsee begleitet, während man im Grab verschwindet, ist dies ein besonderes Erlebnis. Die dort gefundenen Gegenstände sind im Besucherzentrum ausgestellt.

Möglicher Totenvogel

In dem Grab, bestehend aus einer Eingangspassage und einer unterteilten Hauptkammer, von der drei kleinere Kammern abgehen, wurde eine stattliche Anzahl an Knochen gefunden. Die Untersuchung der Knochen führte zu weiterem Wissen über die Art und Weise, wie die Menschen dort gelebt und ihre Toten bestattet

Einstige Lebenserwartung

haben. Es war möglich, eine durchschnittliche Lebenserwartung von 19 Jahren und elf Monaten zu errechnen. Frauen starben früher und viele Menschen hatten offensichtlich Knochenveränderungen. Alle Knochen waren in den verschiedenen Abteilungen des Grabs geordnet. Da das Grab über 1.500 Jahre lang benutzt wurde, vermutet man, dass das Entscheidende an dieser Begräbnisform nicht die Bestattung des einzelnen, sondern das Eingehen in eine Ahnenreihe war. 340 Menschen wurden hier begraben. Neben zahlreichen Tier- und Vogelknochen fand man außerdem verschiedene Objekte, z. B. Geräte aus Stein und Steinäxte.

Tomb of the Eagles, *Liddle,* ☎ *01856 831 339, www.tombofttheeagles.co.uk, März 10–12, April–Sept. 9.30–17.30, Okt. 9.30–12.30 Uhr, Nov.–Feb. nach Anmeldung. Eine halbe bis 2 Std. sollte man für die Besichtigung einplanen, Eintritt Erw. 7 £, Kinder 5–12 Jahre 2 £, über 13 Jahre 3 £.*

Geschützstände an der Küste

Hoy

Das südlich von Mainland gelegene Hoy ist die zweitgrößte Orkney-Insel und die hügeligste. Der höchste Punkt der Orkney-Inseln ist der **Ward Hill** im Norden von Hoy. Im Norden erstreckt sich auch das North Hoy-Vogelschutzgebiet. An der Nord- und Westküste gibt es spektakuläre Klippen. Lohnend ist die Fahrt quer über die Insel von Lyness nach Rackwick an der Westküste. Auf halbem Weg (südlich von Ward Hill) liegt im Moor, gut 500 m links der Straße, der **Dwarfie Stone**. Der rechteckige Sandsteinblock wurde aus dem Felsen geschlagen und das so entstandene Loch zu einem Gang mit zwei seitlichen Zellen erweitert. Man nimmt an, dass dieses Grab im Dwarfie Stone das älteste Grab der Orkney-Inseln ist, um 3000 v. Chr. und möglicherweise das einzige dieses Typs in ganz Großbritannien. Im Inneren kann man „Graffiti" aus viktorianischer Zeit bewundern.

Im Norden der Insel ragt **St. John's Head** aus dem Wasser, mit 352 m die höchste senkrechte Klippe in Großbritannien. Reist man per Fähre von Scrabster zu den Orkney-Inseln, fährt man an den beeindruckenden Sandsteinklippen von Hoy entlang. Bei Sturm werden die Wellen, die gegen die Klippen von Hoy donnern, bis zu 15 m hoch.

Wandern

Von **Moanes**, *dem Fähranleger aus Stromness, kann man in 3 Std. (pro Strecke) die 9 km über Rackwick zu den Klippen gegenüber des* **Old Man of Hoy** *wandern. Die 137 m hohe Felsnadel ist das Wahrzeichen der Insel. Bei gutem Wetter leuchtet die Säule im sonnigen Abendlicht rotgolden (Karte OS Explorer 462).*

Scapa Flow

Der Name *Scapa Flow* kommt aus dem Nordischen und bedeutet „bay for the long valley isthmus". Die riesige Bucht – gelegen im Süden von Kirkwall – diente in beiden Weltkriegen als britischer Flottenstützpunkt. Der von Inseln umgebene Naturhafen stellte einen idealen Lagerplatz dar. Darüber hinaus war sowohl Zugang zur Nordsee als auch zum Atlantik gegeben. Auf der Ostseite wurden Netze gespannt und Schiffe versenkt, um sich vor U-Booten zu schützen. Nach der Niederlage des Deutschen Reichs war die deutsche Hochseeflotte unter dem Kommando von Admiral von Reuter in diese Bucht beordert worden, wo sie von britischen Schiffen bewacht wurde. 4.700 Mann auf 74 Schiffen harrten hier von November 1918 bis Juni 1919 aus. Als durch den Versailler Vertrag die deutsche Flotte England als Kriegsbeute zugesprochen wurde, gab Admiral von Reuter am 21. Juni 1919 den Befehl, die Flotte zu versenken – anstatt die Flotte dem „Feind" zu übergeben. Das Sinken der Schiffe dauerte nicht mehr als ein paar Stunden. In den 1920er-Jahren wurden die meisten Schiffe vom Grund von Scapa Flow gehoben.

Im Nordwesten der Insel Mainland, bei Birsay, forderte während des Zweiten Weltkriegs ein weitaus tragischeres Ereignis Hunderte von Menschenleben. Am 13.10.1939 wurde das britische Kriegsschiff „Royal Oak" von einem deutschen U-Boot torpediert und versenkt. Unbemerkt gelang es dem U-Boot – unter Kommando von Leutnant Günther Prien –, durch alle Sperren und die 50 britischen Kriegsschiffe, die hier vor Anker lagen, nach Scapa Flow hineinzukommen. Aus einiger Entfernung wurden sechs Torpedos abgefeuert, danach konnte das deutsche U-Boot entkommen. Die „Royal Oak" sank in nur 15 Minuten. 833 Männer der 1.200 Mann starken Besatzung verloren ihr Leben. Die „Royal Oak", die in 27 m Wassertiefe liegt, ist als offizielles Kriegsgrab mit einer grünen Boje markiert. Alljährlich wird mit einer Gedenkfeier der Toten gedacht.

In **Lyness** an der Südostküste befand sich während beider Weltkriege eine große Marinestation der britischen Flotte. Gegenüber dem Fähranleger ist das **Scapa Flow Visitor Centre**, ein interessantes Museum mit alten Fotografien und Erinnerungsstücken an beide Weltkriege, sowie Waffen, Gemälden, Medaillen, dem Klapprad eines Fallschirmspringers und sozialgeschichtlichen Exponaten. Ein Besuch lohnt sich, wenn man sich über die Geschichte der Insel informieren möchte. **Scapa Flow Visitor Centre**, *Lyness,* ☎ *01856 791 300, www.scapaflow.co.uk, März–April Mo–Fr 9–16.30, Mai–Sept. Mo–Sa 9–16.30 Uhr, So von Ankunft der ersten bis zur Abfahrt der letzten Fähre, Okt. Mo–Sa 9–16.30 Uhr. Eintritt frei.*
Ein ungewöhnliches Gebäude an der Hauptstraße südlich von Lyness ist das alte **Garrison Theatre** mit seiner monochromen Art-déco-Fassade.

Der **Martello Tower** in **Hackness** wurde zwischen 1813 und 1815 gebaut, um Schutz gegen französische und amerikanische Angreifer zu bieten. Ab 1803 ent-

Die Orkney-Inseln

standen in England über 100 solcher Militärstützpunkte, in Schottland hingegen lediglich drei.
Hackness Battery, ☎ *01856 701 727, www.historic-scotland.gov.uk, April–Okt. tgl. 9.30–17.30 Uhr, Eintritt 4.50 £.*

Rousay, Egilsay und Wyre

Die drei Inseln liegen nicht weit von der nordöstlichen Küste des Mainland entfernt.

Rousay

Fülle an prähistorischen Stätten

Rousay ist eine hügelige Insel und misst etwa 8 km im Durchmesser. Auf Rousay, auch „Ägypten des Nordens" genannt, gibt es über 150 prähistorische Stätten. Die meisten Sehenswürdigkeiten sind in der Nähe des Fähranlegers im Südosten der Insel zu finden, wo auch die meisten der 200 Bewohner leben. Im Warteraum des Fährterminals kann man sich die Zeit im kleinen **Heritage Centre** vertreiben (ganzjährig geöffnet).

Tavershoe Tuick, nicht weit vom Anleger entfernt, ist ein ungewöhnliches zweigeschossiges Grab. Ohne direkte Verbindung, sind hier zwei Grabkammern übereinander angeordnet. Die Eingänge zu den beiden Kammern, wobei die untere unter der Erde liegt, befinden sich in genau entgegengesetzter Richtung.

Im **Knowe of Yarso**, etwas weiter westlich, stieß man auf die Überreste von 29 Menschen, allerdings nur 17 Schädel, die – als man das Grab fand – säuberlich an der Wand angeordnet waren. Durch drei Paare aufrecht stehender Steine ist das Grab in vier Kammern unterteilt. Dieser Grabtyp wird auch „stalled cairn" genannt. Man vermutet, dass das Grab von 2900–1900 v. Chr. in Gebrauch war.

„The great ship of death"

Die wichtigste archäologische Stätte ist **Midhowe** im Westen der Insel, 1,5 km von Westness entfernt. Midhowe, auch „the great ship of death" genannt, ist das größte Grab der Insel. Die 25 m lange und 2 m breite, gangartige Grabkammer ist durch Steinplatten unterteilt. Auf jeder Seite gibt es zwölf Nischen, also 24 insgesamt. 1932/33 wurden bei Ausgrabungen 25 Skelette sowie Knochen von Ochsen, Schafen, Schweinen, Rotwild und Vögeln gefunden. Die gesamte Anlage ist von einer Art Scheune mit Steinmauern umgeben und man kann nur von einem Gang von oben in die Grabkammern schauen. Nicht weit davon entfernt sieht man die Überreste des **Midhowe Broch**. An einigen Stellen ist er bis zu 3 m hoch. Mit Mauerstärken von bis zu 4 m hat der Broch einen Umfang von 20 m. Von den ehemaligen Gebäuden sind noch einige Grundmauern erhalten. Midhowe Broch wurde zwischen 200 v. Chr. und 200 n. Chr. bewohnt.

Archäologischer Spaziergang

*Der knapp 2 km lange **Westness Walk** beginnt an der Westness Farm, rund 6 km westlich des Fähranlegers, und endet am Midhowe Cairn. Entlang des Weges passiert man Zeugnisse aus der Steinzeit, der piktischen Eisenzeit, aus der Zeit der Wikinger,* dem Mittelalter und schließlich aus dem 19. Jh., als auch auf Rousay Landvertreibungen stattfanden. Natürlich kann man den Weg auch in umgekehrter Richtung begehen.

 Spazieren gehen, Rad fahren, Angeln

Zwei schöne Spazierwege, ein langer und ein kurzer, führen rund um das Vogelschutzgebiet. Neben dem Trumland House (nicht zu besichtigen) führt ein Fußweg zu dem höchsten Punkt der Insel, dem knapp 300 m hohen Blotchnie Field. Die 20 km lange Straße rund um die Insel bildet eine fantastische Fahrradstrecke. Die drei Lochs bieten außerdem vorzügliche Angelmöglichkeiten auf Forellen.

Strandspaziergang mit Weitblick

Egilsay und Wyre

Diese beiden kleinen Inseln liegen östlich von Rousay. **Egilsay** hat 37, Wyre 18 Einwohner. Der größte Teil von Egilsay wurde vom RSPB gekauft. Auf Egilsay wurde im Jahr 1115 der hl. Magnus ermordet. Die Insel wird von der dachlosen **St. Magnus Church** (12. Jh.) dominiert, die an der Stelle eines Vorgängerbaus errichtet wurde. Die Kirche ist das einzig erhaltene Beispiel einer Wikingerkirche mit rundem Turm auf den Orkney-Inseln.

Mit 3,5 x 1,5 km ist **Wyre** winzig, spielte jedoch in der Orkneyinga-Sage als Heimat von Kolbein Hruga eine große Rolle. Die Überreste seiner Befestigung, **Cubbie Roo's Castle** (12. Jh.), und die Ruine der nahe gelegenen **St. Mary's Chapel** sind noch zu sehen. Auf der **Bu Farm** (Kolbeins Haus) verbrachte der Dichter Edwin Muir (1887–1959) seine Kindheit. Am westlichsten Punkt der Insel, **The Taing**, kann man schön den Sonnenuntergang beobachten. Das **Wyre Heritage Centre** dokumentiert die Inselgeschichte mit Fotografien (℡ *01856 821 211, April–Sept.*).

Winzige Insel

Shapinsay

Weniger als 30 Minuten mit der Fähre von Kirkwall liegt die 10 km lange, fruchtbare und flache Insel Shapinsay. Die Hauptattraktion ist **Balfour Castle**, eine viktorianische Erweiterung zu einem viel älteren Haus, das „Cliffdale" genannt wurde. Das Haus sowie der Rest der Insel wurden von der Balfour-Familie gekauft, die ihr Vermögen in Indien gemacht hatte. Nach Besitzerwechsel befindet sich hier heute ein exklusives kleines Hotel.

Papageientaucher kommen auf den Orkney-Inseln zahlreich vor

Im Dorf, das von der Balfour-Familie angelegt wurde, um Unterkünfte für Bedienstete zu schaffen, gibt es einen Pub, zwei kleine Läden, ein Postamt sowie ein Heritage Centre in der alten Dorfschmiede. Hier kann man sich über die Lokalgeschichte informieren und sich in der Teestube aufwärmen.

Eday

Die lange und dünn besiedelte Insel (150 Einwohner) ist weniger fruchtbar als die anderen Inseln, doch liefern die mit Heidekraut überzogenen Hügel Torf für die anderen torflosen Orkney-Inseln. Der Sandstein von Eday wurde abgebaut und u. a. zum Bau der St. Magnus-Kathedrale in Kirkwall verwendet. Auf Eday gibt es zahlreiche Kammergräber, die sich vor allem im Norden der Insel konzentrieren (www.visiteday.com). Man kann sie im Zuge des 7 km langen **Eday Heritage Walk** aufsuchen, der am Community Shop beginnt und zu den Klippen am Red Head führt (ca. 4 Std.). Abgesehen von dem Laden, kann Eday auch mit einer Post, einem Pub, Unterkünften und einem Heritage Centre aufwarten. Der 4,5 m hohe **Stone of Setter** ist der größte „stehende Stein" auf den Orkney-Inseln und sieht wie drei verkrustete Finger einer Hand aus. Unweit liegen der Steinkreis **Fold of Setter** und die Kammergräber **Braeside** und **Huntersquoy**. Das **Vinquoy Chambered Cairn** weiter nördlich ist im Stil ähnlich dem von Maes Howe. Es hat fünf Kammern. Vom Vinquoy Hill bieten sich herrliche Ausblicke auf die Inseln Westray und Sanday. Von hier geht es zu den roten Sandsteinklippen von Red Head, der Heimat Tausender von Seevögeln.

Steinkreis und Kammergräber

Westlich von Vinquoy Head kann man das **Red House Croft Restoration Project** besichtigen, die Überreste einer stattlichen Farm aus dem 19. Jh. (☎ *01857 622 217, Di–Fr 10–17 Uhr*). In dem zugehörigen kleinen Café kann man eine Pause einlegen. Die ehemalige **North School** hingegen zeigt eine Ausstellung mit Gegenständen aus U-Booten, u. a. der „HSM Otter". **Carrick House** wurde 1633 errichtet. Im Inneren sind Kuriositäten und Memorabilien aus der Kolonialzeit (z. B. ausgestopfte Tierköpfe aus Afrika) zu sehen. Bekannt ist das Haus durch die Geschichte „The Pirate" von Sir Walter Scott. Der Pirat John Gow wurde beim Versuch das Haus anzugreifen, gefangen genommen und nach London gebracht, wo er gehängt wurde (☎ *01857 622 260, Mitte Juni–Mitte Sept. So nach Anmeldung*).

Sanday

Sanday ist die größte der nördlichen Inseln, 18 km lang und, abgesehen von den Klippen in Spurness, vollkommen flach. Der Name der Insel Sanday ist zutreffend, denn das Hauptkennzeichen der Insel sind die Buchten mit weißem Sand. Daneben gibt es zahlreiche archäologische Stätten aus mehreren Epochen auf der fruchtbaren und leicht zu kultivierenden Insel. Die eindrucksvollste ist das **Kammergrab von Quoyness**, das auf der Gezeiteninsel **Sty Wick** im Süden Sandays liegt. Das Grab wird auf etwa 3000 v. Chr. datiert und ist 4 m hoch.

Die meisten Gräber der Insel sind noch nicht freigelegt worden. Mit über 500 Gräbern ist Sanday potentiell eine der wichtigsten prähistorischen Stätten in Großbritannien. In **Scar** (Burness) wurde 1991 ein spektakulärer Wikingerfund gemacht, und zwar das Beerdigungsschiff einer reichen Familie. Darin befanden sich drei menschliche Skelette sowie wertvolle Grabbeigaben. In Pool hingegen brachte eine groß angelegte Grabung in den 1980er-Jahren Funde aus der Steinzeit, der piktischen und der Wikinger-Zeit hervor.

Wichtige prähistorische Stätte

Stronsay

Die friedliche flache Insel Stronsay besitzt einige schöne, einsame Sandstrände und Klippen, die Heimat für Seehunde und Seevögel sind. Die Insel wird landwirtschaftlich genutzt, besondere Sehenswürdigkeiten gibt es hier eigentlich keine. Im Norden der Insel gedeihen in den Feuchtgebieten bei **Northwaa** seltene Pflanzen, u. a. Orchideen. Schön ist es, entlang der Küste zu wandern, insbesondere im Südosten der Insel. Der **Vat of Kirbister** ist eine imposante Öffnung in den Klippen mit einem Felsbogen darüber. Südlich von hier, am **Burgh Head**, sieht man nistende Papageientaucher sowie die Überreste eines Brochs. Am **Lamb Head** gibt es eine große Seehundkolonie, viele Seevögel sowie archäologische Fundstätten.

Whitehall, im Nordosten, ist das Hauptdorf von Stronsay. Hier legt auch die Fähre an. Es ist kaum vorstellbar, dass sich hier einst einer der größten Heringshäfen Europas befand. Während des Heringsbooms im frühen 20. Jh. fuhren täglich über 300 Boote von Whitehall auf Heringsfang, rund 4.000 Menschen waren rund um den Heringsfang beschäftigt. Wie wichtig Whitehall war, zeigt sich daran, dass das Stronsay Hotel die längste Theke in Schottland besaß. In den 1930er-Jahren ging es mit dem Heringsfang bergab. Im alten Fish Mart nahe dem Anleger widmet sich ein **Heritage Centre** mit Fotografien und Erinnerungsgegenständen dieser Zeit. Ein kleines Café und ein Hostel sind angeschlossen. Die kleine, Whitehall vorgelagerte Insel, heißt **Papa Stronsay**. Das dortige **Golgatha Monastry** gehört dem *Order of the Son of the Most Holy Redeemer*. Nach Anmeldung kann man das Kloster besuchen und bis zu einem Monat hier verbringen (☏ *01857 616 389, www.papastronsay.com*).

Einst einer der größten Heringshäfen

Westray

Die Insel Westray bietet eine abwechslungsreiche Landschaft mit Farmland, hügeligen Moorgebieten, Sandstränden und Klippen. Sie ist die wirtschaftlich reichste Insel (Rindfleisch, Fisch, Meeresfrüchte) mit 600 Einwohnern und einer gut funktionierenden Inselgemeinschaft. Zur Verfügung stehen Unterkünfte, Einkehrmöglichkeiten und ein Fahrradverleih (☎ 01857 677 374). Der Hauptort heißt **Pierowall** und liegt im Norden der Insel. Der Fähranleger ist allerdings im Süden, in **Rapness**. Pierowall besitzt einige Läden, ein Postamt, das Pierowall Hotel (hier gibt es auch die beliebten Fish & Chips zum Mitnehmen oder dort essen) und das **Westray Heritage Centre** mit lokalgeschichtlichen und naturgeschichtlichen Exponaten und einer stattlichen Sammlung an Fotografien (☎ 01857 677 414, www.westrayheritage.co.uk, Mai–Sept. Mo 11.30–17, Di–Sa 10–12, 14–17, So 13.30–17 Uhr).

Küstenwanderungen

Westray bietet zwei fantastische Küstenwanderungen, so z. B. zu den Klippen am **Noup Head** *im Nordwesten der Insel, wo es ein großes Schutzgebiet mit einer der größten Seevogelkolonien Großbritanniens gibt. Nahezu alle in Nordeuropa vorkommenden Arten können hier beobachtet werden. Die Klippen an der Westküste ziehen sich über 7 km. Von Noup Head geht es zur* **Gentleman's Cave**. *Die Höhle wurde 1746 von vier Jakobiten als Versteck genutzt. Am südlichen Ende des Weges liegt der* **Fitty Hill**, *mit 170 m der höchste Punkt der Insel; der Weg endet in* **Inga Ness**.

Papa Westray

Zwei Minuten Flugzeit

Papa Westray ist die abgelegenste aller Orkney-Inseln, und die Flugreise von Westray hierhin ist die kürzeste der Welt. Sie dauert nur zwei Minuten. Papa Westray wurde von den Wikingern nach den damals auf ihr lebenden Mönchen benannt (*Papey* = Priesterinsel). Die äußerst fruchtbare Insel ist 7 km lang und 2 km breit. Rund 75 Menschen leben hier. Landwirtschaft (insbesondere Rinderzucht) ist wichtig, daneben aber auch die Hummer- und Krebsfarm. Im Norden der Insel, in **North Hill**, befindet sich das größte Schwalbenbrutgebiet in ganz Europa. Daneben brüten hier aber auch Raubmöwen, Sturmvögel, Austernfischer und viele andere Vögel. Die RSPB veranstaltet im Sommer Führungen (*Auskunft* ☎ *01856 850 176*).

Papa Westray ist seit rund 5.000 Jahren bewohnt. Die Siedlung **Knap of Howar** entstand um 3500 v. Chr. und ist eine der ältesten noch erhaltenen Siedlungen in Europa. Knap of Howar wurde, wie Skara Brae, durch einen Sandsturm begraben und durch einen Sturm wieder freigelegt. Der Erhaltungszustand ist außerordentlich gut. Die Mauern weisen eine Höhe von bis zu 1,6 m auf. Steinerne Bänke, Unterteilungen und Wandregale sind erkennbar. Bei den Ausgrabungen wurden verschiedene Tierknochen, Muscheln und aus Walknochen gefertigte Werkzeuge gefunden. Die Bewohner gehörten offensichtlich zu der gleichen Kultur wie die Erbauer von Unstan Cairn, denn bei den gefundenen Tonscherben handelt es sich um „Unstan-Ware" (s. S. 488). Beim Holland House, einst Sitz der Traill-Familie, kann man die alten Farmgebäude, ein Taubenhaus und eine alte Mühle sehen.

Wer noch nicht genug Gräber gesehen hat, sollte eine Fahrt auf die kleine Insel **Holm of Papay** an der Ostküste machen (*Bootsfahrten Mai–Sept., Auskunft beim Co-op,* ☎ *01857 644 321*). Zu besichtigen sind drei neolithische Grabkammern, einschließlich eines der größten Kammergräber der Orkney-Inseln, das den gleichen Typus aufweist wie Maes Howe (s. S. 489). Man betritt das Grab über eine lange Leiter.

North Ronaldsay

Abgeschieden und sturmumtost, ist North Ronaldsay – North Ron – die nördlichste der Orkney-Inseln. 60 Menschen wohnen auf der Insel und die Inselschule zählt vier Schüler. Es ist erstaunlich, dass in dieser unwirtlichen Umgebung überhaupt Menschen leben. Die hier lebenden Schafe zumindest aber sind hartgesotten und ernähren sich ausschließlich von Seetang. Die kleine flache Insel hat keine besonderen Sehenswürdigkeiten zu bieten, außer für Ornithologen, die hier zwischen Ende März und Anfang Juni sowie Mitte August bis Anfang November Zugvögel beobachten. Die **Vogelbeobachtungsstation** befindet sich im Südwesten der Insel am Fähranleger. Hier bestehen auch Unterkunftsmöglichkeiten (Bird Observatory, ☎ 01857 633 200, www.nrbo.co.uk).

Sturmumtost

Reisepraktische Informationen Orkney-Inseln

Information
Orkney Tourist Board, West Castle Street, Kirkwall KW15 1GU, ☎ 01856 872 856, www.visitorkney.com, sowie Stromness Visitor Information Centre, Ferry Terminal Building, Pier Head, Stromness KW16, ☎ 01856 850 716.
Die Inselzeitung „**The Orcadian**" erscheint jeden Donnerstag (www.orcadian.co.uk) und informiert über aktuelle Veranstaltungen.

Interessante Webseiten
www.visiteday.com
www.visitorkney.com
www.visitrousay.co.uk
www.sanday.co.uk
www.stronsay.co.uk
www.westraypapawestray.com
www.westrayheritage.co.uk
www.papawestray.co.uk
www.orkneyjar.com

Unterkunft
Es gibt zahlreiche Unterkünfte auf den Orkney-Inseln: Hotels, B&Bs, Gästehäuser, Cottages für Selbstversorger und Hostels.
***Stromness Hotel €–€€, The Pierhead, Stromness KW16 3AA, ☎ 01856 850 298 www.stromnesshotel.com. 42 Zimmer, großes, altmodisches Hotel (mit Bar und Restaurant) direkt am Hafen.
**Ferry Inn €–€€, John's Street, Stromness KW16 3AD, ☎ 01856 850 280, www.ferryinn.com. 12 Zimmer. Schlichtes Hotel direkt am Hafen mit Restaurant und nettem Pub.
**St. Ola Hotel €–€€, Harbour Street, Kirkwall KW15 1LE, ☎ 01856 875 090, www.stolahotel.co.uk. Freundliches, kleines Hotel im Familienbetrieb. Mit Barbetrieb.

Fish 'n' Chips

***Kirkwall Hotel €€**, Harbour Street, Kirkwall KW15 1LF, ☎ 01856 872 232, www.kirkwallhotel.com. Ganzjährig. 36 Zimmer. Traditionelles, unkompliziertes Hotel im Familienbetrieb mit Blick auf den Hafen, Restaurant und Bar.
*****Balfour Castle €€€**, Shapinsay, Orkney KW17 2DY, ☎ 01856 711 282, www.balfourcastle.co.uk. 6 Zimmer. Der Aufenthalt im historischen Balfour Castle ist ein echtes Erlebnis. Die Burg auf der Insel Shapinsay ist von Kirkwall aus in 25 Min. Bootsfahrt zu erreichen.

Jugendherbergen/Hostels

*****Bis Geos Hostel & Cottages**, Westray, ☎ 01857 677 420, www.bisgeos.co.uk. Ganzjährig. Das gemütliche Hostel bietet sehr komfortable Unterkunft für 14 Pers. Nebenan gibt es zwei ****Ferienwohnungen** für 4–5 Pers. Fantastische Lage und tolle Atmosphäre. Der Besitzer ist ein deutscher Arzt, der sein Leben zwischen Arbeit in weit entfernten Ländern, wie Afrika oder Australien, und Schottland aufteilt.
Kirkwall Y.H., Old Scapa Road, Kirkwall KW15 1BB, ☎ 0870 0041 133, www.syha.org.uk. 58 Betten, Familienzimmer, April–Ende Okt., 15 Min. vom Stadtzentrum.
Eday Y.H., London Bay, Eday, Orkney KW17 2AB, ☎ 01857 622 226. 13 Betten.
Hoy Y.H., Hoy KW16 3NJ, ☎ 01856 873535. 32 Betten.
Papa Westray Y.H., Beltane House, Papa Westray KW17 2BU, ☎ 0845 2937 373. 20 Betten.
Rackwick Y.H., Hoy, Orkney KW16 3NJ, ☎ 01856 873 535 ext. 2404. 8 Betten.
***Birsay Y.H. Outdoor Centre**, ☎ 01856 873 535, April–Sept., 28 Betten in 5 Zimmern.

Einkehren (und Übernachtung)

****Creel Restaurant & Rooms €€€**, Front Road, St. Margaret's Hope, Orkney KW17 2SL, ☎ 01856 831311, www.thecreel.co.uk. Fantasievolle und moderne Küche, fantastische Fischgerichte. Mittlere Preisklasse. 2-Gänge-Menü 32 £. Übernach-

Inselerkundung per Kutschfahrt

tung ist möglich in den 3 Zimmern mit Meerblick im Haus oder im Apartmenthaus (für Selbstversorger oder mit Frühstück).

Einkaufen

Traditionelles Kunsthandwerk auf den Orkney-Inseln sind Strickwaren, Schmuck, Leder- und Töpferwaren sowie die typischen Orkney-Stühle, für die aufgrund des Mangels an Holz auf den Inseln traditionell Treibholz und für die Rückenlehnen Stroh verwendet wurden.

Die **Juwelierin Ola Gorie** (11 Broad Street, Kirkwall, www.olagorie.com) bietet eine reichhaltige Kollektion an Gold- und Silberschmuck sowie feine Geschenke und Souvenirs. **Judith Glue** (25 Broad Street, Kirkwall, www.judithglue.com) ist Designerin einfallsreicher Strickwaren. Daneben gibt es hier Kunsthandwerk, Delikatessen und Schmuck.

Auch **South Ronaldsay** ist ein guter Platz, um hübsche Souvenirs zu finden. Es sind einige Kunsthandwerksbetriebe auf der Insel ansässig, z. B. die **Hoxa Tapestry Gallery** (Leila J. Thomson, Neviholm, Hoxa, South Ronaldsay KW17 2TW, ☎ 01856 831 395, www.hoxatapestrygallery.co.uk, April–Sept. 10–17.30, Sa/So 14–18 Uhr, 5 km westlich von Hoxa). Die Künstlerin Leila Thompson stellt wundervolle, riesige Wandbehänge her.

Feste

Alljährlich wiederkehrende Feste sind das **Folk Festival** im Mai (www.orkneyfolkfestival.com) und das seit 1977 stattfindende **St. Magnus Festival** im Juni mit viel Musik, Tanz und Theater (www.stmagnusfestival.com).

Angeln

Angeln ist auf den Orkney-Inseln sehr beliebt. Die Angelsaison auf Forelle beginnt Mitte März. Auskunft von der Orkney Trout Fishing Association OTFA, www.orkneytroutfishing.co.uk.

An- und Weiterreise
Per Flugzeug

Kirkwall Airport (KOI), Kirkwall, Orkney, KW15 1TH, ☎ 01856 872 421, www.hial.co.uk/kirkwall-airport/. Direktverbindungen von/nach Aberdeen, Edinburgh, Glasgow, Inverness, Orkney Northern Isles (Eday, North Ronaldsay, Westray, Papa Westray) und auf die Shetland-Inseln, bedient von den Fluggesellschaften **Loganair** (☎ 01856 873 457, www.loganair.co.uk) und **Flybe** (☎ 0871 700 2000, www.flybe.com).

Per Fähre

Serco NorthLink Ferries, ☎ 0845 6000 449, www.northlinkferries.co.uk, betreiben die Fähren zwischen Aberdeen und Kirkwall sowie zwischen Scrabster und Stromness.

John O'Groats Ferries, ☎ 01955 611 353, www.jogferry.co.uk, betreibt die Passagier- (und Fahrrad-) Fähre von John O'Groats nach Burwick, South Ronaldsay. Von Burwick bestehen **Busverbindungen** nach Kirkwall. Weiterhin gibt es einen Busservice, den **Orkney Bus**, von Inverness und Kirkwall über John O'Groats. Der Orkney Bus wird ebenfalls von John O'Groats Ferries betrieben.

Pentland Ferries, ☎ 01856 831 226, Buchungen ☎ 0800 688 8998, www.pentlandferries.co.uk. Autofähre von Gill's Bay in Caithness nach St. Margaret's Hope in Orkney. Die Überfahrt dauert 1 Std. Vorausbuchung notwendig.

Orkney Ferries, ☎ 01856 872044, www.orkneyferries.co.uk, fahren 13 Inseln an und bieten auch Mini-Cruises und organisierte Tagestouren. Es gibt Auto- und Passagierfähren nach Rousay, Egilsay und Wyre von Tingwall, nach Shapinsay, Eday, Stronay, Sanday, Westray, Papa Westray und North Ronaldsay von Kirkwall aus. Nach Graemsay geht es von Stromness und nach Hoy und Flotta von Houton. Nach Hoy kann man auch von Stromness fahren. Fahrpläne, Preise und weitere Informationen von Orkney Ferries direkt oder über die Touristeninformation.

Mietwagen
Orkney Car Hire, Kirkwall, ☎ 01856 872 866, www.orkneycarhire.co.uk.
Tullock, Castle Street, Kirkwall, ☎ 01856 875 500, www.orkneycarrental.co.uk.

Fahrradverleih
Cycle Hire, Ferry Road, Stromness, ☎ 01856 850 255, www.orkneycyclehire.co.uk.
Cycle Orkney, Tankerness Lane, Kirkwall, ☎ 01856 875 777, www.cycleorkney.com.

Tipps/Touren
Für eine problemlose Besichtigung der Insel sind ein Auto oder zumindest ein Fahrrad Voraussetzung, da die einzelnen Sehenswürdigkeiten mit öffentlichen Verkehrsmitteln nur schwer oder gar nicht zu erreichen sind. Wer die relativ teure Autofähre sparen will, kann auf Mainland sowohl ein **Auto** als auch **Fahrräder** mieten.

Für Reisende, die nur einen Tag auf den Orkney-Inseln verbringen und trotzdem einen guten Überblick über die Sehenswürdigkeiten erlangen möchten, ist eine **organisierte Tour** keine schlechte Idee. Es gibt zahlreiche Anbieter. **John O'Groats Ferries** (☎ 01955 611 353, www.jogferry.co.uk) bieten z. B. Tagestouren von John O'Groats und sogar von Inverness aus.

Hinweis
Historic Scotland bietet ein **Sammelticket** für die von HS betreuten Stätten auf Orkney (Kirkwall Bishop's and Earl's Palaces, Broch of Gurness, Maes Howe und Skara Brae). Wenn Sie mehrere dieser Sehenswürdigkeiten aufsuchen möchten, ist die Sammelkarte sehr viel günstiger als Einzeltickets. Info: www.historic-scotland.gov.uk.

Die Orkney-Inseln – ein Landschaftserlebnis der besonderen Art

Die Shetland-Inseln

Allgemeiner Überblick

Es gibt wohl kaum einen geeigneteren Ort, wenn man mal alles hinter sich und die Seele „baumeln" lassen möchte. Nicht nur Ornithologen, Archäologen oder andere Spezialisten kommen hierher, sondern auch Großstadt- und anderweitig stressgeplagte Menschen. Hier gehen die Uhren tatsächlich „anders". Manche Besucher sind zunächst irritiert, wenn nicht alles sofort klappt, wie sie es gewöhnt sind, und die knapp bemessene Urlaubszeit durch „unnötiges" Gerede zu verrinnen scheint. Mit strammer Planung kommt man auf den Shetland-Inseln nicht weiter. Wenn man sich aber erst einmal darauf eingelassen hat, wirken der Platz und die unglaubliche Ruhe wie ein Balsam für die Belastungen des modernen Lebens.

Redaktionstipps

➤ Sich ein paar Tage dem süßen Nichtstun hingeben und die Landschaft auf sich wirken lassen.
➤ In **Northmavine** wandern (S. 516).
➤ Wer im Januar Zeit hat: am **Up Helly Aa** teilnehmen (S. 524).
➤ Den **Jarlshof** besichtigen (S. 514).
➤ Einen Ausflug zur Insel **Mousa** unternehmen, um den Mousa Broch zu erklimmen und Sturmschwalben zu beobachten (S. 513).
➤ Im **Lunna House** übernachten (S. 516, 523).

Die Gruppe der Shetland-Inseln umfasst mehr als 100 Inseln, von denen 17 bewohnt sind. Insgesamt leben 22.000 Menschen hier. **Mainland** ist die größte von diesen und mit rund 13.000 Einwohnern auch die am dichtesten besiedelte. Lerwick mit ca. 7.500 Einwohnern (2010) ist die Hauptstadt. Die Shetland-Inseln gehören nur formal zu Schottland. Dass Kultur und Sprache vor allem durch den skandinavischen Einfluss geprägt sind, ist einleuchtend, wenn man bedenkt, dass die Shetland-Inseln genauso weit von Schottland wie von Norwegen entfernt sind. Im Gespräch werden Sie immer wieder hören, dass sich die Shetlander nicht als Schotten und erst recht nicht als Engländer fühlen.

Die Shetland-Inseln zählen zu den niederschlagsärmsten Gebieten Großbritanniens und Westeuropas. Die besten Reisemonate sind Juni bis August, wenn die Temperaturen am höchsten und die Regenfälle am geringsten sind. Im Hochsommer geht die Sonne nur für kurze Zeit unter, hier ist es 19 Stunden hell. *Niederschlagsarm*

Shetland hat eine einmalige Vogelwelt und ist dafür international bekannt. In den rauen Felsen kann man Tausende nistender Seevögel sehen. Aber nicht nur Seevögel, sondern auch seltene Vogelarten leben hier. Das Vogelobservatorium auf Fair Isle kann mehr Arten verzeichnen als irgendeine andere Station in Großbritannien. Über 340 Arten werden gezählt. 21 der 24 Seevögel, die in Großbritannien zu Hause sind, brüten auf den Shetland-Inseln.

Die baumlose Landschaft besteht überwiegend aus karger Heide und Torfmooren, die mit zahlreichen kleinen Lochs durchsetzt sind. An der Küste wechseln lange Sandstrände mit wilden Klippen und Felsen ab. Überall sieht man die schwarzen und braunen winzigen Shetland-Schafe, aus deren Wolle die berühmten Strickwaren gefertigt werden. Die feinste Wolle kommt von den Schafen der Insel Unst. Auf

den Shetland-Inseln leben etwa 330.000 Schafe. Shetland-Wolle ist ein Begriff, aber im Unterschied zum Harris Tweed nicht durch ein Echtheitszeichen geschützt. So stammen viele Pullover, Jacken und Schals, Marke Shetland, nicht von den Shetland-Inseln, sondern aus Fabriken auf dem Festland.

Geschichtlicher Überblick

Die Geschichte des Archipels ist vergleichbar mit der historischen Entwicklung der Orkney-Inseln, denn auch sie wurden in erheblichem Maße durch die Wikinger geprägt. Erst im Jahr 1469, nach etwa fünf Jahrhunderten norwegisch-dänischer Herrschaft, wurden die Shetland-Inseln an die schottische Krone gebunden. Sie waren Teil der Mitgift, die durch die Heirat von Prinzessin Margaret, Tochter des Königs Christian I. von Dänemark und Norwegen, mit dem zukünftigen König Schottlands, James III., in schottischen Besitz kam. Ortsnamen wie Haroldswick, Uyeasound, Papa Stour, Saxa Vord und Tingwall zeugen von der nordischen Vergangenheit.

Inseln als Teil der Mitgift

Im 16. und 17. Jh. hatten die Shetland-Inseln schwer unter den Stewart-Herzögen zu leiden, die die Inselbewohner ausbeuteten. Im 19. Jh. bluteten auch die *clearances* (s. S. 367) die Inseln aus, doch brachte der Heringsboom im frühen 20. Jh. wieder etwas Wohlstand. Im Zweiten Weltkrieg wurde von Scalloway aus der norwegische Widerstand organisiert. Bis 1969, als das erste Öl in der Nordsee entdeckt wurde, waren die Shetland-Inseln ein kaum beachteter Teil der Welt. Die Haupterwerbsquellen waren die Fischerei und der Ackerbau. Plötzlich Schlagzeilen in aller Welt: Öl in der Nordsee. Das Ölvorkommen vor den Shetland-Inseln wurde auf 4.500 Millionen Tonnen geschätzt. Der größte Ölterminal in Europa wurde an der Nordwestküste des Mainland in Sullom Voe gebaut. Um das Landschaftsbild der Shetlands weitgehend zu schützen, wurden die Öltanks unter die Erde gelegt oder grün angestrichen.

Ein Eingriff wie dieser in die Landschaft stellt eine große Gefahr für die reichen Vogel- und Fischbestände dar. Die Ölgesellschaften haben den Shetlandern Millionenbeträge als Entschädigung für Schäden aller Art bezahlt. Ursprünglich nur für Öl aus der Nordsee, wird der Hafen nun auch für Öl aus dem Atlantik, westlich der Shetland-Inseln, genutzt.

Der Ölboom hat die Insel verändert. Der Bau des Hafens, neuer Straßen und die Versorgung der Bohrinseln brachten neue Arbeitsplätze. Der erste Ölrausch ist heute fast Geschichte. Sumburgh Airport, damals einer der meistfrequentierten Flughäfen Schottlands, ist mittlerweile viel zu groß. Trotzdem ist der hohe Lebensstandard recht auffällig. In fast jedem Dorf gibt es ein Freizeitzentrum mit Schwimmbad, überall sieht man Telefonzellen sowie öffentliche Toiletten aus Gemeindegeldern. 2012 betrug die Arbeitslosigkeit 1,3 %. Andere Erwerbsquellen neben Öl, Fischfang und -verarbeitung sind Viehzucht, Tourismus und Kunsthandwerk. Die Inselverwaltung ist sehr darum bemüht, Besucher anzuziehen und kümmert sich intensiv um die touristische Infrastruktur. Rund 65.000 Besucher können die Inseln pro Jahr verzeichnen.

Auswirkungen des Ölbooms

Shetlandponys

Der Bressay Stone, ein piktischer Stein aus dem 10. Jh. (heute im National Museum in Edinburgh), zeigt die Skulptur eines Pferdes mit einem Reiter. Man sieht darin einen Nachweis dafür, dass die Shetlandponys bereits lange vor den Wikingern im 8. und 9. Jh. auf den Hügeln und Mooren der Shetland-Inseln lebten. 1890 wurde die „Shetland Pony Stud-Book Society" gegründet, mit dem Ziel, „die unverfälschte Reinheit der Shetlandponys zu erhalten und die Züchtung dieser Ponys zu fördern" *(www.shetlandpony studbooksociety.co.uk).*

Ponys wurden im 19. Jh. in den Kohlebergwerken benötigt, und insbesondere das schwere schwarze Shetlandpony war für diese Arbeit geeignet.

Shetlandponys gibt es in allen Farben: schwarz, kastanienbraun, grau, rötlich, graubraun, blaurötlich-grau, gescheckt oder scheckig – allerdings nicht fleckig. Das Shetlandpony ist die kleinste der einheimischen britischen Rassen mit einer maximalen Höhe von etwas mehr als 70 cm. Es ist anspruchslos, widerstandsfähig und im Verhältnis zu seiner Größe relativ stark.

Buchtipps

Anne Cleeves: **Raven Black**, London 2006. Die Kriminalgeschichte spielt auf den Shetland-Inseln und gibt ein einfühlsames, aber schockierendes Porträt einer Gemeinschaft.
David Howarth: **The Shetland Bus**, A Classic Story of Wartime Mission across the North Sea, Lerwick 1998. Packende Beschreibung des norwegischen Widerstands während des Zweiten Weltkriegs.
Peter Guy: **Walking the Coastline of Shetland**, The Shetland Times. Mehrere Bände, mehrfach neu aufgelegt. Die Wanderführer sind die absoluten „Klassiker", denn sie bieten neben ausgezeichneten Routenbeschreibungen auch unzählige Hintergrundinformationen über Land und Leute.

Aktiv auf Shetland

Die Shetland-Inseln bieten sich zum Wandern, Mountainbiking, Tauchen, Angeln und Golfspielen an.

Mainland

Lerwick

Die Haupt- und Verwaltungsstadt der Inselgruppe zählt rund 7.500 Einwohner. Wie Stromness auf den Orkney-Inseln, wird auch Lerwick von einem Naturhafen begünstigt. Malerische kleine Straßen und Gassen durchziehen den Ort. Ab dem 16. Jh. erweiterten und nutzten holländische Fischer den Hafen von Bressay Sound. Bis zu 20.000 Menschen waren während der Heringssaison hier beschäftigt. Im Laufe der Zeit entwickelte sich Lerwick zu einem wichtigen Handels- und Fischereihafen und ist im späten 19. Jh. sogar einer der führenden Heringshäfen in Europa. Der Bau des Ölterminals Sullom Voe brachte immense Veränderungen. Lerwick wurde zum Durchgangsort für die Arbeiter auf den Bohrinseln im Nordsee und die Hafengegend wurde weiter ausgebaut. Viel Geld floss in die Stadt und damit verbunden stieg der Wohlstand. Parallel zur Esplanade verläuft die Commercial Street, die „Hauptstraße" Lerwicks. Am südlichen Ende sieht man die sog. „lodberries" – Häuser und Lagerräume, die einen eigenen Pier haben, damit Handel direkt mit den besuchenden Schiffen getrieben werden konnte. Noch weiter südlich, entlang der Klippen, geht es zur schönen Bain's Bay.

Haupt- und Verwaltungsstadt der Shetlands

Fort Charlotte, das auf einem Felsen über dem Hafen von Lerwick thront, wurde 1665 auf Veranlassung Cromwells errichtet, um das Hafengebiet gegen den Angriff der Holländer zu schützen. Nachdem 1668 der Friede mit Holland wiederhergestellt war, verließen die englischen Truppen das Fort. 1673 wurde die fünfseitige Bastion jedoch von holländischen Seglern niedergebrannt. Die 1781 wieder aufgebaute Festung wurde nach Königin Charlotte, der Gemahlin Georgs III., benannt. Sie wurde als Gefängnis und später von der Navy genutzt. Abgesehen von den Ausblicken auf den Hafen gibt es hier allerdings nicht viel zu sehen.

Das schönste Gebäude in der Stadt ist das **Rathaus** aus viktorianischer Zeit. Die verzierten Glasfenster in der Haupthalle zeigen Episoden aus der Vergangenheit der Shetland-Inseln. Das **Shetland Museum & Archive** liegt direkt am Wasser. Übersichtlich präsentierte Exponate aus der Vorgeschichte bis zur Neuzeit geben eine gute Einführung in die Geschichte der Inseln.
Shetland Museum & Archive, *Hay's Dock,* ☏ *01595 695 057, www.shetland-museum.org.uk, Mo–Sa 10–17, So 12–17 Uhr.*

🍴 Einkehren

Nach dem Museumsbesuch bietet sich das **Hay's Dock Café Restaurant** *zur Einkehr an. Hier wird u. a. leckerer Fisch serviert (Mo–Sa 10.30–16.30, So 12–16.30, Fr/Sa 18.30–23, Juni–Aug. auch Di–Sa 18.30–23 Uhr).*

Die **Up Helly Aa Exhibition** gibt einen Vorgeschmack auf das berühmte Fest der Wikinger, das jedes Jahr am letzten Dienstag im Januar stattfindet. Die meisten Dörfer haben ihr eigenes Festival, doch das in Lerwick ist das größte. Hunderte von Menschen ziehen am Abend in einer Fackelprozession als Wikinger verkleidet („guizers") durch die Straßen, wobei sie die Replik eines Wikingerschiffs hinter sich her ziehen. Zum Ende der Prozession wird das Schiff angezündet, wobei die Fa-

Alles über das berühmte Up Helly Aa

ckeln in das Schiff geworfen werden. Anschließend wird in den Gasthäusern und eigens errichteten Dancehalls bis in die frühen Morgenstunden bei Speis und Trank getanzt und gefeiert. Die Ausstellung über das Wikingerfestival ist in den Monaten Mai bis September zu sehen. Danach wird die Halle wieder für den Bau des neuen Wikingerschiffs und die Anfertigung der neuen 1.000 Fackeln für das nächste Festivaljahr in Beschlag genommen.

Up Helly Aa Exhibition, *Galley Shed, von der St. Sunniva Street ab, Mai–Sept. Di 14–16, 19–21, Fr 19–21, Sa 14–16 Uhr, Eintritt 3 £.*

An der A970 am westlichen Stadtrand liegt der **Clickhimin Broch**, ein ca. 5 m hoher piktischer Rundturm, der zwischen 700 v. Chr. und um 500 oder 600 n. Chr. bewohnt war. Der Turm ist von Überresten anderer prähistorischer Bauten umgeben. Der Broch wurde in viktorianischer Zeit „rekonstruiert".

Knapp 1,5 km nördlich des Fähranlegers ist im **Böd of Gremista** (18. Jh.) das **Arthur Anderson Museum** eingerichtet worden. Der Mitbegründer der *Peninsular and Oriental Steam Navigation Company* (P&O), Arthur Anderson, wurde hier geboren und der urige Kustodus hat allerhand Geschichten zu erzählen. Vor dem Haus sieht man Gestelle zum Trocknen von Fisch. Getrockneter Fisch war in der Vergangenheit das wichtigste Handelsprodukt. Im Böd untergebracht ist ebenso das Shetland Textile Museum, das sich mit dem nicht minder wichtigen Erwerbszweig, nämlich die Textilherstellung, beschäftigt.

Textilmuseum

Shetland Textile Museum, *☎ 01595 694 386, http://shetlandtextilemuseum.word press.com, Mai–Sept. Di–Sa 10–13, 14–17 Uhr, Spenden willkommen.*

Rund um Lerwick: Bressay und Noss

Östlich von Lerwick liegt auf der anderen Seite des Bressay Sound die Insel **Bressay** (sprich: bressah) mit rund 400 Einwohnern. Es bestehen häufige Fährverbindungen von Lerwick nach Maryfield. Die Insel ist 10 km lang und 5 km breit und bietet sich zum Radfahren oder Wandern an. Vom Gipfel des Ward Hill hat man einen herrlichen Blick auf die Inselwelt. Bei klarer Sicht kann man sogar bis nach Foula und zu den Out Skerries blicken. Eine herrliche Küstenwanderung führt entlang der Klippen von Noss Sound südlich zum Bard Head, wo große Seevögelkolonien leben.

Kleine Boote setzen von Bressay nach **Noss** über, eine winzige unbewohnte Insel an der Ostküste Bressays. Die Insel ist ein Vogelschutzgebiet mit über 100.000 brütenden Seevögeln. Eine Wanderung rund um die Insel dauert rund vier Stunden, ist aber wunderschön. Das Reservat wird vom Scottish Natural Heritage verwaltet, das ein kleines Informationszentrum in Gungstie betreibt (*☎ 0800 1077 818, Mai–Aug.*).

Inselwanderung

Central Mainland

Als Central Mainland wird das enge Landstück nördlich von Lerwick bezeichnet. Nur wenige Kilometer liegen zwischen der West- und der Ostküste. **Scalloway**, 11 km westlich von Lerwick, ist ein hübscher, kleiner Ort mit Burgruine, Museum,

Supermarkt, Bank, Hotel, Restaurants und einem Fischereihafen. Dort befinden sich Lagerhallen und Kühlräume. Scalloway war einst die Hauptstadt der Shetland-Inseln. Die Ruine von **Earl Patrick's Castle** (um 1600) dominiert nach wie vor den knapp 1.200 Einwohner zählenden Ort. Nach der Ermordung des tyrannischen Patrick verfiel die Burg bis auf den viergeschossigen Hauptblock und einen Flügel. Im Inneren ist eine kleine Ausstellung über die Geschichte des Castle zu sehen *(Eintritt frei, wenn abgeschlossen, Schlüssel im Royal Hotel erfragen).*

Einige Schritte von der Ruine entfernt, kann man sich im liebevoll aufbereiteten Scalloway Museum über Lokalgeschichtliches informieren. Interessant ist besonders die Ausstellung über den norwegischen Widerstand im Zweiten Weltkrieg, der von hier aus organisiert wurde. „Shetland Bus" war der Name der norwegischen Fischerboote, die in der Nacht aus dem von Deutschland besetzten Norwegen segelten, um Flüchtlinge in Sicherheit zu bringen. Mit Munition und Widerstandskämpfern kehrten sie zurück

„Shetland Bus"

Scalloway Museum, ☎ 01595 880 734, 01595 880 666, www.shetlandmuseum.org.uk, www.shetland-heritage.co.uk/shetlandbus, Mai–Sept. Mo–Sa 11–16, So 14–16 Uhr.

Burra ist in **West Burra** und **East Burra** unterteilt und via Tronda mittels einiger Brücken mit Mainland verbunden. Von Hamnavoe, einem kleinen Fischerort auf West Burra, führt ein schöner Küstenwanderweg zum Leuchtturm Fugla Ness und entlang der Sands of Meal. Der wunderschöne Strand bietet sich hervorragend für ein Picknick an.

Hamnavoe war die Heimat von John Williamson (auch Johnnie Notions genannt, 1740–1804), der ein Serum entwickelte, um Pocken zu kurieren. Von den 3.000 von ihm geimpften Menschen ist keiner an der Krankheit gestorben. Das großartig gelegene „Johnnie Notions Böd" in Hamnavoe wurde nach ihm benannt.

Serum gegen Pocken

Fahrradtour durch das Tingwall Valley

Angeln und Golfen

Nördlich von Scalloway verläuft die B9074 durch das fruchtbare **Tingwall Valley** und entlang des **Loch of Tingwall**. Der Loch bietet ausgezeichnete Angelmöglichkeiten auf braune Forelle. In Asta kann man auf dem 9-Loch-Golfplatz Golf spielen. Von Tingwall Airport werden die meisten kleineren Inseln angeflogen.

Die A971 verläuft nordwestlich nach **Weisdale**. Am Kopf des Weisdale Voe zweigt die B9075 nördlich zur Weisdale Mill ab. In der alten Mühle, die während des Zweiten Weltkriegs als Hauptquartier für den „Shetland Bus" (s. o.) diente, ist heute die Bonhoga Gallery, die nördlichste Galerie in Großbritannien, untergebracht. Lokale, nationale und internationale Kunstwerke und Kunsthandwerkliches sind ausgestellt. In dem Café kann man sich bei Tee und Scones stärken.
Bonhoga Gallery, ☎ 01595 745 750, Di–Sa 10.30–16.30, So 12–16.30 Uhr, Mo geschl., Eintritt frei.

Die Westside

Der westliche Teil von Mainland erstreckt sich von Weisdale bis nach Sandness und wird als „Westside" bezeichnet. Die abwechslungsreiche Landschaft mit steilen Klippen, grünem Hügelland, Moorgebieten, Lochs und Fjorden bietet hervorragende Möglichkeiten zum Wandern (insbesondere rund um Culswick und den Dale of Walls), zur Vogelbeobachtung und zum Forellenfischen. Das hübsche Dorf **Walls** (sprich: waas) schmiegt sich rund um eine geschützte Bucht und ist ein beliebter Platz für Jachten. Während der Landwirtschaftsshow im August kommen viele Besucher hierher, denn natürlich gibt es abends Musik und Tanz. Vom Walls Pier legt die Fähre nach Foula ab.

5 km östlich von Walls liegt eine interessante neolithische Anlage, der Staneydale Temple. In Bauweise und Datierung ist er vergleichbar mit Tempelanlagen auf Malta ist. Die genaue Funktion des „Tempels" ist allerdings nicht klar.

Von Walls führt die A971 durch mooriges Land, bevor sie die fruchtbaren Wiesen rund um **Sandness** (sprich: saa-ness) erreicht. Ein herrlicher Küstenwanderweg führt von Walls nach Sandness.

Papa Stour

Insel aus Vulkangestein

Rund 45 Minuten benötigt die Fähre von West Burrafirth (nahe Sandness) zur „big island of priests" Papa Stour. Die Insel liegt nur 2 km von der Küste entfernt und hat, obwohl sehr fruchtbar, nur 30 Einwohner. Papa Stour besteht aus Vulkangestein und weist besonders an der Westküste eine bizarre Küstenlinie mit Felsnadeln, Bögen und Höhlen auf, wie etwa Kirstan's Hole. Auch auf Papa Stour leben große Seevögelkolonien. Besucher kommen hierher, um zu wandern.

South Mainland

Von Lerwick erstreckt sich eine lange, enge Landzunge nach Süden. Die A970 verläuft 38 km entlang der Ostküste, bis sie in **Sumburgh Head**, nahe dem Hauptflughafen der Shetland-Inseln, endet. Entlang der Strecke kann man zahlreiche Shetlandponys sehen. Auf South Mainland befinden sich die beiden wichtigsten archäologischen Stätten.

Von **Sandwick** aus, einer Streusiedlung 22 km südlich von Lerwick, hat man einen guten Blick hinüber zur **Isle of Mousa** und auf den **Mousa Broch**, den besterhaltenen Broch Schottlands. Mit 15 m (unten) und 12 m (oben) im Durchmesser, einer Höhe von 13,5 m und einer Mauerstärke von 2–4 m gehört der Mousa Broch allerdings eher zu den kleineren Rundturmburgen. Über die Treppen und Gänge innerhalb der Doppelmauern kann man auf den abschließenden oberen Gang gelangen. Mousa Broch wird auch in der Orkneyinga Saga (s. S. 482) erwähnt.

Besterhaltener Broch

Brochs – steinerne Fluchttürme

info

Vom 1. bis 3. Jh. n.Chr. wurde eine größere Anzahl von Brochs (Wehrturm, Festung) im nördlichen Schottland und auf den Hebriden, meist in Küstennähe, gebaut. Es gibt nur zwei nahezu vollständig erhaltene Brochs: einen auf der Shetland-Insel Mousa, den anderen in Carloway auf der Hebriden-Insel Lewis. Die übrigen fielen Kriegen zum Opfer. Etwa 500 Brochs in mehr oder minder gutem Zustand sind bekannt, davon ein Fünftel allein auf den Orkney-Inseln. Brochs kennzeichnen den Siedlungsraum der Pikten und sind, wenngleich äußerlich verwandt mit sardischen Bauformen, eine auf Schottland beschränkte Architektur.

Trotz regionaler Unterschiede lässt sich ein gewisses Grundkonzept erkennen: Es handelt sich um runde, aus Bruchstein ohne Mörtel gebaute Türme, die an der Basis einen Durchmesser von 11–15 m haben. Durch die enorm starken Wände (3,70–4,60 m) konnten die Türme erstaunlich hoch gebaut werden. Die Außenwand ist doppelwandig konstruiert. Zwischen den konzentrischen Mauern befand sich ein Hohlraum mit Kammern und Wendeltreppen, über die man zur Spitze der Brochs, teilweise bis zu 15 m hoch, gelangen konnte. Es gab keine Fenster oder Schießscharten. Als Zugang diente lediglich ein Mauerdurchbruch, welcher oft nicht ebenerdig, sondern nur über eine Leiter erreichbar war. Der Zugang war von innen verschlossen und wohl auch zusätzlich bewacht. Ein Sims, das in 2–3 m Höhe waagerecht entlang der inneren Mauer verläuft, diente als Auflage für einen hölzernen Laufgang.

Brochs dienten den Pikten als Fluchttürme. Ergebnisse archäologischer Untersuchungen weisen darauf hin, dass Brochs nur als kurzfristiger Unterschlupf benutzt wurden. Der Platz innerhalb eines Brochs war nicht groß genug, um darin Mensch und Vieh Unterschlupf zu gewähren. Nur in wenigen Brochs wurde ein Brunnen gefunden. Da die Vorräte nur für eine gewisse Zeit reichten, musste man bei längeren Belagerungen auf große Bergfestungen ausweichen. Ab dem 3. Jh. wurden kaum mehr Brochs gebaut.

Mousa ist unbewohnt. Auf der Insel gibt es viele Seevögel, insbesondere Sturmschwalben *(alamooties)*, die man besonders gut in der Nacht hören und beobachten kann. Sie brüten innerhalb der Mauern des Brochs. Am weißen Sandstrand von West Voe tummeln sich Seehunde. Wenn man genügend Zeit hat, lohnt sich eine Küstenwanderung rund um die Insel. Für die Tour sollte man zwei Stunden einplanen.

Fähre
Fährverbindung von Sandwick (Sandsayre Pier) zur **Isle of Mousa**: ☏ *07901 872 339, www.mousa.co.uk, April–Mitte Sept. tgl. Im Sommer gibt es sogar Nachttouren (Abfahrt 23 Uhr) – ein besonderes Erlebnis.*

Wohnen im 19. Jh.

Südlich von Boddam, South Voe, lohnt ein Besuch im **Shetland Crofthouse Museum**. Das reetgedeckte, restaurierte Bauernhaus stammt von etwa 1850 und war bis in die 1960er-Jahre bewohnt. Dem heutigen Besucher vermittelt es einen guten Eindruck, wie es im 19. Jh. hier ausgesehen haben mag. Typisch ist, dass Wohnhaus, Scheune und Kuhstall miteinander verbunden sind. Die Wassermühle nebenan wurde restauriert und ist noch funktionsfähig.
Shetland Crofthouse Museum, *Boddam, South Voe,* ☏ *01950 460 557, Mitte April–Sept. tgl. 10–13, 14–17 Uhr, Spenden willkommen.*

St. Ninian's Isle

Piktischer Schatz

In der Nähe von Bighton führt ein „tombolo", eine Landbrücke, hinüber zur St. Ninian's Isle, einem beliebten Ort zum Picknicken und für Wanderungen entlang der Küste. 1958 fand man in den Ruinen einer Kirche aus dem 12. Jh. einen großen Schatz aus piktischer Zeit. Die 28 Fundstücke aus Silber (Schalen, Löffel und Broschen) werden auf die Zeit um 800 n. Chr. datiert und sind heute im Royal Museum in Edinburgh ausgestellt. Im Shetland Museum in Lerwick kann man Repliken sehen. 5 km östlich von Bighton lädt der Strand von Levenwick zum Baden ein – wenn es nur nicht so kalt wäre!

Der Küstenabschnitt südlich von Bighton ist mit seinen Sandstränden, die mit Klippen abwechseln, wunderschön. Das **Loch of Spiggie RSPB Reserve** ist ein Naturschutzgebiet für Wildblumen und für die Tausende von Zugvögeln, die hier im Herbst herkommen. Die Scousburgh Sands bieten ebenfalls – für Abgehärtete – herrliche Bademöglichkeiten. Südlich des Loch liegt das Dorf **Quendale**, das eine weite sandige Bucht überblickt. Die wunderbar restaurierte und noch funktionierende Quendale Mill ist die letzte Wassermühle auf den Shetland-Inseln.
Quendale Mill, ☏ *01950 460 969, www.quendalemill.co.uk, Besucherzentrum Mitte April–Mitte Okt. tgl. 10–17 Uhr, Eintritt 2 £.*

Jarlshof
An der südlichen Spitze von Mainland liegen das Dorf **Sumburgh** mit dem Hauptflughafen der Shetland-Inseln und, etwas südlich davon, die wichtigste archäologische Fundstätte des Archipels bzw. Europas: der Jarlshof. Der Jarlshof, 1905 durch einen Sturm freigelegt, wurde über eine Periode von 3.000 Jahren bis in das frühe

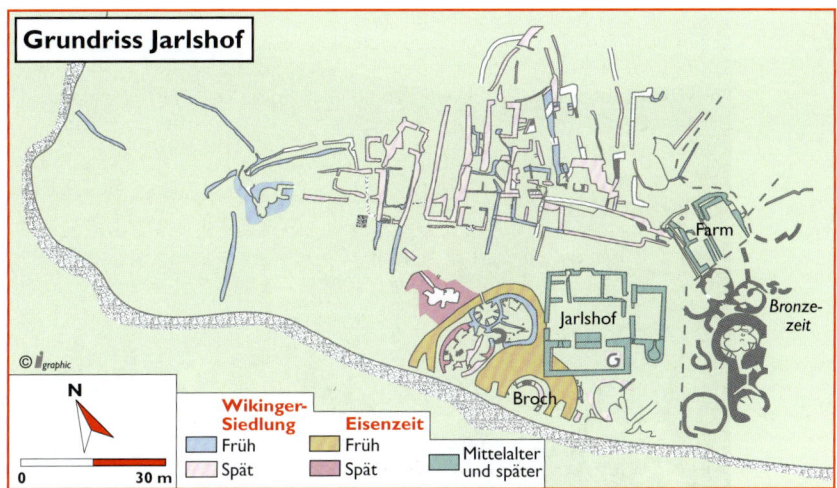

Mittelalter hinein besiedelt. Sechs verschiedene Epochen der Besiedlung konnten festgestellt werden. Aus der Bronzezeit stammen einige Hütten, aus der Eisenzeit zwei Erdhäuser und ein Broch (1. Jh.). Die Rundhäuser, die man sogar begehen kann, gehen auf das 3. bis 8. Jh. zurück. Zwischen dem 9. und 14. Jh. lebten die Wikinger hier, wovon jedoch nur die Überbleibsel einiger „long houses" erhalten sind. Aus dem Mittelalter sind die Reste eines Bauernhofs und Teile des Hauses von Earl Robert und Patrick Stewart erhalten. Im Museum erläutert ein übersichtlicher Plan die komplexe Anlage.

Lange Besiedlungszeit

Jarlshof, ☎ 01950 460 112, im Winter ☎ 01667 460 232, www.historic-scotland.gov.uk, April–Sept. tgl. 9.30–17.30 Uhr, März–Okt. bis Einbruch der Dunkelheit, Eintritt Erw. 5.50 £, Kinder 3.30 £.

Südlich des Jarlshof endet das Mainland abrupt am **Sumburgh Head**. Hier befindet sich ein weiteres RSPB-Naturschutzgebiet, wo man im Sommer nistende Seevögel beobachten kann. Der heute denkmalgeschützte **Leuchtturm**, bis 1991 bemannt, wurde 1821 von Robert Stevenson gebaut. Stevenson hatte 1814, zusammen mit Sir Walter Scott, die Shetland-Inseln erstmals besucht. Interessant ist das alte Nebelhorn, eine Dampfdruckanlage. Das Cottage des Leuchtturmwärters wird heute als Ferienwohnung vermietet.

Etwas nördlich von Jarlshof liegt **Old Scatness Broch & Iron Age Village**, wo ein Dorf aus der späten Eisenzeit entdeckt wurde. 2.000 Jahre war es unter Sand und Erde begraben, bis es 1975 durch Zufall entdeckt wurde. Ausgrabungen fanden 1995–2006 statt. Hinweistafeln an den Grabungsorten, Führungen durch die Anlage sowie Demonstrationen steinzeitlicher Techniken verdeutlichen die Lebensweisen in einem Steinzeitdorf.

Zufälliger Fund

Old Scatness, www.shetland-heritage.co.uk, Juli So 10–17 Uhr, sonst nach Voranmeldung unter ☎ 01595 694688 oder per E-Mail info@shetlandamenity.org, Eintritt 5 £.

Das Dorf Voe liegt in North Mainland

North Mainland

Voe am Olna Firth
Die von Lerwick nördlich verlaufende Hauptstraße teilt sich in **Voe**, einem freundlichen Dorf in einer Bucht am Kopf des Olna Firth. Eine Straße führt zum Fähranleger Toft für die Passagier- und Autofähren nach Yell, wobei sie die Abzweigung zum Sullom Voe Oil Terminal passiert, nach wie vor die größte Anlage ihrer Art in Europa. Die andere Straße führt nordwestlich nach Brae.

Westlich von Voe liegt Laxo; dort legen die Fähren nach Whalsay ab. Weiter die B9071 entlang, geht es nach Vidlin, dem Abfahrtsort für die Fähren nach Out Skerries, und zum Lunna House, rund 13 km nordöstlich von Voe. Das Haus diente als Hauptquartier für den „Shetland Bus" im Zweiten Weltkrieg. Heute beherbergt es ein nettes B&B mit fantastischer Aussicht über die Bucht und reichhaltigem Frühstück. Die kleine Lunna Kirk am Fuße des Hügels von 1753 lohnt einen Blick.

Für die Ölarbeiter
Brae wurde für die Arbeiter des Ölterminals gebaut und ist ein funktionaler Ort mit einer Bank, Läden und einem Freizeitzentrum. Es bestehen ausreichend Unterkunftsmöglichkeiten, weshalb sich Brae als Standquartier anbietet, wenn man die wilde und spektakuläre Küstenregion North Mainlands auskundschaften möchte.

Die Insel südwestlich von Brae heißt **Muckle Roe** und ist durch eine Brücke mit dem Mainland verbunden. Es bieten sich hervorragende Wandermöglichkeiten, z. B. auf den 170 m hohen South Ward.

Durch den engen Isthmus Mavis Grind, der so schmal ist, dass man angeblich einen Stein vom Atlantik in die Nordsee werfen kann, kommt man nach **Northmavine**, der nordwestlichen Halbinsel von North Mainland. Bis in die 1950er-Jahre hinein, so erzählen die Einheimischen, trugen die Fischer ihre Boote von einer Seite zur anderen. Northmavine ist eine der schönsten und wildesten Wandergegenden auf Shetland. Wenn man genügend Zeit hat, sollte man das Auto stehen lassen und zu Fuß die Gegend auskundschaften. Eine gute Ausrüstung und Vorbereitung sind in dieser abgelegenen Gegend allerdings zwingend erforderlich.

Wilde Wandergegend

Das Dorf **Hillswick** wird vom St. Magnus Hotel dominiert. Das eigentlich für diese Gegend viel zu große Hotel, ein in Norwegen hergestelltes „Fertighaus", wurde 1896 auf der Messe in Glasgow gezeigt, von der „North of Scotland, Orkney and Shetland Steam Navigation Company" erworben und in Hillswick 1902 wiederaufgebaut *(St. Magnus Bay Hotel, ☎ 01806 503 372, www.stmagnusbayhotel.co.uk)*.

Unterhalb des Hotels steht am Ufer „**The Booth**", eines der ältesten Gebäude der Shetland-Insel. 1698 wurde das Böd erstmals erwähnt und zwar als Handelsposten zwischen der nordeuropäischen Hanse und Shetland. Seit dieser Zeit wurde das Haus in verschiedenen Formen genutzt. Heute ist hier Shetlands einziges Wildlife Sanctuary untergebracht, wo verletzte Tiere gepflegt werden.

Zwischen Hillswick und Eshaness führt eine Nebenstraße zum **Tangwick Haa**, einem Herrenhaus aus dem späten 17. Jh. Das kleine Tangwick Haa Museum zeigt wechselnde Ausstellungen, z. B. über die Geschichte des Fisch- und Walfangs. **Tangwick Haa Museum**, *Eshaness, ☎ 01806 503 389, Mitte April–Sept., tgl. 11–17 Uhr*.

Der Rest von North Mainland wird vom **Ronas Hill** (450 m), Shetlands höchstem Berg, dominiert. 15 verschiedene arktische Wildpflanzen gedeihen hier. Nördlich und westlich von Ronas Hill eröffnet sich eine fantastische Landschaft mit Klippen und Wasserfällen.

Whalsay

Von Laxo besteht ein regelmäßiger Fährdienst (Auto- und Passagierfähre) nach Symbister auf Whalsay. Die Überfahrt dauert 30 Minuten und kann, selbst an einem klaren Sommertag, stürmisch sein. Whalsay ist 7 km lang und 3 km breit und eine der „reichsten" Shetland-Inseln. Die Fischindustrie der Insel ernährt die Bevölkerung von rund 1.000 Menschen.

Die stattliche Fischfangflotte liegt in **Symbister**, der größten Siedlung der Insel. Ein interessantes Gebäude neben dem Hafen ist das Pier House (ganzjährig, aber unregelmäßig geöffnet), ein restauriertes Böd (Handelsposten, Lagerhaus), das von hanseatischen Kaufleuten genutzt wurde. Die Hanse war eine Handelsgemeinschaft von deutschen Kaufleuten, die vom Mittelalter bis zum Anfang des 18. Jh. mit Shetland Handel betrieb. Die Händler brachten Stoffe, Eisengeräte, Salz, Samen aber auch Luxusartikel auf die Inseln und nahmen Salzfisch wieder mit. Im Inneren des Böd illustriert eine Ausstellung die Geschichte der Hanse und deren Handelsbeziehungen mit den Shetland-Inseln (die früheste Quelle stammt von 1557). Nachdem sich nach 1707 die Handelsgesetze geändert hatten, nahm der rege Austausch

Deutsche Kaufleute

ein Ende. Im Symbister House, einem denkmalgeschützten Gebäude von 1823 und schönem Beispiel georgianischer Bauweise, ist seit den 1960er-Jahren die Schule der Insel untergebracht.

„Insel der Wale"

In den Gewässern rund um Whalsay kann man Delfine und andere Tümmler sowie Wale beobachten, daher bekam die Insel auch ihren Namen, denn Whalsay bedeutet „Insel der Wale". Hugh MacDiarmid (eigentlich Christopher Grieve), einer der großen schottischen Dichter, lebte zwischen 1933 und 1942 auf Whalsay, wo er seine schönsten Werke schrieb. In seinem ehemaligen Cottage in Sodom ist heute ein Camping Böd (s. S. 524). Auf Whalsay befindet sich auch der nördlichste Golfplatz in Großbritannien.

Out Skerries

Die Out Skerries sind eine kleine Inselgruppe, rund 8 km östlich von Whalsay und 15 km östlich von Mainland, mit Fährverbindungen von Vidlin und Lerwick. Sie bestehen aus drei Inseln: die größeren Inseln **Housay** und **Bruray**, die durch eine Straßenbrücke miteinander verbunden sind, und die unbewohnte Insel **Grunay**. Rund 80 Menschen leben auf den Out Skerries. Sie bilden eine enge Gemeinschaft und sind sehr bemüht, die Insel „am Leben zu erhalten". Es gibt 1,5 Straßenkilometer, zwei Geschäfte, eine Gemeindehalle, eine Kirche, verschiedene Unterkünfte für Besucher sowie Großbritanniens kleinste Gesamtschule mit drei Schülern (2010). Das Land ist fruchtbar und wird auch landwirtschaftlich genutzt, doch leben die meisten Inselbewohner von Fischfang und -verarbeitung *(Skerries Salmon)*. Die fantastischen Klippen der Out Skerries sind Heimat unzähliger Vögel.

Die North Isles: Yell, Fetlar und Unst

Yell

„Langweilig und dunkel"

Yell ist mit 212 km² die zweitgrößte Insel des Archipels und hat rund 1.000 Einwohner. Neben Landwirtschaft und Fischerei sind die Yeller im Steinbruch, in der Erdbeerzucht und im Kunsthandwerk tätig. Von Toft auf North Mainland fährt die Fähre in 15 Minuten nach Ulsta im Süden von Yell und von Gutchar (North Yell) nach Unst (5 Min.) und nach Fetlar (25 Min.). Der von den Orkney-Inseln stammende Schriftsteller Eric Linklater bezeichnete Yell als „langweilig und dunkel". Damit hat er nicht ganz Unrecht, denn Yell ist die am wenigsten fruchtbare Insel Shetlands und besteht überwiegend aus torfigem Moorland. Die Küstenlinie hingegen ist grüner und bietet das nötige Habitat für unzählige Otter. Yell wird auch die „Otter-Hauptstadt" von Großbritannien genannt. Es gibt fantastische Küstenwanderwege, insbesondere rund um „The Herra", eine Halbinsel an der Westküste. Schöne Sandstrände befinden sich auch in West Sandwick (besonders schön, um den Sonnenuntergang zu genießen) und in Gossabrough.

In **Burravoe**, 7 km östlich von Ulsta, ist das **Old Haa Museum & Exhibition Centre** in einem der ältesten Häuser in Yell (1672) untergebracht. Es beherbergt eine interessante Ausstellung über die einheimische Flora und Fauna und zur Geschichte der Insel, insbesondere über die „Bohus" (s. u.). Auch eine nette Teestube gibt es hier (℡ 01957 722339, April–Sept. Di–Do, Sa 10–16, So 14–17 Uhr).

Mit Blick auf die Bucht steht die White Wife in Otterswick. Es ist das Kopfstück des deutschen Ausbildungsschiffs „Bohus", das hier am 26. April 1924 sank. Vier Menschen kamen dabei ums Leben. Sie sind auf dem Friedhof in Mid Yell begraben.

Das größte Dorf der Insel heißt **Mid Yell** und ist rund um einen schönen Naturhafen gebaut. Hier gibt es einige Geschäfte, einen Pub und ein Freizeitzentrum mit Schwimmbad. 2 km nordwestlich liegen die Ruinen von Windhouse. In dem Gebäude von 1707 soll es angeblich spuken. Unter den Fußdielen und Wänden wurden mehrere Skelette entdeckt. Im Torhaus von Windhouse ist heute ein Camping Böd.

Naturhafen

Nördlich davon liegt das RSPB-Naturschutzgebiet Lumbister. Ein schöner Fußweg führt durch das Daal of Lumbster, ein enges Tal, in dem viele schöne Wildblumen gedeihen. **Gutcher** ist der Anleger für die Fähre nach Unst. Im Wind Dog Café kann man sich nett die Wartezeit vertreiben (℡ 01957 744 321, Mo–Fr 9–17, Sa, So 10–16.30 Uhr).

Fetlar

Fetlar ist die kleinste der nördlichen Inseln und sehr fruchtbar. Rund 90 Menschen leben hier. Die Insel wird auch als „Garten von Shetland" bezeichnet. Der Name Fetlar stammt aus dem Norwegischen und bedeutet „fette Insel". Auf der ganzen Insel kann man Vögel beobachten, am besten jedoch im Vogelschutzgebiet rund um den 158 m hohen Vord Hill im Norden der Insel (zwischen Mai und Mitte August geschlossen, um die Vögel nicht zu stören). Besonders wichtig ist Fetlar für Odinshühnchen (lat. *phalaropus lobatus*). 90 % des Gesamtbestands dieser seltenen Brutvögel in Großbritannien nisten auf Fetlar. Neben der Vogelbeobachtung bietet sich die Insel für schöne Wanderungen an. An der Südküste liegt der Hauptort **Houbie**. Im **Fetlar Interpretive Centre** kann man sich über die Geschichte sowie die reiche Flora und Fauna der Insel informieren (℡ 01957 733 206, Mai–Sept. Mo–Fr 11–16, Sa/So 12.30–16 Uhr, Eintritt 2 £).

Vogelbeobachtung

Die Insel ist seit 5.000 Jahren besiedelt und kann mit zahlreichen archäologischen Zeugnissen aufwarten. Der große Steinwall ist als **Finnigert Dyke** (oder auch Finns Dyke) bekannt und stammt vermutlich aus der Bronzezeit. Er verläuft von Nord nach Süd und teilt die Insel in zwei Hälften. Obwohl weitgehend zerstört, kann man einige Abschnitte noch gut erkennen. Unweit liegt ein Steinring, Haltadans, der einst aus 38 dicht an dicht stehenden Steinen bestand.

Unst

Unst, 18 km lang und knapp 8 km breit, ist die nördlichste bewohnte Insel in Großbritannien (www.unst.org). Rund 1.000 Menschen leben hier. Landschaftlich sehr viel

Die Shetland-Inseln

abwechslungsreicher als die Nachbarinseln, gibt es Klippen, geschützte Buchten mit Sandstränden und mit Heidekraut überzogene Hügel. Unst bietet Lebensraum für über 400 verschiedene Pflanzen sowie eine reiche Tierwelt. Überall sieht man die kleinen Shetlandponys und in den umgebenden Gewässern leben Seehunde, Tümmler, Otter und sogar Orcas.

Reiche Tierwelt

Aber nicht nur Botaniker, Ornithologen und Archäologen kommen hierher, sondern vor allem auch Urlauber, die angeln, segeln oder wandern wollen und sich nach Ruhe und unverdorbener Natur sehnen. Die Insel ist genau der richtige Ort, wenn man von allem genug hat, was das moderne Leben so mit sich bringt. Um sich richtig erholen zu können, sollte man natürlich mehr als nur einen Tag hier verweilen. „Simmer dim" wird das etwas merkwürdige Zwielicht genannt, das an manchen leicht diesigen Sommertagen herrscht. An solchen Tagen kommen, den örtlichen Legenden nach, die Elfen und undefinierbare Geräusche sind zu hören …

Baltasound ist die größte Siedlung der Insel. Hier befinden sich der Flugplatz, ein Hotel, ein Pub, ein Postamt und das übliche Freizeitzentrum mit beheiztem Schwimmbad sowie Großbritanniens nördlichste Brauerei, die nach Anmeldung besichtigt werden kann (**Valhalla Brewery**, *Baltasound, ☎ 01957 711 658, www.valhallabrewery.co.uk*).

Bobby's Bus Shelter

Am Ortsausgang Richtung Norden unbedingt Bobby's Bus Shelter aufsuchen! Das „nördlichste Bushäuschen Großbritanniens" an der Little Hamer Road hat mittlerweile Kultstatus erreicht! Warum, wird man bei einem persönlichen Besuch sogleich feststellen. Einen Vorgeschmack auf die „luxuriöseste Bushaltestelle Großbritanniens" bietet die Website www.unstbusshelter.shetland.co.uk.

Originelle Bushaltestelle

Das Naturschutzgebiet **Keen of Hamar** im Osten der Insel, nördlich von Baltasound, ist ein felsiges Gebiet, das an eine Steinwüste erinnert. Hier wachsen seltene arktisch-alpine Pflanzen.

Im **Unst Boat Haven** illustriert eine beeindruckende Fotoausstellung die Inselgeschichte. Der Besucher erfährt Interessantes über die Geschichte der für die Insel typischen Holzboote. Die Unster-Fischer haben die altertümlichen Boote noch bis Anfang des 20. Jh. eingesetzt (*☎ 01957 711 809, Mai–Sept. tgl. 11–17 Uhr, 3 £*).

Ein Stück weiter nördlich wurde in einem alten Cottage das **Unst Heritage Centre** mit einer Ausstellung zur Lokalgeschichte und zum Inselleben eingerichtet (*☎ 01957 711 528, Mai–Sept. tgl. 11–17 Uhr*). Die 1993 erbaute **Methodist Chapel** gleich nebenan ist ein moderner Kirchenbau und die nördlichste Kirche in Großbritannien. Der Architekt war Frank Robertson (*Gottesdienst sonntags abwechselnd 11.15 oder 18 Uhr*).

Im Westen des Burra Firth liegt das Naturschutzgebiet **Hermaness**. Eine spektakuläre Küstenlinie und wildes Moorland sind Heimat für über 100.000 nistende Seevögel. Die beste Zeit, um die Vögel zu beobachten, ist zwischen Mitte Mai und Mitte Juli. Im ausgezeichneten Besucherzentrum im ehemaligen Haus des Leucht-

Spektakuläre Küstenlinie

Die North Isles: Yell, Fetlar und Unst

Die Schafe von Unst haben spektakuläre Weideplätze mit Aussicht

turmwärters ist eine Broschüre mit einer ausgeschilderten Route (3–4 Std.) durch das Naturreservat erhältlich *(Auskunft SNH, ☏ 01595 693 345, www.snh.gov.uk, nur im Sommer).*

Von Hermaness bieten sich fantastische Blicke über den offenen Atlantischen Ozean. Auf dem vorgelagerten **Muckla Flugga** steht der nördlichste Leuchtturm in Großbritannien. Er wurde 1857–1858 von David Stevenson, dem Neffen von Robert Louis Stevenson, erbaut. Die Landkarte in der Erstausgabe Stevensons „Schatzinsel" sieht Unst erstaunlich ähnlich.

Nördlichster Leuchtturm Großbritanniens

Hinter dem Leuchtturm liegt **Out Stack**. Mit nichts als Wasser zwischen der kleinen Felsinsel und dem Nordpol bietet dieser Ort das richtige Ambiente, um darüber nachzudenken, wie es am Ende der Welt sein mag.

Bootstouren

Fantastische Boottrips bietet **Muckle Flugga Charters** *(☏ 01806 522 447, www.muckleflugga.co.uk).*

Foula

23 km westlich vom Mainland Shetland gelegen, ist Foula nach der Fair Isle die abgelegenste bewohnte Insel des Archipels. Der Name Foula stammt vom norwegischen „fugley" und bedeutet „Vogelinsel". 31 Menschen leben hier, die in der Anzahl von den Tausenden von Seevögeln weit übertroffen werden. Kurios ist, dass auf Foula teilweise noch der Julianische Kalender benutzt wird, der 1752 in Großbritannien durch den Gregorianischen Kalender ersetzt wurde und elf Tage weni-

Gregorianischer Kalender ger hat. Abgeschiedene Gebiete, wie die Insel Foula, behielten den alten Kalender und fügten im Schaltjahr 1800 einen zusätzlichen Tag hinzu. Das Schaltjahr 1900 wurde allerdings ignoriert. Laut Gregorianischem Kalender feiert Foula daher Weihnachten am 6. Januar und Silvester findet am 13. Januar statt.

Anreise/Touren
Reguläre Fähre 3 x wöchentlich von Walls oder Tagestouren von Cycharters (www.cycharters.co.uk) sowie Flugverbindungen von Tingwall.

Buchtipp
Wer sich näher mit dieser abgeschiedenen Insel beschäftigen möchte, dem sei folgende Lektüre empfohlen: Ian B. Stoughton Holbourn: **The Isle of Foula**. A Series of Articles on Britain's Loneliest Inhabited Isle, 2001 (Neuauflage der Ausgabe von 1937).

Fair Isle

Fair Isle *(www.fairisle.org.uk)* liegt 36 km südwestlich von Sumburgh und 40 km nordöstlich von North Ronaldsay (Orkney). Die Insel ist 5 km lang, 3 km breit und hat 71 Einwohner. Sie ist die abgelegenste aller britischen Inseln und gehört seit 1954 dem National Trust, der hier eine Herberge und ein Vogelbeobachtungszentrum unterhält. Der vorherige Besitzer der Insel war der Vogelkundler George Waterston, der auf Fair Isle bereits 1948 ein Reservat einrichten ließ.

Ohne die Unterstützung des NTS hätten die Einwohner – Fischer, Bauern und Strickerinnen – das Schicksal der Bewohner von St. Kilda (s. S. 341) teilen und ihre Insel verlassen müssen. Das **George Waterston Memorial Centre & Museum** beherbergt eine Ausstellung und Fotografien zur Geschichte der Insel (☎ 01595 760 244, *Mai–Sept. Mo–Fr 14–16, Mi auch 10–12 Uhr, sonst auf Anfrage*).

Fair Isle, die „schöne Insel" und vom Europarat als „*Place of outstanding natural beauty and cultural heritage*" klassifiziert, ist ein Vogelparadies, das vor allem zahlreiche Zugvögel ansteuern. Die ganzjährig betriebene Beobachtungsstation ist eine der wichtigsten Zentren für Ornithologie in Europa und zählt über 340 Vogelarten. Neben der unglaublich reichen Vogelwelt ist Fair Isle auch für seine Vielfalt an Wildblumen bekannt. Es gibt über 240 verschiedene Pflanzenarten hier. Die Küstenformationen, besonders im Norden und Westen, sind ebenso beeindruckend.

Strickwaren nach alten Mustern Bekannt ist die Insel für ihre mit komplexen und uralten Mustern versehenen Strickwaren, die von der **Kooperative Fair Isle Crafts** hergestellt werden. Gute Anlaufstellen bieten Kathy Coull *(Upper Leogh,* ☎ *01595 760 248, www.kathycoull.com, Kathy bietet auch Unterkunft und Strickkurse an)* und Mati Ventrillon *(Nedder Taft,* ☎ *01595 760 255, www.fairisleknitwear.co.uk).*

Die Bevölkerung der Fair Isle ist als Gemeinschaft sehr erfolgreich, auf kommunale Projekte wird besonders viel Wert gelegt. Besonders stolz sind sie auf die Einführung alternativer Energiequellen. So können 85 % der erforderlichen Energie im Winter durch Windkraft erzeugt werden, im Sommer immerhin 50 %.

Reisepraktische Informationen Shetland-Inseln

Hinweis
Die sonnigsten Monate auf den Shetland-Inseln sind Mai und Juni. Im Juni gibt es manchmal bis zu 19 Stunden Sonnenschein. Es wird oft gar nicht richtig dunkel. Das Zwielicht wird auch „simmer dim" genannt.

Information
Shetland Islands Tourism, Information Centre, Lerwick, Market Cross, Shetland ZE1 0LU, ☎ 01595 693 434, 01595 989 898, http://visit.shetland.org, www.visitshetland.com, ganzjährig.

Unterkunft
Es gibt zahlreiche Unterkunftsmöglichkeiten auf den Shetland-Inseln: Hotels, B&Bs, Gästehäuser, Camping, Herbergen und Hostels.
******Buness House** €€, David & Jennifer Edmondston, Baltasound, Unst ZE2 9DS, ☎ 01957 711 315, www.users.zetnet.co.uk/buness-house. Ganzjährig, 4 Zimmer. Das Haus stammt aus dem 16. Jh. und steht unter Denkmalschutz. Die Inneneinrichtung mit einem Sammelsurium an kolonialen Mitbringseln aus Asien trägt zum Charakter des Hauses bei. Buness House bietet eine außergewöhnliche, stilvolle und behagliche Unterkunft. Auch ein ****Cottage für Selbstversorger zu vermieten.
******Herrislea House Hotel** €€, Veensgarth, Tingwall ZE2 9SB, ☎ 01595 840 208, www.herrisleahouse.co.uk. Sehr nettes, im Familienbetrieb geführtes Hotel mit 13 Zimmern und ausgezeichnetem Restaurant mit Produkten von der eigenen Farm, insbesondere Lamm und Rind.
****Sumburgh Hotel** €€, Sumburgh, Virkie ZE3 9JN, ☎ 01950 460 201, www.sumburghhotel.com. 32 Zimmer, unweit des Flughafens und der Ausgrabungsstätte Jarlshof gelegenes Hotel, das wie ein kleines Schloss aussieht.
Lunna House €€, Vidlin, ☎ 01806 577 311, www.lunnahouse.co.uk. Im ehemaligen Hauptquartier des „Shetland Bus" kann man in den Sommermonaten komfortabel übernachten. Wunderbare Ausblicke über die Bucht und reichhaltiges Frühstück.
*****Busta House Hotel** €€–€€€, Busta, Brae, North Mainland ZE2 9QN, ☎ 01806 522 506, www.bustahouse.com. Ganzjährig, 22 Zimmer. Wunderschönes, traditionsreiches, elegantes Landhaushotel mit wunderbarem Restaurant.

Unterkünfte für Selbstversorger
Lightkeepers Cottage, Shetland Amenity Trust, Garthspool, Lerwick ZE1 0NY, ☎ 01595 694 688, www.shetlandlighthouse.com. In drei ehemaligen Unterkünften der Leuchtturmwärter (Sumburgh, Bressay und Eshaness) sind originelle Ferienwohnungen eingerichtet worden.
Auf der **Fair Isle** stehen ein Gästehaus und ein Cottage für Selbstversorger zur Verfügung, Infos unter www.fairisle.org.uk.

Jugendherberge/Hostel
*******Lerwick Y.H.**, Islesburgh House, King Harald Street, Lerwick ZE1 0EQ, ☎ 01595 692 114, www.syha.org.uk. Modern, viel Holz, 64 Betten, auch Familienzimmer, April–Sept.

Die Shetland-Inseln

***Gardiesfauld Y.H.**, Musselburgh, Uyeasound, Unst ZE2 9DW, ☏ 01957 755 279, www.gardiesfauld.shetland.co.uk. 24 Betten, auch ein Doppelzimmer, April–Sept. Camping möglich.
Fair Isle Bird Observatory Lodge, Fair Isle ZE2 9JU, ☏ 01595 760 258, www.fairislebirdobs.co.uk. 14 Zimmer, Vollpension.

Shetland Camping Böds

Auf den Shetland-Inseln besteht die Möglichkeit, in schlichten sog. **Camping Böds** zu übernachten. Früher dienten die Böds den Fischern während der Fangsaison als Unterkunft. Die sechs Böds liegen alle atemberaubend schön. Mitzubringen ist alles, außer einem Zelt. Shetland Amenity Trust, ☏ 01595 694 688, www.camping-bods.co.uk. Hunde nicht erlaubt.

Einkehren

In den genannten Unterkünften sowie in allen anderen Hotels der Insel kann man gut essen.
In **Lerwick** gibt es im **Hay's Dock Café Restaurant** leckeren Fisch (Mo–Sa 10.30–16.30, So 12–16.30, Fr/Sa 18.30–23, Juni–Aug auch Di–Sa 18.30–23 Uhr.
Das **Wind Dog Café**, Gutcher, Yell (☏ 01957 744 321, Mo–Fr 9–17, Sa/So 10–17 Uhr, im Sommer auch abends) bietet leckere Kleinigkeiten sowie Internet-Anschluss und eine kleine Leihbibliothek.

Pubs

In **Lerwick** wird es im **Douglas Arms** in der Commercial Road (☏ 01595 693 787) abends voll. Nett ist es auch im **Lounge**, Mounthooly Street (☏ 01595 692 231). Live-Sessions Mi abends.

Einkaufen

Eine Besonderheit auf Shetland sind die gestrickten **Shetland-Pullover**, mit ihren schönen und komplexen Mustern. In zahlreichen Geschäften der Inseln kann man Wollwaren bewundern und erstehen. Andere Kunsthandwerker, die mit Holz, Wolle, Textilien, Leder oder Edelmetallen arbeiten, haben sich als „**Shetland Arts and Crafts**" zusammen geschlossen, www.shetlandartsandcrafts.co.uk.

Feste

Das **Shetland Folk Festival**, ☏ 01595 694 757, findet an vier Tagen normalerweise Anfang Mai statt, mit viel Musik, Tanz, Essen und Trinken. Ende August gibt es das einwöchige **Wanderfestival**, und im Oktober findet das **Shetland Accordion and Fiddle Festival** statt (www.shetlandaccordionandfiddle.com). Das traditionsreiche Festival ist weit über die Inselgrenzen hinaus bekannt. Auskunft: Shetland Arts Trust, www.shetland-music.com.

Das berühmteste Fest ist das **Up Helly Aa**, ein nordisches Sonnwendfest, welches jeweils am letzten Dienstag im Januar in Lerwick veranstaltet wird (www.uphellyaa.org). Up Helly Aa ist die 24. Nacht nach Weihnachten und das „Ende der heiligen Tage". Zwar wird es erst seit dem Ende des 19. Jh. gefeiert, sein Ursprung liegt jedoch in der Tradition des heidnischen Sonnwendkults, mit dem die Rückkehr der Sonne gefeiert wurde. Ein Wikingerfürst und ein etwa 10 m langes Wikingerschiff führen eine lange Fackelprozession an.

Reisepraktische Informationen Shetland-Inseln

Durch die Straßen Lerwicks geht es in bunter Verkleidung zu einem Platz außerhalb der Stadt. Das Schiff wird dort auf einem großen Scheiterhaufen verbrannt. Für die Shetland-Inseln ist dieser Feiertag von großer Bedeutung und es wird ausgiebig gefeiert. Es wird getanzt, die „Shetland Fiddlers" fiedeln und der Whisky fließt in Strömen.

Golf
Tingwall Golf Club, ☎ 01595 880 231. 9-Loch-Golfplatz in Flugplatznähe. **Whalsay Golf Club**, *Skaw, Brough*, ☎ 01806 566 705, www.whalsaygolfclub.com. Nördlichster, spektakulär gelegener Golfplatz in Großbritannien mit 18 Loch.

An- und Weiterreise
Per Flugzeug
Per Flugzeug nach **Sumburgh** *(38 km südlich von Lerwick,* ☎ *01950 460 905, www.hial.co.uk) von Aberdeen, Glasgow, Edinburgh, Inverness, Kirkwall und Bergen.* Der Flughafenbus braucht 40 Min. nach Lerwick. Es gibt aber auch Mietwagen am Flughafen. Der Flughafen in **Tingwall** *(11 km nördlich von Lerwick)* wird für die interinsularen Flüge genutzt *(*☎ *01595 840 306). Von hier geht es nach Foula, zur Fair Isle, Papa Stour und Out Skerries.*

Per Fähre
Serco NorthLink Ferries, ☎ 0845 6000 449, www.northlinkferries.co.uk, betreiben die Fähren zwischen Aberdeen und Lerwick tgl. (3 x in der Woche mit Halt in Kirkwall). Außerdem wöchentliche Fährverbindungen mit den Färöer-Inseln, Island, Norwegen und Dänemark, www.directferries.co.uk.
Falls Sie vorhaben, von Mainland aus die anderen Inseln aufzusuchen, studieren Sie die Abfahrtszeiten der Fähren vorher, um unnötige Wartezeiten zu vermeiden. Von 16 verschiedenen Abfahrtsorten werden neun Inseln angefahren. Auskunft: www.shetland.gov.uk/ferries oder bei Shetland Islands Tourism, ☎ 01595 989 898. Es verkehren Autofähren nach Bressay, Whalsay, Yell, Unst, Fetlar, Skerries und Papa Stour und Passagierfähren nach Foula und zur Fair Isle.

Fähre zur Isle of Mousa
Seit 1971 veranstaltet die Jamieson-Familie die Fahrten hinüber nach **Mousa** *(April, Mai, Sept. tgl. 14 Uhr, Juni–Aug. Di und Sa 14 Uhr, an den übrigen Tagen 12.30 und 14 Uhr. Rückkehr 17 Uhr (bzw. 15 Uhr) Abendfahrten Ende Mai–Mitte Juli Mi und Sa 23 Uhr, Rückkehr um 0.30 Uhr). Die Überfahrt dauert 15 Min.* Hunde sind auf der Insel nicht erlaubt. Vorausbuchung erforderlich bei Tom & Cynthia Jamieson, ☎ 01950 431 367, www.mousaboattrips.co.uk.

Inselbus
Es gibt eine Bus- (und Fähr-)verbindung von Lerwick nach Yell, Unst und Fetlar, Mo–Sa, im Sommer auch durchgehend nach Fetlar.

Mietwagen
Sich ein Auto auf Shetland zu mieten ist vermutlich günstiger, als das eigene mitzubringen. http://visit.shetland.org listet Anbieter von Auto- und Fahrradverleihern.
Star Rent-A-Car, *22 Commercial Road, Lerwick ZE1 0LX*, ☎ 01595 692075, www.starrentacar.co.uk.

12. ANHANG
Literaturverzeichnis

Geschichte und Kunst/Kultur (Sachbücher)
Bell, Colin: *Scotland's century – An Autobiography of the Nation*. Reich illustrierte Sozialgeschichte, basierend auf Radiointerviews mit Menschen aus allen Lebensbereichen.
Billcliffe, Roger: *The Glasgow Boys. The Glasgow School of Painting. 1875–1895*. Gute Darstellung der Malerei der „Glasgow Boys."
Branden, Michael: *The Making of the Highlands*. Branden berichtet anschaulich über die Geschichte der Highlands und der Highlander.
Collison, Francis: *The Bagpipe. The History of a Musical Instrument*. Francis Collison gibt einen guten Überblick über die Geschichte des Dudelsacks.
Crawford, Alan: *Charles Rennie Mackintosh*. Detaillierte Darstellung von Schottlands bekanntestem Architekten und Designer.
Devine, Tom: *The Scottish Nation 1700–2000*. Devine erläutert die schottische Geschichte vom letzten Parlament bis zum Jahr 2000.
Gray, David: *A Wheen O'Blethers. The Changing Face of Scottish Literature*. Pro Seite wird ein Autor vorgestellt.
Hardie, William: *Scottish Painting 1837–1939*. Gute Einführung in die Entwicklung der schottischen Malerei in dieser Zeit.
Harvie, Christopher & Peter Jones: *The Road to Home Rule. Images of Scotland's Cause*. Außerordentlich interessante Darstellung dieses brisanten Themas.
Howarth, David: *The Shetland Bus*. Detaillierte Darstellung des britischen und norwegischen Widerstands von den Shetland-Inseln aus.
Hunter, James: *The Making of the Crofting Communities*. Hunter erläutert die Besonderheiten der schottischen Crofters und gibt einen guten Einblick in das Landleben.
Keay, John & Julia (Hrsg.): *Collin's Encyclopaedia of Scotland*. Mit über 4.000 verschiedenen Eintragungen sowie rund 500 Illustrationen werden sämtliche Aspekte Schottlands und der Schotten erläutert.
Mackay Brown, George: *Vinland*. Brown beschreibt die Zeit von der Ankunft der Wikinger auf den Inseln.
MacDonald, D.: Lewis: *A History of the Island*. Informative Geschichte der Hebriden.
MacLean, Sir Fitzroy: *Scotland, A Concise History*. Verständlich geschrieben und reich illustriert, gibt das Buch einen guten Überblick in die schottische Geschichte.
MacLean, Sir Fitzroy: *Bonnie Prince Charlie*. Gut lesbare Biografie von Schottlands romantischer Figur.
MacMillan, Duncan: *Scottish Art 1460–1990* sowie *Scottish Art in the 20th Century 1890–2001*. Gute Darstellung der Entwicklung der schottischen Malerei.
Moffat, Alistair: *Border Reivers*. Die heute so friedliche Border-Region blickt auf 300 Jahre furchtbarer Rivalitätskämpfe zurück.
Smout, T.C.: *A History of the Scottish People 1560–1830* sowie *A Century of the Scottish People 1830–1950*. Lesenswerte und fundierte (Sozial)geschichte der Schotten.

Schottische Literatur
Banks, Iain: Zahlreiche Titel, wie *The Bridge*, *The Crow Road* oder *A Song of Stone*. Oft amüsant, fantasievoll, provozierend – niemals langweilig. Als Iain M. Banks veröffentlicht der Autor auch Science-Fiction-Romane.
Boyle, Jimmy: *A Sense of Freedom*. Beeindruckende Autobiografie eines Mannes aus den „Slums" Glasgows.
Donovan, Anne: *Being Emily*. Die erzählte Geschichte handelt vom Aufwachsen in Glasgow.

Gunn, Neil M.: *Butcher's Broom*. Gunn beschreibt in seinem Roman exemplarisch die Erfahrungen einer Hochlandgemeinde, die von ihrem Clan-Chief im wahrsten Sinne des Wortes verraten und verkauft wird.

Gunn, Neil M.: *Silver Darling*. Der Roman spielt zur Zeit des Heringsbooms Ende des 19. Jh.

Jarvie, Gordon (Hrsg.): *Scottish Folk and Fairy Tales* (Penguin Popular Classics). Jarvies Auswahl stellt eine unterhaltsame Reiselektüre dar.

Kelman, James: *How late it was, how late*. Kelman, 1946 in Glasgow geboren, gewann mit dem das alltägliche Leben in Glasgow schildernden Roman 1994 den Booker Prize.

Linklater, Eric: *The goose girl and other stories*. Linklaters (1899–1974) Geschichten sind verwoben mit schottischer Geschichte und Kultur, mittelalterlichen Mythen, Wikingersagen und Märchen. Er gilt als einer der besten Erzähler des Landes.

Mackay Brown, George: *Beside the Ocean of Time*. Der Sohn eines Crofters erlebt in seinen Tagträumen die Geschichte der Orkney-Inseln.

Mackay Brown, George: *A Calender of Love and other Stories*. Brown ist vor allem durch Kurzgeschichten bekannt geworden. Seine humorvollen Erzählungen, schlicht und schön geschrieben, schildern die Vergangenheit und Gegenwart, die Menschen und die Natur der Orkney-Inseln, ohne sie dabei romantisch zu verklären.

MacKenzie, Compton: *Whisky Galore*. Roman über den Schiffbruch mit der „wertvollen" Fracht.

McCall Smith, Alexander: *The Sunday Philosophy Club*. Eine Reihe von Romanen, angesiedelt in der Edinburgher Mittelschicht.

MacDiarmid, Hugh: *Selected Poems*. Einer der einflussreichsten schottischen Dichter des 20. Jh. Sein Gedicht *A Drunk Man Looks at a Thistle* gilt als Meisterwerk der schottischen Literatur.

Rankin, Iain: *The Falls, Fleshmarket Close* und viele weitere dunkle Geschichten mit Rebus als Polizeidedektiv sind im nächtlichen Edinburgh angesiedelt.

Smith, Iain Crichton: *Consider the Lilies*. Der erste Roman von Smith, der 1928 auf Lewis geboren wurde, und vielleicht sein bekanntester, beschreibt die Zeit der „clearances" der Highlands aus der Sicht einer alten Frau.

Spark, Muriel: **The Prime of Miss Jean Brodie**. Humorvolle Darstellung der Edinburgher Mittelschicht.

Schottische Literatur in deutscher Übersetzung

Burns, Robert: *Ausgewählte Gedichte. Englisch – Deutsch*. Die frühen Werke von Schottlands berühmtestem Barden sind am bekanntesten, z. B. *My love is like a red, red rose*.

Cleeves, Ann: *Die Nacht der Raben*. Die Kriminalgeschichte spielt auf den Shetland-Inseln und gibt ein einfühlsames, aber schockierendes Porträt einer engen Gemeinschaft.

Sayers, Dorothy: *Fünf falsche Fährten*. Der Krimi spielt in Kirkcudbright und Umgebung.

Scott, Sir Walter: *Der Bogenschütze des Königs*, *Ivanhoe* oder *Quentin Durwand* geben eine romantisierende Sicht auf die schottische Gschichte.

Stevenson, Robert Louis: *Die Schatzinsel*, *Dr. Jekyll and Mr. Hyde*, *Der Selbstmörderklub* oder *Die Abenteuer des David Balfour*: Weltbekannte Geschichten über Intrigen und Abenteuer.

Reiseliteratur

Boswell, James & Samuel Johnson: *A Journey to the Western Isles of Scotland* und *A Journal to a Tour to the Hebrides*. Mittlerweile zu Klassikern geworden, vermitteln die Reisebeschreibungen einen anschaulichen Eindruck vom Schottland des 18. Jh.

Fontane, Theodor: *Jenseit des Tweed. Bilder und Briefe aus Schottland*. Fontanes Reisebeschreibung von 1860 ist eine unterhaltsame und interessante Lektüre für eine Schottlandreise.

Morton, H.V.: Schottlandreise. Der Reiseschriftsteller Morton begann in den 1920er-Jahren Reisebücher über Großbritannien zu schreiben. In fantasievoller und unterhaltsamer Weise beschreibt Morton die Eindrücke seiner Schottlandreise.
Ohff, H.: *Gebrauchsanweisung für Schottland*. Ohff greift einzelne Aspekte des schottischen Lebens heraus und vermittelt so auf unterhaltsame Weise einen anschaulichen Eindruck des nördlichen Teils Großbritanniens.
Raykowski, Harald (Hrsg.): *A Scottish Panorama. Schottland-Lesebuch*. Geschichten über Schottland und die Schotten, eine schöne Urlaubseinstimmung. Texte in Englisch bzw. Schottisch und Deutsch.
Voß, Karl: *Schottland, Reiseführer für Literaturfreunde*. Der Reiseführer für Literaturfreunde führt auf unterhaltsame Art durch das literaturträchtige Schottland und macht den Leser vertraut mit dem Werdegang und Schaffen der Schriftsteller, die in Schottland gelebt und gewirkt haben.
Stevenson, Robert Louis: *Edinburgh Picturesque Notes*, London 1889. Interessante Beschreibung Edinburghs im ausgehenden 19. Jh.
Wordsworth, Dorothy: *A Tour in Scotland in 1803*. Dorothy Wordsworth berichtet anschaulich von ihrer Reise durch Schottland.

Bildnachweis

Alle Abbildungen stammen von der Autorin Annette Kossow, außer:
Guido Aellig: Buchrückseite unten, vordere Umschlagklappe Nr. 3 und 5, S. 51, 59, 270, 276, 289, 290
Ivan Cesar: S. 232
Ian Heart: S. 124
istockphoto.com: vordere Umschlagklappe Nr. 6 (JoeGough); Nr. 4 (Roll6), hintere Umschlagklappe oben (lisland) und unten (JanBer405), Buchrückseite oben (doubtfulneddy) sowie Alanach-d: S. 307, andrewdowset: S. 284, arrodPEI: S. 413, BMPix: S. 452, 463, claudiodivizia: S. 208, David Chadwick: S. 37, davidnmoorhouse: S. 354, DigitalEchos: S. 460, doubtfulneddy: S. 314, dpullmann: S. 264, elifranssens: S. 370, Empato: S. 239, feferoni: S. 240, Frankonline: S. 292, Gannett77: S. 402, 406, Jaime Pharr: S. 313, JanBer405: S. 269, jmt0826: S. 508, JohnFScott: S. 219, jojobob: S. 235, JREden: S. 480, KAppleyard: S. 112, karinclaus: S. 373, KevinAlexanderGeorge: S. 246, konstantin32: S. 457, LindaMore: S. 374, lisland: S. 39, 521, Martin McCarthy: S. 207, 211, 220, mpalis: S. 30, mrmessy2: S. 150, neilkendall: S. 132, Pauline S Mills: S. 498, PeterGuess: S. 104, Roll6: S. 54, SheenaWoodhead: S. 261, Soopy_Sue: S. 203, stephenmeese: S. 236, 251, stockprobe: S. 128, tamara_kulikova: S. 107, tompics: S. 298, TT: S. 29, 302, 304, 322, verdateo: S. 12
Pixelquelle: S. 243, 283
Maike Stünkel: hintere Umschlagklappe Mitte, S. 100, 134, 137, 149
Paul Tomkins, VisitScotland/ScottishViewpoint: S. 21, 32, 35, 53, 108, 111, 117, 119, 123, 130, 230, 350, 392, 415, 417, 423, 438, 449, 466, 475, 476, 511, 516
VisitScotland/ScottishViewpoint: S. 44, 120

Stichwortverzeichnis

A
Abbotsford House 141
Aberdeen 423
Aberdour 468
Aberfeldy 392
Aberfoyle 237
Aberlemno 435
Aberlour 417
Abernethy 454
Abkürzungen 62
Aboyne 448
Acharacle 265
Achavanish 374
Achiltibuie 361
Achmelvich 363
Adam, Robert 31, 32, 119, 120, 154, 182
Adam Smith 172
Adam, William 31, 120, 152, 154, 220, 392, 409, 434
Agrarwirtschaft 42
Aikmann, William 28
Ailsa Craig 118
Alford 422
Allan, David 28
Alloa 472
Alloway 121
Amulree 393
Angeln 62
Angus Glens 436
Anstruther 464
Apotheke 62
Applecross-Halbinsel 352
Arbroath 440
Arbuthnott 433
Architektur 29
Ardchattan Priory Garden 253
Ardgour 263
Ardnamurchan 263
Ardtornish Castle 263
Ardvreck Castle 363
Ardwell Gardens 116
Argyll 241
Arisaig 266
Arnisdale 272
Assynt 360
Auchindrain 244
Auchterarder 398
Äußere Hebriden 325
Auto fahren 63
Autoverleih 64

Aviemore 386
Ayr 121
Ayrshire 118

B
Badachro 356
Ballater 449
Ballindalloch Castle 417
Balloch 236
Balmoral Castle 449
Balvenie Castle 417
Banchory 448
Banff 409
Banks, Iain 34
Bannockburn 476
Barcaldine Castle 253
Barisdale 267
Baronialstil 31, 422
Barrie, James Matthew 33, 436
Bass Rock 157
Beauly 282
Behinderte 65
Beinn Eighe 355
Ben Nevis 37, 262
Benzin 65
Bettyhill 370
Biggar 149
Birnie Church 407
Black Houses 331
Black Isle 380
Blair Atholl 388
Blair Castle 388
Blairgowrie 438
Blair, Tony 18
Blantyre 224
Bonar Bridge 378
Bonawe Iron Furnace 244
Bonnie Prince Charlie (Prinz Charles Edward Stuart) 16, 24, 146, 258, 266, 282, 312, 345
Book of Deer 411
Borders 133
Bothwell Castle 224
Bowhill 145
Braemar 450
Braemore Junction 357
Brechin 434
Bridge of Allan 478
Brochs 513

Brodie Castle 402
Broughty Ferry 445
Brown, George Mackay 33, 491
Bruce, Sir William 31, 120
Buckie 408
Burghead 405
Burns, Robert 18, 33, 101, 104, 105, 118, 121, 122, 124, 169
Burntisland 468
Burrell, Sir William 220
Busse 66

C
Caerlaverock Castle 106
Caerlaverock Wildlife & Wetlands Centre 107
Cairngorms 384
Caithness 366
Caledonian Canal 261
Callander 239
Callanish Standing Stones 333
Campbeltown 247
Camping/Caravan 66
Cannich 277, 283
Cape Wrath 366
Cappercleuch 145
Cardoness Castle 113
Carlisle 135
Carlyle, Thomas 103
Carnegie, Andrew 471
Carradale 249
Carrbridge 385
Carsluith Castle 113
Castle Douglas 109
Castle Fraser 420
Castle & Gardens of Mey 371
Castle Kennedy Gardens 116
Castle Menzies 392
Castle Sinclair Girnigoe 372
Castle Stalker 254
Castle Sween 245
Castle Tioram 265
Castle Urquhart 275
Cawdor Castle 401
Ceres 456
Charles I. 16, 23
Charles II. 16, 23

Church of Scotland 22, 47
Cia-Aig-Falls 269
Clansystem 232
Clashnessie 363
Clatteringshaws Loch 113
Clava Cairns 278
Claypotts Castle 445
Clearances 25, 285, 367
Clyde 218
Clyde Valley 149
Colourists 29
Columba, hl. 285, 302
Colvend Coast 109
Commando Memorial 268
Corgarff Castle 420
Corrieshalloch 358
Corryvreckan Whirlpool 295
Covenanter 23, 177
Craigellachie 416
Craigievar Castle 421
Craig, James 162, 164
Craigmillar Castle 186
Crail 463
Cramond 187
Crarae Gardens 244
Crathes Castle 447
Crawhall, Joseph 29
Creetown 113
Crianlarich 240
Crieff 399
Crofting 327
Cromarty 381
Cromarty Firth 380
Cromwell, Oliver 16, 23, 174
Crossraguel Abbey 120
Crovie 410
Cruachan Power Station 243
Cruden Bay 412
Cullen 408
Culloden, Schlacht bei 24, 233, 278, 282
Culross 472
Culzean Castle 119
Cumberland, William Augustus Duke of 24, 282
Cupar 455

D

Dalavich 244
Dalbeattie 109
Dalmeny 188
Dampflok The Jacobite 260
Darnley, Lord Henry Stuart 23, 174, 475
David I. 20, 23, 173
Dawyck Botanical Gardens 148
Dean Village 183
Deeside 447
Defoe, Daniel 167, 200
Delgatie Castle 410
Dewar, Donald 18, 27
Diabaig 354
Dingwall 380
Diplomatische Vertretungen 67
Dirleton 158
Dollar 473
Don Valley 420
Dores Inn Beach 274
Dornoch 377
Doune 479
Dounreay 370
Drum Castle 447
Drumlanrig Castle 105
Drummond Castle 399
Drumnadrochit 276
Dryburgh Abbey 143
Dudelsack 314
Duff House 409
Dufftown 417
Duffus 405
Dumfries 102, 104
Dumfries House 124
Dunadd 250
Dunbar 156
Dunbeath 375
Dunblane 478
Duncansby Head 372
Dundee 442
Dundrennan Abbey 111
Dunfermline 470
Dunkeld 394
Dunnet Head 372
Dunning 398
Dunnottar Castle 432
Dunrobin Castle 376
Duns 154
Dunskey Castle 117
Dunstaffnage Castle & Chapel 252
Durness 367
Dysart 468

E

Earlsferry 467
Eas Coul Aulin 364
Easter Aquhorthies Stone Circle 421
East Fortune 159
East Linton 159
Ecclefechan 103
Edinburgh 160
- Arthur's Seat 175
- Balmoral Hotel 179
- Brodie's Close 169
- Calton Hill 182
- Camera Obscura 167
- Canongate Tolbooth 172
- City Chambers 171
- Edinburgh Castle 165
- Edinburgh Dungeon 180
- George Heriot's Hospital 177
- Georgian House 182
- Gladstone's Land 168
- Grassmarket 176
- Greyfriars Bobby 176
- Greyfriars Kirk 177
- Holyrood Abbey 173
- Jenners Department Store 180
- John Knox House 171
- Lady Stair's Close 168
- Mary King's Close 169
- Museum of Childhood 171
- Museum of Edinburgh 173
- National Gallery of Scotland 180
- National Library of Scotland 176
- National Museum of Scotland 178
- New Town 162, 164, 179
- Old College 178
- Our Dynamic Earth 175
- Outlook Tower 167
- Palace of Holyroodhouse 173
- Parliament House 171
- People's Story Museum 172
- Princes Street 179
- Queen's Gallery 173
- Radisson Blu Hotel 172
- Register House 179

- Royal Botanic Garden 185
- Royal Mile 167
- Royal Observatory 186
- Royal Scottish Academy 180
- Scotch Whisky Experience 168
- Scottish National Gallery of Modern Art 184
- Scottish National Portrait Gallery 182
- Scottish Parliament 175
- Scottish Storytelling Centre 171
- Scott Monument 180
- St. Cuthbert's Church 181
- St. Giles 169
- St. John's Episcopal Church 181
- Surgeon's Hall Museums 179
- The Hub 168
- Writers' Museum 168
- Zoo 185

Edward I. 15, 167
Edward II. 477
Edward III. 20
Edzell Castle 433
Eildon Hills 140
Eilean Donan Castle 272
Einreise 68
Eisenbahn 68
Electric Brae 121
Elgin 405
Elie 467
Elizabeth I. 16, 23
Elizabeth II. 396
Ellisland Farm 105
Energieversorgung 45
Eriskay 346
Errick Water 145
Eskdalemuir 136
Eyemouth 155

F

Fähren 70
Fahrrad fahren 72
Falkland 455
Falls of Foyers 274
Falls of Glomach 271
Falls of Measach 357
Falls of Shin 378
Fauna 38

Fergusson, John Duncan 395
Ferien/Feiertage 73
Feste 53, 73
Fettercairn 433
Fidra 157
Fife, Halbinsel 453
Findhorn Bay 404
Fischerei 43
Five Sisters of Kintail 271
Floors Castle 152
Flugverbindungen 76
Fontane, Theodor 99, 139, 176, 239, 442
Forfar 435
Forres 403
Forsinard 370
Forstwirtschaft 44
Fort Augustus 270
Fort George 279
Forth Bridges 469
Fortingall 393
Fortrose 381
Fort William 258, 265
Forvie NNR 412
Foyers 274
Fraserburgh 410
Fyvie Castle 413

G

Gairloch 356
Gairlochy 268
Galashiels 146
Galloway 102
Galloway Forest Park 113, 114
Gardenstown 410
Garrywhin Chambered Cairn 374
Gatehouse of Fleet 113
George IV. 233
Geschichtlicher Überblick 14
Gesellschaftlicher Überblick 46
Gesundheit 76
Gifford 159
Girvan 118
Glamis Castle 435
Glasgow 198
- Bellahouston Park 221
- Botanic Gardens 218
- Burrell Collection 220
- Cathedral 209
- Centre for Contemporary Arts 211
- City Chambers 203
- Clyde Auditorium 219
- Gallery of Modern Art 206
- George Square 203
- Glasgow Green 208
- Glasgow Police Museum 208
- Glasgow School of Art 212, 213
- Glasgow Science Centre 219
- Graham Kerr Museum 217
- Hampden Park 221
- Hill House 214, 222
- Holmwood House 222
- House for an Art Lover 221
- Hunterian Art Gallery 217
- Hunterian Museum 217
- Hutchesons' Hall 206
- Italian Centre 206
- Kelvingrove Art Gallery and Museum 216
- Mackintosh Church at Queen's Cross 218
- Mackintosh House 217
- Merchant City 202, 206
- Merchants House 206
- Museum of Piping 215
- Nekropolis 209
- People's Palace 208
- Pollok House 220
- Provand's Lordship 210
- Queen's Park 221
- Riverside Museum 218
- Sauchiehall Street 211
- Scotland Street School Museum 221
- Scottish Exhibition & Conference Centre 219
- Scottish National Football Museum 221
- Sharmanka Kinetic Gallery 207
- South Side 220
- St. Mungo Museum of Religious Life and Art 210
- Tall Ship 219

- Templeton's Carpet Factory 208
- Tenement House 212
- The Barras 208
- The Lighthouse – Scotland's Centre for Design and Architecture 210
- Tolbooth Steeple 207
- Trades House 206
- Trongate 103 207
- Tron Theatre 207
- Universität 216
- Waverley 219
- West End 216
- Willow Tea Rooms 211
Glasgow Boys 29, 111
Glasgow School of Art 32
Glen Affric 277, 283
Glenbarr Abbey 247
Glenborrodale 263
Glen Clova 438
Glen Coe 255, 256
Glencoe Village 256
Glenelg 271
Glen Esk 434
Glenfinnan Monument 266
Glenfinnan Village 266
Glen Garry 269
Glen Garry Viewpoint 269
Glen Isla 437
Glenkiln Reservoir 106
Glenkiln Sculpture Park 106
Glenluce Abbey 115
Glen Lyon 393
Glen More 271
Glen More Forest Park 385
Glen Moriston 271
Glen Nevis 262
Glen Prosen 437
Glenshee 438
Glen Shiel 271
Glen Strathfarrar 283
Glorious Revolution 23
Golf 77, 460
Golspie 376
Gordonstoun 405
Grassic Gibbon, Lewis (James Leslie Mitchell) 34, 433
Gray, Alasdair 34

Great Cumbrae Island 126
Gretna Green 102
Grey Cairns of Camster 374
Grey Corries Ridge Walk 268
Grey Mare's Tail 146
Gruinard Bay 357
Gunn, Neil M. 34, 375
Guthrie, Sir James 29

H

Haddington 158
Haddo House 413
Hadid, Zaha 218
Hamilton 224
Handa Island 364
Harris Tweed 338
Hawick 136
Hebriden 284
Helensburgh 222
Helmsdale 376
Henry, George 29
Hepburn, James Earl of Bothwell 23
Hermitage Castle 136
Highlander 232
Highland Games 54
Hill of Tarvit Mansion House 455
Hogg, James 145
Hopetoun House 189
Hornel, Edward Atkinson 29, 111
House of Dun 434
Hume, David 162
Hunter, William 217
Huntingtower Castle 396
Huntly 420
Huntly Castle 420

I

Inchcolm Abbey 188
Inchmahome Priory 238
Inchnadamph NNR 363
Industrie 25
Information 77
Innere Hebriden 286
Innerleithen 146
Inveraray 241
Inveraray Castle 242
Inverewe Gardens 357
Invergarry 269
Inverie 267
Invermoriston 275

Inverness 277
Inverpolly NNR 360
Iona Community 303
Irvine 125
Isle of Arran 126
- Auchagallon 129
- Blackwaterfoot 129
- Brodick 127
- Brodick Castle 127
- Catacol 130
- Corrie 129
- Giant's Graves 129
- Glenashdale Falls 129
- Holy Island 128
- Isle of Arran Destillery 130
- Kildonan 129
- King's Caves 129
- Lamlash 128
- Lochranza 129
- Machrie Moor 129
- Sannox 129
- Whiting Bay 129
Isle of Barra 348
Isle of Benbecula 343
Isle of Berneray 343
Isle of Bute 131
- Glencallum Bay 132
- Kerrycroy 132
- Kilchattan Bay 132
- Mount Stuart 132
- Rothesay 131
- Scalpsie Bay 132
- St. Ninian's Point 132
Isle of Canna 324
Isle of Coll 305
Isle of Colonsay 307
Isle of Davaar 248
Isle of Eigg 321
Isle of Gigha 249
Isle of Harris 338
Isle of Iona 302
Isle of Islay 286
- Aoradh 289
- Ardtalla 287
- Bowmore 288
- Dunyvaig Castle 287
- Islay Whisky 291
- Kildalton Cross 287
- Kintra 288
- Museum of Island Life 290
- Port Askaig 292
- Port Charlotte 290
- Port Ellen 287
- Portnahaven 291
- The Oa 287

Stichwortverzeichnis

- The Rhinns of
  Islay 289
- Wildlife Information
  Centre 290
Isle of Jura 294
Isle of Lewis 329
- Arnol 331
- Barvas 335
- Callanish Standing
  Stones 333
- Carloway 333
- Dun Carloway
  Broch 333
- Eoropie 336
- Lewis Chessmen 335
- Port of Ness 336
- Stornoway 330
- Uig 335
Isle of Lismore 254
Isle of May 465
Isle of Muck 323
Isle of Mull 296
- Dervaig 298
- Duart Castle 296
- Fionnphort 299
- Ross of Mull 299
- Tobermory 297
- Torosay Castle 296
Isle of North Uist 341
Isle of Oronsay 309
Isle of Pabay 311
Isle of Raasay 311
Isle of Rum 322
Isle of Skye 309
- Broadford 310
- Dunvegan 313
- Kyleakin 309
- Kylerhea 309
- Minginish 315
- Portree 311
- Sleat Peninsula 316
- Trotternish 311
- Waternish 313
Isle of South Uist 345
Isle of Staffa 304
Isle of Tiree 306
Isle of Ulva 299
Isle of Vatersay 349
Isle of Whithorn 115

J
James III. 152, 483
James IV. 15, 21
James V. 21, 455
James VI. 156
James VI./I. 16, 23, 166
James VII. 16, 23, 256

Jameson, Georg 28
Jedburgh 137
Jedburgh Abbey 137
Jenkins, Robin 34
John Muir Country
  Park 156
John O'Groats 372

K
Kagyu Samye Ling
  Tibetan Monastry
  136
Kailzie Gardens 148
Keith 416
Kellie Castle 466
Kelman, James 34
Kelso 152
Kelso Abbey 152
Kenmore 393
Kentra Bay 265
Kessons, Jessie 34
Kilchoan 264
Kilchrenan 244
Kilchurn Castle 243
Kildrummy Castle
  422
Killin 394
Kilmarnock 124
Kilmartin 250
Kilmory Knap
  Chapel 246
Kilts 52
Kinder 80
Kingussie 388
Kinlochbervie 365
Kinlochewe 355
Kinloch Hourn 267
Kinlochleven 256
Kinloch Rannoch 391
Kinross 469
Kintyre 247
Kippford 109
Kirkcaldy 467
Kirkcudbright 110
Kirkmadrine Stones 118
Kirkoswald 120
Kirriemuir 436
Klima 37
Knapdale 245
Knockan Crag 360
Knox, John 16, 22, 171
Knoydart 267
Kriminalität 80
Küche 56
Kunst- und Kultur-
  geschichte 27
Kyle of Lochalsh 272

L
Lairg 379
Lake Menteith 238
Lammermuir Hills 154
Landmark Forest
  Heritage Park 385
Landschaftlicher
  Überblick 35
Langholm 135
Largs 125
Lasswade 186
Lauder 143
Lauriston Castle 187
Lavery, Sir John 29
Leith 185
Lennoxlove House 159
Letterewe Estate 355
Leuchars 456
Linklater, Eric 33
Linlithgow 189
Linn of Dee 451
Literatur 33
Livingstone, David 180,
  224
Lochalsh Woodland
  Gardens 272
Loch Arkaig 268
Loch Assynt 363
Loch Awe 243
Lochcarron 352
Loch Etive 243
Lochgilphead 245
Lochinver 362
Loch Katrine 238
Loch Leven Castle 469
Loch Lomond 235
Loch Maree 355
Loch Mhor 274
Loch Ness 275
Loch Rannoch 391
Loch Tay 392
Loch Tummel 391
Lockerbie 17, 104
Logan Botanic
  Garden 118
Lossiemouth 405
Lothian 133
Luss 236

M
MacAlpine, Kenneth 19,
  394, 396
MacDiarmid, Hugh 33
MacDonald, Flora 312,
  345
Macdonald,
  Margaret 213

Macduff 409
MacGregor, Robert genannt Rob Roy 240
Machrihanish 248
Mackenzie, Compton 347, 348
Mackintosh, Charles Rennie 32, 210, 211, 212, 213, 217, 218, 221, 222, 478
MacPherson, James 304
Malcolm II. 19
Malcolm III. Canmore 20
Malerei 27
Mallaig 266
Manderston House 154
Margaret 483
Margaret, hl. 20
Maria Stuart, Königin von Schottland 21, 22, 138, 166, 174, 238, 455, 469
Marie von Guise 22
Maßeinheiten 80
McAlpine, Kenneth 14
McConnell, Jack 18
McCulloch, Horatio 28
McDiarmid, Hugh 135
McIlvanney, William 34
McLeish, Henry 18
McTaggart, William 28
Mehrwertsteuerrückerstattung 81
Meigle 437
Mellerstain House 154
Melrose 139
Melrose Abbey 139
Melvaig 356
Mendelssohn-Bartholdy, Felix 304
Mid Clyth 375
Millport 126
Mintlaw 411
Miralles, Enric 175
Mitchison, Naomi 34
Mitte Schottlands 452
Moffat 145
Montrose 439
Morar Peninsula 266
Moray Firth 401
Morvern 263
Motte and Bailey 31
Mücken 81
Muir, Edwin 33, 497
Muir, John 156
Mull of Galloway 118
Mull of Kintyre 248

Mungo, hl. 199, 209
Munros 37
Munro, Sir Hugh 37
Museum of Flight 159
Musik 55
Musselburgh 186
Muthill 399

N
Nairn 402
Nasmyth, Alexander 28
National Wallace Monument 476
Nessie 275
Netzspannung 81
New Abbey 108
Newburgh 412
New Galloway 113
New Lanark 151
Newtongrange 186
Newtonmore 388
Newton Stewart 114
Ninian, hl. 20, 115
Norden Schottlands 350
North Berwick 156
North Queensferry 468
Notfall 81

O
Oban 251
Öffnungszeiten 81
Old Deer 411
Old Man of Stoer 364
Oldshoremore 365
Onich 258
Orchardton Tower 109
Organisationen/Verbände 82
Orkney-Inseln 481
- Broch of Gurness 486
- Brough of Birsay 486
- Cuween Hill 485
- East Mainland 491
- Eday 498
- Egilsay 497
- Hackness 495
- Hoy 494
- Isbister Kammergrab 493
- Kirkwall 483
- Knap of Howar 500
- Lyness 495
- Maes Howe 489
- Mainland 483
- Midhowe 496
- Mine Howe 492
- Ness of Brodgar 489
- North Ronaldsay 501
- Old Man of Hoy 494
- Orkneyinga Saga Centre 490
- Orphir 490
- Papa Westray 500
- Ring of Brodgar 489
- Rousay 496
- Sanday 498
- Scapa Flow Visitor Centre 495
- Shapinsay 497
- Skaill House 488
- Skara Brae 487
- South Ronaldsay 492
- Stenness, Standing Stones of 488
- St. Margaret's Hope 492
- Stromness 491
- Stronsay 499
- Unstan Cairn 488
- West Mainland 485
- Westray 499
- Whitehall 499
- Wideford Hill 486
- Wyre 497
Orwell, George 295
Osten Schottlands 382
Owen, Robert 151

P
Paps of Jura 295
Park, Mungo 144
Pass of Killiecrankie 389
Pass of the Cattle 353
Paxton House 155
Peebles 147
Pennan 410
Pentland Hills 186
Perth 395
Peterhead 411
Pitlochry 389
Pitmedden Garden 412
Pittenweem 466
Playfair, William 32, 153
Plockton 273
Pluscarden Abbey 408
Politik 46
Poolewe 357
Port Appin 254
Portobello 185
Portpatrick 117
Portsoy 408
Port William 115

Stichwortverzeichnis

Post/Porto 84
Preston Mill 159

Q
Queen Elizabeth Forest Park 237

R
Raeburn, Sir Henry 28, 162
Ramsay, Allan 28, 162
Rankins, Ian 34, 162
Rauchen 84
Red Point Beach 356
Reisegepäck 84
Reisekosten 95
Reiseveranstalter 84
Reisezeit 84
Reiten 85
Religion 47
Restaurants 85
Rhinns of Galloway 117
RhuStoer Lighthouse 364
Rizzio, David 174
Robert I. the Bruce 15, 20, 139, 440, 470, 476
Robert II. 20
Rockcliff 109
Rosemarkie 381
Roslin 149
Rosslyn Chapel 149
Routenvorschläge 98
Ruthwell Cross 106

S
Saddell Abbey 249
Salmond, Alex 18
Saltcoats 125
Sandwood Bay 365
Sanna Bay 264
Sanquhar 106
Scapa Flow 495
Scone Palace 397
Scotland's Secret Bunker 465
Scottish Seabird Centre 157
Scott, Sir Walter 28, 33, 101, 139, 141, 142, 144, 152, 153, 166, 168, 169, 171, 175, 180, 238, 395, 470
Scott's View 141
Scourie 364
Sea Life Centre 253

Selkirk 143
Shetland-Inseln 505
- Bobby's Bus Shelter 520
- Brae 516
- Bressay 510
- Burra 511
- Central Mainland 510
- Fair Isle 522
- Fetlar 519
- Foula 521
- Hamnavoe 511
- Hermaness 520
- Hillswick 517
- Jarlshof 514
- Lerwick 509
- Mainland 509
- Mousa Broch 513
- Muckla Flugga 521
- Muckle Roe 516
- North Mainland 516
- Northmavine 516
- Noss 510
- Old Scatness 515
- Out Skerries 518
- Papa Stour 512
- Scalloway 510
- South Mainland 512
- St. Ninian's Isle 514
- Sumburgh Head 515
- Symbister 517
- Tingwall Valley 512
- Unst 519
- Weisdale 512
- Westside 512
- Whalsay 517
- Yell 518
Shetlandponys 508
Shieldaig 353
Skipness 249
Slains Castle 412
Smailholm 153
Small Isles 321
Smith, Adam 162, 467
Smith, Iain Crichton 34
Smoo Cave 367
Southern Upland Way 106, 117, 133, 141
South Queensferry 188
Souvenirs 86
Spark, Muriel 34, 162
Spean Bridge 268
Spence, Alan 34
Speyside 414
Sport 49
Spynie Palace 407

St. Abb's Head 155
St. Andrews 456
St. Columba's Cave 246
St. Cuthbert's Way 141
Stevenson, Robert 249, 515
Stevenson, Robert Louis 33, 169, 176, 299
Stewart, Dugald 183
Stewart, Francis Earl of Bothwell 156
Stirling 473
St. Kilda 341
St. Monans 467
St. Ninian's Cave 115
Stobo 148
Stockbridge 184
Stonehaven 431
Stone of Destiny 167, 250, 396
Stranraer 116
Strath 356
Strathnaver 370
Strathpeffer 380
Strathspey 384
Strontian 263
Süden Schottlands 100
Sueno's Stone 404
Summer Isles 361
Sutherland 366
Sutherland, Scott 268
Sweetheart Abbey 108

T
Tain 379
Tantallon Castle 157
Tarbert 246
Taynuilt 244
Telefonieren 86
The Auld Alliance 20
Thirlestane Castle 143
Thomson, Alexander 222
Thomson, John 28
Threave Castle 110
Threave Gardens 110
Thronfolge 19
Thurso 371
Tolquhon Castle 412
Tomintoul 418
Tongue 369
Torfstechen 336
Torridon 354
Torridon Mountains 354
Tourismus 45
Traditionen 51
Traquair House 146

Treshnish Isles 304
Trinkgeld 86
Troon 125
Trossachs 238
Turnberry 118
Tweed Cycleway 148
Tweedsmuir 145

U
Ulbster 374
Ullapool 358
Umweltschutz 46
Union of the Crowns 23
Unterkunft 87

V
Versicherungen 90
Verwaltung 46
Victoria Falls 355
Victoria, Queen 17, 25, 391, 449

W
Währung/Devisen 90
Wallace, Sir William 476
Wandern 91
Wanlockhead 106
Wassersport 93
Welsh, Irvine 34, 162
Western Ross 352
West Highland Way 232, 236, 255
West Sutherland Coastal Road 361
Wetter 93
Whisky 58, 59, 291, 414
Whistler, James McNeill 217
Whithorn 115
Wick 373
Wigtown 115
Wilkie, David 28
William of Orange 16, 23, 256
Williamson, John 511
William the Conqueror 15
William the Lion 20

Y
Yarrow Water 145

Z
Zeit 93
Zeittafel 14
Zeitungen 94
Zoll- und Devisenbestimmungen 94

 So geht's

Im Kapitel **Land und Leute** (ab S. 12) erhalten Sie einen Einblick in Geschichte und Kultur sowie andere Aspekte des Reiseziels. Die Gelben Seiten geben **Allgemeine Reisetipps von A–Z** (ab S. 60) für die Reisevorbereitung und den Aufenthalt in Schottland. In den **Grünen Seiten** (ab S. 95) wird kurz aufgelistet, was Sie das Reisen in Schottland kostet. Im anschließenden **Reiseteil** (ab S. 100) wird auf alle wichtigen und wesentlichen Sehenswürdigkeiten eingegangen. Reisepraktische Informationen zu Unterkünften, Essen und Trinken, Einkaufen, Aktivitäten und Verkehrsverbindungen finden Sie jeweils im Anschluss an die Ortsbeschreibung. Ein ausführliches Register im **Anhang** (ab S. 526) gibt Ihnen die Möglichkeit, schnell den gesuchten Begriff zu finden.
Über Kritik, Anregungen und Verbesserungsvorschläge freuen wir uns: info@iwanowski.de.

Verzeichnis der Karten

Südwesten	103
Isle of Arran	127
Isle of Bute	131
Südosten	135
Edinburgh Castle Grundriss	166
Edinburgh Umgebung	187
Glasgow	204/205
Glasgow Umgebung	223
Westen	234
Inverness	279
Innere Hebriden	286
Isle of Islay	288
Isle of Jura	294
Isle of Mull	297
Isle of Skye	310
Äußere Hebriden	326
Norden	352
Osten	384
Aberdeen	425
Dundee	444
Im Herzen Schottlands	454
St. Andrews	458
Orkney-Inseln	482
Grundriss Skara Brae	486
Shetland-Inseln	506
Grundriss Jarlshof	515
Schottland Übersicht	vordere Umschlagklappe
Edinburgh	hintere Umschlagklappe

Legende

- *i* Information
- ★ Sehenswürdigkeit
- Kirche
- Kathedrale, Dom
- Abtei, Kloster
- Schloss, Burg, Herrenhaus
- M Museum
- wichtiges Gebäude
- T Theater
- Markt, Supermarkt
- Einkaufen
- Bahnhof
- Busbahnhof
- Flughafen, Flugplatz
- Aussichtspunkt
- Archäologische Stätte/ Ruine
- Berg mit Höhe in m
- Höhle
- Leuchtturm
- H 9 Unterkünfte
- 9 Essen und Trinken
- M9 Autobahn mit Nr.
- A84 Hauptstraße mit Nr.
- A811 Nebenstraße mit Nr.
- Nebenstraße, meist unbefestigt
- Nationalpark/ Naturpark

© *i*graphic

ebook-Reiseführer

  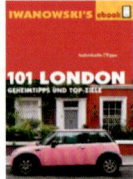 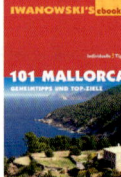 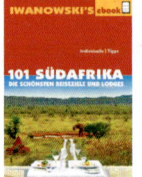 

  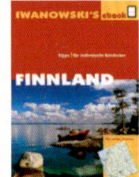 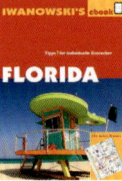  

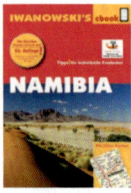    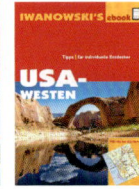 

Die ebook-Reiseführer von Iwanowski zeichnen sich durch eine hohe Benutzerfreundlichkeit aus: Alle Internetadressen sind direkt extern und alle Seitenverweise und Überschriften sind intern verlinkt. Je nach Lesesoftware können Lesezeichen gesetzt, Textstellen markiert und Kommentare einfügt werden. Alle Bilder und Karten können vergrößert angeschaut werden.

 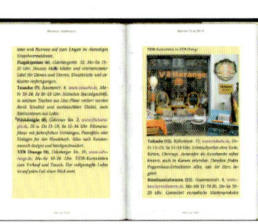 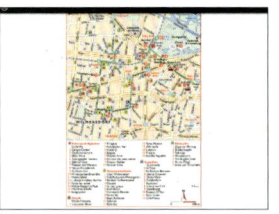

Das komplette Verlagsprogramm unter:
w w w . i w a n o w s k i . d e